献　给

马克斯·雅各布·福特（Max Jacob Fauth）

莱恩·埃伦·福特（Laine Ellen Fauth）

苏珊娜·巴比（Suzanne Babbie）

本书受中国人民公安大学研究生院
“外文经典教材编译项目”资助

RESEARCH METHODS FOR CRIMINAL JUSTICE AND CRIMINOLOGY

刑事司法与犯罪学研究方法

（第 8 版）

[美] 迈克尔 · G. 马克斯菲尔德 艾尔 · R. 巴比◎著
Michael G. Maxfield Earl R. Babbie

刘为军等◎译

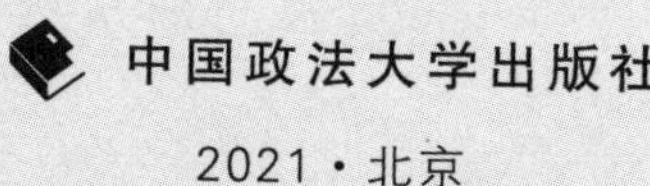

2021 · 北京

图书在版编目（CIP）数据

刑事司法与犯罪学研究方法/(美)迈克尔·M.马克斯菲尔德,(美)艾尔·R.巴比著;刘为军等译.—北京:中国政法大学出版社,2021.11

书名原文: Research Methods for Criminal Justice and Criminology

ISBN 978-7-5764-0125-7

Ⅰ.①刑…　Ⅱ.①迈…　②艾…　③刘…　Ⅲ.①刑事诉讼—司法制度—研究—美国②犯罪学—研究—美国　Ⅳ.①D971.252　②D971.24

中国版本图书馆CIP数据核字(2021)第209034号

出版者　中国政法大学出版社

地　址　北京市海淀区西土城路 25 号

邮寄地址　北京 100088 信箱 8034 分箱　邮编 100088

网　址　http://www.cuplpress.com (网络实名：中国政法大学出版社)

电　话　010-58908441(第四编辑室)　58908334(邮购部)

承　印　固安华明印业有限公司

开　本　720mm×960mm　1/16

印　张　41.25

字　数　650 千字

版　次　2021 年 11 月第 1 版

印　次　2021 年 11 月第 1 次印刷

定　价　159.00 元

Research Methods for Criminal Justice and Criminology, Eighth Edition
by Michael G. Maxfield, Earl R. Babbie

978-7-5764-0125-7

Cengage Learning Asia Pte. Ltd.
151 Lorong Chuan, #02-08 New Tech Park, Singapore 556741

版权登记号：图字 01-2017-3687 号

译者：

刘为军（中国人民公安大学教授）：前言、第1—7章、第9—12章、译后记

侯宇宸（纽约城市大学犯罪学博士研究生）：中文版序，第8、13、14章

丁宁（中国人民公安大学副教授）：第9、10章

夏立款（中国人民公安大学刑法学博士生）：第11、12章

李征（中国人民公安大学侦查学博士生）：第12、14章

孙靖超（中国人民公安大学侦查学博士生）：第14章

中文版序

非常高兴在中国内地推出由中国人民公安大学教授刘为军与纽约城市大学犯罪学博士生侯宇宸等联手翻译的《刑事司法与犯罪学研究方法》中文版。虽然中国多所高校已采用该教材的英文原版，但该中文版的推出可将我们对社会研究方法的见解传播给更多的中国师生群体。

考虑到近年来中国在犯罪与刑事司法学术研究领域的发展，该中文版教材的出版更是令人万分欣喜。中山大学地理科学与规划学院柳林教授与香港理工大学应用社会科学系李紫梅副教授在《犯罪与越轨研究》(*Journal of Research In Crime and Delinquency*) 的一期特刊中提到："按照西方学术研究的标准，中国对犯罪与司法的学术研究仍不成熟。"[1]他们将其发展现状归因于中国大学犯罪学学科构建不完善以及研究数据不易采集。在此背景下，该中文版教材的出版显得尤为及时。我们相信，越来越多的对犯罪研究感兴趣的学生将从研习该中文版教材中受益。本书着重探讨了实证研究中所涉及的测量、数据收集以及公共数据的运用。

2010 年，艾尔·R. 巴比 (Earl R. Babbie) 在上海"中国调查学术研讨会"发言中针对更宽泛的社会科学研究指出，通过会议可以看到中国学者已经大量采用高质量的研究方法，这令人震撼。我们希望本书能向中国学者介绍更多有关犯罪与司法问题的研究方法。

我们希望中国师生在今后的研究学习中，效仿本教材的另一特色：师生共同参与研究，相互学习。在本教材中，我们以许多博士研究生的研究为例来阐述其运用的研究方法。其中也展现了教授与学生之间的合作研究。例如，迈克尔·G. 马克斯菲尔德 (Michael G. Maxfield) 正与侯宇宸合作开展有关美

〔1〕 Liu, Lin, and Jessica C. N. Li. "Progress and Future Directions of Crime Research in China with Selected Case Studies." *Journal of Research in Crime and Delinquency* 54. 4 (2017): 447-53.

国警察使用便携式执法记录仪情况的研究。我们也希望中文版读者能举出可阐明中国社会科学研究方法运用的实例。访谈与调查等研究方法在中国本土的运用可能与在其他国家的研究实践相似。虽然关于抽样的基本原理可以应用，但我们认为，在中国可能难以建立和获取抽样框与抽样集群。中国本土化研究不仅有益于拓展社会科学研究成果的普遍适用性，还有助于制定针对特定研究情形的特殊研究方法。

总体来看，我们认为本书的第一编和第二编（即刑事司法研究的介绍与设计）因其涉及科学研究的基本要素，读者能够轻松理解并加以运用。随后几章所介绍的数据收集方法以及评估研究较难直接实现中国本土化应用。第12章介绍了机构数据与二手数据的运用，其中关于中国本土研究的例证可能较为实用。

最后，我们真诚地感谢刘为军教授、侯宇宸以及其他参与翻译的人员。这部译本是值得庆贺的成果。衷心希望获得中国师生对本教材的反馈与建议。

迈克尔·G. 马克斯菲尔德

艾尔·R. 巴比

2018年12月

前 言

我[1]人生中最奇妙、最有意义的一次教学体验不在教室，而在印第安纳波利斯（Indianapolis）市区的街道上。我和印第安纳州矫正部（the Indiana department of Correction）的同事一起去参会，路遇曾修习过我的研究方法课程的学生莱恩（Ryan）。他正坐在一个阴凉的地方，手拿剪贴板，望着人行道上匆匆而过的行人。一番寒暄后，莱恩告诉我，他已经离开该市规划部的夏季实习生职位，目前正忙于一项关于行人交通的研究项目。

一想到学生们关于研究方法毫无用处的各种抱怨（此后我给它们冠名“莱恩式悲哀”），我不禁“哈哈”一笑：“你们当时发牢骚说，课堂上讨论的这些东西今后都用不上。”莱恩回答，对行人的系统研究其实很有趣。他承认，课程的一些专题与他目前的实习生工作的确相关。他还说，自从开展这个项目后，他才真正明白做研究是怎么回事。在短暂的闲聊期间，莱恩仍然盯着路过的行人。莱恩是个细致的观察者，他能在学期结束几个星期后就将课堂所学付诸实践，这着实令我欣慰。

这次邂逅之后的深思让我意识到改变课程教学模式的必要性。莱恩确实很享受他的研究过程，但这是离开教室后才体会到的。为此，我对课程作出调整，让学生更多地参与到研究中来。我开始使用大量实例来诠释研究方法的基本概念，向学生介绍如何像莱恩一样将系统化的调查及观察技术应用于刑事司法及其他政策研究领域的各种情景。

一、目标与宗旨

刑事司法课程深受学生欢迎，部分原因在于新闻故事、小说和大众娱乐

[1] 前言中的“我”指迈克尔·G. 马克斯菲尔德，“我们”则指迈克尔·G. 马克斯菲尔德和艾尔·R. 巴比。

节目的渲染。但刑事司法研究应当跳出新闻、娱乐性的报道，致力于解决“何人”、“何事”（“什么”）、“为何”和“如何”等重要问题。“谁”是罪犯、被害人和司法职业人员？不同类型犯罪和失序问题的性质与频率是“什么”？正在出现“什么”新问题？某些场所“为何”会发生事故？罪犯“为何”会采用某种行为方式？不同类型犯罪是“如何”发生的？司法机关应当“如何”预防和回应犯罪及安全问题？

我们撰写本版的主要目标并未改变：帮助学生学习如何开展研究，以便回答上述及相关问题。为实现该目标，本书每次修订都遵循以下原则：

· 详细描述从事刑事司法研究的不同选择。

· 阐明以往被不同层次学生认为具有挑战性的课题。

· 以有益和有趣的实例解释研究方法。

· 吸收能够反映本领域方法论发展的新思路。

· 强调刑事司法研究在解决现实问题和司法政策方面的实际应用。

· 通过援引我们的研究，特别是与学生进行合作研究的实例，弥合作者、教师与学生之间的认识差距。

我力求让学生参与学习过程，而艾尔 · R. 巴比的著述反映了这种努力，这是我决定与他合作撰写本书的原因。艾尔的经典著作《社会研究方法》(*The Practice of Social Research*)[1]是一部严谨的社会科学研究方法著作，其激发学生兴趣的技巧也令人艳羡。从艾尔的书中我们已能体会到如同莱恩在印第安纳波利斯观察行人那样的研究乐趣。

二、本书的框架结构

本书第 8 版共分 14 章：

· 第 1 章“犯罪、刑事司法和科学研究”介绍了研究方法。本章描述了社会科学调查与其他学习方法的不同之处。本章也为学生提供了如何选择研究主题、分析文献和撰写研究计划（research proposal）的建议。

· 第 2 章“刑事司法研究基础”简要介绍了社会科学研究的原则，并评述了数种一般研究方法。本章也描述了理论对于所有研究的重要性。我们在本章的讨论力求打破对于理论的错误认识，强调理论是科学调查的逻辑引导。

[1] 该书已有中译本，译者为北京大学邱泽奇教授。——译者注

本章通过案例展示了理论如何驱动应用性和基础性研究。

· 第 3 章“伦理与刑事司法研究”探讨了研究本身可能对研究对象造成的伤害以及研究者将这类伤害风险降至最低的义务。本章通过案例揭示了司法研究领域的伦理学问题和研究者处理这些问题的方法。

· 第 4 章“研究设计的一般性问题”描述了所有研究性学习在设计研究项目（research project）时必须考虑的基本要素。

· 第 5 章“概念、操作化和测量”讨论了刑事司法研究的核心主题。所有研究都需要进行某种测量，而本章审视和探讨了这一重要主题的关键要素。

· 第 6 章“犯罪测量”着重阐述了刑事司法研究中的主要因变量和自变量。在介绍不同犯罪测量方法及其必要性的同时，本章提供了更具普遍性、更深刻的测量实例。

· 第 7 章“实验和准实验设计”介绍了我们如何设计具有解释性和应用性目的的研究。研究设计包括收集可以通过不同方式而组合的基础素材。我们援引了有趣的创新性实例，重点阐述了研究设计的灵活性。

· 第 8 章“抽样”介绍了选择研究对象的方法。我们阐述了概率抽样（probability sampling）和非概率抽样（nonprobability sampling）这两种常见类型，并探讨了它们的子类型。概率论的基本要素作为构成抽样和统计显著性（statistical significance）的核心原则被介绍。

· 第 9 章“调查研究”探讨了传统调查研究方法、其他访谈类型以及技术革新是如何持续影响调查实施的。

· 第 10 章“定性访谈”描述了定性访谈和专业化访谈（specialized interviewing）的各种应用方法。我们很荣幸能邀请安布尔·霍宁（Amber Horning）参与本章的写作。为探讨定性数据采集方法，本章引用了她的研究成果及其他学者的研究。

· 第 11 章“实地观察”对传统方法和结构化环境调查（structured environmental surveys）进行了讨论。本章举例演示了不同方法的应用。

· 第 12 章“机构记录、内容分析和二手数据”讨论了从管理记录中抽取的数据和研究者及政府机构日常收集的系列数据。本章举例演示了以各种二手数据为支撑的大量研究选择。

· 第 13 章“评估研究与问题分析”主要探讨以改善刑事司法政策为目的的应用研究。本章揭示了为何司法机构越来越多地使用问题分析方法来处理犯罪及相关问题。

·第14章“解读数据”介绍了广泛用于刑事司法研究的数据分析技术。本章举例演示了描述性和解释性数据解读方法。

三、本版的更新之处

撰写本书第8版时，我们坚持采用通说，但也接受了使用前几版的审稿人、同行和教师的意见。

1. 恐怖主义

在新闻报道中，美国和其他国家的恐怖袭击已经非常严重。与此同时，我们仍然难以准确把握恐怖主义（terrorism）[1]与恐怖分子活动（terrorist act）、恐怖分子活动与犯罪及其他暴力行为之间的区别。在本版中，我们对恐怖活动进行了系统研究，展示了如何通过研究来理解这一重要问题的关键因素。尤值一提的是，设于马里兰大学的全球恐怖主义数据库（Global Terrorism Database，简称GTD）就是清晰界定恐怖分子活动和系统采集海量全球数据的范例。考虑到GTD在内容分析方面的杰出能力，本书第6章“犯罪测量”和第12章“机构记录、内容分析和二手数据”收录了来自GTD的新实例。

在第12章中，玛丽莎·曼达拉（Marissa Mandala）把政治暗杀这一重要问题作为恐怖分子活动提出。在论证谋杀公职人员是特殊类型的恐怖分子活动时，玛丽莎展示了在暗杀与其他攻击行为的关联因素方面所存在的国别差异的研究成果。针对为研究目的而采集国际数据所面临的挑战，该例也提供了重要的应对经验。

2. 基于网络的抽样和调查

第8章“抽样”和第9章“调查研究”更新了部分内容，以反映大规模调查方式出现的巨大变化。研究传统方法的论著只是认为使用线上样本会产生抽样误差问题，却没有意识到其在抽样和访谈中的可行性。以往爆炸式增长的网民数量已经稳定在一个接近饱和的点，有关互联网访问受限的担忧也

---

〔1〕 英文中的“terrorism”指行为或活动，无“主义”之意，而我国《反恐怖主义法》将恐怖主义定义为“通过暴力、破坏、恐吓等手段，制造社会恐慌、危害公共安全、侵犯人身财产，或者胁迫国家机关、国际组织，以实现其政治、意识形态等目的的主张和行为”。考虑到“恐怖主义”已经成为“terrorism”的常见译法，本书多数场合将其译为“恐怖主义”，同时将“terrorist act”译为“恐怖分子活动”。但根据上下文，有时也会将“terrorism”译为“恐怖活动”。——译者注

已微不足道。第8章介绍了几个在线抽样的例子。对于如何通过系统性地改变行为描述和儿童照片来研究人们如何解读儿童行为的实验，第9章增加了一份表格，专门介绍如何把在线抽样和调查应用于该类实验。

3. 技术与数据采集

基于网络的抽样和调查是研究人员从技术进步中获益的范例。类似的例子还有美国各大城市日渐普及的摄像头、覆盖范围不断扩大的谷歌地图和全球类似产品。我们还介绍了其他范例，包括利用地理编码摄像机（geo-coded camera）追踪在非洲偷猎野生动物的证据。类似技术也已被其他国家用于追查涂鸦艺术家的可能行踪。

4. 应用研究

司法职业人员和刑事司法活动家（criminal justice activist）经常会用到刑事司法及犯罪学研究方法，但他们不认为这是在"研究"。我们介绍了证据生成（evidence generation），即司法职业人员系统收集数据以更好地理解感兴趣问题的过程。他们虽然不做研究设计，但的确是在系统地使用研究方法。对于今后打算进入司法机关或相关机构的刑事司法专业学生来讲，这是一个重磅信息。循证实践（evidence-based practice）非常重要，基于实践而产生的证据同样重要。第13章提供了一个很好的实例，即对南非小镇的参与式犯罪分析（participatory crime analysis）。类似技术也可以在其他社区使用，以便更好地理解犯罪和失序问题。

5. 学生研究的拓展范例

审稿人和同事们都对早期版本采用学生研究的范例进行了正面评价。我们这么做有多重目的。首先，它强化了一些教师所谓的本书的身临其境感（over-the-shoulder〔1〕 tone），让读者们能够获得超出书本字面的内容。其次，学生研究范例反映了研究生和教师之间的协同管理。再次，虽然我十分熟悉自己学生的工作细节，但公开发表的文章很少会谈及它们。介绍这些细节，可以补充其他地方很难获得的幕后信息。最后，艾尔和我都相信，本书选用的这些例子都很应时，读者也一定会感觉很有趣。本版收录的实例包含了阐

〔1〕 在影视中，"over-the-shoulder shot" 指从另一个人肩膀的角度对某人或某物进行拍摄。该视角有助于观众将自己置于场景中，获得身临其境感。此处强调了本书通过引用学生研究实例，使读者获得"身临其境"的阅读感受。——译者注

述恐怖主义、纽约市暴力活动减少、贩卖人口和性犯罪的项目。

6. 各章更新之处

我们对本版各章做了大量修改：

· 第 1 章的修改内容非常多。我们收获了对这些修改的正面反馈，但也更正了部分参考文献和实例。本章有点像有关如何设计研究项目、审查文献和撰写研究计划的辅导课程。

· 第 2 章同样进行了许多修改，与第 1 章内容的衔接更加顺畅。本章更新了部分参考文献和实例。

· 第 3 章更新了有关伦理审查委员会的材料。伦理审查委员会负责对社会科学研究过程中的受试者（human subject）保护进行监督。美国犯罪学学会（American Society of Criminology，简称 ASC）最终制定了研究伦理章程，我们在本章对其予以介绍。我们也修改了研究中涉及犯罪活跃分子参与而产生的伦理问题的一些讨论内容。

· 第 4 章对设计社会科学研究的三个重要原则作出了更合理的安排：因果关系（causation）、分析单位（units of analysis）和时间维度（time dimension）。

· 第 5 章修改了展示测量原则（principle of measurement）的表格。我们也对长期被混淆的描述效度的材料进行了澄清。本章还修改了部分示例。

· 第 6 章更新了对不同犯罪类型进行概念化和测量的各种方法。我们在“GTD”部分补充了一节内容：该节介绍了制定跨国测量方法的困难，引入了开源数据（open-source data）概念，描述了用于纯化和校验开源测量的程序。我们也增补了一段开篇语，对开源报告编译过程（coding procedure）的部分内容予以详细介绍。

· 第 7 章提供了新的双盲实验（double-blind experiment）和世代设计（cohort design）实例，有选择地更新了部分参考文献和其他实例。

· 第 8 章更新了因技术变化而引入的新抽样方法。我们新加入了一篇插页文章，介绍亚马逊土耳其机器人（Amazon's Mechanical Turk，简称 MTurk）作为立意样本来源的作用。有研究表明，MTurk 样本比刑事司法研究中广泛使用的大学生及其他群体样本更具代表性。

· 第 9 章有大量修改。本章首先反映了调查研究方法的持续变化。我们削减和更新了邮件及电话调查内容，精简了关于两次全国犯罪被害调查（National Crime Victimization Survey，简称 NCVS）的阐述，调整了参考文献和其他实例，介绍了通过在线调查平台将复杂调查与 MTurk 样本相结合的范例，并用新的插页文章加以展示。该插页文章与第 8 章的插页文章共同为设计在线样本和调查问卷提供了简要的入门指导。

· 第 10 章由安布尔 · 霍宁简要更新了审稿人的后续评论。

· 第 11 章收录了实地观察的数个新范例，包括用于记录观察过程的支持 GPS 摄像机（GPS-enabled camera）等技术。我们也增加了使用谷歌街景（Google Street View，简称 GSV）采集观察数据的范例。纽约市年度无家可归者暗数统计（annual shadow count of homeless）展示了增强实地观察可信度的方法。

· 第 12 章在内容分析部分增补了 GTD 这一实例。本章新增了描述犯罪热区的相关犯罪地理学（criminology of place）内容。玛丽莎 · 曼达拉介绍了她利用二手数据对涉恐暗杀（terror-related assassination）的研究成果。

· 第 13 章引入了证据生成的概念。谢拉 · 德尔加多（Sheyla Delgado）和杰弗里 · 巴茨（Jeffrey Butts）制作了一篇插页文章，介绍通过实地访谈和创新性抽样技术对纽约市清除暴力项目的评估。我们更新了应用研究领域的政策讨论。泰纳斯 · 克鲁格（Tinus Kruger）在其制作的插页文章中对作为应用研究方法的参与式犯罪分析进行了总结。

· 第 14 章更新了一些实例的犯罪数据。

7. 学习工具

学生的兴趣和能力各不相同，为满足尽可能多的学生的需求，我们在每章都附有学习工具：

· 学习目标。每章以学习目标开篇，与该章后文的小结（summary）前后呼应。这种安排有助于学生通读和回顾各章时将内容融会贯通。

· 页边重要术语（Marginal Key Term）。本版设计了附有简短定义的页边重要术语。

· 每章小结。本版每章均有改编自前几版不同部分的小结，与每章开篇的学习目标呼应。

8. 辅助材料

为帮助教师使用本书教学和学生准备考试，圣智学习出版公司提供了大量补充材料。获取补充材料需要满足一定条件。详情请咨询本地销售代理商。

在线教师手册

该手册内容包括学习目标、重要术语、各章详细纲要、各章小结、复习题和练习、作业、研讨问题、“假设”情景和多媒体资源。学习目标与研讨问题、学生活动、多媒体资源工具相互照应。

可下载的文本习题库

扩大后的习题库收录针对每章内容设计的大量问题，题型有多项选择题、判断题、填空题、论述题和批判性思维图表，并附所有习题的答案要点。习题库根据正文中的学习目标编制。习题库的编写符合本书正文所呈现的学习目标，并指明了答案在正文中的章节出处。最后，习题库中每一道题的质量、准确度和内容范围都经过了经验丰富的刑事司法专业教师的认真审查。使用本书的教师可以相信，这是一部高标准的教材。

圣智学习出版公司的测验

克格诺罗（Cognero）是非常好用的配套在线评测工具，我们已经获得授权。它可以帮助你：

· 从马克斯菲尔德和巴比的习题库或其他地方导入、编辑和处理试题库内容，包括你自己感兴趣的考试问题。

· 设置包括 15 种题型［判断题、多选题、评定尺度/李克特量表（opinion scale/Likert）和论述题等］在内的理想测验方法。

· 创建多元化测验版本，通过即时使用下拉菜单和常用的直观工具，帮助你轻松创建和管理内容。

· 提供学习管理系统（LMS）、教室或其他地方进行的测验——包括将内容导入或导出其他必要系统。

在线 PPT 讲义

这些简便的 PPT 概括了课堂教学展示的各章主要内容，可以使您的课程更有趣，也能更有效地影响偏爱视觉效果的学生。PPT 反映了本版的内容和结构，提供了一些新的范例和真实案例用于讨论。

四、致谢

有许多同事为本版及早期版本提供了建议、评论和意见，他们是：帕特丽夏·布兰廷汉姆（Patricia Brantingham，西蒙弗雷泽大学）、朱迪思·科林斯（Judith Collins，密歇根州立大学）、杰弗里·巴茨（约翰杰伊刑事司法学院）、罗宾·道斯（Robyn Dawes，卡内基梅隆大学）、乔尔·米勒（Joel Miller，罗格斯大学）、曼加伊·纳塔拉詹（Mangai Natarajan，约翰杰伊刑事司法学院）、乔恩·肖恩（Jon Shane，约翰杰伊刑事司法学院）、凯茜·施巴茨·维多姆（Cathy Spatz Widom，约翰杰伊刑事司法学院）和柳成石（Sung-suk Violet Yu，约翰杰伊刑事司法学院）。

我在罗格斯大学刑事司法学院教过的学生为本版及之前版本提供了许多建议、反馈和贡献。他们现已作为教师或研究人员继续自己的学术生涯。我要对以下博士表示感谢：吉塞拉·比希勒（Gisela Bichler，加利福尼亚州立大学圣贝纳迪诺分校）、斯蒂芬·布洛克（Stephen Block，中央康涅狄格州立大学）、沙伦·香玛（Sharon Chamard，阿拉斯加大学）、尼亚齐·埃基奇（Niyazi Ekici，土耳其国家警察局）、藤田修良（Shuryo Fujita，加利福尼亚州立大学圣贝纳迪诺分校）、加尔玛·雅西奇（Galma Jahic，伊斯坦布尔比尔基大学）、贾勒特·洛弗尔（Jarret Lovell，加利福尼亚州立大学富乐顿分校）、内瑞雅·马尔泰什（Nerea Marteache，加利福尼亚州立大学圣贝纳迪诺分校）、玛丽·米尔（Marie Mele，蒙莫斯大学）、南希·梅里特（Nancy Merritt，国家司法研究所）、梅兰妮·安吉拉·伊莉（Melanie Angela Neuilly，华盛顿州立大学）、蒂娜·佩罗内（Dina Perrone，加利福尼亚州立大学长滩分校）、戈哈尔·帕特罗西安（Gohar Petrossian，约翰杰伊刑事司法学院）、詹姆斯·罗伯茨（James Roberts，斯克兰顿大学）、威廉·苏泽（William Sousa，内华达大学拉斯维加斯分校）和克里斯托弗·沙利文（Christopher Sullivan，辛辛那提大学）。也要特别感谢卡斯滕·安德烈森（Carsten Andresen，特拉维斯县社区矫正监管局）慷慨分享他的研究成果。

我于2010年加入约翰杰伊刑事司法学院，之后得到了许多同学的帮助和建议，他们中许多已是学术机构或其他单位的研究人员，包括：安布尔·霍宁（威廉帕特森大学）、米歇尔·库伯利斯（Michelle Cubellis，中央康涅狄格州立大学）、布里塔尼·海斯（Brittany Hayes，萨姆休斯顿州立大学）、阿兰娜·亨宁格（Alana Henninger，RTI International）、利奥尼德·兰茨曼（Leonid Lantsman，美国国务院）、李大元（Daiwon Lee，纽约市警察局）、布赖斯·彼得森（Bryce Peterson，城市研究所）、谢拉·德尔加多（约翰杰伊刑事司法学院研究与评估中心）、朱莉·维奥拉兹（Julie Viollaz，国际刑警组织）、玛丽莎·曼达拉（纽约市警察局）和马维亚·霍贾利（Mawia Khogali）。特别感谢作为东道主的约翰杰伊刑事司法学院研究与评估中心主任杰弗里·巴茨博士的宽厚相待。

最后，艾尔和我还要向本书的内容开发者朱莉·安德森（Julie Anderson, Lumina Datamatics）、圣智学习出版公司的专业人员卡罗琳·亨德森·迈耶（Carolyn Henderson Meier）、克里斯蒂·弗雷姆（Christy Frame）、塞思·施瓦茨（Seth Schwartz）和整个出版团队表达深深的谢意。

目　录

第四编　应用与分析

第一编

刑事司法研究导论

当看到“科学”一词时，你首先想到的是什么？对于“刑事司法是一门社会科学”的说法，你怎么看？有些人认为科学就是数学；有些人一想到科学，脑海中闪现的就是白大褂和实验室。还有人把科学与技术混为一谈，或者把它等同于中学或大学的一些较难的课程。

本书把科学视为一种研究方法，即学习和认识我们周边世界事物的方法。与学习和认识世界的其他方法一样，科学也有其特质。在各章的开篇语中，我们将检视这些特质。我们也会阐述如何将科学的调查方法应用于犯罪及刑事司法研究。

第一编是本书其他部分的基础，它探讨了科学区别于其他认识事物方法的根本特征和问题。第 1 章首先简要分析了自发的人类研究——我们所有人持续一生的事务。该章也会介绍各种研究目的以及研究项目设计方法的基本要素。

第 2 章专门讨论了社会科学方法在刑事司法研究中的应用以及理论与研究的关联。第 1 章的内容适用于有关犯罪与刑事司法的研究。虽然在个体和组织研究时会有一些特殊考虑，但所有科学的基本逻辑都是相同的。

伦理是我们研究人时面临的特殊考虑之一。我们在第 3 章中指出，大多数伦理问题都植根于两大基本原则：(1) 不得伤害研究对象；(2) 研究对象自愿参与。

第一编的总体目的是为研究设计及实施中更为特殊的一些层面作铺垫。完成第一编各章学习后，就可以考虑阅读一些更具体的刑事司法研究内容。

|第 1 章|

犯罪、刑事司法和科学研究

人们用不同的方法认识世界，在此过程中经常会犯错。科学与其他认知方法不同。本章将思考人们经常犯的错误以及如何科学避开错误，讨论各种研究目的，阐述如何设计研究项目。

学习目标

1. 认识到研究有关方法的知识对于刑事司法专业人员的重要性。

2. 描述我们认识事物的各种方法。

3. 认识到研究与普通人类活动的区别——从调查到系统性实证研究。

4. 认识到我们的多数知识是基于约定俗成（agreement）而获得的，而非来源于直接经验。

5. 认识到传统和权威是知识的重要来源。

6. 理解经验和系统性观察在刑事司法研究中的作用。

7. 认识到社会科学可以抵御但不能杜绝政治意识形态对研究成果的影响。

8. 区分各种研究目的。

9. 掌握研究项目的设计方法。

10. 能够进行文献研究。

11. 掌握研究计划的写作方法。

本章目录

在看守所和监狱内发生的性侵

2003 年,为回应羁押场所性侵行为的各种报道,美国制定了《消除狱内强奸法》(the Prison Rape Elimination Act)。该法加重了对大多数羁押场所(detention facility)性暴力行为的处罚力度,并要求司法部全面收集有关该问题的数据。报刊文章《某县误报少年犯看守所性侵犯数据》(County Misreports Data About Sexual Violence in Juvenile Jails)解释了羁押场所性侵行为在加利福尼亚州圣地亚哥市(San Diego)为何依然是一个问题(Maass, 2012)。为了更好地把握这一问题,研究人员已经着手研究,并对有关减少性暴力的措施进行评估。

艾伦·贝克及其同事(Allen Beck and associates, 2010)在著作中描述了美国司法统计局(the Bureau of Justice Statistics)以监狱(prison)和看守所(jail)为样本收集的数据。他们指出,4%的监狱囚犯和 3%的看守所在押人员都曾在最近的 12 个月内或者自被羁押之日起遭受过性侵。如果这一比例适用于全国的所有监狱和看守所,则预计共有 88 500 名成年被害人。此外,研究者们还披露,将近 3%的监狱囚犯和 2%的看守所在押人员曾与这些羁押场所的职员有过性行为,而且通常是自愿的。

城市研究所的南希·拉·魏格纳等人(Nancy La Vigne et al., 2011)介绍了他们有关如何预防看守所内性侵的研究成果。他们与三个羁押场所合作,尝试加强对囚犯和狱警的监督,安装监控摄像头,并对狱警进行危机干预培训。经过评估,魏格纳及其同事建议,看守所管理员应当通过系统化程序评估特定场所存在的问题,设计应对这些问题的改革措施,并收集用于评估这些措施效果的数据。

该例展示了研究者如何采取措施，从而更好地把握问题的范围，并尝试用各种方法来减少问题。城市研究所的分析人员还往前走了一步，他们培训狱警们自己去做应用研究。看守所管理员是魏格纳及其同事的研究成果的消费者，同时也获得了成为在其设施内进行应用研究的生产者所必需的一些技能。

导　言

刑事司法专业人员既是研究的消费者，也是生产者。

用一个学期时间学习刑事司法研究方法，这不太可能成为你们“必须尝试的趣事”列表中的首选。或许你计划成为一名刑事司法专业人员，并且正在思考：“我为什么要学研究方法呢？我毕业后可能在缓刑、执法、矫正或者法庭服务领域工作——而不是做研究！学习缓刑咨询、警察管理、矫正政策或法庭管理对我更有用。”这有点道理。但是，作为一名刑事司法专业人员，你至少会是研究的消费者。本书的目标之一就是帮助你实现这一点。而且，后文很快就会谈到，刑事司法专业人员往往也会开展研究工作。

例如，我们在“两种现实”（two realities）一节中就谈到，首次实验性研究的结论明确推翻了执法部门的一个传统观念——街面巡逻力量可以预防犯罪。作为研究成果消费者的警察、管理人员和执行者应当知道该研究成果是怎么做出来的，所在部门能否以及如何应用。各城市的警务实践迥异，因而警务领导者将能从研究方法和解读研究成果的方法中获益。

大多数刑事司法专业人员，特别是身在管理岗位者，经常要例行公事地审查各种绩效报告和数据表格。在过去的大约30年里，已经实施了成千上万项刑事司法研究及评估性研究。美国国家刑事司法文献服务处（National Criminal Justice Reference Service，https：//ncjrs.gov）建于1972年，职责是归档研究报告，并向世界各地刑事司法专业人员及研究人员发布。许多这类报告的制作目的就是将新的研究进展告知刑事司法群体。最近创建的问题导向警务研究中心（Center for Problem-Oriented Policing，简称“POP中心”，网址为http://www.popcenter.org）和CrimeSolutions.gov也是为了分享有关各种执法及普遍性司法问题的应用研究成果。掌握了研究方法的决策者能够更好地对研究报告进行批判性评价，能够发现研究方法的运用是否恰当。有关研究方法的知识帮助决策者避免犯错的实例，参见题为“居家监视居住”（home detention）的插页文章。

本书的另一个目标是帮助读者开展研究。在其他课程或者工作中，你可能会成为研究成果的生产者。比方说，缓刑官有时会测试各种监督或劝导缓刑人员的新方法，警察会尝试应对特定问题或动员社区的新途径。在相关刑罚修改后，对于如何让服刑期满的成年人和青少年更好地回归社会以及如何评估这些措施，许多州、市都有强烈需求。确定这些变革是否有效，这本身就是一种应用研究。越来越多的警察局和其他刑事司法机关正在采用基于系统性研究的问题解决方法。POP 中心网站的许多内容都是各地警察局开展应用研究获得的成果。因此，刑事司法专业人员不仅需要知道正确解读研究成果的方法，也需要知道如何生产正确的研究成果。

居家监视居住

早在 20 世纪 80 年代，美国就已经把结合电子监控（electronic monitoring）的居家监视居住广泛用作替代性刑罚措施。得益于电信及计算机系统的进步，这一新制裁手段在技术上得以实现。由于监狱和看守所关押人员增长，再加上设备制造商的大力推动，刑事司法官员们欣然接受了电子监控项目。但这些项目的有效性问题迅速浮现，这促使人们开展研究，以判断其是否发挥了作用。印第安纳州的马里恩县（Marion County，印第安纳波利斯）对此做了全面评估。该研究的结论表明，全面掌握研究方法，尤其是理解各种评测项目成绩的方法，是非常重要的。研究对象包括针对以下三类人实施的电子监控项目：（1）已判决成年犯（convicted adult offender）；（2）被控有罪且正在候审的成年人；（3）被判入室盗窃罪的未成年人。三类人中的所有人均被要求在规定期限内接受居家监视居住。他们有可能通过以下三种方式之一完成这一项目：（1）期限届满成功获释；（2）因违反规则（如再次被捕或违反项目规则）而被撤销居家监视居住；（3）逃跑，或者“潜逃”（absconding）。监管这些项目的机构必须向县治安官（county officials）提交定期报告，汇报每一类人中遵守居家监视居住期限的人数。下表分类归纳了评估研究期间完成项目的情况：

	已决成年犯	候审成年人	未成年人
成功获释	81%	73%	99%
违反规则	14%	13%	1%
潜逃	5%	14%	0%

这些机构向县治安官报送的图表表明，未成年人项目获得了巨大成功，而且实际

上，几乎所有未成年人都成功获释。

接下来讨论评估团队收集的各项目的其他信息，包括项目参与者再次被捕的数据以及远程电话顺利打入参与者家中的次数：

	已决成年犯	候审成年人	未成年人
再次被捕	5%	1%	11%
顺利打入电话	53%	52%	17%

如上表所示，未成年人再次被捕的比例更高，且未成年人接听打入家中的电话的比例更低。这是怎么回事？

答案很简单。负责监管该未成年人项目的人没有密切关注违法犯罪者的动向。电子监控设备运转不正常，而警察没有按照规定造访这些未成年人的住宅。监管者没有与项目参与者保持联系，因而也不清楚有许多未成年人正在违反居家监视居住的条件。同时也因为他们没有察觉违规行为，所以在上报时自然会称绝大多数未成年盗窃犯都在家顺利遵守了监视居住的条件。

如果县治安官只看那些说项目很成功的机构报告，那么他很可能会错以为未成年人项目已经取得99%的成功。相反，具备相关知识的研究报告消费者在看到这些报告时会对99%的成功率提出质疑，并主动去搜集更多信息。

一、本书讲什么？

本书着重讨论如何理解我们的所知。

本书重点关注我们认知事物的方法，而非关注我们所知道的。你可能在掌握一些知识后马上扔掉本书，但我们的主要目的仍是帮助你聚焦认识事物的方法。

两种现实

我们终究生活在一个具有两种现实的世界上。我们知识的一部分可以称为经验型现实（experiential reality）——我们通过直接经验所得之知识。例如，当跳入流经加拿大落基山脉的冰河时，根本不需要别人告诉你河水是冰的，你自己就感知到了。同样，你第一次踩到荆棘，在别人告诉你之前，你就会知道疼。我们知识的另一部分可以称作约定俗成型现实（agreement reality，或译为“共识的真实”）——被告知且所有其他人似乎都认同的现实，因而我们认为该现实是事实。实际上，在任何社会，成长过程中很重要的部分就是学会接受我们周边人等“知”其为真的知识。不知道那些相同的事物，我们就不可能真正融入一个群体。假设你用“太阳是否真的在西边落下”这样的问题严肃挑战地理学教授，你很快就会发现自己被其他人孤立了。第一种现实是我们本人经验的产物，第二种现实是别人告知我们的产物。

我们以预防性警察巡逻（preventive police patrol）为例来说明约定俗成型现实与经验型现实之间的差异。“预防性”一词是指，警察在指定巡逻区巡逻时能够预防犯罪。警察当然不可能预防所有犯罪，但有一种根深蒂固的观念认为，可见的流动警力可以预防一些犯罪。事实上，警察巡逻对于预防犯罪的价值长期以来一直是警方行动的基础性准则。O. W. 威尔逊（O. W. Wilson）是享有盛誉的芝加哥警察局局长，撰写过一部很有影响的警察管理著作。他认为，巡逻可以消除错误行为的动机和机会，对于预防犯罪而言不可或缺（Wilson and McLaren，1963：320）。林登·约翰逊总统的执法与司法管理委员会（Lyndon Johnson's President's Commission on Law Enforcement and Administration of Justice）于 1967 年发布的一份警务报告指出，“警察打击犯罪措施的核心是巡逻……巡逻旨在以这样一种方式部署警力，即能够消除或减少错误行为的机会，增加罪犯实施犯罪过程中或犯罪后不久即被抓获的概率”。

7 年后，私立研究组织警察基金（Police Foundation）出版了一项实验性研究的成果，对传统观念提出了令人意想不到的质疑。这项名为堪萨斯市预防性巡逻实验（Kansas City Preventive Patrol Experiment）的经典研究对三类不同等级的预防性巡逻的巡逻区进行了比较：（1）控制巡逻区（control beats），这类巡逻区每区部署一部警车；（2）主动式巡逻区（proactive beats），这类巡逻区每区部署两部至三部警车；（3）响应式巡逻区（reactive beats），这类巡逻区不实施日常的预防性巡逻。大约一年后，研究者对三类巡逻区采集的数据进行分析，发现各区发案率、市民对警察的满意度、犯罪恐惧感以及对警察业绩的其他测量指标并无差异（George Kelling et al.，1974）。

研究人员和执法专业人员都被这些研究结果吓了一跳。根据文献，堪萨斯的研究人员并未声称已经证明预防性巡逻对犯罪毫无影响。相反，他们认同警察工作应当更贴近社区民众，日常巡逻如能与更合理使用警方资源的其他策略结合使用，或许能够取得更好的效果。后续研究支持了后一判断。对费城（Philadelphia）步行巡逻的一项实验性研究发现，以分析证实的犯罪热区为基础分配步行巡逻警察，12 周后，暴力犯罪减少了 23%（Jerry Ratcliffe et al.，2011）。

20 世纪 70 年代开展的其他研究对警务实践中的其他基础性观念提出了质疑。堪萨斯的一项研究表明，对刑事报案的快速响应没有带来逮捕方面的变化（Marvin Van Kirk，1977）。警方侦查人员的侦查活动也极少导致逮捕（Peter Greenwood and Joan Petersilia，1975）。

举出这些例子，并非想抨击日常执法实践，而是为了说明：对警务的系统性研究已经证实，传统理念——约定俗成型现实——有可能让人误入歧途。仅增加巡逻警察数量不能减少犯罪，因为警察巡逻缺少方向。对报警电话作出更迅速的响应也不能增加逮捕数量，因为从犯罪发生到报警之间往往有长时间的延误。巧妙的侦探工作（detective work）也很少能侦破犯罪案件，因为侦查人员依赖的大部分信息来自于巡警准备的报告，而后者信息又来自于被害人和证人。这些早期研究为后续研究带来一定启发，后续研究对如何从案件中分拣出“可侦破”类型以改善侦查工作并实现更多的逮捕进行了探讨（Paul Robb et al.，2015）。

有关巡逻效果、响应时间和侦查工作的传统观念都是约定俗成型现实的实例。对比之下，这些对每一执法实践都提出了替代性看法的研究项目则属于经验型现实。这些研究都属于实证研究，是基于经验或观察生产知识的例证。

以上案例，研究者均以警务实践为研究对象，其研究结论以观察或经验为依据。实证研究是认识犯罪和刑事司法的一种方法，而阐述如何开展实证研究也是本书的目的。

科学的作用

科学是获取约定俗成型现实和经验型现实的途径。对于未亲身经历之事，只有达到某种标准时，科学家们才会认同。一般而言，一个主张必须同时得到逻辑上和经验上的支持：它要讲得通，而且必须与真实的观察一致。例如，为什么从未离开过地球的科学家会接受月球的阴暗面是寒冷的论断呢？首先，这个论断具有合理性，因为月球表面的热量来源于太阳光辐射。其次，对月球阴暗面的科学测量证实了这一论断。科学家们可以接受未亲自经历的事物知识——他们接受约定俗成型现实，但他们是在特定标准下才接受的。

对本书而言，更有意义的是科学家们提供了通过个人经验来发现现实的特殊方法。认识论（epistemology）就是认知的科学，方法论（认识论的一个分支）可以称作“寻找解答的科学”（the science of finding out）。本书着重阐述刑事司法方法论——科学方法如何用于更好地理解犯罪及刑事司法问题。为理解科学研究，我们先来探讨一下所有人每天都在做的研究类型。

实证 源于经验。社会科学之所以是实证的，是因为知识的获取是基于我们的亲身经历。

方法论 对用于认识事物的方法的研究；寻找解答的科学。

二、个体研究

日常生活中的个体研究以个人经验和他人权威为依据。

我们当中的大多数人都是这样的：如果了解周边事物且能预测未来状况，心里就会更踏实。而且，我们似乎也非常愿意用因果和概率推理（casual and probabilistic reasoning）来完成这一任务。首先，我们普遍认为，未来状况多少是由当前状况造成或决定的。例如，我们知道受教育程度会影响未来收入的高低，超速驾驶可能会让我们不太情愿地“邂逅”警觉的交警。作为学生，我们知道努力学习会得到更高的考分。

其次，我们认为，这种因果关系模式本来就涉及概率问题。当某些“因”存在时，相比于这些“因”不存在，出现某些“果”的可能性更大——但这并不绝对。正如学生都知道，在大多数时候，用功会取得好成绩，但也会有意外。我们都知道超速驾驶很危险，但并不认为每次超速驾驶都会导致交通事故。

因果和概率概念在本书中发挥了突出作用。科学使因果和概率易于理解，并为使用比非正式个体研究更严谨的方式处理因果和概率问题提供了技术工具。科学让我们的研究更加智慧、严谨和清晰，增长了我们的技艺。

我们对世界的认知，仅有部分与个体研究和直接经验相关，而多数知识是约定俗成的知识，来自他人给予。约定俗成型现实既帮助也阻碍了我们为自己寻求知识的努力。以下对二手知识的两个重要来源进行简要介绍。

传统

我们每人都继承了一种文化，这种文化包含了根深蒂固的知识。别人可能会告诉我们，春天播种玉米，将能得到神的最大恵赐；圆的周长接近其直径的二十二又七分之一；（在美国）靠左行驶是危险的。我们可以亲自检验其中的一些“事实”，但会不假思索地接受绝大多数“事实”。这就是所谓的众所周知的事实。

在此意义上，传统明显有利于人类研究。在寻求知识的路上，接受众所周知的事实，可以使我们免于承担因为从零开始而无法承受的负担。知识是日积月累的，对信息和知识的承继也是创造更多知识的起点。

传统也会阻碍人类研究。当我们寻求每人均已理解且一直这么理解的事物的新解释时，可能会被当成傻瓜。不过，更现实的情形是，绝大多数人都不会去寻找对我们所有人都“知道”为真的事实的新见解。

权威

虽然有传统的影响，但新的知识每天都在产生。除了个人亲自研究外，终其一生，人们也是他人新发现和新知识的受惠者。是否接受新知识，往往取决于发现者的地位。例如，对于再次违反交通规则是否会被暂扣驾照，你更有可能相信法官而非你父母的说法。

和传统一样，权威既能帮助也会阻碍人类研究。我们愿意相信在某项事务上受过专门训练、有专长和有学历的人的判断，对待有争议问题时尤其如此。与此同时，合法权威（legitimate authority）一旦在其特长领域犯错，将产生极大的研究阻力。生物学家也会在生物学领域犯错，因为生物学知识日新月异。多数人相信制药厂和政府机构的权威，认为只要根据说明书服药，无处方购买的药品就是安全的。然而，在 19 世纪末，我们的信任可能会让我们买下一瓶拜耳公司（Bayer）的海洛因（Heroin）。同样的情形也可能出现在非处方止疼药上（James Inciardi，1986）。从插页文章《逮捕与家庭暴力》可知，刑事司法政策制定者过快接受刑事司法研究的结论也可能会带来麻烦。正如爱因斯坦所言，“不假思索地尊重权威，是真相的敌人”（转引自 Roger Highfield and Paul Carter，1994：79）。

太把专家权威对其专业领域之外的说法当回事，也会对研究造成困扰。

比方说，没有任何生物化学专业知识的政治领导或宗教领袖断言大麻是危险的毒品。广告界让深受公众喜爱的运动员代言各种商品，更是常见的滥用权威。

传统和权威都是认知世界的双刃剑。简单地说，它们为我们自己的研究提供了起点，但也可能是个错误的起点，或者会将我们推向错误的方向。

逮捕与家庭暴力

1983 年，有关逮捕对家庭暴力的震慑效果（deterrent effect）的初步研究结果发布。该项研究揭示，与未被逮捕的男性施暴者相比，被逮捕的男性施暴者再次施暴的可能性要小得多。该项研究由警察基金的研究人员执行，采用了从自然科学转化来的严格实验方法。刑事司法学者大多认可，该项研究的设计和执行都很出色。政府官员们迅速采纳了该项研究的成果，对家庭暴力施暴者实施逮捕，以阻止他们再次施暴。

这是支持打击家庭暴力是一项有效政策的实证证据。研究者将明尼阿波利斯家庭暴力实验（the Minneapolis Domestic Violence Experiment）的研究成果交付出版（Lawrence Sherman and Ellen Cohn，1989），也是该实验结论广为传播的原因之一。美国司法部长建议警察机关对所有构成轻罪（misdemeanor）的家庭暴力施暴者适用逮捕措施。不到五年，超过 80%的美国城市执法机构把逮捕用作应对家庭暴力的优先措施（Lawrence Sherman，1992：2）。

以逮捕震慑家庭暴力的政策的迅速采用，原因有四：其一，深受尊敬的研究者进行了审慎的实验研究；其二，研究成果被报纸、专业期刊和电视节目广泛传播；其三，政府官员能够理解这项研究，而且多数人认为其结论是合理的；其四，对轻微家庭暴力施暴者强制执行逮捕，是应对正在发展的问题的简单且具有政治吸引力的措施。

不过，劳伦斯·谢尔曼和理查德·贝克（Lawrence Sherman and Richard Beck，1984）强烈警告，不能不加分辨地采用他们的研究成果。还有人建议在其他城市进行类似研究，以检验明尼阿波利斯的实验结论（Richard Lempert，1984）。美国国家司法研究所为此在另外六个城市发起了更多实验，即重复实验（replication）。并非所有人都乐见其成。比如，密尔沃基（Milwaukee）的一个女权主义团体就反对在该市进行重复实验，它深信逮捕的效果已经得到证明（Sherman and Cohn，1989：133）。

重复实验研究结论对逮捕政策的有效性提出了质疑。三个城市的警方家庭暴力记录中未能发现其震慑效果。而在其他城市，震慑效应的持续性（6 个月至 12 个月）未能得到证实。而且，研究者发现，在其中三个城市，施暴者被捕后，暴力现象不减反增（Sherman，1992：30）。谢尔曼等人（Lawrence Sherman et al.，1992：167）披露，在密尔沃基，“可以观测到，最初的震慑效果在持续不到 30 日后迅速消失。一年后，（逮捕）导致暴力增加”。逮捕对有些案件管用，对有些案件则无效。对于许多案件来说，在对家庭暴力作出响应的过程中，全面调查施暴者的性格及其与被害人的关系至关重要。

全国各地警察机关已经接受明尼阿波利斯实验的研究成果，采纳了逮捕政策。在此背景下修正最初的研究结论并作出解释，对于研究者而言极为艰难。逮捕看上去很合理，政府官员和公众也对他们在论文和电视节目上看到的东西深信不疑。通过公布复杂

> 的研究结论来让他们改变观念的难度很大，但必须坚持下去。长期的跟踪研究已经证明，被逮捕的施暴者更有可能成为杀人（homicide）案件的被害人（Lawrence Sherman and Heather Harris，2013）。更需警觉的是，在该实验结束后的23年里，与未被逮捕家庭暴力施暴者的被害人相比，被逮捕施暴者的被害人死亡率更高（Lawrence Sherman and Heather Harris，2015）。

三、个体研究中的错误

日常生活中的个体研究揭示了大量可能的偏好。

除了依赖权威和传统的潜在危害外，当我们准备自己去认识事物时，也经常遇到障碍。对此，可以先想一想我们自己进行的非正式研究中的那些常见错误，然后看看为避免出现这些错误的科学保障措施。

不准确的观察

观察是研究的基石。只有先知道事物的存在，才能了解事物运行的规律。先知道"何事"（what），然后才谈得上"为何"（why）。不过，整体而言，人们对生活中的事件进程的观察是相当马虎的。我们观察不到近在眼前的东西，对远在天边的东西观察出错。好好想想，你们的老师第一天上课时穿什么衣服？如果要用猜的方法，那你猜中的概率有多大？

对比非正式的个体研究，科学观察是一项受到严格引导的活动。哪怕只是用心一些，也能在观察时减少出错。如果第一堂课你来了，并且有意识地去观察和记录老师的穿着打扮，你的准确率就会高得多。

在很多场合，简单和复杂的测量工具可以帮助我们预防观察出错。例如，第一天上课时你给老师拍了一张照片。这张照片会比我们的感官更靠谱。

过度概化

我们观察周边事物，探寻其具体模式时，经常会把个别相似的事件视为普遍形态（general pattern）的证据。当存在理解事务的压力时，出现过度概化（overgeneralization）倾向的可能性最大，尽管没有压力时也可能会出现过度概化。只要过度概化，就会误导或妨碍研究。

假设你是一名新警察，刚被派去步行巡逻一个城镇社区。你的上司想在你巡逻结束时和你见面，听你谈谈你对巡逻区存在的主要问题的看法。急于得到上司认可的你跑去咨询一个小型商业区便利店店主。如果店主说最担心故意毁坏财物行为，那么你在向上司汇报时可能会说故意毁坏财物是巡逻区的主要问题——即便当地居民和其他店主深信毒品交易才是最主要的问题，而且毒品交易助长了当地的入室盗窃、盗窃车内财物、抢劫和故意毁坏财物行为。过度概化会使人对巡逻区存在的问题产生误解，并对该问题进行简单化处理。

为了防止过度概化，刑事司法研究人员会事先接触足够多的样本并进行观察，重点分析这些观察的代表性。重复是研究的另一种保障。重复就是反复多次进行同一研究，以确定是否每次都能得出相同或相似结论。也可以在不同地点和稍有不同的条件下开展重复性研究。插页文章《逮捕与家庭暴力》提供了重复实验的实例，也解释了重复实验对于应用研究极为重要的原因。重复实验的结论要么支持先前研究结论，要么促使我们质疑先前研究的准确性。

重复 反复进行同一研究以检验先前研究的结论，通常会在略微不同的条件下或在不同的研究对象群体中进行。

选择性观察

过度概化的危害之一是可能导致选择性观察（selective observation）。一旦确认存在某个特殊模式，并且已经对其原因形成了一般性理解，我们很可能就会被诱导去关注与该模式一致的事件或现象，而忽略其他与之不符的情形。选择性观察强化了种族歧视、民族歧视和其他偏见。

研究者通常会在得出特定项目的结论前，先详细描述所进行观察的数量和类型。如果我们要了解女性是否比男性更支持对性犯罪者判处长期监禁刑，就必须明确就该问题所需观察的数量。我们可能要选择 200 人进行访谈。即便前 10 名女性支持而前 10 名男性反对，我们也会继续访谈该项研究所选择的所有对象，并记录每一次观察。我们会分析对所有而非仅前 20 名调查对象的观察，并在此分析基础上得出结论。

不合逻辑的推理

当观察与有关事物的知识相矛盾时，人们对待观察的方法各异。其中最出名的人类思想创造之一无疑是“证明规则存在的例外”（the exception that proves the rule），而这根本就是没有任何意义的思想。例外可以让我们注意到规则或假定的规则，但是例外在任何逻辑体系中均无法证明与之相悖的规则。然而，我们经常使用这句“至理名言”，用不合逻辑的方式抹掉分歧之处。

统计学家所说的赌徒谬误（gambler's fallacy）是日常生活推理中的另一个不合逻辑的例子。根据赌徒谬误，连续的好运或霉运被认为预示着它的反面。因此，在牌桌上整晚都走霉运的人可能会燃起翻盘在即的念头——这种错误念头是许多赌徒长时间滞留赌桌的原因。相反，持续的好天气可能会让我们担心周末野餐时一定会下雨。

虽然所有人都会使用令人难堪的非逻辑推理，但是科学家们可以主动运用逻辑体系避免这样的窘境。本书第 2 章和第 4 章阐述了逻辑在科学中的作用。

意识形态和政治

毫无疑问，犯罪是重大社会问题。围绕应对犯罪的政策产生了许多论战。许多人竭力倡导将死刑、控枪和长期监禁作为减少犯罪的方法。越来越多的人关注警务实践和量刑政策中的种族歧视。从严处置性犯罪者显然是国家立法机关非常欢迎的议题。意识形态（ideology）或政治观念会削弱研究过程的客观性。刑事司法专业人员尤其难以摆脱意识形态和政治影响，无法确保犯罪研究的中立和科学。

犯罪学家塞缪尔·沃克（Samuel Walker，1994：16）将刑事司法研究中的意识形态偏好与神学进行了比较：“根本性问题……是信仰战胜了事实。自由派和保守派都有一些不容置疑的信条，如同实证的真实（empirical reality）无法撼动宗教信仰一般。”

对于包括犯罪对策在内的公共政策，我们中的多数人都有自己的信条。危险在于，我们允许这些信条干扰研究问题的界定和研究结论的解释。犯罪和刑事司法政策研究的科学方法可以预防但不能杜绝意识形态、神学和盲从权威对研究过程的侵蚀。在实证研究中，所谓的信条会被误解为经验。

人孰无过

在认知世界途中，我们已经知道有些方法会让我们偏离正道，也掌握了一些利用科学防止研究误入歧途的方法。社会科学研究与我们非正式的日常研究有两大区别。

其一，社会科学研究是一种自觉行为。虽然我们每天都在不断进行观察，但多数是无意识或半自觉的。相反，在社会科学研究中，我们自觉决定进行观察，并在观察时保持头脑清醒。

其二，社会科学研究比非正式研究更谨慎；我们更担心犯错，会采取专门预防措施以免出错。

社会科学研究方法能够完全避免人们在个体研究中的错误吗？当然不能。不仅个体会犯下我们已经见过的各种错误，社会科学家群体也会陷入困境，长时间无法自拔。

四、研究目的

我们为不同目的而进行刑事司法研究。

刑事司法研究无疑可以服务于多个目的，目的之一是解释两个或两个以上变量的关系，其他目的则包括探索（exploration）、描述（description）和应用（application）。虽然一项研究可能有多个目的，但是对各个目的进行逐一审查是有益的，因为每一目的都对研究设计的其他方面有不同的意义。

探索

许多刑事司法领域的研究都是为了探索一个特定问题，被称作“探索性研究”（exploratory research）。研究人员或政府官员可能对少有人知的某种犯罪或某个刑事司法政策问题感兴趣。或许某个地区在尝试警务、法庭管理或矫正的新举措，而研究者想要判断该举措能否适用于其他州或城市。探索性项目可以通过测量收集数据，确定与今后变化进行比对的基准。

譬如，越来越多的人关注欺凌（bullying）现象，可能促使人们采取措施评估中学的欺凌状况。有多少欺凌已经向中学老师告发？家长们会对孩子们在校园遭受恐吓进行控告吗？欺凌的方式是否因对象为男生或女生而有所不同？同性恋和双性恋学生尤其容易成为欺凌对象吗？实施欺凌的学生涉嫌违法吗？欺凌会影响学校上课出勤率吗？以上是对欺凌现象进行不同层面探索的研究问题示例。探索性问题也可以根据父母和校方对欺凌现象的回应进行设计。有多少学校开设了专门的反欺凌教育课程？被害人能够获得援助吗？政府出版物《校园犯罪与校园安全指标》（*Indicators of School Crime and Safety*）提供了一份有关欺凌及其他校园安全问题的信息概要，其目的如下：

> "该报告的目的并非详尽汇编校园犯罪和校园安全信息，也非探索校园犯罪和校园暴力的原因，而是要提供来自大量数据源的信息的简要总结，让政策制定者、教育者、父母和公众能够获得有关国内校园犯罪和校园安全的数据。"（Simone Robers，et al.，2014：2.）

考虑改变政策时，也可进行探索性研究。更严格的执法和更长时间的监禁，作为应对吸食毒品问题的公共政策已有多年，而看守所和监狱迅速被新逮捕和判刑的毒犯填满。这促使人们寻求替代监禁的措施，例如结合治疗的分流措施。"其他城市（或州）是怎么处理这个问题的？"这是政府官员在考虑一项新政策时最常问的问题之一。

刑事司法领域的探索性研究有简单的，也有复杂的，而且可以采用的方法也很多。譬如，市长想要知道本市毒犯逮捕情况，只要打个电话给警察局长要份报告即可。相比之下，评估有多少中学高年级学生吸食大麻则需要更系统的方法。1975 年以来，多个联邦机构每年都会对学生吸食毒品情况进行全国性调查。

描述

许多刑事司法研究的主要目的是描述犯罪问题或回应该问题的政策。在描述性研究中，研究人员或政府官员会进行观察，然后描述所观察到的内容。相比于人们对犯罪率或暴力青少年现今状况所做的非正式观察，刑事司法观察和描述以社会科学为方法根基，准确性更有保障。描述性研究往往涉及对观察的统计或记录；探索性研究更注重形成对新问题或不常见问题的初步理解。

刑事司法领域常见描述性研究。美国联邦调查局（Federal Bureau of Investigation，简称 FBI）自 20 世纪 30 年代起编撰《统一犯罪报告》（the Uniform

Crime Report，简称 UCR）。UCR 的数据由报纸定期报道，并被广泛视为对美国犯罪现象的精确描述。例如，2008 年度 UCR（Federal Bureau of Investigation，2009）的统计表明，就盗窃汽车案件而言，内华达州犯罪率最高（每 10 万人 611.6 起），而缅因州最低（每 10 万人 89.3 起）。

美国的刑事司法政策主要由州及地方政府掌控，因而许多描述性研究要找地方政府收集和总结信息。UCR 就是一例。实际上，联邦政府自 1850 年起即每年对州及地方惩教机构中的囚犯进行普查。和每十年一次的美国人口普查一样，囚犯年度普查也要搜集人群的基本参数——当然，这里的人群是指（在看守所或监狱）羁押和处在缓刑期或假释期的人群。

刑事司法领域的描述性研究还有其他用途。研究者可以参加社区犯罪防控组织的集会，观察他们如何组成邻里守望委员会（block watch committee）。这些观察构成了描述社区犯罪防控组织活动的个案研究的基础。这一描述性研究可以为其他城市的官员和居民推动该类组织发展提供信息。也可以参考海特·科佩斯、安迪·霍克斯特勒和迈克尔·谢尔博诺（Heith Copes，Andy Hochstetler and Michael Cherbonneau，2012）的研究成果，他们描述了汽车抢劫犯打消被害人反抗意图的各种手段。

解释

刑事司法研究的第三个一般性目的是解释事物。有关城市居民对警察持普遍性欢迎态度的报告属于描述活动，而有关为何有人相信警察干得好而其他人则认为不好的报告则属于解释性研究。同样地，有关内达华州汽车盗窃犯罪率为何全国最高的报告是一种解释，仅仅报告各州的汽车盗窃犯罪率属于描述。在意图了解为何更多 14 岁未成年人加入帮派，而不是单纯描述帮派成员变化时，研究者具有解释目的。

应用

研究者也会进行具有应用性质的刑事司法研究。应用研究源于寻求具有政策意义的特定事实和结论的需要。因此，刑事司法研究的另一个目的是将其应用于公共政策。应用研究可以分成两类：评估和问题分析（problem analysis）。

其一，应用研究常用于评估特定刑事司法项目的效果。以减少入室盗窃案件为设计目的的项目，对其是否真正达到预定效果的判断就属于评估。最简单的评估方式就是直接比较项目目标和实际结果。譬如，如果增加警察步行巡逻的目的之一是鼓励市民向警察告发犯罪，那么，对步行巡逻的评估就需要比较增加巡警数量前后的报案率。杰瑞·拉特克利夫等人（Jerry Ratcliffe，et al.，2011）对费城步行巡逻的评估就是这样做的。

评估研究在多数时候会使用社会科学方法测验某项目或政策变动的结果。就此而言，评估与探索性研究有很多共性。犯罪现象长期存在而且变化很快，需要不断寻求新的解决办法，因而政府官员和研究人员对新项目的评估也越来越常见。

其二，应用研究也用于分析一般性司法政策和更具体的问题。如果我们限定某法官和检察官只能处理毒品案件，那么法院案件积压现象会出现什么变化呢？如果警察局实行两名警察共用一部车的夜班模式，那么必须新雇用多少警察呢？这就是问题分析所要阐述的“如果……怎么办”（what if）问题的实例。回答这类问题就相当于进行项目评估。问题分析主要关注未来事件，这是它不同于其他形式刑事司法研究的主要原因。政策分析需要预测替代性措施的未来结果，而不是观察和分析当下或过去的行为。

同样地，司法组织越来越多地将问题分析技术用于研究案件模型和设计合理的应对之策。最知名的例子或许是问题导向警务。在这种警务模式下，犯罪分析人员与警察及其他组织共同对重复出现的问题进行审查。罗纳德·克拉克和约翰·艾克（Ronald Clarke and John Eck，2005）为此类应用研究提供了全面指引。

本书对各种研究目的进行简要讨论，并非要暗示这些目的相互排斥。许多刑事司法研究都有多个目的。假设你想研究所在大学的自行车盗窃问题。首先，你需要获得描述大学自行车盗窃问题的信息。假设你通过评估发现，校园内一些地点的自行车被盗案件减少，而学生宿舍外摆放架上的自行车被盗案件增加。你可能会这样解释：宿舍外停放的自行车更有可能长时间不骑，而停放在教室附近的自行车使用更频繁。要减少盗窃，措施之一就是安装更牢固的自行车摆放架。进行政策分析时，会对安装摆放架的成本与预计因自行车盗窃减少而节约的成本进行比较。

值得一提的是，POP 中心已经出版了一份相当有用的自行车盗窃问题指引（Shane Johnson，Aiden Sidebottom and Adam Thorpe，2008）。除了用于预防自行车盗窃外，这份指引也是司法专业人员可以实施和采用的应用研究的实例。更多信息和示例，参见 POP 中心网站（http://www.popcenter.org）。你也可以亲自进行一次自行车盗窃研究。

五、如何设计研究项目

设计研究项目时需要规划几个阶段，但这些阶段并不总是以同一顺序出现。

我们已经知道非正式个体研究为何会让我们走上错误道路，同时我们也对基本研究目的进行了归纳。但是你如何亲自承担一个研究项目呢？从哪开始？然后怎么往下走？你会如何开始设计你的研究项目？大学刑事司法研究方法课程通常会要求学生设计研究项目。本章后文介绍了研究设计和撰写研究计划的基本要素。

每一项目均有起点，但从一开始就对后续阶段进行通盘考虑极为重要。图 1.1 是一张社会科学研究进程简图。可以把它当成一种在开始探索特定研究内容的细节前为我们提供研究过程全貌的地图。

研究过程

处于图 1.1 上部的是兴趣（interest）、想法（idea）、理论（theory）和新项目——一系列研究的可能起点。字母（A、B、X、Y 等）代表威慑或入室盗窃之类的概念。比如，你可能有兴趣找出刑罚能够阻止部分而非所有人犯罪的原因，你可能想要查清入室盗窃者如何选择作案目标。简图中的问题表明，你不太肯定真相是否如你所推测的那样。我们把理论表述成多个概念（A、B、E 和 F）间的一组复杂关系。

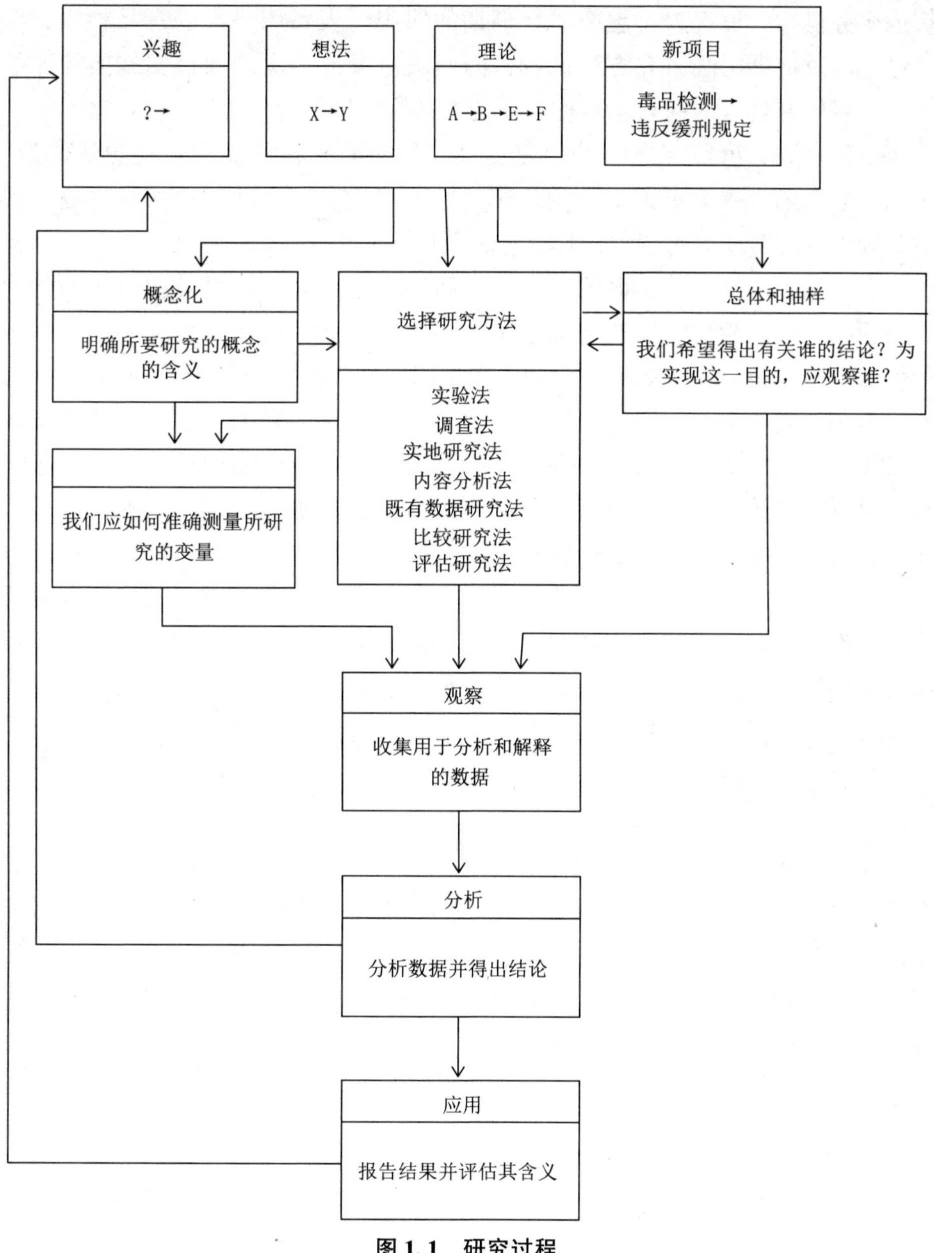

图 1.1　研究过程

研究过程也可能始于图 1.1 右上角所示的新项目的某个想法。设想你是缓刑服务机构的负责人，想要对缓刑期的罪犯引入每周一次的毒品检测。你已经学习过刑事司法研究方法课程，因而决定设计一次新项目实施前的评估活动。该研究过程的起点就是你对新的毒品检测项目的想法。

请留意数个可能起点间的反复变动。最初的兴趣可能会促使想法成形，想法可能会融入一个更大的理论之中，而该理论会催生新的想法和兴趣。你对某理论的理解或许也会促使你思考新政策。

我们举个研究实例，以便进行更具体的讨论。假设你很关注所在大学的犯罪问题，你可能特别想知道其他学生如何看待这一议题以及他们认为应当如何做。进一步说，比如你注意到，学生们特别关心袭击和抢劫等暴力犯罪，而且许多学生认为大学应当为预防暴力犯罪采取更多措施。这一想法可能起源于你当了几年学生后的个人兴趣，也可能是你在选修某课程和学习犯罪学理论时冒出来的。或许你最近阅读了有关校园犯罪潮的小说，又或许是某个相关事物让你想要进一步了解校园犯罪。

根据本章前文所讨论的研究目的，你的研究主要是探索性的。你也可能会有兴趣进行描述和解释：校园暴力犯罪问题有多严重？学生们尤其关心某些区域的犯罪吗？为什么有些学生比其他人更担心犯罪？学生们认为有什么措施可以有效减少校园犯罪？

开始着手

如果想研究学生对暴力犯罪的关注程度，你无疑会想阅读有关该议题的材料。有人可能已经研究过犯罪恐惧感和人们最关注的犯罪类型，你的研究可以从查找这些研究开始。校园网上刊登的新闻可以提供最近发生的暴力犯罪信息。你很可能也想与其他人谈谈，包括其他学生或校园警察。这些行为将为你处理有关研究设计的各种决定奠定基础。阅读研究文献时，应当注意其他研究者探讨该问题的方式，并思考相同设计能否达到你的研究目的。

顺便问一下，你的目标是什么？在设计研究项目之前认清目标非常重要。你是要根据研究撰写论文以达到课程要求，还是要写一篇优秀毕业论文？你的目的是收集信息以支持那些要求加强警察保护或增加校园照明的观点？你是要为校报或校园博客撰稿吗？

开展研究的目标通常可以表述在报告中。我们建议，在设计研究项目时，可以从制作这类报告的纲要开始。你应当清楚研究完成时你想要使用的表达方式。以下是这类表达方式的两个示例：

“百分之X的州立大学学生相信，性侵犯是校园里的一个严重问题。”

“相比住在校内的女学生，住在校外的女学生更有可能认为应在上夜课的大楼附近安装紧急呼救电话。”

尽管最后报告与最初的想象可能相距甚远，但是勾画出拟完成的报告的纲要，有助于设计研究项目时作出最佳决策。

概念化

我们经常私下谈论一些刑事司法概念，如吓阻、再犯（recidivism）、犯罪预防、社区警务和虐待儿童。要使用这些概念进行研究，必须明确其含义。第5章将深度讨论概念化过程。此处仅探讨在我们的假设案例中概念化会涉及哪些要素。

如果打算研究学生对暴力犯罪的关注，你首先必须明确何谓“对暴力犯罪的关注”。这个意思模糊的短语的含义因人而异。校园警察关注暴力犯罪，因为这是他们的工作内容之一。学生们可能会有两种关注：一方面，学生们对犯罪的关注，可能犹如他们对其他社会问题如移民、医疗和经济全球化的关注一样。他们认为这些都是社会应当解决的问题，但不认为这些问题与他们有直接关系；我们可以据此将“对暴力犯罪的关注”界定为“对暴力犯罪的一般性关注”。另一方面，学生们有可能认为暴力犯罪已经直接威胁到他们自身，他们要表达成为犯罪被害人的恐惧；这种“对暴力犯罪的关注”可以被称作“对人身安全的恐惧”。

当然，你需要明确界定你想要研究的所有概念。如果打算研究对犯罪的关注可能对学生行为造成的影响，必须确定重点是特定的预防行为（如锁门）还是一般行为（如上课、参加派对和足球比赛）。

选择研究方法

刑事司法研究人员可以选用的研究方法很多。每种方法各有优劣，某些方法比其他方法更适合于研究某些概念。

调查是研究对暴力犯罪的一般性关注和对人身安全的恐惧的最佳方法。

这些都是人们费心思索但又难以直接观察到的事情。你可以访谈学生，或者请他们填写在线调查问卷。正如我们在第 9 章所提到的，调查法特别适合用于研究个体的态度和意见。因此，如果要判断害怕犯罪的学生是否比不害怕犯罪的学生更容易相信增加校园照明设备的作用，调查就是一种好方法。作为替代措施，你也可以对更少数量的学生或专题小组（focus group）进行深度访谈——这是第 10 章重点讨论的主题。

也可以适用第三部分讨论的其他方法。通过内容分析（见第 12 章），你可以检查校园博客的登录记录，分析博客作者们对于提升校园安全的建议。（你用来观察学生是否倾向于避开校园无照明区域的）实地观察（见第 11 章）可以帮助你理解学生夜间避开校园特定区域的行为。你也可以研究已经正式向警方和大学管理层提出的有关校园犯罪问题的投诉。在本书第三编，你将看到可以用于研究本议题的其他研究方法。一般而言，最好的研究设计是指能够使用多种研究方法，充分利用它们各自长处的设计。

操作化

明确说明所要研究的概念并选择研究方法后，你必须制定具体的测量程序。第 5 章所讨论的操作化，是指用于测量特定概念的具体步骤或操作流程。

如果决定使用调查法研究学生对暴力犯罪的关注情况，你的操作可以采用调查问卷条目形式。你可以用问题“天黑以后独自在校园停留，你感觉安全吗?”来衡量对人身安全的恐惧。问题后面可以附上“安全”和“不安全”的答案选择。学生对如何提升校园安全的态度可以通过这一条来衡量：“以下列出了可能用于减少校园暴力犯罪的各种措施。在每一类措施旁边注明你是支持还是反对”。该条之后可附数种措施，并在每种措施旁边留出“支持”和“反对”的方框。

研究总体和抽样

除了明确概念和测量外，还必须确定所要研究的对象。研究总体（population）是指我们想要对其作出结论的群体。该群体通常由人构成，但我们也可能想去研究一批戒毒康复诊所。我们不太可能对我们感兴趣的研究总体的所有成员进行研究，因此通常得从中抽取研究对象。对于能够充分反映总体之样本的抽取方法，第 8 章进行了详细介绍。需要注意的是，在图 1.1 中，总体和抽样的选择与研究方法的选择密切相关。

研究学生对暴力犯罪的关注时，相关研究总体是你所在大学的学生总体。不过，第 8 章说明，选择样本时需要考虑更多细节因素。需要涵盖半脱产和全脱产学生吗？只调查校内居住学生或校外住宿学生，还是两者都调查？如果你的目的是研究学生对性骚扰的关注情况，那么可以将对象总体限定为女学生。如果特别关注仇恨犯罪，就要确保对象总体包括少数族裔和其他被认为特别容易成为仇恨犯罪目标的人。

观察

决定研究什么、对哪些对象进行研究和使用什么方法研究之后，应当准备实施观察，以便收集实证数据。第三编各章介绍了多种研究方法，并讨论了适合于每种研究方法的观察方法。

为调查学生对暴力犯罪的关注情况，你可以制作一份电子调查问卷，让从学生中抽选的样本填写。你也可以组织一个访谈团队进行电话调查。第 9 章探讨了这些方法及其他可用方法的相对优势和不足。

分析

兴趣、想法和理论促成了研究，我们又使用收集的数据得出能够回应这些兴趣、想法和理论的结论。第 14 章介绍了一些可用于分析数据的方法。需要注意的是，图 1.1 中的分析结果可以对最初的兴趣、想法和理论形成反馈。实践中，这种反馈可以推动下一轮研究。在研究学生对暴力犯罪的关注情况时，该分析阶段兼具描述和解释目的。有的学生天黑后不敢使用特定停车设施，有的学生支持或反对可以用来提升校园安全的措施，分析可以从计算这样的学生所占比例开始。这些比例也能很好地反映学生对该议题的看法。

你也可以不限于简单描述，而去调查学生中不同群体的看法：男生与女生；新生、二年级生、三年级生、四年级生和研究生；校内住宿生和校外住宿生。随后，你可以进行某种解释性分析，以证明选修夜间课程的学生最有可能支持增强校园照明。

应用

研究过程的最后阶段是运用所实施的研究和达成的结论。首先，你可能要将成果传播出去，以便他人了解你的研究。你通常需要撰写某种书面报告。你可能会在课堂或专业会议上做口头陈述。或许你也可以制作网页，上传研究成果。其他学生会乐于见到你就学生对校园暴力犯罪的关注情况所取得的研究成果。

你的研究也可以真正用于校园安全实践。如果你发现所访谈学生中有相当一部分人认为图书馆旁的停车场照明很差，那么大学管理层有可能会安装更多路灯，校园警察也可以增加该区域的巡逻频率。如果住在学校的学生对暴力犯罪的恐惧高于居住在其他地方的学生，那么犯罪预防项目可以学生宿舍为起点。罗格斯大学一门犯罪预防课程的学生们瞄准了新泽西州纽瓦克校区周边的盗窃汽车和破窗盗取车内财物案件。他们的学期项目就大学和市政官员如何减少该类案件提出了专业建议。

思考研究议题

把兴趣框定在特定议题或难题中，这是研究过程中最为重要也是出奇困难的部分之一。

你对什么样的认识感兴趣？想必你有数个有关犯罪及可能的响应政策的议题。为何青少年帮派中有些销售毒品，而其他则盗窃汽车？为何校园周边某些地区的入室盗窃发案率更高？在拦截搜身（stop and frisk）实践中发现枪支的概率有多高？量刑政策歧视少数族裔吗？拥有枪支管控立法的城市的杀人案发案率更低吗？独门独户和公寓大楼，哪个更有可能发生入室盗窃？某些州的强奸案量刑重于其他州？为减少酒驾再犯，强制监禁处罚比吊销驾照更有效？耐心考虑一下你感兴趣和关注的议题的类型。

为了给你提供一些有关可选研究题目的想法，下面列出2010年秋季学期马克斯菲尔德在约翰杰伊刑事司法学院教课时学生撰写的论文的题目：

- 青少年假释听证会（parole hearing）上的风险评估
- 宗教和文化对于如何看待自杀的影响
- 药物成瘾和精神疾病与逮捕频率的关联度分析
- 家庭暴力与分居后的间接虐待配偶（indirect spouse abuse）的关系
- 对新泽西州大西洋城（Atlantic City）皮条客的探索性研究
- 对西班牙性侵者的态度的实验研究
- 天主教神父性虐待行为是性倾向或情境因素（situational factor）的产

物吗?

· 美国本土的社区瓦解及犯罪

在大多数研究过程中，随着对研究主题的深入了解，研究者会主动修改或澄清研究议题。选修马克斯菲尔德课程的学生就是这样的。学生安布尔·霍宁研究皮条客。她惊讶地发现，大西洋城只有少数卖淫者与皮条客的关系属于典型的工人与管理者（worker/manager）的关系。这促使她从区分卖淫者与皮条客（或其他与皮条客角色相似的人）之间的工作模式开始，对研究进行重新规划。(顺便提一下，安布尔·霍宁也是本书第 10 章“定性访谈”的作者。)

通常情况下，你会被建议从自己的兴趣和经验开始，然后深入了解已经实施过的研究。例如，一个对监禁场所有较多体验的学生研究了前列第三个题目。她工作的第一步是观察。她发现，因轻微违法而频繁被捕的人，其实施违法行为的原因主要是药物滥用和精神疾病，而不具有明显的犯罪目的。该生随后进一步了解了有关被羁押人群的现有研究，并在阅读大量研究文献后修改了题目。

学生们有时难以将兴趣限定在有研究价值的议题上。从某种意义上讲，我们都很关注犯罪和司法问题，但偶发的兴趣可能会让人误入歧途。查阅有关犯罪和司法问题的研究是获得有关研究题目的想法的好办法，也是了解社会科学如何阐述那些被通俗文学作品随意处理的问题的捷径。插页文章《获取有关研究题目的想法》为此提供了更多建议。

获取有关研究题目的想法

许多人都对某类其感兴趣的研究议题有想法，尽管这种想法可能很普通。但仅仅如此，研究者也很难开始研究。以下是一些发现有关研究题目的想法并使之具体化的小窍门。

使用专门工具进行网络搜索

比如在谷歌搜索面板输入下面这个词：“性侵者居住限制（sex offender residency restrictions）”。在 2013 年 4 月，该词条可以检索到大约 203 000 条结果，包括大众媒体报道、法律链接和许多其他类型站点。再把该词条输入谷歌学术（Google Scholar）搜索面板（http://scholar.google.com）试试。在 2013 年 4 月，可检索到 238 篇（部）学术论文和著作。读一读检索到的这些内容或者有关该议题的大众媒体报道，将能获得关于如何开始性侵者居住限制方面研究的想法。

重复现有研究

杰奎琳·伯伦逊和保罗·阿佩尔鲍姆（Jacqueline Berenson and Paul Appelbaum，2010）研究了纽约州两个县的性侵者的居住地点。引发他们兴趣的是立法有关性侵者居住地点与学校及其他公共场所之间的最小距离的规定，以及这些立法对性侵者选择住址的实际影响。她们取得了两项值得关注的发现：第一项发现是，这两个县有73%至97%的现有住房因为离上述规定场所太近而禁止性侵者居住；第二项发现是第一项发现的结论，即居住在这两个县的绝大多数性侵者都违反了这些禁止性规定。你所在的城市或县是什么情况呢？

性侵者居住地点数据比较容易获取，你可以针对其他地区开展一次类似研究。

跟进下一步研究建议

许多研究论文和著作在结束时会阐述如何通过进一步研究深化认识。因此，如果找到了感兴趣的论文，你就可以从作者关于后续研究的建议中得到想法。例如，诺曼·怀特和罗尔夫·洛伯（Norman White and Rolf Loeber，2008）研究了校园欺凌、特定教育项目设置和后来的严重青少年违法之间的关联。他们认为，如果不考虑特定教育项目设置，欺凌之后往往会发生违法行为。他们对宾夕法尼亚州匹兹堡的在校生进行了为期多年的访谈，这也是他们研究的基础。他们在论文结尾提出建议：后续研究应对不同类型校园活动中的行为进行系统性观察（White and Loeber，2008：393）。对在中学发生的欺凌或暴力问题感兴趣的，可以阅读有关该主题研究的论文，获得设计自己研究项目的想法。

咨询老师

如果研究方法课程的要求之一是撰写研究计划或实际开展某种研究，就应当搞清楚哪些是你的老师特别感兴趣的题目。这不是说让你去做无聊的阿谀奉承，而是要你把老师当作专家和专业学者，他的能力足以完成一本书、一篇学术论文或专题论文。你的老师可能正是你所要开展研究的领域的专家。因此，应当毫不犹豫地向老师请教以获得想法。但是，一定要使用目标明确的提问方式，如“您感兴趣的是哪些题目？”最好不要问这类问题：“您能给我一些想法吗？我不知道从哪开始。”

六、文献综述

研究始于文献综述。

我们可将研究视为对特定题目现有知识的延伸与拓展。文献综述可以告诉你哪些已知、哪些未知。在大多数时候，你应当围绕所要研究的核心概念开展文献检索。假设你想研究特定的对象总体，比如矫正官、性侵者、戒毒辅导员（drug counselor）、黑客（hacker）等。不管怎样，你都要确立一套代表你核心关注点的术语。

随着互联网信息的膨胀及搜索工具的发展，文献综述变得更加简便，但也面临更多挑战。不用直接去实体图书馆就能从互联网上获得大量信息，在此意义上，文献综述轻松一些了。绝大多数高校都能够在线访问学术期刊。政府机构和民间组织的报告大多能够在线下载或阅读。

但是，基于相同的理由——太容易获取看似无法穷尽的文献资源，综述他人关于某问题的认识变得更加艰难。一个关联问题由此产生：如何对所有信息进行分类整理并剔除空谈者们的空洞认识？以下我们将提供有关如何寻找相关文献的指引，并建议采取一些策略。

一般策略

文献综述本质上是一个积累、分类和整合信息的过程。我们每天都在用不同（通常是非正式的）方式开展这项工作。为研究而进行的文献综述如同研究过程本身一样，更为系统和审慎。阅读论文及书籍、访问网站或者浏览其他资源时要注意做好记录。同时切记研究文献需要积累；正如插页文章《获取有关研究题目的想法》提到的，研究成果往往建立在现有成果基础上。

开始工作　从探讨你所研究题目的一本书或一篇文章开始，然后扩展阅读范围。我们称该书或文章为源文档（source document）。可以回溯扩展（查阅源文档引用的文献），也可以向后拓展，即查阅以源文档为基础的后续研究。假设你对恐怖主义感兴趣，可以阅读罗纳德·克拉克和格雷姆·纽曼（Ronald Clarke and Graeme Newman，2006）撰写的《智胜恐怖分子》（*Outsmarting the Terrorists*）。在进行文献综述时，你可以阅读该书参考文献中的推荐资料。

不过，你可能也有兴趣了解该书出版后的研究状况。最好的方法之一就是用好谷歌学术（http://scholar.google.com）。在搜索框中键入“clarke newman outsmarting”，弹出来的第一条文献应该就是他们的这本书。2016 年 3 月做同样的搜索，会发现有 221 部出版物引用了这本书。点击页面上的“cited by 221”，将得到这些出版物的列表，以及有关这些出版物进一步信息的链接。例如，2015 年，约书亚·弗赖利克（Joshua Freilich）及其同事以克拉克和纽曼的著作为基础，对多种犯罪学理论在理解恐怖分子袭击中的作用进行了研究。这就是查找在源文档之后出版的新文献的方法示例。

区别对待 谷歌学术之类的资源会将搜索限定于学术期刊和有关出版物以进行内部质量控制。但是，你可能想要查到其他类型的材料，比如政府报告或其他组织发布的研究成果。罗纳德·克拉克和菲利斯·舒尔茨（Ronald Clarke and Phyllis Schultze，2005：24）给出了一个非常管用的提示和指导性意见：

> “与学术著作和期刊论文不同，网站极少被查阅或引用。对所使用的来自网络的信息必须持审慎态度，因为任何人都能够制作一个看起来非常专业的网站。一般而言，应当更多地相信高校、政府机构和专业组织创建的网站。”

对如何评价研究时所发现的信息，一些学院或大学的图书馆提供了更详尽的建议。例如，加利福尼亚州立大学芝加哥分校梅里亚（Meria）图书馆于2010年提出了被称作“CRAAP 测验”（CRAAP Test）的评估标准：

> 时效（Currency）：信息的时效性。
> 相关（Relevance）：该信息可以应用于你研究的特定题目吗？
> 权威（Authority）：信息的来源。
> 准确（Accuracy）：该信息以事实还是感觉（opinion）为基础？
> 目的（Purpose）：该信息为何存在？为何提交该信息？

使用图书馆 尽管造访实体图书馆以获取许多公开出版的研究材料已非必需，但图书馆和图书管理员仍然是研究的重要资源。图书管理员可以帮助你制定检索文献及评估所发现资源的策略。对于各类图书馆的使用，克拉克和舒尔茨（Clarke and Schultze，2005）提供了非常出色的方法建议。对于犯罪和司法研究，在舒尔茨指导下，罗格斯大学的唐·M. 戈特福瑞德森刑事司法图书馆（Don M. Gottfredson Library of Criminal Justice）已经成为可以随处获取的最好的专业图书馆资源。可以通过网站访问世界刑事司法图书馆电子馆（the World Criminal Justice Library Electronic Network，http://andromeda.rutgers.edu/~wclen/WCJ/）。

如何阅读学术研究成果

不能像读小说那样读社会研究报告。当然，你也可以那样读，但那绝对不是最有效的方式。期刊论文和图书的阅读方式是不同的，以下是阅读不同文献的一些初步指引。

阅读期刊论文　绝大多数期刊论文的开篇都有一份摘要。先看摘要。摘要会告诉你该研究的目的、所采用的研究方法和主要结论。摘要可以发挥两大作用：其一，它可以为你是否继续阅读该论文剩余部分提供判断依据。如果你在为自己正在撰写的论文进行文献综述，那么该摘要可以告诉你该论文是否具有相关性。其二，它提供了该论文剩余部分内容的阅读范围。摘要可能会让你脑海中产生有关方法或结论的问题，进而形成通过阅读追索答案的步骤。如今，有些刑事司法杂志已经提供标准格式的摘要，使人们得以更便利地了解每篇已发表论文的主要内容。摘要应在四个提示词之下表述，即目的、方法、结果和结论。

阅读摘要后，可以直接跳到论文结尾的结束语或结论。该部分将给出一幅有关该论文全貌的更详细的图景。及时记下你的任何新问题或发现。

接下来就是浏览论文，要注意各部分标题和所有图表。浏览时无须研究这些内容，尽管对能够吸引你注意的内容进行评述是极为有益的。浏览结束时，你会开始对该论文感到熟悉。你应当很清楚该文作者的结论，并大致理解其研究方法。

如果决定仔细阅读整篇论文，那么你将清楚其指向何处，以及每一部分如何嵌入全文逻辑。及时记下你的想法。对可能会在今后引用的段落或句子做好标记。完整阅读后，最好再快速阅读一遍。如此一来，你在重点考察每个片段之后，又能与全文联系上。

如果想要完全掌握刚刚阅读的材料，可以找个人，把自己的理解讲给他听。如果是与课程有关的阅读，你应该不费吹灰之力就能找到乐意聆听的人。不过，如果你能把自己的理解合乎逻辑地向先前从未接触该议题的人解释清楚，就能明白自己已经完全掌握了该材料。

阅读厚如书本的报告　阅读论文的方法可以用于阅读较长的报告，这种报告有时也称专题研究报告（research monograph）。这些较长的报告覆盖相近的基础领域，采用基本相同的结构。这种报告通过序言和首章而非摘要来说明研究的目的、方法和主要结论。序言的表述相对更为随意，比摘要更好理解。

和阅读论文一样，浏览对报告也是有用的，可以让你了解它的结构、所用图表以及主要结论。稍稍熟悉该报告后，就应当离开这一步骤了。阅读过程中要做好记录，写下你观察到的内容及其引发的问题。

如果想要读得更仔细一些，就应当对每章重复这一过程。阅读首章以见微知著，然后跳到结束语部分的总结段落。浏览该章以增加你对它的熟悉程度，然后更详细地阅读，在此过程中做好笔记。

有时也可以忽略学术著作的某些部分，但这取决于你起初阅读它时的目的。或许该书只有一部分内容和你的研究有关。不过，假设你对研究者的成果感兴趣，就应当注意其使用的方法（例如，研究对象是谁？如何研究的？何时研究的？），以判断作者结论的质量。

七、研究计划

研究计划包含计划实施的行为、预算和时间表。

承担研究项目（或许是本课程的任务，或许是你所在大学或某研究基金资助的研究）后，你可能会被要求提交研究计划，描述打算做什么以及怎么做。我们在此就如何准备这样一份计划提出建议。我们将研究计划视为纵览研究过程的另一种方法。

研究计划的要素

一些资助机构对研究计划的要素或结构有一些特殊要求。例如，在针对研究生研究团队的研究资助公告中，国家司法研究所详细说明了所有课题研究计划均应涵盖的内容（http://www.nij.gov/funding/fellowships/graduate-research-fellowship/faqs.htm）。你的老师在上课时可能会对制定研究计划提出一些要求。以下是几乎所有研究计划均应包含的一些基本要素。

议题或目的　你实际想研究什么？为何值得研究？拟开展的研究有助于我们理解犯罪或犯罪应对政策吗？它有实践价值吗？如果你的研究计划中描述了评价研究（evaluation study），那么议题、目的或研究问题对你而言可能已有所指。例如，在要求对有关警务改革的研究和评估进行研究时，国家司法研究所要求研究计划以有关 21 世纪警务的报告中描述的特定题目为主题。

其中一组问题围绕警察武力使用训练和教育展开。

文献综述　正如前文所描述的，研究始于对前人就你所研究题目已取得的成果的综述。

研究议题　你的研究打算回答哪些具体问题？假设有人进行过研究——正如你在文献综述中表述的那样，你期待发现什么新的信息呢？将先前描述过的问题或对象的更具体版本视为研究议题是一种好做法。当然，你的具体问题此后应当限定在其他研究成果的语境之下。

研究对象　你打算从哪些对象中收集什么数据？先概括性地确定研究对象，然后具体认定谁（或什么）适于研究以及如何联系或取得研究对象。适合使用抽样方法吗？如果适合，如何抽样？你的研究会对你的研究对象造成影响吗？如果会，又如何确保研究对象不会遭受本次研究的伤害？最后，如果研究的是人，并且要与其当面交流，那么最好如本书第 3 章阐述的那样，准备好一份同意书（consent form）。

测量　研究中的关键变量是什么？你如何界定和测量它们？相比之前有关该题目的研究，你的定义和测量方法与其完全一样（顺便说一句，这并不重要），还是有所不同？

数据采集方法　你会如何采集研究数据？你会直接观察行为或进行调查吗？你会进行田野调查，还是着重对他人已经采集的数据进行再分析？刑事司法研究通常会同时采用上述多种方法。

分析　简要描述你计划采用的分析类型。清楚地说明分析的目的和逻辑。你有兴趣进行准确描述吗？你打算解释事物为何以这种形式存在吗？你会分析一个新项目的影响吗？你在分析时可能会考虑哪些解释性变量（explanatory variable），以及如何判断是否已经准确解释了该项目的影响？

参考文献　务必制作一张表，列出你的研究计划查询和引用过的所有材料。格式体例可以改变。老师可能会规定具体格式体例，或者要求你参考有关如何引用书籍、论文和网络资源的格式体例指导手册。

时间表　研究计划通常应当提供一份时间表，说明不同研究阶段如何进行。即便研究计划中没有列时间表，你也应当做到心中有数。除非你预设完成研究各阶段的时限并密切关注进展情况，否则会陷入困境。

预算　如果申请他人资助研究经费，就应当提供预算方案，详细说明经费用途。耗费较多的大型项目的预算包含劳务、设备、用品（supply）和开支

（expense，如差旅费和复印费）。即便是不太大的自费项目，最好也能花点时间预估一下可能的花费，如办公用品、影印、交通等方面的费用。

如你所见，如果有兴趣从事刑事司法研究项目，那么最好制定一份符合自己目的的研究计划——即便老师或资助机构没有要求这么做。假如要投入时间和精力到一个项目当中，就应当尽你所能做好计划，确保投入取得回报。

融会贯通：因为是黑人司机，所以要靠边停车

简介

20世纪90年代末，对国内街道和高速公路上的司机的种族定性（racial profiling）是一个非常尖锐的问题。少数族裔司机因轻微交通违法就被警察拦停，然后遭受咄咄逼人的质询、搜查甚至逮捕，这样的故事引人关注，为该问题的发酵推波助澜。下面是一个广为人知的例子：

“……罗伯特·威尔金斯（Robert Wilkins）是哈佛大学法学院毕业生，担任华盛顿特区公设辩护人（public defender）。1992年5月的一天，他前往俄亥俄州参加一个家族葬礼。葬礼结束后，他和伯父、伯母及29岁的堂弟租了一辆凯迪拉克回家，由他的堂弟开车。在马里兰州西部州际公路一处限速55英里/小时的区域，车因超速（车速为60英里/小时）被拦停。在警察和缉毒犬搜查车辆时，这家人被迫下车，站在州际公路边上淋雨等待。警察一无所获。威尔金斯委托美国公民自由联盟（American Civil Liberties Union）起诉，并获得了马里兰州的赔偿。”（Deborah Ramirez，Jack McDevitt and Amy Farrell，2000：6.）

渐渐被人熟知的“因为是黑人司机，所以要靠边停车”（driving while black）引发了大量诉讼，最终促成了各州及联邦立法。

根本问题在于警察交通执法是否以不公正方式对待非裔美国人和其他少数族裔司机。美国宪法禁止执法人员根据种族进行有区别的执法，因此，有关种族定性的指控带来了大量法律问题和诉讼案件。

就其性质而言，诉讼围绕个体的诉讼主张及相关证据展开，例如威尔金斯一案，是否提交证据证明威尔金斯遭遇了马里兰州警的歧视。在此意义上，诉讼有助于寻求对个案所发生之事的具体解释。不过，社会科学家们终于参与了种族定性适用范围以及哪些事项可能与种族定性相关的评估。而且，社会科学家们更关注哪些事项可以说明警察交通拦停时更普遍的行为模式，并作出规律性解释。

传统个体研究中出现了各种错误，种族定性就是其中之一。你可以发现，绝大多数偏见的产生都有过度概化的作用。选择性观察也是一例。如果警察深信少数族裔更常涉足贩卖毒品或枪支，他们就会选择性地拦停少数族裔司机驾驶的汽车。假设一种极端场景，即警察只拦停少数族裔，那么他们将只能探查到少数族裔司机当中的潜在武器或毒品违法。在这种场景下，种族定性或许已经成为一种自我应验预言（self-fulfilling prophecy）。

这篇插页文章是第一个贯穿本书的实例。我们基于数个原因而研究种族定性。第一，这是一个受到高度关注且对美国政策变革和政策研究起到推动作用的议题。第二，对于大多数人而言，交通拦停是其遭受警察怀疑的共有体验。多数人和警察打交道，是因为交通拦停而非逮捕。用大卫·哈里斯（David Harris，1999）的话来讲，就是“全国各地几乎所有黑人”都能讲述其确信遭遇歧视性交通拦停的个人经历。第三，警察和其他政府官员否认歧视指控，声称对黑人司机的大比例交通拦停反映了黑人司机交通违法比例更高。这又衍生出新问题：如何确定交通拦停个案或交通拦停模式是以司机种族还是其他因素作为依据？如此看来，交通拦停的测量模式及该模式的依据也是一个重要的研究题目。

最后，罗格斯大学的研究人员独立研究了新泽西州的种族定性问题。许多人都将新泽西州视为种族定性的重灾区。马克斯菲尔德联合同事乔治·凯林（George Kelling）和卡斯滕·安德烈森对新泽西州警进行了研究（Maxfield and Andresen，2004；Maxfield and Kelling，2005）。卡斯滕·安德烈森也完成了本课题的专题报告（Andresen，2005）。因此，这个实例提供了刑事司法研究复杂现实情况中的一些直接经验，而公开的研究成果中往往不会描述这些现实。

我们如何洞察?

回想迄今我们讨论过的内容，让我们研究一下一般性议题是如何反映在有关国内高速公路种族定性的那些问题当中的。

- 有多大比例的被拦停汽车是少数族裔司机驾驶的（描述）？警察决定拦停某辆汽车的影响因素是什么（解释）？有关交通拦停的警务实践应做哪些改革（应用）？
- 我们是如何开始相信歧视做法构成了警察交通拦停模式的基础的？支撑这一论断的证据是什么？又有哪些证据支持警察行动不受种族或民族影响的主张？
- 上述问题之外，传统个体研究还可能存在哪些错误？如何看待意识形态和政治？
- 有适用于指导我们的研究的特殊理论吗？
- 有关市镇警务和针对犯罪的警察行动的研究非常多，但是对州警和交通执法的研究极少。对其他警察行动的研究成果能够帮助理解交通执法吗？

种族定性问题怎么才能将本章描述的其他题目解释清楚呢？

八、从经验中学习：总结和展望

实证研究包括测量和解释。

本章介绍了刑事司法研究的基础：实证研究，或称从经验中学习。科学的刑事司法研究不同于我们的日常学习方式，因为后者存在一些内在限制（built-in limit）。后面几章介绍了尽可能避免这类限制和偏差的科学方法。

我们也阐述了从探索到检验政策活动与司法问题之间联系的刑事司法研究目的。

我们有关如何设计研究项目的建议有两大用途：其一，可以将其视为带有注解的研究报告写作大纲。它对于准备本课程所要求的研究报告或计划非常有用。其二，图 1.1 和我们有关研究项目设计方法的讨论是后续章节的导言和概述。

插页文章《融会贯通：因为是黑人司机，所以要靠边停车》是全书大量刑事司法研究实例中的第一个。这一实例主要引用了马克斯菲尔德及其在罗格斯大学的前同事的研究成果，展现了每章都会讨论的题目的一些特征。在本章示例中，我们提出了这一话题，并对研究者处理该话题与法院以及媒体对待该话题的一般方式进行了比较。

最后，许多刑事司法研究都重点关注两项基本活动：测量和解释。研究者测量现实的某些方面，然后对所测量事物的含义进行解释。所有人无时无刻不在观察，但测量比个体研究更为审慎和严格。本书第二编和第三编介绍了结构性观察（structuring observation）的方法，有助于进行更审慎、更严格的测量。

刑事司法研究的另一个关键问题是解释。许多解释都以数据分析为基础，而数据分析将在第四编阐述。不过，更值得注意的是，解释高度依赖观察的结构化方式，对此本书将反复提及。

当我们把所有部分（测量和解释）拼接在一起，就能够描述、解释或预测事物，而这就是社会科学的全部。

小结

- 有关研究方法的知识对于作为研究消费者和生产者的刑事司法专业人士是有价值的。
- 研究研究方法，就是研究我们如何知道我们的所知。
- 研究是人类理解周边事物的本能行为。
- 我们的许多知识都是约定俗成的而非直接经验获取的。
- 传统和权威是重要的知识来源。
- 实证研究以经验为基础，并通过系统观察生产知识。
- 科学家们在观察和思考时保持同样的细致和审慎，以此避免不合逻辑的推理。
- 对犯罪的科学研究能够预防但不能杜绝意识形态和政治对研究结论的

影响。

- 研究目的包括探索、描述、解释和应用等。
- 研究过程是有弹性的，涉及最好能够通盘考虑的不同步骤。研究过程通常始于某种笼统的兴趣或想法。
- 对以往文献的细致综述是研究过程的核心组成部分。
- 研究计划是对为何以及如何开展研究的总体说明。制定研究计划是有用的，有时也是必需的。

重要术语

应用研究　概念化　描述性研究　实证　解释性研究　探索性研究　方法论　操作化　重复

复习与练习

1. 回顾一下本章讨论过的个体研究中的常见错误。搜索网络或报纸，找到一篇存在一处或多处错误的有关犯罪的论文。谈谈社会科学家应当如何避免犯错。

2. 请举出有关你所在高校附近某大城市犯罪率的描述性研究和解释性研究的实例。

3. 许多我们认为正确且有大量经验和证据支撑的事情最终被证明不正确，或者至少不像我们所想象的那样确凿无疑。刑事司法似乎特别容易遭受这种责难，这或许是因为犯罪和刑事司法政策经常吸引公众和大众媒体的注意。如果新闻报道、电影和电视节目都表达了对日益严重的帮派或涉毒暴力的全面关注，那么很容易推断，这就是系统性研究证实的真实问题。从当前新闻报道或娱乐节目中选一个比较受关注的刑事司法题目或主张。使用谷歌学术或其他搜索工具，检索网络，开展两次学术研究，以本章介绍的系统方法对该题目进行审查。简要概括该研究所取得的成果。

|第 2 章|

刑事司法研究基础

本章讨论了科学理论与日常推理的区别，阐述了刑事司法研究中社会科学方法与理论的结合运用。本章也展现了理解贯穿本书后文的研究技术的基础。

学习目标

1. 总结社会科学的三大基础性要点：理论、数据收集和数据分析。
2. 阐述社会科学家乐于解释总体而非个体的原因。
3. 理解社会科学家的主要兴趣在于揭示各变量的关系。
4. 理解特殊性解释与规律性解释之间的差异。
5. 区分归纳推理和演绎推理。
6. 区分定性和定量研究方法。
7. 认识到科学的基本准则是互为主观的共识而非客观事实。
8. 描述社会科学理论的传统认知。
9. 理解科学调查中的归纳和演绎如何交替进行。
10. 描述观察如何促进理论发展。
11. 讨论犯罪学理论如何引入其他社会科学甚至自然科学理论。
12. 描述如何使理论与公共政策紧密联系。

本章目录

理论与系列性侵者

犯罪学家埃里克·博勒加德、D. 金·罗斯姆和琼·普罗克斯（Eric Beauregard, D. Kim Rossmo and Jean Proulx, 2007）研究了加拿大监禁的69名系列性侵者。该研究目的有二：第一，研究者提出了一个有关性侵者如何“猎取”被害人的描述模型（descriptive model）。他们对研究对象进行了长期访谈，据此对作案人寻找被害人的方法和地点作了系统分类。理性选择和日常活动理论（rational choice and routine activity theories of crime）帮助博勒加德及其同事将性侵者的行为归入这些类型当中：

寻找被害人的方法

- 行为人的日常活动
- 被害人的日常活动
- 猎取地点的选择
- 被害人的选择倾向

行为人袭击的方法

- 袭击地点的选择
- 将被害人带至犯罪地点的方法
- 犯罪地点的选择

第二个研究目的是判断该描述模型对于系列性侵者画像（profiling）是否有用。研究者如果能够证实他们从已判决性侵者中发现的行为模式，就有可能对活跃的性侵者进行详细画像。画像是基于观察到的规律的预测模型。画像结论可以清晰呈现各犯罪阶段的模式和顺序。性侵者的行为受制于其遇见被害人时的特定环境。例如，57%的行为人选择公园或商场等公共场所作为他们的“猎取地点”（他们搜寻潜在被害人的地点）。就此而言，这些系列性侵者与一般的性侵者极为不同，后者倾向于在家庭成员和熟人当中寻找作案对象（Benoit Leclerc，Richard Wortley and Stephen Smallbone，2011）。

该例展示了理论应用于刑事司法研究的三种形式：首先，博勒加德及其同事利用现有理论设定其对系列性侵者的行为进行分析的理论框架。有关理论的演绎用法，后文还将举例说明。其次，从这一初步模型得出的结论"有助于提出有关攻击者画像的理论假设"（Beauregard，Rossmo and Proulx，2007：461）。这属于归纳式理论构建，将研究结论组合在一起，作出更具有普遍性的描述和预测。最后，刑事司法理论与政策有很多共同之处。它们都以普遍行为模式和对行为的普遍解释为基础。

需要注意的是该例研究性侵者的总体（aggregates）而非个体（individuals）的方法。研究者最终感兴趣的是性侵者的行为与地点之间的关系类型。

导　言

特殊的刑事司法行为和普通的人类行为一样，都可进行科学研究。

社会科学在发展过程中日益重视系统性解释（systematic explanation），越来越不看重描述。例如，政治科学家们如今关注的是解释政治行为而非描述政治制度。计量经济学之类分支学科的发展对经济学就有这种影响，正如历史编纂学的发展对历史学的影响一样。刑事司法和犯罪学也追随了这一趋势。对犯罪原因及刑事司法政策效果的研究取代了以往将重心放在描述警察侦查或矫正管理策略上的做法。

如同物理学家研究的原子、生物学家研究的细胞一样，人类行为也可以进行科学研究，这是本书的基调。犯罪和刑事司法研究侧重于特殊类型的人类行为，同样必须采用科学方法。我们的关注点现已转向犯罪学和刑事司法领域社会科学研究的整体逻辑。从根本上讲，该逻辑就是用理论指导研究。

同时，刑事司法研究通常也会审视那些不太容易转化为科学测量的问题。有时，研究者更感兴趣的是获得对某特定个体或一小部分人的全面了解（例如，安布尔·霍宁研究皮条客，以了解他们在连接性工作者与嫖客中所起到的作用。参见第10章）。阐明这些问题所需要的信息收集方法不同于自然科学家们采用的方法。

一、社会科学基础

社会科学以逻辑和观察生产知识。

科学有时以“逻辑实证”（logico-empirical）为特征。这个不甚美观的词包含了一个重要信息：科学的两大支柱是（1）逻辑或理性，和（2）观察。对世界的科学理解应当合理，应当与我们的观察相符。两者对于科学都至关重要，且与整体科学事业的三个核心层面相关：理论、数据收集和数据分析。

概言之，科学理论解决科学的逻辑层面，数据收集处理观察层面，而数据分析寻找被观察对象中的模式。本书主要阐述数据收集相关的问题——介绍如何进行实证研究，但社会科学涉及以上三大层面。本章后文将讨论设计和实施研究的理论背景。第14章介绍了数据统计分析的概念。

接下来，让我们转向一些将社会科学与其他观察社会现象的方法区分开来的基本观念。

理论并非哲学或信仰

社会科学理论应当处理“是什么”而非“应当如何”的问题。也就是说，科学理论（甚至科学自身）不能解决有关价值的争议。例如，如果不考虑一些公认的标准，社会科学就不能判断选举产生的检察官（许多州都是这么做的）是否“好于”州长任命的检察官（如新泽西州）。我们可以科学判断选举或任命的检察官是否更受其服务的市民尊重，但前提是我们就测量市民尊重的方法达成一致，并且我们的结论完全建立在这些测量之上。

同样地，假定我们赞同定罪率或平均刑期是测量检察官水平的好标准，就可以科学判断某个城市的某个检察官比另一个城市的另一名检察官好或者差。再次强调，我们的结论必须严格遵循公认的标准。但从实际来看，人们很难就价值判断问题达成一致，因此，科学对于解决这类争议几乎没有用处。

以如何证明某个假释官（parole officer）好坏的困境为例。如果监管对象很少因违反规定而被传讯，很少重返监狱，那么这样的假释官可能会被认为是好假释官。不过，对监管对象的不法行为视而不见，甚至压根就不进行监管，也能帮助假释官获得较低的违规率。因此，对于那些频繁传讯违规假释犯的假释官，我们可以认为他对待工作特别积极。我们也可以考虑其他因素。

仅因轻微违规就例行传讯假释犯的假释官并不必然是好假释官，当这种做法会使本已拥挤不堪的监狱更加膨胀时更是如此。在研究罪犯假释和社区监管时，国家研究委员会（National Research Council，2007）认为应根据假释的目的考虑这一问题。

因此，社会科学仅能帮助我们认识“是什么”和“为什么”。仅在人们就如何确定某事物优于另一事物达成一致时，社会科学才能用于解决“应当如何”的问题。但是，人们很难达成共识。基于此，下面让我们来看看社会科学用来创制有关“是什么”和“为什么”的理论时的一些基础性概念。

规律

社会科学的最终目的是发现社会生活中的规律模式。当然，这是建立在假设基础之上的，即生活是有规律而不是混乱或无序的。这一假设对所有科学都适用，但对于初次接触社会科学的人来说，它有时就是难以理解。

乍一看，物理科学研究的内容显然比社会科学更具规律性。无论何时扔出重物，它一定会落向地面。相反，法官可能会对被控同一罪名的两名被告人分别作出监禁和缓刑的判决。开车时超速 10 英里/小时，在俄亥俄州会收到超速罚单，而在新泽西州则没事。

社会中的大量规范（norm）和规则（rule）创制了规律（regularity）。例如，人们只有达到一定年龄后才能获取驾照。只有具备律师身份的人才能被纳入美国联邦最高法院法官职位的人选范围。此时，正式或非正式的法令调整或塑造着社会行为。

除了规范或规则创制的规律外，社会科学也研究观察到的其他类型的规律。例如，青少年比中年人实施了更多犯罪。男性杀人时，杀害的通常是其他男性，而女性杀人犯杀害的通常也是男性。一般情况下，白人城市居民比其他人种更欢迎警察。法官薪水比警察高。缓刑官比监狱警卫更同情被监管人。

如何看待例外?

任何社会规律都有例外（exception），但是，这种例外并不意味着规律本身不重要。大城市警察的收入可能高于小镇法官，然而总体上看，法官收入高于警察。这一规律模式仍然存在。社会规律属于概率模式，普遍模式并不需要百分之百反映可观测量才能成为模式。

这一规则同时适用于物理科学和社会科学。例如，根据遗传学，蓝眼睛的人和灰眼睛的人结合后生的可能是灰眼睛孩子。但是，生个蓝眼睛孩子也不构成对所观察到的规律的挑战。相反，遗传学家们只会说，生灰眼睛孩子的可能性更大，而且只在一定比例的个案中才会生蓝眼睛孩子。社会科学家们做了一个相似的概率性预测：女性总体上不太可能杀人，一旦她们杀人，被杀的通常是男性。

总体而非个体

社会科学家们主要研究社会模式而非个体模式。所有规律模式反映的都是许多个体的总体或共同的行动和状况。社会科学家们也研究影响个体的动机，但总体才是社会科学的更常见的研究对象。

重点关注总体模式而非个体模式，这是刑事司法研究人员的行为区别于刑事司法参与者日常工作之处。例如，可以想想对刚被送入矫正机构的人进行传唤和分类的工作。监狱职员会进行心理测试，审查每一个新入监者的历史记录（prior record），以对安全风险、程序要求和工作安排等事项作出判断。白人囚犯是否比其他囚犯更有可能分配到理想工作？这一问题的研究者会对安排工作的方式更感兴趣。研究的重点会放在白人和其他人种的总体上，而非某个个体的工作安排上。

社会科学理论主要处理总体而非个体的行为，其目的在于解释为何个体行为随时间而改变，总体行为模式却如此有规律。换种表述来说，社会科学甚至不寻求对人类（people）的解释。相反，它寻求理解人类运行机制——解释人类行为原因——的体系。这类系统的要素已不再是个体，而是变量。

变量语言

我们本能地尝试理解事物，而这种尝试通常发生在具体的、物质的层面上。这是我们的思维方式。假定有人告诉你，“女性心肠软又虚弱，当不了警察”，你很可能会根据你对说话者的了解来“听”这一评价。如果说话的是高龄的艾伯特叔叔，而且在你的记忆中，他同时也强烈排斥夏令时、移动电话和室内自来水，那么你有可能会认定，他刚刚说过的那句话，不过是他一贯陈腐观念的延续罢了。但如果说话的是选情落后于女性竞争者的县治安官候选人，而且他已经开始说出关于女性不适合出任公职的其他言论，那么你可能会在这个政治竞争的背景下“听”他最近的言论。

在这两个示例中，我们试图理解特定个体的想法。不过，在社会科学中，我们超越了这一理解层次，寻求对人的阶层或类型的洞察。在前两例中，我们可以使用诸如“守旧的”（old-fashioned）或“偏执的”（bigoted）等词来描述说话的人。换言之，我们想要根据抽象概念把现实个体归入某个人群。

这一做法的意义之一在于，它可以帮助我们获得对更多人的认识。在理解这个偏执的候选人为何会这样做的过程中，我们也能获得其他“和他一样的人”的认识。之所以可能，是因为我们对“偏执者”的研究不如对“偏执”的研究多。

可以再看一例。想想警察是否应当逮捕家庭暴力实施者。警察在处理家庭暴力事件时的关注点是个案。当然，每个案件都会涉及至少两人，警察关心的是如何防止对涉案当事人造成新的伤害。警察必须决定是否逮捕某人或者采取其他措施。刑事司法研究人员的关注点有所不同：作为一般性政策的逮捕能够预防新的暴力吗？研究者可以研究个案（加害人和被害人），但其仅在可以援引逮捕政策时才有价值，而这些逮捕政策才是研究者真正要去研究的内容。

这并不是说刑事司法研究人员不关心现实的个人。他们当然关心。他们研究家庭暴力案件的最终目的是发现可以使潜在被害人未来免遭攻击的方法。但在这一示例中，被害人和施暴者的价值在于揭示逮捕政策的效果。研究者的兴趣主要在变量和总体，而非个体。

变量和属性

社会科学家研究变量和构成变量的属性（attribute）。社会科学理论使用变量语言来表达，而且人主要是作为这些变量的载体涉足其中。以下是社会科学家们对属性和变量的定义。

属性是描述某客体（例如人）的特征（characteristic）或性质（quality）。“偏执的”“守旧的”“已婚的”“失业的”和“喝醉的”都是属性。我们用于描述自己或他人的品质（quality）也是属性。

变量是属性的逻辑集合。例如，“男性”和“女性”是属性，而“性别”是由这两个属性逻辑组合而成的变量；“职业”是由“牙医”“教授”“保安”等属性组成的变量；“历史记录”是由“历史有罪判决”“定罪前逮捕”（arrest without convictions）和“无历史逮捕记录”（no prior arrests）等属性组成的变量。也可以把属性看成组成变量的种类（category）。图 2.1 简略呈现了社会科学家眼中的变量和属性。

变量　属性的逻辑集合。变量“性别”包含了“女性”和“男性”两大属性。

A.

一些常用刑事司法概念
女性
缓刑
盗窃犯
性别
判决
财产犯罪
中年
年龄
盗窃汽车
职业

B.

两类不同的概念	
变量	**属性**
性别	女性
判决	缓刑
财产犯罪	盗窃汽车
年龄	中年
职业	盗窃

C.

变量与属性的关系	
变量	**属性**
性别	女性、男性
年龄	少年、中年、老年
判决	罚金、监禁、缓刑
财产犯罪	盗窃汽车、入室盗窃、偷窃（larceny）
职业	法官、律师、盗窃犯

图 2.1　变量和属性

属性与变量的关系对于科学描述和解释至关重要。例如，我们可以使用“性别”变量来描述一个检察官职位。我们会报告所观察到的“男性”和“女性”这两个属性出现的频率：“公职人员中男性占 60%，女性占 40%。”就“被监禁”和“未被监禁”两个属性来说，监禁率可以看成是“监禁状况”这个变量的描述。甚至一个城市的家庭收入报告也是对构成收入这个变量的诸多属性的概括：47 124 美元、64 980 美元和 86 000 美元等。

在我们解释事物时，属性和变量的关系变得更加复杂。举一个涉及两个变量的例子：辩护律师和判决的类型。为简单明了起见，我们假定变量“辩护律师”仅有两个属性：“私人律师”和“公设律师”。同样地，我们也赋予变量“判决”两个属性：“缓刑”和“监禁”。假设公设律师辩护的被告人中有90%被判监禁，而10%被判缓刑。同时假定私人律师辩护的被告人中有30%被判监禁，而70%被判缓刑。参见图2.2A。

图2.2A展示了变量“辩护律师”和“判决”之间的关系。可以根据两个变量的属性配对来观察这一关系。有两个突出的配对：(1) 私人律师辩护且被判缓刑的人；(2) 公设律师辩护且被判监禁的人。不过，还有两个观察这一关系的有效方法。

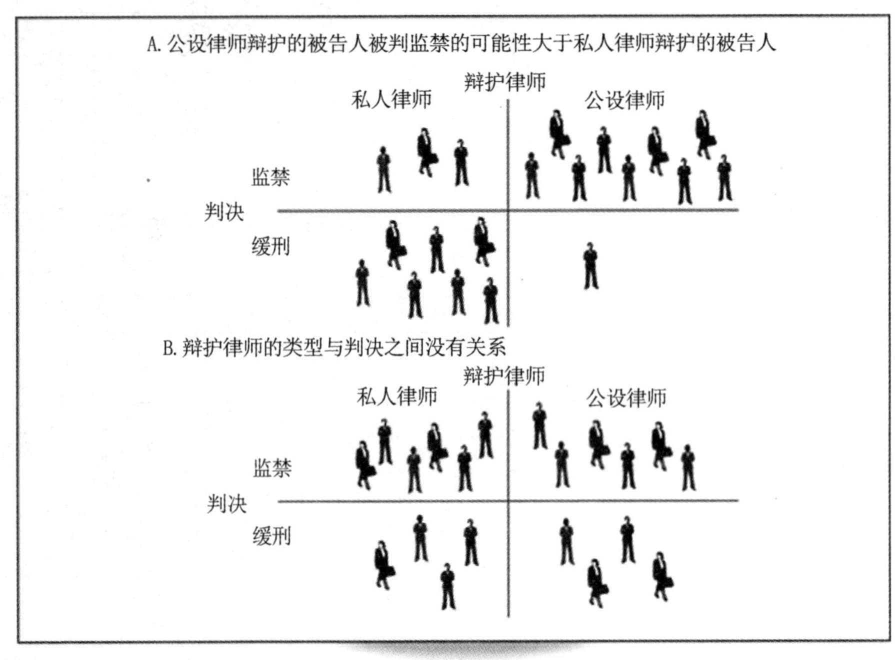

图2.2　两个变量关系示例

其一，假设我们玩游戏，赌你猜测某人被判监禁还是缓刑的能力。我们每次挑出一人（但不告诉你挑出的是谁），你必须猜测每个人得到的判决结果。我们把图2.2A中的20人全都猜一遍。因为20人中有12人被判监禁，你的最佳策略是一直猜监禁，这样能猜对12个、猜错8个，净胜4分。

接下来，假定我们再从图 2. 2A 中挑出一人，并且必须告诉你他委托的是私人律师还是公设律师。你的最佳策略是，对每个委托公设律师的人都猜监禁，而对每个委托私人律师的人都猜缓刑。遵照这一策略行事，将能猜对 16 个、猜错 4 个。因为知道辩护律师的类型，所以猜中的判决数增加，这表明了变量之间存在关联。你可能会根据一些有关律师类型与判决类型之间关系的实证观察得出或然性结论。

其二，我们可以考虑一下，如果辩护律师类型和判决类型之间没有关系，那么这 20 人会怎么分布。参见图 2. 2B。要注意，一半人由私人律师辩护，而另一半人由公设律师辩护。同时注意，20 人中有 12 人（60%）被判监禁，其中 6 人由私人律师辩护，6 人由公设律师辩护。不管哪类辩护律师辩护，被判缓刑者和被判监禁者都平均分布，我们由此可以得出两个变量之间没有关联的结论。对于这种情形，在猜测某人会被判监禁还是缓刑时，有关该人辩护律师类型的知识对你毫无意义。

变量和关系

本书后文将对变量之间关系的本质进行更详细的阐述。在此，我们仅讨论对变量和关系的一些基本观察，以说明社会科学理论及其在刑事司法研究中的应用的逻辑。

理论能够描述可逻辑地预期的变量间关系。这种预期往往涉及因果关系概念：一个人在某个变量上的属性会造成或促进另一个变量上的某个特定属性。从前例可知，由私人律师或者公设律师辩护似乎会分别导致被判缓刑或监禁的结局。显然，相比于由私人律师辩护的被告人，由公设律师辩护的被告人更有可能被判处监禁。

辩护律师的类型和判决的类型分别属于自变量和因变量。因果关系是解释性研究的核心，而自变量和因变量是因果关系的应有之义。在本例中，我们假定刑事判决由某个因素决定或造成，判决类型取决于某个因素，为因变量。因变量取决于某个自变量，在此情形下，判决类型取决于辩护律师的类型。

值得注意的是，我们也可能会发现，辩护律师的类型取决于其他因素，例如被告人的就业状况。拥有全职工作的人比没有工作的人更有可能聘请私人律师。在这一组关系中，辩护律师的类型是因变量，而被告人的就业状况是自变量。从因果关系来讲，该自变量是因，而该因变量是果。

如何与理论相联系呢？图 2.2 涉及数据解释。我们根据这两个变量来审视这 20 人的分布。在构建理论时，我们根据对这两个变量的认识形成了二者间关系的预设。例如，我们知道私人律师通常比公设律师更有经验。从法学院毕业后，许多人要先担任多年公设律师积累经验后才能进入私人律师行列。同样地，我们会在逻辑上预设，有经验的私人律师更有可能为其客户争取更宽大的判决。我们可以通过研究律师经验与判决之间的关系，对经验不足和工作已经有些年头的公设律师进行对比，直接探讨这一预设问题。按照这样的逻辑，我们也可以比较有经验的和刚走出法学院的私人律师。

要注意，理论要处理的是“辩护律师”“判决”“执业年限”等变量，而非个体本身。人是这些变量的载体。我们通过观察人来研究这些变量之间的关系。但是，理论最终要根据变量来构建。理论会描述存在于不同变量的特定属性之间的可合理期待的联系。

本章开篇语《理论与系列性侵者》介绍了研究者如何在理论指引下对性侵者的行为开展研究。

二、其他研究途径

社会科学研究有大量可用方法。

社会科学研究方法很多，其中有三个差别很大但又相关的分类：（1）特殊性（idiosyncratic）解释和规律性（nomothetic）解释；（2）归纳推理和演绎推理；（3）定量数据和定性数据。虽然有时可能不知该选择哪种方法，但优秀的研究人员应当掌握每一种方法的定位。

特殊性解释和规律性解释

我们一生都在不停地做各种解释，每天都如此。在每日的解释当中，我们会采用两种因果推理形式，尽管通常不会刻意进行区分。我们有时会费力解释某种处境。你对某次考试不利的解释可能是：（1）我忘了考试时间；（2）这是我学得最差的课程；（3）交通拥堵，考试迟到了；（4）考试前一天晚上，室友在宿舍听音乐，吵得我整晚没睡着。有了这些理由，就不难理解你为什么考不好了。

这种类型的因果推理就是特殊性解释。“idio”是个词根，它的含义就是“独特的、单独的、特殊的或明确的”，就像在“idiosyncrasy”（特性、癖好、特点）一词中的意义。完成特殊性解释后，我们会觉得已经完全掌握了特定情形下发生之事的众多原因。但我们的解释范围也被限定在眼前的个案上。尽管特殊性解释的部分内容可以用于其他个案，但我们的目的是完整解释某个个案。

接下来看另一种解释模式。例如，每当你和一个团队一起学习时，考试成绩就比你独自学习要好；你喜爱的球队的主场表现好于客场表现；在校园附近，周一至周五的交通事故多于周末的交通事故。这种被称为“规律性”的解释模式试图解释一类而非单个情形或事件。更进一步，这种解释模式追求解释的高效性，试图仅使用一个或不多的几个解释性因素。最后，它能对某类情形作出部分而非全面解释。

在前述每个规律性解释的例子中，你可能会在因果表述中使用“大体上”或“通常”之类的字眼。你参加学习小组后通常考得更好，但也有例外。你喜爱的球队也会在客场赢球，在主场输球。在上周六的主场足球比赛期间，交通事故比上周其他时间严重得多。这类例外就是我们寻求更广泛的全面解释所要付出的合理代价。

特殊性和规律性这两种理解方法在日常生活中都是有用的，它们也是刑事司法研究的有力工具。有的研究者试图全面了解某个少年帮派的内部工作机制或者某个法官的裁决，这就是在做特殊性研究，其目的是尽可能全面地了解该团体或个人。

瑞克·布朗和罗纳德·克拉克（Rick Brown and Ronald Clarke，2004）曾研究过英国南部针对特定型号尼桑牌卡车的盗窃案件。绝大多数被盗卡车都未被找回。随着研究的推进，瑞克和克拉克找到了一个航运站。在这里，卡车被拆解并被当成废旧金属运往法国和尼日利亚的港口。他们后来得知，经重新组装，这些卡车被卖给他人和一些小国家。在研究过程中，他们发现，绝大多数英国盗贼和国外转销商都从事合法的船运及废旧金属买卖业务。虽然布朗和克拉克寻求的是英国某个地方卡车被盗这一特定问题的答案，但他们也得到了有关松散的有组织国际盗窃集团的不确定性结论。

与有关尼桑牌卡车盗窃的特殊性研究形成对比的是，阿克·罗伯茨和史蒂文·布洛克（Aki Roberts and Steven Block，2012）考察了310座美国城市中临时性与永久性机动车盗窃（temporary and permanent motor vehicle theft）间的区别。临时性盗窃的被盗车辆最终能找回，而永久性盗窃的被盗车辆无法找回。两位学者发现，临时性盗窃和永久性盗窃的关联因素类型有所不同。在年轻男性居民更多和大量居民没有私家车的城市，临时性盗窃更为普遍。罗伯茨和布洛克对此的解释是，有许多人喜欢驾车兜风，同时临时搭乘（temporary transportation）（虽然违法）的需求也很大。在成年财产犯罪者较多的城市，以及靠近墨西哥的美国边境城市，永久性盗窃的发案率更高。揭示两类机动车盗窃的以上差异，所呈现的正是规律性理解方法。

社会科学家已经掌握这两种不同的解释逻辑。我们可以往返于寻求一般性解释（尽管可能失之细致）（规律性解释）和更深入探索具体个案（特殊性解释）之间。

归纳推理和演绎推理

日常生活就已显现归纳推理（归纳法）和演绎推理（演绎法）的区别，刑事司法研究也是如此。你可以用两种不同的方法得出下面这个结论：如果和其他人一起学习，就能考得更好。假设你在大学生涯过半时感到困惑，为何有时考得好，有时考不好，你可以把所有已经结束的考试列出，并标注每一次考试的成绩。然后回想所有取得好成绩的考试和所有失利的考试各自共有的因素。你更擅长多选题考试还是论述题考试？早上考得好还是下午考得好？自然科学、人文科学和社会科学，哪类考得更好？考前是单独学习还是跟着团队一起学习？你突然想到，和他人一起学习时几乎总是能比单独学习时考得更好。

这就是归纳研究方法。归纳推理的逻辑是从特殊到一般，从一系列特定观察中发现某种模式，而这种模式可以在一定程度上呈现存在于所给定的各种事件之间的某种秩序。

对于考试的话题，还有一种完全不同的方法可以得出相同结论。在首次面对大学的一系列考试时，你会考虑什么是最好的学习方法。你可能会考虑应当在复习书本和课堂笔记上投入多少精力。应当有计划地按部就班地学习，还是考前一天通宵苦读？在思考过程中，你可能会想，是和班里其他同学一起学习，还是自己努力就好，然后对两者进行利弊权衡。一方面，和其他同学一起学习的效率可能不高，因为大量时间浪费在了你已经掌握的内容上，而且大家在一起还可能会分散学习注意力。另一方面，当向其他人解释某个知识点时，你对它的理解会更深刻。而且其他人可能掌握了你不懂的内容，也能提示被你忽略的地方。

综合所有利弊，可以合理地得出结论：和其他人一起学习能够让你获益。这在理论上似乎是成立的。为判断其在实践中是否正确，你可以一半考试与其他人一起学习，另一半考试自己努力，以作验证。

第二种方法就是演绎研究方法。演绎推理的逻辑是从一般到特殊，它从理论上或逻辑上预设的模型出发，然后以观察来验证预设模型是否能在现实生活中真正出现。要注意的是，演绎推理是从“为什么”（why）推演到“是否”（whether），而归纳推理正好相反。

归纳推理和演绎推理都是刑事司法和其他社会科学研究的有效途径。而且，两者的结合运用能够提供对研究对象的更有力和更完整的理解。

定量数据和定性数据

简言之，定量数据和定性数据之间的区别就在于数字化和非数字化。我们说某人诙谐，这是在做定性判断。我们说这个人在当地一家喜剧社团出现过三次，这是在尝试对我们的判断进行量化。

绝大多数观察在起初都是定性的，无论是我们对某人幽默感的直接体验、测量量表上标记的位置，还是调查问卷上勾画的选中标记。这些东西都不是天生数字化的，但将其转化成数字形式是有用的。定量往往使我们的观察更加清晰，也更加容易集合和总结数据，而且使从简单描述到更复杂测验的变量间关系统计分析具备了可能性。

定量分析要求我们集中注意力并详细说明其意义。假设有人问你，你的朋友们看上去比你年老还是年轻？定量答案似乎很简单。你会考虑每个朋友的年龄，计算平均数，然后看这个平均数比你自己的年龄大还是小。问题了结了。

还有别的答案吗？虽然我们聚焦的是以实际年龄为基础的“年老或年轻”，但我们也可能会赋予其不同的意义，例如“成熟”和“世故”。你的朋友可能年龄比你小一点，但行事更成熟。我们也可能会考虑，我们的朋友们看起来有多年轻或年老，或者他们生活经验中的“世故”这个变量。在对平均年龄的定量计算中找不到这些意义的踪迹。

除了更加明确外，非数字化观察似乎比定量数据附带了更丰富的意义。思考一下这句俗语："他看上去比实际年龄苍老。"如果只描述他的实际年龄，恐怕会失去这句话的本意。语意的丰富性在某种程度上就是模糊性的函数。当你读到这个句子时如有所悟，那么其意义来自你的个人经验，来自于你认识的可能符合"比实际年龄苍老"这一描述的人。有两点是无疑的：(1) 你对这句话的理解不同于我们；(2) 你不能准确地知道我们用这句话表达什么意思。

米丽亚姆（Miriam）是约翰杰伊刑事司法学院的心理学研究生，她生于德国法兰克福（Frankfurt）。厄立特里亚（Eritrea）原是位于非洲之角的埃塞俄比亚的一个地区，在导致其独立成国的那场内战中，米丽亚姆的母亲是个娃娃兵。通过在沙特阿拉伯的叔叔的帮助，米丽亚姆的母亲进入了位于德国的庇护所，并在这里遇见了后来成为米丽亚姆父亲的那位男子。米丽亚姆 7 岁时，父母离婚。父亲去了拉斯维加斯，她和母亲则留在了德国。许多（特别是来自伊斯兰国家的）移民遭遇歧视的深刻烙印，让她日益感到不安。最终，她不顾母亲的强烈反对，前往美国投靠了父亲。这时她 14 岁。米丽亚姆从内华达大学本科毕业，并于 2009 年来到纽约开始研究生生活。

我们可能会认为，米丽亚姆听起来既世故，又"比实际年龄苍老"。不过，对米丽亚姆经历的简要描述，虽然使这句话的语意具体化了，但不足以让我们判断她到底比实际年龄老多少，甚至不足以让我们在没有异议的情况下将米丽亚姆与其他人的世故程度作比较。

但这个概念也可以定量到一定程度。例如，我们可以将有助于我们理解"世故"的生活经历列成一张表：

结婚

离婚

父母去世

失业

去往他国

我们可以通过统计人们拥有的上述经历的数量来定量其世故程度；上述经历越多，就越世故。如果我们认为某些经历比其他经历更有力，可以赋予其更高的分值。一旦我们确定了应予考虑的具体经历以及每一经历的分值，给人们打分并比较其世故程度也就相当容易了。

对世故这类概念定量，必须清楚地定义其内涵。正如我们在此所做的一样，要将焦点放在这一概念所要包含的意义上，同时也要排除任何其他意义。不过，定量测量不可避免地要比定性描述肤浅。这也算是一种权衡吧。

这真是进退两难了！该选择哪种方法呢？哪一种更好呢？哪一种更适合刑事司法研究呢？

好在我们无须选择。实际上，一旦选择采用定性或定量研究，研究者就陷入了研究范围受限的风险。定性和定量方法都很好用，也很合理。有一些研究情境和主题要求同时使用这两种方法。

三、理论入门

在科学上，理论与观察相互结合——但有时理论先于观察，有时观察先于理论。

现在，我们可以对理论和研究的关系做更深入的探讨。首先，我们会介绍理论的一些基本要素。其次，我们会举例说明传统讲授的科学方法。再次，为描述理论与研究如何结合运用于社会科学实践中，我们将抵近观察两种模式。最后，我们将详尽阐述理论、研究和政策之间的重要联系。

我们已经使用过与社会科学理论相关的一些常用术语。大多数人对它们在日常用语中的含义都有大致了解。不过，本章将对其含义进行准确审查，为后续阐述理论与刑事司法研究的关系做好铺垫。

理论

理论是对所观察的与生活特定方面（如青少年犯罪、社会分层和政治革命）相关的事实和定律的系统性解释。约瑟夫·马克斯韦尔（Joseph Maxwell，2013：48）把理论定义为“一套概念和这些概念间的预设关系，一个试图陈述知识或使其模式化的结构”。

客观性与主观性

我们知道，有些事物会受到态度、意见和主观视点的影响。例如，巴赫和贝多芬这两位作曲家谁更出色？对这个问题的回答依赖于作出判断者的经验和偏好。不过，你的电脑上或手上的这份出版物是不依赖你的经验的客观存在。客观性（objectivity）的典型定义是“不依赖于意识”，但是我们对客观存在的认识是通过我们的意识获得的。在研究时，社会科学家们习惯用互为主观的共识（intersubjective agreement）一词代替客观性。如果我们中有数人认同某事物存在，我们将视其客观存在一般。作为客观性一词的工作用语的互为主观的共识，与我们在第 1 章讨论的约定俗成型现实是一脉相承的。

理论　对所观察的事实和用于描述及预测的定律的系统性解释。

互为主观的共识　不同研究者据以研究同一问题并得出同一结论的科学准则。

假设

假设（hypothesis）是从相关命题中提取出的有关实证事实的特定期望。就着之前的例子继续往下说，所形成的理论可以包含以下假设：“二代年轻移民的违法率高于一代年轻移民。”随后可以通过研究对该假设进行验证。后文将通过社会解组理论（social disorganization theory）和青少年犯罪加以解释。

假设还可以被当成对所研究问题的尝试性回答（tentative answer）。例如，我们可能想要通过研究回答“移民身份和因攻击行为而被捕之间存在什么关联”。随后我们会尝试性回答这个问题：“二代年轻移民因攻击行为而被捕的可能性大于一代年轻移民。”这个尝试性回答就是一个假设。

范式

所有理论的创造都不是从零开始的。我们把青少年犯罪用作理论建构主题的示例时，你对它可能已经有了模糊的想法。如果让你列出与青少年犯罪理论相关的一些概念，你应当能够提供一些意见。我们可以说你已经有了一般性看法——参照框架（frame of reference）或范式（paradigms）。范式是用来形成我们对事物的看法的基础模型或框架。

范式　用来形成我们对事物的看法的基础模型或框架。

你可能会下意识地感到难以接受，它和理论的定义过于相似。这是一个内在的迷惑点。区分两者的主要根据是组织和结构。范式是一种结构化且更全面地观察事物的方式，它影响着我们提出研究问题的方法。可以把范式比作一副有色眼镜；不管如何组织观察，我们看到的所有事物都会折射该色调。理论的作用在于将我们透过范式的透镜看到的事物结构化，但是我们的所见仍然已经着色。范式提供了观察的方法，而理论的目的在于解释我们的所见。

虽然范式无须回答重要问题，但它告诉我们去哪儿以及如何寻找答案。正如后文还会谈到的，观察视野的广度决定了你能找到多少东西。托马斯·库恩（Thomas Kuhn，1996：37）是这样描述范式的重要性的：

> “科学界利用范式的收获之一是问题选择的标准，当人们认为该范式理所当然时，这些问题被假定有解。在很大程度上，也只有这样的问题，科学界才会承认其科学性并鼓励科学家们去承担研究责任。其他问题，包括以往被认为符合标准的问题，都因超自然、属于其他学科或者仅因过于疑难、不值得浪费时间而被抛弃。就此而言，范式甚至会将社会上一些不能简化为这种难题形式的重要问题排除在科学界之外，因为这些问题不能用该范式提供的概念化和工具化的方法加以表述。”

库恩的主要兴趣点在于科学如何进步。尽管某项进步涉及既有范式［库恩称之为“常规科学”（normal science）］的缓慢、稳定且渐进式的发展，但他仍然认为，重要的科学进步会采取范式转换的形式，如同抛弃既有共识的范式，转而支持新的范式。例如，牛顿物理学就是这样被爱因斯坦的相对论取代的，库恩将这一过程称作“科学革命”（scientific revolution）。

四、科学的传统模式

传统模式始于理论，而后进行演绎推理。

理论在科学的传统模式中发挥了关键作用。科学家首先会对现实生活的某个领域产生兴趣。假设我们想要揭示导致犯罪集中于城区的部分主要社会因素。哪些社会问题和城区哪些特点与城区更高的犯罪率有关呢?

思考这一问题时，我们可能会首先想到人口密集、住房紧张、贫穷、失业、经济机遇有限、家庭联系削弱和缺乏榜样等因素。这些想法都对构建犯罪的社会解组理论产生了影响。20 世纪初，社会学家们着手研究芝加哥市人口膨胀产生的社会混乱（social disruption)。后来形成的犯罪学“芝加哥学派”开始对广泛社会问题的根源进行更普遍的研究。

概念化

社会学家欧内斯特·伯吉斯和罗伯特·帕克把芝加哥的发展描述成同心圆模式（pattern of concentric zones)（Ernest Burgess，1925；Robert Park and Ernest Burgess，1921)。中心是城市的核心商业区或中心区。随着芝加哥的发展，城市自中心向外呈圆形辐射。从中心区到偏远的郊区，每个区域都展现出特有的土地使用模式。商业和工厂集中在中心区，富裕家庭占据了外圈的居住区，而移居芝加哥的低收入者居住在中心与更远地区之间的过渡区（transition zone)。

过渡区非常明显，因为不断有人流入和流出该区域。高收入居民倾向于往外搬迁，以避开从中心区溢出的工业活动。低收入的欧洲移民来美国寻找发财机会或逃避政治迫害，他们（和后来从战败的南方各州迁入的白人和黑人）接替了那些搬走了的家庭。搬入过渡区的人们知道住房破败且拥挤，但离吸引他们来芝加哥的工厂更近。随着经济状况的改善，他们又会往外搬迁，之前的住所由新的“外地迁入者”接手，由此形成了持续的过渡循环。

伯吉斯认为，这种人口迁移模式和社区状况使家庭、社会机构和其他集体联系弱化，由此产生了他称为社会解组的普遍现象。他相信，有数个问题是社会解组造成的，包括较高的疾病、精神病和犯罪的发生率。这些观点构成了犯罪的社会解组理论的基石。

不过，伯吉斯所描述的过渡区的社会状况启发了对这些地区高犯罪率的其他可能性解释。例如，如果 20 世纪初期来自欧洲的移民集中在过渡区，那么他们会带来与市区不同的各种文化，这将导致犯罪和其他社会问题。换言之，过渡区的犯罪未必是社会解组造成的，而可能是各种特殊文化背景的人集中居住在这些区域的结果。

对于过渡区的犯罪高发，用社会解组还是文化差异来解释?如何解决这一难题?科学的传统模式的下一个步骤将带领我们寻找答案。

操作化

操作化是指为了真正证实和测量我们想要观察的变量而对步骤、程序和操作作出明确规定。对于刚才这个例子，操作化涉及决定如何测量犯罪、社会解组和文化背景等事项。

就在帕克和伯吉斯建构他们有关市区发展及其社会后果的一般性理论时，社会学家克利福德·肖和亨利·麦凯启动了一系列研究，以验证有关过渡区犯罪问题的社会解组解释。他们的标志性研究成果首次出版于1942年，描述了重要概念是如何操作化的（Clifford Shaw and Henry Mckay，1969）。

他们首先从官方城市记录中选取了三项犯罪指标：（1）被起诉至未成年人法庭的少年犯；（2）被判决有罪并交付执行的少年犯；（3）被警察拘留指控但未诉至未成年人法庭的少年犯。

其次是对社会解组的直接测量，而这也是社会研究经常要做的。测量指标源自当地机构提供的人口普查数据和信息。这些指标涵盖了接受救济（早期的福利和失业救济金）的家庭、平均月租、自有住房、职业状况和种族。种族的测量，一是看家长是否出生在其他国家（归类为“生于外国”），二是看黑人家庭的比例。

这些指标使青少年犯罪与社会解组和种族背景的比较成为可能。不过，肖和麦凯根据什么来判断这两个要素中哪个对解释青少年犯罪更重要呢？回顾一下过渡区的概念：人们持续流入和流出的位于核心商业区与富人区之间的社区。过渡意味着人口迁移，芝加哥市区居民的流动给了我们一个答案。

肖和麦凯对比了一段时期的青少年犯罪率，重点是三个时间段，即1900年至1906年、1917年至1923年和1927年至1933年。他们还研究了同一地区不同族群的青少年犯罪情况。他们指出：一方面，如果文化差异能够解释犯罪，那么随着不同文化背景的人迁出过渡区并迁入更安定的居住区，边远地区的犯罪率应当会上升；另一方面，如果是社会解组造成了青少年犯罪，那么即便各族群往外迁移，边远地区的低犯罪率和过渡区的高犯罪率状况仍会持续下去。

帕克和伯吉斯认为芝加哥有五个同心圆区：1号区和2号区是中心区和过渡区；更远一些的3号区是工人家庭居住区；4号区是中产阶级居住区；5号区是郊区或边远区。每个区都有数个不同的社区。肖和麦凯把整个城市划分为140个区域，每个区域约为1平方英里，因此前述1号至5号区均容纳了数个这样的区域。这 140 个区域代表着 140 个分析单位。

观察

科学的传统模式的最后一步是实地观察——观察现实世界并测量所见。在形成理论预期并制定观察策略后，我们将观察事物的运行法则。我们的观察可以围绕对具体假设的验证进行，否则会削弱研究的结构化程度。对于肖和麦凯来说，这意味着在搜索有关操作化的数据时精研已公开资料，然后根据 140 个地理区域对有关青少年犯罪和其他指标的数据进行归类。

通过对比不同族群的青少年犯罪，他们发现，中心区和过渡区所有族群的青少年犯罪率都很高。尽管各族群内部也有很多变量，如生于外国、黑人和本地白人，但是同一类区域每一族群的青少年犯罪率基本一致。在对比不同时期的犯罪率之后，肖和麦凯（Shaw and Mckay，1969：162，315）发现，生于外国的家庭迁入边远区后，边远区的青少年犯罪率仍然比中心区低。他们总结如下：

> “面对这些事实，很难支持这样的观点：种族、出生地和民族本身与青少年犯罪问题存在密切联系。相反，有必要指出，在黑人青少年、外国出生者、新移民中出现的明显偏高的犯罪率，主要和他们各自在城市内的地理分布有关。”

此外，芝加哥临近商业中心和重工业区的青少年犯罪率多年来一直保持相对稳定——尽管这些区域的人口出生地及民族构成不断在变化，这一事实充分支持了青少年犯罪的原因根植于社区的结论。

虽然后续研究否定了肖和麦凯的一些结论，但社会解组理论持续影响着刑事司法及其他领域的理论和研究。例如，尽管有关社会解组的研究大多在美国进行，但玛格丽特·瓦尔迪马尔斯多蒂和冈纳·伯恩博格（Magret Valdimarsdottir and Gunnar Bernburg，2015）发现，真正实行社会解组基本机制的却是冰岛。他们的研究成果（all the more）引人瞩目，因为他们声称：“……社会解组研究可以普遍适用于实行高福利制度的同类小国。”作为普遍法则的社会科学理论在证明其适用于大量社会场景后变得更加强大。

当代犯罪环境理论以帕克和伯吉斯、肖和麦凯的早期研究为基础，十分重视城市格局（urban form）之类的概念及其对人类行为的影响（例如可以参见 Paul Brantingham and C. Ray Jeffery，1991）。德国的研究者认为，大城市中存在的社区企业有助于减少社会解组（Wouter Steenbeek et al.，2012）。

要注意肖和麦凯的研究为何要以解释城市社区条件与主要社会疾病类型之间关联性的更一般化理论为基础。他们抱有一定期待，如果某个理论解释准确，他们就能从数字当中找到一定模式。在把青少年犯罪作为社会问题示例开展研究时，他们发现，如果不考虑种族或文化结构，过渡区的青少年犯罪率更高。当然，这些数据自身并不能证明这一情形，他们也未能提供证明社会解组导致青少年犯罪的具体证据。不过，这些数据仅仅是肖和麦凯收集的大量证据的一部分。

我们对该例进行详尽讨论的原因有三：首先，该例呈现了传统科学研究的演绎模式——从理论出发，到操作化，再到观察。其次，相比你回想起来的科学课上的假设性物理实验，该例更加真实。最后，当代刑事司法研究一直建立在这个有关犯罪和城市环境之间关系的理论观点之上。

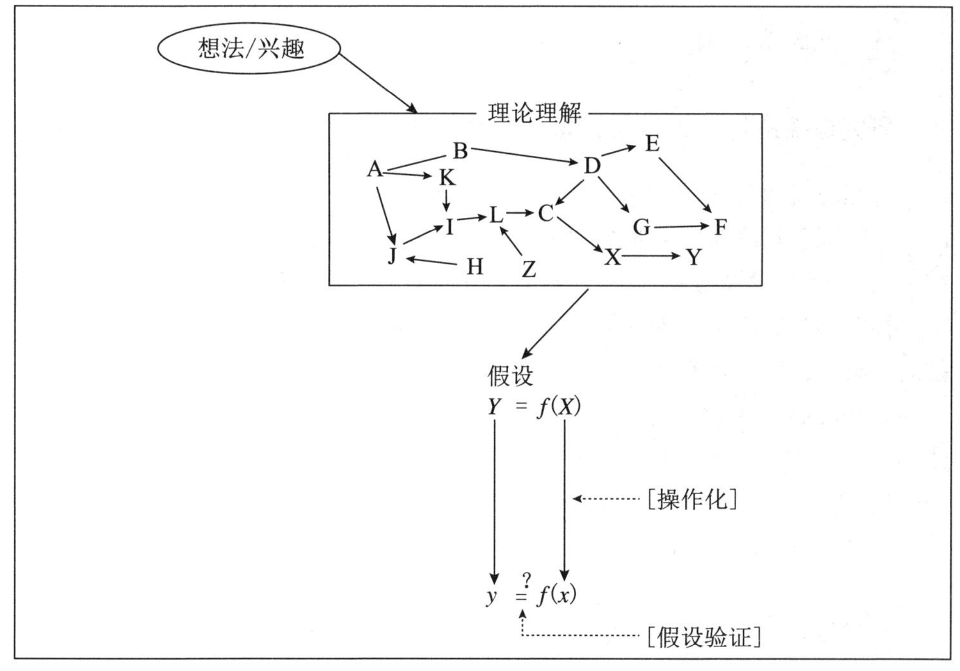

图 2.3　科学的传统模式

图 2.3 是一张科学的传统模式的简明示意图。从图中可以看到，研究者先是对某事物有兴趣或对其有想法，然后形成对大量概念（分别由字母 A、B、C 等代表）彼此间可能存在的联系的理论理解。理论性考量后将形成一个假设或者期望——如果该理论期望正确，则事物将以何种方式运行的期望。公式 $Y=f(X)$ 是一种惯用表达，Y（如青少年犯罪）是 X（如住房不达标）的函数，或者说，Y 在某种程度上是由 X 造成的。不过，这一语境下的 X 和 Y 仅是抽象概念，而无特殊含义。

在操作化阶段，一般性概念被转化成具体指标。此时，小写字母 x 是大写字母 X 的一个具体指标。举例来说，有关未安装室内管道（x）的住房数量的普查数据就是住房未达标（X）的一个具体指标。操作化阶段会形成一个可验证的假设，例如，意大利移民从过渡区的未达标住房迁至边远区的好房子后，他们的青少年犯罪率真的下降了吗？针对结论实施的观察，是通常所说的假设验证的内容之一。

对于我们如何细致和合乎逻辑地研究事物，科学的传统模式提供了清晰易懂的指引。不过，刑事司法理论和研究还涉及其他方法。

五、归纳法示例

研究也要进行归纳推理，根据观察构建理论。

肖和麦凯的著作所阐述的演绎推理构成了传统科学形象的基础。本章前已述及，刑事司法研究者经常使用归纳推理收集证据，以帮助他们对所观察的事物作出一般性陈述。归纳法往往用于形成社会科学理论。

社会科学家们可以通过观察社会生活的各个方面来建构理论，寻求可以指向更具有或更不具有普遍性的原则。巴尼·格拉泽等人（Barney Glaser and Anselm Strauss，1967）提出了草根理论（grounded theory），将其定义为理论建构的归纳法。实地观察——对正在发生的事件的直接观察——常被用于创制理论。不过，根据调查数据开展研究也可以揭示那些提出独特理论解释的结论模型（patterns of results）。下面就是一例。

草根理论 一种以实地观察为基础或植根于实地观察的归纳理论。

犯罪聚集（crime concentration）

刑事司法研究人员逐步认识到，大量犯罪集中于特定的作案人群、地点、被害人群和被盗物品。在费城对年轻人的一项标志性研究表明，青少年犯罪集中发生在少数年轻人当中（Marvin Wolfgang，Robert Figlio and Thorsten Sellin，1972）。研究者创造了“热区”这一概念，即大量犯罪集中发生在相对较小的区域（David Weisburd，2015）。主要在英国进行的一些研究也表明，一些个体或地点反复受到犯罪行为的侵害。例如，肯·皮斯的报告指出，在英国，大约2%的财产犯罪被害人承受了超过40%的财产犯罪（Ken Pease，1998：3）。公路损失数据机构（Highway Loss Data Institute，2016）跟踪调查了机动车被盗保险索赔情况，发现宝马M6敞篷车是最容易被盗的机动车，其被盗概率高于平均水平9.4倍。两座Smart被盗风险最小。

迈克尔·汤斯利、罗斯·戈梅利和珍妮特·齐瑟琳（Michael Townsley，Ross Homel and Janet Chaseling，2003）往前迈进了一步，他们考虑能否将在热区发生的一些入室盗窃案视为邻近反复被害（near repeat victimization）。他们在研究中援引了自己对两项反复被盗机制的解释。第一，人和地点反复被害的原因在于内在的风险不均衡，术语上可以称之为风险异质（risk heterogeneity）。入室盗窃者居住地的住宅被盗风险高于其他地方的住宅。盗窃被浓密植被遮蔽的住宅更难被外人发现，因而这类住宅被盗的风险更高。

对反复被盗的第二项解释是，作案人在闯入他人住宅后对该住宅有了一定了解。破门进入某栋房子或某个公寓后，入室盗窃者们便知道今后可以如何再进去。作案人知道如何进入某住宅后，其面对不太熟悉的目标时的不安感随之减轻。入室盗窃者同时也知道今后可以来拿什么。这种反复被盗机制就是所谓的“事件依赖”（event dependency），即后续盗窃一定程度上取决于首次盗窃时作案人学到了什么。

邻近反复被害的提法意识到了这两种机制均可帮助绘制入室盗窃热区。风险异质表明，入室盗窃者活动地区的住宅被盗风险较高。因此，如果入室盗窃案件发生后，仅隔数家的住宅又发生这类案件，由于入室盗窃者正在这个社区活动，可以认为出现了邻近反复被害。根据事件依赖理论，汤斯利及其同事提出，入室盗窃者在破门进入一栋住宅时获得了对该地区的一定了解。这意味着靠近已被盗住宅的房子的被盗风险很高，因为作案人已经对该地区的特点有所了解并获得了选择新目标的线索。入室盗窃者可以获知街道布局、如何混入该地区以及该地区居民的日常活动规律。

研究者研究了澳大利亚昆士兰（Queensland）的五个城区和郊区的入室盗窃案警方记录。巧合的是，澳大利亚和英国的警方记录都比美国大多数地区的警方记录更统一，也更详细。这些地区的反复入室盗窃是指34个月内发生两起或更多入室盗窃案；邻近反复被害是指经过一个非常复杂的统计评估过程确认，在跨度为34个月的研究周期内距离上一次被盗地点大约200码（约182.9米）范围内的入室盗窃案。

此后，在一家不动产机构的帮助下，汤斯利及其同事掌握了所研究地区的居民的有关情况。这是研究策略的内容之一，对于了解地区自然特征与入室盗窃率的关系非常重要。较成熟地区的住宅一般较老，也比较多样化，而新建城区的住宅大同小异，他们认识到了两者的不同。这家机构帮助研究者对各地区住宅的市值和房龄以及该地区是否已经得到较高程度发展进行了评估。研究者获取这些信息的方法是定性访谈。

汤斯利及其同事分析了警方官方数据。他们发现，在住宅老旧、类型和特征更加多样化的地区，反复被害现象更为常见。这与先前研究所揭示的事件依赖机制相符。一旦入室盗窃者瞄准某个老旧住宅，后续的入室盗窃案件便更有可能光临同一住宅，而这主要是因为行为人知道入室方法和能收获何物。

对新建城区的研究结论有所不同。研究者在此发现了更高比例的邻近反复入室盗窃案件。入室盗窃者更喜欢闯入之前侵入过的住宅附近的住宅，而不是重返最初的现场。

汤斯利及其同事在讨论这一结论时提出了一个用于理解反复和邻近反复入室盗窃的“接触传染机制”（mechanism of contagion）：

> “理解住宅多样性与住宅易被锁定为盗窃目标之间的关系的思路之一是将入室盗窃被害与传染病做类比。……住宅多样性是衡量入室盗窃被害传染性的一项指标，入室盗窃会在住宅相似区域传播，而在住宅多样地区得到遏制。”（Townsley，Homel and Chaseling，2003：630）

如同人们聚集在飞机或公交车之类空间时的传染病蔓延一样，入室盗窃经由大量设计相近的新住宅组成的社区传播。一旦知悉如何侵入一栋住宅，入室盗窃者就能轻松进入邻近的设计相似的另一栋住宅。不过，老社区的住宅差异性更大，入室盗窃者倾向于重返同一作案目标。

研究者使用归纳推理法提出了自己的入室盗窃接触传染理论。对跨越不同类型社区的犯罪行为形态的研究，引导他们去比较犯罪和疾病的传播机制。最后，研究者将其研究结论与环境犯罪学（environmental criminology）的理论基础联系在一起，突出了地理位置的核心作用。正如伯吉斯、肖及麦凯发现青少年犯罪率与城市区域有关一样，汤斯利、戈梅利和齐瑟琳也提出了居住区的形态特征会影响入室盗窃通过社区进行传播的方式。

归纳理论的实践应用

宾夕法尼亚反家庭暴力联盟（Pennsylvania Coalition Against Domestic Violence）的法务主管芭芭拉·哈特（Barbara Hart）建议从不同角度审视归纳理论的创建。[1]在谈论如何提高司法专业人士刑事司法研究成果的利用率时，哈特认为，草根理论的创建在许多刑事司法参与者当中很常见。她的意思是，缓刑官、法官、案件管理人员、被害人服务机构的律师和其他人，倾向于提出适用于他们在个案中观察到的模式的一般性解释。正如哈特所言，“刑事司法参与者们在解释其经验时参与了理论创建”。还有人谈及包括指引公职人员的经验理论（experience-based theory）在内的行动理论（theory of action）（Santos and Santos，2015）。

行动理论今后可以引导司法专业人士的行动，直至他们发现与其理论不相符的案件或案件形态。相关示例，参见题为“草根理论与社区诉讼”（grounded theory and community prosecution）的插页文章。

总之，逻辑推理的科学准则在理论与研究之间架起了一座双向通行的桥梁。在实践中，科学研究通常会交替用到演绎法和归纳法。在演绎阶段，我们的推理以观察为落脚点；在归纳阶段，我们的推理以观察为起点。逻辑和观察同等重要。实际上，演绎法和归纳法都是构建社会理论的工具。

---

〔1〕 在国家司法研究所 1995 年 7 月 12 日于华盛顿特区召开的家庭暴力峰会（Family Violence Cluster conference）上的发言。

六、理论、研究与公共政策

刑事司法理论是研究和公共政策的向导。

犯罪是一个重要的社会议题，而且不单纯是研究者感兴趣的一种社会现象，因此，刑事司法领域的许多研究都与公共政策密切相关。研究为何有人犯罪而其他人不犯罪既有趣又有益，但一旦我们思考如何将新知识用于制定政策，这类研究就被赋予了新的意义。刑事司法政策研究就是一种应用研究，其研究成果可以用于回答有关政府官员及公众应如何应对犯罪之类的具体问题。

刑事司法理论对于指导基础研究和构建应用研究议题都很重要。理论、研究和刑事司法政策存在两方面的联系。一方面，理论应用指导基础研究，而这种研究的成果又可以指向特定政策。例如，伯吉斯、肖和麦凯的早期研究发展成了有关犯罪与地点的理论。大卫·韦斯博德及其同事（David Weisburd and associates，2012）在他们的著作《地域犯罪学》（*Criminology of Place*）中对此进行了总结。随着有关犯罪聚集的研究成果增多，警察部门日益关注地点而非行为人。这最终促成了用于减少犯罪的热区警务策略（Anthony Braga et al.，2014）。

草根理论与社区诉讼

芭芭拉·伯兰德（Barbara Boland）

与社区警务一样，社区诉讼也与处理犯罪的传统方式存在两个方面的不同：其一，社区警务和社区诉讼涉及与社区组织和普通居民的合作；其二，警察和检察官竭力证实犯罪模式及相关问题，而非仅仅在具体事件发生时对该事件作出回应。“发现模式，寻求帮助”（look for patterns，look for help）是对该方式的一种总结：聚焦问题而非事件；与社区居民及其他人合作，而非撇开其他组织单独响应报案或起诉。

俄勒冈州波特兰（Portland）的一名社区检察官（community prosecutor）最初认为，当地居民关注点是惯犯实施的严重犯罪。但是，当其与社区居民交谈后，其对犯罪及恰当响应措施的旧有观念被迅速改变。居民们希望对卖淫、酗酒、吸食毒品、故意毁坏财物、乱丢垃圾、殴打、赌博和盗窃车内财物采取应对措施，而这些问题都不是传统观念中的严重犯罪。

该地有一个特别的社区，即沙利文峡谷（Sullivan's Gulch），那里存在种种困扰居民的问题。在沙利文峡谷，有两条铁路在一处自然形成的洼地交汇，长期有过路者在此地非法扎营露宿，有的甚至会长时间停留。20世纪80年代末，非法露营者暴增。

这些人会溜达到邻近的商业区和居民区，买酒、喝酒、到处闲逛、乱丢垃圾、随地小便和打架斗殴。这些都不是严重犯罪，而且这类扰乱社会治安的行为（nuisance）极少被纳入犯罪统计。但它们无疑给社区居民带来了麻烦，也让当地的商业振兴计划受挫。经与当地居民、企业家沟通，社区检察官在一番深思熟虑之后推断，诸如密集巡逻、增加见警（police presence）率和逮捕数等传统措施可以起一时之功。但增加见警率的做法不能长时间维持，一旦警察调往其他地区，前述问题必然重现。

这名检察官先安排警察开展了一次清扫行动，将露营者驱离沙利文峡谷。随后是由城市发起的清扫行动，将帐篷、废弃建筑物和数不清的垃圾清理干净。接下来是警察和社区居民之间的合作。该地还竖起了一些标记牌，一面写着“禁止扎营”，另一面则列出了附近的流浪汉庇护所（homeless shelter）。市民被招募在沙利文峡谷开展定期巡逻，一旦发现露营地，立即通知警察。当地居民在警察和检察官的支持下积极监视露营者并对试图架设帐篷的初到者进行劝阻。

如同詹姆斯·威尔逊和乔治·凯琳（James Wilson and George Kelling，1982）在论文《破窗》（Broken Windows）以及韦斯利·斯科根（Wesley Skogan，1990）在后来写的一本书中描述的那样，人们对沙利文峡谷的关注提供了一个违法与犯罪之间关联的经典样本。犯罪“破窗”理论坚定地认为：“严重犯罪滋长于那些违法行为不受约束之地。”（Wilson and Kelling，1982：34）

社区检察官聆听了沙利文峡谷周边居民和企业家的关切，对该地区进行了实地观察，由此“创造”了历史。他的理论以对街道的体验为根基，这种体验不同于传统检控领域一套套的主流视角。该理论是归纳式的，植根于观察，而该观察随后被用于构建有关波特兰地区违法与严重犯罪之间关联的更具概括性的陈述。这些关联揭示了指导司法政策的行为理论。

来源：改编自 Barbara Boland，1996：36-37。

为了理解刑事司法理论与政策的另一方面的联系，我们有必要思考一下假设与特定项目之间的相似性。本章前已述及，假设是有关实证事实的详细期望。公共政策项目也是如此，它们是关于能够从特定政策行动中获得何种实证事实的详细期望。社会解组理论包含了“如果……那么……”的表达式，例如“如果某个城市社区显露社会解组信号，那么该社区的犯罪和青少年违法将比社会解组信号较弱的社区严重”。这暗含了一个公共政策的“如果……那么……”表达式：“如果我们为减轻某城市社区的社会失序而落实一个新项目，那么犯罪和青少年违法将减少。”这类互为补充的“如果……那么……”陈述构成了社区警务和伯兰德著作中的社区检察官（参见本章前文有关草根理论的插页文章）所采取措施的合理基础。警察和检察官通过社区犯罪控制策略对可能导致犯罪和违法的社区治安问题采取行动。

因此，理论、研究和政策通过两种相同的方式关联在一起：（1）理论框定了研究的体系，随后成为制定政策的参考；（2）政策采用了“如果……那么……”的表述，这表明政策受实证检验的制约。本章插入的实例《融会贯通：有关自由裁量与歧视的理论》揭示了理论如何帮助研究者构想及验证有关交通拦停模式的解释。也有一些研究者认为，缺乏研究理论指导已经成为种族定性研究的一个问题。

融会贯通：有关自由裁量与歧视的理论

警务中存在种族偏见的可能性长期以来都是刑事司法研究主题。大多数研究者都将歧视对待归咎为自由裁量权，即警察和其他刑事司法人员所作决定在一般情形下不受审查的权力。美国律师协会（American Bar Foundation）于20世纪50年代通过对刑事司法机构的大规模观察研究“揭示了”警察的自由裁量权，劳埃德·奥林（Lloyd Ohlin，1993）在著作中对此做了介绍。阿尔伯特·赖斯（Albert Reiss，1971）的一篇经典著作援引了这些观察研究，并报告了大城市警察实施的歧视对待行为。道格拉斯·史密斯和克里斯蒂·维舍尔（Douglas Smith and Christy Visher，1981）发现警察更喜欢逮捕黑人嫌疑犯——不过，此时要回顾一下肖和麦凯的论述，即这类现象大多与发生事件的社区有关。罗伯特·桑普森（Robert Sampson，1986）在研究青少年司法时得出了相似的结论——社会和经济特点似乎可以弱化种族与警察拘留青少年行动之间的联系。

对种族与刑事司法官员行动之间联系的研究已经扩展至许多方向。但在大多数场合，对少数族裔在被逮捕或监禁者中所占比重过高的理论解释都会采用以下两种形式之一：（1）少数族裔在罪犯总人数中占比较高；（2）司法官员的公然种族歧视。

尽管有理论传承，但对交通执法中的种族歧视的关切主要源自广为流传的恐怖媒体报道（horror story），而非系统研究。大卫·哈里斯（David Harris，1999）是该领域最著名的法律研究者之一，他在著作中举了几个例子。大众传媒的报道和个人就涉嫌种族歧视的交通执法所提起的诉讼促进了相关研究，并形成了像社会科学家努力整合各项观察以获得一般性解释那样的归纳性理论。对歧视的报道由此推动了探索性研究，后者引领着有助于理解潜在机制的理论发展。

罗宾·谢泼德·恩格尔、詹妮弗·M. 卡尔农和托马斯·J. 伯纳德（Robin Shepard Engel，Jennifer M. Calnon and Thomas J. Bernard，2002）最早提出理论缺失会阻碍理解。他们认为，对恐怖媒体报道的低层次研究相当于推定这些报道本身就是警察交通执法的主流现象。为消除误解，他们提出了可以解释少数族裔司机被拦停比例过高的各种社会科学理论，并就如何设计研究以检测这些理论提出建议。以下是两个简短的例子：

1. 行为是内在态度的结果。这一论点以心理学理论为依据，推定警察因为内在偏见而拦停少数族裔司机。为了验证这一点，需要通过标准化调查问卷测量警察的内在态度。

2. 组织行为与虚构事物（Organizational behavior and myths）。组织理论（Organization theory）认为，在交通拦停中，警察个体的行动是组织政策的产物。作为对种族定性的解释，这种观点意味着警察管理层鼓励警察个体拦停少数族裔的行为。此外，约翰·科朗克和罗伯特·朗沃希（John Crank and Robert Langworthy，1992）在著作中描述了组织通过传统、虚构事物和信念来影响个体行动的方法。如果组织信念认为少数族裔更有可能涉足毒品或武器违法，那么这种信念就会对警察的交通执法行动产生影响。

交通执法具有特殊性

卡斯滕·安德烈森（Carsten Andresen，2005）在其关于新泽西州警的著作中援引了两种理论来阐明他的两个基础性研究问题：（1）影响警察决定拦停某辆机动车的因素是什么？（2）影响警察拦停之后的行动的因素是什么？

安德烈森采用警察自由裁量权理论来解释第一个问题：在缺乏明确指令时，警察可以根据其想要使用的任何标准来选择所要拦停的车辆。他对州警开展访谈，并随同州警进行大量日常巡逻以观察他们的行动，以此验证其解释。

对于第二个问题，安德烈森以互动心理学（psychology of interactions）为基础，整合多项理论，以此作为研究的指导理论。他推定交通拦停是警察和司机之间的“交易”。和其他交易一样，交通拦停中的各方也要进行协商，尽管这种协商不像我们在汽车修理厂买某件商品时那么直接。州警希望司机承认自己的错误或表达某种悔意。在交易时，州警会给合作的司机一个机会，不签发交通违章通知单，或者认定为较实际更轻的交通违法。如果司机好斗、否认交通违法或者抱怨其他人都在超速，协商就会破裂；这些司机通常会收到交通罚单。

安德烈森的理论应用体现在两个方面。他首先观察了警察和司机之间的“交易”模式，通过归纳推理构建更一般性的解释。之后他查阅了其他领域的研究文献，根据组织行为心理学的交互理论（organizational psychology theory of reciprocity）“演绎”出对其已观察到但此前仅部分得到解释之交易模式的解释。

犯罪学发展：生态学理论和犯罪预防政策

我们以一个关于理论、研究和政策如何互动的例子作为本章结尾，而且我们相信，在阅读本章最后一节后，你将可以把当代犯罪学理论的原则溯源至前面讨论过的芝加哥学派的基础理论。

在一部有关情景犯罪预防（situational crime prevention）的案例研究文集的导论中，罗纳德·克拉克（Ronald Clarke，1997b）描述了更一般化的犯罪生态学理论演化为刑事司法政策的路径。“生态学”一词意义重大；如同人类和其他有机体受自然环境力量（如天气、全球气候变化和水质）的影响一样，人的行为某种程度上也取决于该行为所处物理环境和社会环境。环境犯罪学家认为犯罪行为与物理空间和社会空间存在关联。

正如保罗·布兰廷汉姆和帕特丽夏·布兰廷汉姆（Paul Brantingham and Patricia Brantingham，1991）阐述的那样，将社会生态学原理应用于犯罪学有两个方面。首先，城市的物理特征——城市形态——某种程度上是争夺空间（稀缺资源）的结果。城市人口稠密源于土地成本高昂，而且许多人希望住所邻近工作场所、商店和娱乐设施。其次，人的行为受物理环境的影响。例如，人们在大城市市区的行为就与其在郊区购物广场的行为存在诸多不同（Per-Olof H. Wikström，1995）。

城市使潜在的罪犯与被害人相互接近，不同的城市形态所提供的犯罪机会也有差别。例如，布兰廷汉姆夫妇（Brantingham and Brantingham，1991：49）指出，在分散购物区和单排商业街，财产犯罪尤其容易频发。这类商业区的设计目的是为大量驾车购物的人提供便利。这些地点易于到达且行人互不了解，财产犯罪者和购物者都很看重这一点。这也正是财产犯罪者被吸引至大都市的分散购物区和单排商业街的原因。

要注意这些生态学理论基本原理与社会解组理论之间的相同之处：在城市过渡区，物理环境（密集居住）令人不适，社会环境（贫穷、失业和疾病）极不理想，犯罪现象也更普遍。

发源于肖和麦凯之研究的生态学理论最终影响了建筑师和城市设计者的思维方式，而他们的工作重心正是建筑物、街道、公园和其他城市景观的设计。奥斯卡·纽曼（Oscar Newman）的著作《可防御空间》（*Defensible Space*，1972）是将城市设计与刑事司法理念融为一体的最具影响力的著作之一。纽曼认为，城市住宅建造时应当考虑提高居民监管和控制其所处环境的能力。美国城市大型公共住宅项目的设计往往存在问题，居民难以从在附近商店闲逛的人当中辨识出危险的陌生人。

几乎在纽曼著作出版的同一时期，类似的有关城市设计、人类行为与犯罪之间存在关联的想法也在影响着英国犯罪预防政策的制定。英国内务部研究中心（British Home Office Research Unit）的研究者根据经济学上的理性选择模型，扩展了纽曼关于物理环境如何影响潜在被害（包括被害人和被害场所）的论述，提出犯罪者决策时也会受到城市设计的影响（Ronald Clarke and Patricia Mayhew，1980；D. B. Cornish and Ronald Clarke，1986）。犯罪者可能不会一本正经地去权衡犯罪的成本及收益，但科尼什和克拉克断定，犯罪者会评估潜在目标，至少会在一定程度上根据对作案机会的判断而作出选择。

在这一推论引导下，克拉克和其他人提出了旨在减少犯罪机会的犯罪预防政策。这就是所谓的情景犯罪预防，克拉克（Clarke，1997b：4）将其定义为“减少机会的措施：（1）指向极为特殊的犯罪类型；（2）尽可能使用系统、稳定的方法对当前环境进行管理、设计或操控；（3）其目的是提高犯罪的难度和风险，减少大多数攻击者预想的收益”。克拉克介绍了几个情景犯罪预防技术的实例：使用方向盘锁可以提高偷车的难度；车主安装可移动车载音响可以减少车内盗窃的收益；更细致的停车场设计可以提高（盗窃犯）盗窃汽车的风险。

这个例子阐明了从理论到政策制定的演绎路径。情景犯罪预防政策是从描述城区犯罪与物理环境及社会环境之间关系的生态学理论中历经数年建立起来的。

现在可以考虑一下克拉克有关具体情景犯罪预防项目设计步骤的介绍，它阐述了政策制定的归纳法（Clarke，1997b：5）：

1. 收集该具体犯罪问题的性质和范围方面的数据；
2. 分析那些有利于实施特定犯罪的情境条件；
3. 系统研究阻断该犯罪实施机会的可能手段，包括成本分析；
4. 执行最具可行性和现实性的应对措施；
5. 对该过程的结果进行监测并分享经验。

第 1、2 步是收集数据和寻找模式；第 3、4 步相当于形成一个尝试性结论，并根据所观察的模式提出假设。第 5 步是相当于假设验证的应用研究：监测和评估结果，然后报告该项目是否达到预定目标。

通过本章学习，我们可以看到刑事司法研究中理论与研究之间的各种联系。在演绎模式下，研究用于检验理论。在归纳模式下，理论源于数据分析。虽然我们着重用这两种逻辑模式来关联理论与研究，但刑事司法研究人员实际上已经在这些领域取得了大量创新性发展。有时引入理论性议题仅仅是为了用作实证研究的背景。还有些研究则引用精选的实证数据，以丰富理论观点。

本章讨论的基本内容支持了我们的观点，即刑事司法研究没有捷径，其不确定性远比传统科学观点所言更大。科学最终要建立在两大支柱之上：逻辑和观察。本书将会论及，这两大支柱可以通过诸多方式完美结合。

小　结

- 社会科学包括三大基本面：理论、数据收集和数据分析。

- 社会科学家的兴趣在于解释总体而非个体。
- 虽然社会科学家观察人，但他们的主要兴趣在于揭示连接变量的关系。
- 解释分为特殊性和规律性两种。
- 科学是演绎和归纳交替进行的过程。
- 数据包括定性数据和定量数据。
- 虽然人们说科学是“客观的”，但它更是一个互为主观的共识问题——科学家们在其观察和结论上意见一致。
- 科学的传统模式包括理论、操作化和观察。
- 社会科学理论和研究通过两大逻辑方法进行连接：(1) 以理论的期望或假设为起点的演绎法；(2) 从具体观察到一般性概括的归纳法。
- 根据草根理论，观察有助于理论形成。
- 犯罪学和刑事司法理论主要来源于社会科学的其他学科，较少来源于自然科学。
- 刑事司法理论、研究与政策通过以下两种方式连接：(1) 理论影响基础研究，而后者可能会建议制定新政策；(2) 政策的构建如同假设，因而可以接受实证检验。

重要术语

总体　属性　演绎推理　因变量　草根理论　假设　假设验证　特殊性　自变量　归纳推理　互为主观的共识　规律性　客观性　范式　理论　变量

复习与练习

1. 马库斯·费尔森 (Marcus Felson) 在其著作《犯罪与日常生活》(*Crime and Everyday Life*, 2002) 中详述了日常活动理论，并将其作为对犯罪发生原因的解释。根据该理论，当同时具备以下三个要素时，犯罪就会发生：(1) 目的明确的攻击者；(2) 引人注意的被害人；(3) 缺乏有力的监管者。请选择一类财产犯罪和一类暴力犯罪，运用日常活动理论对其进行解释。你使用该理论的方式是演绎法还是归纳法？

2. 回顾本章讨论的理论与研究的关系。请从学术期刊中选择一篇研究论文，并阐明你从中发现的理论与研究的关系。

3. 大卫·莱斯特 (David Lester, 2012) 描述了研究者对英国家居升级

(燃气用于烹饪和取暖）后自杀率变化的研究。从20世纪60年代开始，家用燃气“毒性解除”——其一氧化碳含量降至安全值。根据你对本章所讨论的理论的理解，回答以下两个问题：(1) 你认为自杀率发生变化了吗？如果有变化，那又是如何变化的？(2) 解释一下你认为可能有效的措施。

|第 3 章|

伦理与刑事司法研究

我们将讨论设计及执行研究项目时应予考虑的一些伦理与科学议题。我们也将探讨各种伦理问题及其解决方法。

学习目标

1. 认识到伦理考量如何影响刑事司法研究。
2. 理解研究中的伦理“对”与“错”归根结底是人们认为何者为“对”与“错”的问题。
3. 理解为何研究者不能认识到自己的研究是否已对伦理议题进行了充分阐述。
4. 总结如何权衡可能的研究利益与研究对研究对象所造成的伤害。
5. 掌握自愿参与准则以及它与研究中的通用准则发生冲突的原因。
6. 举例说明刑事司法研究有时会产生的特定伦理问题。
7. 讨论知情同意是如何化解众多伦理问题的。
8. 认识到匿名和保密是保护研究对象隐私的方法。
9. 总结《贝尔蒙报告》提到的伦理原则。
10. 描述为何对囚犯和青少年要进行特殊的伦理考量。
11. 了解伦理审查委员会对于保护研究对象的作用。

本章目录

伦理与对皮条客的研究

贩卖妇女从事性工作，这是广受新闻报道和流行文化关注的刑事司法议题。在美国，经常可以看到美国本地儿童（大多为离家出走者）被贪婪的皮条客强迫带入色情行业的报道。这里援引克利夫兰（Cleveland）一家报社的报道：

“埃里克·腾思通（Eric Turnstone）提醒买家，下次再和他做生意时，他会提价。那是2010年的一天，他贩卖妇女的一单生意以300美元成交，并说这样至少能给自己挣点零花钱。腾思通在克利夫兰仓储区（Warehouse District）一家星巴克店内卖出的是一名16岁少女。是的，千真万确。他把一名少女卖给了一家商业色情场所的老鸨。……皮条客们强迫无助的青少年进行性交易的情形越来越多。他们夸这些女孩长相漂亮，获取她们的信任，然后引诱她们离家出走。”（Margaret Bernstein，2012.）

大众媒体的文章经常会谈到性剥削和性奴役。这一问题确实存在，但刑事司法研究揭示，实际情况要复杂得多。研究人员陈国霖和詹姆斯·费根诺（Ko-lin Chin and James Finckenauer，2012）在研究亚洲的性贩卖（sex trafficking）时，对美国和部分亚洲国家的10个城市中的女性性工作者进行了访谈。他们在研究中发现，这些女性通常知道自己去了其他国家后会成为性工作者，而且在受访的中国女性中，有40%的人出国前就以卖淫为业。

皮条客给人的印象是剥削者，通过暴力和威胁手段压榨性工作者获利，这种刻画同样过于简单。我与安东尼·马库斯（Anthony Marcus）及其同事在2012年发表过一篇论文，文中介绍了在纽约市和新泽西州亚特兰大市为期两年的人种志研究（ethnographic research）的部分成果。其中，我们了解到，青少年从事性工作的原因多种多样，女性与扮演“推销员”的皮条客之间的关系可能非常复杂。我最近也完成了一项为期一年的项目，在该项目中，我对曾经或正在纽约市哈莱姆区当性交易推销员或皮条客的人进行了访谈。对于这一项目，后文还将讨论。此处我只涉及研究商业性交易时产生的几个伦理问题。

从难以接触到的群体中招募访谈对象并对其实施访谈，首要问题就是让其确信访谈是保密的。时下的皮条客行事极为谨慎，在有些访谈中，他们甚至担心我是便衣警察。除了保密保证之外，研究对象也可以通过招募方式、是否被要求提供口头或书面知情同意以及访谈地点等来判断是否得到了保密。

为了做好哈莱姆的皮条客研究项目，我们通过一些熟人来寻找访谈对象。有个熟人在该地长大，还有一个熟人在该地常住。他们向其亲友甚至陌生人保证，我们是正经的研究人员。访谈时，我们的熟人就在附近转悠，这使潜在的研究对象相信自己是安全的。熟人朋友对于在这类研究中建立必要信任至关重要。

自愿参与的伦理原则在研究犯罪行为或犯罪者生活方式时可能也很棘手。我们必须与伦理审查委员会认真合作。例如，按照惯例，必须让研究对象签署一份表明其同意参与研究的文件。如果受访者不愿意签署文件，我们可通过口头方式取得对方同意。

访谈地点对于建立互信也很重要。我的大量访谈都在哈莱姆住宅区附近的户外或者两个非营利组织的室内进行。我使用了一个非营利组织的空闲办公空间，除了几张椅子外，这些空间再无其他家具。绕成一团的电线从天花板上探出，还有一部电话偶尔会响铃。有一名研究对象直接问我们，这是否是一次突击行动，而在户外（大部分访谈都在户外）进行访谈时从来不会出现这种问题。

我们要求受访者在谈论他们的性工作者、朋友以及他们本人时使用假名。我们告诉他们，感觉不适的问题可以略过不答。在这个项目研究过程中，没有一位受访者要求跳过问题，但他们有时会做一些故事剪辑，特别是被问到逮捕记录、犯罪前科或帮派隶属关系时，他们会像这样回答："我是帮派的人，但我不想说是哪个帮派。"

访谈性工作者和皮条客时可能会涉及诸如精神创伤、暴力、其他犯罪和逮捕或犯罪前科等敏感信息。访谈时也很难核实受访者是成年人还是青少年。受访者可能会谎报年龄，而你不可能让这难以接近的群体中的其他人帮忙鉴别——你必须相信他们。这是个两难问题，因为对未成年人的研究需要采取特殊保护措施。

受访者也可能因经济动机而接受访谈，尤其当其缺钱时。我们每次访谈均向受访者支付 20 美元至 30 美元的报酬。尽管外人通常认为皮条客生活富足，但在我们接触的皮条客当中，有钱人很罕见，他们大多还在奋力赚钱的路上。

最后，刑事司法研究中的许多伦理议题都与保护弱势群体有关。我们的研究对象属于弱势群体，原因复杂多样。他们从事性产业，参与非法行为，而这些非法行为往往又与其他非法行业交织在一起。我们怀疑当中有未成年人，但无法核实其年龄。许多受访者都在饱受暴力与毒品犯罪侵扰的社区生活和工作。

阅读本章的研究伦理时，请思考为何这项关于皮条客和性工作者的研究会涉及伦理议题，以及应当如何设计研究以免违反基本伦理原则。应当向研究对象提供何种保护？谁来判断这些保护措施是否充分？他们如何判断？

（以上为安布尔·霍宁撰写）

导　言

尽管出于好意，但我们并不总是能够意识到研究中的伦理议题。

本书大部分内容关注的是科学的程序和限制。我们会看到，科学的逻辑规定了研究的程序。但我们也会看到，一些科学上的“完美”研究设计因其成本太高或执行时间太长而无法实施。在整本书中，我们将进行具有可行性的折中。

在我们讨论对研究的科学与管理限制之前，有必要先来探讨在现实世界进行刑事司法研究时需要考虑的其他关键要素——伦理。和一些设计或测量程序不切实际一样，有些设计或程序则要受到伦理问题的制约。为引入伦理议题，我们引用艾尔·R. 巴比《社会研究方法》（*The Practice of Social Research*，2004：62）一书的论述：

“数年前，我受邀列席加利福尼亚州一项法学教育研究计划的筹备会议。这项研究计划将由一所大学研究中心和该州律师协会联合实施。研究的目的是了解法学院的哪些教育内容对于通过律师资格考试有利，从而完善法学教育。一般来说，该计划的实施方式就是准备一份调查问卷，收集个人在法学院学习过程中的详细信息。参加律师资格考试的人会被要求填写这份问卷。通过分析不同法学院学习经历的人在律师资格考试中的表现，发现有哪些因素对考试有用，哪些没有用。研究成果可以供各法学院参考，最终可以提高法学教育水平。

与律师协会合作的好处是，所有烦人的后勤事务方面的争议都会得到处理。例如，在获准将律师资格考试与调查问卷连带进行时没有任何障碍，也可避免不作答问卷的情形。

我离会时对这项研究的前景充满期待。当我兴奋地向一名同事说到问卷无作答的问题已经得到完美解决时，她当场就颠覆了一切：‘这是不道德的。法律没有规定必须填写问卷，参与问卷调查的人必须出于自愿。’这项研究计划最后没有实施。”

显然，硬性要求他人参与研究是不恰当的。在读到巴比的同事的评论之前，你们可能已经认识到这一点。

所有人都认为自己是道德的，尽管谈不上完美，但好过大多数人。对于刑事司法研究中的问题（在生活中也可能存在），我们并非时刻进行伦理考量。于是，我们经常埋头苦干，忽视别人看来很明显——甚至在别人点破时我们自己也发现很明显——的伦理问题。对新研究项目前景的兴奋蒙蔽了我们的眼睛，使我们看不到伦理考量带来的障碍。

每个人都能明白，让未成年帮派成员演示其如何盗窃汽车是不道德的。如果我们建议访谈吸食毒品者并把他们的陈述刊登在当地报纸上，你们马上就会大声嚷嚷。然而，正如我们认为自己是道德的一样，我们也倾向于在其他场合忽视伦理问题——并非我们品性不佳，而是人的局限性使然。

本章主要内容是探讨刑事司法研究中的伦理，其中列举了一些可以说明研究是道德或不道德的共识性规范。然而，比单纯了解这些规范更重要的是保持对伦理的敏感度，在计划开展研究时留心这方面的内容。在这种情境下，值得注意的是，许多职业都会受到伦理的约束，而不同职业的伦理约束有所不同。因此，牧师、医生、律师、记者和电视制片人的工作都要受各自的伦理制约。本章只探讨那些引导社会研究的伦理原则。

研究中的政治考量也很微妙、暧昧并容易引发争议。前述法学院的例子就同时涉及伦理与政治的问题。虽然研究者有其伦理准则（ethical norm），即研究的参与者必须出于自愿，但该准则显然是从保护公民自由的美国政治准则中衍生出来的。在有些国家，该项研究可能会被认为非常道德。

本章最后将讨论两项产生了严重伦理问题的研究计划。基于假设情境，通常不存在“正确的”观点，因而我们不会给出有关什么可接受、什么不可接受的明确答案。每个例子都很重要，都可以推动有关研究的伦理原则的讨论。

一、刑事司法研究中的伦理议题

一些基本原则已经包含了刑事司法研究中的伦理议题。

在大多数辞典和日常用法中，伦理往往与道德（morality）相提并论，两者都用于处理对与错的问题。但是什么是对？什么是错？区别对错的标准是什么？每个人都有自己的一套标准，有可能是宗教或政治意识形态，也可能是对什么可行和什么不可行的实际观察。

在辞典中，《韦氏新世界辞典》（*Webster's New World Dictionary*，2001）对

“伦理的”一词的界定很有代表性：“符合特定职业或群体的行为标准。”虽然该定义中嵌入的相对性会让那些寻求绝对道德的人感到不满，但我们在日常生活中所认为的道德和伦理不过就是群体成员之间的共识。不同群体有不同的道德标准，这再正常不过了。如果某人想在某个社会里生活，了解那个社会的道德标准是十分有用的。这同样体现在刑事司法学术研究“社区”。

准备开展刑事司法研究的每个人都应对科学研究中哪些行为合适和哪些行为不合适的共识了然于胸。刑事司法领域的伦理问题可能特别棘手，因为我们研究的问题往往涉及人们迫切想要隐瞒的非法行为。这个判断对罪犯适用，对刑事司法机构的工作人员有时也适用。

接下来的几节会探讨刑事司法研究中的一些重要伦理议题和共识。我们的讨论范围限定于刑事司法研究中的伦理议题，不涉及刑事政策和管理中的伦理。因此，我们不会谈及死刑的道德性、警务实践的恰当性、刑罚的伦理、律师与法官的行为准则之类的议题。如果对刑事司法政策领域的重大伦理议题感兴趣，请查阅乔思琳·波洛克（Jocelyn Pollock，2012）的著作或约翰杰伊刑事司法学院出版的杂志《刑事司法伦理》（*Criminal Justice Ethics*）。

伦理的　符合特定职业或群体的行为标准。

对参与者无害

权衡进行研究可能获得的利益和可能对研究对象（或其他人）造成的伤害，是所有研究都要面对的伦理困境。例如，生物医学研究可能会对人或动物造成生理伤害。社会研究可能会对被要求透露隐私信息的人造成心理伤害或使其陷入难堪境遇。刑事司法研究可能会同时造成生理和心理伤害以及难堪。虽然生理伤害似乎不太可能发生，但是必须考虑可能造成生理伤害的各种情形。

从刑事活动参与者中收集信息或收集有关他们之信息，这样的实地研究有可能对研究对象、研究者或第三方造成伤害。例如，毒品犯罪研究可能要确定并访谈活跃的吸毒者和毒贩。斯科特·雅克和理查德·莱特（Scott Jacques and Richard Wright，2008）对活跃于亚特兰大和圣路易斯的毒贩进行了研究。他们通过各种手段散布招募研究对象的消息。从现行犯那里收集信息，至少存在使研究对象被其他毒贩暴力攻击的可能性。

实地研究人员面临的潜在危险也应当考虑。彼得·罗伊特、罗伯特·麦考恩和帕特里克·墨菲（Peter Reuter，Robert MacCoun and Patrick Murphy，1990）从缓刑管理部门的记录中挑选毒贩研究对象。研究者认为，通过从华盛顿特区的各个社区抽取人员，所获得的研究对象群体更具代表性。但他们没有采用这一方法，原因在于大众传媒对普遍存在的涉毒暴力的报道引发了研究者对自我人身安全的关注。虽然不清楚这种担忧是否有充分根据，但该例的确说明了安全问题会影响刑事司法研究。芭芭拉·帕特森及其同事（Barbara Paterson and associates，1999）进一步描述了评估定性实地研究（qualitative field research）人员潜在安全威胁的准则，而布鲁斯·雅各布斯（Bruce Jacobs，2006）则总结了可以减少潜在危险的各种实证调查方法。

在潜在人身安全问题上，比布·拉塔内和约翰·达利（Bibb Latané and John Darley，1970）的旁观者干预（bystander intervention）系列实验研究臭名昭著，更让人警醒。这些研究者设计了可能会对研究对象或研究者造成伤害的犯罪行为。他们关注的是“犯罪”的目击证人采取干预或不干预措施的情境。在一次假装对酒类专卖店实施抢劫的实验中，一名旁观者打电话报警，而出警警察对这起“犯罪”拔枪相向。

其他研究者尊重伦理原则，能够意识到可能发生的伤害。插页文章《伦理与极端的田野调查》展现了研究在其有关锐舞俱乐部吸食毒品现象的学术论文研究中遇到的伦理困境。该研究的详细内容，请参见蒂娜·佩罗内的著作《上流社会》（*The High Life*，2009）。

伦理与极端的田野调查

蒂娜·佩罗内
加利福尼亚州立大学长滩分校

作为一名研究纽约舞蹈俱乐部内现行吸毒行为的女民族志研究学者，我碰到过各种尴尬且难以处理的状况。我的主要研究目的是调查摇头丸（ecstasy）及其他毒品在锐舞俱乐部的使用情况。我成了一家通宵舞蹈俱乐部的参与式观察者（participant observer），在这里，毒品的使用非常普遍。为了掩饰研究者身份，我成了这个俱乐部的常客，秘密观察俱乐部的活动。

尽管有大学伦理审查委员会的指引，但在我亲历的许多场合，现有伦理规章制度的指导性非常有限。我最终不得不发挥主观能动性，根据以往经验对伦理问题作出即时决定。我被迫自主决定如何处理毒品意外事件（drug episode），以免使我的研究或线人陷入险境。舞蹈俱乐部也是男人勾搭女人的地方，我面临的难题是，既要从研究对象那里获得信息，又要看顾好自己的人身安全。

吸食毒品后的意外事件和研究对象的安全

我造访俱乐部时目睹过许多毒品意外事件——对各种俱乐部毒品的不良反应。我看到人们试图让他们的朋友摆脱克他命（Ketamine）或“特别 K”（special K）导致的 K 粉效应（K-holes，吸食 K 粉后的一种精神状态，这种状态可能与紧张性精神分裂症、灵魂出窍或者濒死体验相似。——译者注）。我甚至为正在呕吐的研究对象提供过帮助。隐藏观察者的身份让我很难处理好这类意外。在俱乐部期间，我时常会想，自己是否是唯一不受这种乱人心智的环境影响的人。这也让我相信，我当时比其他顾客有更好的判断力。不过，卷入这些插曲会对我的研究构成威胁。

我在首次观察时试图介入某个严重毒品意外事件，但因线人的警告而作罢。我是俱乐部的新人，不能确定介入后还会发生什么事。如果我请求俱乐部职员或局外人伸出援手，顾客和保安就会质疑我为何老是来这里。我需要得到顾客们的信任，以招募研究的参与者。而且，因为担心我是个捣乱者，会招来当局的关注，保安可能会把我赶出俱乐部。

作为研究者，我对参与者负有道德责任，而作为个体，我对自己的良知负有道德责任。我决定，在研究期间要格外警觉，密切关注毒品意外事件的处理方式。我会先咨询线人，按照他们的建议行事。但是，如果发现遭遇毒品意外事件的人有危险，而其他人没有能力或不想提供帮助，我会尽我所能介入。

舞蹈俱乐部的性挑逗

这家俱乐部某种程度上也是个“皮肉市场”（meat market）。和大部分酒吧及舞蹈俱乐部不同，这里的顾客打扮和俱乐部节目极具挑逗性。俱乐部内的大多数男士赤膊出场，而大多数女士衣着极为暴露。在舞台上表演时，男男女女们的舞姿充满着性暗示，并会脱去部分衣着。这种氛围助长了性邂逅，男士们频频走向正在寻找男士的单身女性。男士们喜欢靠近我，因为我看着像单身，而且为了研究目的，我也竭力和尽可能多的男士交谈。不难想象，我的行为很容易被误解。

一些男士坚持不懈地对我进行性挑逗（sexual advance）。大多数时候我都会选择离开，而他们通常也能明白我的暗示。然而，有些男士比其他人更有耐心，服用摇头丸之后更是如此。对于男士做出性挑逗的情形，特瑞・威廉斯及其同事（Terry Williams and collleagues，1992）建议与能够发挥保护作用的关键人物建立信任关系。在整个研究过程中，我和线人们相处融洽，而他们承担了保护者的角色。不幸的是，因为保护我，线人们有可能面临人身危险。

有一次，共舞邀请被我拒绝后，“汤姆”突然抓住了我。我挣脱后，他又抓住我，然后开始与跑过来帮我的“杰瑞”争吵，而“杰瑞”是我的固定线人之一。争吵升级成了打架，直至“汤姆”被两名保安逐出俱乐部。

我使自己和线人同处险境。尽管努力让自己相信“杰瑞”的行为是自主行为，但我仍然感觉应对这次打架负责。实地观察的基本原则是不要为参与者招来伤害。对于大多数刑事司法研究来说，这种伤害主要是指逮捕或者因讨论隐私问题而带来的心理伤害。此后，我开始认真考虑事件恶化的原因以及应当如何防止再次出现类似问题。

由经验衍生出的伦理决策规则

各学术协会已经制定了伦理规范和专业行为准则，但可以用于处理某些民族志研究问题的指引非常有限。相反，如同刑事司法参与者一样，这些研究人员必须依托经验和以往学术训练作出即时决策，却并不知道事态会如何发展。在研究过程中，我发现自己处于一些在平时肯定会躲避的场景之中，而如果不做研究，或许永远无须面对这样的场景。我应该帮助她平安度过毒品的不良反应期吗？如果伸出援手，她就一定会好起来吗？如果避开挑逗我的男士，他会跟上来吗？他明白我只是为了研究才和他说话吗？

我的解决办法主要来自咨询同事和查阅他人的研究成果。在所有伦理规范中最为重要的是，民族志学者应当把研究参与者的安全和利益放在首位。他们必须认识到，线人对许多情况的了解都比他们深得多。面对研究过程中的这些情况，我利用自己的判断力尽可能作出最好的决策。我根据线人的指点确定介入毒品意外事件的时机。躲避性挑逗的成功策略便是告知骚扰者：线人是我的男友，请您走开。

约翰·莫纳汉及其同事（John Monahan and associates，1993）在研究暴力时从更宽广的视角出发，划分了三个可能遭受人身伤害的群体：第一个群体是研究对象本身。例如，受家庭暴力威胁的妇女向研究者讲述以往的被害经历，如果被施暴者知道了，她们有可能遭遇更大的危险。第二，研究者在对有暴力犯罪前科的人进行访谈时可能招来攻击。第三，也是问题最大的，是收集不稳定个体的信息可能会提高第三方的被害风险。知悉研究对象可能有攻击第三方意图的研究者将面临一个新的两难局面。研究者应当信守其对研究对象的保密承诺，还是采取干预措施，阻止犯罪？

通过访谈收集信息时也可能会对研究对象造成心理伤害。例如，开展犯罪调查时要求被调查者陈述其被害经历，有可能会使其想起极其痛苦或至少是不太愉快的过去。调查中，也可能会要求被调查者陈述曾经犯下的吸食毒品或犯罪等违法行为。与访谈者谈论这些行为，对受访者来说可能是件非常尴尬的事。

研究者已经采取特殊措施来减少对家庭暴力被害人进行访谈时可能出现的情感折磨（Kristin Bumiller，2010）。英国犯罪调查（British Crime Survey）使用了自我填答式计算机调查问卷，这是最有价值的例子之一（Catriona Mirrless-Black，1999）。被调查者在笔记本上阅读和回答访谈者的问题，而非口头回答。这一程序为研究对象提供了更好的隐私保护。

对数据的分析和报道也可能对研究对象造成伤害，尽管这一事实经常不被承认。研究对象有时会读到有关其参与之研究的著作。较为敏感的研究对象有可能在已出版研究成果的各种索引和图表中找到自己的身影。他们可能会发现自己被标签化为罪犯、越轨者、违反缓刑规定者等，只不过没有点名道姓而已。

这正是 NCVS 所获取的被害人居住地信息不对研究者和公众开放的主要原因。有些犯罪相对罕见，这意味着如果居住地报道了犯罪被害情况，则被害人可能会知道这是对其经历的描述，或者有可能被第三人辨别出来。

近年犯罪制图软件的发展已经加重了对犯罪被害人隐私的担忧。如今，许多警察局都已经采用计算机犯罪地图，有些小面积地图还对公众在线开放。日益便捷的在线犯罪地图使人们能够确定犯罪被害人的居住地点，从而扩大了隐私外泄的可能性，奥拉尼亚·考纳迪、凯特·鲍尔斯和迈克尔·莱特纳（Ourania Kounadi，Kate Bowers and Michael Leitner，2014）对此专门进行了探讨。纽约等城市上传的地图标注了事件发生的一般频率和模式（http://maps.nyc.gov/crime，2016 年 3 月访问）。但是，芝加哥提供的犯罪地图详细到了可从其中知道事件发生在哪一街区的程度（http://gis.chicagopolice.org/clearmap/startpage.htm#，2016 年 3 月访问）。

至此，我们已经很清楚，所有研究实际上都有对其他人造成某种程度伤害的风险。研究者绝对无法确保不造成任何伤害，而有些研究设计比其他设计更有可能造成伤害。如果有个研究程序会让研究对象产生不愉快——例如要求其陈述越轨行为，那么研究者首先应当有可靠的科学依据。如果所寻求的研究设计确有必要，但会让研究对象感到不自在，那么研究者将会感觉如同置身伦理的炼狱，被迫做一些自己觉得难受的事。

一项总的原则是，如果研究的潜在利益超过了对研究对象的可能伤害，则该伤害可以被认为是正当的。当然，这又会催生一个新问题，即如何判断潜在利益能够抵消可能伤害。这个问题不好回答，但正如后文所要阐述的，研究界已经采用了一些保障措施，帮助研究对象做出这种判断。

不伤害他人的准则在理论上很容易被人接受，但在实践中难以遵守。然而，对这一问题的敏感度和方法论经验，可以提高研究者处理伦理问题的能力。对此可以回顾一下插页文章《伦理与极端的田野调查》中蒂娜·佩罗内的研究观察。

自愿参与

刑事司法研究往往会介入人们的生活。受访者接到邀请其参与问卷调查的电话或电子邮件时，一项受访者没有主动提出参与并会让其耗时耗力的活动开始了。被选中参与任何研究都会干扰研究对象的日常活动。

医学研究伦理的主要信条是，自愿参与医学实验。该准则同样适用于刑事司法研究。任何人都不得被强迫参与。但是，这项准则在理论上说起来容易，实际应用却很难。

例如，实验研究有时会让囚犯当研究对象。在遵循最严格伦理标准的场合，囚犯会被告知实验的性质和潜在风险；他们会被告知实验完全出于自愿；他们也会被告知不能从研究参与中获得任何回报（如提前假释）。即使在这种情形下，志愿参与者们的参与动机仍是相信自己能从合作中获利。在有些研究中，研究者可能会给囚犯少量现金作为参与研究的报酬。对于收入极低的人来说，微薄的报酬也是参与研究的一种激励，因为除此之外，他们别无其他方式获得酬劳。安布尔·霍宁在其关于皮条客的研究中提到了这一点。

如果刑事司法导论课程的老师让学生填写调查问卷，并打算分析后发布，就必须告知学生参与调查应是完全自愿的。即便如此，学生们仍有可能担心不参与研究会影响自己的成绩。因此，教师应当特别当心这种带有惩罚意味的暗示，并采取措施予以避免。例如，可以要求学生在下次课前把问卷放入门边的箱子里。

要注意自愿参与准则可能违背某些科学方面的考虑或要求。如果实验对象或调查研究的受访者都是自愿的，科学上的概括性要求就有可能受到威胁。用少量金钱“购买”研究对象的参与同样会产生这样的问题。研究结论不能推广适用于所有的人。描述性研究是非常明显的例子，即除非经科学挑选的样本（包括自愿的受访者和不自愿的受访者）中的绝大多数都确实参与了研究，否则研究者不能把研究结论概括适用于总体。

在这方面，第 10、11 章探讨的定性访谈和实地观察都有其伦理上的两难困境。进行实地观察的研究者往往不能透露正在进行研究，以免对正在研究的事项造成重大影响。假设你想研究折扣店里无线头戴耳机的陈列方式是否会对商店物品盗窃率产生影响，为此你计划开展实地调查，对店内陈设和入店行窃进行观察。你不能直白地询问店员是否同意参与你的研究。

自愿参与准则非常重要，但有时难以遵守。当研究者最终认为有正当理由违背该准则时，遵守科学研究的其他伦理准则就显得更重要了。

匿名与保密

保护研究对象利益和人身安全的核心内容是确保他们的身份信息不被泄露。如果披露他们的行为或被调查时的反应一定会对其造成伤害，遵守这条准则就变得至关重要。匿名与保密这两项技术尽管经常被混为一谈，但对于研究者保护研究对象来说很有帮助。

匿名　如果研究者不能辨识已获取的某条信息来自哪个研究对象，该研究对象就是匿名的。匿名可以化解许多潜在的伦理难题。利用实地观察技术开展的调查通常可以确保研究对象不被认出。研究者也可以查阅法院、矫正机构或其他刑事司法机构中已经去掉姓名的非公开记录。

不要求登录或其他身份认证信息的网络调查就是匿名的一例。受访者匿名完成在线调查问卷，这些问卷随后会被整理成表格。同样地，电话调查也可以实现匿名，前提是随机选择住宅电话号码且不要求受访者提供身份信息。如果研究者不询问和记录研究对象姓名，那么当面访谈也可实现匿名。

研究者为了确保匿名而不记录受访者姓名，因而难以和访谈过的受访者保持联系。尽管如此，在有些场合，匿名是值得的。例如，我们可以确定，在调查吸食毒品情况时，承诺匿名可以增加受访的概率和准确度。安布尔·霍宁在开篇语《伦理与对皮条客的研究》中使用街道名称代替研究对象姓名，这就是一种有效的折中方法。

许多研究人员访谈已知姓名和住址的人并收集信息，这时的受访者不属于匿名。其他类似的数据收集方法也不能保证研究对象的匿名性。例如，如果要抽样调查九年级学生的逮捕记录，我们将需要知道他们的姓名，即便我们不对他们进行访谈或不让他们填写问卷。

保密　保密是指研究者能够确定信息来自特定研究对象，但承诺不会将其公开。例如，在调查本人主动报告的吸毒行为时，研究者其实可以透露特定受访者的非法吸毒行为，但会向受访者保证绝对不会这么做。同样地，如果对青少年帮派成员进行当面访谈，研究者可以保证不会将信息透露给警察或其他公职人员。对于利用包含个人姓名的法院记录或警方记录开展的研究，为了保密，可以剔除记录中所有可辨识身份的信息。

有一些技巧可以帮助更好地满足保密要求。首先，获取了受访者身份信息的当面访谈者或调查者应当接受伦理责任方面的培训。数据采集表格中的所有姓名和住址均应尽快去除，并用身份识别码（identification number）代替。应当创建一份主要识别码档案，说明数字所指代的人员的姓名，方便后续补充遗失信息或更正矛盾信息。这份档案应妥善保管，仅以正当目的方能查阅。

对于所有要求保密而非匿名的调查，研究者均有义务将这一点明确告知受访者。研究者绝对不能用匿名一词表达保密之义。不过，需要注意的是，研究对象和其他人可能搞不清两者的区别。例如，新泽西州的一名前任助理检察长曾要求马克斯菲尔德披露参加某次匿名调查的警察的身份。经过反复解释匿名与保密之间的差异，这名检察官终于明白，因为无法识别参与者，他所要求的身份披露是不可能实现的。总之，必须向研究对象保证，他们提供的信息只用于研究目的，不会提供给第三方。

欺骗研究对象

我们已经看到，对研究对象身份的处理是一项重要的伦理考量。如何处理研究者自己的身份，也颇为棘手。向我们打算研究的对象表明自己是研究人员，有时非常管用甚至是必需的。高明的骗子能让人们参加实验室实验或完成一份冗长的调查问卷，而无须告诉他们实际上正在进行研究。我们应当牢记，欺骗研究对象是不道德的；在刑事司法研究中，欺骗的正当性需要通过强制性的科学或管理审查加以确认。

研究者有时会承认自己正在开展研究，但捏造研究的原因以及为谁而研究。例如，凯茜·施巴茨·维多姆、萨利·J. 查亚和玛丽·安·杜顿（Cathy Spatz Widom，Sally J. Czaja and Mary Ann Dutton，2008）对儿童虐待案件被害人进行访谈，彼时离他们的案件在刑事或未成年人法庭审判已有多年。维多姆及其同事想要了解的是，相比未受害群体，被虐待的儿童是否更容易成为犯罪被害人。访谈者难以用不让人产生偏见的方式解释其调查目的。而且，调查时要询问有关个人和家庭经历的详细内容，对此也必须提供可信的解释。维多姆的解决方案是告知研究对象，他们被选择参加的是一项人类发展研究。维多姆还专门准备了描述其人类发展研究的小册子，分发给受访者。

实验性研究有时会使用欺骗手段，但研究对象最终会知道自己被欺骗了。

亲眼看见课程中排演的作弊情节的同学是否比没见过作弊的同学更容易作弊？雷蒙德·帕特诺斯特尔等人对此开展了研究。实验结束后，参与者们接受了询问，并被告知有关欺骗的事项：

> “在雷法克大楼（LeFark Hall）计算机实验室开展了一项记忆能力研究，如果你是参与者，那么现在我们告诉你，这项实验具有一定欺骗性。你在被招募时以为调查的是你记忆和回想单词的能力，但调查的真实目的是研究同伴（peers）对欺骗行为的影响。在被调查的学生当中有研究者雇用的专业演员。”（Raymond Paternoster et al.，2013：496.）

虽然我们最初可能会认为，隐瞒研究目的对于研究经常从事犯罪者（active offender）有一定用处，但是詹姆斯·因恰尔迪（James Inciardi，1993）在阐述研究快克可卡因屋（crack houses）的方法时明确指出这是不可取的。首先，在调查贩毒者和吸毒者时隐瞒我们的研究目的会暗示我们联系他们是为了获取非法毒品。面临这种处境时，研究者必须作出选择：要么参与违法行为，要么提供拒绝参与违法行为的可靠理由。其次，假扮顾客前往可卡因屋会使研究者身陷这类场所常见的严重暴力威胁。在实施非法行为和成为暴力犯罪被害人之间进行选择，实际上相当于没有选择。为此，因恰尔迪（Inciardi，1993：152）对实地研究主动型罪犯的人提出了如下建议：“永远不要冒充。”

分析与报告

刑事司法研究人员对研究对象和科学界同行都负有道德义务，我们依序对这些义务进行评价。态度严谨的研究者应当比任何人都更清楚该项研究的技术缺陷和不足之处。研究者有义务将这些不足告知读者。即便本能地觉得承认错误很愚蠢，研究者也必须这么做。

任何负面成果均应报告。遗憾的是，社会科学报告领域存在一种荒诞的说法，即只有正面发现才值得报告。马克斯菲尔德担任过《犯罪与违法研究杂志》（*Journal of Research in Crime and Delinquency*）的编辑，他坦诚有时也会这么认为。这种情形不只是社会科学才会出现。例如，赫勒·柯劳格·约翰森和彼得·格茨彻（Helle Krogh Johansen and Peter Gotzsche，1999）在著作中指出，已发表的新药研究更关注取得成功的实验。失败的新配方研究很少发表，致使研究者重复进行已被证明无效的药物研究。为改变这一偏好，哈佛大学牙医学院（Harvard University school of Dental Medicine）出版了《生物医学负面观察杂志》（*Journal of Negative Observations in Biomedicine*），致力于发表生物医学研究中的负面成果（http://www. jnrbm. com，2016 年 3 月访问）。社会科学与生物医学一样，知道两个变量相关与不相关具有同等重要性。

同样，研究者应当避免为了顾及颜面而把研究成果说成是周密计划的产物（事实上并非如此）。许多发现都是意外之喜，尽管事后回顾时，这些发现似乎显而易见。如果偶然发现一个有趣的关联，你会如何应对？用虚构的假设来粉饰这种情况，既不诚实，也有可能误导没有经验的研究者，让其认为所有科学研究事前都有严谨的计划和组织。庆幸的是，从事评价工作的研究者已经认识到报告意外发现的价值，并且提出了提高发现意外收益的概率的评估方法（Nick Tilley，2000）。

总之，开诚布公使科学进步，自我保护和欺骗阻碍科学发展。我们可以将研究中经历的所有困难和问题和盘托出，从而为同行乃至整个科学界作出贡献，说不定可以帮助他们避免重蹈覆辙。

法律责任

有两类问题会让研究者承担潜在的法律责任。首先，假设你对街头卖淫之类的犯罪行为进行实地观察，却不向警方报告。根据许多州的刑法，你可能会因妨害司法或充当犯罪的从犯而被逮捕。对犯罪或越轨行为的参与式观察（participant observation）使研究者自身承担犯罪或越轨角色（例如偷偷把香烟带到看守所，以换取被拘留者的合作），这可能会带来更大的麻烦。

其次，也是更常见的法律问题，是研究者获知研究对象已经实施非法行为。在进行自述式调查（self-report survey）或实地访谈时，可能会询问研究对象的过往罪行。如果受访者说出了其尚未被逮捕或起诉的犯罪，则知悉这些信息的研究者可能会被认为构成妨害司法，研究数据也可能被刑事法院调取。而根据披露的研究数据，可以追查到研究对象个体，这有违要求保密的伦理准则。一个新的两难困境由此产生。

幸运的是，联邦法律规定了保护研究数据的措施，可使研究者在多数情形下免遭法律诉讼。国家司法研究所在其受试者保护网页（http://www. nij. gov/

nij/funding/humansubjects/confidentiality. htm，2016 年 4 月访问）列出了以下信息：

“为了保护参与国家司法研究所研究活动的个体的隐私和人身安全，根据《美国法典》第 42 篇第 3789g 条授权而为个人信息规定的法定保护措施，国家司法研究所额外制定了有关对《美国联邦法规》第 22 篇第 28 章的可识别研究和统计信息进行保密的准则。这些准则是：

1. 为保护个人隐私，应当将个体可识别信息的使用目的限定于研究或统计。

2. 对个体提供的个人信息进行保护，未经其事先同意，不得用于任何司法、法律或行政程序。

3. 尽可能减少研究对象对数据滥用的担忧，以提高国家司法研究所研究项目的科学性。

4. 明确告知研究者，个体可识别信息只能用于研究或统计目的。”

这些规定既能使研究者免遭起诉，也能让研究对象安心，即他们不会因向访谈者或实地工作者陈述的犯罪而被起诉。

执法活动有可能会给实地研究者带来法律风险和人身危险。因恰尔迪（Inciardi，1993）指出，除了坦率地将自己的研究者身份告知快克可卡因（crack）吸食者，不要指望警察能区分研究者与研究对象。研究者与罪犯在一起且明显有联系，这会使其面临被捕或沦为犯罪从犯的风险。因恰尔迪逃离过一次抢劫现场，但在警方突袭室内吸食快克可卡因的行动中被抓。布鲁斯·雅各布斯（Bruce Jacobs，1996）也在著作中解释了其在研究街头毒品交易时为何要联系警方。本章末尾的练习题将要求你认真思考雅各布斯与警方接洽所涉及的伦理问题。

特殊问题

有些刑事司法著述也谈到了其他特殊伦理问题。例如，应用研究可能会对一些现有或新设的项目进行评估，而评估经常会打断被研究机构的日常运行。显然，研究时应当尽可能减少这种干扰。

公职人员的不端行为　研究人员在开展应用研究时可能会发现公共职人员的不规范或违法做法，由此也面临应否告发的伦理问题（参见后文的案例讨论）。例如，研究人员在评估一项创新缓刑项目时知悉，警察并未按照计划探访缓刑人员住地[1]。相反，执行该项目的警察一直在提交伪造的工作进度表，而不对缓刑人员进行实际核查。

本案的伦理困境是什么？一方面，研究者正在评估该缓刑项目，因而报告该项目是否按计划进行及其原因。不采取项目处理措施（住地探访）就属于项目未按计划实施的情形之一。调查人员向项目客户（被执行缓刑的罪犯）作出保密承诺，但并未与项目执行人员达成类似合意。另一方面，研究者向机构工作人员保证，其目的仅为评估该缓刑项目而非工作人员的工作业绩。研究者披露警察伪造报告，有违这一"默示的信任"（implied trust）。

你会如何处理这种情况？在本章结尾，我们将附上这些研究者的选择。不过，你们应当清楚，在刑事司法机构内开展应用研究会牵扯许多伦理问题。

研究引发犯罪　犯罪行为及其环境非常复杂，难以完全掌握，因而有些研究项目可能会引发犯罪或者影响犯罪的地点或目标。显然，这对研究者而言又是一个严重的潜在伦理问题。

多数人都会认同，仅为研究目的而促使他人犯罪是不道德的。明知研究可能会间接引发犯罪时，处理起来更为棘手。斯科特·德克与巴瑞克·范·温克尔（Scott Decker and Barrik Van Winkle，1996）在其有关帮派成员的研究成果中讨论了这种情况。有的帮派成员表示愿意邀请研究者旁观飞车射击，以展现其施暴意图。研究者谢绝了所有这类邀请（Decker and Van Winkle，1996：49）。研究对象因接受访谈而获得20美元现金报酬，他们使用这笔钱的方式也存在伦理问题（Decker and Van Winkle，1996：51）：

> "我们把报酬设定得足够低，以确保它不会引发犯罪。20美元不算太少，但是买不了枪或太多毒品。我们相信有一些研究对象会用这笔钱干非法勾当。不过，毕竟有些人经常实施越轨或犯罪行为。"

你或许不赞同作者最后一句的论证。然而，对活跃犯罪分子使用该笔现金的方式的思考表明，他们已经充分认识到了研究活跃犯罪分子时会出现的伦理困境。

---

〔1〕 本例源自马克斯菲尔德与这些研究人员的私下交流。

安东尼·布拉加（Anthony Braga，2016）描述了一个更严重的例子，即街道社会工作者（street worker）参与凤凰城（Phoenix）内帮派暴力，这与现实枪击事件的增加存在联系。同样，对波士顿一个帮派暴力项目的调查也发现，接受过项目研究的帮派发生的枪击事件比没有接受过项目研究的帮派多14%。

研究犯罪预防项目时可能会出现另一类伦理问题，即犯罪转移（crime displacement）。以旨在减少某城区街头卖淫行为的实验项目为例。调查这类项目的研究者可能会指定实验目标区并强化执法，同时指定邻近不介入地区为对比区。如果卖淫行为从目标区转移至周边区域，则说明该项调查导致了对比区卖淫行为的增长。

罗布·古雷特和凯特·鲍尔斯（Rob Guerette and Kate Bowers，2009）审查了对犯罪预防项目的200余项评估后认为，犯罪转移现象并不严重。雷内·海塞林（René Hesseling，1994）较早的一项研究也表明，随着因犯罪目标加固项目（target-hardening program）导致的犯罪现象转移日益普遍，这种犯罪预防措施也开始变得重要。例如，在大厦一楼窗外安装网栅会让入室盗窃转移至防护措施更少的建筑物。同样地，在新车上加装方向盘锁，也可能会使盗窃旧车案件增加（Marcus Felson and Ronald Clarke，1998）。

不过，总体而言，如果确实会发生转移，其原因主要也是与刑事司法研究无关的重大政策变化。刑事司法官员的行为可能会使一些人受损，使另一些人受益，但是我们不能期待研究者对他们的行为加以控制。然而，可以合理期待的是，参与筹备评估调查的研究者能够预见到发生犯罪转移之类现象的可能性并提醒项目执行人员关注。

有效实验措施的中断　某些刑事司法研究设计可能会产生不同类型的伦理问题。例如，假设研究者相信，以咨询矫正代替刑事追诉可以减少家庭暴力施暴者再犯的可能性。只起诉一部分施暴者，而不起诉其他施暴者，这样的实验合乎伦理吗？

你可能会发现，负责检验实验性药物（experimental drug）的有效性的医药研究者面临与此相似的问题。他们对这类问题的常见回应是，直接指出该药物的有效性只能通过该类实验来证明。但是，不开展研究，甚至要付出使研究对象得不到实验药物的代价——将无法研发新药，也无法判断治疗手段是否有效。

解决这一两难困境的方法之一是，在初步结果表明新策略或新药在治疗组确实能够取得更佳疗效时即中断实验。例如，迈克尔·丹尼斯（Michael Dennis，1990）曾介绍了如何将这类计划纳入对增强药物治疗咨询（enhanced drug treatment counseling）的长期评估。如果初步结果已经表明新的咨询项目（counseling program）减少了药物使用，研究者和方案执行者就会对控制组的研究对象提供进一步的强化咨询（enhanced counseling）。丹尼斯认识到了潜在的伦理问题，制定了详细的研究计划，以适应这类中途发生的变化。同样地，马丁·基利亚斯、马塞洛·F. 艾比和丹尼斯·里博（Martin Killias，Marcelo F. Aebi and Denis Ribeaud，2000）也打算在有可信证据证实治疗药物依赖的方法有效时中断对海洛因处方的实验研究。

刑事司法研究，尤其是应用研究，会引发大量伦理困境，本书的介绍不及其一。我们的插页文章《融会贯通：伦理与种族定性研究》展示了研究种族定性和交通执法过程中遇到的各种伦理问题。

融会贯通： 伦理与种族定性研究

开展种族定性研究可能会让研究者牵扯许多伦理问题。第一，新泽西州（Andresen，2005；Maxfield and Kelling，2005）、北卡罗来纳州（Smith，Tomaskovic-Devey，Zingraff et al.，2003）和宾夕法尼亚州（Engel et al.，2004；Engel et al.，2005）的研究者与受试者（主要是警察、监督人员、指挥官和行政人员）存在互动。第二，所有项目都必须接触州警察机构保管的机密档案。第三，罗格斯大学的研究者陪同新泽西州警巡逻，他们会接触普通居民（通常是因交通违法被拦停的人）。第四，陪同州警进行日常巡逻使研究者面临各种潜在危险，包括在车流不息的高速公路上高速行驶。第五，州警的所谓自愿参与并不总是完全出于自愿。

警察作为受试者（police as human subjects）

研究在新泽西州高速公路上巡逻的州警与研究普通个体及其日常生活，所产生的伦理问题有所不同。研究者仅能观察公职人员的职务行为。州警在公众视线下巡逻，与司机打交道是他们例行公事的一部分。从某种意义上讲，研究者与爱看热闹的旁观者并无多大不同，而后者天然就会被电视剧本语料的真实样本吸引。

不过，对警察的实地研究也有一些不同。研究者长时间跟随州警，旁听他们与所有人的交谈以及电台播报的信息。虽然州警驾车经过的是公共道路，但是在巡逻车内发生的事情大多与工作无关，就如同普通公众在自己车里喜欢做的私密举动一样。与州警一起巡逻，可以揭示他们真实的行为和评论。马克斯菲尔德和安德烈森获得了一手资料，知道了哪些违规驾驶会被习惯性忽略，而哪些确有必要拦停。研究者目睹了不符合新泽西州警规范的行为，也听到了种族主义者和性别歧视者没有保留的评论。

宾夕法尼亚州的研究者获准查询所有警方拦停记录。此外，他们也对一些州警是否高比例拦停少数族裔司机感兴趣。然而，研究者希望保护州警个人的身份，他们只想调查总体（aggregate）形态而非个体警察。因此，在获取交通拦停记录后，所有数据记录中的可识别决定拦停者的警察编号均被删除。

保密信息

在新泽西州的研究期间，州警正在接受美国司法部调查。联邦官员及其代表获取了有关警察拦停的信息，部分信息也分发给了对这些信息具有保密义务的研究者。此外，新泽西州所有巡逻车均装备了摄像机和麦克风以记录州警与司机的互动过程。安德烈森和马克斯菲尔德查看了部分录像带，而它们原本只供州警上级和指挥官调阅。

与普通民众接触

与州警一同巡逻意味着研究者可以目睹警察与公众的互动。多数时候，罗格斯大学的职员们并不下车，而是通过巡逻车内的音视频监控进行观察。虽然研究者可以记录车牌号以便识别驾车者，但这样做对研究毫无意义。安德烈森记录了所有被拦停者的大概年龄、性别和种族；对于研究而言，这些信息足矣。

正如你可能预料的那样，因交通违法被拦停者有时很沮丧，行为也不检点。州警们偶尔也会与女司机调情。安德烈森的一次观察记录显示，一名女司机在被拦停后当着州警的面宽衣解带，州警笑了笑，让她驾车离去。

可能对研究者造成的伤害

市警察机构允许研究者和其他观察者陪同警察巡逻。但是，在安德烈森和马克斯菲尔德的研究之前，鲜有人获准跟随新泽西州警出行。最常被援引的正式理由是会给研究者带来安全威胁。州警最关心两种情形：（1）交通拦停可能升级为暴力冲突；（2）可能发生高速追逐。我们一般会被要求穿上防弹背心。我们被告知在交通拦停期间要留在巡逻车内，除非州警另有指示。有一次，有名州警被派到高速公路收费站拦截从其他警察机构逃离的持枪嫌疑人，而马克斯菲尔德此时正与这名州警一同巡逻。该州警先开车把马克斯菲尔德送往该收费站负责人居住的一处建筑物，叮嘱他在那里等候后续通知。

一些冲突与以超过 100 英里/小时的速度驾车有关，通常都是因为州警们要加速赶往事故现场。在这些场合，研究者的心惊胆战甚至超过处在真实的危险之中。恩格尔等人（Engel et al.，2004）指出，他们在宾夕法尼亚选择固定观察点进行观察，部分原因就在于安全关切。马克斯菲尔德发现，安全也是州警选择“钓鱼点”（fishing holes）——安放测速雷达和激光装置的地点——的标准。

知情同意?

警察机构通常被描绘成准军事组织，在指挥和管理上有严格规定。在这种情形下，知情同意就是一个很难把握的概念。如果上级命令州警大力支持研究者，则州警参与研究看上去不太像是出于自愿。安德烈森提到，他跟随过一些明显不是自愿“尽地主之谊”的州警。如果预计上级会对其拒绝参加研究的行为感到不悦，州警们可能就不会做出拒绝的决定。

因而，尽管有点自相矛盾，但知情同意对于研究警察非常重要，这和研究囚犯很像——警察和囚犯都因为某些隐形的胁迫而参加研究。

二、推动遵守伦理准则

伦理规范和伦理审查委员会是推动遵守伦理准则的两大途径。

即便研究者高度关注个人权利和可能对研究对象造成的伤害，他们也不是安全措施是否恰当的最佳裁判者。在医疗和社会科学研究领域的一系列不道德事件曝光后，《国家研究法》于 1974 年颁行。[1]多年后，《贝尔蒙报告》（Belmont Report）规定了一整套简洁但全面的保护受试者的伦理准则（National Commission for the Protection of Human Subjects of Biomedical and Behavioral Research，1979），短短六页中提出了三项原则：

1. 尊重个人（Respect for persons）：必须允许个体自主决定参加研究，确保能力受限者得到特殊保护。
2. 善行（Beneficence）：研究不得对参加者造成伤害，研究的目的应是增加好处。
3. 公平（Justice）：应当公平分配参与研究的好处和责任。

这三项原则衍生了大量联邦法规。不过，研究团体一般采用两项通用机制来促使研究工作合乎伦理要求：职业伦理规范（code of professional ethics）和伦理审查委员会。

职业伦理规范

如果设计和实施研究项目的专家没有意识到伦理问题，又该如何避免这类问题呢？对于研究者而言，查询专业协会制定的伦理规范是一个好办法。正式的行为规范规定了可容许和不可容许的职业行为。美国心理学会（American Psychological Association，2010）的伦理规范非常细致，反映了心理学家

〔1〕 本章论述结束前将讨论其中一例。

在研究、临床治疗和教育等方面的各种职业角色。

美国社会学会（American Sociological Association，1999）的伦理规范详细介绍了刑事司法研究者可能遇到的许多伦理问题。国家科学院（National Academy of Sciences）针对大量伦理问题出版了一本非常实用的手册，内容涵盖了欺诈和其他学术不端问题（Committee on Science，Engineering，and Public Policy，2009）。

两个代表了美国犯罪学与刑事司法研究者的全国性学会已经制定了伦理规范。美国刑事司法科学学会（Academy of Criminal Justice Sciences，简称ACJS）根据美国社会学会的规范制定了自己的伦理规范。约束 ACJS 会员的规范非常笼统，这反映了 ACJS 会员的多样性："为了普遍适用于各种角色和背景，伦理规范的大部分内容都写得很概括。伦理规范并非详尽无遗——伦理规范未规定的行为并不必然合乎伦理或不合伦理。"（Academy of Criminal Justice Sciences，2000：1.）

经过多年沉寂，并在尝试起草一部准则失败后，美国犯罪学学会（American Society of Criminology，简称 ASC）的会员们于 2016 年批准了一部伦理规范，这部规范如同 ACJS 规范一样，大量吸收了美国社会学会的伦理规范的内容。新规范序言的第一句话非常醒目，很像本书第 1 章的某个评注："犯罪学是一门科学学科（scientific discipline），犯罪学家们赞同科学与学术的一般原则（tenet）。"该规范随后提出了基本原则，并专节就尊重研究总体的权利作出规定：

"ASC 会员

a. 遵守联邦及学会关于对研究对象、材料及程序进行适度审查和审批的规定；

b. 不得为研究目的而误导受访者；

c. 确保参加研究者匿名保护的权利，除非其放弃；

d. 确保对所有非自向公众开放之记录获取的数据保密。"（American Society of Criminology，2016：3.）

该规范也有详细一点的规定，即申明 ASC 会员将会采取其他措施保护受试者。

该规范历经多年争议才获采纳。即便如此，还是有一些 ASC 会员对部分条款表示强烈反对。这或许与该领域研究方法极多有关。犯罪学家们也遇到了一大堆伦理问题，在应如何解决这些问题方面莫衷一是。最后，我们也看到了犯罪学家们平衡伦理与研究关系时面临的特殊问题的实例。

《美国律师协会职业义务规范》（American Bar Association's Code of Professional Responsibility）未能消除律师违反伦理的行为，我们也不要期待社会科学家们的职业伦理规范能够在刑事司法研究中防止更多的违反伦理行为。有鉴于此，同时为了对一些有争议的医学和社会科学研究作出回应，美国卫生与公共服务部（U. S. Department of Health and Human Services，简称 HHS）出台了被研究人保护规定。这些规定不适用于所有社会科学或刑事司法研究。不过，掌握这些规定的一些一般性条款是有益的。下节的许多内容都是根据 2005 年 6 月 23 日修订的《美国联邦法规》第 45 篇第 46 章撰写的，而这些规定本身又以《贝尔蒙报告》为基础（National Commission for the Protection of Human Subjects of Biomedical and Behavioral Research，1979）。

伦理审查委员会

政府和非政府组织（包括大学）在开展以人为对象的研究时必须组建伦理审查委员会。伦理审查委员会有两个一般性目的：其一，委员们就研究可能对受试者造成的总体风险以及在评估研究的预期收益后能否接受这些风险作出判断；其二，委员们判断研究程序是否已经包含有关安全、保密和受试者福利等方面的充分保障。

根据 HHS 的规定，凡涉及以人为对象的研究，不管采用何种研究方式（哪怕只是简单地提几个问题），都应接受伦理审查委员会的审查。例外情形不多，包括为教育目的和只收集匿名信息的调查研究。不过，如果这类调查研究涉及某些特殊人群（后文还将讨论），或者其程序可能会对参与者造成伤害，那么也应当接受审查。换言之，可以大胆假设，绝大多数研究都要从已知身份的个体那里收集原始数据，因此要接受伦理审查委员会的审查。如果考虑到可能对研究对象造成伤害的各种方式以及开展匿名调查的难处，你就能理解为什么要这么做。

联邦法规和伦理审查委员会指南强调了社会研究的其他潜在伦理问题。最为重要，也是最具代表性的伦理审查委员会规定，是有关自愿参与这一伦理准则的规定。

知情同意　在获知研究目的、程序和潜在风险后同意参加研究。

知情同意　自愿参与准则一般通过知情同意（Informed Consent）（把研究程序告诉研究对象，而后者同意参加研究）来确立。自愿参与准则要求研究对象理解研究目的、可能的风险、负面影响、给研究对象可能带来的益处以及将要采用的研究程序。这项要求看起来简单，但获得知情同意可能存在数个现实困难。

有时我们不得不承认研究会具有一定的欺骗性，把研究程序告知研究对象的规定可能会造成两难局面。研究者解决这一问题的常用做法是，至少告知研究对象部分真相，或者提供经过轻度修改的有关研究项目设计原因的说明。维多姆在研究虐待儿童问题时，只告知了部分研究目的，而没有把研究“人的成长”（虐待儿童导致的被害现象也是其内容之一）这一目的告知研究对象。

获取知情同意的另一个可能难题是如何确保研究对象能够理解对研究风险、益处和程序等的描述。研究者必须以口头形式告知没有阅读能力的参与者。对于不会说英语的研究对象，研究者应当准备以其母语来介绍研究程序。如果研究者使用刑事司法研究中常用的专业术语或语言，参与者可能理解不了其含义，因而可能不会做出知情同意。可以考虑一下这种表述：“这次调查的目的是确定恢复赔偿这类约束性较弱的处罚措施是否能够加深青少年累犯的社会责任敏感度和减少长期性的再犯。”你能找到更好的方式来描述这项针对 14 周岁青少年犯的研究吗？图 3. 1 是一份用于调查未成年盗窃犯的知情同意表述范例。请注意它如何清晰描述研究程序和如何明确告知研究对象自愿参与。

获取知情同意的指引内容还包括向参与者保证会保密。不过，更重要的是了解知情同意书如何阐述刑事司法研究过程中的关键伦理问题。其一，它要保证参与是自愿的。其二，研究者通过向研究对象告知研究程序、风险和益处，让他们去解决一个基础性伦理两难问题，即研究的可能好处能否抵消参与研究的可能风险。

你和你的父母或监护人受邀参与一项对法院曾指令你加入的监管项目（monitoring program）的研究。本研究的目的是调查该项目以及你对该项目的反应。为此，研究团队的一名成员需要在你完成该监管项目时对你和你的父母或监护人进行访谈。访谈需要15分钟，主要了解你在法院和该项目中的体会、你所做的事、你遇到的事以及你的想法。此外，我们也会从法庭记录中抄录有关本案的信息（以了解你为何被纳入该监管项目）、以前的案件信息以及自解除该项目对你的监管以来纳入该记录中的其他信息。

你或你父母、监护人对我们所说的话都会被严格保密。也就是说，只有研究者知道你们的回答。除非你们自己要求，否则这些信息在任何时候都不会向法庭、警察、缓刑官、你的父母或你们的孩子提供！

你们参与研究是自愿的。如果不想参与，没有人能强迫你！即使决定参与，你也可以随时改变主意。无论是否参与，都不会对该项目、缓刑或你与法庭的关系造成影响。

本项目在印第安纳波利斯的研究由印第安纳大学公共与环境事务学院（Indiana University School of Public and Environmental Affairs）特里·鲍默（Terry Baumer）博士和罗伯特·门德尔松（Robert Mendelsohn）博士负责。有关本研究的任何问题，或者有关监管项目的任何评价，只要你认为我们应当知道，就可以给我们中的任何人打电话，电话号码是274-0531。

知情同意书

我们同意参与对马里恩县未成年人监管项目的调查。我们已经阅读以上内容，知道需要做什么，也知道所有信息都会保密。我们也知道，我们可以随时从研究中撤出而不会受到任何惩罚。

未成年人____________________ 日期：________

父母/监护人____________________

父母/监护人____________________

研究者____________________

图3.1 评估印第安纳州马里恩县未成年人监管项目的知情同意书

特殊群体 联邦有关受试者的规范对被称作“特殊群体”的研究对象作出了专门规定，其中有两类人在刑事司法研究中尤为重要：未成年人和囚犯。大部分法律都区别对待未成年人。他们作为特殊的受试人群体的地位是未成年人法律地位的反映，他们同意作出知情同意的能力也是如此。对于大多数涉及未成年人的研究，知情同意必须同时获得未成年研究对象本人及其父母或监护人的准许。

特殊群体 未成年人和囚犯等需要特殊保护的研究对象群体。

不过，在有些研究（例如针对虐待儿童的研究）中，显然不能指望得到父母的同意。德克与范·温克尔在调查圣路易斯的帮派成员时遇到了这一问题。参见插页文章《伦理与未成年帮派成员》，讨论他们如何协调两个伦理原则之间的冲突并满足所在大学的伦理审查委员会的要求。

伦理与未成年帮派成员

德克与范·温克尔在研究帮派成员时遇到了许多伦理问题。其中有许多问题本章已经进行了详细阐述。暴力行为在研究对象之间很常见，也是研究者面临的现实风险。德克与范·温克尔（Decker and Van Winkle，1996：252）报告称，自项目于1990年启动以来，最早的99名研究对象中已有11人被杀。此外，还有向研究对象承诺保密的需要。

他们的项目得到了一家联邦机构的支持，并通过一所大学管理，因此他们得接受该大学伦理审查委员会根据联邦受试人指南的监管。由于许多研究对象都是未成年人，研究者必须尊重有关这类特殊群体的联邦规范。未成年人的知情同意需要告知其父母并得到他们的认可。

你可能马上就能发现此处存在的现实及潜在伦理原则冲突。对帮派成员的保密承诺就是这样一个原则，它对研究者获得有关暴力和其他违法行为的真实报告至关重要。但是，保密要求与伦理审查委员会对未成年人参加研究需要征得父母同意的最初规定是矛盾的：

“这将违反我们对所有研究对象的保密承诺，更不要说寻找和通知每一未成年受试者父母的伦理要求及现实困难。我们告诉受试者委员会（Human Subjects Committee），我们实际上不会告知父母，他们的孩子因为是活跃帮派成员而正接受访谈，我们不会把他们还没有掌握的情况告诉他们。”（Decker and Van Winkle，1996：52.）

你或许认为，欺骗也是选项之一，例如告诉父母，他们的孩子入选一项青少年成长调查活动。然而，这并不能解决如何找到父母或监护人的问题，因为有些人已经失去了和孩子的联系。此外，即便可以找到父母或监护人，对孩子入选的研究项目及入选理由的怀疑也可能使许多他们做出不认可知情同意的决定。因为这种原因而流失未成年受试者，不符合本章及本书其他地方阐述的一般准则。

最后，对必须经过父母同意规定的无视，会违反未成年人利益应当得到有监管职责的成年人保护的法律原则。要记住，对于是否已经采取充分的保护受试者的预防措施，研究者并不总是最好的判断者。以下就是德克和范·温克尔与其伦理审查委员会解决这一问题的方法：

“我们达成了一项妥协，为抽样选出的所有未成年人找了一名共同代言人（advocate）。他是一所大学的雇员，负责确保研究对象理解（1）他们随时拒绝或放弃访谈而不受惩罚的权利和（2）项目的保密性。所有受试者都签署了同意书。”

来源：摘自 Decker and Van Winkle，1996。

囚犯作为特殊群体被对待的原因有所不同。他们易于接受实验和访谈，因此经常被邀请参与会造成严重伤害的生物医学实验（Jessica Mitford，1973）。HHS 认识到了这一点，其法规专门规定，囚犯受试者不能被置于对非囚犯受试者而言已经过高的风险之中。此外，招募囚犯受试者时不得施加过度影响或胁迫。有意向受试者提供的知情同意声明必须指明，决定不参加研究不会对其工作安排、特权或假释裁定造成任何影响。伦理审查委员会审查以囚犯为受试者的项目时，至少有一名伦理审查委员会成员应由囚犯或专为代表囚犯利益而受指派的人担任，以确保这些伦理问题得到关注。图 3.2 介绍了纽约城市大学对囚犯研究对象的遴选规定。

5. 伦理审查委员会的审批标准

如果要批准以囚犯为对象的研究，纽约城市大学伦理审查委员会必须确认并记录……以囚犯为对象的研究符合下述标准：

5.2 相比于常规的居住条件、医疗服务、食品质量、生活设施和在监狱内挣钱的机会，因囚犯参与研究而为其增加的任何潜在好处，其重要性不足以损害囚犯平衡研究风险与在机会有限的监狱环境内获取该类好处之意义的能力。

5.3 研究所涉风险不高于非囚犯志愿者能够接受的风险。

5.4 在监狱内挑选研究对象，应对所有囚犯公平相待，且不受监狱或囚犯们的随意干涉。除非研究项目主要研究者（principal investigator）向伦理审查委员会书面提交证明其应采用其他程序的正当根据，否则控制组受试者应当从符合该研究项目所需特征的合适囚犯群体中随机选出。

5.5 使用研究对象群体能够理解的语言传达信息。

5.6 提供足够的保证，即假释委员会在作出有关假释之决定时不会考虑囚犯参与研究的情况，而且每名囚犯都应事先被清楚告知，参与研究对其假释没有任何影响。

5.7 伦理审查委员会发现在参与者的参与活动结束后仍有可能需要对其进行跟踪检查或护理的，应考虑囚犯个人的刑期长短不同，对这类检查或护理作出充分规定，并明确规定将这一事实告知参与者。

来源：摘自 City University of New York，H. R. P. P.（2013，31，July）. CUNY HRPP Policy：Prisoners as Research Subjects.（http://www.cuny.edu/research/compliance/human-subjects-research-1/hrpp-policies-procedures/Prisoner.pdf，2016 年 5 月 16 日访问。）

图 3.2　纽约城市大学关于囚犯受试者的政策摘录

根据图 3.2 的第 5.4 条规定，对于遴选研究对象或决定哪些受试者接受研究实验性治疗（experimental treatment），随机抽样是公认的合乎伦理的程序。HHS规范在阐述使用囚犯受试者的特殊规定时强调了这一点："除非研究项目的主要研究者向（伦理审查委员会）书面提交证明其应采用其他程序的正当根据，否则控制组受试者应当从符合该研究项目所需特征的合适囚犯群体中随机选出。"（45 CFR 46.304［4］.）

伦理审查委员会的要求与研究者的权利

联邦法规中还有许多关于伦理审查委员会的规定和对受试者的保护措施。一些研究者深信，这些法规约束了他们的自由和专业判断，实际上是在制造问题。回想一下，研究者发现新知识的权利与研究对象免受不必要伤害的权利之间的潜在冲突是一个基础性的伦理难题。它至少会给局外人审查研究计划造成不便。对受试者的潜在伤害或不便可能会超出研究带来的潜在利益，或许这样的暗示就能让研究者感觉受到侮辱。

负责审查提交给伦理审查委员会的研究项目的人员，有的并不熟悉各种类型的刑事司法研究。例如，马克斯菲尔德在约翰杰伊刑事司法学院的一名同事计划在两个时间点对监狱囚犯进行调查，其中第二次被称为后续访谈。她大体上是如此描述其对伦理审查委员会评价的失望的：

> "伦理审查委员会的评审意见书（review letter）给我的印象是，至少部分伦理审查委员会成员不熟悉约翰杰伊刑事司法学院教员们开展的调查研究。例如，该委员会的成员似乎不懂什么叫作历时研究（longitudinal study）。委员会成员们希望了解后续调查中会讨论哪些类型的医疗程序。后来我才知道，伦理审查委员会成员经常审查生物医学研究，并且认为跟踪调查就是一项医学研究。"（来自马克斯菲尔德与该同事的私下交流）

实际上，建立伦理审查委员会的初衷主要是处理对人的医学实验。许多社会调查研究设计被认为不在以联邦法规（45 CFR 46.101［b］）为依据的伦理审查委员会审查范围之内。以下是与刑事司法研究关联度最高的研究：

1. 在已经建立或得到公认的教育场景（包括正式的教育实践）中开展的研究。

2. 涉及教育测验（认知、诊断、才能和成就）、调查程序、访谈程序或公众行为观察的研究，除非（1）所采集信息的记录方式导致可以直接或通过受试者的关联标识识别受试者；（2）可合理推断，在研究之外披露受试者的回应将置其于刑事或民事责任风险之中，或者可能损害其资产、就业或名誉。

3. 具备以下条件之一的涉及教育测验（认知、诊断、才能和成就）、调查程序、访谈程序或公众行为观察的研究：（1）受试者是选举或任命的公务员或候选公务员；（2）在研究过程中以及此后，所有具有个体识别性的信息都将处于保密状态。

4. 具备以下条件之一的收集或调查既有数据、文件、记录、病理标本（pathological specimen）或诊断标本（diagnostic specimen）的研究：（1）这些资源可公开获取；（2）这些信息由研究者以不能直接或通过受试者的关联标识识别受试者的方式记录。

5. 由部门或机构负责人实施或接受其审批，且其设计目的在于调查、评估或以其他方式审查以下内容的研究和示范项目：（1）公共利益或公共服务项目；（2）获取这些项目利益或服务的程序；（3）这些项目或程序的可能变化或其替代方案；（4）为这些项目利益或服务而可能在方法或支付方面作出的改变。

这些例外类型包含了实施刑事司法研究的许多共同模式。“例外”（exempt）意味着研究方案不是必须“迎合”伦理审查委员会的审查。不过，多数情况下，相信其研究方案属于例外类型的研究者仍然必须让伦理审查委员会对其研究进行审查，以核实其属于例外。

如果这让你感到困惑，想想研究者、伦理审查委员会和联邦监管机构通常也很困惑，或许你会安心不少。本章前已述及，国家司法研究所已经创建了一套指引研究者的可用资源。考虑到 HHS 规范表述不清，许多大学的伦理审查委员会已经对研究方案的审查保持高度警惕。对此，可以参见理查德·史威德（Richard Shweder，2006）对由此产生的问题的讨论。专业协会和研究型联邦机构尝试就哪些应当或无须接受不同层级伦理审查委员会审批作出指引。琼·西贝尔（Joan Sieber，2001）在为司法统计局进行大量调查后制作了一份受试者问题分析报告。美国大学教授协会（the American Association of University Professors，2006）一直警惕对学术自由的潜在限制，它认真总结并出版了伦理审查委员会管理社会科学研究的方法。

这类担心有其意义，但我们不能无视伦理审查委员会规定和其他规范的创制原因。对于其研究工作可能对个体造成的伤害，研究者并不总能作出最佳判断。在设计和实施刑事司法研究时，他们可能会因知道如何更好地预防犯罪或更有效治疗可卡因成瘾而兴奋不已。对科学进步的激情和信仰会使研究者忽视对个体权利或福利的潜在伤害。你可能会发现，这是质问是否只要目的正确就可以不择手段的另一种方式。研究者未必能客观回答这类问题，而成立伦理审查委员会就是为了提供局外人的判断。你可能也会意识到，伦理审查委员会可以为解决伦理困境提供专家意见。德克和范・温克尔（Decker and Van Winkle，1996）分享了其所在大学在平衡保密要求与获取未成年受试者知情同意之需求之间的关注点；他们可以共同达成一个具有操作性的折中方案。

实际上，所有学院和大学都有伦理审查委员会。研究中应遵循的规定，可以参考纽约城市大学网站（http://www.cuny.edu/research/compliance.html，2016 年 5 月 4 日访问），或者访问你所在机构的伦理审查委员会网站。

应当制定规范以保护受试者和组建伦理审查委员会以督促遵守这些规范的另一个理由是，对于一些实际调查活动中产生的伦理冲突，其他手段无法奏效（Mertens and Ginsberg，2008）。我们将在下一节简要介绍两个引发了广泛伦理争议和讨论的研究项目。它们不是仅有的两个引发争论的已实施项目，它们直接展现了现实世界的伦理问题。

三、伦理争论两例

两例有争议的研究阐述了伦理学上的核心问题。

第一项研究关注公共厕所内的性行为，第二项研究则观察囚犯和警卫在模拟监狱环境下的反应。

“茶室”内的尴尬

劳德・汉弗莱斯（Laud Humphreys）还是一名研究生的时候就对研究同性性行为感兴趣。他逐渐喜欢研究一些非同性恋者之间偶发的短暂同性性行为。他的研究兴趣尤其集中在公园公共厕所偶遇的陌生男性的同性性行为。同性恋们将这种公共厕所称作“茶室”。他的研究成果就是后来出版的经典著作《茶室交易》（*The Tearoom Trade*，1975）。

有关“茶室”的活动，最让汉弗莱斯关注的是，参与者们似乎过着“家庭主男”的另类生活。因此，在造访“茶室”时保持匿名对他们至关重要。这种情况下怎么开展研究呢？

汉弗莱斯利用了该场景下的社会结构。“茶室”邂逅通常涉及三类人：两名实际发生性行为的男子和一名被称作“把风皇后”（watchqueen）的望风者。汉弗莱斯因此开始在公共厕所出现，并在合适的时机为同性行为人提供望风的服务。“把风皇后”的报酬就是观看性行为，汉弗莱斯得以在自然情境下进行观察，正如他在研究贩毒者或乱穿马路行为时那样。

为充分掌握“茶室”交易的情况，汉弗莱斯需要进一步了解参与者。考虑到接受“把风皇后”访谈这样的事不太可能让他们怦然心动，汉弗莱斯另想了一个办法。一有机会，他就会记下参与者的车牌号，并通过警察追查他们的姓名和住址。之后，汉弗莱斯去他们家中拜访，声称是在做一项调查。为免被认出，汉弗莱斯在去之前会进行伪装。通过这种方式，他收集到了在公共厕所不可能得到的个人信息。

汉弗莱斯的研究在社会科学界内外都引发了巨大的争议。有些人指责汉弗莱斯以科学之名严重侵犯隐私：被研究者在公共厕所的所作所为是他们自己的事，与汉弗莱斯无关。还有些人则关注研究中使用的欺骗手段：汉弗莱斯对研究对象说谎，让他们误认为其只是个偷窥狂。有些人虽然赞同“茶室的偷欢者们”在公共场所的行为可以嘲弄和观察，但仍然反对汉弗莱斯所做的跟踪调查。他们认为，汉弗莱斯追查被研究者至其家中并乔装访谈，这种做法是不道德的。也有些人主张汉弗莱斯的研究是正当的，他们认为，这个主题值得研究，而且没有其他研究方法。他们指出，汉弗莱斯已经谨慎避免因披露被研究者在“茶室”的行为而对他们造成伤害，因而汉弗莱斯的欺骗是必要且无害的。

诚然，汉弗莱斯的著作出版后的数十年里，有关性取向的社会道德规范已经发生变化。但有关“茶室”交易的争议始终没有解决。它激发了人们的讨论热情，揭示了人们意见相左的伦理学问题。你怎么看？汉弗莱斯的研究合乎伦理吗？他是怎么做的？你觉得研究部分可以接受，部分不可以接受吗？不论你持哪种观点，都有人和你观点不一致。

斯坦福监狱实验

第二项有争议的研究与第一项有很多不同之处。汉弗莱斯的研究涉及对参与者的直接观察，而这项研究是在实验室进行的。第一项研究关注人的非主流行为，而第二项研究则关注人在正式制度安排下的行为模式。

极少有人会否认监狱是反人性的（dehumanizing）。囚犯丧失自由，其遭受的监禁也使其失去隐私和个性。监狱生活中存在暴力，这被人们用作监狱不能改造罪犯的证据。

虽然有关监狱中的问题有许多种说法，但心理学家克雷格·汉尼、柯蒂斯·班克斯和菲利普·津巴多（Craig Haney, Curtis Banks and Philip Zimbardo, 1973）感兴趣的是两个一般性解释。第一个解释是人性假说（dispositional hypothesis）：监狱的残忍与反人性体现在监狱中只有监狱的管理者和被监禁的囚犯这两类人。囚犯们已经表明了其对法律秩序的轻蔑以及使用欺骗和暴力的意愿；而监狱警卫们则可能有超出常人的专制和虐待倾向。第二个解释是情境假说（situational hypothesis）：监狱环境本身就制造残忍、反人性的条件，与在该地生活和工作的人无关。

为检验情境假说，汉尼等人首先打造了一个模拟监狱功能的场所，把身心健康的男大学生派到其中扮演囚犯和警卫角色。这座“监狱”建在一栋心理学系大楼的地下室：有三间大小为 9 英尺×6 英尺、只有一张小床的“牢房”，一处走廊就是“监狱院子”，另外还有一间 2 英尺×7 英尺的“单人禁闭室”。经筛选剔除有生理或心理问题者，从 75 名志愿者中选出了 21 名研究对象，他们被随机指派为囚犯或警卫。他们参与研究的报酬是每天 15 美元。

所有受试者均签署了合同，内容包括担任为期两周的实验的囚犯和警卫角色。囚犯被告知，在实验过程中，他们将被限制自由并处于监控之下，其公民权利也将暂停行使；但他们也获得了不会遭受身体虐待的保证。

警卫得到的指示极少，最值得注意的是禁止侵犯身体和体罚。监狱规则和程序主要由警卫和监狱长共同制定。研究者的计划是研究警卫和囚犯如何应对各自角色，但让警卫相信实验的目的只是研究囚犯。

如果你曾是该实验中的囚犯，你在签署合同后应该会有如下经历：首先，你会在未被通知的情况下就在家中遭遇真警察的“逮捕”，而且或许会有邻居看见。经过搜查，被戴上手铐送到警察局（police station）进行登记和捺印后，你会被送入警方的羁押场所。之后，你会被蒙上眼睛并用车送到“监狱”。在这里，你会被脱光衣服，喷洒灭虱剂，然后赤身裸体地在“监狱院子”里待上一会儿。最终，你会分到一件囚服（印有你身份号码的宽大衬衫)，被戴上脚链，带到你的监室，并被命令保持安静。随后，你的监狱生活将完全由警卫掌控。

警卫戴反光墨镜，穿卡其布制服，佩戴徽章，携带警棍，负责给囚犯分配工作和每天三次列队集合。起初集合仅持续几分钟，但后来被警卫延长到了数个小时。囚犯餐食寡淡，每天可去三趟厕所，但需经许可并由警卫陪同。所有研究对象在监狱院子和其他公共场所的行为都会被录像，囚犯在监室则会被不间断录音。研究者在实验全程会进行简单的问卷调查，以评估囚犯和警卫的情绪变化。实验结束大约四周后，研究者对所有研究对象进行访谈，对他们的反应进行评估。

汉尼等人曾计划让这个监狱实验运转两周，但六天后即中断实验，因为研究对象表现出了“出乎意料的紧张反应”。在此前就已经有五名囚犯因出现严重的沮丧或焦虑症状被释放。

每组研究对象都太容易进入角色了。囚犯和警卫能够友好互动，因为警卫有权制定监狱规则。但互动后来全面转向了敌对和消极的一面。警卫开始变得好斗，囚犯则被动消极。实验提前结束时，囚犯对提前“假释”欣喜万分，而警卫则对终止研究感到失望。

汉尼等人声称，人性假说和情境假说无法使用其他研究方案进行评估，这部分说明了模拟监狱研究的正当性。这些研究者对伦理问题显然非常敏感。他们通过签订合同的方式证明研究对象同意参加实验。出现严重沮丧征兆的囚犯被提前释放。整个实验计划实施两周，但在有证据表明研究对象会受到超出预想的严重影响时即告结束，执行时间不到原计划的一半。最后，研究者还与囚犯和警卫们共同召开了集体治疗（group therapy）汇报会，并进行了一年的跟踪接触，以确保研究对象的负面体验只是暂时性的。

不过，该实验有两个关联因素引发了伦理问题。第一，没有把研究程序完整告知研究对象。虽然我们明白，许多欺骗（包括一些远远谈不上完整披露的事情）都是合理的，但在本例中，欺骗的原因部分在于研究者不确定这个模拟监狱会如何发展。这和第二个及更多重要伦理问题相关：警卫获准制定规则，而且可以随研究进展修改规则，他们的行为因而越来越专断。随着实验的开展，警卫的评论表达了他们的反应（Haney，Banks and Zimbardo，1973：88）：

“他们（囚犯们）没把这当成实验。这是真实的，他们挣扎着要维护自己的尊严。但我们在那儿就是要告诉他们谁说了算。”

“在巡视期间，我走向二号监室，把囚犯整理好的床铺弄乱。他抓住我，尖叫着说这是他刚整理好的……，他掐住我的脖子，尽管他一直在笑，但我非常恐惧。我用警棍猛击，打中了他的下巴（虽然不是很重）。挣脱以后，我非常愤怒。”

“装霸道很有趣。权力给人极大的快感。”

你对这次实验怎么看？一方面，它提供了关于原本正常的人在模拟监狱环境下会如何反应的有益洞察。研究对象没有遭受长时间的伤害，这一定程度上要归功于研究者采取的预防措施。保罗·雷诺兹（Paul Reynolds，1979：139）在这些大学生受试者经历的短期不适中发现了一些具有反讽意味的东西：“有证据表明，来自较高社会阶层的实验参与者承受着由参与实验带来的不适，而此次实验的受益者为那些来自较低社会阶层的人（真的囚犯）。这些研究成本和收益分配不公，在许多人眼里却被认为是公平合理的。”

另一方面，研究者没有预测受试者多大程度和多快速度接纳其实验角色。实验被迫提前中断。汉尼等人（Haney，Banks and Zimbardo，1973：90）在讨论其研究成果时指出：“我们的结论……与米尔格拉姆的研究成果[1]一致。米尔格拉姆令人极度信服地证明了这样一个观点，即坏事不必然是坏人所为，而可能是强大社会力量运行的结果。”引文展现了平衡受试者权利和开展研究的权利之间的根本性困局。研究者创造出会导向恶行的强大社会力量，这种做法合乎伦理吗？你可以通过观看“逮捕”和“监狱”现场的录像，深入了解警卫和囚犯所经历之事。可以在互联网上搜索“video Stanford prison experiment”（斯坦福监狱实验视频）。

案例讨论

研究伦理是极为重要又令人困惑的主题。伦理问题很难解决，但这不能成为忽视它们的理由。阅读本书其他章节及计划任何研究项目时，都必须牢记伦理规范。

---

〔1〕 作者此处指的是莱斯特·米尔格拉姆（Lester Milgram，1965）有关服从权威的争议性研究。

为强化你们对刑事司法和其他社会研究中的伦理内容的认知，我们简要总结了10个真实和假设的研究情景。你能看到每一情景的伦理问题吗？你是如何发现的？所列出的程序最后能被接受吗？与班级其他同学共同讨论这些案例，收获会很大。

1. 一名研究者调查城市高速公路上的超速行为，他用小型测速雷达侦测超速者，助手则记录车速比限速快10英里/小时的车辆的车牌号。他们追查超速者的地址，邮寄一份调查问卷并附信一封，信的开头写道："你被查到于［日期］在［地点］超速10英里/小时驾车。"

2. 作为调查警方减少社区特定犯罪策略的一部分，研究者对发生在该社区的社会行为进行实地观察。在某个工作日下午的观察期间，一名研究者目睹了一宗入室盗窃。研究者记录了该事件，但未报告警方。

3. 在联邦资助的一项针对缓刑项目的研究中，研究者发现有一名参与者在缓刑期间涉嫌谋杀。公开披露这一事件可能会导致该缓刑项目被撤销，而该研究者评估所有材料后坚定认为该项目是有益的。该研究者将该谋杀案判定为反常（anomaly），没有向联邦资助者透露，也没有在发表的报告中登载。

4. 作为家庭暴力研究课程的一部分，教授要求学生拨打家庭暴力热线，假扮被害人寻求帮助。学生随后以书面形式详细记录热线提供的援助并交给教授。

5. 一名研究者在研究酒吧和夜总会内发生的攻击事件时观察到并记录了一起导致三人重伤的严重斗殴事件。研究者没有理睬一名被害人的求助，而是退到洗手间写下了所观察到的内容。

6. 以下引自雅各布斯（Jacobs，1996：364-365，n.5）关于贩卖快克可卡因者的报告：

"意识到如果警方发出传票，则我不能拒绝向当局提供信息之后，我把研究一事通告了警方。不过警方从未找过我，或许是因为我告诉他们，我研究的是街头生活和城市化，而非帮派和分销快克可卡因本身。严格来讲，这是违法的，但为了获取有效的观察数据，许多社会学家在研究越轨群体时都这么做。……此外，我所在大学的受试者审查委员会批准了该研究，因为我得到了所有研究对象的书面知情同意，也采用了确保匿名和保密的措施。"

7. 在一项针对州警的调查中，研究者获悉，警察们得到了上级“任何时候都不要签字”的指示。研究者担心，如果要求警察们签署知情同意声明，将会大幅度减少参与研究的人数，因而寻求以其他方式满足所在大学伦理审查委员会的要求。研究者们应当怎么做?

8. 国家司法研究所资助了一项社区警务评估，项目的内容之一是访问警察局，期间两名研究者陪同一名警察到当地一家餐馆吃午饭。该警察坚持买单，全部款项不到警察与两名研究者点餐标价的一半。

9. 一名研究者研究未成年帮派，联邦资助机构要求其发表的成果不能显示帮派成员比非帮派成员更少涉足非法毒品销售。

10. 在“公职人员的不端行为”部分提到的案例中，研究者向公职人员透露，警察没有按照项目干预措施的要求探访缓刑人员。出版的报告中将这一问题表述为“方案执行中的不合规做法”。

小 结

- 除了技术和科学考量外，伦理考量也会对刑事司法研究项目产生影响。
- 研究中的伦理“对”与“错”问题，归根结底是人们认为何谓对与错的问题。
- 研究者并不总能对其工作是否圆满解决伦理问题作出最佳评判。
- 绝大多数伦理问题都是对潜在研究利益和可能对研究对象造成的伤害的权衡。
- 科学家们主张参与研究原则上应出于自愿。但这一准则可能会与对普遍性的科学需求相悖。
- 刑事司法研究可能会产生特殊的伦理问题，包括可能的法律责任和人身伤害。
- 绝大多数科学家都认同，研究不得对研究对象造成伤害，除非他们自愿且根据知情同意原则明示接受伤害风险。
- 匿名和保密是保护研究对象隐私的两大途径。
- HHS 颁布的法规以及专业协会对遵守伦理原则起到了推动作用。
- HHS 的法规包含了针对囚犯和未成年人的专门规定。这两类研究对象对许多刑事司法研究者特别重要。
- IRB 在保障受试者的权利和利益方面发挥着重要作用。但有些社会科学研究者认为 IRB 过于严格。

重要术语

匿名 《贝尔蒙报告》 保密 伦理的 知情同意 特殊群体

复习与练习

1. 从 http://www. asc41. com/code_ of_ ethics_ copies/ASC_ Code_ of_ Ethics. pdf 下载 ASC 伦理规范（2016）。如果用该规范来审查汉弗莱斯的“茶室”研究，结果会怎样？如果用来审查模拟监狱研究呢？特别留意该规范从第 1 页开始的“一般原则”一节的规定。

2. 本章开篇语已经提及，陈国霖和詹姆斯·费根诺开展了一项有关贩卖亚洲女性的研究。你可以想象得到，该项研究需要研究者考虑大量伦理问题，包括如何保护研究对象和研究者的安全。正如作者所言，他们根据世界卫生组织（the World Health Organization，2003）制定的原则开展工作。请从 http://www. who. int/gender - equity - rights/knowledge/9789242595499/en/下载世界卫生组织报告，并就其如何适用于解决刑事司法研究中的问题进行讨论。

3. 回顾插页文章《伦理与未成年帮派成员》，要注意，德克与范·温克尔为研究对象创制了一种知情同意表格。请牢记本章所讨论的各种伦理原则，并动手准备一份这样的表格。

第二编

刑事司法研究的建构

准确提出问题可能比回答问题更难。实际上，一个措辞准确的问题基本上就回答了问题本身。就在我们向他人清楚地陈述问题的当时，答案往往就呼之欲出了。

科学研究本质上是通过观察获得一般性认识的过程。本书第三编将介绍刑事司法研究的一些特殊观察方法。但首先要由第二编解决如何准确提出问题（即研究的建构）。

第 4 章着重介绍设计研究项目时应考虑的一些基础性问题。该章讨论了研究的因果关系、研究项目中的分析单位（unit of analysis）、时间的重要作用和我们打算开展研究时必须考虑的各种因素。

第 5 章阐述如何确定我们想要研究的事物的具体含义，即所谓的概念化，以及如何测量我们所确定的概念。我们将讨论一些在日常生活中常用的词语。我们将会明白，在研究时清楚掌握这些词语的确切含义有多么重要。一旦我们确定了特定词语的确切含义，接下来就要考虑如何测量这些词语指涉的内容。为测量我们想要研究的事物而设计步骤或进行操作的过程被称为操作化。

第 6 章重点关注具体但重要的测量问题：犯罪测量。我们会介绍许多通过概念化和操作化来测量犯罪的方法，并讨论它们各自的长处和短处。讨论时，我们会参考第 5 章阐述的测量质量标准。

第 7 章主要探讨刑事司法研究项目的总体设计。刑事司法研究设计要具体说明查清事物即建构研究项目的策略。第 7 章描述了常用的实验性和准实验性研究策略。每一策略都改编自经典科学实验。

|第 4 章|

研究设计的一般性问题

本章将讨论开展实证研究的一些基本原则：有关研究什么（谁）、何时研究和如何研究的原因及变量。我们也会对研究过程进行大致描述。

学习目标

1. 认识解释性研究如何聚焦原因和结果概念，以及它为何是一种关于因果关系的概率模型。

2. 描述建立科学上的因果关系的三个基本要求，以及何谓必要原因和充分原因。

3. 掌握效度的作用以及因果推理效度的影响因素。

4. 总结四类影响效度的因素，以及它们与原因和结果问题如何对应。

5. 讨论科学现实主义研究方法如何为特殊性研究和规律性研究搭建通往因果关系的桥梁。

6. 介绍刑事司法研究中的各种分析单位。

7. 解释区群谬误与分析单位的关系。

8. 理解时间维度，以及截面研究与历时研究的区别。

9. 阐述回顾性研究如何趋近于历时研究。

本章目录

标记零部件与汽车盗窃

受国家高速公路安全管理局（National Highway Traffic Safety Administration，简称NHTSA）的委托，克拉克和马克斯菲尔德执行过一项旨在检验标记零部件措施对汽车盗窃案件的影响的研究。根据汽车盗窃案件的高发状况，NHTSA 自 1987 年即要求在汽车的特定部位和其他零部件上标记汽车识别码（vehicle identification number，简称VIN）。“零部件标记减少了汽车盗窃案件吗?”这样的问题过于直接，克拉克和马克斯菲尔德将这个总问题分解成了一系列研究问题：

- 自 1987 年以来，汽车盗窃案件比其他犯罪减少更多吗?
- 盗窃车内物品案件的趋势是什么?它们与盗窃汽车案件有何不同?
- 哪些汽车被要求标记零部件?
- 相比于没有被要求标记零部件的汽车，被要求标记零部件的汽车盗窃案件是否减少更多?
- 哪些汽车采取了其他安全措施，如汽车钥匙遥控器和电子芯片防盗技术?
- 相比于标记零部件汽车盗窃案件的发展趋势，盗窃采用其他安全措施的汽车的案件发展动向如何?

这几个问题本来是为引导比克拉克和马克斯菲尔德最初设想复杂得多的项目而准备的。他们的工作在本章许多主题中均有体现。汽车盗窃案件是否随着时间的推移而比其他犯罪减少更快?这个提问涉及时间维度和有关因果关系的基本问题。如果汽车盗窃案件减少不比其他犯罪更快，那么汽车盗窃案件减少就不是联邦有关标记零部件的要求导致的。

这里需要考虑各种分析单位。克拉克和马克斯菲尔德感兴趣的主要是较长一段时间内的汽车盗窃案件总体趋势。但他们必须确定如何对汽车进行分类，而这需要检验“年型”，如装配 5 升发动机的 2009 年款福特野马（Ford Mustangs）。

这些问题及研究设计中的其他普遍性问题在该项目早期阶段就已优先解决。但是随着掌握的情况越来越多，克拉克和马克斯菲尔德调整了方法，拟定了新的措施。这正是本篇第一句话的示例：准确提出问题可能比回答问题更难。

研究者在计划实施特定研究项目时经常会进行调整。阅读本章时请回顾这篇插页文章。可以思考一下这样的例子：网络购物的增长导致了身份盗窃的增加吗？一旦你开始全面考虑，看似简单的研究问题可能就会变得复杂。

导　言

因果关系、单位和时间是计划一项研究的核心要素。

科学是致力于“发现真相”的事业。本章讨论的主题着重阐述了计划所有类型科学研究都必须重点考虑的问题——如何设计发现事物真相的策略。刑事司法研究者经常希望查明事物的因果关系。他们可能想进一步了解那些提高犯罪发生概率的因素和可以在一定程度上减少犯罪的政策。

比方说，你对研究政府中的腐败行为感兴趣。这当然是一个有价值且适当的刑事司法研究主题。但你尤其感兴趣的是什么呢？你所说的“腐败”是什么意思？你心中想到的是哪些行为？你所说的“政府”又是什么意思？你想研究谁：所有公职人员，法官，警察，还是选任官员？你的目的是什么？你想要查清有多少腐败行为吗？你想要知道为何存在腐败吗？你想要比较不同机构、城市或州中的腐败吗？在研究设计阶段，有许多这类问题需要回答。读一读插页文章《标记零部件与汽车盗窃》，体会单一问题如何衍生出许多问题。

实际上，研究设计的各个方面都是相互关联的。为展示特定主题的细节，此处及后续章节对它们分别进行阐述。我们先讨论社会科学中的因果关系，它是探索式研究的基础。随后将阐述分析单位——研究“什么”或“谁”。根据分析单位作出决定，对所有研究都很重要，部分原因在于人们有时会不恰当地运用测量一种单位所得的数据对另一种不同的单位作出判断。

之后，我们会讨论处理刑事司法研究时间的可选方法。有的研究可以只审视静止的社会生活截面，而有的则需要跟踪随时间而发展的社会进程。为此，研究者在陈述因果关系时必须考虑事件和进程的时间顺序。

一、社会科学中的因果关系

因果关系是探索性研究的核心内容。

原因和结果是迄今我们讨论的许多主题的应有内容。社会科学研究者的主要目标之一就是解释事物。我们往往通过详细说明原因的方式来解释事物：某事是它事导致的。

对因果关系的一般看法既简单又复杂。一方面，我们可能会完全无视这个问题。我们可能简单地把“原因”和“结果”两个词连接在一起，几乎没有什么理解障碍。另一方面，对因果关系进行充分论证需要一整本书甚至一套丛书。我们决定采用中间立场，不对因果关系下定义，但会提供多于大众视角的认识。

本节的许多讨论都大致描述了因果关系问题及其对于社会科学的意义。回想一下第 1 章和第 2 章的内容可知，社会科学是刑事司法研究和理论最稳固的基石。而且，社会科学研究方法是从自然科学改造而来。刑事司法研究者忙于解决有关因果关系和效度的重大难题。但是，我们的基础方法要求我们退后一点，想想更广阔的图景——我们如何才能断言（或者否定）某个原因确实产生了某个结果。

从一开始就应当牢记，社会科学中的原因具有内在的概率性（Probabilistic），对此我们在第 2 章已经作了介绍。例如，我们发现某些因素致使某个群体更有或更无可能实施违法行为。因此，被虐待或冷落的儿童被害人像成年人一样告发酗酒行为的可能性更大（Amie M. Schuck and Cathy Spatz Widom，2001）。入室盗窃在非正式的犯罪防护（informal guardianship）做得越好的社区发生的“可能性越小”（Danielle Reynald，2011）。

因果关系的标准

要推断一事物引起另一事物，应当满足什么标准？在分析原因之前，我们有必要先讨论这一标准问题。本书第 2 章已经介绍了特殊性和规律性解释模式。现在，我们先分析推断特殊性因果关系的标准，然后分析在规律性解释模式中推断原因的标准。

约瑟夫·马克斯韦尔（Joseph Maxwell，2013：122－123）认为，评价特

殊性解释的标准有二：（1）解释的可靠性（credible）和可信度（believible）；（2）是否认真考虑过替代性解释［竞争性假说（rival hypotheses）］并确认其缺乏依据。第一项标准涉及作为科学基石之一的逻辑。我们要求我们的解释在逻辑上讲得通，即便有时非常复杂。第二项标准让我们想起夏洛克·福尔摩斯的名言：排除一切不可能的，剩下的即使再不可能，也是真相。

至于规律性解释，威廉·沙迪什、托马斯·库克和唐纳德·坎贝尔（William Shadish，Thomas Cook and Donald Campbell，2002）曾阐述过因果关系的三个具体要求：

1. 两个变量必须存在共变关系；它们必须具有经验上的相关性（empirically correlated）。

2. 原因必须先于结果发生。

3. 原因和结果在经验上的相关性不能归因于其他因素。

两个变量间因果关系的第一个要求是指，两个变量存在经验上的相关性——它们必须同时出现。如果观察到的事实是火药爆炸后子弹没有射出，那么，说火药爆炸使得子弹脱离枪膛是毫无意义的。

坦率地讲，刑事司法研究不太容易满足这个要求。在规律性解释模式的概率世界里，我们几乎看不到对相关性的完美测量。绝大多数法官都判决贩毒的再犯入狱，但也有法官不这么做。许多帮派成员吸食毒品，但也有许多人不吸。因此，我们不得不问，经验上的相关性需要多强才能被认定为因果关系？

推断两个变量间因果关系的第二个要求是，原因先于结果发生。把后发生之事认定为先发生之事的原因，这种想象纯属浪费时间。火药爆炸的原因不是子弹离开枪膛：它另有其因。

这个要求看起来简单明了，刑事司法研究在这一点上也会遇到许多麻烦。两个变量的时间顺序往往很不清楚。谁先发生？吸食毒品还是犯罪？即便时间顺序看上去很清晰，也可能会发现例外。例如，我们通常认为，获得管理学硕士学位是在州矫正机构更快晋升的原因。然而，矫正执行官们也可能是在已获提拔，并认识到管理技能培训有助于其把工作做得更好之后，才去寻求研究生教育。

因果关系的第三个要求是，两个变量间已被观察到的相关性不能归因于某个可影响这两个变量的第三变量。例如，我们可能发现，经常可以在靠近公共汽车停靠站的地方找到毒品市场，但这不能说明公共汽车停靠站壮大了毒品市场。这里有一个第三变量在起作用：人群很自然地在靠近公共汽车停靠站的地方合理聚集，而街头毒品市场经常被发现位于人们自然聚集的地方。实际上，柳成石曾描述，公共汽车停靠站与犯罪之间的关系非常复杂，涉及大量变量（Sung-suk Violet Yu，2011）。

总之，在两个变量满足以下条件时，绝大多数刑事司法研究者都会认为两者存在因果上的相关性（一个变量的变化引发另一个变量的变化）：（1）两者存在经验上的相关性；（2）原因先于结果发生；（3）未发现该相关性是某个第三变量对最初观察的这两个变量的影响所致。任何同时满足以上所有标准的关系都是因果关系。

必要和充分的原因

刑事司法中的所有因果关系都具有或然性，认识到这一点对于理解有关原因的其他问题至关重要。在概率模型中，有必要区分两类原因：必要原因和充分原因。必要原因是指产生某个结果必须具备的条件。比方说，在给某人定罪之前，必须先对其犯罪行为提起诉讼。但被起诉并非被定罪的充分条件。某个被起诉的人可能被判无罪。你必须自己服罪或被法院认定有罪。图 4. 1A 展示了一个必要原因：判决有罪前必须先起诉。

相反，充分原因是指其存在必然会出现所讨论的结果的条件。例如，对某个刑事指控的认罪就是被判有罪的充分原因。虽然也有通过审判判决有罪的可能性，但认罪就是充分原因。图 4. 1B 展示了这一情况。

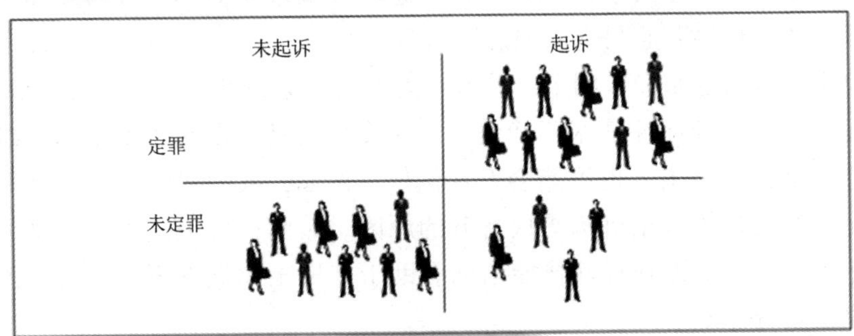

图 4. 1A　必要原因

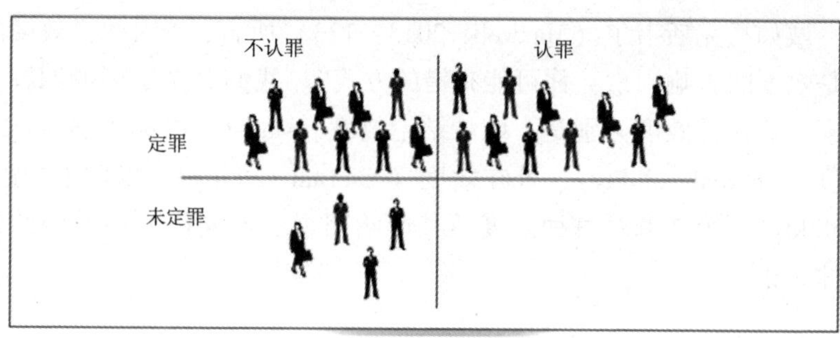

图 4.1B　充分原因

发现某个原因既是结果产生的必要原因，也是充分原因，研究中最令人满意的不过如此。如果是研究未成年人违法行为，我们希望找到一个同时符合以下要求的条件：（1）在产生违法行为时必须具备；（2）总是会导致出现违法行为。然后我们就能确知是什么原因导致了未成年人违法行为。遗憾的是，我们几乎找不到充分必要原因。刑事司法研究者面对的绝大多数因果关系都是概率性的和片面的——我们可以在一定程度上解释我们所观察的一定比例案件的原因和结果。

二、效度和因果推理

科学家通过分析影响效度的因素来评估因果关系判断的真实性。

刑事司法研究必须认真对待因果关系。对于研究者可能感兴趣的应用研究（例如，某项新的监禁刑立法是否确实导致了监狱人口的增加），原因与结果也是关键要素。

我们关注对产生结果的原因的推断是否正确，也就是在关注因果推理的效度。用沙迪什等人（Shadish，Cook and Campbell，2002：34）的话来说，效度是指“推理接近真实。……当我们说某事有效时，就是对相关证据支持推理正确或真实的程度作出判断”。他们强调，“接近”一词非常重要，因为人们永远不可能绝对准确地把握原因。

因果推理的效度几乎不可能彻底确立。对于我们有关原因的陈述是否正确，我们没法作出任何绝对性的判断。社会科学家们转而强调因果推理中的各种影响效度的因素——导致我们在陈述某个原因产生某个结果时可能出错的因素。诚如马克斯韦尔（Maxwell，2013：123）所言，“因此，效度的核心概念就是效度的影响因素：你可能犯错的方式”。我们总结了影响四种常见效度的因素，这四种效度分别是：统计结论效度（statistical conclusion validity）、内在效度（internal validity）、外在效度（external validity）和建构效度（construct validity）。第7章对每种效度及其影响因素在不同研究设计中的体现进行了具体讨论。

统计结论效度

疑似原因的改变是否与疑似结果的改变存在统计上的相关性？统计结论效度涉及我们对此作出判断的能力。这与因果关系的第一个要求相符：两个变量彼此相关吗？如果我们怀疑吸食毒品导致人们犯罪，那么吸食毒品与犯罪之间的共同变化将是我们首先感兴趣的事情之一。如果吸食毒品者与不吸者的犯罪率相同，并且罪犯中与非罪犯中吸食毒品者的比例相同，那么在所测量的吸食毒品和犯罪行为之间不存在任何统计上的相关性。这显然将终结我们对毒品与犯罪之间因果关系的调查。本章开头的插页文章也是一例，即克拉克和马克斯菲尔德认为首先要研究的问题。

仅凭少量事例即得出结论，这是对统计结论效度的常见影响因素。例如，假设某个研究者调查了10名吸食毒品者和10名不吸者，对比了这些人6个月期间因其他犯罪被捕的次数。该研究者可能发现，在这6个月里，这10名吸食毒品者平均被逮捕3次，而不吸者平均2次。两类人的逮捕率存在差异，但这是显著差异吗？从统计学来看，答案是否定的，因为调查的吸食毒品者太少了。对于以少量事例间的微小差异为根据的研究结论，研究者不要太过相信。

效度 关于原因或测量的陈述是否正确。
影响效度的因素 有关原因或测量的错误结论的可能来源。

如果实际上没有因果关系而又存在共变关系，则影响统计结论效度的因素可能起反作用。其原因也具有一定技术性，需要初步掌握统计推理。不过，赌徒们的一些迷信做法就是一个浅显的例子。

假设你爱买政府彩票；你不过是每周买一打彩票，不算沉迷。许多人常常选择与生日或车牌号相同的数字。期待这些幸运数字增加你赢得彩票的机会，这就是没有认识到中奖数字由随机系统选出的例子。你一直选最喜欢的那位叔叔的生日数字——假定是197767（7777），每周买两张，连买五年。如果你的幸运数字被用于选出中奖数字的随机系统选出，那纯属偶然。至于认为你的方法导致你中彩票这一推理，也没有统计结论效度。你中奖的功劳应当归属于选择随机选号结果。

内在效度

即便我们发现两个变量似乎彼此相关，内在效度的影响因素也能挑战对所观察的共变关系的因果推断。如果所观察到的两个变量之间的相关实际上是因果关系，且并非一个或多个其他变量的结果，这一相关就具备内在效度。影响统计结论效度的最主要因素是随机误差（random error），而内在效度问题主要由非随机或系统性误差（nonrandom or systematic error）引发。简言之，拟认定的两个变量间的因果关系是一个或多个其他变量的结果，这是对内在效度的主要影响因素。要注意，该效度的影响因素与确立因果关系的第三个要求相关：排除对所观察关系的其他可能解释。

比方说，我们观察到被判缓刑的吸食毒品者再次被捕的次数少于被判入狱的吸食毒品者，这可能会让我们推断监禁刑导致再犯。虽然监禁可能对某人将来是否再次实施犯罪产生某种影响，但此时寻找其他原因非常重要。先前的犯罪记录是一个可供备选的答案。先前没有犯罪记录的吸食毒品者更有可能被判缓刑，而先前被判决有罪的则更可能被判入狱。对犯罪生涯（criminal career）的研究发现，先前被逮捕和判刑的次数越多，再犯的概率就越大（Alfred Blumstein et. al.，2010）。在本例中，第三变量（即先前有罪判决）可以部分或全面解释监禁刑倾向与再犯之间的关系。先前的有罪判决与刑罚（监禁或缓刑）和后续的有罪判决均有关联。

外在效度

就强制逮捕对家庭暴力的影响在明尼阿波利斯和密尔沃基开展研究，得出的结论相近吗？社区犯罪预防组织能够成功解决遍及城市每个角落的吸食毒品问题吗？还是说它们在只有轻微毒品问题的地方表现最好？电子监控可能是处罚已决犯的合适替代措施，但能作为候审被告人的替代羁押措施吗？这些都属于外在效度中讨论的问题：关于原因和结果的研究结论同样适用于不同的城市、社区和人群吗？

一般而言，外在效度涉及的是某项研究的研究结论能否在（条件往往不同的）另一项研究中再现。不同城市和州的犯罪问题及刑事司法应对措施差别很大，研究者和公职人员因而对外在效度尤其在意。例如，堪萨斯的一项评估发现，在警察重点巡逻的热区，涉枪犯罪明显减少（Lawrence Sherman and Dennis Rogan，1995）。这一结论很有诱惑力，另两个城市，即印第安纳波利斯（Edmund F. McGarrell et al.，2001）和匹兹堡（Jaqueline Cohen and Jens Ludwig，2003），也发起了类似的项目。这两个项目的研究者都发现，警察针对涉枪暴力热区的行动导致涉枪犯罪减少且查扣的非法枪支增加。在印第安纳波利斯和匹兹堡得出的相似结论提高了从堪萨斯得出的原始结论的外在效度。

建构效度

对于所测量的变量，研究者观察到的变量间关系到底在多大程度上反映了所关注的因果过程？这是建构效度关注的问题。在此意义上，建构效度是指将我们所观察和测量的适用于我们感兴趣的现实生活事物。因此，建构效度概念与我们将在第 5、6 章阐述的测量问题密切相关。

为解释建构效度，我们可以分析一下警察监督问题——特别是，严密监督是否导致警察开出更多交通违章罚单？我们可以这样界定严密监督：每辆巡逻车都有一位督察开着自己的制式警车进行监督，该巡逻车始终处在该督察的视线之中。

这当然可以称作严密监督了，但你或许也能发现一系列问题：首先，比平时多看到一部警车的司机们会更小心驾驶，减少被警察开罚单的机会。其次，对于建构效度而言更为核心的是，这是对严密监管的狭义建构。还有其他方式可以监督巡警并促使他们开出更多罚单。比方说，督察可以对巡警每次轮班结束时制作罚单的行为进行严密监督。以保持可见的方式监督下属，不过是对下属的行为实施控制的方式之一。这种方式对工厂工人或许合适，但对警察不具有可行性，是极其狭义的监督概念。

第 1 章所介绍的经典实验，即堪萨斯预防性巡逻实验，也是建构效度问题的示例。该实验希望确定日常预防性巡逻是否减少了犯罪和对犯罪的恐惧并增加了逮捕数。研究者检测该因果命题的方式是，测量主动式巡逻区（两倍于常规预防性巡逻的巡逻频次）、响应式巡逻区（不进行预防性巡逻）和控制巡逻区（常规预防性巡逻）的犯罪数、对犯罪的恐惧和逮捕数，并进行比较。

理查德·拉尔森（Richard Larson，1975）研究过该实验设计的几个难点，其中一个重要问题是见警的效度，这也是预防性巡逻的核心概念。可以合理假定，常规巡逻能够预防犯罪和提升一定程度上以见警为基础的安全感。因此也可以进一步合理假定，预防性巡逻的撤销——如同在响应式巡逻区所做的那样——降低了见警率。但降低了多少呢？拉尔森详细探讨了这个问题。他指出，堪萨斯实验过程中另有两个警察行动因素弥补了预防性巡逻的不足，提高了见警率。

其一，不同类型的巡逻区彼此相邻，一个响应式巡逻区与三个控制巡逻区及三个主动式巡逻区接壤。这提高了响应式巡逻区的见警率：（1）毗邻的主动式巡逻区和控制巡逻区的警察有时会沿着响应式巡逻区的边界线巡逻；（2）警察在驾车去该市其他区域时经常要途经响应式巡逻区。

其二，堪萨斯的许多警察都熟知该实验，担心撤销响应式巡逻区的预防性巡逻会产生问题。为此，响应式巡逻区内出警的警察在驾车前往报案地点时会更频繁地使用警灯和警笛。未获指派出警的警察机构也会采取关联行动，派车前往响应式巡逻区，提供支持服务。

这些行为都增加了响应式巡逻区的见警率。你可能会猜测，这些区域的居民并不知道该实验，也不知道警车在场的原因是常规巡逻、途经本区还是回应报警电话。而且，毫无疑问的是，警灯和警笛的使用使得警车更为人所知。

拉尔森的核心观点是，日常预防性巡逻仅能在一定程度上反映对见警的“建构”。在堪萨斯，实现见警的是其他手段。因此，这些研究者认为日常预防性巡逻并未导致犯罪减少或逮捕增加的结论受到了影响建构效度的因素的影响。建构效度是应用研究中的常见问题，在这些研究中，研究者可能会将复杂的政策和政策目标简单化。这实际上是测量问题，本书第5章将专门论述。

对效度和因果推理的总结

四种效度影响因素又可归纳为两类：偏差（bias）和通则性（generalizability）。内在效度和统计结论效度分别与系统性偏差和非系统性偏差有关。统计程序问题产生非系统性偏差，而对所观察关系的替代性解释就是系统性偏差的实例。在其他情形，偏差使有关某个原因导致某个结果的推理面临质疑。

如果不分析对所观察的因果关系起作用的更具一般性的因果建构，研究结论就不能普遍适用于现实的行为和情景。同样地，在某一场景或某一时间观察的因果关系不能以相同方式在其他场景或时间运行。

沙迪什、库克和坎贝尔（Shadish，Cook and Campbell，2002：39）对这四种效度影响因素进行了总结，并将其与研究者在尝试构建因果关系时提出的各类问题联系在一起。为检验你的掌握程度，请在阅读沙迪什、库克和坎贝尔提出的问题后，写下每一问题对应的效度影响因素的名称。

1. 所推测的原因和结果之间的共变有多大，有多可信？

2. 该共变是因果性的？是否不采用该措施也能获得同样的共变？

3. 可适用于本地不同的人、措施、观察和场景的因果关系具有多大的普遍性？

4. 该实验中所使用的人、场景、措施和观察涉及哪些一般性建构？

吸食毒品引发犯罪吗?

为展示效度和因果推理问题，我们来分析一下吸食毒品与犯罪之间的关系。毒品成瘾被认为是驱使人们（为注射或吸食一次毒品而不顾一切，且没有合法收入来源的人）去实施犯罪以维持其恶习的原因。

理解有关毒品滥用和犯罪之间的因果描述，需要详细说明两个核心概念(毒品滥用和犯罪)，并考虑这两个概念的不同使用方式。简·柴肯和玛西亚·柴肯（Jan Chaiken and Marcia Chaiken，1990）为我们分析毒品滥用与犯罪的关联提供了极为详细和合理的洞见。我们可以从有关毒品滥用与犯罪的关联的基础研究开始，然后讨论为刑事司法政策而开展此项研究的意义。

首先是时序问题：毒品滥用和犯罪，谁在先？柴肯的研究提供的是非结论性答案。他们（Chaiken and Chaiken，1982）在对监狱囚犯的调查中发现，12%的成年受访者在吸食毒品至少两年后才开始犯罪，而15%的成年受访者在吸食毒品前就已经实施两次或两次以上具有明确犯罪动机与目标的抢夺类犯罪（predatory crime）。

至于可实证的关系，许多研究表明，有些吸食毒品者犯罪，也有些罪犯吸食毒品。特雷弗·班尼特及其同事（Trevor Bennett and associates，2008）对30项有关吸食毒品与犯罪的研究进行了概括分析。他们认为，吸食毒品者涉足犯罪的概率是不吸食毒品者的三倍多。因此，在吸食毒品和犯罪之间存在清晰的统计上的关联。

其他因素（即可能与吸食毒品及犯罪都存在关联的事物）有可能造成什么影响呢？柴肯（Chaiken and Chaiken，1990：234）认为，“作为与传统美国生活方式相对立之因素的时代产物，吸食毒品和参与犯罪之间是一种弱相关关系”。他们的看法与统计有所不同，即吸食毒品和犯罪（以及违法行为）都是由其他潜在原因导致的越轨行为。吸食毒品与犯罪之间确实存在统计上的关联，但是，其他因素的存在表明，该关联并不具有直接的因果性，从而使有关吸食毒品和犯罪之间的因果关系论断的内在效度受到质疑。

为评估有关毒品与犯罪的研究的建构效度，我们应当考虑每一行为的不同形态，而非假定吸食毒品与犯罪是相同的行为。美国有许多青少年尝试吸食毒品，而且和其他群体特别是男性一样，仅仅实施了违法行为或轻微犯罪。许多成年人偶尔也会吸食毒品。透过其他国家的研究，也能看到不同形态的吸食毒品、违法行为和成年人犯罪。斯蒂芬·帕德尼（Stephen Pudney，2002）和班尼特等人（Trevor Bennett and Katy Holloway，2005）记录了英格兰和威尔士的各种吸食毒品形态。由于没有描述每一建构的简单方法，寻求唯一的因果关系的做法不能反映复杂的因果过程。

建构效度和外在效度都涉及研究结果的普遍适用性。有关毒品滥用与犯罪的研究的外在效度问题，与建构效度的有关问题相似。青少年偶尔吸食大麻与实施违法行为之间的关系，不同于成年人偶尔吸食可卡因与实施犯罪之间的关系；同样地，这两组关系也都不同于成年人海洛因成瘾与持续实施犯罪行为之间的关系。

当我们从基础研究转向为刑事司法政策而揭示根本的因果关系时，外在效度问题吸引了更大的关注。柴肯（Chaiken and Chaiken）认为，旨在减少所有群体吸食各种类型毒品行为的“一刀切”政策对治理严重犯罪几乎无效。班尼特及其同事得出了相似结论，他们认为，政府的禁毒政策应当对各种类型的吸食毒品行为进行更细致的区分（Bennett and associates，2008：117-118）。

有关吸食毒品和犯罪关系的基础研究和应用研究清晰地描述了影响因果推理效度的因素。影响吸食毒品和参与犯罪之间关系的变量太多（统计结论效度影响因素），一般情况下很难找到因果关系。大量研究表明，一旦发现统计上的关联，吸食毒品和犯罪都可以归因于其他因素（内在效度影响因素），而且这种因素往往很多。各群体的形态不同，意味着不存在可轻松辨识的因果建构（建构效度）。基于这些差异，为应对所有人群中的吸食毒品行为而制定的政策，不可能对严重犯罪产生重大影响（外在效度）。

以上论述并非说吸食毒品和犯罪之间没有因果关系，而是说，研究已经清楚地显示，两者间不存在简单的因果关系。

科学现实主义导论

在结束本章有关原因与结果的分析时，我们有必要重提规律性解释方法与特殊性解释方法之间的区别。通过研究认清事物间的因果关系，这属于规律性解释。我们希望找到一般性的因果解释，可以普遍适用于我们实际调查场景之外的其他场景。研究者和公职人员同时也有兴趣解释更狭义场景中的特殊因果机制，也即我们所说的特殊性解释模式。

科学现实主义（scientific realism）寻求掌握因果“机制”（causal mechanisms）在特定“环境”（context）下的运行模式，从而在规律性与特殊性解释方法之间搭建了一座桥梁。探寻因果关系的传统方法往往会把因果机制与其他可能的影响因素隔离开来——你现在应该可以认出这种做法就是试图去控制那些影响内在效度的因素。科学现实主义方法将其他可能的影响因素视为因果机制运行的环境。科学现实主义研究这些影响因素介入因果关系的方式，而不试图排除或以其他方式控制这些影响因素。

例如，本章前文业已提及，以电子监控为缓刑条件，对有些群体适用，对有些群体则不适用。我们将其界定为规律性因果关系传统分析方法中的外在效度问题。科学现实主义方法会考虑支持电子监控在某些环境下有效的因果机制，但不会考虑其他环境。再如，我们对吸食毒品和犯罪的因果谜题进行了一定深度的分析，该分析被界定为构建因果关系的传统规律性研究。用于解决该问题的科学现实主义方法承认，吸食毒品和犯罪在某些环境下会同时出现，而在其他环境下则不会。

我们说科学现实主义在规律性和特殊性解释方法之间搭建了一座桥梁，是因为它同时展现了两者的要素。科学现实主义让我们把注意力集中在非常具体的问题上，使其看起来像是特殊性的。尼古拉斯·扎宁、乔恩·肖恩和罗纳德·克拉克（Nicholas Zanin，Jon Shane and Ronald Clarke，2004）问：

"重新设计 78 号州际公路在新泽西州纽瓦克（Newark）的出口，能否抑制郊区居民在邻近社区购买海洛因的企图？"不过，其分析和解释的重点是一个更一般化的因果问题："通过修改街道和十字路口的设计，可以使街头毒品市场更难运转吗？"改变高速公路出口坡道以减少纽瓦克的毒品销售是一个具体的因果关系例子，该特殊性因果关系是以交通模式与毒品市场之间的更一般化因果关系为基础的。

科学现实主义者探寻因果关系之方法的这些实例，都是英国研究者雷·波森和尼克·蒂利（Ray Pawson and Nick Tilley，1997）曾详细论述的应用研究的范例，而我们在第 1 章已经指出，应用研究属于解释性研究。在后续各章，我们将科学现实主义视为设计解释性研究（第 7 章）及进行项目和政策评估（第 13 章）的策略。

归纳因果是解释性研究最为困难的任务之一。现在，我们的关注点要转向解释性研究中出现的另外两个重要问题：分析单位和时间维度。

三、分析单位

为防止推理错误，研究者必须详细列明所要研究的人或现象。

刑事司法研究所调查的事或人（亦即技术上说的分析单位）存在大量差异。个人通常都是研究的分析单位。研究者可以通过描述罪犯或被害人的某些特征（如年龄、性别、种族）进行观察。随后，对众多个体的描述可以整合成对这些个体所组成的群体的描述。

例如，我们可以记下劳德代尔堡（Fort Lauderdale）因醉驾获罪的人的年龄和性别。汇总这些观察后，我们可以对因醉驾获罪者进行特征描述，即72%为男性，28%为女性，平均年龄为 26.4 岁。这就是对劳德代尔堡因醉驾获罪者的描述性分析。虽然该描述的适用对象是作为一个整体的醉驾司机群体，但是其基础是因醉驾获罪者个人的特征。

评估性研究也存在同样的情形。假定我们要判断醉酒警示教育项目（alcohol education program）能否减少醉驾初犯的再逮捕率。我们先在劳德代尔堡选出两个月期间因醉驾获罪者，让其中的一半人参与这一项目，另一半人则不参与。随后，我们观察接下来 12 个月的醉驾逮捕记录，追踪调查先前获罪且接受过该项目教育的人。观察汇总后，我们发现，接受过警示教育的人在一年内再次被逮捕的比例是5%，而未接受教育者的比例是20%。该项研究的目的在于评估项目，但醉驾司机个人仍是分析单位。

研究中的分析单位通常也是观察单位。因此，为调查人们采取何种措施保护其住宅免遭入室盗窃，我们可以通过访谈等方式对居民个人进行观察。但是，有时我们是间接“观察”分析单位的。比如，我们可能为了让居民个人描述其住宅而询问其采取了何种犯罪预防措施；我们可能想要查清，安装了双头辅助锁的住宅的被盗风险是否小于缺乏物理保护措施的住宅。本例中，我们的分析单位是住宅，但观察单位是被要求向访谈者描述入室盗窃行为及住宅保护措施的居民个人。

一些研究试图描述或解释多个分析单位。在这些研究中，研究者必须预先确定，他们期待获得与哪个或哪些分析单位相关的结论。比方说，我们希望揭示哪类大学生（个体）的事业更成功，我们也想了解哪类大学（组织）培养的毕业生最成功。

下面这个例子说明了分析单位的复杂性。谋杀通常是指一人杀死另外一人。然而，当查莉丝·库布林和罗纳德·威茨（Charis Kubrin and Ronald Weitzer, 2003：157）问“这些社区为何会出现较高杀人犯罪率?”时，该句中的分析单位是社区。你可能会想到，有些社区（如贫民窟和市区）杀人犯罪率较高，而有些社区（如富人区和郊区）较低。就此而言，该分析单位（社区）可以根据经济水平、地点和杀人犯罪率等变量进行分类。

不过，库布林和威茨在其分析中表现出了对各类杀人案件的兴趣：特别是那些针对早期事件如殴打（assault）或侮辱（insult）的报复性杀人。你能找出以下各条引文的共同分析单位吗?（Kubrin and Weitzer, 2003：163.）

1. “杀人案件的样本……”
2. “该编码工具（coding instrument）包含了与杀人有关的80项内容。”
3. “1985年至1995年发生的2 161宗杀人案件中……”
4. “已证实的作案动机中，19.5%（n=337）是为了报复。”

以上每条引文的分析单位都是杀人案件。有时可以像第1条引文中那样，从对抽样方法的描述中确定分析单位。如同第2条引文中那样，对分类方法的讨论也能确定分析单位（80种对杀人进行编码的方法）。数字概括往往可以指明方法：2 161 宗杀人案件；（杀人案件中的）19.5%。

为深入探讨这个主题，接下来我们分析刑事司法研究中的几个常见分析单位。

分析单位　研究中所调查的事或人。

个体

任何个体都可以成为刑事司法研究的分析单位。这一点非常重要。社会科学的通则性表明，适用于所有人群的科学发现最有价值。然而，在实践中，研究者很少研究所有人群。至少，他们的研究基本上局限于居住在某个国家的人群，尽管有些比较性研究也跨越了国界。

作为分析单位的个体从属于不同群体，研究时可以考虑其身份背景。诸如警察、被害人、刑事被告人、监狱囚犯、帮派成员和入室盗窃现行犯等群体，其成员都可以成为个体层面的分析单位。要注意，这里的每个概念都指代某个由个人组成的总体。以个体为分析单位的描述性研究的目的通常都是描述由这些个体组成的群体。

群体

许多群体也可以成为刑事司法研究中的分析单位。这不同于研究某群体中的个体，理解这一点很重要。我们为了解青少年加入帮派的情况而研究某个青少年帮派成员时，个体（青少年帮派成员）是分析单位。但是，如果我们研究一个城市中的所有青少年帮派，以掌握大型帮派与小型帮派、贩卖毒品帮派与盗车帮派等之间的差异，分析单位则是社会群体（帮派）。

警察巡逻区可以成为研究中的分析单位。警察巡逻区可以描述为居住在其界线内的所有人，也可以根据街道总长、年度犯罪报告以及警察巡逻区是否包含公园或中学之类特殊场所等进行描述。比方说，我们随后可以判断，有公园的警察巡逻区报告的攻击事件是否多于无公园的警察巡逻区，街道更长的警察巡逻区的汽车盗窃案件是否更多。此处，分析单位是各警察巡逻区。

以群体为分析单位的例子还有住宅、城市街区、普查区、城市、国家及其他地理区域。这些概念都指代群体的某个总体。“街头帮派”意指包含所有街头帮派的总体，也就是说，街头帮派总体可以根据其在一个城市的地理分布情况进行描述。比方说，对街头帮派的解释性研究可以揭示大型帮派是否比小型帮派更容易发生内部冲突。

组织机构

正式的社会或政治组织也可以成为刑事司法研究中的分析单位。“矫正机构”就是一例，它是所有矫正机构的总体。矫正机构个体可以根据其雇员数量、其作为州或联邦监狱的地位、安全等级、少数族裔囚犯所占比例、每一监狱囚犯入狱的罪名种类、平均服刑时长等进行描述。我们可以确定，联邦监狱所接收的白领犯罪囚犯是否多于州监狱。其他以正式组织为分析单位的例子还有警察机构、法院、缓刑机构、毒品处遇机构和被害人援助机构。

分析单位是社会群体或正式组织的，其特征通常源自其成员个体的特征。为此，一个矫正机构可以根据其囚犯来描述：性别分布、平均刑期、种族等。在某个描述性研究中，我们可能对仅关押女性的矫正机构的占比感兴趣。或者，在某个解释性研究中，我们可以判断，同时关押男囚和女囚的矫正机构所报告的囚犯攻击职员事件平均值是否高于仅关押男囚的矫正机构。所有这些例子中，分析单位都是矫正机构。相反，如果我们问，男囚和女囚谁更有可能攻击职员，此时的分析单位则是囚犯个体。

有些研究涉及对多个分析单位的描述或解释。试想一下对某大城市选定社区开展的社区警务项目进行评估。在这类评估时，我们感兴趣的可能有：市民对该项目的感受（个体）；相比未实施该项目的社区，已实施该项目的社区的逮捕数有无增长（群体）；该市警察机构预算的增长是否高于相似城市（组织）。

社会人为事实

社会人为事实（social artifact），即社会人及其行为的产物，它也可以成为分析单位。报纸、杂志或电视上的犯罪故事就是一类社会人为事实。报纸故事可以根据其篇幅长短、标题大小、位置居前还是居后和有无照片来归纳特征。电视新闻专题节目或报纸报道是否详述了旨在提升毒品案件逮捕率的警方新项目？研究者可以对此进行分析。

社会互动（social interaction）也是适于刑事司法研究的社会人为事实的范例。警方犯罪报告就是一例。我们可以分析袭击报案，以确定有多少案件涉及三人或三人以上，袭击对象是陌生人还是先前相识之人，以及袭击案件更多地发生在公共场所还是私人场所。

表面来看，犯罪报告不太像社会人为事实，但请花点时间想想它们代表的内容。接到犯罪报案后，警察通常会根据被害人或目击证人的描述记录所发生之事。例如，被害人可能会描述，他下班后享用冰啤酒时莫名其妙就被人袭击了。但是，该案的目击证人可能会说，“被害人”辱骂“攻击者”，率先挑起冲突。接警警察必须梳理这宗暴力性社会互动的各种情形，就谁说的是真话作出解释。该警察的报告就是社会人为事实，是所有攻击事件的总体中的一个个体。

各类社会互动记录是刑事司法研究中的常见分析单位，犯罪历史记录、社区预防犯罪群体的集会、判决前调查以及警察与市民的互动就是例子。需要注意的是，每一例都需要个体信息，但人们之间的社会互动才是分析单位。

查尔斯·普赞凯拉在一份关于被捕未成年人的年度报告中举例说明逮捕就是社会人为事实。他的评论也澄清了一些对社会人为事实的不同分析单位的曲解：

> “逮捕数不能等同于被逮捕的人的数量，因为还不了解这一年里有多少人被逮捕超过一次。逮捕统计数据也不等于被逮捕的个体实施的犯罪数，因为一人实施的系列犯罪有可能被统计在单次逮捕当中……”（Charles Puzzanchera，2014：2.）

区群谬误

此处有必要介绍与分析单位和因果关系相关的两个重要概念：区群谬误（ecological fallacy）和简化论（reductionism）。区群谬误是指根据对群体或其他集合体的研究对个体作出判断的危险。这类判断通常根据因果关系作出，即研究者观察总体单位之间的联系并确定个体单位之间的因果关系。

假设我们想要了解在某大城市各警察辖区（police precinct）发生的抢劫案件。假定我们已经掌握了2015年度芝加哥所有警察辖区已发抢劫案件的数量。假定我们已经拥有可说明这些辖区部分特征的人口普查数据。我们对这类数据的分析可表明，2015 年有大量抢劫案件发生在市中心，而且芝加哥市中心居民的平均家庭收入实际上高于该城市的其他辖区。我们可能会倾向于认定，高收入的市中心居民比该城市其他辖区居民更容易被抢——也就是说，抢劫犯选择有钱人。

这种结论存在区群谬误：我们用以警察辖区为分析单位的观察结果来对抢劫被害人个体的社会经济状况作了判断。我们说这属于区群谬误，是因为不住在市中心的低收入居民 2015 年也可能在市中心被抢。被害人可能上下班经过这里，有可能去市中心的剧院或餐馆，可能是地铁或轻轨站台上的乘客，或者是没有被人口普查统计到的流浪汉。我们的问题在于，我们将警察辖区作为分析单位进行调查，却想要得出有关个体的结论。

如果我们发现，一些老年居民占较大比例的州的监禁率高于其他州，那么也会产生同样的问题。我们不能判断年龄大的人是否更容易被监禁。再比如，如果发现非白人占较大比例的城市的自杀率更高，我们也不能认定非白人自杀多于白人自杀。

希望这些针对区群谬误的警告不会让你犯下所谓的个体谬误（individualistic fallacy）。对于有关态度及行为的一般模式与已知的个别例外情形，一些初次接触刑事司法研究的学生不知道如何协调二者的关系。比方说，你读到一篇新闻，说一个犹他州居民在纽约旅行期间被杀死在一个地铁站台上。虽然这样的悲剧属实，但客观而言，绝大多数到访纽约的人和地铁乘客都没有被杀的风险。同样地，大众媒体和电影经常聚焦非裔美国人的吸食毒品和贩卖毒品行径，但是这并不意味着绝大多数非裔美国人都是吸毒者，也不意味着白人没有毒品问题。

个体谬误对于刑事司法的初学者尤其是个大问题。新闻媒体和电视警匪剧经常讲述不常见或极其夸张的犯罪问题和刑事司法政策。这些信息容易把许多初次接触刑事司法研究问题的人带入歧途。

简化论

第二个与分析单位相关的概念是简化论。人们把一些概念和变量视为犯罪和刑事司法政策所折射的影响众多人类行为的原因，而简化论对这些概念和变量的限制既简单又过于严格。经济学家可能倾向于只考虑经济变量（边际价值、期望效用），社会学家可能倾向于只考虑社会变量（价值、标准、角色），心理学家可能只考虑心理变量（人格类型、强迫型人格障碍）。例如，为何未成年人杀人案件在经历了 1984 年至 1994 的上升后，在 1994 年至 2010 年出现了下降？这是家庭结构发生变化的结果吗？是因为青少年就业机会的起伏？还是因为过去对大众媒体所渲染的充斥着暴力、强权和纸醉金迷的毒犯形象崇拜心理的消失？来自不同学科的社会科学家们会看到对犯罪问题的一些解释而忽略其他解释。仅根据经济因素解释犯罪的是经济简化论，仅根据心理因素解释犯罪的是心理简化论。

所有类型的简化论都会倾向于认为，某些分析单位或变量比其他分析单位更具相关性。如果认为变化的家庭结构是未成年人犯罪的原因，我们的分析单位就会是家庭。然而，经济学家可能会以 50 个州为分析单位，比较在州层面的未成年人犯罪率和经济状况。心理学家可能会以未成年人个体为分析单位，以判断暴力电影如何影响人格的形成。

和区群谬误一样，简化论也使用了不适合的分析单位。对于既定研究问题，何谓合适的分析单位，并不是那么清晰，社会科学家们经常会出现争论，跨学科时尤其如此。

插页文章《全国青少年帮派调查中的分析单位》介绍了几个使用不当分析单位的例子。它也指出，刑事司法分析单位不清，部分原因在于难以直接测量我们想要研究的概念。

分析单位回顾

本节旨在详细阐述一个有时会造成混淆的主题，而混淆的部分原因在于刑事司法研究者使用了大量不同的分析单位。虽然个人经常成为分析单位，但对此不应习以为常。通过研究其他分析单位，许多研究问题可以得到更好的回答。

掌握分析单位的逻辑，比背熟某个分析单位列表更有意义。我们把一个既定分析单位称作什么——群体、正式组织或社会人为事实——无关痛痒，但是确定我们的分析单位是什么至关重要。我们必须确定，我们研究的是袭击行为还是遭袭的被害人，是警察机关还是警察，是法院还是法官，是监狱还是监狱囚犯。不牢记这一点，我们就可能会以对一个分析单位的研究对另一个分析单位作出判断。

为检验你对分析单位概念的掌握程度，这里列出了一些真实的研究主题。

看看你能否确定每个主题的分析单位（答案见本章文末）。

1.“考虑到交通致死现象和数个其他相关因素，应急移动电话项目的实施使得每月因酒驾导致的车毁人亡比例出现了实质性和永久性的下降。”（D'Alessio, Stolzenberg and Terry, 1999：463：464.）

2.“我们的分析完全不能支持宵禁降低了未成年人犯罪率的假说。在各城市实施宵禁令后，在犯罪和被害数据当中，只有盗窃和轻微人身袭击案件量出现了明显下降。这些下降的唯一原因就是法律修改，而且只有盗窃案件量在县和市县合一区域（city-county）都出现了下降。”（McDowall, Loftin and Wiersema, 2000：88.）

3.“调查的抢劫发案率，加拿大和荷兰最高，而苏格兰最低……1999年，美国抢劫发案率最低。”（Farrigton, Langan and Tonry, 2004：xii.）

4.“缓刑犯平均31岁，一般为非裔美国人，男性，因毒品或财产犯罪获刑。大多数人和家人共同生活，尽管没有结婚，但许多都有固定伴侣（44%）和孩子（47%）。”（MacKenzie et al. , 1999：433.）

5.“75%（n=158）的案件由地区法院审理，而3%（n=6）的案件仍在候审。1%的研究控制组案件（control case）和4%的研究实验组案件（experimental case）被移送毒品法院审理。”（Taxman and Elis, 1999：42.）

6.“从132个（印度大麻）种植点抽取样本，利用样本位置及特征的详细空间数据，我们可以研究位置相对于三项距离测度的分布形态，研究它们对判断种植数量的意义。”（Bouchard, Beauregard and Kalacska, 2013：37.）

7.“虽然阿尔巴尼亚和科索沃近十年的杀人案件发案率直线下降，但是在2009年，……相比欧盟国家，它们和黑山一样，仍然保持着较高的发案率。”（del Frate and Mugellini, 2012：146.）

8.“根据所有对阿拉伯人公开的档案，32%的犯罪是侵犯人身的，而根据所有对犹太人公开的档案，30%的犯罪也是这一类。相应地，对犹太人开放的财产犯罪和毒品犯罪档案也多于那些对阿拉伯人公开的档案。此外，阿拉伯人在侵犯公共秩序犯罪中所占比例被不适当地拔高。”（Mesch and Fishman, 1999：184.）

9.“实施犯罪的妇女比儿童更容易被刊登在报纸头版，两者在头版的比例分别是7.5%和1%。”（Grabe et al. , 2006：149.）

10. “大约一半（54%）的入室盗窃犯承认一生中实施了50次或50次以上入室盗窃行为……这些人当中，有44%实施了至少100次这类犯罪。另一个极端情形是，有11人只参与了9次或更少的入室盗窃。”（Wright and Decker，1994：13.）

全国青少年帮派调查中的分析单位

1997年，联邦未成年司法与违法预防办公室（Office of Juvenile Justice and Delinquency Prevention）完成了第三次年度全国青少年帮派调查。这次调查的核心关切在于，如何获取有关青少年帮派及其在全国各类社区的活动情况的更详细信息。与这项工作同等重要的是，全国青少年帮派调查——特别是作为调查结论的报告——展现了分析单位可能出现的一些模糊情况。

找现行犯收集信息或者收集有关现行犯的信息时会进行许多通常具有创新性的尝试，部分原因在于研究中难以系统地识别罪犯。对青少年帮派的调查提出了比通常所见更多的分析单位问题。我们对帮派（群体）、帮派成员（个体）或帮派实施的犯罪（社会人为事实）有兴趣吗？

根据早些年提出的方法的要求，1997年的全国青少年帮派调查以一个执法机构样本为其研究基础。所设计的样本代表了各类地区：农村地区、郊区县、小城市和大城市。研究者将调查问卷寄给市警察局长和县治安官（National Youth Gang Center，1999：3）。调查问卷要求受访者报告其辖区［市镇由警察局负责，非建制地区（uncorporated service area）由治安官负责］的帮派和帮派活动情况。以下是该次调查中列出的问题类型的示例：

1. 您辖区现有多少青少年帮派？
2. 您辖区现有多少青少年帮派成员？
3. 在您辖区的街头售毒案件中，青少年帮派成员作案的比例是多少？（后附列表：可卡因、快克可卡因、鸦片、海洛因、冰毒、其他。）
4. 您单位有以下机构吗？（应对青少年帮派专门机构列表。）

请注意嵌入这些问题中的不同分析单位。明示或隐含的分析单位有七个：

1. 帮派：问题1。
2. 帮派成员：问题2和3。
3. 辖区（城市或部分县域）：问题1、2、3。
4. 街头售毒：问题3。
5. 毒品种类：问题3。
6. 单位：问题4。
7. 专门机构：问题4。

现在来分析从1997年全国青少年帮派调查的总结报告（National Youth Gang Center，1999）中摘录的一些内容。哪些已经或没有合理反映调查中的真正分析单位？

- “51%的受访者表示1997年其辖区有青少年帮派。”（第7页）
- “东北部38%和中大西洋地区26%的辖区报告称1997年有青少年帮派。”（摘自第10页表3）

·“调查结论显示，美国 1997 年有 30 533 个青少年帮派和 815 986 名帮派成员。”(第 13 页)

·“不同地区青少年帮派成员在街头销售快克可卡因、海洛因和冰毒的占比差别较大……涉及青少年帮派成员的快克可卡因销售在中西部最常见（38%），海洛因销售在东北部最常见（15%），而冰毒销售在西部最常见（21%）。”（第 27 页）

·“大多数（66%）受访者都指出，他们有专门解决帮派问题的机构。”（第 33 页）

这份调查报告包含了大量未准确描述分析单位的陈述和表格。你可能已经从此处所引的部分陈述中找到了这样的例子。其他陈述则准确反映了调查中测量的分析单位。

只要读过这份调查报告并且牢记了我们对分析单位的讨论，就能从中找到更多误导性的陈述和表格。这能强化你对分析单位的理解。

来源：National Youth Gang Center，1999。

四、时间维度

时间序列是因果推理的必要条件，因此需要详细设计研究的时间维度。

本章前已述及，事件的时间顺序是判断因果关系的关键要素。时间也与研究结果的普遍适用性相关。根据某次调查得出的描述和解释真实反映了 10 年前或 10 年后的情况吗？还是说它们只代表当下的事态？一般而言，观察可能会在某个时间点前后进行，也可能会有意延伸到一个较长的时期。在多个时间点进行观察的，可以向前看或向后看。

截面研究

许多刑事司法研究项目都设计成通过截取某种现象在某个时间点的截面进行细致分析来研究该现象。解释性和描述性研究通常都是截面研究（cross-sectional research）。比方说，一次美国人口普查的目的为描述规定时间内的美国人口。一次 NCVS 行动属于描述性截面研究，可以估算给定时间内有多少人成为被害人。

截面研究 收集单一时间点的数据。

为确定居民们所认为的其社区犯罪问题的原因，警方可采取调查形式进行解释性截面研究。这项研究十有八九会询问一个时间段内的犯罪问题及受访者对该问题的看法，以帮助警方探索引入社区警务的各种方法。

基于解释或评估目的的截面研究存在天然缺陷。我们知道，原因先于结果才能推断原因，但是截面研究所依据的仅仅是某个时间点的观察。比方说，为了判断专用锁能否预防入室盗窃，某项研究可能会询问受访者，他们的住宅是否被盗过，他们有无在门上安装专用锁。对有关入室盗窃被害及门锁问题的询问只进行了一次，因而无法判断入室盗窃被害人装锁的行为是否发生在入室盗窃之后，或者说是否专用锁已经安装到位但未能防住犯罪。解决时间序列难题的部分方法，我们将在“近似历时研究”（approximating longitudinal study）部分讨论。

历时研究

历时研究容许进行长期观察。例如，研究者 5 年内每隔 6 个月就对一群研究对象进行访谈。对报纸犯罪报道或监狱囚犯人数进行跨时分析，也属于历时研究。在后一例中，研究者对所研究的真实事件是进行全程还是某个时间点的观察——例如在图书馆查看一年的报纸或 10 年的矫正人口年度报告——无关紧要。

这里必须提到三类特殊的历时研究：趋势研究（trend study）、世代研究（cohort study）和专题研究（panel study，又称为同组研究、定组研究、固定连续样本研究）。趋势研究是指对一些一般总体内部历时变化的研究。例如，对 FBI 历年 UCR 数字进行比较，可以证实刑事报案数在 1960 年至 1993 年之间出现上升，而此后至 2010 年之间出现下降。再如，有研究者可能想要了解，某些犯罪刑期改变后，被投入州监狱的囚犯人数是否出现增长。如果对此进行历时研究，可以审查历年监禁人数，并对新的刑事法律生效前后的监禁人数进行比较。

世代研究是指对更特定总体（世代）的历时变化的研究。世代通常是指一个年龄段的群体，如 20 世纪 90 年代出生的人，但也可以其他方式来划分世代。世代常用于指代同时进入或离开某个机构的一群人，如 2013 年 7 月进入某毒品治疗中心的人、2013 年从监狱释放的人和 2016 年 3 月的高中毕业班学生。

马文・沃尔夫冈等人（Marvin Wolfgang，Robert Figlio and Thorsten Sellin，1972）组织过一次经典的世代研究。他们研究了 1945 年出生并居住在费城的所有男性，时间跨度从这些人 10 岁生日开始直至 18 岁或更大年龄。研究者调查了警察机构和公立学校的记录，以判断该世代中有多少人因行为不端被起诉或逮捕，他们第一次被捕时的年龄以及在校表现的差异。

专题研究与趋势研究和世代研究相似，所不同的是其对同一批人进行两次或多次观察。NCVS 就属于进行描述性专题研究的一个例子。每家选出一名成员加入调查，在每 6 个月期间对其进行 7 次访谈。NCVS 服务于诸多目的，但其初衷是估算每年有多少人成为各类犯罪的被害人。它被设计成专题研究，以便能够向人们询问在过去 6 个月发生的犯罪；两次专题群体数据汇总后，可以估算全国范围内为期一年的被害频次。专题研究一般用于评估研究，在新项目实施前后的两个时间段对同一批人进行访谈。

历时研究成本很高，实施难度也很大。专题研究有一个特殊问题：固定样本缩员（panel attrition）。一些参与之前研究的受访者可能不会参与后续研究。这产生的风险是，退出者与继续参与研究者可能存在某些方面的不同，会使研究结果产生偏差。假设我们想评估某个毒品治疗新项目的效果，评估方法是对同一组参与者进行每周一次、为期 10 个月的药检。不管 10 个月之后这个项目看起来有多么成功，只要有足够数量的人退出我们的研究，我们就能预料这个项目难以让他们远离毒品。

历时研究　收集多个时间点的数据。

近似历时研究

即便仅有横向数据，也有可能得出变量之间历时发生过程的结论。掌握一些这样的方法非常重要。

有时通过简单的逻辑推理就能发现横向数据所隐含的历时发生过程。我们可以看看瑞士的马丁 · 基利亚斯（Martin Killias，1993）对持枪和暴力的研究。基利亚斯比较了某项国际犯罪研究中统计的持枪率和持枪杀人及自杀的比率。他想了解持枪对暴力的潜在影响：持枪率更高的国家的涉枪暴力发案率也更高吗？

基利亚斯解释，根据对持枪率和持枪杀人及自杀的横向比较来推断因果关系会引起歧义。持枪率高的国家的枪杀率也高，原因可能是枪支更容易获取。然而，持枪率高的国家的民众也可能购买枪支保护自己，以应对枪杀案高发的状况。通过横向分析不可能找出持枪与持枪杀人的发生时序。

但是，这一推理对持枪自杀也适用吗？基利亚斯认为，持枪与持枪自杀之间关系的时序相对更为明确。持枪自杀至少在一定程度上是枪支泛滥的结果，对此几乎没有异议。不过，这种假设是站不住脚的：人们可能会买枪，以应对较高的持枪自杀率。

只要变量的时序清晰，就可以进行类似于基利亚斯这样的逻辑推理。比方说，如果在对中学生的截面研究中发现，男生比女生更有可能抽大麻，那么我们就可以总结，性别会对抽大麻的癖好造成影响，而不是抽大麻影响性别。因此，即便我们只进行一次观察，也可以得出有关变量之间的历时发生过程的合理结论。

回顾性研究与前瞻性研究

回顾性研究（retrospective study）要求人们回忆自己的往事，是近似历时研究的另一种常用方法。例如，在一项有关累犯的研究中，我们可能会挑选一群监狱囚犯并分析他们以往的违法或犯罪行为。但是，假定我们想要知道，父母有酗酒问题的大学生是否比其他大学生更有可能因酒驾而获罪。这种研究关注已经或没有因酒驾而获罪的大学生的过去，因而具有回顾性。

这种方法的缺陷也很明显。人们的记忆有时会出错。回顾性研究是近似历时观察的一种方法，但其使用必须谨慎。对以往逮捕或定罪记录进行分析的回顾性研究面临各种问题：记录可能找不到、不完整或者不准确。

回顾性研究有一个更基础性的问题，它取决于如何挑选研究对象，以及研究对象的选择对研究所要重点阐述的问题有何影响。

假定你是未成年人法庭的法官并因提交法庭的海量虐童案而烦恼。和社会工作者交谈后，你在想，这些孩子的父母在童年时是否被虐待或无视。你也构建了一个有关暴力代际传递（intergenerational transmission）的假说：虐童案的被害人后来虐待自己的孩子。你会如何着手核实该假说？

考虑到你的法官职位使你能够经常见到虐童案的被害人，你可能会考虑采用回顾性方法来核查出庭家庭的背景。比如说，你和社会工作者计划在接下来的三个月里对到庭的20名受虐者的家庭背景展开调查。这名社会工作者征询了本地大学一名临床心理学家的意见，拷贝了一份曾被研究者们用于调查虐童案被害人家庭情况的调查问卷。经过询问20名被害人的家人，该社会工作者报告称，20 名被害人中有 18 人的父亲或母亲在幼时曾遭虐待。你似乎可以认为，自己关于暴力代际传递的假说得到了强力支撑，因为 90%（20 人中有 18 人）的到庭被害人来自有虐待史的家庭。

好好想想，你是如何解决虐童行为是否由虐童经历引起这个问题的。你从虐童被害人开始，回顾性地证实许多被害人的父母幼时也曾遭虐待。然而，这个问题其实不同于有多少虐童案被害人今后会虐待自己的孩子这样的问题。后者需要进行前瞻性研究，即从儿童被害人开始，确定其中有多少人今后会虐待自己的孩子。

我们不妨从假设式研究转入真实研究，以阐明针对同一问题使用回顾性与前瞻性方法的区别。罗斯玛丽·亨特和南希·吉尔特拉姆（Rosemary Hunter and Nancy Kilstrom，1979）对 255 名婴幼儿及其父母开展了一项研究。研究者在一家新生儿重症监护机构挑选婴儿早产的家庭。对 255 名婴幼儿的父母的访谈揭示，其中有 49 个家庭的父亲或母亲曾被虐待或有被无视经历，其余 205 个家庭无虐待史。亨特和吉尔特拉姆进行前瞻性追踪研究时发现，255 名婴幼儿中有 10 人在一年内遭受虐待。这 10 名婴幼儿被害人中又有 9 人来自那 49 个有虐待史的家庭，另 1 人来自那 206 个无虐待史的家庭。

图 4.2A 生动地展现了这些前瞻性研究成果。18%的有虐待史家庭（9：49）的婴幼儿在出生后一年内有被虐待迹象，而无虐待史家庭的婴幼儿在出生后一年内被虐待的比例不到 1%。尽管存在相当大的差别，但也要注意，连续性虐待的比例是 18%，而全部 255 个家庭中有虐待行为的是 19%，这两个比例非常接近。

现在我们可以分析，如果亨特和吉尔特拉姆的第二次调查从这 10 名被虐待婴幼儿开始，之后再核查其家庭背景，那么又能发现什么呢？图 4.2B 展示了这一回顾性方法。10 名婴幼儿被害人中，大多数人（90%）的父母曾遭虐待。

此刻你或许已经认识到，回顾性方法和前瞻性方法解决的是完全不同的问题，即便这些问题表面上看可能非常相似：

前瞻性：被虐待的被害人后来又虐待其孩子，这样的人所占比重有多大？（18%；图 4.2A）

回顾性：在被虐待的被害人中，有多少人的父母曾遭虐待？（90%；图 4.2B）

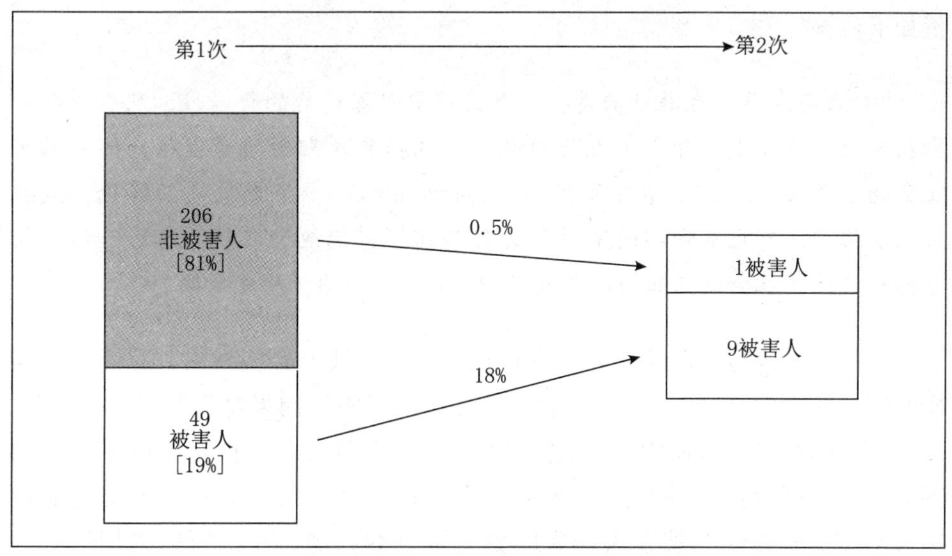

图 4.2A　对某研究对象的前瞻性研究

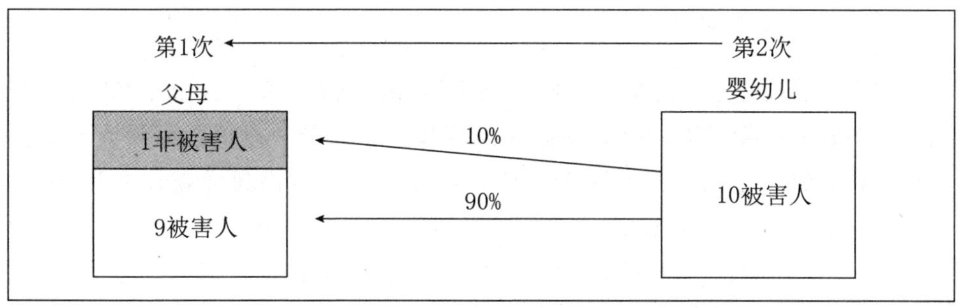

图 4.2B　对某研究对象的回顾性研究

来源：摘自 Hunter and Kilstrom，1979。Widom（1989）推荐。

凯茜·施巴茨·维多姆及其同事（Cathy Spatz Widom，Barbara Luntz Weiler and Linda B. Colter，1999）曾研究过儿童虐待和忽视对吸食毒品的影响，也进行了类似的回顾性与前瞻性分析对比。往回看，在非正式诊断面谈（semiclinical interview）中，75%被诊断为吸毒者的研究对象都是儿童虐待或忽视的被害人。往前看，有35%的儿童被害人和34%的非被害人被诊断为吸毒者。

对于历时犯罪行为，回顾性和前瞻性方法会形成不同的解释，罗伯特·桑普森和约翰·拉乌伯（Robert Sampson and John Laub，1993：14）对此的评价如下：

“对成年人罪犯生涯往回看，会夸大稳定犯罪行为的普遍性。从青少年时期往后看，可以揭示青少年成长的成败，包括青春期的问题少年如何成长为正常的成年人。这是［李·罗宾斯（Lee Robins）］早期提到的悖论：成年人犯罪似乎总有儿童时期的不端行为作为前奏，但绝大多数品行有障碍的儿童并未成为反社会或犯罪的成年人。”（Robins，1978，原文强调。）

我们并不认为回顾性研究没有价值。相反，我们希望指出，时间维度与研究问题的构建有关。回顾性方法的作用限定于揭示因果过程如何历时展开。因此，对于有多少幼时被虐待或忽视的被害人今后会虐待自己的孩子这样的问题，不太适宜用回顾性方法来解答。不过，对于幼时被虐待或忽视的被害人的家庭是否比非被害人的家庭更有可能存在虐待史，可以采用回顾性方法。

对时间维度的总结

约珥·迪瓦恩和詹姆斯·莱特（Joel Devine and James Wright，1993：19）用一个巧妙的比喻对历时研究和截面研究作出了区分。设想截面研究是单张照片，趋势研究是幻灯片，而专题研究则是视频。截面研究就像照片一样，形成的是某个时间点的景象。这可以提供某个时间点甚至地点的有用犯罪（如入室盗窃）信息。趋势研究如同幻灯片，即历时依次形成的一系列照片。通过观看幻灯片，我们可以知道某个指标（如入室盗窃率）的历时变化。不过，趋势研究通常要以整合信息为依据。它可以告诉我们历时入室盗窃的总数变化趋势，但是它不能指明，同一批人实施入室盗窃的比例上升还是下降，或者犯罪率相对稳定的入室盗窃犯是多了还是少了。专题研究与视频相似，可以捕捉同一群体内不同个体变化的连续影像，并为我们提供有关个体历时犯罪率变化的信息。

以上是刑事司法研究中的一些时间表达方式，以及研究者业已掌握并用于刑事司法研究的一些方法。不论设计什么研究，你都必须看到他们对时间所做的明示和暗示的假设。你对描述如监禁刑能否减少酒驾这类的历时变化过程感兴趣吗？或者你只是想描述去年有多少人因酒驾被捕？如果你想描述某个历时变化过程，那么你能在该过程的不同节点实施观察吗？如果只能大致实施这类观察，你会根据现在所能观察到的内容进行合乎逻辑的推理吗？

本章《融会贯通：原因、单位和时间》中的示例展示了到目前为止我们讨论过的许多带有普遍性的研究设计问题。

融会贯通：原因、单位和时间

交通拦停中的因果关系

我们观察到部分因司机种族而产生的交通拦停，为什么出现这种现象？这是力图解决种族定性问题的研究者和公职人员面临的核心问题。三个州的研究所构建的问题存在一定的差异，但每个问题都涉及一个描述性问题，之后是一组因果关系问题：

1. 交通拦停中存在种族或族群问题吗？
2. 如果存在，那么导致这种区别对待的原因是什么？

· 警察的公然歧视？

· 别的原因？

第一个问题涉及作为原因标准的一个共变关系。在认定存在歧视之前，必须证实有种族区别对待或者不同种族司机被拦停比例失衡的存在。换言之，如果被拦停或被开罚单的少数族裔司机占被拦停或被开罚单司机总数的比例并不高于其在总人口中的种族比例，就不存在歧视。

至于第二个问题，大多数新闻故事与媒体报道都认定，所观察到的所有区别对待都可归咎于某种形式的歧视。实际上，有些研究者似乎相信，歧视是导致交通拦停差异化的唯一可能原因（例如 John Lamberth，2003）。还有人提出了不同的解释，例如，威廉·史密斯等人就指出：

> “……讨论警务活动中的种族差异，在认定某些警察应为交通拦停中的种族定性负责之前，应当客观地结合驾驶行为来解释造成交通拦停中种族差异的种族歧视以外的原因。”（William Smith et al.，2003：39.）

你应当把这一段陈述当作对推定歧视导致差异的内在效度的潜在挑战。事实上，威廉·史密斯等人发现了许多与交通拦停中的执法差异有关的其他变量。

马克斯菲尔德和凯林（Maxfield and Kelling，2005：4-6）阐述过一个更小的研究问题：为何高速公路新泽西州区段被拦停的少数族裔司机的比例明显高于其他区段的？他们在研究后认为，除了歧视之外，还有五大潜在原因：

· 警力部署：少数族裔司机被拦停比例较高的地区是否正好部署了更多的警察？

· 行为：相比白人，少数族裔司机是否更多地采用会引起新泽西州警注意的违法驾驶方式？

· 仪器设备：相比于过去，新泽西州警现在是否能够更准确和（或）更持续地报告交通违法者的种族和族群？

·躲避行为：高速公路上的白人交通违法者是否比少数族裔交通违法者更擅长躲避新泽西州警的调查？

·相互作用：根据拦停数据，拦停出现长期持续性的种族比例失衡，这是以上假设综合作用导致的吗？

美国大多数其他地区的多数研究者也得出了类似的替代性解释。在后续章节中，我们将介绍为解决这些问题而采取的措施。

单位

对交通执法和种族歧视可能性的研究涉及数个不同的分析单位。宾夕法尼亚州和北卡罗来纳州进行的研究收集了数个分析单位的数据，覆盖从最小单位至最大层面的集合：

1. 交通拦停：司机特征和拦停理由；
2. 警察：所有司机和拦停的总体特征；加上警察个人的数据；
3. 小面积路段：所有警察、司机和拦停的总体特征；加上关于路段和区域个体的数据；
4. 州或国家：从较低层次的单位开始汇总；加上全国居民的总计数据。

当然，不同州开展的研究也反映了其立法和其他特点。例如，宾夕法尼亚州禁止警察拦停超出规定限速未达7英里/小时的汽车。新泽西州没有相应立法，但惯例上能够接受超出限速未达5英里/小时的行为。

时间维度

时间维度揭示了交通执法的某种趋势。研究者在北卡罗来纳州发现，交通执法在1999年骤降，当时州立法机关正在讨论管控潜在种族定性行为的立法（Smith et al.，2003：28-29）。这项研究证实了被恩格尔及其同事称为“脱离”（disengagement）的现象，即警察减少执法活动以免陷入麻烦。

时间维度是启动新泽西州研究的一项因素。下图显示了两年内因行车违规被拦停的黑人司机所占的比例。图中画出两条大致稳定的走势线。下方折线标示的是新泽西州全州高速公路的数据，而上方折线则指代大约50英里长的南部路段。你可以看到，就所有被拦停司机中的黑人比例而言，南部路段的数值是新泽西州全州高速公路数值的两倍。这个差距很大，也很稳定，它也是启动新泽西州研究的主要原因之一。这里的时间维度发挥了记录持续历时种族差异变化的作用。

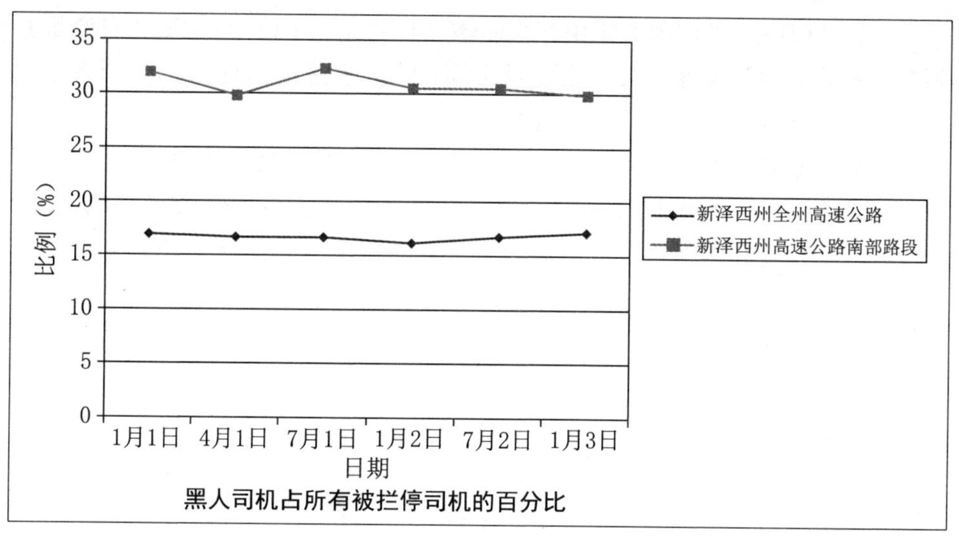

黑人司机占所有被拦停司机的百分比

五、分析单位练习答案

1. 社会人为事实（因酒驾导致的车毁人亡）
2. 群体（市和县）
3. 群体（国家）
4. 个体（缓刑犯）
5. 社会人为事实（法院案件）
6. 群体（印度大麻种植点）
7. 群体（国家）
8. 社会人为事实（犯罪档案）
9. 社会人为事实（报纸报道）
10. 个体（入室盗窃犯）

小　结

· 原因和结果是解释性研究的核心概念。

· 绝大多数解释性研究都采用因果关系概率模型。当 X 被观察到对 Y 有一定影响时，可以说 X 导致 Y。

· X 不发生则 Y 不发生，那么 X 是 Y 的必要原因。X 发生时 Y 总是发生，那么 X 是 Y 的充分原因。

· 科学研究中的因果关系由三大基本条件决定：（1）因变量和自变量必须存在经验上的相关性；（2）自变量必须在因变量之前出现；（3）所观察到的关系不能被解释为其他变量的结果。

· 科学家们考虑因果关系表述的对错时关注的是因果推理的效度。

· 对应于研究者确认原因和结果时的四类问题，有四类效度影响因素。对统计数据效度和内在效度的威胁源自误差。影响外在效度和建构效度的因素可能会把我们的能力限定于对所观察的关系的概念化。

· 科学现实主义者研究特定环境下运行机制的方法在规律性和特殊性解释方法之间搭建了一座通往因果关系的桥梁。

· 分析单位是指其特征被研究者所观察、描述和解释的人或事物。刑事司法研究中的分析单位通常是个人，但也可能是群体、组织或社会人为事实。

· 研究者有时会混淆分析单位，致使出现区群谬误。

· 截面研究是指以一次观察为根据的研究。尽管该类研究因这一特征而受限，但经常可以对历时过程进行推理。

· 历时研究需要开展多次观察，可以观察从总人口中抽取的样本（趋势研究），观察从更特殊的亚群抽取的样本（世代研究），也可以每次都观察相同的样本人口（专题研究）。

· 回顾性研究有时可能近似历时研究，但回顾性方法必须谨慎使用。

重要术语

世代研究　建构效度　截面研究　区群谬误　外在效度　内在效度　历时研究　专题研究　概率性　前瞻性　回顾性　科学现实主义　统计结论效度　趋势研究　分析单位　效度　效度影响因素

复习与练习

1. 根据你所掌握的因果关系标准和影响因果推理效度的因素，讨论下列陈述之一。陈述中隐含了什么因果关系？有无替代性解释？

a. 枪不杀人；人杀人。

b. 死刑能够预防杀人。

c. 大麻是致使吸食其他毒品的入门毒品。

2. 我们已经多次讨论吸食毒品和犯罪之间的关系。试问会让人停止吸食毒品的条件是：

a. 必要原因。

b. 充分原因。

c. 必要充分原因。

3. 在描述各种时间维度方法时，犯罪学家劳伦斯·谢尔曼（Lawrence Sherman，1995）认为，截面研究显示差异，而历时研究能够显示变化。这一陈述与因果推理的三大要求相关吗？

4. 威廉·朱利叶斯·威尔逊（William Julius Wilson，1996：167）援引下例来说明审慎思考分析单位和时间的重要性。试想一家有 13 张床位的医院，其中 12 张床位被相同的人占用一年，剩下一张床位由 52 人占用，每人使用一周。无论何时，92%的床位都被长期住院病人（12∶13）占用；但是从全年来看，81%的病人是短期住院病人（52∶64）。以“单人监室”替换“医院床位”，讨论这一相似例子的寓意。

|第 5 章|

概念、操作化和测量

通过所使用的术语准确地表达我们的真实想法至关重要。这是测量过程的第一步，我们将展开深入探讨。

学习目标

1. 理解概念在把具有相同之处的观察和经验汇聚一处方面发挥的总结性作用。
2. 解释为何说概念是现实生活中不存在的思维形象。
3. 描述操作化如何详细说明测量变量的具体过程。
4. 认识到操作化始于研究设计，但贯穿整个研究过程。
5. 解释为何测量的分类必须互补且互斥。
6. 区分不同层次的测量和各层次的特性。
7. 理解作为测量质量维度的精度、信度和效度。
8. 总结为何构建具体且可信的测量不能反映我们所要研究概念的复杂性。
9. 理解为何对概念的多次测量可以提高其信度和效度。
10. 描述复合测量并解释其长处。

本章目录

测量街区特征

犯罪学家一直想要知道街区特征与犯罪问题的潜在联系。本书第 2 章讨论过在芝加哥街区对犯罪问题的早期研究。研究者习惯于对社会和经济特征进行测量，例如美国人口普查每隔 10 年收集一次数据。人口普查区都是较小区域，在其中对人口统计学、社会学和经济学特征进行综合测量。许多犯罪学研究都采用人口普查数据来判断与犯罪相关的街区特征。

观察街区也是测量街区特征的方法之一。人口普查通过让街区居民填写调查问卷来采集数据，而近些时候的研究已经让研究者实地观察街区特征，如居住条件、有无涂鸦和垃圾以及该区域的建筑物类型。不过，这类测量方法很难实施，成本也高。实地观察者（详见第 10 章）必须接受培训并被派往步行道和快车道。罗伯特·桑普森和斯蒂芬·劳登巴什（Robert Sampson and Stephen Raudenbush, 1999）介绍过这样一个例子：观察者驾车在芝加哥的街区转圈，用录像机记录样本街道的人和情景。

替代性的做法是查看谷歌街景（GSV）提供的现成的在线城市街道图片。即使不使用谷歌地图网站的 GSV，你也可以通过智能手机或其他移动设备上的一些应用程序查看这类图片。现在就去 http://www.google/com/maps 试试吧。

GSV 几乎完整覆盖美国的主要城市，而且正在逐步覆盖许多小城市和其他国家的一些地方。试着在搜索框输入一个地址。或者输入以下地址，看看约翰杰伊刑事司法学院的几栋建筑物：899 Tenth Ave, New York, NY。你将看到一张地图或卫星照片，具体取决于你的浏览器设置。你应该能在一个独立的界面看到一张图片——指明了纽约第十大道和第 59 街的交叉口。你可以滚动鼠标浏览该区域。你也可以在线查看纽约街道的沿途图片。

谷歌加载摄像机的汽车沿着街道行驶，将沿途所见记录下来，为纽约和其他主要城市留存了一份照片档案，也为研究者以低成本方式观察大片区域提供了极大的便利。

不过，通过这类图片进行测量的质量如何呢？更重要的是，GSV 图片能测量哪些概念呢？本章是本书阐述测量的两章中的第一章，你在阅读本章时，应当审慎考虑将 GSV 用作测量各种概念的素材。例如，通过图片可以测量居住条件，但不能测量家庭收入或家庭人数等社会经济学特征。本章多处阐述了如何构建有效和可靠的测量。你会如何判断这类测量的信度和效度呢？阅读本章时，可以试着使用 GSV。也可以看看詹姆斯·W. 奎恩等人（James W. Quinn et al.，2016）近期使用 GSV 测量纽约街区外观上的无序状况。你可以在爱达荷州莫斯科市用电脑观察俄罗斯莫斯科的街道，这是 GSV 极具魅力的特征之一。

导　言

测量很难且不精确，因此研究者力图准确描述测量过程。

本章描述了从有关研究对象的一个模糊想法到能够辨识并在现实世界进行测量的全过程。我们先讨论概念化的一般问题，它是我们研究实际测量（即操作化）的基础。之后，我们将转向评估测量质量的各种方法。本章结尾部分将综合评述把个别测量组合成更复杂指标的策略。第 6 章还将继续研究测量，但重点关注各种犯罪测量策略。

阅读本章时要始终牢记一个中心主题：交流。刑事司法和社会科学研究的成果最终要传递给受众，例如教授、学生、杂志读者或者缓刑机构的同事。正如我们在第 1 章所描述的，从模糊的想法和兴趣到完整的研究报告，从总体思路到更准确的重要术语定义的每个步骤都需要进行交流。有了更准确的定义，我们就可以开始创建适用于现实世界的测量。

一、构想和概念

阐明抽象的思维形象是测量的至关重要的第一步。

听到“累犯”一词时，你脑海浮现的是什么景象？你可能会想到某个因入室盗窃受罚，出狱不久又破门入室进行盗窃的人。或者它留给你的不是这么具体的画面，而是一个更抽象的形象。刑事司法机构工作人员的思维形象（mental image）[1]会有所不同。警察会想到因各种犯罪而被他们多次逮捕的

〔1〕 Mental image 指人们通过对经验和表象进行整合，在头脑中形成的事物的形象，在此译为“思维形象”或“心像”。——译者注

某个人，而法官可能会想起一个先前三次因盗窃被判有罪的人。

“累犯”本质上不过是我们交流时使用的一个术语——指代我们在某处观察或看到的相关现象的集合。就如同我们的大脑里放着抽屉，里面装满纸，每张纸的右上角都贴了一个标签。你的抽屉里有一张纸上写着“累犯”一词，而上课坐在你旁边的同学也有一张这样的纸。

这些思维形象和我们抽屉里的纸张，其技术名称都是构想（conception）。一张纸就是一个构想——对我们日常生活所见事物的主观想法。但是这些思维形象不能直接交流。我们没有办法直接展示思维形象所记载的内容。因此，我们通过在相关概念术语右上角进行标注的方式来交流我们对这一概念的构想和所观察到的与这些构想相关的事物。

比方说，“犯罪”一词是指我们有关某些类型行为的构想。但个体构想各不相同，听到“犯罪”一词时，他们想到的行为类型可能不一致。例如，绝大多数州的警察的构想里都认为持有大麻属于犯罪，而在允许娱乐性使用大麻的州，居民们不会这么认为。刚刚遭遇入室盗窃的被害人可能会将他们的不幸纳入其犯罪观念，而对于幸运的邻居们来说，让他们构想犯罪的可能是昨日报纸报道的杀人事件。

构想具有主观性且无法直接交流，因此我们使用言语和语言符号交流构想和所观察到的与这些构想相关之事物。

概念（concept）是我们用来指代思维形象的言语或语言符号。我们通过概念进行交流，分享各自的思维形象。虽然语言相通使我们能够交流，但是仍然必须认识到，我们所使用的单词和句子指代的是抽象的事物。概念独立于我们指定给它们的标签，因而是抽象的。作为一个概念的犯罪是抽象的，在英语中，该标签代表非法行为的思维形象。当然，实际的犯罪是真实事件，我们对犯罪的思维形象可能建立在所经历的真实事件或所看过的电影基础之上。不过，如无特指，我们谈到犯罪时实际上是在说一个抽象概念。因此，迈克尔·戈特福瑞德森和特拉维斯·赫胥（Michael Gottfredson and Travis Hirschi，1990：15）所提到的犯罪概念——使用暴力或欺诈追求个人利益的行为——就是抽象概念。犯罪就像一个符号或标签，我们用其来代表我们所构想的有关社会现象的概念。

概念　我们用来指代思维形象的言语或语言符号。

接下来讨论一个具体的例子。你对严重犯罪的构想是什么？映入脑海的思维形象是什么？绝大多数人认同强奸、抢劫银行和杀人是严重犯罪。导致脑震荡和面部外伤的互殴算吗？许多人会把它列入严重犯罪，但拳击比赛除外。入室盗窃是严重犯罪吗？它不能和飞车枪击并列，但我们可能也会认为它比入店行窃严重得多。那么，吸食毒品或贩毒呢？

具有不同背景和经历的人，对严重犯罪的思维形象可能不同。如果你家曾被盗过，你可能比没有这种遭遇的人更倾向于将入室盗窃计入严重犯罪。如果入室盗窃和持枪抢劫都碰见过，你可能会认为入室盗窃不如抢劫严重。

人们对吸食毒品的严重性的认识一直存在分歧。警察和其他公职人员可能认为吸食毒品的危害性很大，而年轻人（不论是否吸食毒品）可能更倾向于认为没那么严重。阿拉斯加州、加利福尼亚州和华盛顿特区对吸食大麻进行了合法化。然而，美国司法部仍视吸食大麻为犯罪，不允许大麻药房开设银行账户和接受信用卡付款（Nathaniel Popper，2016）。

严重犯罪是一个抽象用语，是我们用来指代对应概念的标签。不过，必须充分认识到，我们用作概念的标签和该概念所指代的现实是不同的。现实中存在抢劫，抢劫是一种严重犯罪，但犯罪严重性这一概念并不是客观存在的。现实中有为娱乐或医疗目的而吸食大麻的行为，但吸食大麻的严重性这一概念是抽象的。

对于观念、概念和测量之间的联系，可以分析亚伯拉罕·卡普兰（Abraham Kaplan，1964）有关科学家们所测量的三类事物的讨论：可直接观察的事物（direct obsversables）、不能直接观察的事物（indirect obsversables）和建构（constructs）。可直接观察的事物包含了我们可以轻易且直接进行观察的事物，如苹果的颜色或犯罪报告中的文字。不能直接观察的事物则需要“相对更细致、更复杂或非直接的观察”（Kaplan，1964：55）。我们发现有名警察在犯罪报告的“犯罪类型”一栏写下“抢劫”，由此即间接观察到发生了什么犯罪。报纸报道、法庭记录和犯罪前科记录都提供了对已往行为的观察。最后，建构是根据不能直接或间接观察之事物进行的理论性创造。IQ 就是范例：它是基于对 IQ 测验问题的回答的数字化构建。它测量了智商这一理论概念，而智商不能被直接观察。

卡普兰（Kaplan，1964：49）将概念定义为“构想的一个集群”。根据卡普兰的说法，概念就是建构。严重犯罪的概念就是从你、我和所有曾经使用过这一术语的人有关严重犯罪的构想中形成的建构。严重犯罪的概念不能被直接或间接观察，但是我们可以对这一概念进行讨论、观察一些严重犯罪行为的实例，从而间接地对其进行测量。

概念化

我们对那些日常使用的术语达成了普遍但比较模糊的共识，这使日常交流成为可能。他人通常不会完全理解我们想要传递的信息，而只是大致了解。比方说，即便我们在严重犯罪这一术语的含义上没有完全达成一致，也可以一致认定抢劫银行比盗窃自行车严重。在交流上所存在的诸多误解，是我们为不精确付出的代价，但无论如何，我们走到了现在。不过，科学的目的不是得过且过，没有精确就没有科学。

概念化是指我们使用特定术语精确表达真实想法的过程。假设我们想确定暴力犯罪是否比非暴力犯罪严重。我们中的大多数人可能会推定这个假设为真，但确认真相是否如我们所想也是很有意思的事。需要注意的是，如果对我们正在使用的术语的含义缺乏精确的共识，我们就不能有效地研究这个问题，更不用说赞同对研究问题的解答。对概念的共识使我们能够一同研究问题。

概念化　使模糊、不精确的观念（如概念）更明确和精确的思维过程。

我们从清晰区分暴力犯罪和非暴力犯罪开始。暴力犯罪的行为人对被害人使用暴力或者以暴力相威胁。非暴力犯罪的被害人与行为人之间没有任何直接接触，即使接触，也没有暴力。例如，扒窃属于没有暴力的直接接触。相反，抢劫至少会对被害人以暴力相威胁。入室盗窃、盗窃汽车、入店行窃和盗窃无人看管的个人财物（如自行车）就是非暴力犯罪的适例。袭击、强奸、抢劫和杀人属于暴力犯罪。

指标与维度

概念化过程的最终产品是一套有关我们内心想法的指标规范，它可以指明我们正在研究的概念是否存在。为了阐述该过程，我们来讨论一下更广义的犯罪严重性概念。该概念比严重犯罪更抽象，因为其暗示某些犯罪比其他犯罪更严重。

对犯罪被害人的伤害是犯罪严重性的一项指标。身体伤害是伤害的一种，而且暴力犯罪无疑比非暴力犯罪更有可能造成身体伤害。那么其他类型的伤害呢？入室盗窃的被害人因为财产损失和房屋损坏而遭受经济损失。入室盗窃造成800美元损失，这是入室盗窃比造成10美元损失但被害人没有受伤的抢劫更严重的指标吗？暴力犯罪和非暴力犯罪的被害人均有可能遭受心理创伤。查尔斯·西尔贝曼（Charles Silberman，1978：18-19）指出，人们在发现家中被盗后会有人身被侵犯的感觉。杰瑞·拉特克利夫（Jerry Ratcliffe，2014）讨论了许多分析伤害的方法，建议基于对费城犯罪数据的分析来构建伤害类型的集群和子集。此外，他还介绍了如调查性盘查之类的警方行动可能带来的伤害。

分类的技术术语就是维度（dimension）——一些可使概念更具体化的层面。因此，我们可以说犯罪严重性的“被害人伤害维度”。该维度可以包含身体伤害、经济损失或心理后果等指标。我们也可以轻易找到关于犯罪严重性这一概念的其他指标与维度。如果我们认为盗窃穷人20美元比盗窃富有的石油公司总经理（CEO）2000美元更严重，那么被害人的财富也是一个维度。自卫时杀死入室盗窃者不可能像威胁干掉美国总统一样严重。

为此可以将犯罪严重性这一概念划分成数个维度。具体说明维度并为每个维度确定各种指标，这都是概念化的内容。

详细说明概念的各个维度，往往可以为更精细地理解研究对象铺平道路。比方说，我们观察到中学生间的互殴每年造成数以千计的人受伤，而汽车盗窃每年也给数以百计的保险公司和数百万投保人造成直接经济损失。如果认识到犯罪严重性的这些维度，我们就不会说暴力犯罪一定比非暴力犯罪严重了。

犯罪严重性的定义和测量同时也是刑事司法政策和研究的重要议题。家庭暴力和熟人强奸的处理往往与陌生人之间的人身伤害或性暴力相异，这说明还存在一个“被害人-作案人”关系维度。例如，对于遭遇长期虐待后杀害其丈夫或伴侣的女性被告人，“受虐女性”已经成为审判中的抗辩事由（Kent M. Williams，1991）。这类减轻情节辩护理由表明，基于动机和被害人与作案人的关系等因素，不同类型杀人案件的处理也有所不同。法院对先前与被害人相识的强奸犯的处罚有越来越轻的趋势，这已经引发了日益高涨的抗议（Patricia Lopez，1992）。有研究发现，大学内性侵犯的女性被害人很少认为熟人强奸是一种犯罪（Fisher，Cullen and Turner，2000）。研究也发现，黑人杀害白人被判死刑的概率较高，这表明被害人的种族会影响量刑，因而可以视为犯罪严重性的指标之一（Baldus，Pulaski and Woodworth，1983；Baldus et al.，2011）。本章后文将专门讨论如何构建对犯罪严重性的测量。

混淆概念界定与客观真实

简言之，概念来自观念（思维形象），是对明显相关的观察和经验的汇总与概括。尽管观察和经验都是真实的，但我们的概念是思维的产物。与概念关联的术语不过是为交流而创造的工具，术语“犯罪严重性”就是一例。这个短语本质上只是文字的集合，没有内在意义。就同一目的，我们可以轻易且有意识地创造出另一个术语——犯罪轻微性（crime pettiness）。

然而，我们很容易落入相信这些术语有现实意义的陷阱。当我们开始认真对待这些术语并尝试准确使用它们时，这种危险似乎越来越大。当看似更懂这些术语现实意义的专家在场时，危险反而更大。在这种场合，人们很容易盲从专家的权威。

一旦（错误地）认为术语有现实意义，我们就会费尽心思去找该现实意义及其测量工具。我们对真实观察进行概念性总结（conceptual summary），因为这种总结很实用，实用到让我们开始相信它们是真的。把并不存在的事物当成真实事物，这一过程被称为具体化谬误（reification）。具体化谬误这个概念在日常生活中经常遇到。

建立概念次序

刑事司法研究的设计和实施不容许混淆概念和真实。为此，逻辑学家和科学家们发现，有必要区分三类定义：真实的（real）、概念性的（conceptual）和操作性的（operational）。其中第一个定义就反映了针对概念术语的具体化谬误，卡尔·G. 亨佩尔（Carl G. Hempel，1952：6）曾提出警示：

> “根据传统逻辑，‘真实的’定义不是判断某个表达的真实意义的规则，而是有关某个实体的‘基本属性’或‘基本特性’的陈述。不过，基本属性实在过于模糊，以致根本无法用于严格的研究。”

“真实的”或“基本属性”的定义本质上是主观的。科学研究中对概念的详述依赖概念性和操作性定义。概念性定义是专门赋予某个术语的在某个特定使用环境的定义，即工作性定义（working definition）。对某个术语的真实意义存在争议和混淆时，科学家们采用折中措施，专门为研究规定一个工作性定义。比方说，为研究社会经济地位（socioeconomic status，简称 SES），我们可以把 SES 简单地定义为收入和教育程度的结合。根据这一定义，我们把 SES 的许多其他潜在面排除在外：职业状况、银行存款、财产、血统和生活方式等。

对概念性定义的详述有两项重要意义：其一，它可以充当我们提出的具体的工作性定义，以便读者准确理解我们通过概念所表达的意图；其二，它有助于我们观察策略的聚焦。要注意，概念性定义不能直接产生观察；准确地说，它引导我们建立准确的测量。

概念性定义 概念或术语的工作性定义。
操作性定义 明确说明测量概念时应完成何种操作的陈述。

接下来，我们必须准确详述观察对象、如何观察以及如何对各种潜在观察结论进行解释。这些进一步的详述构成了概念的操作性定义——清楚说明将如何测量概念的定义。严格来讲，操作性定义是对测量概念时所进行的操作（operation）的描述。

回到 SES 的定义，我们可以向受访者询问我们正在研究的三个问题：

1. 在过去 12 个月里，您的家庭总收入是多少？
2. 您家里有多少人？
3. 您的最高学历是什么？

之后，我们需要规定一个答案分类体系。比如收入，我们可以设定“低于 50 000 美元”和“50 000 美元至 75 000 美元”的分类。教育程度可以进行类似分类，而且我们可以只统计每个家庭的人数。最后，我们还需确定如何将人们对这三个问题的回答结合起来，建立 SES 的测量方法。

最终成果是一个可用且可行的 SES 定义。有人可能不赞同我们的概念化和操作化，但该定义有一个重要的科学价值：它绝对具体，且不会模棱两可。

即使有人不赞同我们的定义，也能清楚地知道如何解释我们的研究成果，因为我们通过术语 SES 所要表达的真实意义已经清晰地反映在我们的分析及结论之中。

下图展示了对术语意义的模糊感知转换成科学研究中具体测量的测量步骤：

为测验你对这些测量步骤的理解，请回到本章前文的提问：听到“累犯”一词时，你脑海浮现的是什么景象？回想一下你的思维形象，并与插页文章《何谓累犯?》中的讨论作比较。

何谓累犯?

托尼·法比洛（Tony Fabelo）

参议院刑事司法委员会（The Senate Criminal Justice Committee）将调查缓刑系统的记录和采用累犯率作为该系统业绩测量方法的情况。该委员会的首要任务应当是清晰界定累犯，知道如何测量累犯，以及判断采用累犯率作为业绩测量方法的意义。

累犯的界定

累犯是指再次出现犯罪行为。累犯率是指某个特定罪犯群体（例如获假释者）在规定期间内又参与犯罪的比例。犯罪行为指标是再逮捕、再定罪或再入狱。

每项指标的获取都需要和刑事司法官员的接触，因而会导致再犯数量被低估。但是，对于未报案或以其他方式为司法机构所知的犯罪，很难持续以经济且可行的方式进行测量。

1991 年，刑事司法政策委员会（Crime Justice Policy Council）向立法机关和州刑事司法机构建议，以如下方式测量累犯：

“应当通过统计监狱释放人员或处于社区监管之下的罪犯在相同的风险期内因违规或新犯罪而再入狱的数量来计算累犯率。

风险期可能是一年、两年或三年，但对被追踪群体必须一致，以防研究结论因风险期不一致而失真。

再入狱的测量可以使用得克萨斯州公共安全部门收集的‘警方犯罪记录’（rap sheets）数据。集中的信息源有助于减少报告误差。”

全系统累犯率

我们可以报告整个系统所有罪犯（包括所有从监狱释放的人员或缓刑犯）的累犯率。我称之为全系统累犯率（systemwide recidivism rates）。1991 年因假释或强制监管而从监狱释放，或者因假释而从县看守所释放的罪犯中，截至 1994 年有 48%因新罪或违反假释规定而再入狱。

对于 1991 年从监狱释放的罪犯，其从监狱释放后三年内再度入狱的分罪名累犯率如下：

入室盗窃	56%	袭击	44%
抢劫	54%	杀人	40%
盗窃	52%	性侵犯	39%
毒品	43%	性犯罪	34%

对于同一群体，其从监狱释放后三年内再度入狱的分年龄段累犯率如下：

17—25 岁	56%
26—30 岁	52%
31—35 岁	48%
36—40 岁	46%
41 岁及以上	35%

全系统累犯率的意义

监狱释放人员的全系统累犯率不能用于测量官方项目的业绩，因为能够影响全系统累犯率的社会经济因素很多。

例如，在 1995 年，由于从监狱释放的人员总数发生变化，监狱释放人员的全系统累犯率出现下降。罪犯判刑更重、服刑时间更长，都会提高释放时的平均年龄。因此，有关全系统累犯的“业绩”会提高，但这不必然是因为监狱系统囚犯改造水平提高。

另一方面，州监禁机构关押的重刑犯是累犯率较高的财产犯和毒犯，因而从州监禁机构释放的重刑犯的全系统累犯率应当相对较高。

二、操作化选择

实际测量的实施始于操作化。

研究过程通常不是自始至终依次进行的一系列步骤，操作化，即形成操作性定义的过程，尤其如此。虽然我们首先会对想要研究的对象进行概念化，但是一旦开始考虑操作化，就可能会修改我们的概念性定义。操作性定义的形成也使我们更接近实际的测量，这也要求我们考虑如何选择数据收集方法。换言之，操作化通常没有可遵循的系统化步骤。

为展示操作化的过程，我们回到犯罪严重性这一话题上来。假定我们要进行一项旨在说明哪些犯罪更为严重的描述性研究。

当然，各类犯罪的法定刑是一个犯罪严重性维度。我们就从这一概念开始。我们确定了概念性定义，即犯罪严重性是指州刑法对各类犯罪规定的刑罚等级。该定义在清晰度方面有着独特优势。我们继续往前走，这将把我们导向下面的操作性定义：

> 查阅《得克萨斯州刑法》（Texas Criminal Code）。(1) 可以判处死刑的犯罪是最严重的犯罪；(2) 其次是可以判处一年以上监禁刑的犯罪；(3) 法定刑为一年以下监禁刑或单处罚金的犯罪最为轻微。

对犯罪的测量是具体的。我们的数据采集测量也很清晰：搜索网络或去图书馆，整理一份《得克萨斯州刑法》规定的犯罪列表，将每一犯罪归入以上三类中的某一类。

要注意，对于犯罪严重性，我们已经形成相当窄的概念性定义和操作性定义。我们可以推定，《得克萨斯州刑法》的刑罚规定考虑了不同犯罪的其他维度，如被害人所受伤害、作案动机和其他情节。不过，这三类犯罪包含了太多不同类型的案件，对于犯罪严重性的解释能力有限。

犯罪严重性概念化的另一个选择是关注人们如何看待严重犯罪。这样看来，犯罪严重性植根于人们的观念，后者可以折射出他们对伤害被害人、作案动机或其他维度的看法。以这种方式概念化犯罪严重性，意味着操作化的路径也会不同：你会在课堂上向其他同学描述各种犯罪，然后让他们说出对这些犯罪严重程度的看法。如果犯罪严重性以这种方式操作化，问卷调查就是最佳数据采集方法。

在对犯罪严重性采取实际测量措施之前，还有许多其他事情需要我们作出决定。应如何描述犯罪？学生如何表达一个犯罪是否严重？描述犯罪，比如比较强奸与吸食大麻的严重程度时，仅需将其从最严重到最轻微进行分级，还是要尽量进行更具体的测量？

“计分”测量

操作化涉及对将如何进行实际测量的描述。它的下一步当然就是实施测量。罗伊斯·辛格尔顿、布鲁斯·斯特瑞斯和玛格丽特·米勒·斯特瑞斯（Royce Singleton, Bruce Straits and Margaret Miller Straits, 2010：100）将测量（measurement）定义为“为分析单位分配数字或标签以反映概念属性的过程”。读者即使不熟悉这个定义，也应当非常熟悉这个过程。

我们分析有关该过程的几个例子。老师们用数字或字母对试卷和论文进行评分，以此认定你对课程内容的掌握程度。你查看本周历史作业的页数，算出你在学习上必须耗费的时间。美国律师协会把被提名为联邦最高法院法官的人评价为合格、完全合格或不合格。你可能会用从 1 至 10 的常用量表来给昨晚的约会定级，这个定级代表了对你最为重要的概念属性。

计分也是测量的一种方法。老师通过统计正确答案的数量和为每个答案分配分值来确定考试的得分。裁判员通过统计各队罚中（1 次 1 分）和投中（1 次 2 分或 3 分）的次数来给篮球赛记分。法官或陪审团通过宣告“有罪”或“无罪”来评价被告人。统计杀人案被害人数量并除以城市居民总数，得分就是城市杀人案件发案率。

测量需要进行实际观察并对这些观察计分（数字或其他标签），这是其与操作化的不同之处。当然，观察又涉及数据收集方法，而数据收集方法又是操作化的应有之义。不过，测量过程的启动要早得多，而且通常始于概念化。

许多人认为，测量是刑事司法研究中最重要也是最难的阶段。测量之所以难，从某种程度上讲，就在于刑事司法研究中有许多基本概念都难以如我们想象的那样明确定义。如果不能确定概念性定义，操作化和测量就会变得极具挑战性。插页文章《看守所羁押问题》对此作了说明。

看守所羁押问题

第 1 章曾谈到，研究的一般目的是描述和解释。两者间的差异对于定义和测量过程有着重要意义。如果你有描述比解释更简单的成见，当知道描述性研究比解释性研究更难下定义时就会感到吃惊。为说明这一点，我们根据本书作者马克斯菲尔德描述其认为比较简单的概念的经历，试举一例。

在一次项目评估过程中，马克斯菲尔德想要了解人们羁押在马里恩县看守所（印第安纳州）的平均天数。这个概念标注为“看守所羁押问题”（Jail Stay）。人们可能因以下三项原因之一而出现在县看守所：（1）服刑一年或以下；（2）候审；（3）临时性羁押，等待转押其他县或州监狱。第三类包括已经被判入狱、正等待监狱腾出位置的囚犯以及已经被捕但因某种原因被其他司法辖区通缉的人。

马克斯菲尔德对此有一些模糊认识，但未意识到它们会让看守所羁押期限的定义和最后测量工作变得多么复杂。因此，最初的问题“看守所羁押的平均天数是多少?”被修改成了“服刑人员和候审人员的平均羁押天数是多少?”

如同人们因不同原因进入看守所一样，个体被收押的原因也可能不止一个。我们假定有一个叫艾伦（Allan）的看守所在押人员。他于 2002 年 7 月因盗窃罪被判在看守所服刑一年。30 天后他中止服刑，也就是说，他自由了，但如果再次被捕，就要服完剩余的 11 个月刑期。时间不长，获释后仅两个月，艾伦因抢劫被捕而重返看守所。

现在，问题变得复杂了。法官裁定强制执行被中止的 11 个月刑期。艾伦的保释申请被拒，不得不在看守所候审。不久后获悉，艾伦因使用假支票被伊利诺伊州警方通缉。很多人希望将艾伦移送伊利诺伊州，他们告诉该州官员，在马里恩县的问题解决之前，可以先把艾伦抓到伊利诺伊州。现在，艾伦待在看守所的原因有三：（1）服其最初的盗窃罪的刑期；（2）等待抢劫罪审判；（3）等待移送伊利诺伊州。

这是一宗还是三宗看守所羁押? 在某种意义上，这是一宗看守所羁押，因为只有一个被羁押者。但是，如果假定艾伦的抢劫罪审判推迟至其完成盗窃罪的服刑呢? 他待在看守所，开始一宗新的看守所羁押。当其接受审判时，检察官要求撤回针对艾伦的抢劫罪指控，希望将其移送到邻州。艾伦等候到伊利诺伊州的免费之旅，一宗新的看守所羁押又开始了。

你可能会视之为分析单位的问题。分析单位是看守所羁押的人吗? 还是艾伦被羁押的不同原因? 经过一番思索，马克斯菲尔德认定，社会人为事实是更合适的分析单位，因为他的兴趣在于是服刑者还是候审者占用了更多的看守所监室。但这会产生一个新问题，即如何分析艾伦这样的人。我们需要重复统计艾伦多次看守所羁押期限的重叠部分，以说明他因服剩余刑期和等候抢劫罪审判的两宗看守所羁押吗? 似乎言之有理，但这样做的话，统计艾伦两宗看守所羁押，与统计每人各有一宗的其他两人并无区别。换言之，艾伦同一时间将占用两张床位。对于描述人们因不同原因停留看守所来说，这既不准确，也没有意义。

操作化选择不同，得出的结论也会不同。这里有三个简单的例子，它们都是约翰杰伊刑事司法学院研究方法课的学生助理提出来的（CRJ 715-03,

October 9，2003）。

例一：经过比较对犯罪被害的一般性调查和对家庭冲突的专门性调查，默里·施特劳斯（Murray Straus，1991）指出，家庭冲突调查中家庭人身攻击（domestic assualt）的发生率比一般犯罪被害调查中所发现的高出16倍。他将之归因于一般犯罪被害调查的关注点是犯罪，而家庭冲突调查并未以“犯罪”一词来提醒受访者。因此，施特劳斯研究中的家庭成员间的人身暴力要比一般犯罪被害调查中更为普遍。受伤情况正好相反：施特劳斯的报告显示，仅有不到4%的家庭暴力事件会造成受伤，而在NCVS中，这一比例是75%。结论相左，但都是合理的。施特劳斯发现轻微暴力比例较高，而一般犯罪被害调查揭示严重暴力比例较低。

例二：根据FBI编撰的UCR，2001年全国报告了700万起盗窃案件（Federal Bureau of Investigation，2002），而NCVS估算该年度全国盗窃案件超过1400万起（Callie Rennison，2002）。FBI数据仅统计了向警方报案的犯罪，而NCVS则收录了未报案的事件。盗窃案的报案率不到50%，这可以解释两个数据间的巨大落差。不过，机动车盗窃案件数据正好相反：2001年度UCR记录了超过1 226 000起机动车盗窃案件，而NCVS的数据为1 009 000起。这是不同的操作化方法在发挥作用。NCVS只测量针对居民的犯罪，不统计商业机构或其他组织所属机动车的被盗案件，而UCR都会统计在内。

例三：在插页文章《何谓累犯?》中，托尼·法比洛认为，在比较不同罪犯群体的累犯情况时需要一个统一的风险期。我们可以研究一年期、两年期或三年期的累犯率，但必须采用统一的风险期来进行比较。可以想象，改变风险期，累犯率也将出现变化。迈克尔·艾森伯格（Michael Eisenberg，1999：8）在对得克萨斯州一个吸毒治疗项目（drug-abuse treatment program）进行评估后总结了不同风险期的累犯率：

	1年	2年	3年
所有受访者	14%	37%	42%

值得注意的是，一年期与两年期累犯率之间的差距远大于两年期与三年期累犯率之间的差距。将“累犯”操作化为一年失效率的准确性明显低于将这一概念操作化为两年失效率，因为累犯率显然稳定在了两年的节

点上。

互补且互斥的测量

简要回顾第 2 章介绍过的术语，属性是指事物的特征或性质。“女性”“年老”和“学生”就是适例。相应地，变量是各属性的逻辑集合。因此，“性别”通常是指由属性“女性”和“男性”组成的变量。概念化和操作化过程可以看作变量及组成变量的属性的具体化。“就业状况”是属性“就业”和“失业”组成的变量；“就业状况”的属性范围也可拓宽，容纳其他可能性，如“兼职”“全职”和“已退休”。

每个变量中的属性都有两个重要的特性。首先，构成变量的属性必须是互补的（mutually exhaustive）。对于可用于研究的变量，研究者应当能够根据构成变量的属性之一对所有观察进行分类。如果根据“监禁刑”和“罚金刑”两个属性对“判决”进行概念化，我们就麻烦了。要知道，有些已决犯被判缓刑，有些人的部分监禁刑暂缓执行，还有人获得的是监禁、缓刑、暂缓执行或社区服役的混合量刑。需要提醒的是，我们可以通过增加“其他”和“组合”来保证属性列表的互补性。不管采用何种方式，我们都必须能够对所有观察进行分类。

与此同时，构成变量的属性必须是互斥的（mutually exclusive）。研究者应当且仅能根据一个属性对观察进行分类。因此，分类时我们要确保不会同时使用监禁刑和罚金刑。也就是说，我们必须能够安排好那些被并处监禁刑和罚金刑的人。对于本例，可以设定“单处监禁刑”“单处罚金刑”和“并处监禁刑和罚金刑”，更明确地确定属性。

测量尺度

任何变量的属性都必须是相互补充、相互排斥的。属性也可以其他方式发生关联。特别值得关注的是，属性也许代表了不同的测量尺度（level of measurment）：定性测量尺度（nominal）、定序测量尺度（ordinal）、定距测量尺度（interval）和定比测量尺度（ratio）。通过测量尺度，我们可以从分配给变量的分数中获得有关变量属性的信息。

定性测量尺度　变量的属性只有互补性和互斥性特征时，该变量就是定性测量尺度，如性别、种族、居住城市、本科专业、社会保障号（Social Security number）和婚姻状况。虽然组成这些变量的属性（“男性”“女性”和“变性”组成“性别”这个变量）各自并不互补地覆盖了通常可见的人的属性类型，但是它们都不具备后面提到的其他测量尺度的结构性特征。定性测量尺度仅表达属性的名称或所赋予的标签类型。

试试根据一个定性变量描述一个人群的特征，并根据合适的属性对其进行分组。假定我们正在参加有数百名州法院法官出席的大会。我们要求他们按照居住的州分组：所有住在佛蒙特州的一组，住在加利福尼亚州的一组，由此类推。所有站在同一组的人至少有一个共同点，他们与其他组的人也因这一点而互相区别。每个小组在何处形成，彼此之间距离多远，以及他们在屋子里如何排列，这些都无关紧要。真正重要的是同一组的所有成员都居住在同一州，而每组居住的州都不一样。

定序测量尺度　变量的属性可以根据一定逻辑关系进行分级排列的，该变量就是定序测量尺度。不同的属性代表了变量的相对多少。对警察的看法、就业状况、犯罪严重性和对犯罪的恐惧，都是可通过某种方式分级排序的变量的适例。

回到前面关于州法官分组的例子。假定我们这样要求，上诉法院的法官一组，重罪审判法院的法官一组，而轻罪审判法院的法官一组。这种分组方式满足了互补性和互斥性要求。不过，我们可能会根据法官们工作的法院的层级（共同属性），对三组法官另外进行逻辑排列。我们可能会将这三组按照从最高法院到基层法院的顺序排成一列。这种排列就是定序测量尺度的形象表达。如果我们知道两个法官所在的分组，就能判断他们所在法院的层级。

值得注意的是，在本例中，各组之间的物理距离无关紧要。他们之间的距离可能是 5 英尺或 500 英尺；上诉法院组和重罪审判法院组可能相距 5 英尺，而轻罪审判法院组可能还在 500 英尺之外。这些物理距离毫无意义。但是，重罪审判法院组应当处在轻罪审判法院组和上诉法院组之间，否则排序就不正确。

定距测量尺度　当构成变量的属性间的实际距离有意义时，该变量就是定距测量尺度。属性间的逻辑差距因而可由有意义的标准间距来表达。

例如，在华氏温度计中，80 度和 90 度之间的差距，与 40 度和 50 度之间的差距是一样的。但是，华氏 80 度的热度并非华氏 40 度的两倍，因为华氏温度计中的零度是任意设定的（arbitrary zero point）；零度并不代表没有热度。同样地，华氏零下 30 度也不代表比没有热度低 30 度。摄氏温度计也是如此。不同的是，摄氏温度计以绝对零度（absolute zero point）为基准，零度意味着完全没有热度。

刑事司法研究者通常会结合定性测量和定序测量来形成复合性的定距测量。本章文末将举例说明。

定比测量尺度　符合定距测量最低要求的绝大部分社会科学变量，也符合定比测量的要求。在定比测量中，构成变量的属性，除了前面提到的结构性特征外，还有一个特征，就是它以"真实的零度"为基础。在刑事司法研究中，年龄、入室盗窃所产生的财产损失的美元值、先前逮捕数、血液酒精含量和监禁刑期都是适例。

回到法官分组这个例子，我们可以要求他们根据任现职年限自我分组，新入职一组，任职一年一组，任职两年一组，由此类推。每组成员任职年限相同，不同组别的任职时长各不相同，从而满足了定性测量的基本要求。让各组从任职年限最短到最长进行排列，这就满足了定序测量的附加要求，也使我们能够判断某个人比另一个人任职时间更长、更短或相同。如果我们让相邻各组保持等距，就满足了定距测量的附加条件，并且能够说出一名法官的任职时间比另一名法官长多少。最后，所包含的属性之一（即"任职年限"）有一个真实的零点（刚获聘任或选任的法官），因此法官的这种排列也符合定比测量的要求，我们可以说一个人的任职时间是另一个人的两倍。

用定比变量来比较两个人，我们得出如下结论：（1）他们是否不同（或相同）；（2）一个人是否比另一个人更……（3）他们的差异有多大；（4）一个是另一个的多少倍。图 5.1 总结了这项讨论，展示了四种测量尺度。

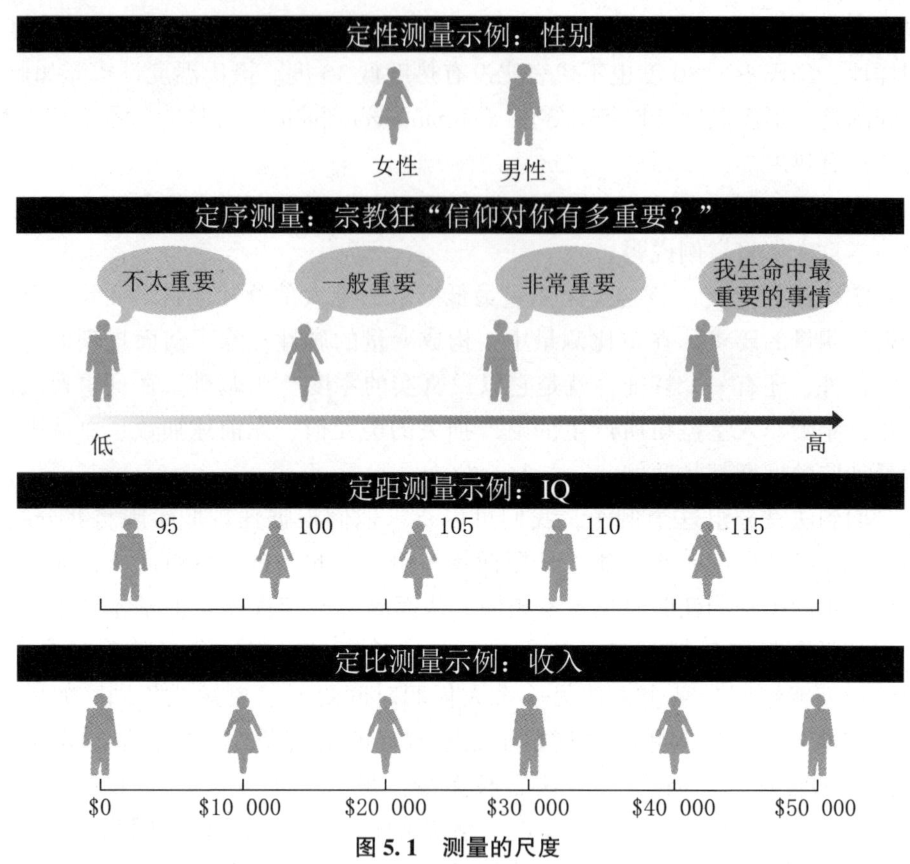

图 5.1　测量的尺度

测量尺度的意涵

要复习该讨论并了解测量尺度为何会产生差异，请看表 5.1。它提供了司法统计局一项犯罪严重性调查所获取的有关犯罪严重性的信息（Wolfgang, Figlio, Tracy and Singer, 1985）。该项调查抽取样本达 60 000 人，简要描述了针对他们的 200 多种犯罪。受访者被要求根据其所认为的相比于盗窃自行车（分值为 10）的严重程度对每一犯罪打分。

表 5.1 的第一列是所描述的一些犯罪。第二列是定性测量，确定了各类犯罪的被害人：家庭、个人、商业机构或社会。被害人类型是每一犯罪的属性之一。第三列展示了根据调查结果计算得出的严重程度分值，从非法侵入的 0.6 至杀人的 35.7。严重程度分值是定距测量，例如盗窃汽车（8.0）与受

贿（9.0）之间的差距，和受贿（9.0）与妨害司法（10.0）之间的差距相同。严重程度分值不是定比测量；这里没有绝对的零点，三例妨害司法（10.0）也不等于强奸致伤（30.0）。

第四列呈现了表中17类犯罪的各自排名；最严重的犯罪，即杀人，排名第1，紧随其后的是强奸致伤，由此类推。不过，排名仅仅表明严重程度的排序，因为杀人（排名第1）和强奸致伤（排名第2）之间的差距小于强奸致伤与抢劫致伤（排名第3）之间的差距。

最后，向受访者展示的犯罪描述指明了每一犯罪的财产损失值。这是有真正零点的定比测量，个案损失为1 000美元的10宗入室盗窃案件，与损失10 000美元的一宗纵火案件具有相同的财产值。

不同统计分析方法都需要变量满足最低测量尺度要求。例如，我们可以把表5.1第5列的单个数字加在一起，除以所列出的犯罪数（17），算出这些犯罪的平均财产损失。但是，被害人类型是定性变量，我们无法计算其平均数。对于这种情形，我们可以报告最常见的被害人类型，它在表5.1中是社会。

研究者可以认为，有些变量代表着不同的测量尺度。定比测量尺度为最高层级测量尺度，其下依序是定距测量尺度、定序测量尺度和定性测量尺度。一个代表特定测量尺度（例如定比）的变量也可以被认为代表着较低的测量尺度（例如定序）。比方说，如果只想研究通过定比测量的年龄和一些定序变量（例如涉足违法行为，依其程度高度、中度和低度）之间的关系，我们也可以把年龄视为定序变量。我们可以把研究对象特征区分为“年轻”“中年”和“老年”，并规定每个群体的年龄范围。最后，基于特定研究目的，年龄可以用作定性变量。据此，年龄在12岁至20岁之间的人可以合并成青少年组，而不在该范围内的为非青少年组。

所需要的测量尺度由计划对给定变量的统计分析决定，同时要注意：有些变量仅适用于特定测量尺度。如果一个变量有多个需要不同测量尺度的用途，研究设计时就应当尽可能达到最高层次。尽管定比测量（如逮捕数）可以降级为定序或定性测量，但是不可能将定性或定序测量转化为定比测量。总之，你不能将较低测量尺度转化为较高层级。这是必须牢记的单向规则。

表 5.1　犯罪严重性与测量尺度

犯罪	被害人	严重程度分值	排名	财产损失值
受贿	社会	9.0	9	0
纵火	商业机构	12.7	6	$10 000
盗窃汽车	家庭	8.0	10	$12 000
入室盗窃	商业机构	15.5	5	$100 000
入室盗窃	家庭	9.6	8	$1 000
购买赃物	社会	5.0	12	0
销售海洛因	社会	20.6	4	0
吸食海洛因	社会	6.5	11	0
杀人	个人	35.7	1	0
妨害司法	社会	10.0	7	0
集体中毒	社会	0.8	15	0
强奸致伤	个人	30.0	2	0
抢劫致伤	个人	21.0	3	$1 000
抢劫未遂	个人	3.3	13	0
未造成伤害的抢劫	个人	8.0	10	$1 000
入店行窃	商业机构	2.2	14	$10
非法侵入	家庭	0.6	16	0

来源：引自 Wolfgang, Figlio, Tracy and Singer (1985)。

三、评估测量质量的标准

评估测量质量的核心标准是信度和效度。

测量可能有不同精确度（degree of precision），代表着对构成变量之属性的区分。比如，说一位女士“43 岁”，就比说她“四十几岁”更精确；把一个重罪判决描述为“18 个月”，就比说“一年以上”更精确。

通常认为，精确测量比不精确测量要好。然而，精确并不总是必要或值得的。如果对于你的研究目的来说，知道一个重罪判决是“一年以上”即已足够，那么任何为获悉精确判决而额外投入的资源都是浪费。为此，从某种程度上讲，概念的操作化应以所掌握的精确度需求为指引。如果不了解需求，精确会比不太精确要好。

不要混淆精确与准确（accuracy）。说某人“生于佛蒙特州斯托”比“生于新英格兰地区”更精确，但假定此人实际上生于波士顿呢？在本例中，不太精确的描述反而更准确，更好地反映了现实。许多刑事司法测量都不太精确，因此研究者更倾向于报告近似值。

在研究测量中，精确和准确都非常重要，它们可能无须做更多解释。刑事司法研究者在构建和评估测量时，会专门关注两项技术性指标：信度和效度。

信度

抽象地说，信度是指这样一种状态，即对同一事物反复使用同一测量方法，每次都将获得相同结果。换言之，测量信度大致相当于测量持续性或稳定性。设想有个警察站在路边，根据对路过车辆车速的猜测开出超速罚单。如果你收到他的罚单并去法院抗辩，打赢官司毫无悬念。法官无疑会否定这种测速方式，而不管该警察经验有多丰富。同样是这名警察，如果他用激光测速仪测速，那么你几乎铁定要败诉。激光设备被认为是可靠性强得多的测速工具。

信度　稳定性；多次测量某事物时结果一致。

不过，信度并不比精确更能保证准确。车上的速度表可能是测速的可靠仪器，但它有时也会掉速，高速行驶时尤其可能。当实际速度在 70 英里/小时而速度表显示为 65 英里/小时的时候，速度表给你提供的是持续但不准确的数值，而这有可能会吸引手持更准确的激光测速枪的警察的注意。

测量信度通常与刑事司法研究中所采用的指标有关。许多研究都表明，根据警方记录测量犯罪经常遭遇信度问题。理查德·麦卡利、芭芭拉·尼恩斯底德特和詹姆斯·埃尔文（Richard McCleary, Barbara Nienstedt and James Erven, 1982: 362）的研究就是一个经典例子。他们分析了在某大城市入室盗窃报案调查方式改变之后，入室盗窃警方记录出现的变化。根据新规定，侦查人员正式侦查先前仅由巡警调查的入室盗窃案件。新调查程序实施后，入室盗窃案件骤减。减少的原因在于，新规定实施之前有些巡警把一些不符合官方的入室盗窃定义的犯罪统计为入室盗窃，而在少数侦查人员开始侦查入室盗窃案件后，会较为稳定地适用官方定义。

刑事司法研究和政策制定中还存在其他信度问题的实例。法官评估并裁定被告人审前有潜逃风险的准确性有多大？希拉·罗佑·马克斯韦尔（Sheila Royo Maxwell，1999）在研究中发现，法官在决定是否对被告人适用具结保释时所考虑的因素，并没有将被告人的出庭可能性作为可信或有效的预测指标。一些州的血液酒精测试不一致，促使研究者寻找新的酒驾测量方法（Timothy Heeren et al.，1985；Robert Voas，Eduardo Romano and Raymond Peck，2009）。法庭 DNA 证据越来越多地应用于暴力犯罪案件。国家科学研究委员会（National Research Council 1996，2009）的研究表明，实验室程序存在大量错误，包括样本处理不当、证据污染和分析偏差。这些都是可能导致证据被排除或无辜者被定罪的测量信度问题（Roth，2010）。

我们会遇到各种意想不到的信度问题。每当只有一名观察者作为数据源时，信度问题尤为突出，因为我们没有任何办法阻止研究者的主观性介入。我们无法肯定地说出，所报告的内容中有多少代表了真实变量，有多少源自该研究者的个人看法。

多名观察者测量时也可能出现信度问题。长期以来，从事调查的研究者都知道，受研究者的态度和行为影响，不同研究者从同一受访者那里得到的答案也会不同。假定我们想根据某个标准编码方案（如国家司法研究所创制的一套分类标准）将右翼极端组织划分为不同类型。但是，反对非法枪支市长协会（Mayors Against Illegal Guns）的支持者和美国步枪协会（National Rifle Association）的成员可能不愿意对所有群体适用相同的编码方案。

以上都是信度问题的实例。当我们让受访者提供自己的信息时，类似的问题也会出现。有时我们问的是对方不知道答案的问题，比如“上个月你见过警察几次？”有时我们问的是与对方完全没有关系的问题，比如“你觉得 FBI 有关安珀警报（Amber Alert）定位的指引怎么样？”有时我们的问题过于复杂，即便受访者对此有清楚的观点，再次接受询问时也可能会给出不同的答案。

我们如何建立可信的测量？信度问题是刑事司法测量中的基础问题，研究者们已经创造了许多技术来解决这一问题。

重复测试法（The Test-Retest Method）　有时有必要进行多次同样的测量。如果预计测量信息不会改变，就应当预计再度访问将获得相同的回答。但是，如果回答变了，那么就该变量而言，测量方法是不可信的。我们来看一个例子：

在其对英国的违法行为的经典研究中，唐纳德·韦斯特和大卫·法林顿（Donald West and David Farrington，1977）访谈了从伦敦工人聚居区抽取的411名16岁男性，并在他们18岁时进行了回访。这些受访者被要求描述自己生活的方方面面，包括教育和工作经历、业余爱好、喝酒抽烟习惯、违法行为和与警察、法院打交道的情况。

由于这些主题中有许多涉及违法（至少是反社会的）行为，韦斯特和法林顿非常担心从访谈中所获信息的准确性。他们从多个角度对信度进行评估。他们比较受访者在16岁和18岁时分别作出的回答。例如，每次访谈时都会询问这些青少年离开校园时的年龄。大多数受访者从一次访谈到下一次访谈所声称的年龄很少出现不一致，以致研究者们在报告中认定："因此，随着年龄增长，青少年没有出现增加或减少其所声称的校学习时间的系统性趋势。如果他们想要夸大或淡化其教育程度，这种变化趋势便可出现。"（1977：76-77）。如果发现对该问题及其他事项的回答出现变化，韦斯特和法林顿就有理由质疑受访者对更敏感问题的回答的真实性。重复测试法向研究者表明，记忆出错是出现微小差异的最主要原因。

重复测试法是检验信度的有效方法，但也有其局限性。如果初次访谈与重复测试之间的时间间隔太长，就有可能因记忆错误导致不一致的回答。克莉丝汀·沃尔什及其同事（Christine Walsh and associates，2008）在其有关少年被害的研究中解决了这一问题。她们询问受访者参与暴力活动的经历，四周后即进行测试，对样本人群重复询问该问题。在尝试使用重复测试法检验态度或观点测量的信度时，可能会出现另一个问题。如果重复测试的时间间隔很短，而受访者又试图保持前后一致，那么第二次访谈时的回答可能会受到先前回答的影响。

施测者间信度（Inter-Rater Reliability）　测量缺乏信度也可能是不同研究工作人员如访谈者和编码者导致的。为解决访谈者造成的信度问题，调查中的常用方法是，由研究项目监督员打电话给部分受访者以核实信息。韦斯特和法林顿（West and Farrington，1977：173）在其对伦敦青少年的研究中检验了施测者间信度，并发现从不同受访者那里获取的信息没什么实质性差异。

对比不同施测者的测量也可以检验信度。例如，迈克尔·吉尔肯（Michael Geerken，1994）对研究者在通过“警方记录”测量先前逮捕时可能遇到的信度问题进行了认真探讨。吉尔肯列举的信度问题包括：重复录入；使用别名；为便于分析，需要调整官方犯罪类别，减少犯罪类型。提高将官方记录转译为研究措施（这一过程通常被称为编码）的稳定性的方法之一，就是让多人对样本记录进行人工编码，然后对比每人编码决定的稳定性。马克斯菲尔德和凯茜·施巴茨·维多姆（Michael Mixfield and Cathy Spatz Widom，1996）在分析成年人因虐待儿童而被捕的情况时采用过这种方法。

总之，只要研究者担心通过编码获取的测量不可靠，就应当有不同的人对测量进行逐一的独立编码。假设报纸社论就设立囚犯工作外出监管中心（work release center）之建议开展调查，那么应当更细致地审查调查中导致不一致的编码决定并加以解决。如果不一致的地方很多，就应当认真复查报纸社论编码方法的操作性定义，并作出更具体的说明。

对分法（Split-Half Method）　一般而言，对任何精细或复杂的社会概念（如偏见、对犯罪的恐惧）多做几次测量总是好的。这样的程序为另一种检测信度的方法奠定了基础。假定你设计了一份问卷，其中有 10 个问题用于测量对非裔美国人和违法行为的偏见。采用对分法时，你可以将这 10 个问题随机分成两组，每组 5 个问题。每组问题都应当对偏见提供很好的测量，且两组问题的分类类型应当一致。如果两组问题对受访者的测量结果不同，那就再次表明你正在使用的测量该变量的方法出现了信度问题。

在对童年时期经历与成年后违法行为的关系的历时研究中，莉安娜·J. 伍德沃德和大卫·M. 弗格森（Lianne J. Woodward and David M. Fergusson，2000）采用了包含简化 IQ 测试之类内容的访谈数据。IQ 测试一般都很冗长，反映了其需要通过大量测试问题对智力的多个维度进行测量。这导致的后果之一就是，不可能在包含了大量其他问题的调查中采用标准 IQ 测试。因此，研究者通常会从标准 IQ 测试问题中选取问题子集。比方说，假设标准 IQ 测试有 20 题，就可以随机将其中一个包含 10 题的问题子集提供给一半调查对象，并将另一个问题子集提供给另一半调查对象，这就是对分。统计每个问题子集的得分，然后对照分析。伍德沃德和弗格森在其研究中得出的对半信度值是 0.93，大致表明这两半之间有 93%的得分是一致的。

测量信度是刑事司法研究的基础性议题，后续章节还将阐述。不过，现在我们得迅速指明，即便完全达到信度要求，也不能确保我们真正测量了应该测量的事物，这就将我们导向了效度问题。

效度

我们在第 4 章分析过有关因果推理的效度概念。效度也是测量质量的重要评估标准。在一般的用法里，效度一词是指实证测量充分反映了所研究之概念的含义。换言之，测量效度讨论的是，对于你所说的正在测量的事物，你是否真正在测量。前已述及，操作性定义明确规定了完成概念测量所需的操作。你的操作性定义准确反映了你感兴趣的概念吗？如果答案是肯定的，你的测量就是有效的。激光测速仪是有效的机动车车速测量工具，而风速仪则不是，因为低速行驶卡车的风量高于高速行驶赛车的风量。

效度评估方法相对简单，但是证明单个测量有效的难度更大。概念是抽象和非实在的，我们无法证明实际的测量的确在测量一个抽象的概念。不过，研究者还是有一些处理效度问题的方法。

表面效度（Face Validity）　特定的实证测量可能或不可能与我们对特定概念的常识和各自的思维形象相符。我们可以通过统计市长办公室登记的市民投诉量来讨论测量警察服务满意度的充分性，但我们必须认同，市民投诉量与满意的等级是相关联的。如果有人建议，我们应当通过查明人们是否喜欢观看互联网上的警方追逐视频来测量对警察的满意度，那么我们将有可能会认同，该测量没有表面效度；它压根行不通。

迪特·约翰森及其同事（Ditte Johansen and associates，2006）对购买食物习惯的研究就是表面效度的适例。他们想知道，喝红酒者的饮食是否比喝啤酒者健康。研究者研究了收银员读取“优惠”卡时形成的购买食品饮料电子记录，对人们的饮食进行了测量。约翰森及其同事推断，人们饮食所购之物，因而与他们测量的表面效度是吻合的。

就如何测量某些基本概念，研究者之间有许多具体的共识。例如，人口统计局（the Census Bureau）创造的家属、家庭和就业状况等概念的操作性定义，对于大多数采用这些概念的研究而言，都具有可行的效度。

标准关联效度（Criterion-Related Validity）　标准关联效度涉及使用一些

外在标准对测量进行比较。一项测量的验证，可以通过证明其是否能预测被公认有效度的另一测量的分值来实现；这有时被称作聚合效度（convergent validity），比方说，大学理事会评估（exam）的标准关联效度就体现在董事会预测学生在校成就的能力。

罗伯特·沃尔斯、爱德华多·罗马诺和雷蒙德·佩克（Robert Voas，Eduardo Romano and Raymond Peck，2009）在其验证酒驾事件测量的研究中提供了一个很好的标准关联效度例子。当然，对交通事件涉及的所有人都做实验室酒精测试，无疑是有效度的测量。但这并非常规做法。沃尔斯及其同事因此验证了一项替代性测量，该测量改编自一项评估酒驾致死事件（发生于零点至三点之间的单辆车事件）的测量。该测量效度的验证方法是，对两个测试点（加利福尼亚州长滩和佛罗里达州劳德代尔堡）的非致命事件中抽样的司机的血液酒精测试结果进行比较。两个测量结果接近，因而沃尔斯及其同事认定，其他地点的替代措施也有同等效度。

实现标准关联效度的另一种方法是，证明我们对某个概念的测量不同于对相似但又有区别的概念的测量。这被称为区分效度（discriminant validity），即该测量能使被测量概念区别于其他概念。比如，雅辛塔·高（Jacinta Gau，2011）调查了更具体的警察认知与更一般的程序正义理念之间的差别。她发现，测量作为程序正义组成部分的守法义务与测量对警察的信任并不相同。这表明，不信任警察的人仍可能认同程序正义。

不过，像此处描述的例子中可以直接用于验证测量的行为标准，有时很难找到。在这种情况下，通过分析研究变量与其他变量在理论上的应然关系，我们往往可以接近这样的标准。

建构效度（Construct Validity）　建构效度的基础是变量间的逻辑关系。例如，假设我们想要研究对犯罪的恐惧——其原因及后果。作为研究的一部分，我们建构了对该概念的测量，并且要评估其效度。

除了建构测量外，对于变量“对犯罪的恐惧”与其他变量的关系，我们也要形成理论期待。比方说，可以合理认定，害怕犯罪的人晚上离家去娱乐场所的意愿要低于不害怕犯罪的人。一旦我们对“对犯罪的恐惧”的测量涉及人们夜间以预期的方式外出的频次，就构成了该测量的建构效度的证明。但是，如果害怕犯罪的人夜间外出的频次与不害怕犯罪的人一样，则构成了对该测量的建构效度的挑战。詹森·迪顿和斯蒂芬·法拉尔（Jason Ditton and

Stephen Farrall, 2007）在分析英国的数据时对恐惧测量的这方面内容及相关内容论述极少。

检验建构效度，可以在缺乏最可靠的证据的情况下，提供有分量的证据来证明我们的测量是否达到了预期。我们已经指出，检验建构效度的强制性不如检验标准效度。不过，在给定情形下，对于应当采用何种检验方法，仍有争论空间。相比于区分两种效度类型，更重要的是理解二者共同的验证逻辑；如果我们成功地测量了某个变量，那么，这些测量应当与其他测量存在某种逻辑关联。

内容效度（Content Validity）　内容效度是指测量在多大程度上涵盖了该概念所指代的意思。例如，下面的问题经常在研究中被用于测量对犯罪的恐惧：

“天黑以后独自走在大街上，你的安全感如何（或者会如何）？你会非常安全、一般安全、一般不安全还是非常不安全？”

虽然该问题可以有效测量对街面犯罪的恐惧，但就测量对入室盗窃、机动车盗窃或劫机的恐惧而言，并不算好。“对犯罪的恐惧”这一概念的含义比该概念在该问题中所表述的含义更广。

多重测量（Multiple Measures）　验证单个测量的另一种方法是将其与同一概念的替代性测量进行对比。采用多重测量近似于确立标准关联效度。然而，采用多重测量并不必然认为标准关联效度测量总是更为准确。举例来说，许多犯罪在实施后并未招致逮捕，因此逮捕并非对个人实施了多少犯罪的好的评判标准。自述式调查常用于测量违法行为和犯罪行为。然而，调查时询问人们实施了多少犯罪，这种问题的效度如何呢？

比如，韦斯特、法林顿（West and Farrington, 1977）和其他人采用的方法是询问某人实施抢劫以及因抢劫而被捕的次数。对于承认因抢劫被捕者，再询问被捕的时间和地点。之后，可以通过核查警方逮捕记录来验证主动报告的真实性。它有两方面的作用：（1）可以验证个人因抢劫被捕的陈述；（2）研究者可以核查所有受访者的警方记录，以查明有无受访者未向询问者坦白的抢劫被捕记录。

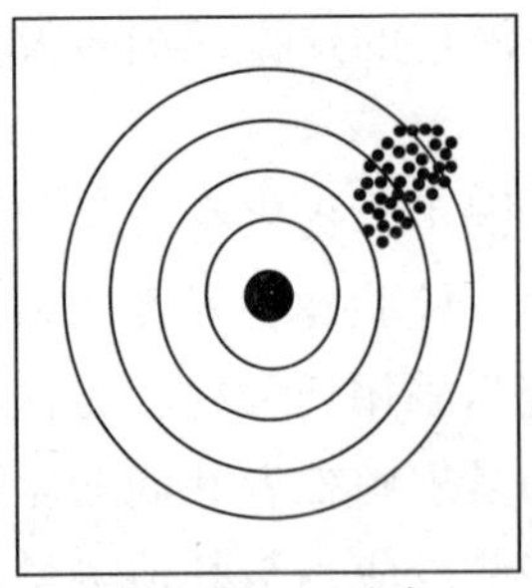

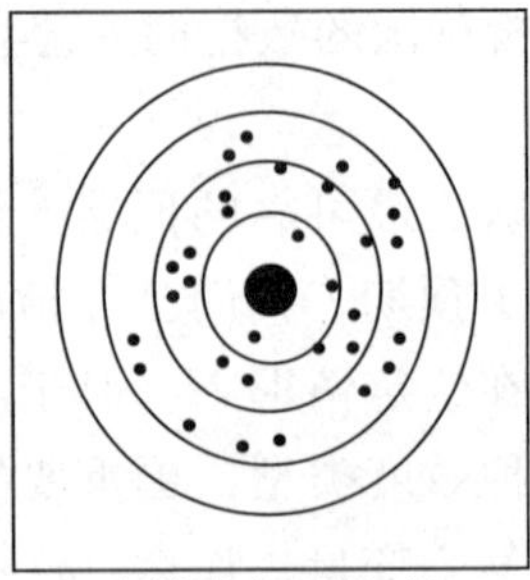

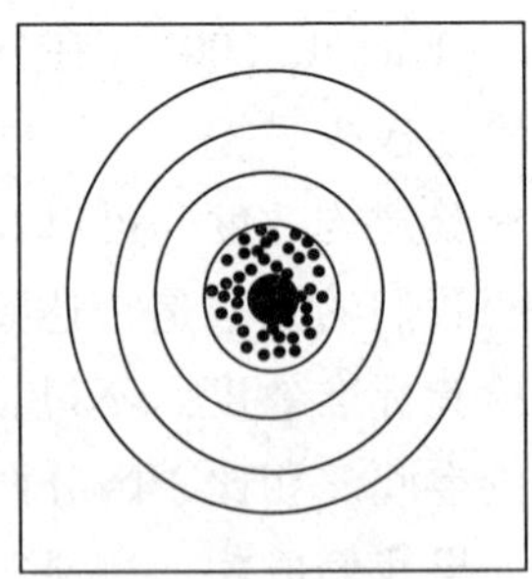

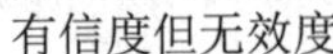

有信度但无效度　　有效度但无信度　　有效度也有信度

图 5.2　信度和效度的比喻

图 5.2 呈现了效度和信度的区别。想象一下，把测量比作命中靶心。无论击中何处，有信度的测量形成的是一种“密集形态”，因为信度代表着测量的一致性。相反，效度形成的形态是围绕靶心的点的分布。无信度可以被视为一种随机性误差，而无效度则是一种系统性误差。要注意，缺乏信度和缺乏效度的测量都是没有用的。

本章安排的实例《融会贯通：测量种族》讨论了各种测量司机种族的方法的信度和效度。

融会贯通：测量种族

很明显，研究交通执法中的种族定性必须要对种族进行某种测量。种族不太好测量，对此你可能会感觉很惊讶。概念化是第一个难点。

种族的概念化

在最抽象的层面，我们可能会考虑种族的遗传学或生物学特性，但这样仍属过度简化。玛格丽特·温克（Margaret Winker，2004）指出，根据基因分型对全球人口进行分类的研究发现，种族内部的基因差异和种族之间差异一样复杂。温克从医学角度建议个体自行确定种族，这样形成的分类“……与他们自认为反映了其个人和文化背景的种族最为匹配”（p. 1613）。

人口统计局和其他联邦机构接受了自行确定种族（race）和族群（ethnicity）（即人们如何看待其种族或族群）的方法。但是，即便这种方法，在过去也遇到了麻烦。雷切尔·斯旺思（Rachel Swarns，2004）发现，在面对五个标准人口统计分类（即阿拉斯加原住民、印第安人、亚洲人、黑人和白人）时，西班牙裔或拉丁裔往往会选择“其他种族”。

种族概念化的最后一个方法是分析人的外表，或许可以求助于“有色人种”（people of color）一词。考虑人的外表或种族外表，貌似存在偏见。然而，难道警察不是这样概念化种族的？也就是说，如果警察根据种族来定性司机，那么其最终会如何测量种族呢？警察无权获得基因分型等基因数据，也无法在决定是否实施交通拦停之前要求司机自行确定种族。因此，如果我们测量种族的目的是检测警察种族定性概率，就应当好好模仿警察“测量”种族的可能方法。

种族和族群概念的操作化

种族和族群概念的操作化通常采用两种一般性方法：主动报告的种族和所观察的种族。你可以发现，这些相当于第二次和第三次概念化。

大多数研究者都依赖某种观察。但是大多数研究者都碰到了难以辨识西班牙裔司机的问题，退而采用“白人/非白人”的两分法，有时增补“亚洲人”。不同研究展现了通过观察测量种族的各种方法。宾夕法尼亚州的研究者安排两名观察者把车停在路边，坐在车内观察（Engel et al.，2004）。在北卡罗来纳州，研究团队开着厢式货车进行流动观察，在选定路段记录司机的种族情况。新泽西州的研究者（James E. Lange et al.，2005）用数码相机拍摄司机。工作人员在电脑上查看照片，把它们区分为白人、黑人、亚洲人、印第安人或其他人；西班牙裔和非西班牙裔单独编码。

新泽西州也测量主动报告的种族。新泽西州高速公路是收费公路。2000 年和 2001 年采集数据时，司机们驶出高速公路出口要在收费站停车缴费。研究者站在收费站工作人员后面，要求被抽中的司机从六个选项中选出自己的种族或族群：亚洲人、黑人、白人、印第安人、西班牙/拉丁裔和其他。

最后，新泽西州警记录被拦停司机的种族，并存入所有交通拦停数据记录中。这是通过观察采集数据。这三项数据来源就是对种族的三项不同的测量。这里引用从兰格等人著作（Lange et al.，2005：209）中摘录的简表；表中呈现的是第 4 章所述的高速公路南段的数据。

	收费站调查	警方拦停数据	照片编码（仅超速者）
白人	66%	52%	58%
黑人	15%	29%	26%
西班牙裔	11%	10%	7%
其他	9%	10%	9%

最后一列是把司机进一步划分出超速者（比规定时速快 15 英里/小时或更多）之后的种族类别。第 6 章将会进一步讨论如何测量超速。

信度和效度

施测者间信度适用于通过多位观察者观察来对种族进行编码。在宾夕法尼亚州，恩格尔等人（Engel et al.）规定两名观察者对司机的种族类别必须意见一致。如果达不成一致，该司机的种族记为“不明”。在宾夕法尼亚州的这项研究中，被观察的司机超过16万，但仅在2.7%的司机身上出现过这种情形。

从某种意义上讲，新泽西州通过数码照相提高了研究的信度；照片可以进行细致分辨。不过，用固定式照相机透过高速行驶汽车的挡风玻璃拍照在技术上有一定难度。许多照片的清晰度不高；所拍摄的38 747张照片中有24%不能用。三名研究助理在高分辨率显示器上独立审查了剩余照片。三人中至少有两人意见一致才能确认司机的种族。剔除不可用照片后的剩余照片中，有89%满足这一标准。

我们已经谈到了效度问题。如果想要知道警察是否根据司机的种族来决定是否拦停，那么，测量种族外表（即看起来像什么种族）就比自认种族更有效度。这对西班牙裔族群的测量并不适用。

四、复合测量

把单个测量结合起来，往往可以形成更有效度和信度的指标。

有时候，构建单一测量就能充分体现相关变量。比方说，询问车主其车辆在此前6个月内是否被盗，就是简单易行的盗窃汽车被害测量方法。但是，通过多个指标测量其他变量，准确性可能更高。财产犯罪指标可以包含入室盗窃、偷窃和盗窃机动车，而“暴力犯罪”指标由杀人、强奸、抢劫和袭击构成。

刑事司法研究经常采用复合测量（composite measure），主要有三大原因：首先，研究者难以单独测量为复杂概念构建指标，尽管为提供有效度和信度的变量测量，研究的设计非常细致。在通过调查测量态度和观点时尤其如此。举例来说，我们知道，通过询问对社区街面的安全感来测量对犯罪的恐惧，可以测量某些恐惧维度，但未必能测量所有维度。这让我们质疑采用单一问题测量对犯罪的恐惧的效度。

其次，我们可能希望对变量采用非常精确的定序测量，从极低到极高级别对父母监督程度进行排序。对单个信息的测量未能充分捕捉变量的变化范围，但对数个信息进行测量后形成的指标或量表可以。

最后，指标和量表是数据分析的有效手段。如果对单一信息的测量仅能大致说明给定变量，那么对数个信息进行测量便可以提供更全面和准确的描述。例如，单项毒品检测结论可以给我们提供缓刑者吸食毒品的某种指向。数项毒品检测结论将为我们提供更明确的指向，但与此同时，测量数个信息也可能非常复杂。相比之下，复合测量是有效的数据简化方式。数个指标可以概括为一个数值，与此同时，该数值可能近乎维持了所有个体指标的具体细节。

分类法

研究者用各种方式合并变量以形成不同的复合测量。其中最简单的方法就是分类法，有时称作“分类学”（taxonomy）。分类法由两个或多个变量的交集形成，旨在创制一套分类或类别。比方说，我们要根据人们在刑事法院的经历差异对他们进行分类。假设我们已经询问样本人群，他们是否担任过陪审员，是否曾以证人身份在刑事法院作证。表 5.2 表明，结合对这两个问题的肯定和否定回答，可以对在法院的经历进行分类。

表 5.2 法院经历分类法

		曾担任陪审员	
		否	是
曾作为证人	否	A	B
	是	C	D

分类法：

A：无法院经历

B：仅有陪审员经历

C：仅有证人经历

D：证人和陪审员经历都有

合并两个或多个测量的得分，或者合并两个取值差别很大的测量的得分时，分类法可能更为复杂。有关复杂分类法的例子，可以看看罗尔夫·洛伯等人（Rolf Loeber et al.，1991）有关历时违法行为形态的研究。研究者采用历时研究设计，从匹兹堡的公立学校抽选一批男孩作为样本，对他们进行了多次访谈。有些问题会谈论他们涉足违法行为和犯罪行为的情况。这种方法能够识别在各次访谈期间报告了不同违法行为的男孩。

洛伯及其同事首先根据违法行为和犯罪行为的严重次序对其进行了分类（Loeber et al.，1991：44）：

无：没有主动报告违法行为

轻微：盗窃价值不超过5美元的物品、故意毁坏财物、逃票

中等：盗窃价值超过5美元的物品、帮派斗殴、携带武器

严重：盗窃汽车、强行侵入、强迫性行为、销售毒品

之后，为测量违法行为的历时变化，研究者比较了第一次筛选访谈和随后的追踪访谈所获取的违法行为报告。这两次测量（第一次报告的违法行为和第二次报告的违法行为）形成了分类，研究者称之为“违法者的动态分类”(Loeber et al.，1991：44)。表5.3对该分类法进行了归纳。

表5.3　青少年违法变化的分类

	青少年违法	
分类法	筛选访谈（第一次）	追踪访谈（第二次）
A. 无违法者	0	0
B. 首次违法者	0	1、2或3
C. 停止违法者	1、2或3	0
D. 稳定者	1	1
D. 稳定者	2	2
D. 稳定者	3	3
E. 违法降级者	3	2
E. 违法降级者	2或3	1
F. 违法升级者	1	2或3
F. 违法升级者	2	3

青少年作案分类

0：无

1：轻微

2：中等

3：严重

来源：摘自Loeber et al.，1991：43-46。

表中的“无违法者”包括那些在筛选访谈和跟踪访谈时均报告没有实施违法行为的男孩。“首次违法者”在筛选时没有报告违法行为，但在追踪访谈

时报告了轻微、中等或严重违法行为，“停止违法者”正好相反。两次访谈时报告的违法行为类型相同的，标记为“稳定者”；“违法降级者”在追踪访谈时报告的违法行为比之前更轻；而“违法升级者”继续实施了更严重的违法行为。

请注意该分类法的效度。两个变量（筛选访谈和追踪访谈时报告的违法行为）且每个变量中的四种分类被重新组合成为一个变量六种分类。此外，对违法行为的两次测量本身就是复合测量，经由总结大量主动报告的个人违法行为而产生。最后，还要注意该复合测量如何在其明确的定义中反映该测量的效度。这种动态分类在单次测量中就对时间、违法行为和违法严重性进行了总结。

失序的指数

“什么是失序？什么不是失序？”韦斯利·斯科根（Wesley Skogan，1990：4）在其著作中就犯罪、恐惧和社会问题（如当众酗酒、吸食毒品、乱扔垃圾、卖淫、乞讨、危房和青年聚众狂欢）之间的联系发问。詹姆斯·威尔逊和乔治·凯林（James Wilson and George Kelling，1982）的论文《破窗》（Broken Windows）影响极大。该文把失序描述为犯罪征兆，有可能单独催生恐惧和犯罪。该文是这样论证的：失序是人们认为的城市衰败的信号，这种衰败与犯罪有关。失序征兆会带来两大相关问题：其一，失序可能会让人产生对犯罪的恐惧，因为城市居民相信，外在的衰败和“那些人们不待见的东西”（undesirables）都是犯罪的信号；其二，潜在作案人可能会这样理解失序状况，即官方对社区的社会控制机制已经瘫痪，在该地区可以肆意破坏和劫掠。大卫·韦斯博德及其同事（David Weisbard and associates，2015）详细讨论了这些机制，并阐述了评估破窗警务（broken-windows policing）的方法。

虽然我们都有对失序的某种思维形象（概念），但必须重述斯科根关于如何测量失序概念的问题。让我们从区分两个失序概念开始。首先，我们可以关注失序的实体存在——某个城市社区是否明显存在乱扔垃圾、当众酗酒、当众吸食毒品等行为。我们可以通过一系列的系统观察来测量失序的实体存在。桑普森和劳登巴什（Sampson and Raudenbush，1999）在芝加哥研究失序与犯罪的关系时就采用了这种方法。遗憾的是，这些作者观察到的失序实例很少，而且都忽略了一个问题，即芝加哥的社区居民是否视这类行为为问题行为。

这将我们导向了第二个概念，即失序观念。有人可能视当众酗酒为失序行为，而有人（如新奥尔良的居民们）认为其绝对可以接受。问卷和调查法是测量失序观念的最佳方法。

通过调查测量选定失序观念后，我们必须作出更进一步的决定。考虑一下关于对街头游手好闲人员看法的问题的两种问法。第一种问法来自在三个美国城市的一系列调查；第二种问法来自在英格兰和威尔士进行的全国性调查。每种问法都根据原始问卷改写。

1. 在你所在社区，游手好闲人员游荡街头是：大问题、有些问题还是几乎没有问题？（Skogan and Maxfield，1981.）

2. 在你所在地区，游手好闲人员游荡街头：很常见、一般、不太常见、很罕见？（Maxfield，1987.）

第一个问题把游手好闲人员游荡街头当成一个问题并询问对该问题的观念（看法）；第二个问题询问对这些人街头游荡的频次的观念（看法）。请注意，第一个问题要求受访者掌握两个差别很大的事项：他们必须知道有人游荡街头，而且必须认为它是个问题。斯科根采用了第一种问法，推定要将该行为视为失序，首先要将其视为一个问题。

这是测量失序的好方法吗？认为游手好闲人员游荡街头是个问题的信念确实与失序观念存在一定关联，但还有其他原因。目前，我们测量了失序的一个维度，但我们的测量仍然很有限。为了更全面地反映失序观念，我们应当测量可以反映其他失序实例的行为或特征。

斯科根使用了九个失序实例，并将它们分成社会失序和外在失序两类（Skogan，1990：51，191）：

社会失序	**外在失序**
游手好闲人员群体	危房
吸食和销售毒品	街头垃圾和垃圾桶
故意毁坏财物	空地垃圾
帮派活动	
当众酗酒	
街头骚扰	

针对每个失序实例所设计的问题，要求受访者将其在所在社区的情况评定为大问题（得 2 分）、有些问题（得分 1）或者几乎没有问题（得分 0）。这九个项目用于测量不同失序类型，看上去有合理的表面效度。不过，对于每个项目与受访者的犯罪被害经历或对犯罪的恐惧之间的关系，审查起来会非常困难。斯科根为此创建了两个指数，分别适用于社会失序和外在失序。他的做法是，汇总每项的得分，然后除以每组的问题数。

图 5.3 展示了一份针对这九个项目的假设性问卷样本，以及每一指数的得分。

简要说明

我现在读给您听的是一份关于本市某些地方可能出现的犯罪问题的表格。请告诉我，对于表中的每一项，在您所在社区，这个问题有多大？是个大问题，有些问题，还是几乎不是问题？

	大问题	有些问题	几乎不是问题
（S）游手好闲人员群体	②	1	0
（S）吸食和销售毒品	2	①	0
（P）危房	2	1	⓪
（S）故意毁坏财物	2	①	0
（P）街头垃圾和垃圾桶	②	1	0
（S）帮派活动	2	1	⓪
（S）当众酗酒	②	1	0
（P）空地垃圾	2	1	⓪
（S）街头骚扰	2	①	0

（S）社会失序 = 2+1+1+0+2+1 = 7

指数分值 = 7/6 = 1.16

（P）外在失序 = 0+2+0 = 2

指数分值 = 2/3 = 0.67

图 5.3　失序指数

本例呈现了如何结合数个相关变量并形成合乎三项要求的指数。这三项要求是：首先，相比单一问题，复合指数是更有效度的失序测量方法；其次，相比我们从任一项中的所得，统计一个分类中所有项的得分并计算平均数在指数中创造了更多的变化；最后，相比九个变量，两个指数更简洁，数据分析和解释因而也更有效率。

五、对测量的总结

本章基本内容已经阐述完毕，但仍然只是介绍了刑事司法研究中非常重要且通常也很复杂的测量议题。插页文章《融会贯通：测量种族》提供了实例说明。测量不仅是研究过程的一个步骤，也涉及对我们想要研究的概念性内容、对其如何操作化以及如何形成有信度和效度的测量的持续性思考。复合测量通常能够更好地反映基本概念，因而也能提高效度。

后续章节将进一步讨论测量问题。本书第 3 编描述数据采集——我们如何着手实际测量。第 6 章重点介绍测量犯罪的各种方法。

小　结

- 概念是思维形象，我们以概念为概括工具，对明显有共性的观察与经验进行总结。
- 概念并不存在于现实世界，因而不能直接测量。
- 在操作化时，我们详细说明以变量测量为结果的具体实证过程。
- 操作化始于研究设计并贯穿整个研究项目，包括数据分析。
- 测量中的分类必须互补且互斥。
- 更高层级的测量方法可具体说明特征分类的相对排序或更为复杂的数值特征。
- 一个变量有时可以在不同层级进行测量。哪个层级最合适，取决于测量的目的。
- 精确性是指观察或描述属性时采用的测量的精准性。
- 信度和效度是测量质量的评估标准。有效度的测量是基本概念的反映。有信度的测量具有一致性。
- 具体且有效度的测量的构建，通常会削弱抽象概念的丰富含义。复合测量是很好的解决方法，它用不同的测量手段测量概念的不同方面。
- 由两个或多个变量结合形成的复合测量，对测量复杂刑事司法概念往往更有效。

重要术语

概念构想　概念性定义　概念化　建构效度　内容效度　标准关联效度　维度　表面效度　定距测量　操作性定义　定序测量　定比测量　定性测量　具体化　信度　分类法

复习与练习

1. 回顾插页文章《何谓累犯?》。根据该文内容，写出累犯的概念性定义和操作性定义。总结法比洛所建议的测量该概念的方法。最后，讨论与法比洛所建议的测量相关的潜在信度和效度问题。

2. FBI 在其网页“我们的调查对象”（http://www.fbi.gov/about-us/investigate/terrorismdefinition）列出了如下定义:

“国内恐怖活动（Domestic terrorism）是指具有下述三个特征的活动:

(1) 触犯联邦法或州法，危害人的生命;

(2) 表现出下述意图之一:

i. 恐吓或胁迫平民;

ii. 以恐吓或胁迫手段影响政府政策;

iii. 通过大规模杀伤、暗杀或绑架影响政府的行为;

(3) 主要发生在美国具有属地管辖权的地点。”

这是一个概念性定义。请写出其操作性定义，然后看如何套用到本地报纸或动态消息（news feed）报道的恐怖事件中。

3. 我们都有关于生活节奏的某种思维形象。在其引人入胜的《时间地图》（*A Geography of Time*）一书中，罗伯特·莱文（Robert Levine，1997）用如下复合测量方法对世界各地的城市生活节奏进行操作化:

a. 一个步行者在不拥挤的人行道上行走 60 英尺需要多长时间?

b. 公用时钟走时准确的比例有多大?

c. 用 5 美元或等价的其他钞票购买一张一级邮票或价格相当物品需要花多长时间?

讨论生活节奏的这些指标的潜在信度和效度问题。务必具体说明生活节奏的概念性定义。

|第 6 章|

犯罪测量

如何测量犯罪？犯罪数量是多少？研究者和政策制定者已经形成了各种犯罪测量方法，但第二个问题还没有明确答案。我们将审查大量犯罪测量策略，并讨论每一策略的优劣。

学习目标

1. 认识到测量犯罪的各种方法阐明了概念化、操作化和测量的一般原则。
2. 理解不同测量所涉及的犯罪。
3. 描述各种犯罪测量以及它们各自的分析单位基础。
4. 理解采集犯罪数据的各种目的。
5. 根据警察所知的犯罪解释各种测量。
6. 描述被害调查的主要特点。
7. 了解警察所知的犯罪和各种调查测量的犯罪之间的主要区别。
8. 理解为何采用主动报告测量，列出适合采用这种方法的各种犯罪类型。
9. 总结吸食毒品常用的主动报告测量。
10. 理解如何获得和使用基于监测目的的测量。
11. 解释各种犯罪测量如何满足测量质量标准。
12. 认识到我们采用多种犯罪测量的原因在于每一种测量都不完美。

本章目录

测量恐怖事件

恐怖主义是全球性的重大关切，我们对它有着不同程度的担忧。举世震惊的“9·11”恐怖袭击，2015 年比利时和法国恐怖袭击，以及美国各地太过常见的大规模枪击事件，我们都不陌生。但是，如何对恐怖主义进行总体测量？它有多普遍？它发生在哪里？涉及哪类袭击？或者可以回顾第 5 章讨论过的一些主题，想一想，恐怖主义的概念性定义和操作性定义是什么？

首先，研究者和政策制定者区分了恐怖主义和恐怖事件（terrorist incident）。恐怖主义及应对策略全国研究联盟（the National Consortium for the Study of terrorism and Responses to Terrorism，简称 START）给恐怖主义下了一个定义：“非国家行为体（non-state actor）威胁或实际使用非法武力和暴力，通过制造恐惧、逼迫或恐吓实现政治经济、宗教或其他社会目的。”

接下来的任务是给恐怖主义的实例进行概念性界定，或者我们将如何测量恐怖事件。根据前述定义，START 声明，恐怖事件应当包含下述前三个属性和之后三个属性中的两个属性。

第 1 部分——所有事件都必须具备的属性：

- 都必须是故意的。
- 都涉及一定程度的暴力或直接以暴力相威胁。
- 事件实施者都必须是非国家行为体。

第 2 部分——以下属性至少符合两个：

- 行为目的必须是实现政治、经济、宗教或社会目的。

• 必须有证据证明有逼迫、恐吓或者对直接被害人之外……的众多受众传递其他信息的意图。

• 行为不属于正当战争行为范畴。

研究者和其他人可以通过 START 网站使用的全球恐怖主义数据库（GTD）就是以这些定义为基础建立的。

你可能会猜到，恐怖事件的统计存在几个困难。定义和收录标准的变化就是其中之一。比方说，美国国务院每年发布《国家反恐报告》(Country Reports on Terrorism)。每年的报告都采用 START 的数据，但一直使用国务院的定义，仅统计同时满足前述第 2 部分三个标准的恐怖事件。

这里有一份 2016 年报告的表格样本，表中列出了 2015 年恐怖活动最多的 10 个国家的袭击数量和死亡人数。我们也提供了全球袭击总数和死亡人员总数。

恐怖袭击和死亡人数

排名前十的国家（2015）

地区	袭击次数	死亡人数	每次袭击的平均死亡人数
伊拉克	2 418	6 932	2. 99
阿富汗	1 708	5 292	3. 24
巴基斯坦	1 009	1 081	1. 10
印度	791	289	0. 38
尼日利亚	589	7 531	9. 29
埃及	494	656	1. 34
菲律宾	485	258	0. 54
孟加拉国	459	75	0. 16
利比亚	428	462	1. 24
叙利亚	382	1 698	7. 99
前十总数	8 763	24 274	
全球总数	11 774	32 762	
前 10%	74%	74%	

来源：摘自 National Consortium for the Study of Terrorism and Responses to Terrorism (START) 2016，5。

本表有几项值得特别注意的内容：一是数量很多，即 2015 年恐怖事件超过 11 700

起；二是排名前十的国家占据了全球全部恐怖袭击和死亡人数的将近四分之三；三是排名前十的国家集中在三个地区，即中东、印度次大陆（含阿富汗）和北非；四是，在2015年，有些国家的遇袭死亡人数远超其他国家（孟加拉国和菲律宾）。无论你对这张表的反应如何，我们猜想都不会是“哦，我知道了”。我们希望你更广泛阅读有关恐怖事件测量和统计的材料。这份报告也收录了恐怖组织、袭击目标、所用武器和排名前十国家恐怖事件总体描述等方面的信息。从美国国务院的年度报告中还可查到更详细的信息（U. S. Department of State，2016）。

美国制定的标准定义有可能会被用于定义及记录规则不同的其他国家所发生的活动，这使得恐怖事件的测量变得复杂。同样地，START所采用的定义也与美国国务院的规定有所不同。试着在本章至少找到该问题的另一个例子。

导　言

犯罪测量对于许多刑事司法研究都非常重要。

经过对测量和测量质量的原则的讨论，我们要转入刑事司法研究者的一项基本任务：测量犯罪。犯罪是刑事司法与犯罪学的基础性变量。描述性和解释性研究往往需要统计某个具体领域的犯罪数量，这是刑事司法官员和研究者都非常关心的问题。解释性研究希望找到犯罪的原因，在该研究中，犯罪被视为因变量；应用研究通常关注有助于减少犯罪的举措。

犯罪也可以是自变量，例如研究犯罪如何影响对犯罪的恐惧或其他态度，或者研究犯罪高发地区的居民是否比其他地区的居民更支持对毒贩适用长期监禁刑。犯罪有时既是自变量，也是因变量，例如对吸食毒品与其他违法犯罪之间关系的研究。

无论我们的研究目的是什么，无论我们对犯罪原因或结果是否感兴趣，犯罪测量的重要性都毋庸置疑。犯罪测量的难度也很大。犯罪测量方法是犯罪学和刑事司法的核心研究议题。

本章有三个目标：首先，我们将用犯罪测量面临的挑战来说明第5章已经分析过的更具一般性的测量议题；其次，我们将研究许多犯罪测量方法，并比较它们的优劣；最后，我们将简要分析一些为特定研究或政策目的而单独创建的犯罪测量。

一、犯罪测量的一般性议题

研究者必须在具体说明犯罪的测量之前选定犯罪类型、分析单位和研究目的。

我们首先应当搞清影响所有犯罪测量的一些重要问题：（1）应当测量什么犯罪？（2）应当使用哪些分析单位？（3）测量犯罪的研究目的或政策目的是什么？

测量什么犯罪？

我们从提出犯罪的概念性定义开始。概念性定义能够帮助我们确定我们所要测量的具体犯罪类型。回顾一下第5章提到的迈克尔·戈特福瑞德森和特拉维斯·赫胥（Michael Gottfredson and Travis Hirschi，1990：15）的犯罪概念："使用暴力或欺诈追求个人利益的行为。"这个概念值得关注，但是它更适合深入探讨犯罪理论而非本章目的。比方说，如果采用这个概念，我们就必须得阐明何谓"个人利益"，而这个词已经让哲学家和社会科学家们忙碌了好几个世纪。

詹姆斯·Q. 威尔逊和理查德·赫恩斯坦（James Q. Wilson and Richard Herrnstein，1985：22）提出了一个不一样的定义，我们可以从它开始："犯罪是指违反法律规定且应受法律处罚的行为。"尽管其他犯罪学家（例如戈特福瑞德森和赫胥）可能不赞同这个概念性定义，但它的长处在于合理明确。我们甚至可以界定得更具体一些，比如援引州或联邦法典并列出其规定应处罚的行为类型。

如果列举，定义会变得很长。比方说，《印第安纳州法典》（Indiana Code，简称IC）规定，反季节收割人参（IC 14-31-3-16）[1]和销售弹簧小折刀（IC 35-47-5-2）者应处6个月监禁和1 000美元罚金。未经许可将印第安纳州的人参带至州外（IC 14-31-3-20）和殴打成年人致其轻伤（IC 35-42-2-

[1] 这是引用"法典"（一个司法辖区所有生效法律的正文，按照主题编排）的标准形式。在这里，"IC"是《印第安纳州法典》的缩写；数字分别代表卷（title）、编（article）、章（chapter）和条（section）。因此，此处的引用是指《印第安纳州法典》第14卷第31编第3章第16条。"USC"指《美国法典》，即美国生效联邦法的正文。

1）是性质相当的犯罪，都可以判处一年监禁和5 000美元罚金。不过，一旦决定测量犯罪，我们当然希望把暴力行为和销售非法武器的行为与涉及珍稀植物的不正当行为区分开来。

我们测量犯罪时遇到的主要困难之一就是，许多行为和活动类型已经作为“违反法律规定且应受法律处罚的行为”纳入犯罪的概念化当中。不同测量聚焦的犯罪类型也不同，这主要是因为并非所有犯罪都能以有足够信度和效度的相同方式测量。因此，选择测量方式的一个重要步骤就是确定涵盖哪些犯罪行为。

使用哪些分析单位?

前已述及，分析单位是研究者收集信息的特定对象。第4章阐述了个体、群体、社会人为事实和其他分析单位。确定如何测量犯罪，需要我们再次思考这些单位。

犯罪包含四个要件，理论上的认识往往比实际测量更容易。这些要件中最基础的是行为人。没有行为人，则无所谓犯罪。犯罪至少要有一名行为人，行为人因而也是一个可能的分析单位。比如，我们可以决定研究入室盗窃犯、机动车盗窃犯、银行抢劫犯、恐怖分子（或恐怖组织）、毒贩或者实施了其他类型犯罪的人。

犯罪也需要有某种被害人，这是第二个可能的分析单位。我们可以研究入室盗窃、机动车盗窃、银行抢劫或者袭击的被害人。要注意，被害人列表包括了各种类型的分析单位：作为入室盗窃被害人的家庭或商业机构、作为机动车盗窃被害人的车主、作为银行抢劫被害人的银行和被袭击的个人。有些分析单位是组织（银行和商业机构），有些是个人，有些是抽象概念（家庭），还有些不太明确（车主可能是个人或组织）。

分析单位与犯罪测量

在统计犯罪时理清各种分析单位，刚开始可能会有难度并且感到迷惑。问题主要在于可能存在数据库设计者称之为“一对多”和“多对多”的关系。同一事件可能存在多个犯罪、行为人和被害人，或者三者各有一个。幸运的是，透过对一些例子的思考，往往可以讲清这个问题。以下两个例子都摘自FBI的一份出版物（Federal Bureau of Investigation，2000：18）。

例 1

两名男子进入一家酒吧。酒吧服务员在枪口威胁下交出了收银机里的所有钱。作案人还劫走了三名顾客的钱和珠宝首饰。一名作案人用手枪击打一名顾客并致其重伤。最后，两名作案人步行离开。

事件 1

1 个抢劫行为

2 名犯罪行为人

4 个被害对象（酒吧现金，3 名顾客）

1 个严重人身袭击行为

2 名犯罪行为人

1 个被害对象

尽管只有一名行为人袭击了酒吧服务员，但另一名行为人仍将因为阻止他人前来帮助被害人而被指控为袭击的帮助犯。

例 2

两名男子进入一家酒吧。酒吧服务员在枪口威胁下交出了收银机里的所有钱。两名作案人还劫走了两名顾客的钱和珠宝首饰。一名作案人在搜寻更多人以便打劫时，在密室发现一名女顾客并强奸了她，对此，另一名作案人并未看见。强奸者返回后，两名作案人步行离开。

本案包含了两起事件，因为强奸发生在另一个地点，且作案人之间没有合意。他们并非在同一地点基于合意行事，因而只有一人应对强奸事件负责。

事件 1

1 个抢劫行为

2 名犯罪行为人

3 个被害对象（酒吧现金，2 名顾客）

事件 2

1 个强奸行为

1 名犯罪行为人

1 个被害对象

诸如吸食毒品和卖淫等所谓无被害犯罪又如何呢？在法律上并不存在无被害犯罪，因为犯罪是危害社会、组织和（或）个人的行为。不过，研究以社会为主要被害对象的犯罪（如卖淫）面临特殊挑战，并且已经为某些无被害犯罪的测量创制专门技术。不论如何，提前考虑分析单位都非常关键。稍后，我们将阐述作为犯罪统计方法的被害调查。当然，个人调查、组织调查和社会调查的任务存在根本性的差异。

犯罪的最后两个要件是行为（offense）和事件（incident），二者紧密交织，因而放在一起讨论。行为是指入室盗窃、机动车盗窃等个人行为。FBI 对事件的定义是："同一行为人实施的一个或多个行为，或者一群行为人基于合意在同一时间和同一地点实施行为。”（Federal Bureau of Investigation，2000：17；原文引用。）

思考一下行为与事件之间的差别。单一事件可以包含多个行为，但是不可能存在一个行为和多个事件。当然，单一事件可以包含多个被害人。例如，开篇插页文章描述了恐怖主义测量的两个不同分析单位：恐怖事件和恐怖袭击导致的死亡人数。该样本的最后一列呈现了每次袭击致死人数的差异。

为说明各分析单位，即行为人、被害人、行为和事件，可以考虑插页文章《分析单位与犯罪测量》中的例子。这些例子有助于各分析单位的相互区别和彼此关联。

要提醒的是，我们还没有谈到第 4 章探讨过的总体分析单位（aggregate units of analysis）。我们只分析了个体分析单位，尽管犯罪测量经常以总体分析单位出现，如社区、城市、州和国家。本章后文将提到，总体犯罪统计是公众最常见的测量之一。

目的是什么？

犯罪测量策略可以根据其一般目的加以区分。犯罪测量至少具有以下三个一般目的之一：（1）监测；（2）问责；（3）研究。

为监视目的而测量犯罪，和测量消费价格、证券市场活动、交通死亡事故、出生率、人口、失业和中学毕业率有很多相似之处。这表明测量犯罪远不只是统计。为追踪社会经济状况、人口规模及年龄分布，我们测量大量社会、经济、人口和公共卫生指标。同样地，测量犯罪的目的之一就是监测潜在的公共安全威胁。

在国家层面，有两个系列犯罪测量，即 UCR 和 NCVS，寻求评估“国内犯罪的规模、性质和影响”（U. S. Department of Justice，2003：1）。本章后文将详细介绍。此处仅指出，这两项测量的基本目的是监测。在公共卫生领域，这被称为监测体系（surveillance system）（Sharyn E. Parks et al.，2014）。正如美国公共卫生署（U. S. Public Health Service）管理的大量数据监测疾病发病率和因各种原因导致的死亡率，美国司法部也掌管着两个测量犯罪的全国性监测体系。

第二个测量目的是问责。当局有义务留存对其行为和责任范围的记录。

该责任是美式民主政府的基本准则，也是各警察机构测量犯罪的一个理由。“不能测量即不能管理”，爱达荷州《2015 年州犯罪报告》(2015 state crime report) 的扉页写了这么一句话，强调了责任的意义（Idaho State Police, 2016）。

最后一个目的是研究；为研究而测量犯罪与监测或问责目的大不相同。强调这些目的之间的区别的原因，此处和后续章节都能见到。刑事司法研究中实施犯罪测量的主要目的是监测或问责，而非研究。在设计通过一个或多个数据序列测量犯罪的研究项目时，这一点值得牢记。

二、警察所知的犯罪

基于警方数据的犯罪测量应用最广，但经常出现某些类型的误差。

基于警方数据的犯罪测量应用最广，这些犯罪被称为警察所知的犯罪 (crimes known to police)。该短语对于理解警方数据能做什么和不能做什么具有重要意义。一个显而易见的意义就是，我们不可能通过查询警方记录来测量警察未知的犯罪。警察知悉犯罪有两种方式：观察和受理报案。考虑到这一点，我们就能更好地理解这种意义。

警察所知的犯罪 已报告警方并被警方记录的犯罪。

某些犯罪类型（如交通违法和所谓的无被害犯罪）的探知几乎完全来自于观察。警察统计的毒品贩卖源于他们对交易的观察，统计的卖淫事件源于他们所目击的“诱惑”。显然，警察通过观察来调查交通违法。不过，多数其他犯罪的调查和统计来自于其他人（被害人或目击证人）的报案。例如，被害人向警察报告入室盗窃、抢劫、袭击、机动车盗窃和其他犯罪。目击证人也会报告犯罪。

认识到警察测量犯罪的两种方式，即观察和他人报案，我们就很容易理解，为何通过警方记录不能很好地测量犯罪。例如，可以分析一下入店行窃。许多入店行窃事件既未被警察也未被其他可能向警方报案的人观察到。这些事件未被发现，因而未被测量。入店行窃当然在我们的操作性定义（犯罪是指违反法律规定且应受法律处罚的行为）范围之内。不过，通过计算警察所知的犯罪来测量入室盗窃，会漏掉许多犯罪。

深入思考几乎完全通过警察观察测量的犯罪——无被害犯罪和交通违法，你会意识到，警察所知的犯罪并非测量这些犯罪类型的好办法。我们当中的多数人都有交通违法的经历，但未被抓到过。同样地，许多贩卖毒品案件也没有被发现，更不用说持有毒品了。

警察测量犯罪的另一种方式也不完美。许多犯罪都未向警方报案，特别是轻微的盗窃和某些类型的袭击。人们不报案的原因有很多，因案而异。因为财产没有损失，人们可能不会报告盗窃未遂案件。许多轻微人身袭击或其他侵犯人身权利的犯罪都被被害人视为个人事务，他们会自行处理，不让警察介入。还有的被害人可能认为，损失很小，没必要麻烦警察，或者认为报案与不报案没什么区别，因为警察不可能抓获罪犯，也没法追回被盗财物（Bureau of Justice Statistics，2015：7）。

警察测量犯罪的另一个问题体现在对“警察所知的犯罪”含义的理解上。研究表明，有些人可能有过这样的感受：对于自己观察到或受理报案的犯罪，警察并不总是能够记录在案。唐纳德·布莱克（Donald Black，1970）和阿尔伯特·赖斯（Albert Reiss，1971）描述了警察决定是否正式记录自己观察到或受理报案的犯罪的许多影响因素。比方说，相比陌生人之间打架，熟人或彼此有一定关系的人之间的殴打被记录的可能性就要小得多。如果被害人要求警察不要逮捕或正式控告某人，警察不太可能将该事件作为犯罪处理。布莱克也发现，对于被害人社会经济地位较高的案件，警察往往会进行正式记录。对于有人反复被害的案件（加害者往往是同一人），警察较少记录后发生的事件。印度（Belur et al.，2015）和美国新泽西州（Marie Mele，2003）的研究显示，对于家庭暴力，没有重复发生的记录。

同样地，肖恩·瓦拉诺及其同事（Sean Varano and associates，2009）研究了警察对得克萨斯州圣安东尼奥不同社区的报案事件记录。研究者在核实警察工作量和犯罪严重性后发现，警察对许多已经报案的事件类型并没有制作正式记录。诸如抢劫之类的严重犯罪也是如此。然而，瓦拉诺及其同事揭示，在圣安东尼奥较为贫困的拉美人和黑人社区，骚扰和轻微财产犯罪较少被纳入官方统计之中。加拿大也有人研究了警方不记录的情况。里米·博伊文和吉尔伯特·科尔多（Remi Boivin and Gilbert Cordeau，2011）研究了在劳资纠纷谈判期间蒙特利尔因警察怠工导致的犯罪记录减少情况。

UCR

警察的犯罪测量是 FBI 编撰的 UCR 的根基。该报告是自 1930 年起即开始收集的数据集，并被刑事司法研究者广泛使用。不过，UCR 的某些特征和程序影响了它用作犯罪测量手段的方式。我们的大多数讨论都指明了 UCR 在这方面的不足，但要记住，它仍然是研究者和公职人员必不可少的测量工具。认真思考 UCR 能测量和不能测量什么，可以提高其作为研究工具的价值。

UCR 的数据基础是向警方报案的犯罪，因而也会存在前面讨论过的测量问题。然而，FBI 的犯罪统计的测量偏差还有四个原因。

首先，UCR 甚至没有尝试统计向警方报案的所有犯罪。该报告记录了八大类案件（如果这些犯罪向警方报案且被警察记录的话）。这八大类犯罪包括四种暴力犯罪［故意杀人与非预谋杀人（murder and non-negligent manslaughter）、强奸、抢劫和严重人身袭击］和四种财产犯罪（入室盗窃、偷窃、机动车盗窃和纵火）。另有 20 种犯罪被计入，前提是已经逮捕嫌疑人并移交起诉。因此，除非有人被捕，否则 UCR 不统计贩卖毒品、吸食毒品、诈骗、卖淫、轻微人身袭击、故意毁坏财物、窝赃和所有其他非交通类犯罪。这意味着有大量已报告警方的犯罪未在 UCR 中测量。

其次，许多犯罪仅在逮捕嫌疑人后才会纳入统计，原因之一在于各州犯罪定义不同。犯罪的操作性定义因州而异，这是导致 FBI 数据测量偏差的又一个原因。比方说，路易斯安那州在统计袭击时计入口头威胁，但其他州大多不计入（Justice Research and Statistics Association，1996：20）。

再次，犯罪报告由地方汇总至国家，也是统计少算的重要原因。FBI 根据各州或地方执法机构提交的数据汇编 UCR 的表格。在有的州，先由地方警察和治安官机构将其犯罪报告报送州当局，后者再提交 FBI。其他州则由地方执法机构直接将犯罪数据报送 FBI。然而，不是所有地方警察和治安官机构都向州当局或 FBI 报送完整的犯罪数据。所提交的数据质量也存在差异。换言之，各州、市和县向 FBI 报送并刊载在 UCR 年度出版物《美国的犯罪》（*Crime in the United States*）中的犯罪数据的质量和完整性参差不齐。正如十年期的人口普查不能统计到美国所有居民一样，FBI 也不能有信度地统计美国发生的所有犯罪。有时，特别是自 20 世纪 90 年代早期以来，仅有一小部分执法机构出现在 UCR 项目下的州报告当中。迈克尔·莫尔茨（Michael Maltz，1999）描述了该问题的严重程度，并尝试评估缺失报告的数量。

近些年的报告越来越统一，但有些州仍存在缺口。例如，明尼苏达州 2006 年至 2010 年的暴力强奸数据仅对该州两个最大城市适用。该州其余地方的暴力强奸数量采用了估算方法，即采用根据人口数量计算的全国平均数（Federal Bureau of Investigation，2011，Methodology Section，page 13）。

UCR 的数据也可能存在书写和数据加工方面的问题，有时还受到政治方面因素的影响。譬如，亨利·布朗斯坦（Henry Brownstein，1996）介绍了他在纽约州刑事司法服务局（New York Division of Criminal Justice Services）担任高级分析师的经历。该部门负责汇编当地犯罪报告并根据 UCR 项目要求提交。工作人员怠于核验地方报告，坚持使用陈旧的计算机程序编制 UCR 数据，以及布朗斯坦称之为“纽约市的调节”（New York City reconciliation）的东西，都会影响纽约州各市县数据的准确性。以下就是他对问题的描述（1996：22-23）：

“随着各地和各地当局为更大程度分享州资源而彼此竞争，它们都竞相表明其对将使用该资源去解决的数据进一步分享问题负责。因此，所有人都希望所报告的犯罪和逮捕是可信的。纽约市有许多这样竞争的司法辖区和当局，这又转化成了重复报告的问题。因此，每到夏天就有一名高级数据录入员进行‘调节’，根据推测以手动形式将不同辖区和当局重复提交的同一犯罪和逮捕剔除。”

比较新一点的例子有约翰·伊泰尔诺和伊莱·西尔弗曼（John Eterno and Eli Silverman，2010）的研究，他们抽样访谈了纽约市的退休警察指挥官（职级为警长或更高）。受访者讲述，他们承受着上级指挥官要求纽约州犯罪率持续下降的压力。有人认为，这种压力往往会让警察将犯罪报告“降格”为更轻微的犯罪。

最后，UCR 的测量偏差是警察当局和 FBI 划分犯罪时采用的层级规则（hierarchy rule）所致。根据层级规则，如果单一事件中有多个犯罪，则 UCR 仅统计最严重的犯罪。以下是 FBI《统一犯罪报告手册》（Uniform Crime Reporting Handbook）中的一个例子（Federal Bureau of Investigation，2004：11）：

“一个入室盗窃犯破门入室，盗窃了数件物品，将赃物放在屋主的车上。屋主回家见到该盗窃犯后大吃一惊。后者用一把椅子击打屋主头部致其昏迷。随后，该盗窃犯驾驶屋主汽车离去。

将层级规则应用于犯罪报告：该事件中出现了入室盗窃-暴力侵入（5a）、偷窃-盗窃（6）、抢劫-其他危险武器（3c）、严重人身袭击-其他危险武器（4d）和机动车盗窃-汽车（7a）等犯罪各一。在对犯罪进行分类后，负责报告的机构只能选择一个犯罪，即抢劫-其他危险武器（3c），该犯罪居第I编犯罪列表的首位。”

对于插页文章《分析单位与犯罪测量》描述的例子，UCR只会统计每一事件的一个犯罪：例1的抢劫罪和例2的强奸罪。

UCR和测量质量评估标准

现在我们可以考虑，采用UCR操作化和测量犯罪应当如何满足第5章所讨论的测量质量评估标准。UCR的数据互补互斥并且有效度和信度吗？首先，很明显，UCR是既不互斥也不互补的测量。许多犯罪都未统计在内（不完备），层级规则表明其犯罪定义并不严格排他，因为包含多个犯罪的单一事件仅统计最严重的那个犯罪。比方说，如果我们特别在意入室盗窃，那么UCR毫无帮助，因为一旦同一事件中包含强奸、抢劫或杀人，入室盗窃就不会被统计进来。

UCR不统计全部犯罪，我们因而可以直接质疑其效度。UCR并不实际测量我们规定的犯罪概念：犯罪是指违反法律规定且应受法律处罚的行为。如果把犯罪定义得更为具体，例如警察所知的犯罪和警方档案记录的犯罪，UCR将是更有效度的测量。

UCR是有信度的测量吗？并非所有执法机关都向FBI提交完整报告，且所提交的数据质量参差不齐。报告数据的不一致和对事件进行重新分类的压力——正如伊泰尔诺和西尔弗曼（Eterno and Silverman，2010）阐述过的那样，都指向了UCR数据的信度问题。

FBI已经意识到犯罪数据准确的重要性，并已经采取数项措施改善警察所知的犯罪的效度和信度。其一，FBI刑事司法信息服务处的工作人员在质量保障评估（Quality Assurance Review）项目中对抽样报告机构提交的数据进行抽样审查。数据质量评估结果将递交州当局的工作人员。根据质量保障评估指引，每三年对州提交给 UCR 的材料审查一次（Federal Bureau of Investigation，2011）。其二，FBI 犯罪数据管理小组的工作人员进行现场培训，提高州当局提交的数据的准确性和一致性。其三，FBI 是对犯罪报告进行彻底检查，这也是我们下一节要讨论的主题。“UCR 质量保障评估”网页（https://www.fbi.gov/about-us/cjis/ucr/quality-assurance. Accessed 3 July 2016）刊载了许多用于提高 UCR 准确度的表格。

在继续讨论其他犯罪测量方法之前，请考虑一下如何体现 UCR 数据中的分析单位。UCR 系统催生了所谓的以总数为分析单位的测量（a summary-based measure）。这意味着 UCR 包含了报告当局的犯罪总数，多数时候都是各市或各县的总数。UCR 的数据因而以群体为分析单位。犯罪报告可以适用于各市或各县，并可以向上累加以测量美国各州或各地区的犯罪。不过，从 FBI 获取的 UCR 数据不能以犯罪、行为人或被害人个体为分析单位。

回想一下，我们可以聚合分析单位至更高层面，但不能分解群体数据至个体层面。UCR 数据是总体，不能用于针对犯罪、行为人或被害人个体的描述性或解释性研究。UCR 数据因而被限定于对市、县或地区之类单位的分析。

基于事件的警方记录

美国司法部倡导基于事件分析单位的两套警方犯罪测量。第一套是以事件为分析单位的测量（incident-based measures）。《杀人案件增补报告》（Supplementary Homicide Reports，简称 SHR）始于 1961 年，正如“增补”一词所表达的那样，它是 UCR 的副产品。

以事件为分析单位的测量　警方报告以个体犯罪事件为基础。

以总数为分析单位的测量　对执法机构提交 UCR 等的数据进行统计以汇总犯罪。

地方执法机构根据 SHR 项目要求提交各宗杀人事件的详细信息，包括：被害人（年龄、性别和种族），已知作案人时，作案人的上述信息；被害人与作案人的关系；所使用的武器；事件发生地点；有关该杀人事件的各种情形。

请注意 SHR 与我们讨论的分析单位的关系。事件是基本的分析单位，可以包含一个或多个被害人和作案人；该系列仅限于杀人，因此犯罪类型保持不变。

SHR 是基于事件的系统，侦查人员可以利用该报告的数据开展个体事件的描述性和解释性研究。比方说，可以比较被害人分别是男性和女性时的被害人与作案人关系，也可以比较陌生人作案与非陌生人作案所使用的杀人武器类别。使用 UCR 的总计数据无法进行此类分析。如果分析单位是司法辖区（如市或县），我们只能研究每个司法辖区在规定的一年里的杀人事件总数，无法就单个杀人事件展开讨论。

因此，相比以总数为分析单位的测量，以事件为分析单位的测量有几个优点。不过，需要牢记的是，SHR 采用的仍然是警察所知和记录的犯罪数据。当然，警方的杀人案件记录肯定比入店行窃记录更可靠，但是，笔误和其他方面的问题仍是导致误差的原因之一。马克斯菲尔德（Maxfield，1989）讨论过对 SHR 效度的一些普遍性担忧。斯科特 · 德克和大卫 · 派鲁兹（Scott Decker and David Pyrooz，2010）认为，SHR 涉及帮派杀人事件部分的效度和信度不如全国帮派研究中心（National Gang Center）采集的系列数据。SHR 可能出现的大多数误差都要归因于第 12 章要讨论的数据记录与记录留存工作。

全国事件报告系统

FBI 和司法统计局正在努力将 UCR 转换为全国事件报告系统（National Incident-Based Reporting System，简称 NIBRS，读作"nybers"），这是国家层面警察测量（police-based measure）中最值得期待的进步。执法机构早在 20 世纪 80 年代中期即开始计划替换 UCR，由于 NIBRS 所反映的重大改变，执法机构开始逐步向这一新系统过渡。

每年有大约 18 000 个执法机构报告 UCR 总计数据；那就是 18 000 个年度观察结果，每个单位一个报告。根据爱达荷州警方签发的一份年度报告（Idaho State Police，2016），爱达荷州 2015 年有 107 个司法辖区报告了 UCR 数据，因此爱达荷州 2015 年最多提交了 107 份观察结果。根据 NIBRS，爱达荷州 2015 年报告了超过 80 500 起事件。因此，对于爱达荷州来说，从总结性的 UCR 测量犯罪系统转向以事件为分析单位的 NIBRS 系统，意味着从 107 个分析单位（向 UCR 报告的 107 个司法辖区）转向了超过 80 500 个分析单位。换言之，爱达荷州报告了 80 734 起个体事件的详细信息，而非仅仅针对 UCR

规定的八类犯罪进行了 107 次总结性犯罪统计。这还只是爱达荷州，它在 2013 年美国各州人口排名中仅列第 39 位!

这些数字呈现了 NIBRS 和 UCR 系统之间的最大差别：报告每一犯罪事件，而非报告每一执法机构某些犯罪的总数。不过，从报告“总体数字”转向报告“个体事件”的意义在于可以获得的每一事件的信息。一般来讲，NIBRS 测量每一事件的许多要素，而且每一要素都被单独报告。表 6.1 列出了为每一事件所记录的大多数信息“段”（segment）或类别，以及每一段记录的信息的示例。

表 6.1　NIBRS 的信息样本

管理段	犯罪行为段
事件数据和时间	犯罪类别
报告单位 ID	未遂/既遂
其他 ID 数字	作案人吸毒或饮酒
	地点类别
	武器使用
被害人段	**作案人段**
被害人 ID 数字	作案人 ID 数字
犯罪类别	作案人年龄、性别、种族
被害人年龄、性别、种族	
居住的司法辖区	
伤情类别	
与作案人的关系	
被害人类型：	
个人	
商业机构	
政府	
社会/公众	

来源：改编自 Federal Bureau of Investigation，2000：6-8，90。

如表 6.1 所示，NIBRS 记录了具体事件以及每一事件的犯罪行为、作案人和被害人的详细信息。回顾一下我们之前对犯罪要素（事件、行为人、行为和被害人）的讨论，请注意如何围绕每一事件来组织表 6.1 中的信息。正如我们在插页文章《分析单位与犯罪测量》中所说的，每一事件都可以包含一个或多个行为、行为人和被害人。

此外，NIBRS 的操作指南要求更广泛地收集犯罪行为信息。UCR 只报告八类犯罪的信息，而 NIBRS 的设计目的是收集 49 个 A 组犯罪的详细信息。表 6.2 列出了爱达荷州 2015 年的 NIBRS 犯罪数据，以此说明 NIBRS 的意义。请比较该表的上部和下部，其中上部报告了 UCR 八类犯罪的总数。NIBRS 的其他 A 组犯罪超过爱达荷州警察所知的犯罪数量的两倍（UCR 中 32 717 起，再加上其他 A 组 48 011 起）。轻微人身袭击和毒品违法在其他犯罪中最常见，但在 2015 年，毒品用具违法在其他犯罪中接近 8800 起。

表 6.2　爱达荷州 2015 年的犯罪

UCR 犯罪总数	
故意杀人、非预谋杀人	30
强奸	537
抢劫	192
严重人身袭击	2 620
入室盗窃	5 804
偷窃	21 407
机动车盗窃	1 888
纵火	239
小计	32 717
NIBRS 的其他 A 组犯罪	
轻微人身袭击	11 335
恐吓	1 408
贿赂	3
伪造	677

续表

NIBRS 的其他 A 组犯罪	
毁坏财物	8 582
毒品违法	9 829
毒品用具违法	8 793
侵占	135
勒索	17
诈骗	4 172
赌博	0
绑架	140
色情淫秽物品	204
卖淫	34
暴力性性犯罪	1 305
非暴力性性犯罪	128
赃物	499
武器违法	1 020
小计	48 011
A 组总计	80 728

来源：改编自 Idaho State Police，“Crime in Idaho，2015，” https：//www. isp. idaho. gov/BCI/CrimeInIdaho/CrimeInIdaho2015/Complete. pdf。

NIBRS 收集大量犯罪类型的详细信息，针对每一犯罪、被害人和作案人收集每一事件的信息，这是其相比 UCR 最重大的改革。放弃层级规则也是一大变化，但这是以事件为分析单位的报告的结果。NIBRS 还做出了其他重要改变。2014 年报告单位的这些变化和数据已提交 FBI 的 NIBRS 网页。

1. 被害人类型。表 6. 1 列出了大部分被害人类型，其中最值得注意的是“社会/公众”，该类别有助于废弃“无被害犯罪”一词。UCR 把所有被害人类型（个人、商业机构和其他）合并为一个总数测量，而 NIBRS 使得区分不同被害人类型成为可能。

2. 未遂/既遂。UCR 的汇总报告同时包含了未遂和既遂犯罪，但不能区分二者。NIBRS 增加了一类，以表明每一事件中的每一犯罪是未遂还是既遂。

3. 涉毒行为。NIBRS 规定在非毒品犯罪中审查作案人吸食毒品情节和是否查获毒品或毒品用具。

4. 已知的作案人。许多暴力犯罪的被害人与作案人相互认识，先前有某种关系。2014 年 NIBRS 报告了将近 130 万起暴力案件，54%以上的被害人认识作案人，但彼此并非家庭成员关系。另有 25% 的被害人与作案人有关（Federal Bureau of Investigation，2015，summary of 2014 crime statistics）。

NIBRS 和测量质量评估标准

现在，你已经在一定程度上认识到可以从 NIBRS 获得的更多潜在案件信息的优势以及这个新系统相比以总数为分析单位的 UCR 的重大变革。以事件为分析单位的报告如何满足我们的测量质量评估标准呢？想想我们先前对以总数为分析单位的 UCR 的评论，再认真分析 NIBRS，后者有一些显而易见的进步。撇弃层级规则强调犯罪分类应是互斥的。NIBRS 具备互补性吗？NIBRS 列出了比 UCR 更多的犯罪，但仅那些进行了逮捕的犯罪才被记录为其他犯罪；并没有统计所有犯罪。

从某种意义上讲，NIBRS 数据的信度更有前景。FBI 已经出台非常细致的文件，规定如何记录事件及其组成部分并对它们进行分类。制定审查标准也能提高信度。FBI 要求，在各州提交以事件为分析单位的报告之前，应当对该州记录系统进行认证。最后，刑事司法研究和统计协会（Justice Research and Statistics Association，是一个为州刑事司法统计机构服务的组织）已经汇聚了大量资源，用于帮助各州创建和运行以事件为分析单位的数据系统。

以上许多内容，可参见刑事司法研究和统计协会网站（http://jrsa. org/ibrrc）。

三、通过被害调查测量犯罪

被害调查是另一个可选的犯罪测量方法，但仍有可能出现误差。

我们已经认识到使用警察所知的犯罪进行测量的缺陷，接下来开始分析替代性措施。选择之一是进行被害调查，即询问人们是否曾是犯罪的被害人。调查研究方法将在第 9 章详细描述。此处我们假定你对调查所涉及的要素已经有了一般性认识：向抽样选出的人们提出表述清晰的问题，并记录他们的回答。

被害调查　通过询问人们的被害经历进行犯罪测量。

通过调查测量犯罪有许多明确的指向。调查可以收集未向警方报案的犯罪的信息。询问人们的被害情况也可以测量未正式记录为犯罪的事件。询问人们可能遭遇过的犯罪，提供的数据涉及被害人、作案人（个体）和事件本身（社会人为事实）。最后，我们可以对曾是各种犯罪被害人的受访者和未曾被害的受访者进行比较。因此，如同以事件为分析单位的报告系统一样，调查可以提供分解了的分析单位。如果调查的执行非常严谨且全面，可以形成有信度的测量。

全国犯罪被害调查

美国人口统计局自 1972 年起开展全国性的犯罪与被害调查，即现在我们所知的 NCVS。早在 20 世纪 60 年代中期，林登·约翰逊总统的执法与司法管理委员会，即通常所说的总统犯罪委员会（President's Crime Commission），就已开展试点研究，早期的 NCVS 是这些试点研究的延续。查清所称的“未报告犯罪的黑数”（dark figure of unreported crime），是开展犯罪调查的主要理由之一。NCVS 以全国具有代表性的家庭样本为基础，采用统一的程序选取和访谈研究对象，这种做法提高了犯罪测量的信度。由于访谈的是居住在家庭中的个体，NCVS 可以用于以个体或家庭为分析单位的研究。

然而，NCVS 不能测量所有犯罪，部分原因在于其选取被害人时采用的程序。调查以家庭样本为基础，所以无法统计企业或商业设施被害的犯罪。不能通过访谈家庭成员全面统计的犯罪很多，抢劫银行、抢劫酒行、入店行窃、侵占、政治腐败和证券欺诈就是例子。测量这些犯罪，样本要从银行、加油站、零售店、商业设施、选任官员或股票经纪人当中抽取。基于大致相同的原因，针对无家可归者的犯罪也不能通过 NCVS 这样的对家庭的调查来统计。

无被害犯罪呢？假设人口统计局的访谈者问你是否曾成为贩卖毒品的被害人，你会如何回答？如果从毒贩手里买过毒品，你可能认为自己是顾客而非被害人。如果住处邻近毒品买卖猖獗的公园，即便没有参与毒品交易，你也可能会认为自己是被害人。关键在于，受访者难以被简单地视为被害人，因而被害调查并非无被害犯罪测量的好方法。

通过被害调查测量某些类型的违法行为也存在类似问题。玩忽职守（truancy）和违反宵禁令（curfew violation）等特殊身份犯就没有可纳入家庭样本中的可识别的被害人。故意杀人和过失致死显然也是被害调查不能很好测量的犯罪。

NCVS 在设计上就排除了许多犯罪类型，因而你应当意识到可能存在的效度问题。但是，一般的犯罪调查和特殊的 NCVS 的信度又如何呢？NCVS 是一种调查，必然存在与这一概念测量方法相关联的误差和缺陷。以下我们将分析在用调查来统计犯罪的过程中有时会出现的一些信度问题。

在 2014 年的 NCVS 中，访谈者以如下介绍开启其对被害人的调查环节："我会读一些例子，让您了解这次调查所涉及的犯罪类型。我读完后，请告诉我，在过去的 6 个月里，您有没有碰到过这样的事；准确点说，从……（具体日期）开始。"用这种方式向人们询问犯罪情况，可能会产生各种记忆偏差。首先，受访者可能只是记不起一些事件。对于盗窃之类轻微犯罪和在这 6 个月内遭遇过多次犯罪的人来说，该问题尤其突出。

第二个记忆问题是伸缩效应，即受访者不能准确想起事件发生的时间。其中，向前伸缩是指人们在回答问题时可能会提到 6 个月之前发生的犯罪，由此把过去的事件带入该回忆周期。向后伸缩正好相反，是指受访者把近期的犯罪错误地回忆成更遥远的过去的犯罪。因为 NCVS 以 6 个月为周期统计犯罪，所以向前或向后伸缩都可能出现不可靠的统计。不过，NCVS 在设计时已经考虑过降低伸缩概率，比如专门强调 6 个月的短暂回忆窗口。

6 个月基准期内数次被害的人还会碰到另一种记忆问题。司法统计局称之为系列被害问题，即受访者不能向访谈者分别描述的 6 次或 6 次以上相似但独立的犯罪（U. S. Census Bureau，2012）。由于不清楚应当如何统计或者与受访者可以分别描述的个体犯罪合并，系列被害也是调查中的一个问题。系列被害的潜在影响很大，特别是对暴力犯罪的测量。比方说，迈克尔·普兰蒂和凯文·斯特罗姆（Michael Planty and Kevin Strom，2007：191）估计，如果所有涉及轻微人身袭击的系列事件都纳入 NCVS 统计，那么 2000 年的被害总数可以提升 81%。

最后，NCVS 可能会低估作案人与被害人相互认识的事件，例如家庭暴力或朋友、熟人之间的其他袭击行为。基于各种原因，受访者可能不会将非陌生人所为的犯罪告知访谈者。有些家庭暴力被害人视之为个人问题而非犯罪，因而可能不会提起。其他人可能感觉羞耻或难堪，不想谈起自己的经历，例如强奸或家庭暴力的被害人。此外，被家庭成员伤害的受访者可能担心，一旦提起过去的事情，将会遭遇新的攻击。

NCVS 的重新设计

为了解决对 NCVS 测量各种犯罪的能力的上述及其他担忧，司法统计局定期对该调查进行完善，最近一次是在 2006 年。修正的内容包括抽样方法、问题表述方法和访谈方法。此处我们介绍最重要的改变，主要是阐述调查的修正会如何影响犯罪测量。第 9 章从总体上描述了调查的各种要素，此处我们要回到 NCVS 话题，阐明调查和抽样的原则。

1993 年对问卷的核心内容进行了最具实质性的修改。这次重新设计发生在 20 多年以前，此处讨论它的部分原因在于其展现了调查设计和问卷结构的特点与犯罪测量的关系。此外，研究者在持续研究 NCVS 变革对所生成的犯罪数据的质量的影响（David Cantor and James Lynch，2005；Janet Lauritsen，2005；Michael Rand and Callie Rennison，2005）。

1993 年重新设计的主要目的是更好地测量家庭暴力和性侵犯，以及找到帮助受访者回忆起更多事件的方法。以下是对为更好地测量被害而做出的重大变革的简要介绍（Charles Kinderman et al.，1997；U. S. Census Bureau，1994）。

· 修改筛选问题，增加了访谈过程中的提示，以帮助受访者回忆和辨别轻微事件。

· 为强奸和其他性犯罪设计了更直接的问题，这反映出一种观念，即愿意讨论这类事件的人在近年有所增加。

· 更注意测量受访者认识的人所致的被害，包括家庭暴力事件。

· 电话访谈逐步增加，以替代当面访谈。

· 把系列被害的门槛从 3 次增加至 6 次，同时采取其他措施帮助受访者区分个体被害。

在审视重新设计的 NCVS 对被害率的影响之前，我们先来分析一下调查筛选问题的变化。表 6.3 对此作了总结。重新设计的 NCVS 提供了更具体的问题和提示，鼓励受访者思考具体的事件类型。要特别注意重新设计的调查中明确提到的“被强迫或非自愿的性行为”；以往的 NCVS 没有直接提到强奸或其他性侵犯，只是将它们笼统地纳入“攻击你”和“企图攻击你”的总体行为描述分类中。重新设计的 NCVS 在问题中也更直接地提到受访者认识的人实施的犯罪。

人们往往不会考虑所认识的人实施的行为。你的东西被以下人员偷过，或者你被以下人员攻击或威胁过吗？

(a) 同学或同事

(b) 邻居或朋友

(c) 亲属或家庭成员

(d) 你见过或认识的其他人

表 6.3　新旧 NCVS 筛选问题比较

一般性筛选问题	
旧 NCVS	重新设计的 NCVS
你不在家（比如上班、在剧院或餐馆，或者外出旅行）时有东西被盗吗？	当具有以下情形之一时，你的东西被盗过，或者你被攻击或威胁过吗？ a. 在家，包括在院子或走廊 b. 在或邻近朋友或邻居家 c. 上班或上学 d. 在大型购物中心、洗衣店、餐馆、银行或机场之类地点 e. 开车时 f. 在街上或停车场中 g. 在派对、剧院、健身房、野餐区或者钓鱼或狩猎时 h. 有人企图在上述地点之一攻击你或盗窃你的物品吗？

续表

筛选暴力犯罪的问题	
旧 NCVS	重新设计的 NCVS
有人使用拦路抢劫、行凶或者威胁等强制力取走你的物品吗？ 有人企图使用暴力或以暴力相威胁对你实施抢劫吗？ 有人殴打你、攻击你或者用石头或瓶子之类东西砸你吗？ 有人曾经拿刀或枪指着你，或者用其他武器攻击你吗？ 有人威胁殴打你，或者拿刀、枪或其他武器威胁你吗？（不包括电话威胁） 有人以其他方式企图攻击你吗？	有人以下列方式之一攻击或威胁过你吗？ a. 持刀或枪之类武器 b. 持棒球棒、煎锅、剪刀或棍子之类物品 c. 扔掷石头等物品 d. 强奸、强奸未遂或其他形式的性侵犯 e. 当面威胁 g. 任何人的任何攻击、威胁或使用暴力。请告知，即便你不确定其是否构成犯罪。 涉及被强迫或非自愿的性行为的事件往往难以谈论。你曾经被以下人员之一强迫或胁迫参与非自愿性行为吗？ a. 先前不认识的人 b. 泛泛之交 c. 很了解的人

来源：改编自 Ronet Bachman and Linda E. Saltzman，1995：8。

表 6.4 比较了 NCVS 重新设计之前和之后第一年的估算被害率。A 组摘自一项对象为针对妇女之暴力的研究（Bachman and Saltzman，1995），它从被害人与作案人关系角度来呈现男性和女性的暴力犯罪被害率。值得注意的是，重新设计后的调查在所有关系类型上均出现了更高的被害率，但是，非陌生人犯罪有更快增长的趋势。“伴侣”包括已婚者、那些处于准婚关系或其他伴侣关系的人。重新设计后的调查结果显示，女性受访者中仅有不到 1%（每千人中有 9.3 人）称自己是现任或前任伴侣的暴力犯罪的被害人。显然，发现更多由非陌生人实施的暴力事件的努力已经取得成效。

同样地，表 6.4 的 B 组比较了具体暴力犯罪的被害率；根据估算，在 1994 年，女性的强奸与性侵犯被害率大约是 1991 年的 2.5 倍。不过，值得注意的是，重新设计的 NCVS 包含了“除强奸外的性侵犯”，因此该估算不具直接可比性。男性更有可能成为严重和轻微人身袭击的被害人，但是重新设计后的 NCVS 显示，根据估算，女性的袭击被害率增长快于男性。这符合重新设计以更好地估算暴力犯罪的初衷。

表 6.4　新旧 NCVS 暴力犯罪被害率对比

A 组：每千人平均年度暴力犯罪被害率

被害人与作案人的关系	女性	男性
旧 NCVS（1987—1991 年）		
伴侣	5.4	0.5
其他亲属	1.1	0.7
熟人/朋友	7.6	13.0
陌生人	5.4	12.2
重新设计后的 NCVS（1992—1993 年）		
伴侣	9.3	1.4
其他亲属	2.8	1.2
熟人/朋友	12.9	17.2
陌生人	7.4	19.0

来源：Bachman and Saltzman（1995：8）

B 组：每千人暴力犯罪被害率

犯罪	女性	男性
1991 年 NCVS		
强奸	1.4	0.2
抢劫	3.5	7.8
严重人身袭击	4.4	11.5
轻微人身袭击	13.4	20.9
1994 年 NCVS		
强奸与性侵犯	3.7	0.2
抢劫	4.1	8.1
严重人身袭击	8.1	15.3

B 组：每千人暴力犯罪被害率		
犯罪	女性	男性
轻微人身袭击	26.6	35.9

来源：Bureau of Justice Statistics（1992：22）（1991 rates）；Bureau of Justice Statistics（1996：4）（1994 rates）。

在此，我们要强调有关 NCVS 以及 1993 年重新设计的两个要点。第一点，我们是否能从 NCVS 或其他调查中得到犯罪信息，取决于我们问什么和如何问。必须牢记，犯罪测量程序在一定程度上影响着测量结果。这是第 5 章一项重要内容的又一示例：改变测量操作化的方法，可以改变我们原本赋予这些测量的意义。相比用泛泛的有无被某人攻击之类的问题进行询问，在提问中明确具体的暴力类型，能够揭露更多的暴力犯罪。同样地，我们专门要求受访者回想他们认识的人实施的行为，这比不包含这些提示更能有效获得犯罪信息。大卫·坎托和詹姆斯·林奇（David Cantor and James Lynch，2005）用其他例子描述了重新设计后的调查对测量不同受访者群组被害情况的影响。

第二点是第一点的结果：由于 NCVS 的重新设计，所有对历时犯罪趋势和变化的比较，都能反映出测量结果的变化。司法统计局的分析人员已经意识到这一点，他们提醒其报告的读者注意调查方法的变化："根据重新设计而获取的数据与 1993 年之前获取的数据没有可比性。……调查重新设计时作出了许多基础性的改变。这些改变在数年时间里被逐步应用于样本。"（Bureau of Justice Statistics，1996：8）

我们强调这两点的原因在于，研究新手对 NCVS 之类数据的使用往往不如经验丰富的研究者更具批判性；NCVS 毕竟是美国司法部发起并由人口统计局实施的。在不了解调查变化时审查表 6.4，会得出具有误导性的结论，即 1991 年至 1994 年的暴力犯罪被害率急剧上升。

社区被害调查

伴随 20 世纪 60 年代末期被害调查方法的初步发展，人口统计局开展了一系列市级被害调查。虽然基于一些原因，调查没有延续，但是研究者和司法统计局的官员偶尔也在特定社区进行市级被害调查。1998 年，司法统计局和社区导向警务管理办公室（Office of Community Oriented Policing Services，简称 COPS）在 12 个大中型城市启动了试点调查（Steven K. Smith et al.，1999）。

市级被害调查所采取的措施强调通过被害调查测量犯罪的主要优势：统计未向警方报告的案件。市级调查很大程度上由司法统计局和社区导向警务管理办公室推动，旨在让地方执法机关更好地掌握其辖区的犯罪（包括已报告和未报告犯罪）程度。请注意斯蒂芬·K. 史密斯等人的报告的题目："12 座城市的犯罪被害与社区安全感（1998）"（Criminal Victimization and Perceptions of Community Safety in 12 Cities，1998）。我们突出"安全感"的目的在于表明市级调查有可能是落实社区警务的重要手段。司法部已经认识到研究犯罪测量和社区安全感对于发展和评价社区警务的潜在价值，这是非常重要的。

司法统计局和社区导向警务管理办公室的开创性工作是为市级调查进行新方法测试。这些机构联合发布了一本指导手册和一套软件，方便地方执法机构和其他组织自行开展社区调查（Deborah Lamm Weisel，1999）。对于想要研究犯罪的本地形态和个体回应措施的研究者来说，这些工具都将能发挥作用。

被害调查与警察所知的犯罪的比较

在进入下一节之前，先简单比较一下我们迄今已经讨论过的各种犯罪测量方法。

研究者特别关注 UCR 和 NCVS 数据的比较，以判断两种测量方法的区别，以及各自在犯罪测量时的优劣。韦斯利·斯科根（Wesley Skogan，1974）在早期研究中即已认识到，犯罪调查和警方数据在犯罪测量时存在根本区别，但是 UCR 和 NCVS 对抢劫和汽车盗窃的统计有适度关联。迈克尔·兰德和考利·伦尼森（Michael Rand and Callie Rennison，2002）证实，因为基础设计差异而调整 NCVS 和 UCR 数据，所得到的暴力犯罪估量很相近。大卫·法林顿、帕特里克·兰根和迈克尔·汤瑞（David Farrington，Patrick Langan and Michael Tonry，2004）开展了一项更为宏大的研究，他们比较了八个国家根据警方记录和被害调查进行的犯罪测量。

UCR 仅提供对总体分析单位的总数测量，而 NCVS 则形成关于个体被害人、行为人和事件的分类数据。这表明，NCVS 更适于研究调查所涉及的各事件中的个体因素。

SHR 和 NIBRS 数据都是基于事件的系统，它们也能用于研究个体事件、被害人和行为人。不过，SHR 只测量一类犯罪。NIBRS 具有更大的适用潜力，但其适用范围具有一定局限，不能充当对全国性的警察已知事件的测量。目前，NIBRS 数据仅体现参加该项目的执法机构的已知案件信息。

顺便提一下，NIBRS 的这个特点——其可用性源自于某些地方和州的机构——使得 NCVS 另一个值得强调的缺陷凸显：不能用调查数据来研究以地方为单位的被害情况。这是因为 NCVS 乃是全国性的调查，它的设计目的是反映全国的犯罪情况，但不能有信度地估算大多数市、县或州的犯罪统计数据。珍妮特・劳里森和罗宾・绍姆（Janet Lauritsen and Robin Schaum，2005）研究了美国三个最大城市——纽约、洛杉矶和芝加哥——的 NCVS 数据。如斯蒂芬・K. 史密斯等人（Steven K. Smith et al.，1999）所言，这三个城市也在司法统计局和社区导向警务管理办公室社区被害调查之列。研究者已经开始创建生成州一级被害估算的方法。罗伯特・E. 费伊和马马杜・迪亚洛（Robert E. Fay and Mamadou Diallo，2015）比较了 NCVS 和 UCR 的州一级被害估算，以及 65 个人口超过 800 000 的县的估算。

以犯罪事件为分析单位的测量在刑事司法研究中的前景广阔，NIBRS 的辐射面持续扩大以来尤其如此。2014 年，在 UCR 覆盖的所有执法机构中，有三分之一的机构提交了基于事件的数据，占据了向 UCR 报告的犯罪总数的 30%。和 NCVS 一样，NIBRS 也采集个体事件的细节。但和 NCVS 不同的是，从 NIBRS 的数据中可以探查到本地乃至具体地理区域的犯罪分布。马克斯菲尔德（Maxfield，1999）总结了 NIBRS 数据在研究和政策领域的许多用法。接下来我们简要探讨 NIBRS 数据对其他全国性年度数据序列未统计的一类犯罪的测量，然后结束本节讨论。

虽然 NCVS 重新设计后已经取得进步，但其抽样计划仍被限定为 12 周岁及以上的家庭居民。我们已经讨论过以家庭为单位抽样的意义。NCVS 不统计年龄小于 12 周岁的人的被害情况，它会遗漏哪些犯罪呢？

霍华德・斯奈德对来自 12 个州的 NIBRS 性侵犯数据进行了分析，提供了一个线索。在约 61 000 名性侵犯被害人中，大概有 34%的被害人年龄小于 12 周岁，也就是说，大概有 20 000 名性侵犯被害人未被计入 NCVS（Howard Snyder，2000：1-2）。不仅如此，NIBRS 的扩展信息显示，年龄小于 12 周岁的性侵犯被害人中，40%以上被家庭成员侵害；50%的作案人是被害人认识的。年龄小于 12 周岁的女性被害人，仅有 5%是被陌生人侵害的。

这些数字应该会让你想到儿童虐待，至少会想到儿童性虐待，这是 NCVS

未测量的犯罪类型。当然，UCR 和 NIBRS 也少算了儿童虐待，因为许多这类事件未向警方报案。NIBRS 数据是这类犯罪以及影响年轻被害人的其他犯罪的新的信息来源。

四、犯罪调查

违法行为、无被害犯罪和很难观察到的犯罪，都可以通过自述式调查来测量。

让人们描述其被害经历的调查技术可以测量犯罪，同样地，自述式调查要求人们主动报告其实施过的犯罪。乍一看，我们可能会质疑该技术：在被问到自己可能实施的犯罪时，人们会有多诚实呢？从某种意义上讲，我们的顾虑是有道理的。即使获得保密承诺，许多人也不愿意向访谈者坦诚其非法行为。有人可能还会故意对访谈者撒谎，夸大其实施过的犯罪的数量。

然而，自述式调查已经是测量其他技术难以反映的某些犯罪的最佳方法了。想想我们已经讨论过的其他方法——警察所知的犯罪和被害调查，它们就是例子。卖淫和吸食毒品之类的犯罪被排除在被害调查之外，也被警方对这类犯罪的逮捕记录低估。公共秩序类犯罪和违法行为也是例子。可以通过自述式调查得到更好统计的第三类犯罪是极少向警方报案或极少被警察观察到的犯罪，如入店行窃和酒驾。

请从这个角度好好想想；诚如前述，所有犯罪都必定有作案人。然而，不是所有犯罪都有可清晰识别的被害人可以访谈，也不是所有犯罪都能被警察、被害人或目击证人观察到。如果我们既不能观察到某犯罪，又不能访谈其被害人，那么符合逻辑的下一个步骤是什么呢？

在美国，目前还没有针对所有犯罪类型开展全国性的系统化自述式测量采集工作。不过，一些周期性调查已经收集了特定犯罪类型和由特定目标人群实施的犯罪的信息。此处，我们将分析两项正在进行的自述式调查，并对该方法测量犯罪的效度和信度加以评价。

全国吸食毒品与健康调查[1]

全国吸食毒品与健康调查（National Survey on Drug Use and Health，简称NSDUH）和NCVS一样，也以全国的家庭样本为基础。两项调查的设计目的都在于监督全国的形势。不过，和被害调查不同的是，NSDUH的主要目的是掌握主动报告的吸食毒品行为。

NSDUH始于1971年，此后多次修订过抽样和提问程序。该调查目前由美国卫生与公共服务部下设的药物滥用与心理健康服务管理局（Substance Abuse and Mental Health Services Administration）主导。调查的目标人群是12周岁及以上的家庭居民。在2014年的抽样调查中，接近67 900人回答了有关使用违禁药物和烟酒的问题（Center for Behavioral Health Statistics and Quality，2015）。NSDUH提供了受访者吸食毒品方面变化和趋势的信息。

简单考虑一下，为了解人们非法吸食毒品的经历，我们应当如何提问？除了别的问题，我们可能还想把尝试过一次大麻的人和频繁吸食大麻的人区分开来。为此，开展吸食毒品调查时设置了区分“终生”使用（一直使用）和目前使用（上个月使用过）各种药物的问题。你可能不认为上个月使用过就表明目前还在使用，但这是NSDUH定期报告所采用的标准。这是对“目前使用”的操作性定义。

NSDUH有两个值得考虑的测量问题来源。我们已经接触过第一个问题：在被问到吸食毒品问题时，人们会说真话吗？NSDUH植入了一些程序，鼓励个体做出坦率和真实的回答。在获得所有家庭居民的基本人口信息后，访谈者会在远离其他家庭成员的私密场所进行剩余访谈工作。访谈者不直接询问吸食毒品问题。相反，这些问题和关于其他非法行为的问题都以电脑辅助式面谈方式进行。受访者阅读电脑屏幕上的问题或者用耳机听取问题，然后输入自己的回答。NSDUH还在继续修改问题格式和问卷设计，以提高自述式测量的效度。

虽然这些程序能够比通过电话进行的访谈更好地实现对吸食毒品的测量，但是NSDUH仍然少报了吸食毒品情况——尽管所涉及的毒品类型和年龄结构

---

〔1〕 有关全国吸食毒品与健康调查的详细信息，可查询2015年的调查结论出版物（Center for Behavioral Health Statistics and Quality，2015），网址为https：//nsduhweb. rti. org/respweb/homepage. cfm。

在改变（Joseph Gfroerer，Joe Eyerman and James Chromy，2002）。NSDUH 的访谈环境显然会影响青少年的报告（Joseph Gfroerer and Joel Kennet，2014）。约瑟夫·格夫洛埃尔（Joseph Gfroerer，1993）在其早期工作中发现，对于青少年，相比在家中进行调查，在教室进行调查时报告吸食毒品的比例更高。我们将简短讨论一项在学校开展的调查，但先简要分析一下以 NSDUH 作为吸食毒品测量方法的第二个担忧。

回顾一下前面的要点，NCVS 因其家庭抽样设计，仅能测量涉及家庭或家庭居民的被害。商业设施、公共机构住宅（如军队住房或囚犯工作外出社区矫正中心）和无家可归者都不在家庭抽样范围之内。虽然 NSDUH 专门纳入了居住在庇护所或外来工营地的人，但是对吸食毒品的家庭调查仍然排除了很多不居住在传统住宅的人。

尽管有这些评论，NSDUH 仍然能够很好地估计吸食毒品情况。更多方法细节，参见该调查网站：http://www.samhsa.gov/data/population-data-nsduh（2016 年 7 月 6 日访问）。

监管未来[1]

我们的第二个例子有两个不同点：（1）它针对特殊人群；（2）它向被抽取的受访者提出了更多的问题。

全国药物滥用协会（National Institute on Drug Abuse）自 1975 年开始发起对中学毕业班学生的调查，名为“监管未来：对青少年生活方式和价值观的持续性调查”（Monitoring the Future：A Continuing Study of the Lifestyles and Values of Youth），或者直接称为“监管未来”（Monitoring the Future，简称 MTF）。如其长名所表述的那样，MTF 的目的是监管青少年的行为、态度和价值观。研究者和政策制定者一直对青少年的毒品和烟酒使用情况感兴趣，而 MTF 已经被当成对上述行为进行测量的标志。

MTF 实际上包含了数个中学生和其他群体样本，2015 年总计有将近 45 000名受访者。我们先从分别从 8 年级、10 年级和 12 年级选取的中学生样本谈起，然后简要讨论其他群体。

---

[1] 关于监管未来的描述性信息，主要来自劳埃德·D. 约翰斯顿及其同事的成果（Lcoyd D. Johnston and associates，2016）和网站 http://monitoringthefuture.org/。

每年春天，研究者都会从特定地理区域内抽取 400 所左右中学样本。在大一点的中学，会抽取多达 350 名毕业班学生；在小一些的中学，会让所有毕业班学生都参与调查。2015 年的抽样调查得到了大约 13 700 名中学毕业班学生的回答。学生们填写的问卷收录了一套包含主动报告烟酒及非法吸食毒品情况的问题。学生们大多在上学时间于教室完成答题，但也有部分学生在更大的人群中完成问卷。对 8 年级和 10 年级学生的调查是匿名的，而对中学毕业班的调查则是保密的，因此研究者在后来还能联系一些受访者。

MTF 的主要样本是中学毕业班学生调查，能够体现对每年吸食毒品和其他非法行为的单个时间节点测量。每年都会从中学样本中选出约 2 400 名 MTF 受访者作为样本子集，向其邮寄跟踪问卷。跟踪样本能够提供来自大学生（中学毕业后进入大学的学生）和成年人的 MTF 数据。

现在，回想一下第 4 章关于时间维度的讨论。MTF 和 NSDUH 每年都要测量吸食毒品情况，获取中学毕业生和家庭中的成年人的单个时间节点数据，以此掌握每年主动报告吸食毒品的比例简况。研究 MTF 和 NSDUH 的历时年度结论，可以提供时间序列或趋势研究，该研究能够帮助研究者和政策制定者发现中学毕业班学生、大学生和成年人吸食毒品情况的变化。最后，MTF 受访者的跟踪样本构成了一系列专题研究，据此可以对个体受访者之间吸食毒品情况的差异开展历时研究。MTF 对所有样本的测量都是通过主动报告实现的，因而前面提到的 NSDUH 的潜在问题，MTF 数据同样会有。MTF 的抽样程序是怎样的？从某种意义上讲，先选择学校，再选择学校的学生，是抽取中学毕业班学生作为样本的正确程序。但你应当至少可以想到这一程序的一个问题。当天缺席的学生，不会纳入调查对象范围，也失去了成为跟踪样本的资格。我们可以合理地猜测，出勤记录差的学生缺席调查的可能性更大，因而在样本中更难得到反映。并且，由于我们对 MTF 的兴趣在于测量吸食毒品和违法，也可以怀疑，出勤记录差的学生的吸食毒品与违法比例更高。

自述式测量的效度和信度

本章无法对自述式测量的验证工作提供一锤定音的评价。一方面，目前还没看到最后定论；另一方面，少数研究者已经较为细致地研究了该问题。后一类研究大多比较了自述式测量与其他测量（通常是执法机构和青少年司法机构的犯罪记录）的异同。你可以视之为（第5章讨论过的）聚合效度的实例。

譬如，在其对伦敦的违法行为的研究中，唐纳德·韦斯特和大卫·法林顿（Donald West and David Farrington，1977：22）比较了官方犯罪记录和访谈研究对象时通过主动报告揭露的定罪情况。只有少数研究对象不提犯罪记录中已有的一个或多个违法行为。经过进一步研究，韦斯特和法林顿认定，出现这些疏漏的原因主要在于记忆错误而非不诚实，因为两个数据来源间的大部分不一致都出现在高频违法者身上。近期对这些对象的跟踪研究支持了主动报告相对于警方对成年人犯罪的测量的效度（Lila Kazemian and David Farrington，2005）。

在针对匹兹堡青少年样本的历时研究中，大卫·法林顿及其同事（David Farrington and associates，1996）比较了主动报告的犯罪及逮捕和官方逮捕及少年犯申诉记录。这是一项历时研究，在多个时间节点对样本人群进行了访谈，因而，通过比较在一个时期主动报告的违法行为与后续时间的逮捕及少年犯申诉，研究者可以对预测效度（predictive validity）进行评估。你可能会认为这种关联不太完美，但是研究者的确发现，在第一个时间节点主动报告实施了较多严重犯罪的研究对象，更有可能出现在第二个时间节点的官方逮捕或违法记录当中。

另外两项关于主动报告的效度的研究可以引导我们对这个犯罪测量方法进行总结。马克斯菲尔德等人（Michael Maxfield，Barbara Luntz Weiler and Cathy Spatz Widom，2000）的研究表明，性别、族群和犯罪类型不同，主动报告的逮捕和官方逮捕记录的聚合程度也会不同。在对儿童虐待的长期后果的研究中，研究者认为，女性和非白人研究对象更少报告已知的逮捕。所有研究对象都更愿意主动报告更常见的犯罪，尤其是吸食毒品。

一项与NSDUH并行的特殊抽样调查于2000年和2001年[1]收集了尿液和头发样本，以评估主动报告吸食毒品的真实性（Lana D. Harrison et al.，2007）。研究者发现了主动报告吸食毒品与尿液检测结论的高度一致性：在访谈前的七天时间里，受访者吸食过大麻的符合度为92.5%，吸食过海洛因的

〔1〕 在这两年间，该调查被称为“全国家庭药物使用调查”（National Household Survey of Drug Use）。

符合度是 98.5%。

对自述式调查的总结

研究者和政策制定者最好能成为自述式调查所获测量结果的批判使用者。主动报告可以且应当用于测量犯罪，但是使用该类测量结果的研究者、公职人员和其他人应当知道其优点和局限性。比方说，MTF 和 NSDUH 的抽样和访谈程序相对稳定，因而其能提供相当一致的关于吸食毒品或犯罪的历时信息。这两项调查对变化的测量好于对绝对水平的测量。

我们对这两项测量的分析也凸显了抽样程序的重要性。以家庭为抽样基础，不易概念化至其他人群，而且从在校中学毕业班学生那里获取的数据与从退学者或长期旷课者那里获取的数据可能存在差异。

同样需要考虑的是，对吸食毒品和违法犯罪之类行为的替代性测量措施很难适用于一般人群。我们有三个选择：（1）谨慎使用有瑕疵的测量；（2）不对某些类型的犯罪进行测量；（3）创建新的测量。我们更倾向于同时做出第一个和第三个选择。亚历克斯·皮克罗等人在对官方记录和主动报告的犯罪进行比较后给出了类似的建议：“考虑到测量在犯罪学中的重要性，研究者应当给予与信度和效度有关的问题……更多关注。”（Alex Piquero et al.，2014：24-325.）你已经读过第 5 章并且浏览了本章的大部分内容，即将做好详细解释所有测量类型的准备。熟悉 NSDUH 所采用的自述式方法，可以帮助你在需要时创建新的测量。

五、毒品监管体系

毒品监管体系的创建目的在于找到对吸食毒品的替代性测量措施。

在创建针对吸食毒品之类行为的有效度和信度的测量时，研究者和政策制定者面临挑战，这促使他们寻找替代性方法。这项工作断断续续，各种数据体系建而又废。本节将简要分析监测吸食毒品及其后果的重点措施。

被捕者滥用药物监测[1]

国家司法研究所多年来都在实施测量被捕者吸食毒品情况的项目。最近的一个测量项目是被捕者滥用药物监测（Arrestee Drug Abuse Monitoring，简称ADAM）项目，数据收集截至2003年。该项目因缺乏资金支持而终结。2007年，该项目的精简版即ADAM II重启，并转由白宫的国家毒品控制政策办公室（Office of National Drug Control Policy）负责。当前，ADAM II继续评估具体人群（即亚特兰大、芝加哥、丹佛、纽约和萨克拉门托这五个城市的被捕者）的吸食毒品情况。在每年14天的周期内，参与项目的城市从因各种犯罪而被捕的人当中抽取样本。受访者自愿参与研究，接受匿名访谈，并提取其尿液样本。2013年，在这五个城市进行了大约1 900次访谈，提取了接近1 700份尿液样本（Office of National Drug Control Policy，2014）。

ADAM II的主要目的是持续评估因犯罪被捕者吸食毒品状况。2013年的研究结论表明，大约60%的成年被捕者在10项毒品检测中至少一项检测呈阳性。尿液样本中检出最多的毒品是大麻。不同城市的ADAM II结论有所不同，但所有城市检出阳性的比例都在63%（亚特兰大）至83%（芝加哥）之间。

ADAM II及其前版最令人关注的地方之一是对吸食毒品同时采用验尿和自述式测量。对被捕者的访谈包含了主动报告内容，访谈结果可以和尿检结果比对。通过大量其他问题，可以收集有关毒品政策问题（如所感知的依赖性和治疗需要）以及受访者对当地毒品市场的评价等信息。查尔斯·卡茨、文森特·韦伯和斯科特·德克（Charles Katz，Vincent Webb and Scott Decker，2005）使用访谈数据检验帮派成员与吸食毒品之间的关联，发现帮派活跃成员的吸食毒品情况比其他被捕者更严重。

任何犯罪测量都有选择性，不可能包含所有犯罪或所有人。作为吸食毒品测量方法的ADAM II如何进行选择呢？根据已讨论的内容，可以清楚地看到三种方法：第一，ADAM II仅在五个城市实施；即便地理范围涵盖了纽约和萨克拉门托，我们也不能认为参与城市能够代表其他城市。第二，或许也

[1] 有关被捕者药物滥用监测的详细信息，主要引自国家毒品控制政策办公室2013年度报告（Office of National Drug Control Policy，2014）及其网站：http://www.whitehouse.gov/ondcp/arrestee-drug-abuse-monitoring-program。

是最重要的一点，ADAM II 仅调查被捕者。我们显然不能把从被捕者身上得出的结论普遍适用于所有人。不太被人关注的是，逮捕本身也是一个选择过程。警察行使自由裁量权确定是否逮捕，而且其选择的优先次序可能因时而变。第三，ADAM II 的访谈和检测是自愿的，尽管这对受访者的参与影响不大。在 2013 年的被捕者中，接近 82%的受访者同意参与调查，这个比例或许高得让人吃惊。

尽管在测量总体人群的吸食毒品情况方面有着明显的局限性，但 ADAM II 仍是进行各种类型测量的创造性尝试。它获取的数据可以提供有关被捕者吸食毒品趋势的信息，并对国内不同地区的不同城市进行对比。通过访谈收集的其他数据还能用来分析吸食毒品中的犯罪、年龄、性别和其他变量。调查时询问被捕者是否寻求过治疗，也能帮助研究者了解这类服务机构的需求情况。

最后，ADAM II 只对被捕者进行抽样，这一做法的优势在于，它能提供关于高危人群吸食毒品与犯罪共生关系的有用信息。此外，正如 2013 年报告所描述的，许多被捕者都是无家可归者，没有纳入 NSDUH 这类以家庭为分析单位的调查。ADAM II 是一个可以不断监测大城市那些经常吸食毒品被捕者的新的吸食毒品情况的系统。回顾第 4 章对吸食毒品与犯罪的讨论，我们描述过不同人群的各种吸食毒品形态。比较 ADAM II 和 NSDUH 中的两个样本人群的吸毒率，可以清楚地看到这些形态差异，同时也证明了进行多重测量的重要性。

药物滥用预警网络

ADAM II 系统暗指至少有一部分吸毒者会涉足其他犯罪。我们接下来的专门测量假定吸食毒品会造成严重的健康问题，吸毒者因此会到医院急诊室寻求治疗。药物滥用预警网络（Drug Abuse Warning Network，简称 DAWN）建于 1972 年，它从在全国范围内抽选的医院和验尸官那里收集毒品事件紧急医疗处置报告。2009 年，DAWN 的样本库包含了 66 个大都市的 242 家医院。这些医院报送的 2009 年毒品事件超过 38 000 起（Substance Abuse and Mental Health Services Administration，2011）。

毒品事件是指因使用非法毒品或非医疗使用合法毒品所导致或直接相关的医院急诊室就诊。毒品摄入的直接效应（毒品过量和其他身体或心理反应）

属于该定义范围，毒品中毒所致死伤也在其列。非致命事件可从急诊室提取，药物致死则由验尸官记录。需要注意的是，作为 DAWN 基础的分析单位与犯罪行为仅有间接相关性。毒品事件概念与公共卫生研究的相关性最强。实际上，DAWN 的设计定位就是健康监测数据系统。

DAWN 自 20 世纪 70 年代早期开始运行，长期以来一直在监测因吸食毒品所致的最严重医疗事件。DAWN 最适合用于测量趋势。和 ADAM II 一样，DAWN 记录也包含了因吸食毒品而进入医院或验尸间的人口统计及其他信息。不过，DAWN 不同寻常的分析单位意味着同一个人可能有多起毒品事件，这使得 DAWN 的数据难以用于以个人为分析单位的研究。

托马斯·米茨科瓦斯基（Thomas Mieczkowski，1996：387）指出，单个大都市的 DAWN 数据可以用作反毒项目影响力的指标。例如，研究青少年毒品事件的发展趋势，可以影响对中学教育和预防项目的评估。再比如，对警方查获可卡因情况的测量，可以与可卡因紧急事件的变化进行比较。

六、为特定目的而测量犯罪

有时会为研究或政策目的而对犯罪采取替代性测量措施。

迄今所讨论的所有犯罪测量都有广泛的研究用途：探索、描述、解释和应用研究。然而，每种测量都有提供某类犯罪统计数据的主要目的：警察所知的犯罪；家庭及家庭成员被害；主动报告的吸食毒品及其他犯罪；被逮捕者和急救室病人的吸食毒品情况；特定城市吸食毒品情况的定性评估。这类测量对刑事司法及公共卫生专业人士有用。研究者已经广泛使用来自 UCR、SHR 和 NCVS 之类标准序列的数据。

但是，这些常规犯罪测量方法都不能满足研究者、公职人员或其他寻找具体犯罪信息者的需要。为此，我们希望你留意几个为特定研究和政策目的而进行的犯罪测量的例子。

全球恐怖主义数据库

本章开篇介绍过 GTD，用以说明恐怖主义的定义和测量恐怖主义及恐怖事件的难点。GTD 也表明了研究者必须独立测量某些犯罪类型的原因。

犯罪测量整章内容行将读完，你应当有能力思考创建全球恐怖主义测量的几个问题。基于众所周知的原因，我们无法开展被害调查或自述式的作案人调查。来自他国警方和军方的恐怖袭击官方记录在定义和记录方法方面的差距可能比美国国内更大。官方记录也有可能被保密，研究者无法获取。START 的研究者所采用的方法是，建立一类监视系统，监测、以系列图表的形式来报告恐怖事件。

GTD 系统收集和编码来自公开渠道的恐怖事件报告。公开报告包括媒体报道和从互联网采集的其他恐怖事件公开信息。尽管你可能马上会想到本章描述过的某个报道偏差问题，但其对于 GTD 并不像最初看上去那么重要。

首先，和许多犯罪不同的是，恐怖袭击极度依赖广泛宣传。符合恐怖事件标准的行动被广泛宣传的可能性极大，因为这正是作案人的首要目的。换言之，不报道不太可能成为问题。例外情况是，有些国家会禁止这类事件的广泛宣传。

GTD 的另一个重要特色是其系统的收集、筛选和编码程序。GTD 编码本（GTD Codebook）详细描述了这些程序。我们在本章开篇已经提到详细且明确的标准。GTD 以公开报告为基础，因而剔除重复性报告也很重要。分析单位问题在某些方面与事件和犯罪的分类整理相似。GTD 对事件的定义如下：

“相同时间和地点发生的多个事件应被视为同一事件，但只要事件发生的时间或地点中有一个要素出现中断，这些事件就应当视为独立事件。”（START Codebook，2016：10.）

GTD 编码本详细列出了记录信息的代码和术语。实际的编码过程是一种内容分析，这个议题将在第 12 章展开论述。

GTD 成为追踪和审视跨国历时恐怖事件的专业研究工具。在讨论测量恐怖主义的各种数据来源时，伊凡·希恩（Ivan Sheehan）提出了评估这些数据来源适用性的数个标准。GTD “……有可能带来可以替代传统及信度检测的众多详细描述……”（Sheehan，2011：20.）

观察犯罪

我们已经知道，警察对某些犯罪类型（如毒品吸食与贩卖、卖淫、妨害公共秩序和酒驾）的了解主要是通过观察。研究者可能要面对必须独立观察犯罪的处境。

例如，我们已经指出，很难通过警方记录测量入店行窃。被害调查可以揭露一些入店行窃行为，但我们必须先对商店抽样，之后也仅能获悉店员察觉的这类事件。自述式调查可以告知我们入店行窃者的一些情况，然而却很难用这种方法去测量入店行窃事件。特里·鲍默和丹尼斯·罗森鲍姆（Terry Baumer and Dennis Rosenbaum，1982）出于描述和应用目的，对芝加哥一家大型百货商店进行了全面观察。他们采用独创性方法估算入店行窃的频次，评估商店各种安全措施的有效性。第 11 章“实地观察”对该项研究及其成果作了细致描述。

再比如袭击。警察也测量向其报案的袭击，报案者通常是被害人或目击证人。NCVS 重新设计，部分是为了更好地统计袭击，但出于某些研究目的，独立观察能够获得更好的测量结果。

罗斯·戈梅利等人（Ross Homel and Jeff Clark，1994；Stuart Macintyre and Homel，1996）对酒吧和夜总会中饮酒与暴力袭击之间的联系感兴趣。他们尤其想要确定，酒吧里的何种外在因素和环境具有遏制或刺激暴力的作用。为完成这项解释性研究，他们在澳大利亚悉尼市抽选了一些公共饮酒场所，并向每个地点派出两名观察者。观察者记录目睹的暴力事件、每个酒吧的具体外在布局和娱乐设施，以及控制入场及行为管理的程序。研究者可以就外在环境和管理方法与暴力的相关性作出一般性解释。

警察对吸食或贩卖毒品的了解通常只能靠自己亲眼所见。他们进行此类观察的能力受限，这经常被援引为毒品立法实施的障碍。不断增长的闭路电视摄像机（closed-circuit television cameras，简称 CCTV）为埃里克·皮扎和维多利亚·西斯玛（Eric Piza and Victoria Sytsma，2016）研究新泽西州纽瓦市的毒品贩卖情况提供了一个新的选择。他们特别想知道毒贩们会用什么方式让其贩卖毒品的行为能够避开警察的观察。

这些直接观察的例子有三个共同特征：第一，每种观察都有非常具体的研究或政策目的。鲍默和罗森鲍姆想要估算入店行窃频次和评估某些安全措施的有效性，戈梅利等人希望进一步了解饮酒与暴力的关系，皮扎和西斯玛研究单个毒品交易的记录。第二，三个例子都关注相对小的区域：一家百货商店、酒吧和夜总会的标本、特定地区的毒品贩卖情况。第三，预期的事件频次使观察成为测量犯罪的适宜方式。入店行窃发生在商店内，而大型百货商店提供了观察大量这类事件的机会；众所周知，公然施暴在酒吧相对普遍，而警方记录可以帮助选出有暴力史的酒吧；纽瓦市在已经掌握的毒品交易区安装了 CCTV。

我们的融会贯通实例也是通过观察测量犯罪的例子。交通违法太过平常，几乎所有人都曾犯过，而有些人还经常犯。

融会贯通：测量交通违法

背景

某些类型犯罪的频次和分布构成了许多有关种族定性的研究问题的基础。首先，许多人将对种族定性的研究追溯至利用交通执法阻断国家高速公路上的毒品及武器走私。美国禁毒署（Drug Enforcement Administration）1986 年创建“操作流水线”（Operation Pipeline）项目，培训州及地方执法人员，帮助其掌握有毒品交易迹象的机动车的特征（General accounting office，2000；Peter Verniero and Paul H. Zoubek，1999）。种族被指在许多地方经常被用作实施“借口式”交通拦停的标准。警察被告知用交通违法作为拦停其怀疑从事毒品交易的司机的借口，而非白人司机成为执法目标的比例明显过高。

警方和其他政府机构的回应各有不同，有的直接否认种族因素对交通拦停有影响，有的承诺不会容忍交通执法中的任何种族歧视。有的把责任推给“操作流水线”项目，认为其引导以黑人司机为执法目标，但是许多警察机构则声称拦停司机的原因只有交通违法，没有种族因素。

交通违法

这产生了一个问题：如何测量实际的交通违法频次？你会发现，这是一个富有挑战性的任务。简单重复本章开篇提出的两个问题：如何测量交通违法？交通违法数量有多少？正如事实上不可能测量所有犯罪一样，测量所有交通违法是不可行的。理由有二：每个人实际上都至少无意中实施过某种违法行为；为此，警察在决定拦停哪部车时必然要进行选择。我们对警察如何决定查办哪起交通违法所知甚少。卡斯滕·安德烈森（Carsten Andresen，2005）曾谈到，新泽西州州警对违法类型的关注因人而异。

超速

为测量交通违法率的分布，研究者们聚焦超速问题。恩格尔等人（Engel et al.，2004：10）在对宾夕法尼亚州的研究中总结了被拦停的理由。首先，近期对总体人口的全国性调查显示，在主动报告被警察拦停的人当中，超速是最常见的理由——NCVS 的比例是 55%，美国交通部调查的比例是 65%（Matthew Durose et al.，2005；Dawn Royal，2003）。其次，他们发现，宾夕法尼亚州警报告的拦停中，75%是因为违反限速规定。

最后，测量超速比测量其他交通违法更容易，也更有信度。如同警察可以使用雷达或激光测速仪准确测量车速，研究者也可以用相似的方法获得准确且稳定的测量结果。宾夕法尼亚州的这个研究团队用州警提供的雷达设备测量途经样本地点的车辆的速度。新泽西州的研究者把雷达测速仪和数码相机置于无明显标志的厢式货车中（Lange et al.，2005）。北卡罗来纳州结合使用速度计和上一章提到的流动观察（William Smith et al.，2003）。研究者以规定的上限速度驾驶一辆厢式货车，用秒表对超过自己的车辆计时，然后计算超车者的速度。

警方记录当然也是超速及其他交通违法的信息源。研究者研究了各种情况下的警方记录和其他数据源。下一章将会讨论，对警方记录和其他测量结果进行比较，是解释交通拦停中的种族歧视问题的重要措施。

上述调查数据可以视同自述式的作案人调查结果。仔细想想本章讨论过的自述式调查的基本原理，你就应该能够明白，为何该方法对估算交通违法率有用。与对待吸食毒品和行为不端一样，人们不太可能向警方报告交通违法。超速和其他交通违法如此普遍，警方不能开展无遗漏的调查，而且人们逃避警方调查的能力也各有不同。警察不可能记录观察到的所有犯罪，同样地，他们的记录也不可能反映所有交通拦停。我们向人们询问其交通违法行为及被警察拦停的经历。这些测量结果可以和根据其他信息源进行测量所获得的结论进行对比。

作为评估司机对警察及被拦停经历的看法的部分措施，威廉·史密斯等人（William Smith et al.，2003）将主动报告类问题纳入对北卡罗来纳州居民的各种调查之中。研究者还做了一些巧妙的设计，以评估主动报告类问题的质量。除总人口外，他们还根据州警的记录抽选了一些在上一年度接到过交通违法传讯的受访者。让“已知的违法者”填写自述式问卷，也是评估调查信度的方法。

总之，种族定性的研究采用超速作为交通违法测量手段，并以各种方法开展测量。如本章前文所述，已经有许多技术被用于测量各种类型的犯罪。

七、对犯罪测量的总结

对犯罪的每种测量都有其长处和短处。

表6.5在对比各种犯罪测量的基础上总结了我们在本章中的一些思考。每种方法都有其长处和短处。UCR是以企业和商业设施为被害人的犯罪的最佳统计方法，SHR则是杀人事件的最佳统计方法。针对人或家庭实施的且未报告警方的犯罪最好通过NCVS统计。对于较为轻微的犯罪，UCR第II部分进行了统计，但只有嫌疑人被逮捕的事件才会纳入UCR统计范围。NCVS程序在近期修改后，增加了对性侵犯和其他暴力犯罪被害事件的统计。相比于UCR，NIBRS统计的犯罪类型更多，内容也更详细。NIBRS是NCVS的补充，它收录了州和地方制作的分类事件报告，同时也记录了对12周岁以下儿童实

施的犯罪的详细信息。

自述式调查最适合测量没有可轻易识别的被害人和很少被警察观察到或很少向警方报案的犯罪。表 6.5 列出的两项自述式调查从不同人群抽样，并采用了不同的访谈程序。

表 6.5　对犯罪测量的总结

	单位	目标人群	犯罪类型范围	最适合统计
警察已知				
UCR	总体：报告机构	所有执法机构；98%报告	报告和记录的犯罪数量有限	企业和商业设施被害人
SHR	事件	所有执法机构；98%报告	只有杀人	杀人
NIBRS	事件	所有执法机构；有限的报告	广泛	当地事件的细节；小于 12 周岁的被害人
调查				
NCVS	被害、个人和家庭	家庭中的个人	家庭及个人犯罪	未向警方报案的家庭及个人犯罪
NSDUH	个体受访者，作案人	家庭中的个人	吸食毒品	成年人在家中吸食毒品
MTF	个体受访者，作案人	中学毕业班学生；样本跟踪	毒品滥用、违法、犯罪	中学毕业班学生吸食毒品
监测测量				
ADAM	被逮捕的作案人	在 35 个城市按季度对被捕者采样	吸食毒品	被捕者吸食毒品情况的变化
DAWN	紧急医疗事件：毒品事件	全国的样本医院	与毒品相关的紧急医疗事件	严重吸毒问题的变化

监测测量（sentinel measure）的目的在于监测，是测量相关变化的最好方法，它对准的是被更严格限定的人群。表 6.5 中的两个序列测量的是医疗和法律风险背景下的吸食毒品行为。

需要提醒的是，表 6.5 和本章讨论仅涵盖了研究者和公职人员使用的部分犯罪测量方法。所有地方及州执法机构都有自己的记录，这些记录往往是在特定地理区域开展研究的最佳测量结果。最后，为具体研究目的所需，研究者往往也要收集独立的犯罪测量结果。

千万记住，所有犯罪测量都具有选择性，因而理解选择过程非常重要。尽管各有缺陷，但你获得的犯罪测量结果可以服务于众多研究目的。建议研究者对于最能满足其研究目的的各种犯罪测量手段都持批判态度，谨慎使用。本章在运行实例讨论研究者如何解决交通违法测量问题时已经阐明了这一建议。

小　结

· 犯罪是刑事司法研究的基本概念。各种犯罪测量方法阐明了概念化、操作化和测量的一般原理。

· 研究者在采用任何犯罪测量结果之前，都应当查清该测量结论包含和不包含哪些犯罪类型。

· 犯罪测量不同，其分析单位也不同。UCR 是对各机构报告的犯罪的总体测量。其他测量以作案人、被害人、事件或犯罪为分析单位。

· 收集犯罪数据有一个或多个一般性目的：监测、问责和研究。

· 警察所知的犯罪是最广泛使用的测量结果。自 20 世纪初开始即可获取 UCR 数据；1961 年，更详细的杀人案件信息被补充到 UCR 中。FBI 已经创建事件报告系统，且逐渐被其他执法机构采用。

· 被害调查揭示了未向警方报告之犯罪的信息。NCVS 记录了个人和家庭事件的详细信息，不过没有统计针对企业或被害人在 12 周岁以下的犯罪。虽然 NCVS 是具有全国性代表意义的测量，但是不能为地方估算被害情况。

· 开展自述式调查的目的是测量被害人不明且警察极少调查的犯罪。有两种这样的调查可以估算中学毕业班学生和成年人当中的吸食毒品情况。自述式调查不测量所有吸食毒品行为，因为受访者的报告不完备，遴选调查对象的程序也有瑕疵。

· ADAM II 和 DAWN 提供了特殊人群当中的吸食毒品测量结果，但最适合用于监测吸食毒品情况的变化。

· 各种犯罪测量的创建也有其具体研究和政策目的。许多警察机构根据自己的事件记录进行犯罪分析。

· 我们有许多不同的犯罪测量，因为每种测量都有缺陷。每一测量都有其长处和短处。

重要术语

警察所知的犯罪　未报告犯罪的黑数　以事件为分析单位的测量　自述式调查　以总数为分析单位的测量　监测系统　被害调查

复习与练习

1. 只要被害人和作案人其中之一为帮派成员，洛杉矶警方就认为该起杀人案件与帮派有关，而芝加哥警方仅在杀人与帮派活动直接有关时才会这么认为（Irving Spergel，1990）。请用这两个操作性定义来说明本章讨论过的犯罪测量的两个一般性要点。

2. 测量帮派犯罪是尝试测量特定犯罪维度即动机的实例之一。仇恨犯罪、恐怖事件和毒品犯罪的测量都属于此类。至少具体说明一类犯罪的概念性定义和操作性定义。请查找能够提供此类例子的大众媒体报道和研究报告各一篇。

3. 假定你要评估某个旨在鼓励社区居民向警方报案的社区警务项目，你在特定城市会如何测量犯罪呢？

|第 7 章|

实验和准实验设计

我们将学习社会科学研究所运用的实验方法，讨论刑事司法研究者所运用的大量实验及其他设计。

学习目标

1. 认识到实验非常适合因果过程的控制性测验和一些评估研究。

2. 描述经典实验如何通过对实验组和控制组的前测和后测，测验实验刺激因素对因变量的影响。

3. 理解一组实验对象无须代表某个较大群体，但实验组和控制组应当相似。

4. 描述随机分配是实现实验组和控制组可比性的最佳方法。

5. 描述随机分配受试者的经典实验如何阻挡大多数影响内在效度的因素。

6. 理解实验的控制条件会限制我们将实验结果普遍适用至现实生活或其他场景的能力。

7. 理解经典实验可以通过改变实验组和控制组数量、实验刺激因素的数量和类型以及前测或后测的数量来调整。

8. 掌握在没有令人满意的实验设计时进行准实验的原因，并描述准实验的各种类型。

9. 理解案例导向和变量导向研究的区别。时间序列设计和案例研究属于变量导向研究，即在一个或多个案例中研究大量变量。

10. 能够描述如何通过模块设计实现实验与准实验的定制化以达到特定研究目的。

本章目录

鱼叉式网络钓鱼实验

我们敢打赌，本书的读者都收到过接受来自英国、尼日利亚、乌克兰或其他地方的银行家和石油部长遗赠财富的邀请。你可能会想，对于这种形式的网络钓鱼，人们怎么会轻易上当呢？或许，你也和许多人一样，曾经回应过或者想要了解更老练的电子邮件钓鱼攻击。马克斯菲尔德曾被下面这条信息欺骗："您的新电脑已经装运，将在两天内到达！点击此处审查或更改支付及物流信息。"

为了解哪些因素会影响人们对网络钓鱼的反应，印第安纳大学的计算机科学家做过一个实验。他们的基础研究问题是"网络钓鱼者如何简单有效地利用在互联网上发现的社交网络数据来提升网络钓鱼攻击的收益？"（Tom Jagatic et al., 2007.）

汤姆·加盖迪克及其同事检索了大约 23 000 名印第安纳大学学生的公开信息，寻找加入了脸书（Facebook）之类社交网站的学生。将近 1 700 名学生符合研究者的标准，即在社交网站上有数个朋友或朋友圈。

他们随后将两种版本的钓鱼邮件分别发送给不同的学生分组。一组收到的是实验组邮件，模仿该学生朋友圈中的某人，这种情况有时被称作"鱼叉式网络钓鱼"。另一组收到的是控制组邮件，里面没有任何信息，只暗示发送者是接收者的人际关系网络的一员。打个比方，假定马克斯菲尔德被选作实验对象，而巴比在其脸书的朋友圈中。研究者有可能给马克斯菲尔德发送一封看似来自巴比的邮件，内容如下："嗨，迈克尔！我刚发现一个优秀的新网站，里面有成百上千套调查问卷副本。到 megasurveys.com 去看看。保重！艾尔。"如果马克斯菲尔德是这次的控制组受试者，邮件就可能会这样写："亲爱的教授：如果要进一步了解我们汇集的调查问卷，请点击下面这个链接。"不论哪种情形的邮件，都是要将马克斯菲尔德导向某个别的网站——无害，但绝对不是调查问卷集。你认为哪封邮件——实验组或控制组——更有可能让邮件接收者去点击所附的链接呢？

加盖迪克及其同事发现，收到实验组邮件的人有相当大比例（72%）点击了该链接，而收到控制组邮件的人只有16%这么做。此外，使用异性邮件的鱼叉式网络钓鱼更容易取得成功。当女性认为邮件来自其男性朋友时，比她认为邮件来自女性朋友时更有可能点开链接。接收邮件的男性也差不多，当其认为邮件来自女性朋友时，他点开链接的可能性更大。

这是一次非常成功的实验。它所采用的实验干预措施清晰且容易控制：实验干预措施适用于实验组而非控制组。研究者很容易就能确定受试者所处的分组，并进行随机和无偏好的分配。在阅读本章时，请对本例和我们关于设计的一般性讨论及其他例子进行比较。该研究环境的哪些因素对实验研究有利？该研究环境与刑事司法机构日常工作环境有无区别？

导　言

实验法是非常适合解释和评估的研究方法。

从最根本的意义上讲，研究设计是设计发现事物的策略。我们首先把实验当作刑事司法研究中的科学观察模式来讨论。亚伯拉罕·卡普兰（Abraham Kaplan，1964：144）在其经典著作《实施调查》（*The Conduct of Inquiry*）中把实验过程描述为“一个观察过程，它在专门为该目的而布置的环境下实施”。实验在本质上包含两个要素：（1）采取行动；（2）观察该行动的结果。社会科学研究者一般会选择一组研究对象，对他们采取措施，然后观察该措施的效果。

值得注意的是，实验法最初也经常用于非科学的人类调查。为了获得对所生活的世界的更一般性的理解，我们进行了丰富的实验。我们通过实验法掌握了许多技艺：骑自行车、开车、游泳等。学生们通过实验法发现学业成功所需的学习程度。教授们通过实验法知道出色教学所需的准备程度。

回到社会科学应用上来，实验法尤其适合研究概念和命题界定相对较好的项目。更进一步的要求是控制研究条件的能力。实验模式与第2章讨论的“科学的传统模式”密切相关。

实验法最适合解释或评估研究中的假设验证。假定我们想要研究酗酒并揭示减少大学生当中酗酒问题的方法。我们可以建立一个假设：大学生深入了解豪饮及长期酗酒的健康后果，有利于减少酗酒问题。我们可以通过实验来验证这个假设。我们可以先问一组实验对象，他们在前一天喝了多少啤酒、葡萄酒或烈酒，以及他们平均每周醉酒次数。接下来，我们可以让这些受试者看一段展示长期饮酒和酗酒导致的各种生理效应的视频。最后（一个月之后），我们可以再次询问受试者在前一周的饮酒情况，以判断观看视频是否确实有抑制饮酒的作用。

实验法非常适合验证假设，因而也适合刑事司法政策研究。我们在第 2 章讨论了假设与刑事司法政策之间的逻辑相似性，并提示评估研究在概念上相当于假设验证。因此，实验模式是评估刑事司法政策的有用设计。

你以往可能会认为，实验就是在实验室被谨慎控制的环境下进行的。自然科学中一般确实如此，但社会科学实验很少在实验室环境下进行。（心理学是最明显的例外，实验室实验是心理学研究的常态。）刑事司法实验几乎都在实验室之外的实地环境中进行的。

一、经典实验

变量、时序、测量和群体是经典实验的核心要素。

和许多研究术语一样，实验一词也有广义和狭义两种含义。我们已经谈到过广义，即大卫·法林顿、劳埃德·奥林和詹姆斯·Q. 威尔逊（David Farrington, Lloyd Ohlin and James Q. Wilson，1986：65）所定义的："全面验证有关一个因素（自变量）对另一个因素（因变量）的影响效果的因果假设。……一个实验的定义要素存在于实验者对因变量的控制之中。"狭义的实验是指建构研究的特殊方法，即通常所说的经典实验（classical experiment）。本节将阐述经典实验的要求和成分。本章稍后将分析达不到经典实验要求时可以使用的设计。

自然科学和社会科学中最传统的实验类型包含三对主要成分：（1）自变量与因变量；（2）前测与后测；（3）实验组与控制组。现在我们开始分析每对成分，以及它们在实验中的组合方式。

经典实验　具有三个成分的研究设计：前测与后测、实验组与控制组、随机分配至各组。

自变量与因变量

实验实际上是研究自变量对因变量的影响。自变量通常以实验刺激因素形式出现，它或有或无——也就是说，它是具有两种属性的二项变量。不过，正如本章后续各节所要说明的，事实并非如此。在关于酗酒的例子中，因变量是受试者饮酒的频次，自变量是观看关于饮酒后果的视频。研究者的假设暗示，饮酒的多少，一定程度上与是否知道饮酒的生理及健康影响有关。实验的目的是验证该假设的效度。在开篇插页文章《鱼叉式网络钓鱼实验》中，某人收到的邮件类型是自变量，而受试者是否点击链接则是因变量。

然而，必须牢记，某个变量在一个实验中可以为自变量，但在另一个实验中也可作为因变量。比方说，酗酒在我们的例子中是因变量，但在验证酗酒对学业成绩的影响的实验中则可以是自变量。

在第 4 章有关因果的讨论中，自变量是原因，而因变量是结果。为此，我们可以说，观看视频致使饮酒行为出现变化，或者说饮酒减少是受观看视频的影响。社交定向邮件致使人们点击内嵌链接，而点击链接是受该邮件的影响。

一般而言，为实验目的，必须对自变量和因变量进行操作性定义。这些操作性定义可能涉及大量观察方法。例如，填写问卷是认定主动报告前一天饮酒情况的基本手段。受试者的饮酒情况也可以通过血液酒精测试和呼气酒精检测仪等替代性措施测量。

通常，在实验模式中，在实验开始之前要对因变量和自变量进行操作性定义。然而，如同调查方法及其他方法，在收集数据期间有时最好先进行大量观察，然后在后续分析时确定最有用的操作性定义。不管怎样，实验法最终需要具体且标准化的测量和观察。

前测与后测

在最简单的实验设计中，受试者先接受因变量测量（前测），然后接受自变量的干预刺激，之后再接受因变量测量（后测）。所记录的两次因变量测量之间的差异，会归因于自变量的影响。

仍以酗酒为例，我们可以先对实验对象的饮酒程度进行前测。通过问卷，我们测量每个人报告的饮酒程度以及整个组的平均饮酒程度。给受试者看完饮酒后果的视频后，我们再以相同问卷开展调查。后测使我们能够测量看过视频后每一受试者的饮酒程度和整个组的平均饮酒程度。如果第二次问卷调查时发现饮酒程度下降，我们就可以认定，该视频确实对减少受试者饮酒有用。

对饮酒之类行为进行实验考察时，我们面临一个关于效度的特殊的现实问题。你也许可以想象，即使受试者饮酒程度没有改变，他们在第二次问卷调查时也可能会交出不同的答卷。在第一次问卷调查过程中，受试者可能还不知道问卷调查的目的。但在第二次测量时，他们可能已经察觉实验目的，对有关饮酒的问题很敏感，于是改变了答案。因此，该视频“看起来”减少了饮酒，但实际上没有。

这是更具一般性的问题，它困扰了许多刑事司法研究：研究行为本身可能会改变被研究的事物。本章将探讨在实验环境下解决这一问题的技巧。

实验组与控制组

采用控制组，是消除实验本身影响的传统方法。社会科学实验极少只观察接受实验干预的实验组，研究者也观察不接受实验干预的控制组。

实验组　接受实验干预的受试者。
控制组　实验中不接受实验干预的受试者。

饮酒一例中考察了两组受试者。一开始，每组都填写用来测量其一般饮酒情况和特殊酗酒情况的问卷。接着让一组（实验组）观看视频。之后，研究者对两组饮酒情况进行后测。图 7.1 呈现了实验的基本设计。

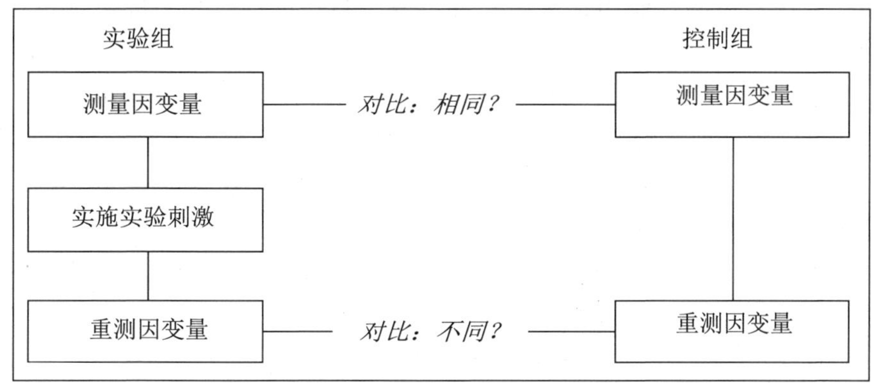

图 7.1　基本的实验设计

通过控制组，研究者得以控制实验行为本身的影响。如果参与实验让受试者报告的饮酒程度下降，那么在实验组和控制组都应当有所反映。一方面，如果控制组整体饮酒程度下降，且下降的量和实验组在前测与后测之间下降的量差不多，那么饮酒减少显然应当是实验本身或其他外在因素的作用，而非专门观看视频的结果。此时我们可以推断，该视频没有引起饮酒的改变。

另一方面，如果只有实验组饮酒减少，那么我们就可以更确信地说，饮酒减少是观看视频的结果（因为这是两组之间的唯一差异）。如果实验组比控制组饮酒减少量更大，那么也可以认为观看视频减少了饮酒。

弗里茨·J. 勒特利斯贝格尔和威廉·J. 迪克逊（Fritz J. Roethlisberger and William J. Dickson，1939）在20世纪20年代晚期和30年代早期对雇员满意度的系列研究使控制组纳入社会科学研究的意义更加凸显。他们研究了位于芝加哥的西部电器厂（Western Electric Works）配线车间的工作条件，试图揭示工作条件的何种改变能够提高雇员的满意度和生产力。

研究结果让研究者非常满意。他们发现，工作条件的改善持续提高了满意度和生产力。例如，车间照明条件改善，生产力也随之提高。照明条件进一步改善，生产力又随之提高。为进一步证实其科学结论，研究者把灯光调暗：生产力再度提高！

很明显，相比于工作条件的改善，配线车间工人对研究者的关注的反应更大。这种现象通常被称为“霍桑效应”（Hawthorne effect），其导致社会科学研究者对于实验本身的潜在影响更加敏感和小心了。在这项配线车间的研究中，采用合适的控制组，工作条件不变，集中进行研究，将能发现这种效应。

医学实验研究最需要控制组。病患一再参加医学实验，病情似乎有所好转，但不清楚这种好转有多少来自实验刺激，又有多少源于实验研究本身。在测试新药效果时，医学研究者经常会给控制组发放安慰剂（例如糖丸）。控制组病患因而相信自己与实验组病患一样，拿到的是实验用药。他们的病情往往也会改善！不过，如果新药有效，服用新药者的好转会比服用安慰剂者更明显。

对刑事司法研究来说，控制组极为重要，它不仅可以防止实验研究本身的影响，而且能够排除实验过程中外部事件的干扰。假设你所在的大学正在进行前述饮酒实验时，一个明星运动员因为严重酒精中毒入院治疗。该事件可能会动摇实验对象，他们报告的饮酒程度因而会降低。控制组和实验组受试者都会受到这一外部事件影响，如果实验组报告的饮酒频率低于控制组，则同样能证明实验刺激（观看描述酗酒有损健康的视频）的作用。

实验设计有时需要一个以上实验组或控制组。譬如，在观看饮酒后果视频的例子中，我们可能也想研究参加有关大学生为何饮酒的分组讨论的影响，以证明来自同伴的压力可以促使原本应该会抵制的人饮酒。我们可以围绕三个组来设计实验：一个组看视频和参加组内讨论，另一个组只看视频，而第三个组只参加组内讨论；控制组既不看视频，也不参加讨论。通过这一设计，我们可以确定每一刺激各自的影响以及它们的综合效应。

双盲实验

我们在医学实验的讨论中已经看到，病患在相信自己服用了新药时也有可能出现好转。因此，通常有必要向控制组发放安慰剂。

实验者有时同样会倾向于预判结果。在医学研究中，实验者可能更愿意"观察到"服用新药而非服用安慰剂的患者好转。对于研发新药的研究者来说，这种实验结果是最好不过的了。双盲实验消除了这种影响，因为受试者和实验者都不知道实验组和控制组分配。在医学实验中，负责分发新药并记录疗效的研究者不知道谁服用的是新药，谁服用的是安慰剂。据此，研究者和受试者都"盲"于谁服用新药，谁服用安慰剂，而知道受试者分组的研究者不参与实验的实施。

对监狱囚犯风险等级的实验研究也是一个适例。劳伦斯·本奇和特里·艾伦（Lawrence Bench and Terry Allen，2003）曾想研究囚犯风险分级是否影响监狱警卫看待囚犯的态度以及对囚犯采取的处罚措施。你可能对风险等级有初步认识。被判入狱者会被确定一个安全风险等级，通常为低、中和高三等或者类似的分类。你可能已经想到，被划入高风险等级的囚犯，其处遇和低风险囚犯并不相同。本奇和艾伦感兴趣的是监狱规训是针对囚犯行为，还是贴在他们身上的风险等级标签。例如，警卫对高风险囚犯进行规训，理由是囚犯的行为，还是他们被贴上了高风险的标签？

研究者选取了200名囚犯作为样本，这些人被关押在犹他州的监狱，并被划入最高风险等级。这些囚犯被随机分配至实验组和控制组。实验组被安置在中风险场所，而控制组被安置在最高风险场所。此外，研究者还考察了另一个囚犯控制组，他们属于中风险等级且被关押在中风险场所。

经过对监狱重新安置后一年的规训行动的分析，本奇和艾伦发现："总体而言，不论哪一个风险等级的囚犯，其所受规训惩罚的加权平均数是基本相同的。"（Bench and Allen，2003：377.）两位研究者在解释其结论时认为，从囚犯中分出最高风险等级，成本很高，而且往往也无必要。

该项研究是双盲实验，囚犯和警卫都不知道实验组（安置在中风险场所）之前已经被划入最高风险等级。"双盲"使研究者得以区分标签和分类对实验结果的影响。

选择受试者

实验开始前，我们必须就让谁参加实验做出两项基本决定。其一，我们必须确定目标人群——实验结果所适用的群体。比方说，如果实验的设计目的是判断赔偿是否比缓刑更有助于减少累犯，那么我们的目标人群就是某个被判有罪的人群。再比如，观看有关酗酒后果的视频会有什么效应？这项假设性实验的目标人群可以是大学生。

其二，我们必须确定目标人群中的哪些具体成员参与实验。理想状态下，受试者的选择方法应当符合科学的普遍性标准；它应当可以对实际研究的受试者样本进行概括，并适用至这些受试者所代表的总体。

选取实验受试者的一项基本规则就是实验组和控制组的可比性。理想状态是，控制组相当于未接受实验刺激的实验组。因此，实验组和控制组应当尽可能相似，这一点非常重要。

随机分配

对于完成受试者群体招募的经典实验，我们将这些受访者随机分配至实验组和控制组。我们可以对所有受试者依序编号，通过随机数表来选取号码。我们也可以把奇数受试者分配至实验组，而把偶数受试者分配至控制组。

随机分配是经典实验的核心要素。随机分配最重要的特点（有时称为随机化）是其生成了"统计意义上对等"（statistically equivalent）的实验组和控制组。换言之，随机分配减少了将受试者分配至各组时的系统性偏差。随机分配的基本原则很简单：如果通过掷硬币等随机过程将受试者分配至实验组和控制组，该分配过程就会被认为是公平的，所形成的分组也是对等的。

虽然该原则背后的基本原理有点复杂，但是理解随机分配如何形成对等分组是一个关键点。法林顿、奥林和威尔逊（Farrington, Ohlin and Wilson, 1986：66）比较了刑事司法研究中的随机化和自然科学中的实验控制：

> “以随机化控制外扰变量（extraneous variable），与通过保持物理条件（如温度、压力）稳定控制物理学中的外扰变量相似。随机化确保了实验组的平均单位与另一组的平均单位在实验刺激前大致相当。”

你肯定听过这样的表述：“其他条件都对等。”随机分配使假定其他条件都对等成为可能。

二、实验与因果推理

实验可控制影响因果推理效度的一些因素，但研究者仍应注意这些影响因素。

经典实验的核心要素是自变量与因变量、前测与后测以及随机分配产生的实验组与控制组。可以把这些要素想象成验证因果关系的研究设计的“构建模块”（building blocks）。如果将第4章讨论过的因果关系标准与图7.2所展示的经典实验要素进行对比，这一点将更为清晰。

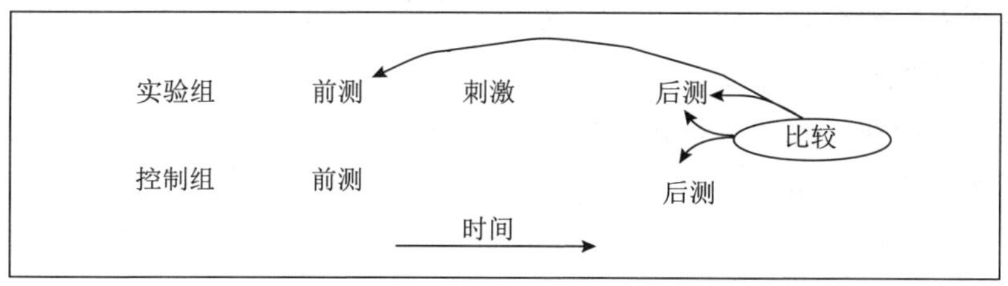

图7.2　换一个角度看经典实验

该实验设计在引入实验刺激后对因变量进行了后测，以此确保原因先于结果出现。通过比较对实验组的前测（实施实验刺激之前）与后测（实施实验刺激之后），可以判断是否满足因果关系的第二个标准（即原因变量与结果变量之间的相关性）。前测与后测的差异就是相关性的证明。

最后一个要求是证明所观察到的原因与结果之间的相关性并非其他变量所致。经典实验有两种途径去满足该因果标准。其一，将对实验组的后测（实施实验刺激）与对控制组的后测（未实施实验刺激）进行比较。如果所观察到的实验刺激与因变量之间的关联源于某个其他因素，那么这两个后测值会接近。其二，随机分配形成对等的实验组和控制组，不会在可以解释因果相关性的某个其他变量上出现异议。

实验与效度影响因素

经典实验在设计上要满足证明因果关系的三个要求。但如何应对第 4 章讨论过的因果推理效度的影响因素呢？本节将详细分析每一个影响因素，并描述经典实验如何降低这些因素的影响。唐纳德·坎贝尔和朱利安·斯坦利（Donald Campbell and Julian Stanley，1966）撰写了在这个领域被引用最多的权威著作。更详细的讨论，参见我们曾大量引用的威廉·沙迪什、托马斯·库克和唐纳德·坎贝尔（William Shadish，Thomas Cook and Donald Campbell，2002）的著作。我们对这些影响因素的讨论次序略有不同，先从影响内在效度的因素开始。

影响内在效度的因素

内在效度影响因素问题是指从实验结果中得出的结论可能无法准确反映实验本身。正如我们在第 4 章所谈到的，有关原因和结果的结论有可能出现系统性误差。沙迪什、库克和坎贝尔（Shadish，Cook，Campbell，2002：54-60）指明了问题的数个来源。

在学习内在效度的各种影响因素时，要记住，每个因素都是一个简单要点（研究者在因果推理中出错的可能方式）的适例。尽管研究者熟知这些影响因素，学生们也将它们列为必须记住的内容，但是我们仍然很容易在因果推理中犯下这些错误。

历史事件（History）　实验过程中可能会出现把实验结果弄得混淆不清的历史事件。在研究如何减少饮酒的实验过程中，一名明星运动员因严重酒精中毒入院治疗就是一例。

成熟（Maturation）　无论是否参与实验，人们都在不断成长和改变，而且这类改变会影响实验结果。在历时较长的实验中，受试者年龄增长（并且变得更聪明?）就有可能造成影响。在历时较短的实验中，受试者可能会变得疲惫、昏昏欲睡、无聊、饥饿或者出现其他影响其在实验中的行为的变化。对饮酒问题的长期研究有可能揭示，随着受访者的成熟，豪饮情况减少了。

历史事件和成熟都反映了可归因于自变量之外因素的因果关联，两者在这一点上有共性。不同之处在于，历史事件也反映了实验之外的因素，而成熟涉及的是研究对象自身的变化。

测试（Testing）　一而再的测试会影响人的行为，进而让实验结果混淆不清。假定我们对某个群体发放问卷，测量他们的饮酒情况。随后，我们实施实验刺激，并再次测量饮酒情况。在后测期间，受试者对饮酒问题可能已经更为敏感，因而可能会做出不同的回答。实际上，他们可能已经猜出我们正在设法判断他们是否喝得太多。大学反对过度饮酒，因而受试者会表现最好的一面，给出其认为我们想要或者会使其看起来更好的答案。

测量操作（Instrumentation）　到目前为止，我们对前测和后测的测量过程讨论不多。在此要注意第 5 章讨论过的概念化和操作化问题。如果采用不同方法测量因变量（例如各种有关饮酒的问卷），我们如何确定它们具有可比性呢？或许，饮酒的减少看起来只是因为前测比后测更敏锐，或许实验者在实验过程中改变了测量程序，而这将是一个信度问题。

对于采用二手信息源（如警方犯罪记录、法庭有关违反缓刑规定的记录）的刑事司法研究，测量的操作一直是一个潜在问题。如何界定违反了缓刑规定，警方如何保存记录，这些都可能会出现变化。

测试和测量操作都会影响内在效度，两者影响之间的差异可能不太明确。一般而言，测试涉及受试者回应测量的方式的变化，而测量操作则与测量过程自身的变化有关。譬如，如果警察对有关歧视的前测和后测问卷答复有别，这就是一个测试问题。但是，如果用于前测和后测的有关歧视的问卷存在差异，那么测量操作就是一个可能的影响因素。

统计回归（Statistical Regression）　有时候，有必要对开始时在因变量测量中得分极端的受访者进行实验。针对惯犯的量刑政策的研究就是一个经典的例子。查理斯·莫瑞和 L. A. 考克斯（Charles Murray and L. A. Cox，1979）研究过一个对男性青少年惯犯实施监禁的项目。他们发现，平均服刑达 11 个月的受访者的再逮捕率实际上低于未被监禁的其他罪犯。迈克尔·莫尔茨及其同事（Michael Maltz and associates，1980）在质疑这些结论时指出，任何罪犯的犯罪数量都会随时间流逝而出现波动。他们认为，实验组的受试者（惯犯）是在其犯罪率异常高之后被监禁的，后测的再逮捕率下降只能反映犯罪率自然回落至更为正常的水平。随后，即便没有任何实验刺激，该组整体上也可能会随时间流逝而出现改善。大卫·威尔逊及其同事（David Wilson and associates，2016：175）描述了有关青少年宵禁的类似问题。当犯罪增长，或者出现某个涉及青少年群体的高关注度事件时，青少年宵禁是常用的应对措施。

这个影响效度的因素通常被称为回归均值（regression to the mean），只要研究者想研究的事例中有变量出现极端分值，就可能要面对这一因素。例如热区，它是犯罪聚集发生的地区。热区对于警方行动日渐重要。迈克尔·汤斯利和肯恩·皮斯（Michael Townsley and Ken Pease，2002）指出，分析热区的犯罪数量以及统计这些犯罪的时期非常重要。大城市不同区域暂时出现犯罪激增，而该现象在警方未采取任何行动的两三个星期里却消失了，这种情况很常见。

选择偏差（Selection Biases） 随机分配消除了选择受试者时的系统性偏差。但是，受试者有可能被以可影响效度的其他方式选出。针对大学校园的实验经常需要志愿者。然而，自愿参加实验的学生可能代表不了所有学生。志愿者更感兴趣的可能是实验对象，且更愿意对刺激做出回应。此外，如果向实验对象付费，经济需求更大的学生可能会参加实验，但他们不能代表其他学生。

应用型刑事司法研究中的常见选择偏差源于公职人员的职业谨慎。假定你是某大城市的保释专员，而市长想要尝试一个新项目，增加被逮捕者的保释数量。市长要求你确定哪些类型的被指控者具备保释资格。市长同时还告诉你，该市刑事司法服务机构的职员会对该项目进行评估。在设立资格标准时，你会尽可能选择那些保释期间不会再次被逮捕和最有可能按照规定出席法庭聆讯的被指控者。换言之，你会尽量选择那些不太可能违规的人。这种常见且可以理解的谨慎有时被称作“抽取精华”（creaming），即从高风险人员当中挑出相对安全的人员。由于选择保释低风险人员，“抽取精华”是对效度的威胁因素，尽管很有可能成功，但不能代表取保候审的整个群体。

实验死亡率（Experimental Mortality） 实验受试者经常在实验完成前退出，这有可能影响统计比对和结论。这被称为实验死亡率，有时也被称作实验损耗（attrition）。在包含实验组和控制组且每组都有前测和后测的经典实验中，假定实验组大量饮酒者在看完有关酗酒对健康的影响的视频后失去兴趣，随后告知实验者退出实验并离开。留下等待后测的受访者原本就是饮酒较少者，因此测量将得出饮酒大幅度“减少”的结论。

在本例中，实验损耗与实验刺激本身有关：在前测中得分最高的受试者在观看视频后退出的可能性最大。对于历时较长或者受试者付出大量精力或时间的实验，实验损耗也是一个问题；这些受试者可能厌倦这项研究或者简单认为不值得为此付出。

因果时序（Causal Time Order） 在刑事司法研究中，实验刺激和因变量的时序可能不明。一旦出现这种情况，认为刺激导致因变量变化的研究结论就可能受到另一种解释的挑战，即实际上是“因变量”引起了刺激的变化。有关犯罪率与不同种类刑罚之间关系的早期研究对受试者进行了个别访谈，询问其如何看待替代性刑罚措施以及是否犯过罪，从而揭示了这一效度影响因素。

实验干预的扩散或模仿（Diffusion or Imitation of Treatments） 如果实验组和控制组的受试者可以彼此沟通，实验组受试者就有可能把一些实验刺激因素传递给控制组受试者。大卫·韦斯博德、南希·A. 莫里斯和贾斯汀·雷迪（David Weisburd, Nancy A. Morris and Justin Ready, 2008：193）在评估加利福尼亚州雷德兰兹的社区警务项目时对可能出现的溢出效应（spillover effect）进行了描述：

> “如果实验干预被限定于实验街区群体和生活在其中的青少年，则可以合理预期该干预的效果会出现某种程度的扩散。雷德兰兹的学校可能就是传播源之一。……如果在学校的干预仅对准实验区的学生，那么同一学校的学生显然很有可能相互交流并传递信息。”

任何仅对学校或其他机构的某些人而不对该机构的其他人采取处理措施的项目，都有出现这类溢出效应的可能。

补偿性干预（Compensatory Treatment） 在许多刑事司法实验（例如针对被监禁的重刑犯的特殊职业培训）中，控制组受试者可能要被剥夺某种对于其有价值的东西。对于这种情形，就要为他们提供某种补偿。回顾一下第4

章的讨论：堪萨斯预防性巡逻实验中的警察如何巡逻那些没有预防性巡逻的响应式巡逻区的周边？前已述及，他们对响应式巡逻区的电话报警往往采取打开警灯和拉响警笛的响应方式。有些警察则设法减少主动式、响应式和控制巡逻区的差别，以此补偿预防性巡逻的缺失。

对比堪萨斯项目中公职人员刻意的补偿性干预，将干预扩散认定为实验刺激的偶然溢出是有益的。在刑事司法应用研究中，这类干预可能更为普遍，而研究者往往会采取措施防止其出现。比方说，在对 11 个地方的强化缓刑监管（intensive supervision probation，简称 ISP）项目的评估中，兰德公司的研究者发现，因为认定该实验项目比传统缓刑执行方式更好，所以缓刑官有可能强化了对控制组受试者的监管（Joan Petersilia，1989）。补偿性干预可能性经两种方式得以弱化：其一，研究者向项目组成员解释为何要对实验组和控制组分别施以不同的管理模式；其二，研究者采用了双盲程序，尽可能隐瞒控制组受试者的记录，使缓刑官无法从其日常缓刑案件中辨别哪些受试者正在参加该实验。

补偿性竞争（Compensatory Rivalry）　在现实的实验中，被剥夺实验刺激的受试者可能通过更努力工作来进行补偿。假定该实验刺激是对矫正官员的一个实验性职业发展项目，控制组可能比以前工作更努力，以追赶那些“特殊的”实验受试者。

自暴自弃（Demoralization）　被剥夺感可能会让控制组受试者灰心丧气。对于相信其发展机会受挫的控制组受试者，矫正官员职业发展项目可能让其自暴自弃。为此，难以分辨的是，对实验组和控制组进行后测得出的差异确实反映了作为刺激的项目的影响，还是源于控制组受试者的自暴自弃。

请注意，是否出现补偿性竞争和自暴自弃，决定性因素是受试者对实验的反应。实验干预的扩散与补偿性干预是实验刺激向控制组的意外或有意溢出。在由当局职员而非研究者对受试者施加实验干预的研究中，出现有意补偿的可能性更大。在控制组受试者明知其他受试者正在接受其想要的实验刺激的研究中，有可能出现补偿性竞争或自暴自弃。

内在效度影响因素的排除

以上内在效度影响因素引自沙迪什、库克和坎贝尔的著作。经典实验，再加上合适的受试者选择和分配，有可能排除这 12 个影响因素。

研究者如何判断具体设计能够排除内在效度影响因素呢？沙迪什、库克和坎贝尔提出了一个很好的建议。排除效度影响因素需要“一个‘具有可信性’（plausibility）的理论，如此我们就知道在特定环境下哪个潜在影响因素是貌似可信的”（Shadish，Cook，Campbell，2002：42）。换言之，在某些场景，某些影响因素比其他因素更讲得通。将之挑选出来需要进行理论预测，引导我们确定在特定场景有哪些效度影响因素会起作用。让我们再看一下图7.2所清晰呈现的经典实验。

循着把教育视频当作减少酗酒措施这个例子，如果采用图7.2所显示的实验设计，我们应当会得到两个结论。对于实验组，后测的饮酒频次应当少于前测。此外，如果比较两个后测，那么实验组的饮酒情况要比控制组更轻微。

这一设计防止了历史事件问题，因为任何出现在实验之外且可以影响实验组的事件，应当也会影响控制组。这两组后测结论之间也应当存在差别。只要受试者是随机分配至两个组的，那么对两组后测结论的比较就能防止成熟问题。测试和测量操作不应该成为问题，因为实验组和控制组面临的是来自相同的测试和实验者的影响。即便所研究的是得分极端的人，无论因变量是什么，如果受试者已被随机分配至这两个组，统计回归对两组的影响就应当是对等的。随机分配受试者也能排除选择偏差。

实验组和控制组的退出率可能不同，因而实验死亡率的应对更复杂一些。实验干预本身可能会增加观看视频组的退出率。因此，实验组接受后测时的受试者与接受前测时的受试者会有区别。例如，在观看有关饮酒影响的视频的例子中，或许无法通过使用安慰剂来处理这一难题。但一般而言，缩短前测和后测之间的时间间隔，向受试者强调完成后测的重要性，或者为全程参与实验的受试者提供现金补偿，都可以降低退出率。

通过细致的控制实验设计，可以避免剩余的内在效度问题。我们已经讨论的实验设计有助于清晰地说明自变量与因变量。实验组和控制组受试者保持隔离，可以减少实验干预的扩散或模仿。管理控制可以应用于避免给予控制组补偿性干预，而在评估实验结果时可以留意和考虑补偿性竞争问题，自暴自弃问题也是如此。

我们在此强调细致管理的重要性。随机分配，前测与后测，以及使用控制组与实验组，都不能自动排除效度影响因素。在实地研究和评估研究中，这一提示尤其真切，因为受试者可能在自然环境中参与实验，实验刺激中也可能存在不受控制的变化。对实验条件的控制是这一方法的特点，但实验环境中的条件往往难以控制。

比方说，比较一下我们对大学生饮酒问题的假设性研究和皮特尔斯连（Petersilia，1989）描述的 ISP 项目实地实验。在皮特尔斯连的研究中，更严格的缓刑监管是自变量，而再犯就是因变量。受试者被随机分配至实验组（ISP）或控制组（常规缓刑监管）。

通过一个大学的一个班、一个宿舍或一栋楼的受试者，饮酒研究应当可以在一周左右完成。ISP 项目的评估在 11 个地点进行，历时 4 年，以缓刑人员为受试者。观看有关饮酒对健康的影响的视频，是一项清晰的干预措施，极易标准化，研究者也能轻松控制。ISP 项目中的实验干预，以及增加对每一缓刑人员的日常接触频次，都是简化的缓刑工作者的工作任务；由项目工作人员而非研究者实施实验干预。在 ISP 项目的实验干预实施过程中很有可能出现不受控制的变化；ISP 并非简单的二分法干预，这一点与饮酒实验中观看和不观看视频的干预不同。

最后，研究者很容易实施饮酒问题问卷调查，以此对饮酒进行有信度的测量。11 个地点的缓刑工作人员为 ISP 项目采集再犯数据。尽管再犯可以简单界定为缓刑开始执行后再次被捕，但是各地工作人员在有信度地探查再次被捕方面的能力可能存在较大差别。

以上陈述并非要批评 ISP 研究。皮特尔斯连（Petersilia，1989）在对这次评估的描述中记录了兰德公司研究者为控制潜在效度影响因素而采取的大量措施。重要的是，实地研究和评估研究会产生许多仅靠随机实验设计无法消除的障碍。有必要通过对实验全程的细致管理和控制来减少可能的内在效度影响因素。

普遍适用性和效度影响要素

内在效度影响因素仅是实验者面对的复杂情况之一。他们还需要面对将实验结论普遍适用于现实世界的难题。如果实验结果是对实验过程的准确测量，那么它们真的能为我们提供真实生活的某些事物吗？请牢记我们在第 4 章对原因和结果的考察。我们可以从两个维度对普遍适用性进行分析：建构效度和外在效度。

建构效度影响因素

从实验法角度来看，建构效度是假设的实际检验和所预想通过实验反映的潜在因果过程之间的一致性。因而，建构效度关心的是实验观察结果的普遍适用性和其在现实生活中所体现的实际因果过程。在我们的假设性例子中，教育视频正是我们对关于饮酒对健康之影响的观念建构的操作化。我们的问卷代表了实际饮酒情况的对等建构。

这些合理方法会反映潜在的因果过程吗？在该因果过程中，了解饮酒对健康的影响促使人们减少过量饮酒或酗酒。这是一种合理反映，但它显然还不完美。人们可以通过许多方法了解饮酒对健康的影响。观看教育视频只是方法之一；个人经历、与朋友和父母交谈、选择其他课程以及读书和看论文，都是好方法。教育视频或许能够很好地反映饮酒对健康的影响，但是它不能完整地反映对因果过程的建构。换言之，该教育视频可能制作粗糙、过于技术化或者不完整。因而，作为实验刺激的观看视频可能没有充分反映我们感兴趣的建构——告知学生饮酒对健康的影响。我们对因变量（有关主动报告饮酒问题的问卷条目）的测量可能也会出现问题。

畅销书作家马尔科姆·格雷德维尔（Malcolm Gladwell，2005）的《眨眼：没有思考的思维力量》（*Blink：The Power of Thinking Without Thinking*）描述过另一个例子。他在书中描述了市场研究者如何通过实验测试新的消费品。在对可乐的盲测中，研究者给了参与者各种可乐的少量样品，但未告知它们的品牌。市场研究者发现，在这些实验中，人们更喜欢甜一些的可乐。然而，在让参与者每种可乐均饮下 12 盎司的后续测试中，多数人更喜欢甜度低一些的配方。少量（约 2 盎司）品尝对于多数人来说并不能反映饮用可乐的喜好这一建构，他们通常要饮用 12 盎司。人们在饮用量较少时更喜欢甜一些的可乐，但这不过是实验的一个社会人为事实（Gladwell，2005：165-166）。

至此，你应当已经认识到建构效度和第 5 章讨论的部分测量问题之间的相似性了。几乎所有经验实例或者对建构的测量都不完整。实证性测量如何才能全面反映建构，我们如何才能做好建构测量的概化，这些都是讨论建构效度要考虑的问题。

建构效度还有一个相关问题，即规定的实验干预程度是否充足。让一组受试者观看一个视频，对饮酒的影响或许微乎其微，但在数周内观看一系列视频的冲击可能会很大。我们可以通过实验对此进行验证，使用多个实验组，并让各组观看不同数量的视频。

刑事司法实验中的建构效度影响因素具有不确定性，这通常是因为研究者不能清楚且准确地说明，具体测量手段或实验干预所反映的建构是什么。法林顿、奥林和威尔逊（Farrington，Ohlin and Wilson，1986：92）有过一段相关阐述："对于可能影响犯罪的因素，既有实验中的大多数干预措施，其基础都不是完美的理论，而是一个模糊的想法。给定的干预措施往往很杂乱，难以判断是哪个因素促成了所观察到的结果。"他们也提到了思考建构层次的重要性。

兰德公司对 ISP 项目的评估给出了一个很好的例子。ISP 项目把强化缓刑监管界定为惩罚措施。这带来一个问题：有多少缓刑犯应当强化监管？如果一个普通的缓刑官承担了平均量（100 名缓刑犯）的监管任务，且平均每月巡视每名缓刑犯两次，那么，对于减少累犯来说，多大的工作量和巡视频次才算足够严格？将监管对象数量削减一半，同时将与每名缓刑犯接触的次数翻倍，这种监管更为严格，但其严格程度能够达到减少累犯的目的吗？为测试这个问题，可以做个实验，选取多个实验组，每个组的缓刑监管程度各异。

概括而言，提高建构效度有三大要素：（1）把建构、测量与理论联系起来；（2）清楚说明具体测量所代表的建构；（3）认真思考，要在因变量测量中形成某种程度的变化，可能需要何种程度的干预。

外在效度影响因素

如果某项实验研究施加了我们在此强调过的控制措施，它就能产生在更接近自然的环境中所发现的结果吗？明尼阿波利斯的严格缓刑监管项目成功经验能在迈阿密复制吗？外在效度反映了普遍适用形式的细微差别——其中的问题在于在一个环境（时间和地点）取得的实验结果在其他环境是否也能取得，或者对某个群体有效的干预措施对另一个群体是否能产生相同作用。

实验条件受到严格控制的实验，外在效度影响因素尤其值得关注。如果饮酒教育实验发现实验组学生的饮酒减少，我们就可以确定，观看视频确实有助于减少实验组成员的饮酒量。但如果在电视上播放该视频，对中学生或成年人也会有效吗？我们没法下结论，因为该视频的效果与受到严格控制的实验条件存在一定关联。

相反，刑事司法实地实验的环境更贴近现实生活。兰德公司的 ISP 实验由 11 个地方司法辖区的现职缓刑官实施，对象是真正的缓刑犯。实验在现实生活条件下进行，并涉及多个地点，因而对外在效度的潜在影响极小。这并非说实地实验永远没有外在效度问题。参与该项评估的 11 个缓刑机构可能不能代表其他地区的缓刑机构；从缓刑官愿意参与实验这个简单的事实可以看出，他们更有奉献精神，或者更愿意尝试新方法。刑事司法实地实验的优势之一就是，由于实验都在真实生活条件下进行，其结论在其他真实生活环境下也可能具有效度。

你可能已经察觉到内在效度与外在效度之间的一个根本性冲突。在严格受控条件下进行实验可以减少对内在效度的影响。但是这类条件不能反映真实生活场景，因而也限制了我们对实验结论进行概化的能力。实地实验通常拥有较好的外在效度，但可能面临内在效度问题，因为相比在控制更严的环境下进行的实验，这类研究更难监管。这就是约翰·艾克（John Eck，2002：104）所说的“恶魔困境”（diabolical dilemma）。

沙迪什、库克和坎贝尔（Shadish，Cook，Campbell，2002：101）为解决内在效度和外在效度之间可能存在的冲突提供了有益建议。验证因果理论的解释性研究应当更多地关注内在效度，应用研究应当更多地关注外在效度。这并非硬性规定，因为在发现外在效度有问题之前就要先确立内在效度。也就是说，应用研究者在判断其探索的因果关系能否在其他环境中出现时，应当先确认该因果关系有内在效度。

统计结论效度影响因素

统计结论效度的基本原理很简单。实际上，刑事司法研究中的所有实验研究都以代表某目标总体的受试样本为基础。从一定程度上讲，样本数量越多，其对目标总体的代表性就越强。结论以数量较少样本为基础时会出现统计结论效度问题。实验可能费时费钱，因而通常仅对相对少量的受试者实施。在这种情况下，仅当实验组和控制组在后测中发现较大差异时，实验结论才能让人放心。

这在实践中意味着通过实验发现因果关系取决于两个相关要素：（1）受试者数量；（2）实验组和控制组在后测时的差异大小。样本数量较大的实验或许可以有信度地探查到较小的差异，但是样本数量较小的实验只可能探查到较大的差异。

实地实验中的其他难关可能会放大对统计结论效度的威胁。如果出现干预措施的溢出或补偿问题，那么实验刺激的细微差异将会传导到每一组。大卫·韦斯博德、辛西娅·卢姆和杨秀敏（音）（David Weisburd, Cynthia Lum and Sue-Ming Yang, 2003）在研究了大量刑事司法实验后指出，因为不能维持对实验条件的控制而降低了统计结论效度的情况更为常见——即便受试者众多的研究也是如此。此外，这些作者也发现，随着样本数量增加，实验实施难度也在加大，对实验结果也可能会造成各种损害。

三、经典实验设计的变形

修改实验基本设计的目的是满足不同研究用途。

现在我们开始更全面地分析经典实验的变化，这种变化可以通过操作实验模块来实现。

简单重述一下我们之前的阐述，实验设计中存在四个基本模块：(1) 实验组和控制组的数量；(2) 实验刺激的数量和变化；(3) 前测和后测的次数；(4) 选择受试者并将其分配至各组的程序。在具体说明这些模块以及如何将它们用于形成各种设计之前，我们先要接受坎贝尔和斯坦利的标记系统（Campbell and Stanley, 1966）。图 7.3 呈现了该标记系统，并阐明了如何用其指代经典实验及其设计变化。

在图 7.3 中，字母 O 指代观察或测量，X 指代实验刺激或干预。不同时间点则用 t 表示，并以下标数字表示时序。因此，对于图 7.3 所示的经典实验，t_1 位置的 O 指前测，t_3 位置的 O 指后测，而 t_2 位置是施加于实验组的实验刺激 X，介于前测和后测之间。在 t_1 和 t_3 两个时间点对控制组进行测量，但对控制组不施加实验刺激。

		实验刺激	
实验组	O	X	O
控制组	O		O
	t_1	t_2	t_3
		时间 →	

O = 观察或测量
X = 实验刺激
t = 时间点

	仅实施后测	
实验组	X	O
控制组		O
	t_1	t_2

		阶乘变化	
实验干预1	O	X_1	O
实验干预2	O	X_2	O
控制	O		O
	t_1	t_2	t_3

图 7.3　实验设计的变化

接下来分析图中的“仅实施后测”。正如其名，对实验组和控制组都不进行前测。先思考对内在效度的影响，然后我们可以想象在何种环境下可以设计只进行后测。如果以问卷形式进行多次测量，受试者在前测中的经历有可能会影响其在后测中的表现，因而测试和再测试本身就会影响受试者的行为。仅实施后测的设计可以通过去除前测环节来减少测试本身对效度的威胁。

如果不进行前测，显然无法探知因变量的变化，但是通过比较针对实验组和控制组的测量结果，我们仍然可以验证实验刺激的效果。譬如，如果在饮酒教育视频研究中想要了解受试者是否变得敏感，我们可以去除前测环节，并审查实验组和控制组在后测中的差异。随机分配是仅进行后测的设计的关键。只要受试者被随机分配至实验组和控制组，我们就可以说这两个组是对等的。两个组因变量的任何后测差异随后都能归因于视频的影响。

总之，如果研究者怀疑测量过程可能会使受试者在回应问卷或其他测量工具时出现偏差，仅进行后测的设计就是恰当的。前测和后测时间间隔较短时更是如此。对受试者的观察次数是可以根据需要进行调整的设计模块。在此，我们要再次强调随机分配对于仅进行后测的设计的重要性。

图 7.3 也展示了析因设计（factorial design），即安排两个接受不同干预措施（或同一措施不同程度干预）的实验组和一个控制组。这种设计有助于比较不同干预措施或同一措施不同程度干预的效果。在评估某个 ISP 项目时，我们可能想要知道缓刑官与缓刑犯之间的见面频次对累犯率有何影响。在本例中，可以让一个实验组的受试者与缓刑官每周见一次面（X_1），另一个实验组的受试者与缓刑官每周见两次面（X_2），而控制组的受试者一切如常（即与缓刑官每月见一次面）。见面次数越多，缓刑监管成本越高，因而我们希望掌握每月一次、每周一次和每周两次的接触频次对累犯率的影响有何不同。

为此，设计实验组时可以安排多个实验组，每组分别接受不同干预措施或者同一措施不同程度干预。我们也可以改变对因变量的测量次数。在使用这些模块设计某个实验时，并不存在什么固有规则。不过，为控制潜在的效度影响因素，设计应尽可能简单，这是一项有效的经验法则。为特定研究而进行的专门设计，取决于研究目的、可用资源以及设计和实际执行实验时无法避免的约束条件。

选择受试者或分析单位并将之分配至实验组或控制组就是一个常见的约束条件。该模块将我们带入准实验设计主题。

四、准实验设计

不能进行随机分配时，研究者可以采用各种准实验设计。

行文至此，随机分配在控制效度影响因素方面的价值应当已经阐述清楚。然而，经常会碰到无法随机选择实验组和控制组受试者并满足其他需求的情形。实施或管理障碍是随机分配不能用于刑事司法实验的主要原因。有时也可能出于法律或伦理原因。

准实验　涵盖实验设计大多数（但非全部）要素的研究设计。

不能进行随机分配时，最好的选择往往就是准实验。前缀“准”（quasi）意为“达到一定程度”。准实验从某种程度上讲就是一种实验。准实验在多数时候并不随机分配受试者，因而可能面临“真”实验中能进行良好控制的内在效度问题。由于没有随机分配，必须创造性地使用其他实验设计模块来减少对效度的影响。我们根据沙迪什、库克和坎贝尔（Shadish，Cook，Campbell，2002）的观点将准实验设计划分为两类：非同等组（nonequivalent-group）设计和时间序列设计。每类都可用描述实验设计时使用的符号 O、X 和 t 来呈现。

非同等组设计

该设计的名称浅显易懂。随机分配的主要优点在于其允许我们假定实验组和控制组同等。不能通过随机分配创建分组时，我们必须使用某种非随机程序。然而，如果通过非随机程序创建分组，我们就不能假定创建的分组"统计对等"——这就是所谓的非同等组设计。

如果实验组和控制组不同等，我们就必须以某种能够让两个分组尽可能形成比较的方式选择受试者。一般而言，通过一个匹配过程，对实验组受试者与对照组（comparison group）受试者进行匹配，是实现可比性的最佳方式。对照组并非控制组，该常用术语强调准实验设计中分组的非同等性。不过，对照组的作用的确与控制组相同。

一些采用非同等组设计的研究实例表明，实验设计的匹配和创造性使用方法多种多样。这些实例包括儿童虐待（Cathy Spatz Widom，1989）、淫秽骚扰电话（Ronald Clarke，1997a）和摄像头与犯罪预防（Martin Gill and Angela Spriggs，2005）等研究。图 7.4 使用符号 X、O 和 t 展示了这些设计的简图。图中分割实验组和对照组的实线表明受试者通过非随机程序分配至各组。

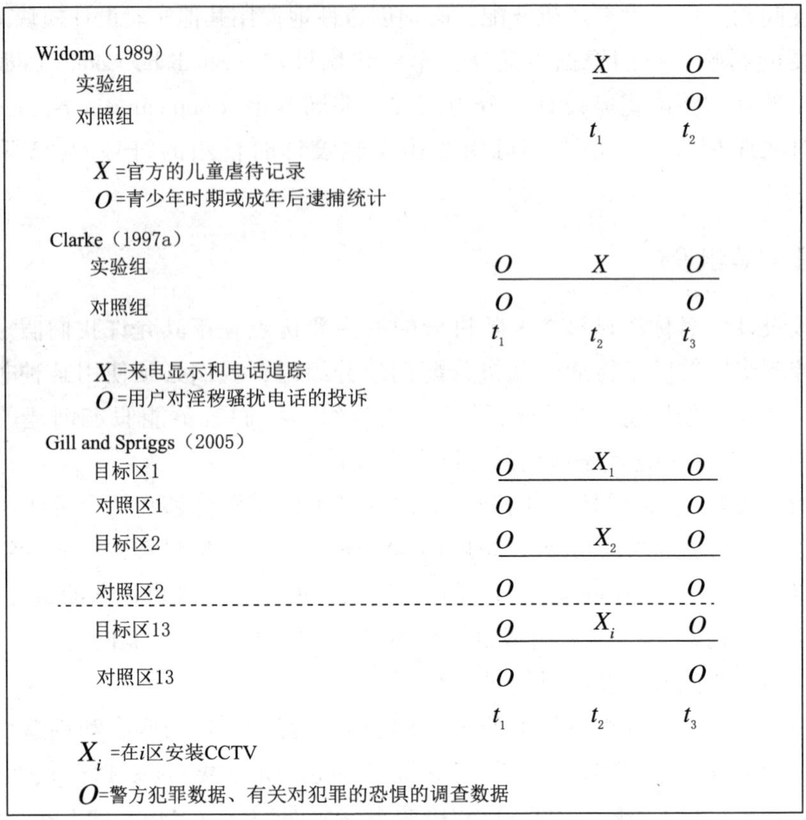

Widom（1989）

实验组		X	O
对照组			O
		t_1	t_2

X=官方的儿童虐待记录
O=青少年时期或成年后逮捕统计

Clarke（1997a）

实验组	O	X	O
对照组	O		O
	t_1	t_2	t_3

X=来电显示和电话追踪
O=用户对淫秽骚扰电话的投诉

Gill and Spriggs（2005）

目标区1	O	X_1	O
对照区1	O		O
目标区2	O	X_2	O
对照区2	O		O
目标区13	O	X_i	O
对照区13	O		O
	t_1	t_2	t_3

X_i =在i区安装CCTV
O=警方犯罪数据、有关对犯罪的恐惧的调查数据

图 7.4　准实验设计示例

儿童虐待及后期逮捕　凯茜·施巴茨·维多姆（Widom，1989；同见 Widom and Maxfield，2001）研究了儿童虐待的长期效应——相比未受虐儿童，受虐儿童是否更有可能因违法行为或成年后的犯罪行为被起诉。儿童虐待是实验刺激，受虐儿童的后期逮捕则是因变量。

当然，研究者无法将儿童随机分配成两组，一组受虐待，而另一组未受虐待。维多姆在设计时根据法庭记录确认受虐儿童，并从中选择研究样本。之后，她为每个受过虐待的受试者匹配一名未受过虐待的对照受试者，两者性别、种族、年龄相同，经济状况相近。这些匹配标准的假设性前提是，性别、受虐时的年龄、种族和经济状况等方面存在差距，有可能掩盖所观察到的虐待与后来的逮捕之间真正的关系。维多姆发现，被虐待或被忽视的儿童拥有青少年违法记录或成年后逮捕记录的可能性更大。但是，实验组和对照组之间的差距小于此前绝大多数研究发现的差距。

你可能会疑惑，研究者在匹配实验组受试者和对照组受试者时会选择使用哪些重要变量。对这一问题，我们无法提供明确答案，也无法详细说明给定实验应当使用哪些变量。答案最终取决于实验的性质和目的。但是，一般来讲，两个分组在与所研究的因变量可能相关的变量方面应当具有可比性。维多姆匹配的是性别、种族和经济状况等变量，原因在于这些变量与青少年时期及成年后逮捕率存在关联。虐待报案时的年龄也是一个重要变量，因为对于因违法被逮捕而言，较低年龄受虐的儿童会有一个较长的"危险"期。

维多姆通过匹配受试者个体形成了实验组和对照组。总体特征匹配也能建构实验组和对照组，即每组的平均特征具有可比性。对此我们将在下一例中阐述。

阻遏淫秽骚扰电话　1988 年，在新泽西州开展业务的电话公司在少数电话交换区推出了来电显示和紧急电话追踪服务。如今普遍应用于移动电话领域的来电显示在 1988 年还是一项新技术。紧急电话追踪则允许接到淫秽骚扰或威胁电话的用户自动启动追查来电的程序。

克拉克（Clarke，1997a）调查了这些新技术对于阻遏淫秽骚扰电话的作用。克拉克预计，应用新技术的地区的淫秽骚扰电话会减少。为验证这一点，他对新泽西州已经引入和尚未引入来电显示及电话追踪服务的地区的骚扰电话正式投诉记录进行了对比。一年后，新技术应用区的正式投诉记录大幅度减少。

在这项研究中，新技术应用地区是实验组，而未引入新技术的地区则是对照组。克拉克的匹配标准只有一个：新泽西州贝尔公司（New Jersey Bell）的电话服务，并假定一个电话服务区的淫秽骚扰电话体量相对稳定。当然，对电话服务区的匹配无法消除淫秽骚扰电话从新泽西州一个地区转移至其他地区的可能性，但是克拉克选择对照组的方式简单易行，也比拿新泽西州与其他州（如新墨西哥州）作比较更靠谱。

克拉克的研究是实际生活环境下实地实验的范例。作为实验刺激的来电显示和电话追踪并非克拉克专门引入，但是他可以获得在引入实验刺激前后对因变量的测量结果。这种设计使得克拉克能够合理可信地推断，来电显示和电话追踪减少了淫秽骚扰电话的正式投诉数量。

从这项研究可以得出另一个与淫秽骚扰电话显著减少有关的有益经验。

唐纳德·坎贝尔是社会科学实验法领域长期受人关注的学者，他令人信服地指出，相比于因变量变化较小的实验，研究者对因变量变化较大的实验的效度更有信心（Donald Campbell，1979）。克拉克（Clarke，2008）将之称为“悬崖边缘”效应（“cliff-edge” effect），意指某些犯罪预防措施致使犯罪的减少如同从悬崖跌落。数字移动电话取代传统技术后移动电话克隆的实质性终止就是一例（Ronald Clarke，Rick Kemper and Laura Wyckoff，2001）。

摄像头与犯罪预防　美国居民已经习惯于在商场、自动取款机和越来越多的公共场所看到闭路电视（CCTV）摄像头。不过这项技术在其他国家的应用更为普遍。在英国，CCTV 摄像头大约安装了 400 万部，也已广泛用于犯罪预防和监控（Michael McCahill and Clive Norris，2003）。CCTV 帮助伦敦警察厅（London Metropolitan Police）在 2005 年地铁爆炸袭击案中迅速识别嫌疑犯。越来越多的摄像头被用于监控交通，甚至可以记录闯红灯的汽车车牌号。然而 CCTV 有减少犯罪的功效吗?

吉尔和斯普里格斯（Gill and Spriggs，2005）对英格兰许多居民设施和商业场所部署的 13 个 CCTV 项目进行了评估。这些项目都是包含多个摄像头的 CCTV 项目，有的规模很大，有的规模较小。伦敦郊区某处安装了 500 多个摄像头，以减少停车场内的盗窃汽车和车内财物行为。伦敦和其他城市地区有 5 个项目，在低收入居民区安装 10 个至 15 个摄像头，旨在减少入室盗窃和抢劫犯罪。研究者调查了摄像头安装前后的两类因变量：向警方报告的犯罪和对犯罪的恐惧。恐惧的测量方式是调查住在当地的居民，以及对因为去商业区与停车场而途经当地街道的人进行抽样调查。

测量摄像头安装前后的警方数据和对犯罪的恐惧，使得吉尔及其同事得以满足因果关系的两项标准：时间序列和因变量（CCTV）与自变量之间的共变。研究者无法将各地区随机分配至实验组（有 CCTV）或控制组（无 CCTV），原因在于，计划实施干预措施的地区（无论居民区、商业区还是停车场）数量太少，而且 CCTV 需要针对每一地点的具体需求量身定做。研究者转而创建了两类对照区。第一类对照区“从与实验区在社会人口特征、地理特征以及犯罪问题方面相似的地区中选出”（Gill and Spriggs，2005：123-124）。第二类对照区是“缓冲区”（buffer zone），即从安装 CCTV 摄像头的目标区的边缘起算、半径 1 英里范围内的区域；只为安装了 CCTV 摄像头的区域划定缓冲区。

对照区的理论依据非常明确。如果 CCTV 对减少犯罪有效，我们就应当预期目标区的犯罪会减少，而对照区的犯罪不会减少。或者说，如果后测发现目标区与对照区的犯罪都减少了，那么我们可以预期安装 CCTV 的地区犯罪减少量更大。但缓冲区会出现什么情况呢？研究者在确定缓冲区后，又将它们划分为图 7.5 所示的围绕目标区（T）的同心圆。这么做的目的是评估目标区周边的犯罪转移情况。如果 CCTV 有助于减少犯罪，那么目标区的犯罪减少量应当最大；犯罪减少量应当以目标区为圆心向外逐步降低。

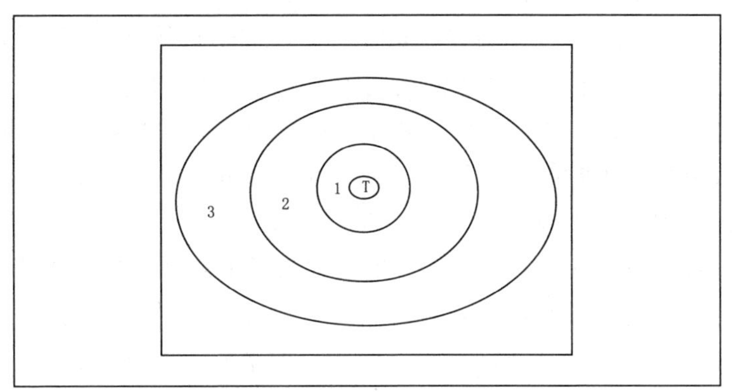

图 7.5　CCTV 准实验的缓冲区

来源：摘自 Gill and Springs，2005：40。

短期研究结果发现某些 CCTV 区的某些类型犯罪一定程度上减少了。在其他目标区，一些犯罪相比对照区增加了。特别值得注意的是，吉尔和斯普里格斯（Gill and Spriggs，2005）还发现，在安装 CCTV 的目标区，一些违反公共秩序的行为（如醉酒）有更快增加的趋势。总体上看，13 个目标区仅 2 个有明显的犯罪减少趋势。所有目标区和对照区对犯罪的恐惧或相关感受都有所减轻，但作者们相信这主要得益于所有区域的犯罪都减少了。

该例表明了非同等对照组的重要性。大多数地区的犯罪量和所有地区对犯罪的恐惧都出现了下降，因而简单地比较干预前后的测量结果会使人误入歧途，从而主张犯罪减少和对犯罪的恐惧减轻都是 CCTV 的功劳。吉尔和斯普里格斯（Gill and Spriggs，2005）也是在研究中加入对照区和缓冲区之后才得知，CCTV 可能并非犯罪减少和对犯罪的恐惧减轻的原因，因为许多没有安装 CCTV 的地区也能发现类似的形态。

上述三项研究共同展现了不能将受试者随机分配至实验组和控制组时的各种研究设计方法。如果不能随机分配，研究者就必须通过创造性程序选择受试者，组建实验组和对照组，测量因变量，并施加其他控制措施，以减少对效度的潜在影响。

世代设计

第 4 章将世代研究作为历时研究的示例进行了介绍。我们也可以把世代研究看作非同等组设计。根据第 4 章的阐述，世代可以定义为同时进入或离开某个机构的一组受试者。例如，同时从某培训学校毕业的警察们是一个世代。我们也可以将所有在 5 月被判缓刑的人视为一个世代。

现在考虑一下让一个世代接受某种实验刺激。5 月被判缓刑的世代可能不仅需要完成 100 个小时的社区服役，还要满足其他缓刑条件。如果想要知道遭到社区服役判罚的缓刑犯是否更少因违反缓刑规定而被起诉，我们可以将其他月份（如 4 月或 6 月）被判缓刑的世代或者未被判罚社区服役的世代与 5 月被判缓刑的世代进行对比。未被判罚社区服役的世代充当对照组。该组并非随机分配产生，因而是非同等组。但是，如果假定对照世代与实验世代在重要变量方面并无系统性差异，我们就可以使用该设计来判断社区服役是否能够减少违反缓刑规定的行为。

上一假定非常重要，但可能行不通。刑事法院的诉讼案卷可能在特定时间编排某些特定类型的案件，因此 5 月被判缓刑的世代与 6 月被判缓刑的世代将会完全不同。然而，如果这个可比性的假定成立，就可以发挥经由某些制度流程形成的自然案件流量的优势，利用这些世代构建非同等对照组和实验组。

安东尼・布拉加、安妮・莫里森・皮耶和大卫・于瑞（Anthony Braga, Anne Morrison Piehl and David Hureau, 2009）对某出狱暴力犯罪者再融入社会项目的效果进行了研究，这是一项非常出色的世代研究。波士顿再融入社会（Boston Reentry Initiative，简称 BRI）项目重点关注被认为有较高暴力犯罪风险的刑满释放者。结合刑事司法组织、社会服务机构和宗教组织的建议，BRI 项目确定了关键风险因素（如是否涉足帮派），并认识到将这些罪犯送回暴力犯罪非常严重的社区的严重性。尽管该项目关注的是再融入社会，但参与者首次被判进入本地监狱服刑时即会被标识，再融入服务因而可以立即启动。

该项目始于2002年，每月大约选出15名至20名参与者。

监狱形成了非常明显的世代——不断有人进入和离开。在BRI项目中，被选中接受再融入服务的人是实验世代。那些符合相同的风险标准但早一年服刑的罪犯则被选择为对照世代。布拉加等人采用统计学匹配程序对实验世代和对照世代的关键测量指标（如年龄、先前逮捕记录、先前涉足帮派和暴力犯罪史）进行比较。除了年龄之外，两个分组之间没有发现统计学上的显著差异。实验世代比对照世代稍微年轻一些。这些相似性提高了研究者对其研究结论的信心。

在研究罪犯释放后连续三年的数据后，布拉加等人发现，BRI项目参与者因犯罪而被逮捕的概率下降30%，因暴力犯罪而被逮捕的概率下降37%。这一发现特别振奋人心，因为被选入BRI项目和对照世代的罪犯都来自高风险群体。你可能会认为，这也可能是监狱改造的效果。但是，实验世代和对照世代均来自高风险群体，而且BRI项目参与者的再次被捕率的下降速度明显快得多。改造和其他替代性解释的可信度不高。

时间序列设计

时间序列设计（Time-series designs）在刑事司法研究领域的历时研究中很常见。如其名称所示，时间序列设计涉及对某个历时变量的一系列观察。例如，研究一段时间的酒驾逮捕趋势以判断逮捕数是否正在上升、下降或保持稳定。某个警方高管可能想追踪酒驾或其他犯罪的逮捕情况，以此来监督巡警的业绩。再比如，州矫正官可能希望调查囚犯入狱趋势，以预测未来的矫正设施需求。

时间序列设计　对因变量在某个时期的变化进行监控的一类准实验设计。

中断时间序列（interrupted time series）是可用于因果研究的一类特殊时间序列。在这种设计下，会对引入某种干预措施之前和之后实施的一系列观察进行比较。譬如，如果研究者想要知道路边酒驾检查站是否导致车祸致死事件减少，就可以对比路边酒驾检查站设立前后的事故发生趋势。

中断时间序列设计对于刑事司法研究特别是应用研究非常有用。但是这类设计可能存在如同其他结构性研究的某些不足。沙迪什、库克和坎贝尔（Shadish, Cook, Campbell, 2002）描述了各种时间序列设计方法的长处和不足。我们将通过一个假设性的例子来介绍这些方法，然后描述一些具体的刑事司法应用实例。

我们继续谈路边酒驾检查站这个例子。图 7.6 呈现了与饮酒有关的车祸的四种可能模式。每种模式中的垂直线代表引入路边酒驾检查站项目的时间。哪种模式说明这个新项目导致车祸致死事件减少？

如果时间序列的结论看上去像图 7.6 的模式 1，我们开始可能会认为路边酒驾检查站导致车祸致死事件减少，但是采取该干预措施后，此类事件的数量明显呈现持续平缓的下降趋势。因而，更可靠的结论是，即便不设路边酒驾检查站，车祸致死事件也会持续减少。

模式 2 显示，采取该干预措施后，车祸致死事件数量上升趋势被逆转，但是这明显只是事故数量跳跃式起伏的常态。干预措施引入时正好处于上升趋势的峰顶，之后的下降可能只是规律的波动而非该新项目所致。

模式 1 和模式 2 表明，某种外在趋势而非干预措施可以解释历时观察所得的模式。对于路边酒驾检查站项目导致车祸致死事件数量变化的推断，我们可以将该外在趋势判定为影响该推断效度的历史事件。模式 1 中的平缓下降可能源于和设立路边酒驾检查站无关的酒驾减少。模式 2 呈现了时间序列中的周期性特征——随时间变化的正常规律。沙迪什、库克和坎贝尔（Shadish, Cook, Campbell, 2002）将周期性描述为特殊的历史事件。在我们看来，假日前后或大学校园附近周末球赛期间的酒驾事故数据都能够反映这种周期性变化。

对于路边酒驾检查站项目导致车祸致死事件数量变化的推断，模式 3 和 4 提供了更多支持，但是这两个模式存在细微差别。在模式 3 中，自引入路边酒驾检查站项目后，原本处于平缓下降趋势的事故数量立即出现更显著的下降，而模式 4 则在引入新项目后一段时间出现更显著的下降。哪种模式更能支持推断？

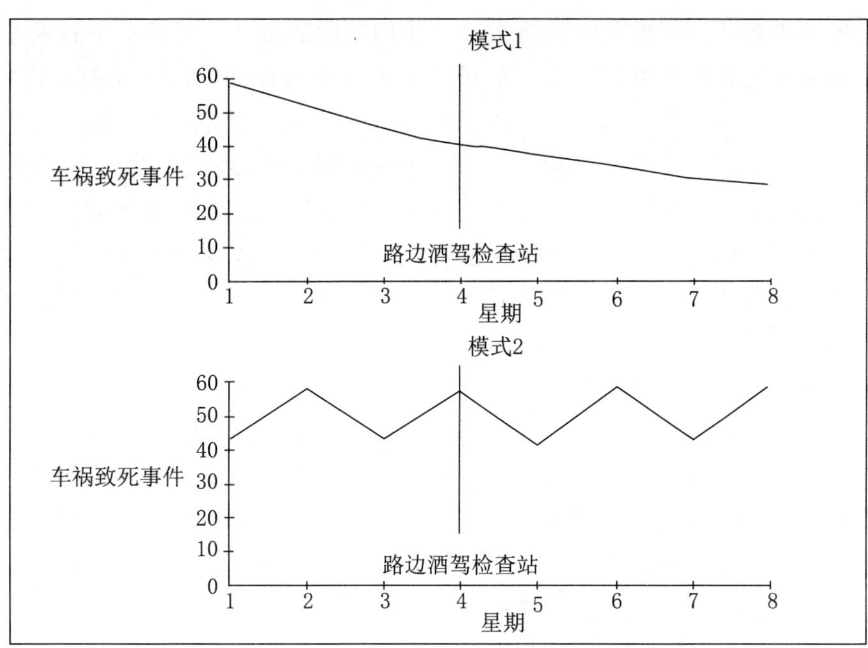

图 7.6　车祸致死事件的四种变化模式（假设性数据）

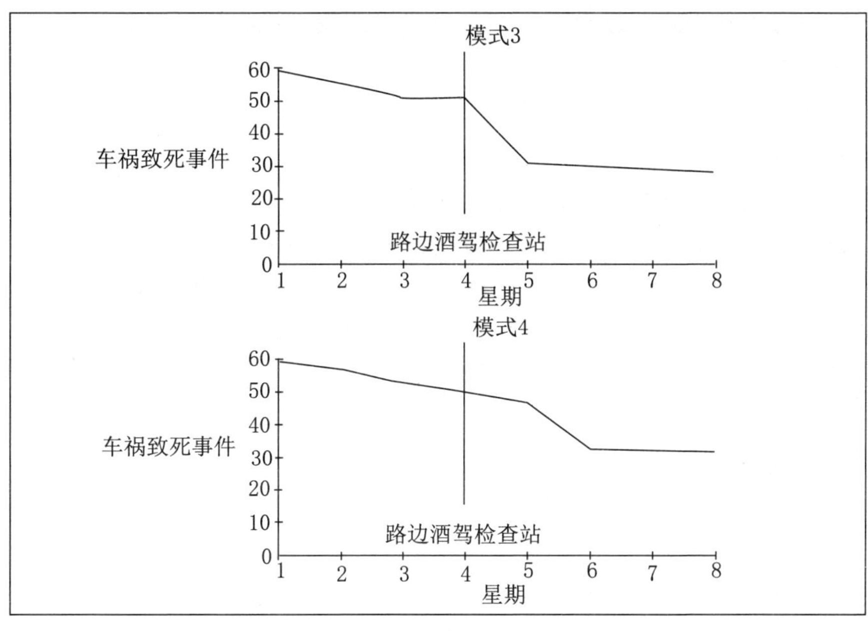

图 7.6（接上图）

思考答案时，不妨先回顾前文关于建构效度的阐述。考虑一下这两个模式所反映的相关因果过程，或者分析一下可能发挥作用的因果机制。模式 3 表明该项目立即见效，同时也支持了我们所说的能力剥夺机制；路边酒驾检查站使警察能够证实和逮捕酒驾司机，将他们带离公路，从而减少了事故。模式 4 指明了一项威慑机制；当司机知道有检查站后，酒驾的可能性就会降低，最终使事故减少。这两种解释都有证据支持。这也说明了中断时间序列设计的一个重要缺陷，即它们用简单的方法对复杂的因果结构进行操作化。我们的解释很大程度上取决于我们如何理解这个因果过程。

理查德·麦卡利、芭芭拉·尼恩斯底德特和詹姆斯·埃尔文（Richard McCleary，Barbara Nienstedt and James Erven，1982）的一项经典研究表明，有必要认真思考时间序列研究结论对潜在因果模式的反映程度。麦卡利等人指出，在成立专门的入室盗窃案件侦查机构后，某个大城市的入室盗窃案件骤减。对于能否合理期待警方侦查活动会减少入室盗窃案件，尚有不同看法。在经过一段时间的案件调查并逮捕一些作案人之后，设立专门机构最终有可能减少入室盗窃案件。但是不能指望一改变侦查程序就能取得立竿见影的效果。这种矛盾促使麦卡利等人更仔细地考虑政策的变化，他们因而得出结论，即入室盗窃的显著减少源于案件记录方式的改变。没有证据能够证明入室盗窃真实数据出现下降。

本例也涉及本章先前讨论过的测量操作。警方入室盗窃统计方式的变化导致案件数量下降。测量操作在时间序列设计中尤其可能成为问题。原因有二：一是，观察耗时相对较长，增加了测量操作变化的可能性；二是，时间序列设计通常会采用某个组织——如警察机关、刑事法院、缓刑机构或矫正部门——创制的测量方法。这些机构收集数据的方法可能不规范或者有变化，而研究者难以得知，也就是说，这些数据不受研究者的控制。

再看一个例子。大卫·芬克尔霍和丽莎·琼斯（David Finkelhor and Lisa Jones，2004）系统研究了一组显示 1990 年至 2000 年间全国儿童性虐待案件下降 40%的数据。在 20 世纪 90 年代，儿童虐待案件深受关注，因而研究者特别想确定，数据下降是否源于一个或多个州案件记录的变化。他们全面分析了以下解释：定义或数据采集程序的变化；调查人员对案件的筛选更严格；性虐待案件报案减少；其他测量操作原因。经过对比许多州不同来源的数据，芬克尔霍和琼斯认定，至少有一定比例的报案数减少是源于儿童性虐待案件数量的真实下降。他们的详细报告是充分考虑时间序列中影响测量操作潜在似然因素的杰出范例。

时间序列设计的变形

如果视基本的中断时间序列设计为基本设计模块的改版，我们就能知道如何通过修改来控制许多效度问题。最简单的时间序列设计只研究一个组（实验组）的历时变化。中断时间序列设计在引入实验干预之前和之后都要进行较长时间的系列观察，而非只进行一次前测观察和一次后测观察。

如果考虑其他实验设计模块，又会如何呢？图 7.7 呈现了用大家已经很熟悉的符号 O、X 和 t 来表示的基本设计和一些变化。在图 7.7 顶部的基本设计中，对接受某种处理的单一分组进行了多次前测和后测观察。我们可以通过加入对不接受干预的某个分组的系列对照观察来增强该设计。比方说，如果俄亥俄州都设路边酒驾检查站，而密歇根州则完全不设，我们就可以比较俄亥俄州（实验组）和密歇根州（对照组）的车祸数量。假如路边酒驾检查站导致酒驾引发的车祸减少，我们就应该能看到实施干预措施后，俄亥俄州的该类车祸数量出现下降，而密歇根州同一时期的数据应该没有变化或仅有幅度更小的下降。图 7.7 的第二部分展示了一个包含非同等对照组的中断时间序列设计。两个组并不同等，因为我们无法将司机随机分配至俄亥俄州或密歇根州。韦斯利 · 斯科根等人（Wesley Skogan et al.，2008）对芝加哥如何解决警力问题进行了分析，这份研究是该设计的范例。他们研究了已采取和未采取专门干预措施的警察巡逻区之间的犯罪差异。

简单中断时间序列

O	O	O	O	X	O	O	O	O
t_1	t_2	t_3	t_4		t_5	t_6	t_7	t_8

含非同等对照组的中断时间序列

O	O	O	O	X	O	O	O	O
O	O	O	O		O	O	O	O
t_1	t_2	t_3	t_4		t_5	t_6	t_7	t_8

去除干预的中断时间序列

O	O	X	O	O	O	$-X$	O	O	O
t_1	t_2		t_3	t_4	t_5		t_6	t_7	t_8

含交换重复的中断时间序列

O	O	O	X	O	O	O	O	O
O	O	O	O	O	X	O	O	O
t_1	t_2	t_3	t_4		t_5	t_6	t_7	t_8

图 7.7　中断时间序列设计

通过引入然后去除干预，可以对单一序列设计进行修改，如图 7.7 第三部分所示。为了检验设置路边酒驾检查站的效果，我们可以每个周末都设检查站并持续一个月，而在下一个月则不设。如果检查站导致酒驾引发的车祸减少，我们就应当能看到，去除干预后，此类车祸数量会上升。周末检查站的效果也可能会延续到其撤销之后。

各州或城市会在不同时间实施新的酒驾项目，因而我们可以采用沙迪什、库克和坎贝尔（Shadish，Cook，Campbell，2002：192）所说的交换重复（switching replication）时间序列设计。图 7.7 底部展示了该设计。譬如，假定俄亥俄州于 1998 年 5 月开始使用路边酒驾检查站，而密歇根州于同年 7 月也开始这么做。如果发现俄亥俄州的酒驾事故于 6 月开始减少，而密歇根州从 8 月开始也出现类似情况，那么该交换重复设计可以强化我们关于路边酒驾检查站导致事故减少的结论。因应路边酒驾检查站项目的实施时间，该因变量在不同州不同时期也会出现类似变化，这一事实将增强我们主张路边酒驾检查站确实减少了酒驾事故的信心。

丹尼尔·纳金和大卫·韦斯博德（Daniel Nagin and David Weisburd，2013：654）提供了一些具有他们所说的“高证据价值”的时间序列设计实例。这意味着该设计包含了减少效度影响因素的模块。许多司法机构都会收集历时数据，因而研究者通常可以采用时间序列设计。

以变量为导向的研究和科学现实主义

研究一个或一些带有大量观察的案例，是思考时间序列设计的另一种方法。假设要设计对俄亥俄州路边酒驾检查站的时间序列研究，我们就会研究一个对车祸进行了大量观察的案例（俄亥俄州）。如果要对俄亥俄州和密歇根州进行对比，我们就会研究两个案例进行的大量观察。请再次思考设计模块问题，并注意我们先前曾简略重述的其中一个模块。我们重点关注研究中受试者或案例的数量，而不考虑实验组和控制组的数量。在图 7.7 中，第一、三个时间序列设计都只有一个案例；第二、四个设计都研究了两个案例。

拥有大量受试者的经典实验和准实验都是查尔斯·拉金（Charles Ragin，2000）所说的以案例为导向的研究（case-oriented research），在这种研究中，为掌握少量变量，需要研究大量案例。时间序列设计和案例研究则是以变量为导向的研究（variable-oriented research），在这种研究中，为了解少量案例或受试者，需要研究大量变量。假设我们要研究矫正场所内的囚犯斗殴现象。如果采用以案例为导向的研究方法，我们就可以向 500 个矫正机构样本发放问卷，要求工作人员提供有关斗殴行为、场所设计、囚犯特点和居住条件等方面的信息。此时，我们从大量矫正机构中收集有关几个变量的信息。如果采用以变量为导向的研究方法，我们就可以访问一个或多个矫正机构，与工作人员进行深度访谈，观察该机构的环境，从官方记录中收集信息。此时，我们从少量矫正机构中收集有关大量变量的信息。

案例研究（case study）是以变量为导向的研究的适例。研究者对案例研究设计的注意力集中在对一个或多个案例的多维度研究。罗伯特·伊恩（Robert Yin，2013）指出，案例和案例研究这两个术语的应用面很广。案例可以是个人、社区、矫正场所、法庭或其他总体。贯穿本书的关于种族定性的实例就具有系列案例研究的许多要素。研究者采集不同来源的信息，以测量一个州（新泽西州、北卡罗来纳州、宾夕法尼亚州等）的数种变量以及该州不同数量的其他案例（州警察局或县）。

伊恩提醒，案例研究经常被误解为“定性”研究或参与式观察研究（participant observation study）。相反，伊恩主张，案例研究是一种设计策略，而定性和定量的标签不能用于区分该设计策略。案例研究因其聚焦一个或少数分析单位，看起来可能像定性研究。但是，许多案例研究采用先进统计技术研究这些分析单位的许多变量。有证据表明，将案例研究与定性研究联系在一起会产生严重误导。

安东尼·布拉加及其同事（Anthony Braga and associates，2001）在波士顿枪支项目（Boston Gun Project）中调查了波士顿各社区的青少年帮派暴力。这是一项应用解释研究。他们与当地官员共事，以更好地掌握帮派暴力情况，寻求减少暴力的方法，最后再评估他们采取的干预措施的效果。他们无法开展经典实验，也不能进行非同等组设计。研究者寻求掌握并减少波士顿所有帮派的暴力行为。他们的研究关注帮派而非个人，尽管有些干预措施对准的是特定帮派成员。

研究者从数个来源收集了大量有关帮派和帮派暴力的信息。早期报告（David Kennedy，Anne Piehl and Anthony Braga，1996）描述了所运用的“网络分析”（network analysis），研究者通过“网络分析”研究不同社区帮派之间的关系以及发生在社区地界的冲突。研究者也审视了警方对杀人、袭击和枪击事件的记录。研究者以有关少量帮派的大量数据为基础，与公职人员、社区组织和宗教领袖联盟（宗教团体）紧密合作。研究者设计了各种干预措施，但大多数措施都是根据对波士顿各社区现有帮派及帮派暴力的特性的详细了解来精心设计的。大卫·肯尼迪（David Kennedy，1998）将它们概括为“专项整治”（pulling levers），即核心帮派成员更容易受到缓刑或假释的严密监管。这个一揽子策略显然非常成功：青少年杀人从该项目实施前 20 年间每年约 35 起至 40 起下降至该项目实施后头 5 年每年约 15 起（Anthony Braga，2008）。

对波士顿的研究也是雷·波森和尼克·蒂利（Ray Pawson and Nick Tilley，1997）的科学现实主义方法的范例。研究者研究了单个城市帮派活跃社区的少量受试者（帮派与帮派成员）。研究者收集了大量有关帮派暴力机制的数据，而干预措施正是根据这些因果机制量身定做的。

布拉加及其同事（Braga and associates，2001）强调，波士顿枪支项目的成功，源于研究者、公职人员和社区工作人员协同研究帮派暴力并根据分析结果制定适当政策。其他司法辖区未能意识到波士顿的干预措施是专为波士顿设置的，而错误地想要直接复制，最终未能成功或者成效有限。用案例研究的术语来讲，研究者分析了一个地点的许多变量，并以该分析为政策决定的基础。用科学现实主义的术语来讲，研究者研究了波士顿背景下的帮派暴力机制。而在其他（如巴尔的摩或明尼阿波利斯）背景下，帮派暴力以不同机制运行；在波士顿实施的"专项整治"对其他地方不适用。布拉加及其同事明确指出，该问题解决模式可适用于其他环境，但波士顿所采用的干预措施则不能适用于其他环境（Braga and associates，2001：220）。

案例研究如何解释影响效度的因素？一般而言，案例研究试图通过研究界定非常明确的对象，从杂乱的影响因素中剥离出因果机制。唐纳德·坎贝尔（Donald Campbell，2003：ix-x）将之比作自然科学中的实验室实验，研究者力图通过这种实验从外部影响因素中找到因果变量。案例研究在实地场景而非实验室进行。不过，经由剖析一个或几个案例而发现因果机制，其逻辑与经由实验室实验剥离因果机制的基本原理一脉相承。

关于如何用现在常用语言描述案例研究设计质量的判断方法，图 7.8 概括了伊恩（Yin，2013：40-42）的建议。通过多个证据来源、建立连接自变量与因变量的因果链条和所谓的"参与者检核"（member check，即要求关键受试者审查有关因果关系的暂定结论），可以确立建构效度。

	案例研究方法
建构效度	多个证据来源
	建立因果链条
	参与者检核
内在效度	模式匹配
	时间序列分析
外在效度	通过多个案例研究重复

图 7.8　案例研究与效度

来源：Yin，2013：42。

理论模式匹配（pattern matching）与时间序列分析是增强内在效度的方法之一。第一种方法来自沙迪什、库克和坎贝尔，他们呼吁研究者就支持假设因果关系的结论模式作出具体的理论预测。如果确实获得预测结论，则替代性解释（也称作“竞争性假设”）的说服力将降低。

例如，布拉加及其同事（Braga and associates，2001）预测，波士顿25周岁以下居民之间的枪杀事件将随波士顿枪支项目中一揽子干预措施的实施而减少。虽然所观察到的急剧减少存在其他可能解释，但对研究者干预措施及其伴随结果的特别关注削弱了竞争性假设的可信性。如果观察结果支持我们对原因的预测，那么对历时变量的大量测量将提高内在效度。前已述及，非同等时间序列对照和替换重复可以提高研究结论质量。这对模式匹配（即我们就期待历时观察出现何种结果形态作出具体描述）同样适用。

最后，单个案例研究扎根特定场景，因而容易出现外在效度问题。可以根据重复原则的要求，在不同地点开展多案例研究。通过重复研究结论，我们可以积累证据。我们也可能发现，如同研究者试图移植波士顿枪支项目的特殊干预措施的结局，在各种场景所获得的因果关系结论并不相同。虽然这些结论会影响因果关系的普遍适用性，但是仍然有助于我们理解因果机制在不同场景的差异化表现。

时间序列设计和案例研究都是以变量为导向的研究的适例。一项含有大量历时观察的案例研究可以成为时间序列设计的适例。增加一个或多个其他案例就有可能创建非同等组设计。时间序列设计、案例研究和非同等组设计都属于准实验设计，它们都以实验形式进行，以不同方式使用设计模块。

融会贯通：对交通拦停比例失衡之解释的评估

我们描述种族定性问题的这类研究通常都是解释性研究。从某种意义上讲，我们希望知道警方行动的差异是否与种族相关。回顾一下用于证实因果关系的时间顺序标准，由于在经历任何特定交通执法之前个体的种族已获确认，因种族问题导致的交通执法差异有可能用种族来解释。我们强调“可能”，因为时间顺序仅是证实原因的三个要求中的一个。

种族定性实验?

你可能多少知道如何通过实地研究评估黑人和白人在申请抵押贷款、购买新车、租房或买房时的经历差异。针对个人或夫妻买房经历，研究者对其年龄、收入以及涉及与研究相关的交易类型的其他标准进行了匹配。作为实验刺激，种族因素是系统变化的。研究目标是评估在人们之间仅有种族差异时的任何区别对待（National research Council, 2004）。

很难在这种实验模式下系统地改变种族，并对刑事司法过程的不同结果进行验证。我们不能控制或系统地改变正如大卫·法林顿等人（David Farrington et al., 1986）所描述的"实验"意义上的自变量。比如说，想象一下这样来研究分组：白人组和非裔美国人组各占一半，驾驶完全相同的汽车以比限速快 20 英里/小时的速度通过州际高速公路。这种研究方法看起来很有趣，但你很快就会意识到它不合法或不安全。还记得第 3 章说的伦理问题吗？

准实验？

对种族与交通执法的研究要么是准实验研究，要么是如案例研究一样的以变量为导向的研究。我们主要描述了在三个州开展的研究，因而这类研究看起来大多是案例研究。不过，在北卡罗来纳州和宾夕法尼亚州进行的最严密的研究，通过一系列复杂的对比找出了交通拦停种族差别对待的原因。这些原因都归咎于界定种族差异所使用的基准。

研究者尝试对实验组中的被交通拦停的少数族裔相对于某个基准或对照组的比例进行对比。正如恩格尔等人（Engel et al., 2004：8）所说的，研究者希望对照组反映"……假定没有种族差别对待时拦停少数族裔的'预期'比例"。以下是一些对照组示例，以及对其优劣的评论。

· 居民人口。如果非白人在被拦停的司机中占 25%，但在该司法辖区的居民人口中仅占 15%，就表明存在种族差别对待。这一对比的问题在于，司机显然是流动的。新泽西州南部三分之一高速公路上行驶的大部分车都有外州车牌。这种方法对较大司法辖区的当地街道可能管用，但是即便如此，它仍然忽视了人口流动这个基本事实。英格兰的研究者在其对四个自治市的研究中认识到了这一点（Joel Miller, 2000）。

· 驾车人口。驾车人口比居民人口更适合做对照组，因为它比较的是被警察拦停的人和确实在路上行车的人。我们在第 5 章提及，在新泽西州高速公路这类场景，可以在收费站观察司机的种族。然而，这种方法获得的是司机信息，而非交通违法者信息。警察拦停汽车的原因是观察到违法行为而非种族。

· 夜间交通拦停。这种比较策略假定警察在夜间不能探查司机的种族。因此，如果非白人夜间被交通拦停的比例低于白天，那么白天的执法工作有可能存在一定种族差别对待。虽然这种逻辑有其价值，但新泽西州警倾向于夜间减少拦停。也有人报告州警"聚光灯照明"，即州警开启聚光灯，或者停车时与道路形成直角，车灯正好能照到途经的司机的脸上（Peter Verneiro and Paul H. Zoubek, 1999）。

· 雷达测定的拦停。类似逻辑在此可以发挥作用。如果警察根据雷达读数实施拦停，那么可以推断，他们不太可能基于种族面相行事。就此而言，如果警察只依据雷达来确定拦停何人，就可以推定其不太可能有执法歧视。当然，事情也不会这么简单。马克斯菲尔德和安德烈森在新泽西州做研究时就坐在警车里看警察们使用雷达。在许多时候都可以清楚地看到司机的脸并确定其种族。大部分车都超速，只不过超速程度有所不同。这些观察也表明，州警可以把种族用作决定是否拦停和放过哪些超速车辆的因素。

· 对超速的独立观察。正如前一章所谈到的，三个州的研究者收集了各自的超速数据。从理论上讲，这为警察拦停数据提供了极好的对照：比对警察拦停数据中的种族分布与各自独立收集数据中的超速者种族分布。如果比例接近，就可以支持警方有关其仅拦停交通违法者的声明；如果比例有差距，就进一步证明了存在没有得到解释的差异（unexplained disparity）。

我们有意使用“没有得到解释的差异”。这种差异支持将歧视作为解释之一，但不能证明差异是由歧视所致。原因在于我们不能想当然地排除其他所有合理解释。需要再次简要强调的是，对于有关歧视导致差别对待的主张，我们不能消除对其内在效度的影响因素。

五、对实验与准实验设计的总结

掌握研究设计模块并做相应修改，好过直接将统一设计适用于所有研究问题。

至此，我们应当已经清楚，设计一项实验或准实验研究，并无可供套用的简单公式，也无放之四海而皆准的准则。对于改变受试者数量和分组结构、挑选受试者、确定观察的数量以及决定引入或研究何种实验刺激，研究者的方法近乎无穷。对此可以参见我们在运行实例《融会贯通：对交通拦停比例失衡之解释的评估》中对各种方法的讨论。

修改后的经典实验对解释性研究和评估性研究特别有用，但探索性研究和描述性研究通常采用其他方法。比方说，对一个地点的及时调查可以用于探索或描述对犯罪的恐惧或公众对刑罚的态度。针对年龄世代的历时研究通常是研究犯罪生涯或违法行为动态原因的最好方式。

即便在实验设计是最佳选择的时候，也并不总是能够组建实验组和控制组，进行随机分配，或者分析一系列历时观察。对 CCTV 的研究就是一例。

本章前已述及，实验法最适宜研究概念与命题界定清晰的议题。实验法和准实验法也要求研究者必须能够对实验刺激施加一定程度的控制。这些设计最终取决于研究者明确构建实验干预及观察因变量的时间顺序的能力。研究者往往难以实现必要程度的控制。

在设计研究项目时，研究者应当积极把握使用实验设计的机会。研究者也应当知道无法进行随机分配时应当如何进行准实验设计。实验法与准实验法所要求的逻辑上的严格程度，是其他观察模式通常难以达到的。研究设计模块可以被创造性地用于阐述各种刑事司法研究问题。认真关注设计问题和如何通过设计减少效度影响因素，对于研究过程极为关键。

小　结

· 实验法是对因果进程进行控制性验证的出色工具。实验法也非常适合评估性研究。

· 经典实验通过对实验组和控制组的前测及后测检验实验刺激对某个因变量的影响。

· 实验组与控制组彼此相似，其重要性大于实验受试者在某个较大群体中的代表性。

· 随机分配是实现实验组与控制组可比性的最佳方式。

· 经典实验通过随机分配受试者来阻挡大部分内在效度影响因素。

· 由于实验通常在控制条件下进行，其结果难以普遍适用于真实生活场景，或者说，在某一实验场景获得的结论不能适用于另一实验场景。

· 经典实验经修改可用于特定研究目的，包括修改实验组与控制组的数量、实验刺激的数量与类型以及前测或后测测量措施的数量。

· 不能或没有必要采用实验设计时，可以进行准实验研究。

· 非同等组设计和时间序列设计是两种常见的准实验设计。

· 时间序列设计和案例研究都是以变量为导向的研究，后者为一个或几个案例而研究大量变量。

· 实验和准实验都可以通过定制设计模块来满足特定研究目的的要求。

· 研究者可能无法施加必要控制，因而并非所有研究目的和问题都应当进行实验或准实验设计。

重要术语

以案例为导向的研究　案例研究　经典实验　控制组　普遍适用性　自变量　准实验　随机分配　时间序列设计　以变量为导向的研究

复习与练习

1. 即便没有参与过阻止毒品滥用教育项目（Drug Abuse Resistance Educa-

tion，简称 DARE)，也可能听说过或看过有关资料。为验证关于 DARE 导致吸食毒品减少的因果假设，请描述一个实验设计。你的实验设计可行吗？为什么？

2. 公共卫生研究经常会采用实验法，效力实验（efficacy experiment）与效果实验（effectiveness experiment）之间存在差异。效力实验关注新卫生项目在理想条件下是否能够运转，效果实验则在卫生专业人士日常工作所要面对的典型条件下对该项目进行验证。请讨论效力实验与效果实验如何反映对内在效度影响因素和概化的关切。

3. 犯罪热区是指犯罪报案、警方报警电话记录或其他犯罪测量手段显示犯罪高发的地区。在分析能力突出的警察机构，警察们平时就会确认热区，并在这些地区采取专门的措施以减少犯罪。在研究警方热区干预措施的效果时，研究者应当特别注意哪些效度影响因素？

第三编

观察的方法

本书前篇介绍了从一般性问题到研究设计的研究建构基础，接下来我们将探讨适用于刑事司法研究的多种观察方法。

第 8 章探讨社会科学研究人员如何选择人或事物作为观察对象。我们对于抽样的讨论强调了概化这一基础科学问题。该章会谈到，我们可先选取少量人或事物作为观察对象，然后把观察结果适用于比我们实际观察范围更大的人或事物上。例如，我们可先询问 1 000 人对警察在交通执法过程中使用摄像机的意见，从而准确预测成千上万人的看法。

第 9 章介绍调查研究以及其他通过询问调查对象来收集数据的方法。该章会讨论若干询问方法，并探索调查及相关方法在刑事司法研究中的各种应用。

第 10 章介绍通过询问来收集信息的其他途径。该章讨论专题小组访谈等各种定性访谈的设计方法。

第 11 章探讨实地观察。实地观察可谓最为自然的数据收集方法：直接观察自然环境中的现象。该章将谈到，实地观察中所运用的观察方法既可高度结构化与系统化（如计算路过特定调查卡点的行人数量），又可去结构化且更加灵活。

第 12 章讨论了对我们周围现有数据的各种利用方式。研究人员经常研究刑事司法机构和其他公共部门已收集的数据。内容分析是一种通过细致分析新闻报道、法院裁决或影像资料等信息来收集数据的方法。刑事司法研究人员也可对他人收集的数据进行二次分析。

|第 8 章|

抽　样

通过抽样，我们可以将对数百或数千人的研究所得适用于大量未被研究的人群。

学习目标

1. 掌握较小样本子集能代表研究总体的概率抽样原理。

2. 认识到样本可代表其抽样总体的程度是选取样本的主要标准。

3. 总结概率抽样的主要原则：总体中每个成员都有已知且非零的概率被抽取作为样本。

4. 描述如何通过概率抽样方法选取具有代表性的样本。

5. 掌握如何使用基于抽样分布和概率论的样本统计量去估计总体参数。

6. 理解为何说简单随机抽样是最基本的概率抽样方法。

7. 区别针对不同总体和研究目的所结合使用的各种概率抽样方法设计：系统抽样、分层抽样和多级整群抽样。

8. 理解基于多级整群抽样的 NCVS 和英格兰与威尔士犯罪（Crime Survey for England and Wales，简称 CSEW）调查的基本特点。

9. 领会为何非概率抽样方法在统计意义上的代表性不如概率抽样方法，并能列举恰当的非概率抽样事例。

10. 区别各种非概率抽样方法：立意抽样、配额抽样、雪球抽样。分别描述每种非概率抽样方法的应用示例。

本章目录

抽样与大选民意调查

持续数月预测大选结果的众多民意调查可谓是 2012 年美国总统大选的一大亮点。离大选日还有几天时，有些民意调查预测总统候选人奥巴马将以微弱优势获得选举胜利，其他民意调查则预测以微弱优势胜出者为罗姆尼。各民意调查对大选预测的细微差别解释了一些重要的抽样原则。下表为《赫芬顿邮报》（*The Huffington Post*）于 2012 年 11 月 3 日在其网站上公布的各主流民意调查预测结果与最终大选结果的对比。

	奥巴马（%）	罗姆尼（%）
益普索/路透社	49	48
美国广播公司/邮报	48	49
拉斯穆森	48	48
《国家》杂志	50	45
盖洛普	46	51
最终大选结果	51	49

来源：http://www.huffingtonpost.com/2012/11/03/presiden-tial-polls-2012_n_2068889.html?utm_hp_ref=@pollster；http://elections.nytimes.com/2012/results/president.

五个主流民意调查机构的预测结果和最终大选结果值得关注：（1）其中三个显示对两位总统候选人的支持率非常接近甚至相同；（2）另两个预测的支持率相差5个百分点，但预测结果正好相反。所有民意调查都在大选前两周结束。造成各民意调查之间差异的原因是什么呢？

有两个因素可以影响民意调查预测的准确性：（1）抽样；（2）提问反映所测量之潜在观念的准确程度。前几章已讨论测量问题，第9章将重点阐述调查研究。此刻，你应该可以体会到，通过向人们询问“如果总统大选在今天举行，在候选人奥巴马与拜登和罗姆尼与瑞恩这两组之间，你会选谁？”来测量选举意向是相当简单的工作，因为各类民意调查的测量工作并不会有很大差别。

造成上述选举民意调查中的预测结果差别的最主要原因是抽样差异。这也是本章所要研究的问题。上述五个民意调查采用了不同的抽样方法。例如，拉斯穆森通过“自动语音电话”（robo-call）技术抽样，这一方法的弊端是大量通话会被挂断。另外，拉斯穆森与盖洛普的民意调查只覆盖了固定电话用户，对不断增长的移动电话用户视而不见（Steven Shepard，2012；Nate Silver，2012）。很多更有可能支持奥巴马的年轻群体和城市居民都属于这类被忽视的群体。

正如本章我们所要讨论的，抽样的准确性取决于样本选取偏差的最小化。通信技术的发展放大了传统固定电话抽样的偏差。与此同时，移动电话和互联网的普及、社交网络与移动计算机处理技术的发展为抽样和调查访问提供了新途径。本章稍后会呈现最近公布的有关家庭用户固定电话使用情况的数据。在你们班上，有多少人现在还在使用固定电话服务？

导　言

如何收集到具有代表性的数据是刑事司法研究的根本所在。

研究成果的价值很大程度上取决于数据的收集方法。确定观察对象是刑事司法研究中的重要一环。例如，如果打算研究吸毒人员，那么应当调查哪些吸毒人员呢？本章先讨论抽样的原理与基本原则，然后描述选取研究对象的一般方法。

抽样是选取观察对象的过程。一般而言，我们通过抽样选取观察对象是出于以下两个原因之一：第一，我们不可能收集到全部研究对象的信息。我们期望了解在全美被捕人员中近期吸食过毒品的人员的比例，但几乎不可能收集到所有相关数据。因此，我们不得不研究观察对象的样本。

第二，我们通常没有必要从所有研究对象中收集数据。借助概率抽样技术，我们可以实施相对较少的观察，然后将从这些观察中抽象出来的结论适用至更大的总体。假设我们想了解高中生抽大麻的比例，从几千个概率学生样本中收集数据就可达到如同调查每个美国高中生一样的效果。

虽然概率抽样是刑事司法研究的关键，但也存在很多不适用概率抽样的特殊情形。这时，各种非概率抽样方法便可发挥作用。非概率抽样有其为刑事司法研究提供有效样本的特殊原理。本章探讨概率抽样与非概率抽样方法的利弊以及它们各自的适用情形。请牢记，减少选取研究对象时的偏差，或者至少能认识到这种偏差的存在，是所有抽样的一个重要目标。

抽样 从较大范围的研究总体中选取一部分样本单位。

一、概率抽样原理

概率抽样方法帮助研究人员将观察结论普遍适用于未观察事物。

在选择研究对象群体时，社会科学研究人员通常会使用抽样方法。抽样一般指从总体中选取一部分。在选取样本时，我们要做两件事：第一，我们要选取可以代表更大人群或其他事物的样本。假设想要研究人们对某社区矫正机构的态度，那么我们可以从该社区居民中选取研究样本，问他们一些问题，用他们的回答来代表该社区所有居民的态度。又如，在研究刑事法庭的案件时，我们不可能分析所有案件，因而可以选取一定量的样本来代表某个法庭审理的所有案件。

第二，我们可能想要将样本研究结论适用于该样本代表的未观察总体。当从某个社区居民群体中抽取样本并开展访谈时，我们可能想要将研究发现适用于所有社区居民——包括我们访谈过和未访谈过的居民。我们同样也会期待将对刑事法庭案件样本的研究结论适用于刑事法庭的所有案件。

概率抽样是一种特殊抽样方法，它使我们得以对较大范围总体进行统计概括。在该方法中，总体中的每一个体均有一个已知可被选中的机会或概率。通过了解总体中每一个体可被选中的概率，可以对样本是否能准确代表较大范围总体作出预测。

概率抽样 个体被选作样本的概率已知的抽样。

如果总体中所有个体在各方面（背景、性格、态度、履历、行为等）都是同质的，那么严谨的采样程序毫无价值。任何样本都足以代表总体。实际上，在这样极度同质的情况下，单一个体就是研究整个总体的充分样本。正如乔治·盖洛普（George Gallup）所说："尝一勺汤可知整锅味。"（Samuel Best and Benjamin Radcliff, 2005：716.）

当然，现实生活中组成任一真实总体的个人都是异质的，其异质性表现在各个方面。图 8.1 是一个异质总体简图：在一个较小总体里，100 名个体的性别和种族各不相同。我们将用这个假设的小型总体来阐述抽样的各方面内容。

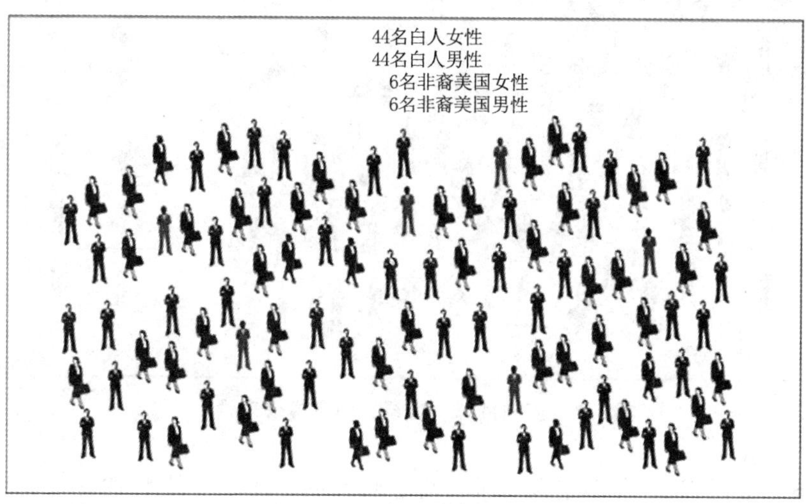

图 8.1　由 100 人组成的总体〔1〕

如果想准确描述整个总体，那么从该总体中所选取的个体样本必须含有与总体基本相同的特征差异性。然而做到这一点并不容易。我们来看看在样本选取中可能存在的偏差或一些研究人员可能会犯的错误。然后我们将讨论概率抽样作为一个有效选取样本的方法是如何确保样本可充分反映其总体中的特征差异性的。

有意识与无意识的抽样偏差

表面上看，抽样实在简单不过。为选取 100 名律师作为研究样本，研究

〔1〕 图中多列白人男性 1 人，原图如此，此处未做修改。——译者注

人员可能会很随意地访谈前 100 名从法院大门进出的律师。未受过专业培训的研究人员通常会采用这类存在偏差的抽样方法。在抽样中存在的偏差仅指从较大范围总体中选取的样本不“典型”（typical）或者不“具有代表性”（representative）。在研究人员随意选取样本时，这种抽样偏差不可避免。

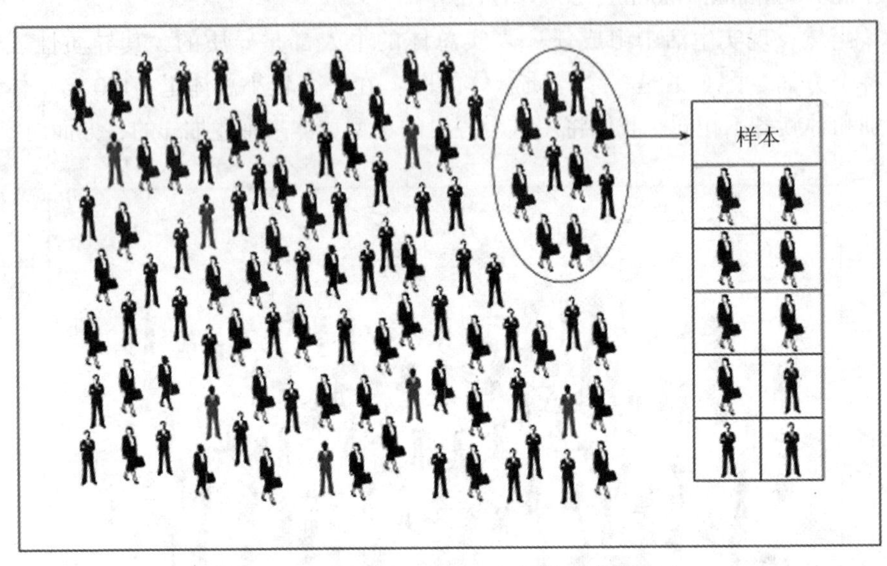

图 8.2　便利抽样：容易，但不具代表性〔1〕

图 8.2 说明了当我们随意选取便于研究的样本——便利抽样（sample of convenience）——时会发生的情况。虽然女性占我们微观总体的 50%，但在研究人员身边的人群中，接近 7 成为女性。虽然该总体的 12% 为非裔美国人，但没有一个被选上。被选取作为样本的人群恰好靠近研究人员，便于其抽样。

除了在随意选取便于研究的群体作为样本时存在的风险，我们还需考虑其他潜在的问题。即使研究人员试图访谈一个“平衡过的”律师群体，也不可能保证不同类型律师在该群体中所占比例平衡。

研究人员可能会有意识地采取一定措施，例如访谈十整数进入法院的律师，但仍然无法确保样本的代表性——不同类型的律师到法院的频率不同，而且某些类型的律师根本不去法院。因此，通过该方法选取的样本会过度地

〔1〕 图中多列 1 人，原图如此，此处未作修改。——译者注

代表那些经常来法院的律师。同样地，我们不能保证通过博客、短信或邮件方式所进行的民意调查可以代表一般总体。通过博客进行的民意调查往往有选择性，人们通常访问那些发表他们所认同的个人或政治话题的博客（Lura McKenna and Antoinette Pole，2008）。结果，通过博客回复民意调查的人仅能代表那些经常访问个人博客的总体。同样，大多数商业电子邮件服务包含广告，有时会巧妙地嵌入民意调查。自我选择融入越大，所选样本偏差越大，这是抽样的一般原理。

无意识的抽样偏差形式多样，而且不易发现。幸运的是，有一些技巧可帮助我们避免这些抽样偏差。

代表性与选取概率

虽然代表性（representativeness）一词暂无确切的科学定义，但通俗易懂的理解有助于对抽样的阐述。在本书，我们称从总体选取的某个样本具有代表性，则表明该样本的各项特征都接近总体的各项特征。例如，如果一个总体中50%为女性，那么一个具有代表性的样本也应包含接近50%的女性。本章稍后会对“接近”（how close）进行详细讨论。值得注意的是，样本没有必要在所有特征上都具有代表性；代表性只限于与研究目的相关的特征。有学者的著作对此持相同看法（William Shadish，Thomas Cook and Donald Campbell，2002：353-356）。

概率抽样的一个基本原则是，每一个体被选作具有总体代表性的样本的概率相同。具有该特性的样本通常被称为以相同概率选取（equal probability of selection method，简称EPSEM）的样本。该原则为概率抽样的基础。

再谨慎选取的EPSEM样本也不能完全代表其总体。但概率抽样也有两点优势：其一，概率样本虽然不能完全代表其总体，但由于排除了上述抽样偏差，比通过其他抽样方法获取的样本更具代表性。实践中，概率样本比非概率样本更能代表其总体。

其二，更为重要的是，通过概率样本，我们可以评估样本的准确性或代表性。假设研究人员想纯粹以随机方式选取一个能大致代表较大范围总体的样本。然而，成功的可能性不大，而且我们也无法对随机样本是否具备代表性进行评估。概率抽样使我们得以应用概率理论，因而能够准确判断概率样本是否具有代表性。

二、概率论与抽样分布

利用概率论，我们可推断抽样数据围绕较大总体的相关数值分布的方式。

通过了解概率抽样的原理，我们可以检验概率抽样的实际运用方法，进而设计出具体的抽样方法以及对抽样结果进行评估。为此，我们首先要掌握四个重要概念。

样本元素（sample element）是信息采集单位，也是分析的基础。在调查研究中，样本元素通常是人或特定类型的人群。然而，其他类型的单位也可成为刑事司法研究的样本元素，例如矫正机构、街区或恐怖活动。在一些研究中，样本元素与分析单位往往相同。

总体（population）是指理论上设定的研究元素集合。在研究模糊术语“越轨者”（delinquents）时，对该总体的更准确描述应包含“越轨者”（如被控有越轨行为的人）的定义以及研究的时间范围（在最近 6 个月里是否被指控有越轨行为）。将抽象的“成年吸毒成瘾者”转化为可测量分析的总体时，需要明确界定“成年人”的年龄以及可用于界定“成瘾者”的吸毒程度。对“大学生”的界定应考虑是否包括全日制和非全日制、学位和非学位候选人（nondegree candidates）、本科生和研究生等。

总体参数（population parameter）是指总体中已知变量的数值。某个城市所有家庭的平均收入和该城市人口的年龄分布属于总体参数。在样本观察的基础上评估总体参数是刑事司法研究的重要内容。

样本统计量（sample statistics）是指样本中已知变量的归纳性描述。样本统计量可用于评估总体参数。因此，从样本中计算得出的平均收入和年龄分布是统计量，而这些统计量可用于评估总体的收入和年龄参数。

总体参数　总体中已知变量的数值。
样本统计量　用于评估总体参数的样本的归纳性特征。

抽样的最终目的在于从总体中选出一组元素，并确保对这些元素的描述（样本统计量）能够准确反映对应的总体参数。概率抽样可以增加实现这一目的的概率，同时也提供了评估抽样成功率的方法。

随机选择是概率抽样过程的关键。在随机选择中，每个样本个体被选中的概率都相等，并独立于抽样过程中的其他事件。投掷硬币游戏是引用率最高的例子；正面朝上还是朝下，人们的“选择”独立于之前选择的结果。

采用随机选择方法有以下两个原因：第一，随机选择过程可检测研究人员是否存在有意识或无意识偏差。凭直觉选择样本的研究人员可能倾向于选择支持其研究预期或假说的样本。随机选择可消除这种偏差。第二，更为重要的是，通过随机选择，我们可以运用概率论来评估总体参数，并可评估样本统计量的准确度。

选取 10 个样本个体的抽样分布

假设有一个 10 人组，每人包里有一定数额的钱。简单地讲，假设该组中有一人包内没有钱，一人有 1 美元，一人有 2 美元，以此类推，最后一人有 9 美元。图 8.3 展示了由该 10 人组成的总体。[1]

图 8.3　每人分别有 1 美元至 9 美元的 10 人总体

我们的任务是确定人均持有美元的金额，也即持有美元的平均值。将图 8.3 中的数额简单相加，合计 45 美元，因此平均值为 4.5 美元（45÷10）。接下来，我们要在没有实际观察这 10 个人的前提下，估算他们持有美元的平均值。我们将通过从该总体中选取随机样本，用这些随机样本的平均值来估算

〔1〕 感谢汉南·塞尔文（Hanan Selvin）提出的介绍概率抽样的方式。

该总体的平均值。

假设我们只从这10个人中随机选取1个人。根据所选的那个人，我们将从0美元到9美元来估计该总体的平均值。图8.4排列10个可能被选取的样本。图中的10个点代表了10个我们将用于估计总计特征的“样本”平均值。这些点的范围代表了抽样分布，即在我们多次选取同等数量的样本后，所组成的样本统计量的范围。图8.4呈现了所有可以由1个个体组成的样本的分布形式。显然，选取1个个体作为样本并不是什么好主意，因为我们错过4.5美元这一真实均值的概率较大。

如果选取2个个体作为样本呢？从图8.5中可看出，我们对总体参数估计的准确性随着样本量的增加而提高。从10个人中选取2个作为样本的可能性有45种：0美元与1美元，0美元与2美元，……7美元与9美元，8美元与9美元。许多样本所持有美元的均值是一样的。例如，0美元与6美元、1美元与5美元、2美元和4美元的均值都是3美元。在图8.5中，以3美元为样本均值的上方的三个点对应着这三个样本。

值得注意的是，我们所选取的45个样本的均值并非平均分布的。相反，这些样本均值聚集在4.5美元这一真实均值周围。只有两个样本均值与真实均值的偏差为4美元（0美元与1美元，8美元与9美元），然而5个样本均值对4.5美元这一真实均值作出正确估计，另外8个样本均值与真实均值只相差（正负）0.5美元。

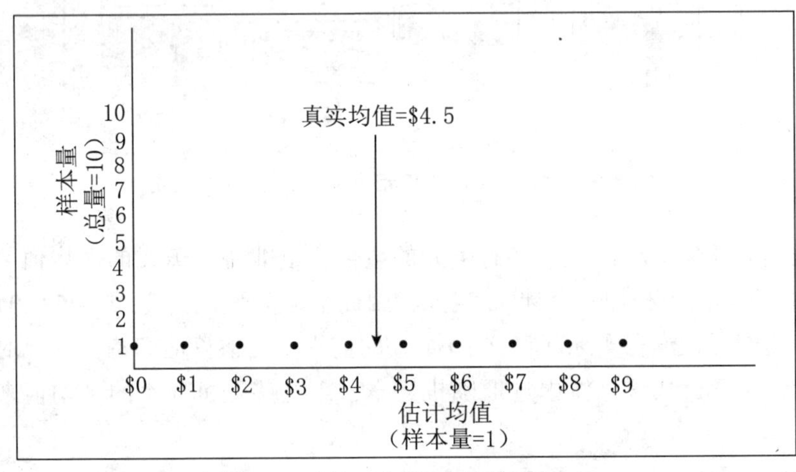

图8.4　选取1个样本时的抽样分布

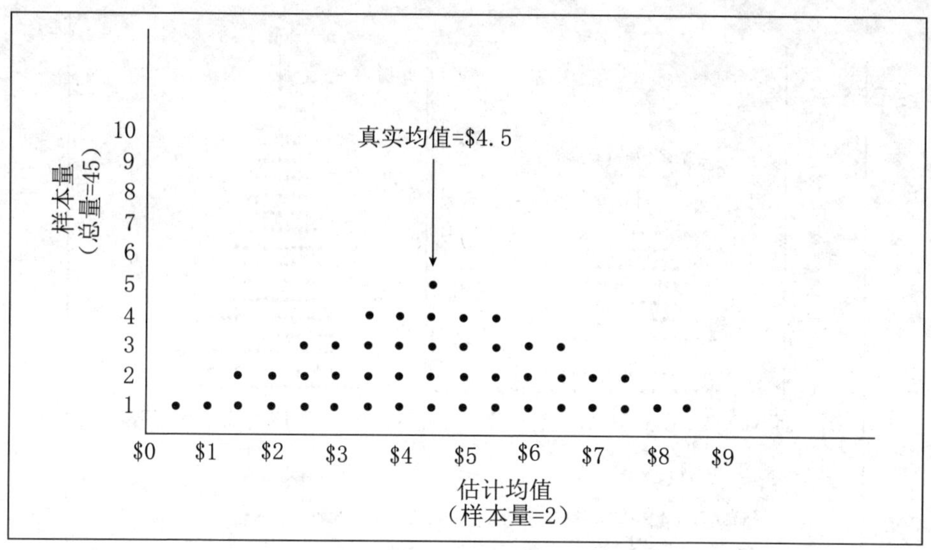

图 8.5　选取 2 个样本时的抽样分布

现在，假设我们选取更大量的样本，对我们的均值估计会有什么影响呢？图 8.6 展示了分别选取 3、4、5、6 个个体作为样本的抽样分布。抽样分布的变化非常明显。随着样本量的增加，抽样分布估计真实均值的准确性有两方面的提高：第一，例如，在选取 5 个个体作为样本的抽样分布中，在分布的最两端没有样本均值。为什么呢？因为在选取 5 个个体作为样本时，我们不可能获得小于 2 美元或大于 7 美元的样本均值。第二，随着样本量的增加，样本均值越来越向总体均值 4.5 美元聚拢。图 8.6 清晰地展现了这一趋势。

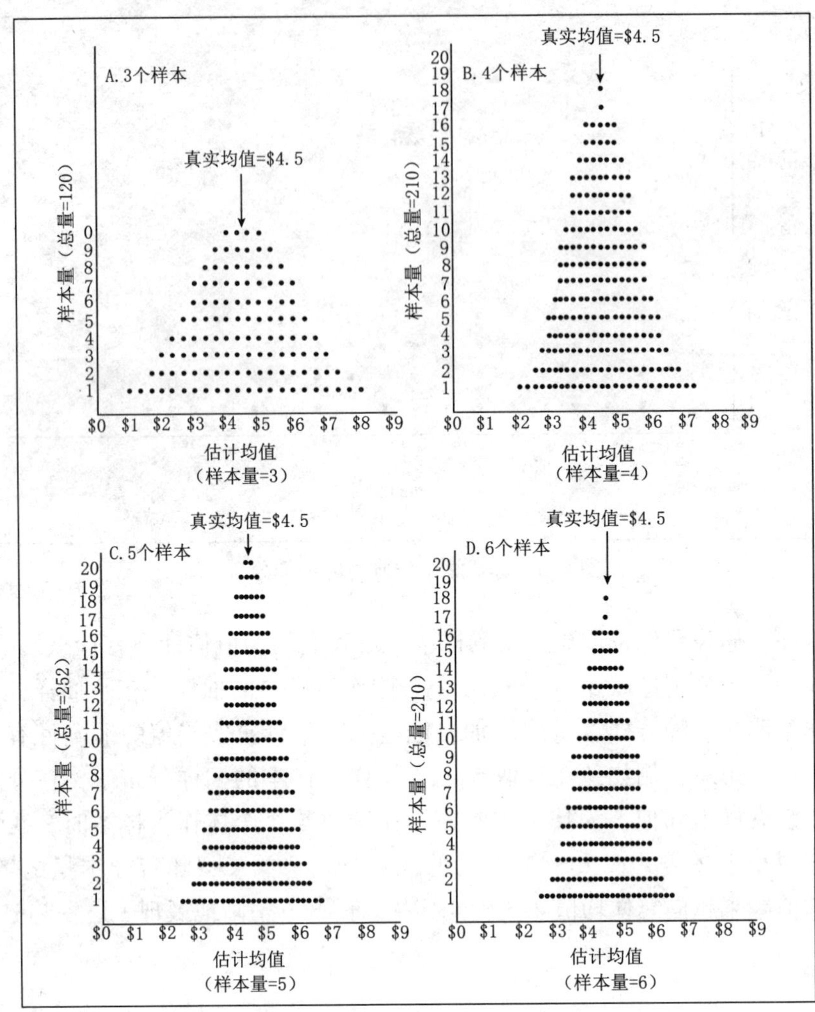

图 8.6　分别选取 3、4、5、6 个样本时的抽样分布

从抽样分布到参数估计

接下来我们讨论一个更贴近现实的抽样示例，以了解如何运用抽样分布。假设我们想研究加利福尼亚州普拉西德海岸（Placid Coast）居民对有关禁止在市内持有步枪的议案的接受或不接受程度。

我们的目标总体为该市的成年居民。为准确获取样本，我们需要含有总体中元素的某种列表。这个列表被称作抽样框（sampling frame）。假设我们的抽样框是含有该市 2 万名登记选民的选民登记表。各位登记选民即为该总体中的元素。

抽样框　用于选取样本的总体中元素的列表或清单。

我们所考虑的变量为对该议案的态度：支持或反对。由于以这样的方式测量，对该议案的态度为二项变量，该变量只能有两个值。为评估支持该议案态度的总体参数，我们将选取 100 人作为随机样本。

图 8.7 展现了该总体参数的所有可能值——从 0 到 100%的赞成。中点为 50%，指代一半。

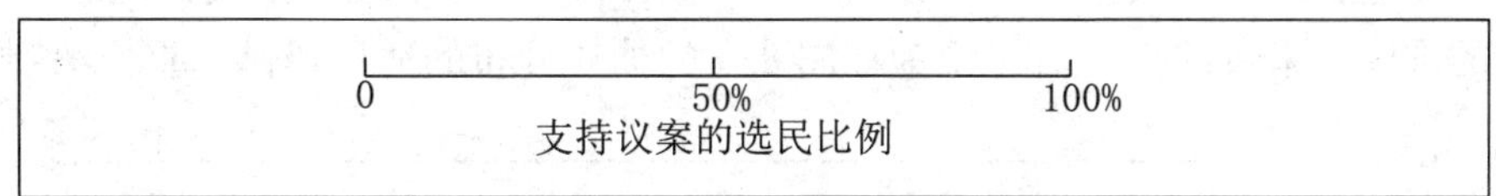

图 8.7　样本研究结论的可能范围

为选取样本，我们给选民登记表内的每个人分配了一个号码，并用计算机程序生成了 100 个随机号码。随后我们访问了这 100 个随机号码所对应的人，问其对禁止步枪议案的态度：支持或反对。假设该访问的结果是 48 人赞成和 52 人反对该议案。如图 8.8 所示，我们在代表 48%的位置上安放一个小点，指代样本统计量。

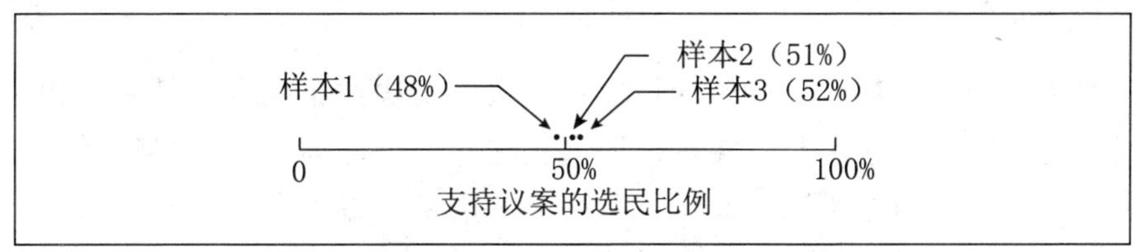

图 8.8　三个假设示例所形成的不同结果

现在我们以完全相同的方式来选取 100 人作为另一个样本，测量他们是支持还是反对该议案。第二次抽样结果为有 51 人支持该议案。我们再用一个点将这一样本统计量表示在图 8.8 中。再次重复这一过程，我们可能会发现，在第三个样本中，有 52 人赞成该议案，我们用第三个点在图 8.8 中表示这一样本统计量。

现在，图 8.8 中有三个分别代表三次抽样中的赞成该议案百分比的样本统计量。每个随机样本所产生的样本统计量可用于估计登记选民总体中赞成该议案的百分比。然而，我们现在只有三个独立的估计。为摆脱此困境，让我们不停地抽取 100 人作为样本，询问他们是否赞成该议案，并将新的样本统计量标注于图中。在重复抽样的过程中，我们发现许多新样本给出了与之前样本相同的估计，这也和我们之前抽取 10 个个体作为样本的例子相似。图 8.9 展示了含有数百个样本的抽样分布。该分布通常也被称为正态分布或钟形曲线（bell-shaped curve）。

值得注意的是，随着抽取和访问的样本的数量增加，我们也可以扩大根据抽样过程进行评估的范围。从某种意义上讲，我们增加了寻找正确总体参数的难度。幸运的是，概率论为如图 8.9 的抽样分布的适用提供了重要法则。

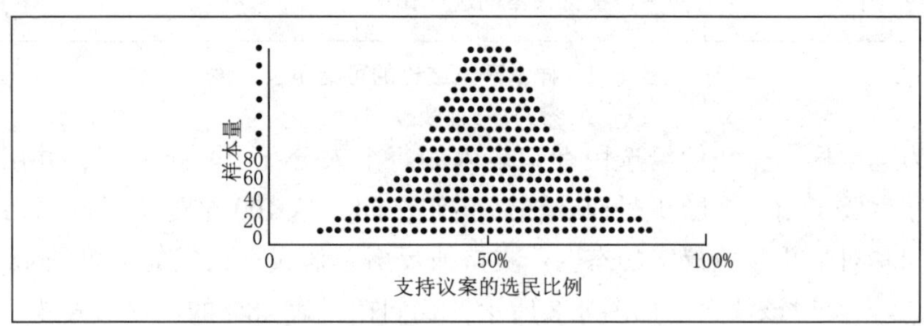

图 8.9　抽样分布

估算抽样误差

概率论和一些基本统计概念可以帮助我们解决如下问题：其一，如果从一总体中多次独立选取随机样本，那么从这些随机样本中所获得的样本统计量将会以一种已知方式围绕总体参数分布。因此，尽管图 8.9 呈现出一个较大的估值范围，但多数估值都围绕着 50%而非其他数值分布。运用概率论，我们便可知真正的总体参数就在 50%附近。

其二，概率论给了我们一个用于估算样本统计量如何紧密聚集于真值附近的公式：

$$S=\sqrt{\frac{P\times Q}{n}}$$

该公式中的 S 为标准误差（standard error，可界定为对抽样误差的测量），n 是每个样本中所含有的个体数量，而 P 和 Q 为二项分布的两个总体参数。如果登记选民有 60%支持而 40%反对禁止步枪议案，则 P 和 Q 的值分别为 60%和 40%，或 0.6 与 0.4。

为说明如何运用概率论来估算抽样误差，我们可以假设，现实中的登记选民有 50%支持和 50%反对禁止步枪议案。这两个 50%便是我们想要用样本来估计的总体参数。我们之前已经选择了由 100 个个体组成的样本，把这些数值代入公式，便可得到：

$$S=\sqrt{\frac{0.5\times0.5}{100}}=0.05$$

该标准误差为 0.05，或 5%。

标准误差在概率论中的重要性在于其能够说明样本统计量如何围绕总体参数分布。标准误差告诉我们样本统计量如何离散或聚集在总体参数周围。概率论告诉我们，近 34%的样本估值位于总体参数之上的一个标准误差增量（increment）内，而另一个 34%的样本估值位于总体参数之下的一个标准误差增量内。在我们的例子中，标准误差增量为 5%。这就说明，在我们的样本中，34%的样本统计量对该议案支持百分比的估值位于 50%（总体参数）与 55%（高于总体参数的一个标准误差增量）之间；另一个 34%的样本统计量对总体参数的估值范围为 45%至 50%（低于总体参数的一个标准误差增量）之间。两者求和，我们可粗略估算，68%的样本统计量所提供的估值是 45%至 55%，即总体参数上下的 5%范围。

标准误差也是样本量的一个函数——反函数。也就是说，随着样本量增加，标准误差会减少。而且随着样本量的增加，数个样本会不断向真值聚拢。图 8.6 呈现了这一聚拢现象。标准误差的公式也反映了另一个经验法则：因为平方根的运算，样本所含个体数量增至 4 倍将使标准误差减小一半。在我们的例子中，选取 100 个个体作为样本，其标准误差为 5%；如果要将标准误差减小至 2.5%，我们需选取 400 个个体作为样本。

所有这些信息都是有关大量随机样本选取的既有概率论提供的。在总体参数已知且已选取众多随机样本时，可以运用概率论来预测有多少样本会落入围绕总体参数的区间中。

当然，上面的讨论只阐明了概率抽样的原理，并没有描述研究的实际过程。我们通常不知道该参数；我们通过严谨的样本研究来估算其值。此外，我们在实际研究中也不会选择大量样本；我们只选择一个样本。概率论是在研究中作出推论的基础。通过了解选取数千样本会带来的结果，可以提出关于我们实际选取并研究的一个样本的假定。

置信水平与置信区间

概率论表明，根据虚构的大量样本中的68%，可以获得落于该参数上下一个标准误差范围内的估值。作为研究人员，运用概率论，我们可以作出推断；任何单次随机抽取的样本都有68%的概率落于该范围内。据此，我们可称该概率为置信水平（confidence level）；我们有68%的信心认为我们的抽样估值位于该参数上下一个标准误差范围内。或者也可以说我们有95%的信心认为样本统计量会在该参数上下两个标准误差范围内。很容易理解的是，我们的置信水平会随着误差幅度（the margin for error）的扩增而增加。我们也能确信（99.9%的信心），我们的样本统计量会在真值上下三个标准误差范围内。

虽然我们在某种程度上能确信我们的样本统计量处在该参数上下一定范围内，但是我们很难知道该参数是多少。为解决该问题，我们可用样本统计量替换上述公式中的总体参数；没有真值，我们可用最佳估值来代替。

置信水平（confidence level）　对于一个总体参数是否位于一个特定置信区间内的概率估计。

上述推理及估算的结论是，我们可以基于从总体抽取的一个样本，对该总体参数和预期的误差作出估算。我们可以从这样的问题开始：在普拉西德海岸，百分之多少的登记选民支持禁止步枪议案？我们随机选取100名登记选民并进行访谈。然后，我们可能会报告称，我们的最佳估算是，50%的登记选民支持该议案，我们有95%的把握认为支持者占40%至60%（正负两个标准误差范围）。我们称40%到60%的这一范围为置信区间（confidence interval）。当置信水平为68%时，置信区间为45%至55%这一范围。

置信水平和置信区间原理也为判断合适的研究样本量提供了依据。一旦确定可以容许的抽样误差，就能够计算抽样中需要的个体数量。

置信区间（confidence interval）　包含总体参数的数值范围。“34%至39%”即为一例。

概率论与抽样分布小结

通过随机选取样本，研究人员得以运用概率论来评估从样本中获得的结论的准确性。对于抽样准确性的所有论述都必须同时指明置信水平和置信区间。研究人员必须报告他有百分之多少的自信认为总体参数位于两个特定值之间。

在本例中，我们已经指出，抽样误差理论采用一个二项变量——以百分比为分析单位的变量。例如，计算一个平均值的标准误差需要不同的统计运算方法，但总的原理是一样的。

值得注意的是，我们并没有讨论所研究的总体数量。这是因为总体数量几乎总是无关紧要。相比于一个经恰当抽取以代表加利福尼亚州且由2000名受访者组成的样本，一个经恰当抽取以代表佛蒙特州且由2000名受访者组成的样本不见得更准确——尽管佛蒙特州更小，抽取同样数量的受访者，其占本州总人口的比重实际更大。出现这一反直觉现象的原因在于，计算抽样误差的公式假定被抽样的总体无限大，因而所有样本都等于总数的0%。

在结束对概率抽样基本原理的讨论时，需要提醒两点：第一，此处从技术上进行的概率论研究应用并不完全合理。抽样分布理论所依据的假设在调查活动中几乎不会出现。例如，特定标准误差增量所包含的样本实际比例在数学上的预设是总体无限大、样本数量无限多和重置抽样（sampling with replacement），也即，每个被抽取的个体会被放回抽样框中，有再次被抽中的可能。第二，我们对从几次抽样样本分布到单次抽样可能特点的讨论过于简单。

提及上述两点注意事项，旨在阐明概率论在抽样中的运用方法。刑事司法和其他社会科学领域的研究人员通常会高估通过概率论得到的估值的准确性。不同的抽样方法以及其他因素可能会进一步削弱该类估算的准确度。例如，那些在抽样过程中被选中但不能或拒绝参加研究的个体会影响样本的代表性。

尽管如此，此处对计算的讨论对于我们理解和评估数据有极大助益。虽然这些计算没有得出一些研究人员理想的精确估值，但是可以指导我们的实际研究。毫无疑问，这些计算比那些基于不太严谨的抽样方法所进行的估算更有实践意义。更为重要的是，熟悉计算的基本原理，可以帮助正确理解自己收集和他人提供的数据。

三、概率抽样

针对不同的研究目的，我们可单独或结合运用不同类型的概率抽样设计。

作为研究人员以及研究成果的使用者，我们需要掌握抽样的基本理论。理解在实际抽样中所存在的不完美情形也是同等重要的。之前我们进行的大部分讨论，都以简单随机抽样（simple random sampling）作为假设前提。在实际抽样中，研究人员可选择不同的抽样方法，但每种方法各有利弊。

总体与抽样框

我们首先讨论所有概率抽样设计共有的一个关键特征：总体与抽样框之间的关系。

抽样框是指可供我们从中进行概率抽样的元素清单或准清单。换句话说，抽样框是含有我们目标总体的清单或准清单。之所以称之为“准清单”，是因为即使不存在真正的清单，我们也可以像存在清单一样选取样本。准确选取的样本能够提供适于描述构成抽样框的元素的总体的信息。这一点非常重要，因为研究人员往往会从某个特定抽样框中选取样本，然后对与抽样框所对应的研究总体相似但不相同的总体作出论断。

例如，如果我们想要研究矫正机构管理人员对一些极其重要的量刑政策的态度，我们可以通过美国矫正协会（the American Correctional Association）会员名册来选取样本。在此情况下，会员名册为抽样框，矫正机构管理人员是我们所期望研究的总体。不过，除非所有矫正机构管理人员都是该协会会员，且所有会员都登记在册，否则将研究结论适用于所有矫正机构管理人员是不合适的。

该例呈现了抽样过程中值得关注的一点。组织通常都有成员名册，因而从组织中对人抽样往往最为简单。在此情况下，通常可以成员名册作为抽样框。如果从一个成员名册中随机选取样本，且该名册包含了所有成员，则所选取的样本便可视为能代表所有组织成员。然而，必须确保研究人员知道该名册是否完整，并仅将结果适用于名册内成员而非完整的总体。如今许多组织的成员名册会有电子邮箱信息，我们因而可以进行网上抽样和电子邮件访谈。

其他类型的名册也可作为特定研究的抽样框，例如含有注册司机、机动车车主、医疗保险受保人、纳税人、持有武器许可的人员、有执照的专业人员等的相关名册。虽然我们不可能获得一些名册的访问权限，但这些名册确实可作为特定研究的抽样框。

有时也会将电话号码簿用于临时应急的民意调查。不可否认，以电话号码簿为抽样框是既简单又经济的抽样方法，但仍有局限性。电话号码簿也许没有收录新用户或那些要求不公开电话号码的用户。如果电话号码簿包含非住宅电话用户，那么从中选取样本的过程更为复杂。另外，有时研究人员将电话号码簿视为涵盖该市所有人口，但事实上并非如此。越来越多的住户选择无线电话服务，因而他们并不体现在电话号码簿里。2015 年的一项全国性研究报道称，48%的成年住户仅使用无线电话服务（Stephen Blumberg and Julian Luke，2016）。

街道目录与纳税区域地图可用作选取住户样本的抽样框，但也存在不完整性和其他偏差。例如，隔间公寓（subdivided apartments）这样的非法住房单位不太可能出现在官方记录中。这样的住房单位就没有被选取的可能，研究结果也不能适用于这类不符合居住标准、拥挤不堪的住房单位。

从更抽象的意义上讲，抽样框可以被视为研究总体的操作性定义。如同变量的操作性定义描述如何测量抽象概念一样，抽样框就像抽象研究总体的现实版。假设我们想研究犯罪学家如何处理研究中的伦理问题。虽然我们不知道现有多少犯罪学家，但我们对犯罪学家总体有一个大致的理解。我们也可以利用 ASC 会员名册将犯罪学家这一概念操作化——该名册即我们对犯罪学家这一总体的操作化定义。[1]由于大多数犯罪学家使用电子邮箱，ASC会员名册中的电子邮箱地址便可作为我们研究选取样本的途径。

简单随机抽样

简单随机抽样是概率论的基础，也是我们用于估算总体参数、标准误差和置信区间的统计工具。更准确地说，这类统计以无偏差抽样为预设前提，而简单随机抽样又是无偏差抽样的基础。

一旦确立抽样框，简单随机样本便可通过对抽样框中每一元素连续编号来进行抽取。随机号码表或产生这些号码的计算机程序便用于选取样本元素。

如果抽样框是计算机化的数据库或其他可机读数据类型，计算机可自动选取出简单随机样本。事实上，计算机对抽样框中的个体编号，生成了一系列随机号码，并显示出所选中的元素列表。

系统抽样

实践中很少采用简单随机抽样，主要是因为这种方法通常不是最有效，而且较为烦琐。抽样通常需要含有总体的元素清单。获取到该清单后，研究人员通常会选择系统抽样（systematic sampling），而不是简单随机抽样。

在系统抽样中，研究人员尽可能将清单中的所有元素选作样本内容。如果清单包含10 000个元素，而我们需要1 000个样本，则可以每隔10位选取一个元素作为样本。为尽可能地减少抽样偏差，我们会随机选取首个元素。因此，为了从10 000个元素中系统选取1 000个元素，我们会先从1到10中随机选取一个数字。对应该号码的元素以及随后每隔10位的元素组成样本。

在实践中，系统抽样与简单随机抽样的实质相同。如果元素清单确实在抽样前随机排列，我们也可以认为，从该清单选取的系统样本实际上也是简单随机样本。

系统抽样有一风险。在系统抽样中，对清单中的元素进行周期排序是愚蠢的做法。这种排列通常被称为“周期性”。如果元素列表按照与抽样间隔一致的循环模式排列，那么所选取的样本便存在偏差。假设我们选取一栋公寓

---

〔1〕 你可以在ASC官网 http://asc41.com/director/frame.htm 找到会员名册。

楼内的公寓作为样本。如果列有该楼公寓的清单是按一定号码规律排列的，就会出现抽样间隔与每层特定公寓吻合的可能。例如，马克斯菲尔德在纽约居住的公寓楼中，门号以01、02、03和04结尾的公寓窗外景色别致，售价是那些门号以05、06、07和08结尾的公寓（马尔菲尔德所住公寓也在其列）的三倍多。如果最开始的随机抽样选中的是号码02，就只有那些窗外风景别致的公寓被选作样本。

在考虑从某个清单进行系统抽样时，需谨慎审查该清单的性质。如果其元素以某种特定顺序排列，就必须搞清是否会使样本抽取产生偏差，并采取措施消除可能出现的偏差。

总而言之，相较于简单随机抽样，系统抽样的优势主要体现在操作的便利性上。抽样框中的元素有序排列问题通常很好解决。

分层抽样

我们已经讨论了两种从抽样框中选取样本的方法：简单随机抽样和系统抽样。分层并不是上述两种抽样方法的替代方法，而是在这两种方法基础之上的修正。通过简单随机抽样与系统抽样，我们都能确保样本具有一定程度代表性，并估算可能存在的抽样误差。分层抽样（stratified sampling）是一种可获取更具代表性样本即减少抽样误差的方法。为理解分层抽样的特点，有必要简要回顾下抽样分布的基本理论。

在抽样设计中有两个因素可减少抽样误差：（1）大样本比小样本产生的抽样误差小；（2）相比异质总体（heterogeneous population），同质总体产生的抽样误差较小。如果99%的总体都赞同某一陈述，那么抽样样本不能代表总体认同程度的情况几乎不可能出现。如果总体对该表述的赞同与反对率各占五成，抽样误差就会大很多。回顾前面讨论的2012年大选民意调查和最后投票，抽样误差过大的结果就是让一些民意调查“难分伯仲”。

分层抽样设计考虑到了上述抽样理论的第二个因素。在分层抽样中，我们并非从整个总体中选取样本，而是分别从该总体里各同质子集中选取适当数量的元素作为样本。例如，为获取大学生的分层样本，我们首先将总体按年级来划分出大一、大二、大三和大四这四个子集，然后从中分别选取适当数量的个体。在非分层样本中，年级的代表性和其他变量都有可能带来抽样误差。在按年级来分层的样本中，年级变量的抽样误差可降低至0。

我们还可以使用更为复杂的分层方法。除了年级外，还可以按照性别、成绩平均绩点（GPA）等对总体进行分层，据此进行分层抽样，能确保样本中涵盖适当数量的GPA为4.0的大一男生和GPA为4.0的大一女生等人。

分层的最终目的是将总体划分成为各种同质子集（各同质子集之间具有异质性），并从各同质子集中选取适量的元素。在某些情况下，样本子集的同质性不仅会体现在分层变量中，还有可能反映在其他变量上。因为年龄通常与年级相关，所以按年级分层的样本也能代表总体的年龄特征。

分层变量的选择一般取决于哪些变量信息是已知的，以及哪些变量与研究问题相关。我们通常可以通过姓名来确定性别。许多地方政府的租房信息是按地理位置管理的。与刑事司法官员接触过的人员名单中往往包含年龄、种族、教育、职业及其他信息。

然而，在选取分层变量时，我们首先应考虑可能影响我们想要准确代表的变量的因素。性别与许多变量相关并且易于知晓，因而通常会用于分层。年龄和种族与许多刑事司法研究变量相关。收入虽然也与许多变量相关，但通常不能获取。市、州或整个国家的地理位置与许多事物相关。在一个城市中，按地理位置来分层通常可以提高对社会阶层与族群的代表性。

分层抽样保证了分层变量的适度代表性，也提高了其他相关变量的代表性。总而言之，对于大量变量而言，分层样本的代表性远超简单随机样本。

非比例分层抽样

分层也可用于有目的地抽取在某个变量上对总体不具代表性的样本，这种抽样就是非比例分层抽样。我们一直在说，抽样的目的在于获取可代表较大总体的样本，因此你或许会困惑：为什么有人故意要获取不具代表性的样本？

为理解非比例分层的原理，让我们再次认识一下总体同质性在确定样本量时的作用。如果总体中个体之间在某些变量上存在着较大差异，那么我们必须抽取更多样本，以求其能代表总体。同样，如果总体中只有少量个体呈现出我们所感兴趣的特征或属性，就必须抽取足量元素以反映不常见特征。非比例分层通过选取与其在总体中的表征不成比例的数字，来获得足量的这类个体。

全国犯罪调查是刑事司法领域非比例抽样的范例，调查的目标之一就是在抽样时选取最小数量的犯罪被害人。由于抢劫和强奸等犯罪类型的犯罪被害在全国范围内相对少见，对这类犯罪较为严重的大城市的居民就会采用非比例抽样。

英国犯罪调查（British Crime Survey，简称 BCS）是一项针对英格兰和威尔士年满 16 周岁人群的全国性调查。在自 1982 年开始的最初 20 年里，该调查特意对人或地区进行了有选择的过度抽样（oversample），以获得比对英格兰和威尔士进行比例随机抽样所获更多的特定受试者。为获取足量在统计学上能够代表农村地区的个体，该调查项目从 2004 年起对由小型警察部门管辖的地区进行了过度抽样（Kevin Smith and Jacqueline Hoare，2009）。

多级整群抽样

我们已描述了一些从抽样框选取样本的简单抽样方法。不过，许多有趣的研究问题需要从难以为抽样而排列的总体中选取样本，也就是说，抽样框不易获得。例如，当研究总体为某个市、州或全国的居民以及全国所有警察时，抽样设计会复杂很多。这类抽样设计往往会对元素群（整群）进行初始抽样，然后再从抽出的每一个整群中选取元素。整个过程被称作多级整群抽样（multistage cluster sampling）。

在难以为目标总体（如全国执法人员）编辑一份详细元素清单时，可以使用多级整群抽样。不过，多级整群抽样通常需要具备一定前提，即总体元素已经划分为子总体，而且存在子总体清单（或者可以制作这样的清单）。

总体元素或这些元素的集合，被称为抽样单位（sampling unit）。在最简单的抽样中，元素与单位是相同的——通常是人。但在无法获得元素清单时，我们往往可以使用包括元素分组在内的其他单位。

美国执法人员由各州、市、县独立雇用，我们因而可以创建这些政治机构的清单。然后我们可以按照前面讨论过的方法（例如总体分层的系统抽样）从州、市、县清单中抽样。之后，我们可以找每一被选中地区的执法机构获取执法人员清单。最后，我们可从每份清单中抽样，为研究提供执法人员样本。

在市一类居住区中抽样是另一种典型情形。虽然没有城市人口的单独清单，但居民居住在独立的街区或人口普查区，因而可以先对街区进行抽样，制作居住在被选中街区的居民清单，然后从该清单中选取居民。在本例中，街区被视为初级抽样单位。

如果要设计得更复杂点，我们可以选取街区，制作每一被选中街区的住户清单，对住户进行抽样，制作被选中住户的人员清单，最后再从该清单中抽样。基于这种多级抽样设计选取最终个体样本，不需要首先列出该市所有人的清单。

此外，多级整群抽样涉及两个基本步骤的重复：制作清单和抽样。编撰初级抽样单位（城市街区）清单，可能还要为抽样而分层。然后从这些单位中选取样本。然后再从次级抽样单位中抽样，依次继续进行。

对于多级整群抽样设计而言，最好是在减少每一整群内元素数量的同时，使被选出的整群的数量最大化。不过，这一科学指引必须与实际约束保持平衡。多级整群抽样的效率取决于将总体元素清单最小化的能力。经过一开始的整群选择，我们只需要列出组成被选择整群的元素的清单，无须列出完整总体的所有元素。不过，整群数量的增加会降低多级整群抽样的效率。相比于较多整群，编列较少整群，速度更快，成本也更低。要记住，一个被选取的整群中的所有元素都必须列出，即便这些元素仅有少量会在后续抽样中被选中。

最终的抽样设计将反映这两项约束。实际上，我们能提供多少整群，可能就会选取多少整群。为了不让这个问题的讨论陷入无休止的争论，我们看一个经验法则：人口研究人员通常以在每个人口普查区选取 5 户为标准。假设应当访问 2 000 户，研究人员会选择 400 个街区，每个街区访问 5 户。图 8.10 形象地呈现了这一过程。

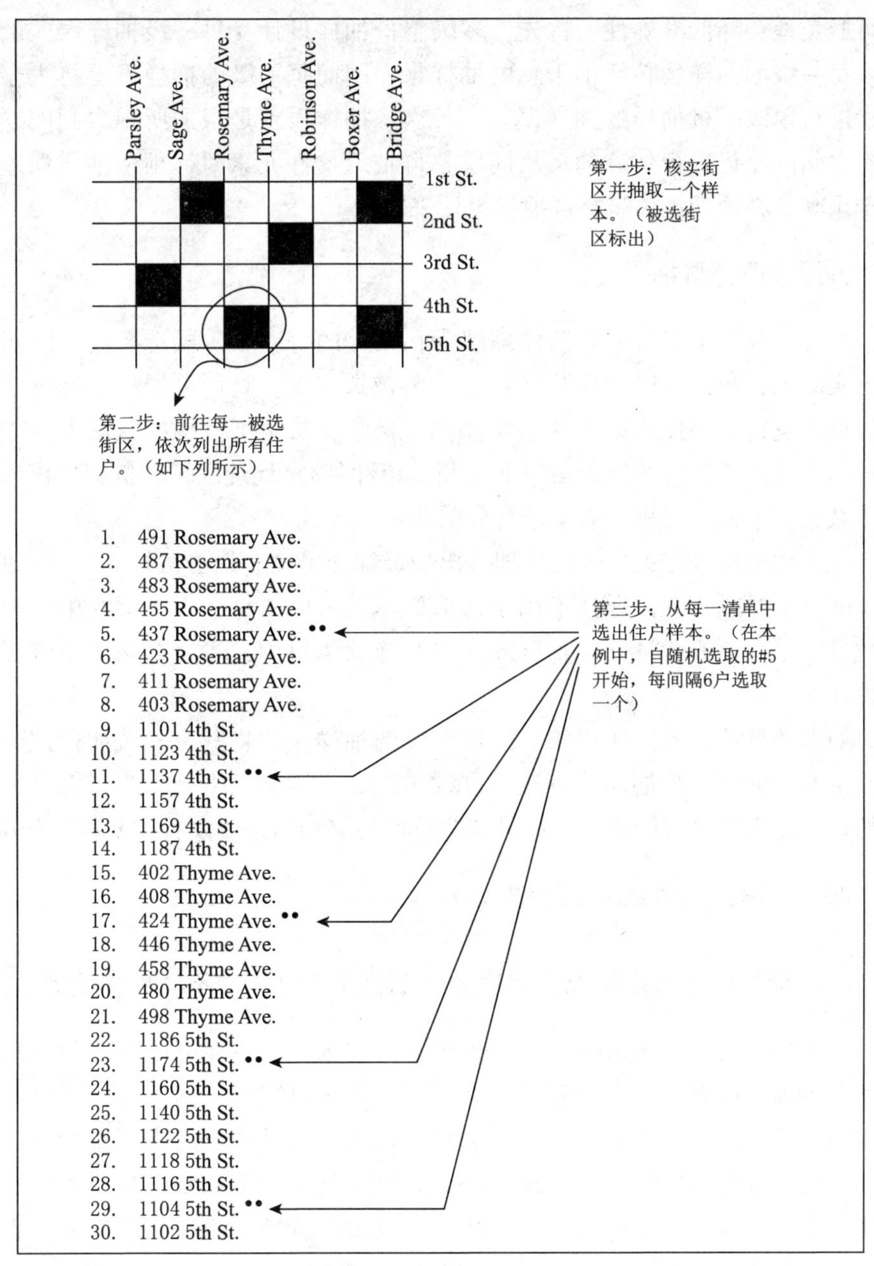

图 8.10　多级整群抽样

现在我们开始讨论更详细的多级整群抽样程序。要记住，这一方法几乎不可避免地会降低准确性。首先，多级整群抽样设计受每一级抽样误差的影响。每一级的抽样量必须小于总的抽样量，因而每一级的抽样误差将大于对元素进行单级随机抽样的抽样误差。其次，抽样误差是根据所观察到的样本元素之间的变化进行估算的。从同质整群抽取这些元素时，预估抽样误差将过于乐观，必须根据多级整群抽样设计来矫正。

分层多级整群抽样

至此，我们将多级整群抽样理解为在设计的每一个阶段选取简单随机样本。实际上，我们可以运用分层技术改善被选样本。我们可用的基础方法与从清单中进行单一抽样的方法基本相同。例如，从全国范围的执法人员中选取样本，我们首先可按照管辖类型（州、市和县）、地理区域、机构规模以及位于城市或乡村，对机构清单进行分层。

一旦根据这些相关分层变量划分出初级抽样单位（执法机构），就可以将简单随机抽样或系统抽样技术用于选取样本。可以从每个组或层级中选取特定数量的单位，或者将分层整群放入一个连续清单中，然后对该清单进行系统抽样。

如果整群被并入同质层级，则该阶段的抽样误差将减少。诚如前述，分层的主要目标是实现同质。不过，这种情况通常不会发生，因为我们努力寻求的是整群内的相对同质性。如果这些整群足够相似，就没有必要再次分层。

四、示例：两项全国犯罪调查

两项全国犯罪调查呈现了为达到预期目标而进行的不同抽样设计。

有关抽样设计的讨论表明，为满足不同需求，研究人员可以各种方式综合运用各种抽样方法及方法要素。事实上，正如研究设计的原理可调整以满足不同需求，抽样所涉及的各种方法要素也可根据具体目的进行重构。由于很难获得适宜简单随机抽样的样本框，研究人员采用多级整群抽样方法，从整体样本单位转向具体样本元素。我们可以加入分层，确保样本能够代表重要变量。我们也可对样本进行设计，形成与总体相称或不相称的元素。

两项全国犯罪调查阐释了这些多样化的构件如何以多种方法组合：（1）由美国人口统计局实施的 NCVS；（2）在英格兰与威尔士实施的 CSEW。两项调查都属于多级整群抽样，但为获取足量的不同类型受试者而采用了不同的抽样策略。我们的概括性描述分别改编自詹妮弗·杜鲁门、林恩·兰顿有关 NCVS 的论著（Jennifer Truman and Lynn Langton，2015）和国家统计办公室（Office for National Statistics，2016）对 CSEW 的描述。

NCVS

虽然 NCVS 自 1972 开展以来已经对抽样方法进行了多次完善，但基本的抽样策略保持相对不变。最为明显的变化为样本数量的波动，以及从电话号码清单抽样向对家庭住户进行电话访谈的转变。

NCVS 寻求代表全国 12 周岁及以上的居民总体。我们在第 6 章提及，短语"居住在家庭中"非常重要，在讨论抽样时尤其如此。NCVS 在设计上并未涵盖无家可归者和居住在军营房或矫正场所等机构设施中的人员。此外，抽样指向那些居住在家中的人，因而不能估算商业设施或企业被害的犯罪。

美国没有全国性的居民清单，因而必须采用多级整群抽样，以家庭及其居民替代较大样本单位。第一阶段采用的全国性抽样框将初级抽样单位（primary sampling unit，简称 PSU）界定为大都市地区、非都市县以及县毗邻区（代表农村地区）。

最大的 93 个 PSU 被规定为"自我代表"，自动纳入初级抽样。其他 PSU 将按照面积、人口密度、犯罪统计和其他变量进行分层。余下的 152 个不能自我代表的 PSU 随后根据与该 PSU 总体相称的概率选出。因此，如果一个抽样层级包含得克萨斯州的布格斯勒（Bugtussle，人口 7 000）、印第安纳州的庞金斯德（Punkinseed，人口 5 000）和密苏里州的伦斯德（Rancid，人口 3 000），那么这三个城市被选取作为 PSU 的概率分别为布格斯勒 7/15、庞金斯德 5/15 和伦斯德 3/15。

抽样的第二阶段是在每个 PSU 确立四个不同的抽样框。在每个抽样框中，不同类型的抽样单位将被选取用于后续的抽样。第一，家庭单位抽样框列有人口普查时登记的住址。第二，集体宿舍抽样框含有人口普查时登记的学生宿舍、合租房等集体宿舍。第三，建房许可抽样框含有当地政府登记的新建楼房。第四，地区抽样框含有可从其中产生独立住址清单的人口普查区（地理区域单位）。请注意，确立这四个抽样框是有必要的，因为在美国拿不到最新且完整的住址清单。

遵循上述抽样程序，2014 年的 NCVS 选取了居住在 90 380 个家庭中的 158 090人，对这些人进行了全面访谈（Truman and Langton，2015：12）。NCVS 的抽样设计很好地解释了样本量与目标总体变化之间的关系。就全美人口而言，严重犯罪属于相对少见的事件，因此必须选取相当大的样本。由于没有单独的目标总体清单，必须进行多级抽样。

有关 NCVS 的详细信息，参见司法统计局的相关文件（http://bjs. ojp. usdoj. gov/index. cfm? ty=dcdetail&iid=245，2016 年 7 月 20 日访问）。也可参见全国刑事司法数据档案库（the National Archive of Criminal Justice Data）的《全国犯罪被害调查资源指南》（National Crime Victimization Survey Resource Guide）（http://www. icpsr. umich. edu/NACJD/NCVS，2016 年 7 月 20 日访问）。

CESW

我们已了解到，NCVS 先按人口特征选取抽样单位，再从中选取家庭作为后续抽样单位。CSEW 的抽样程序因为存在一份全国性的近似住址清单而得以简化。邮编地址信息清单（Postcode Address File）含有全国范围内的邮政投递点，“是公认最好的英格兰与威尔士总人口抽样框”。

邮编区域（Postcode sector），大致相当于美国的 5 位邮政编码，可以简单理解为来自邮编地址信息清单的住址整群。从这些区域中可选取住址样本。

2010 年的财政预算缩减迫使 CSEW 抽样程序进行精简，但在此之前，CSEW 的前身 BCS 选取了代表特定人群的其他样本。BCS 研究人员通过“助推样本”（booster sample）增加少数族裔或年龄在 16 岁到 24 岁之间的受访者。英国警方和其他公共部门曾特别关注少数族裔的犯罪被害经历。为完成一个自我报告行为（self-report behavior）项目的特殊问卷调查，针对年轻人进行了过度抽样。

首先通过正常的抽样程序选取受访者。访谈者随后会调查受访者周围临近的 4 个家庭的信息，判断其中是否有非白人。如果临近有少数族裔家庭，那么将从中选出一个作为少数族裔助推样本。该抽样方法便是史蒂文·汤普森（Steven Thompson，1997）提出的“自适应抽样”（adaptive sampling）。首先选取概率样本，随后通过这些受访者来核验满足某个标准的其他人。增加年龄在 16 岁至 24 岁之间的受访者的抽样方法更简单：访谈人员从样本家庭范围内的该年龄群体中寻找更多受访者。

CSEW 最终的抽样维度是英格兰和威尔士的 42 个警察辖区。此前，BCS 还进一步分层，在每个警察辖区进行 650 次访谈，以支持对这些地区的分析结论。

家庭个体样本选出后，工作人员会随机访谈一名年满 16 周岁的家庭成员，请其提供其他家庭成员信息。2009 以来，一些家庭中年龄在 10 岁至 15 岁的成员也会被选作样本。自 2009 年开始，样本量被砍接近一半。2014 年至 2015 年的最终样本量约 33 350 人，回复率（response rate）为 70%。

虽然 CSEW 和 NCVS 采用的抽样设计比我们先前讨论的抽样设计更复杂，但重点是多级整群抽样方法在这两项调查中的具体应用路径。两项调查在抽样方法上的区别主要在于，CSEW 存在一个全国性的可用抽样框，因而其抽样程序较 NCVS 简单。

概率抽样简评

从实践来看，概率抽样可能非常简单，也可能极其复杂、耗时且成本高企。然而，无论如何，概率抽样仍是选取研究元素的首选方法。有必要重申两个主要原因。

其一，概率抽样可避免研究人员有意识或无意识的抽样偏差。如果总体中的所有个体都有均等（或不均等但加权的）概率被选作样本，则选中样本基本能够代表由所有这些个体组成的总体。

其二，概率抽样使抽样误差的估算成为可能。虽然没有一个概率样本能完美代表总体的所有特征，但研究人员可以通过可控选择方法估算预期误差大小。

虽然有上述优点，但也存在不可采用标准概率抽样方法的时候。概率抽样有时甚至是不正确的。此时研究人员可以转向非概率抽样。

五、非概率抽样

在许多研究场景中，非概率抽样必不可少或者独具优势。

毫无疑问，你能想到那些不能或不宜采用前述概率抽样方法的情形。假设我们要研究机动车盗窃犯。我们拿不到所有机动车盗窃犯清单，除了创建一个不全面且具有高度选择性的名单外，我们别无选择。而且，概率抽样有时即便可行，也不宜采用。对于大量这类情形，需要采用非概率抽样方法。回顾我们之前对概率样本的定义，即那些被选取概率为已知的样本。在非概率抽样中，给定元素被选中的概率是未知的。

非概率抽样 个体被抽取为样本的概率未知的抽样。

在此，我们介绍四类非概率抽样方法：（1）立意抽样（purposive sampling）或判断抽样（judgmental sampling）；（2）配额抽样（quota sampling）；（3）就近法（the reliance on available subjects）；（4）雪球抽样（snowball sampling）。

立意抽样或判断抽样

我们有时可以根据自己对总体、总体的元素和研究目标性质的认识来选择样本，简言之，可以根据我们的判断以及研究目的来抽样。通过这种方法抽取出来的样本被称为立意样本。

或许我们想要研究一个较大总体中的一个子集，该子集中的大部分个体容易识别，但几乎不可能列出所有个体。例如，我们想研究所有社区犯罪预防小组成员；虽然很容易锁定许多成员，但不可能确定社区犯罪预防组织所有成员并从中抽样。不过，通过研究从大部分可知成员中选出的样本，我们可以收集到充分的研究数据。

刑事司法研究经常会比较不同司法辖区（如市或州）的实践。在这类研究中，可以根据其呈现的某种特征来选择研究元素。例如，迈克尔·雷柏和杰恩·斯泰尔斯研究了种族与贫富差距如何共同影响艾奥瓦州（Iowa）青少年法院的量刑实践（Michael Leiber and Jayne Stairs，1999）。在控制经济地位的情况下，他们发现非裔美国人所获惩罚重于美国白人。两人特意选择艾奥瓦州的三个司法辖区，以获取具有充分种族多样性的样本元素。研究人员随后选取了这三个地区法院处理的5000余例青少年案件。

研究人员同样可以利用立意抽样或判断抽样方法反映各种复杂变化。在关于CCTV的一项研究中，吉尔和斯普里格斯（Gill and Spriggs，2005）描述了如何选取地点以反映不同的区域类型（住宅、商业设施、市中心以及大型停车场）。一些CCTV项目因某些特定因素也被选作研究样本，它们或者安装在犯罪高发区域，或者安装费用昂贵。该项研究有一个目的，即通过访谈评估安装 CCTV 后居民的犯罪恐惧感有无变化。研究人员为此对市中心街道上的行人进行抽样。他们首先对区域进行立意抽样，然后便在所选取的区域对行人进行了为期 4 天的访谈。这样做的目的在于反映在不同时间段、不同街道经过的人员类型变化。考虑到通过随机抽样难以捕捉期望的异质特征，该研究便采取了这样的抽样策略。

调查问卷的前测也经常采用立意抽样方法。例如，如果要研究人们关于对犯罪被害人予以司法赔偿的态度，可能就要先选取一些犯罪被害人作为样本来回答调查问卷。我们不会从总体中选取概率样本，而是会从法庭记录等当中选出一定数量的已知犯罪被害人。

配额抽样

如同概率抽样一样，配额抽样也强调样本的代表性，尽管两者解决这一问题的方式迥异。配额抽样始于创建一个描述目标总体特征的矩阵或表格。为此，我们需了解总体中不同性别、年龄段、教育程度、种族的人各自所占的比例。在确定一个全国性的配额样本时，需要掌握诸如城区、东部地区、男性、25 岁以下、白人、工薪阶层等特征以及所有特征组合在全国人口中的比例。

一旦创建这类矩阵并为矩阵里每个单元格分配了相对比例，就可以从同时具备给定单元格中所有特征的人群中收集数据。随后，我们赋予给定单元格中所有人一个与其在总体中所占比例相匹配的权重。当所有的样本元素都以这种方式赋权后，该完整数据便能合理代表总人口。

虽然与概率抽样相似，但配额抽样有两个内在问题：其一，配额框（the quota frame，即不同单元所代表的比例）必须准确，但通常难以获得符合该要求的最新信息。机动车盗窃犯或故意毁坏财物少年犯的配额样本显然有此困扰。其二，在选取给定单元格内样本元素时可能会有偏差——即便其在总体中的比例估算准确。如，在奉命访谈 5 个满足规定的一组特征的人时，访谈者可能会有意避开那些住在破旧楼房、需步行上楼的 7 楼顶层或家有恶犬的住户。

将配额抽样和立意抽样结合运用，可以产生看上去（而非统计学意义上）具有代表性的样本。例如，大卫·法林顿等人（David Farrington，Trevor Bennett and Brandon Welsh，2007）在英国剑桥开展了一项关于 CCTV 对犯罪观念及失序现象的影响的实验评估项目。他们希望样本能够反映那些外出至该市特定区域活动的人们的数个特征。由于该研究希望样本代表使用城市街道（而不必是在该市生活）的市中心居民的特征，概率抽样便不可行。因此，研究人员按照52%的男性，40%的年龄在16岁至29岁之间、92%的白人这样的配额，在剑桥的目标区域选取路人作为样本。

就近法

就近法，即在街角或者其他地方拦停路人，有时会被误称为便利抽样。高校研究人员经常会在报名上大课的学生中开展调查。这种方法简易、经济，这也是它大受欢迎的原因；但是，它很难产生具有普遍性价值的数据。我们可用它提前测试调查问卷，但不能用于意在描述学生整体的研究。

就近法有时是恰当的抽样方法。当研究人员想要研究在特定时间通过抽样地点的人的特征时，这种方法通常是最佳的。例如凯特·佩因特（Kate Painter，1996）有关街头照明预防犯罪策略的研究，她在灯光照明条件改善之前与之后的6周，访谈了那些路过伦敦特定区域的路人。佩因特很清楚这项抽样技术的适用范围及局限性。她的研究成果被认为可适用于那些确实要走夜路的人，然而这一人群明显不同于该区域的居民总体。访谈夜间行人的结论可以推广适用至伦敦所有的夜间行人，但夜间行人总体不同于居民总体。

进一步来说，诸如佩因特这样的抽样，是从一个“过程”（产生夜间行人的过程）选择元素，而非从一个“总体”选取元素。如果可以认定这一过程产生的样本不具有系统性特点，就可以认为所拦停的路人（可用样本元素）有代表性。例如，如果想研究报告给警方的犯罪，则可以在两个月的犯罪报告中，每隔6份抽取一份作为样本，它们可以代表这2个月的犯罪报告总体。

非概率抽样和概率抽样有时可以结合运用。例如，大部分对无家可归者或流浪汉的抽样都依赖可在庇护所、公园或其他地方找到的受访者。萨拉姆·塞曼等人（Salaam Semaan，Jennifer Lauby and Jon Liebman，2002）指出，一旦确定无家可归者的聚集地，就可以将在那儿找到的人列表并从中抽样。下面是一个半假设性例子。

近年，马克斯菲尔德发现，许多无家可归者聚集在曼哈顿第9大道与第41街的角落。抽取无家可归者进行访谈的有效策略是一种基于时空的抽样方法，例如研究人员每隔1小时对该聚集地的无家可归者进行计数，计算抽样比（sampling fractions）。如果想在6小时内访谈30个对象，我们会尽可能每小时访谈 5 人。据此，我们每隔 1 小时可在该聚集地统计人员数量（例如，在下午 1 点有 20 人），并将其分成 5 份，以获得一个抽样比（此处为 1/4）。回忆一下先前关于系统抽样的讨论。接下来，我们应选择一个随机的起点，以确定第一个访谈对象。此后，我们每次都选择第 4 个人，以此类推。通过这一方法，我们会得到可代表 6 小时内曼哈顿某个街角的无家可归者总体的无偏差样本。表 8.1 呈现了我们在不同时间点、按不同抽样比抽取 30 名无家可归者进行访谈的过程。

表 8.1　就近系统抽样

时间	在场人数	访谈人数	抽样比
10：00 A. M.	15	5	1/3
11：00 A. M.	20	5	1/4
12：00 A. M.	15	5	1/3
1：00 P. M.	30	5	1/6
2：00 P. M.	20	5	1/4
3：00 P. M.	50	5	1/5
总计	135	30	1/4

巧合的是，曼哈顿第 41 街和第 9 大道是港务局（Port Authority）公交站的后门入口。马库斯·费尔森及其同事（Marcus Felson and associates，1996）介绍了他们旨在减少港务局公交站区域犯罪与失范行为的研究项目。这里被他们称作世界上最繁忙的公交站。改善市民对该区域犯罪问题的看法以及提升该区域在游客心目中的形象，是这个项目最主要的目标之一。这些研究问题适宜采用某种调查方法。春季里平均每天会有超过 170 000 人路过该公交站，因而收集足够大的样本并不难。

问题在于如何选取样本。费尔森等人指出，拦停路上行人或公交车上的乘客不是问题，但大多数乘客都是争分夺秒的通勤者，完全没时间回答访谈者的问题。以下是费尔森等人介绍的解决方案以及具体的抽样策略（1996：90–91）：

“如果港务局想访谈匆忙的乘客或分发问卷并请他们寄回，那么回复率一定会很低。他们的解决方案非常巧妙。港务局首先抽取出站公交车样本，……然后向样本车辆派出一名工作人员。公交车出站后，该工作人员向乘客分发调查问卷，并让他们在路途中完成，……在每名乘客到站下车前收回问卷。这个方法确保了问卷的高回复率和完成率。”

在线抽样是一种选取高质量的便利样本且有创造性的新方法。这种方法的运用，请查阅插页文章《通过 MTurk 在线抽样》。

通过 MTurk 在线抽样

基于互联网的抽样是非概率抽样中倍受推崇的创新方法。该方法的运用与第 9 章将讨论的网页问卷调查密切相关。基于互联网的抽样的主要优势在于其以非常低的成本来获取大量样本元素。在此，我们介绍 MTurk，它是社会科学研究领域最具前景的实验及调查服务之一（Kim Bartel Sheehan and Matthew Pittman，2016）。

亚马逊在其网站首页题为“MTurk 是工作资源市场”的文章中称 MTurk 是一个众包资源平台，“是各项工作的资源市场”（Mechanical Turk is a marketplace for work）（www.mturk.com/mturk/welcome，2016 年 7 月 20 日访问）。MTurk 服务于两类用户：员工（worker）与请求者（requester）。正如你所想象的那样，员工可注册完成请求者提出的任务。或许你已经注册为 MTurk 或类似网络平台的员工。

MTurk 向数量庞大的员工提供范围非常广泛的工作任务。下面我们通过一些简单的例子来展示它的工作原理。第 9 章介绍了一项真实研究项目，它运用 MTurk 招募受试者完成由另一网络服务商实施的网页问卷调查。

人们在 MTurk 中可注册为员工，取得完成雇主任务的资格，这些任务被称为人工智能任务（Human Intelligence Task）。员工在完成任务后会获得小额酬劳。2016 年 7 月，MTurk 网站列出了超过 140 万项工作任务。其中包括：

“非裔美国男性对执法活动的看法。该任务是一项了解个人对交通拦停执法公正性看法的研究参与活动。内容为在浏览音视频短片后，回答与该短片和个人有关的问题。时长大约 15 分钟，酬劳为 20 美分。”

请求者须实名认证，设计好调查内容并作为任务提交至 MTurk。请求者需为每个完整且“可接受”的回复支付 20 美分。“可接受”至关重要，这是质量控制的测量措施，请求者可以拒收不完整或者内容前后不一致的问卷，并且不支付报酬。工作被否定次数过多的员工会被标记，可能会失去继续参与其他工作的资格。请求者可以规定他们所需要的员工的条件，这类似于在本章介绍的分层抽样过程。

前引任务的请求者是研究非裔美国男性对警察交通拦停看法的一名研究人员。除了提交工作任务外，该研究者还寻找拉丁裔美国男性以及女性来完成类似任务。该例表明，社会科学研究人员可以作为请求者，利用 MTurk 来寻找样本员工完成问卷和参与实验。最终带来的是一个巨大的便利样本潜在元素池。

MTurk 提供便利样本，但研究发现，这些便利样本的质量可能很高，比课堂学生抽样和其他在线方法所获样本具备更广泛的代表性。例如，亚当·J. 柏林斯基等人（Adam J. Berinsky et al.，2012）比较了 MTurk 样本的概括统计量与其他基于网络的便利样本（也是高质量概率样本），他们发现，MTurk 样本比已经公布的便利样本更能代表全国性总体，但不及全国性概率样本。MTurk 的员工比普通公众年轻，更崇尚自由。

互联网的普及已经减少了网络抽样的偏差问题。而且，这一互联网工具能够以较低成本获取大量样本。我们在第 9 章会再次讨论 MTurk，并论述 MTurk 抽样如何与网络问卷平台结合。同时，请访问一下 MTurk 的网站。即使不注册员工账户，也可以浏览任务以及查看问卷调查与实验研究的实例。上述例子就是我们检索“法律”一词发现的。

雪球抽样

雪球抽样是与就近法极为相似的一种非概率抽样。它在田野调查和量化访谈研究领域的应用非常普遍。雪球抽样始于确定一个或者少量受访者，然后让他们推荐与他们相同且愿意参加研究的受访者。

对现行犯（active criminals）和越轨者的刑事司法研究项目经常采用这一抽样方法。研究人员不时通过查阅刑事司法机构记录来确定首次接触访问的研究对象，比如那些被判犯盗窃机动车罪并被处以缓刑的人。访谈时，研究人员会询问是否可以推荐其他涉嫌盗窃机动车人员参与研究项目。斯蒂芬·巴伦和蒂莫西·哈特纳格尔（Stephen Baron and Timothy Hartnagel，1998）在研究加拿大埃德蒙顿（Edmonton）无家可归青年的暴行时使用了滚雪球方法来确定样本。雪球抽样也经常用于研究吸毒者和贩毒者。马丁·布查德（Martin Bouchard，2007）通过同事接触到了加拿大魁北克的大麻种植者，而这些种植者又向他介绍了其他活跃种植者。为研究罪犯的逃避逮捕技术，布鲁斯·雅各布斯和乔迪·米勒（Bruce Jacobs，Jody Miller，1998）通过雪球抽样在圣路易斯市找到 25 名从事非法毒品交易的女性。

在研究活跃犯罪分子时，很难联系第一个受访者或“线人”，也很难让他们向研究人员推荐其他受访者。与在多数刑事司法研究领域一样，为雪球抽样而进行的第一次联系，其方法多种多样，但各有利弊。一般来说，最简单的方法莫过于联系有被捕或判刑经历的人，但这种方法锁定的是警察或者其他官员认识的罪犯，可能会造成抽样偏差（Bruce Jacobs，Volkan Topalli and Richard Wright，2003）。

密苏里大学圣路易斯分校（the University of Missouri-St. Louis）的研究团队最近的研究向我们提供了一个雪球抽样的范例，他们与罪犯的联系不依赖刑事司法官员。该项研究首先接触了一个熟悉街道的前科犯，通过他确定了入室盗窃犯（Richard Wright and Scott Decker，1994）、青少年帮派成员（Scott Decker and Barrik Van Winkle，1996）、持枪抢劫犯（Richard Wright and Scott Decker，1997）和劫车犯（Bruce Jacobs，2012）样本。很难以活跃犯罪分子为研究对象，但是这些例子阐明了如何将雪球抽样巧妙运用于这类情形。

理查德·莱特和斯科特·德克（Richard Wright and Scott Decker，1994）的研究提供了另一个很好的例子。一名前科犯联系了一些现行入室盗窃犯和“非罪犯地头蛇”（street-wise noncriminals），这些人又向研究人员介绍了更多的研究对象，并像滚雪球一样延续。图 8.11 展示了这一雪球抽样过程，这个联系链条中累积了一个 105 人的雪球样本。

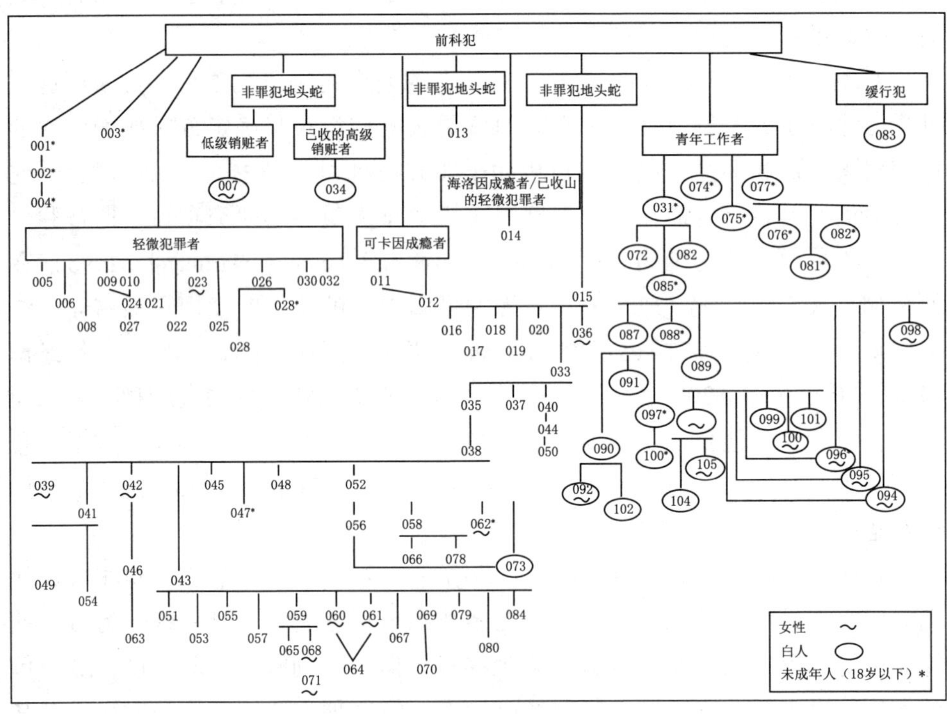

图 8.11　“雪球”推荐表

从图 8.11 的顶部开始，一名前科犯帮研究人员与两名受访者（001 和

003）直接建立联系，还联系了 1 名轻微犯罪者（small-time criminal）、3 名非罪犯地头蛇、1 名可卡因成瘾者、1 名青年工作者（youth worker）和 1 名缓刑犯。继续往下看，那个轻微犯罪者帮助确定了 12 个参与研究的受访者（005、006、008、009、010、021、022、023、025、026、030 和 032）。注意，滚雪球效应继续，从 026 受访者延展到 028 和 029 受访者。同时要注意，一些受访者被多人推荐。例如，在图 8. 11 底部中间的 060 和 061 受访者同时推荐了 064 受访者。

在本书第 10 章中，安布尔·霍宁根据与纽约皮条客的量化访谈，描述了另一个雪球抽样示例。

非概率抽样回顾

雪球抽样本质上是立意抽样（我们想对青少年帮派成员进行抽样）和就近法（通过已确定样本来获取其他的可得样本）的变体。两种方法都属于非概率抽样。而且，像其他类型的非概率抽样一样，雪球抽样最适合用于无法确定样本被选取概率的情形。此外，当目标总体难以确定或者证实时，雪球抽样及相关技术也是非常必要的。例如，访谈恰好经过的路人并不是选取性工作者或青少年帮派成员样本的有效方法。相反，访谈恰好经过的路人是一个研究路人的恰当方法，而选取城区居民概率样本以识别在该市特定区域行走的人，这种做法的成本很高，也缺乏效率。

像刑事司法研究的其他要素一样，抽样计划必须适应特定的研究应用。当我们看重抽样的准确性且能获取合适的抽样框时，应采用概率抽样方法。当缺乏合适的抽样框，不能选取到概率样本时，我们无法评估抽样的准确度。幸运的是，此时我们可以采用一系列非概率抽样方法。

插页文章《融会贯通：对司机、地点和已知超速者的抽样》介绍了针对不同研究总体结合采用概率抽样与非概率抽样的方法。请注意，只有一次抽样涉及一个抽样框。司机和路段的抽样运用了创造性的抽样方法。

融会贯通：对司机、地点和已知超速者的抽样

关于交通执法与种族定性的研究运用了不同的概率抽样与非概率抽样方法。目标总体包含了司机、地点和已知的超速司机。新泽西州的研究人员对驶入该州收费公路的机动车进行了抽样。恩格尔等人（Engel et al.，2005）从宾夕法尼亚州选取了符合事先确立的道路使用标准的县作为样本。北卡罗来纳州的研究采集了许多不同类型的样本。我

们将讨论“已知北卡罗来纳州超速司机”的分层样本。

司机

你能想象出一条公路上的司机总体，但是又该如何界定该总体呢？地点和时间是重要的定义要素，例如：“周二下午 4 点在新泽西州收费公路第 1 和第 50 里程路段的所有司机。”新泽西州收费公路出入口较少，管理相对便利。即便如此，在这一小时期间，随着车辆进出该收费公路，司机总体也会不断地发生变化。

兰格等人（Lange et al.，2005）充分考虑了该公路入口有限以及车辆必须从收费站驶出的情况。利用车辆减速通过的机会，研究人员可观察与研究相关的车辆及司机的特征。对于抽样来说更为重要的是，驶离收费站的车辆是一个过程或流程的产物。研究人员从该过程选取驶出的车辆。为确保该抽选无偏差，驻守收费站的研究人员使用手持计算设备对车流计时。每 2.5 分钟，该设备就会发出警报，提示在该警报后，第三辆机动车将驶入收费站（Lange et al. 2005：199）。通过该程序，在研究人员观察到司机之前就已经完成机动车选取，从而消除了研究人员在选取机动车样本时出现偏差的可能性。抽样时，不仅考虑选择收费站的程序，以代表收费公路不同路段，也要考虑确定周几和几时的程序。

县和路段

新泽西州收费公路相对简单且出入口较少，从中抽取样本难度较小。相反，宾夕法尼亚州的研究人员在选取一些能涵盖该州州警执法范围的地点作为样本时，遇到了一些难题。恩格尔等人（Engel et al.，2005）在选取样本时，考虑到了宾夕法尼亚州各县有些特点可能会影响道路使用和吸引长途驾驶游客。他们规定了三个需要反映的总体情况和七个用于测量各县特征的变量：

- 总体道路使用情况：
  - –县人口数
  - –每个县的公路总里程
  - –每个县州际高速公路的总里程
- 少数族裔道路使用情况：
  - –县拉丁裔人口数
  - –县非裔人口数
- 县道路使用情况不能反映居住人口的可能性因素：
  - –该县是否有旅游景点、高校或历史遗迹
  - –该县是否有游乐园和滑雪胜地等季节性景点

合并 7 个变量并进行统计学因子分析（factor analysis），最终得出宾夕法尼亚州各县的总体得分。根据总体道路使用、少数族裔道路使用和非当地居民道路使用三项总分的高低，宾夕法尼亚州各县被分成 4 组。从这四组里选出了 20 个县。另有 7 个县由于其被拦停司机的种族分布与该县居民种族分布差异较大而被单独选出作为样本。

上述抽样程序同时展现了本章讨论过的几个抽样概念。该研究根据影响总体道路使

用、少数族裔道路使用情况等的因素，对县进行了“分层”。该研究还根据少数族裔司机高比例被拦停“有目的地”抽取了另一些县（立意抽样）。20 个县中有 11 个选自高分组，由此导致道路使用度高的少数族裔和非本地司机样本单位数量失衡。最后，恩格尔等人还在各县选取了特殊路段进行实地观察，由此形成了一个多级抽样设计。

已知超速司机

威廉・史密斯及其同事（William Smith et al.，2003）在其于北卡罗来纳州进行的一项研究中用了三种常用方法测量超速：警方记录、独立观察和自述式调查。和司法统计局有关“联系警察”的调查相似，该研究的目的之一就是从有被拦停经历但可能未被警察记录在案的人当中抽样。不过，威廉・史密斯及其同事也想了解自述超速和联系警察的效度。受访者在被问及超速和被拦停经历时，能否如实回答呢？

为解决这一问题，研究人员抽取了北卡罗来纳州 1999 年 6 月至 2000 年 5 月之间收到超速罚单的居民的法庭记录。研究人员希望包含大量因超速而收到罚单的黑人司机，因而采用了非比例分层抽样，从而确保在所抽取的人中接近一半是黑人。在本例中，目标总体是那些已经知道自己因超速被罚的司机。抽样框是一个数据库，包含所有人因超速被罚的记录、其住址和电话号码。驾照注明了司机的种族，因而很容易对种族记录进行分类，然后运用随机抽样计算机程序进行抽样。

小　结

- 概率抽样原理是用较小子集代表较大总体的基础。
- 评价样本质量的主要标准是其代表性——样本特征与其总体特征的相似度。样本不应存在偏差。然而总是存在一定程度的抽样误差。
- 总体中每个个体被选作样本的概率都是已知非零的，这是概率抽样的主要原则。
- 概率抽样方法是选出极具代表性样本的一种重要方法。通过概率抽样，我们也可估算抽样误差幅度。
- 抽样分布与概率论是我们通过样本统计量估算总体参数的能力的来源。如果我们抽取规定的大量样本，其样本统计量将围绕真正的总体参数聚集。样本量增加时，聚集更加紧密。
- 虽然实践中很少采用简单随机抽样，但它是最基础的概率抽样方法。为适应不同的研究总体和研究目的，可以采用和组合多种抽样方法。每种抽样方法都有其优缺点。
- 系统抽样通过抽样框抽选相距规定间隔的样本，例如，每隔 7 个、14 个或 1022 个单位抽取一个样本。该抽样方法与简单随机抽样的本质相同。

- 分层可通过减少抽样误差来提高样本的代表性。
- 缺乏所有总体成员清单时经常采用多级整群抽样。
- NCVS 和 BCS 是基于多级整群抽样样本的全国犯罪调查。每项调查的抽样方法均展现了各种代表相对罕见事件的方法。
- 非概率抽样的统计学代表性和可靠性不如概率抽样，但也有许多研究领域的适用场景。
- 研究人员想要选出总体的特定元素时采用立意抽样。这可能是因为这些元素被认为具有代表性，是极端性事例，或者因为它们代表期待在总体中出现的变化的幅度。
- 在配额抽样中，研究人员先详尽描述完整总体的特征，然后再选取含有不同总体特征的样本。
- 雪球抽样通过受访者的相互推荐来逐次获取样本，最常用于田野调查。

重要术语

整群抽样　置信区间　置信水平　以相同概率选取样本　非概率抽样　总体　总体参数　概率抽样　立意抽样　配额抽样　样本元素　样本统计量　抽样　抽样分布　抽样框　抽样单位　简单随机抽样　雪球抽样　标准误差　分层　系统抽样

复习与练习

1. 回顾本书第 6 章对药物滥用预警网络项目的概述，阐释该项目的目标总体、研究总体、抽样框和样本元素，描述该项目使用的样本类型，并讨论抽样方法的优缺点。

2. 拦截搜身是一项存在争议的警务策略。警察在街道拦停看起来可疑的人员，“搜身”查找武器或其他违禁品，然后问一些问题。在纽约进行的一项研究表明，有色种族的年轻男性比年长者、女性或白人更易被警察拦截（Delores Jones-Brown，Jaspreet Gill and Jennifer Trone，2010）。简要描述两种可适用于研究人们被警察拦截搜身经历的抽样方法。

3. 为抽取可代表下列总体的样本，应如何确定研究总体、样本元素、抽样单位和抽样框？可以将讨论限定在某个州或其他司法辖区的总体：

a. 都市警察
b. 重罪审判法院法官
c. 机动车盗窃犯
d. 持有驾照的机动车司机
e. 州警指挥官
f. 县看守所在押人员

|第 9 章|

调查研究

本章将讨论邮件调查、当面访谈调查及电话调查的刑事司法研究应用。

学习目标

1. 了解调查研究中的调查问卷管理，即以系统的方式对在人群中选取的一部分受访者进行调查。

2. 阐明为何调查研究特别适合对较大总体进行描述性及探索性研究。

3. 描述用来获取被害和主动报告犯罪行为的数据的选择方法。

4. 总结开放式及封闭式问题的不同点，列举这两种问题的优缺点。

5. 了解问卷条目中的偏见如何引导应答者以特定的方式作答或者支持某种特定观点。

6. 描述调查问卷管理的各种方法，列举其修改方法。

7. 了解研究人员在当面访谈调查中保持中立性的重要性。

8. 举例说明每种问卷管理方法的优缺点。

9. 讨论如何使调查数据人性化且简单易懂。

10. 通过学习提问收集数据的调查示例，了解针对少数人和专题小组的专门访谈与调查的不同点。

本章目录

对性侵者的了解及态度

内瑞雅·马尔泰什

加利福尼亚州立大学圣贝纳迪诺分校

在罗格斯大学读研究生的第二年，我与马克斯菲尔德教授就人们如何看待性侵者及应该如何惩罚或对待这些性侵者进行了调查。然而，进行这一调查所花费的时间比我预想的要漫长得多，但好在成功获得回报，报告最终于 2012 年的夏天发表（Nerea Marteache，2012）。因为这份报告解释了本章以及前几章的许多内容，所以马克斯菲尔德教授向我简要介绍了这个课题及其实施过程。

对性侵者的了解及态度是一项可以仅通过提问进行调查的议题。美国以及我的祖国西班牙等国家的政府通过加重对性侵者的刑罚、加强对刑满释放者的监控力度来回应媒体报道的性侵事件。我的研究有两个目的：（1）提供有关性侵者的详细数据和信息，以此来分析他们的认知及态度是如何变化的；（2）分析受访者观看模拟大众媒体性侵事件报道后，态度及认知是否变化。

问卷中涉及的主要问题如下：

- 有关性侵者的介绍是否会改变人们对性侵者的认知及对刑罚或处遇的态度？
- 对于已经得到有关性侵者的介绍的人来说，观看内容为严重性侵的敏感视频，其对性侵者的认知及态度的改变是否更小?

我招募了两名西班牙同事帮忙，两人分别来自巴塞罗那和马德里的大学。他们对于我在每所大学所设计的学生调查问卷都做出了贡献。在2009年的秋季学期，学生们在三个时间点完成了三份问卷。实验组的学生们参加了一个特殊的课程，这个课程提供了两个小时的介绍，并且让学生们对性侵者及应有的惩罚进行辩论。各大学控制组的学生们则参加了该课程的常规部分。通过马克斯菲尔德教授在罗格斯大学的帮助，我设计了一份介绍材料，并且由我在西班牙的同事提交。参加实验组或者控制组的课程后，所有受访者都完成了第二份问卷。

该调查项目的下一阶段，我模仿媒体对性侵事件的报道，对调查进行了干预。这是一段在西班牙广为人知的惊悚性侵事件的新闻视频。对于控制组，我播放了一段西班牙的耸人听闻的吸食可卡因视频。巴塞罗那和马德里的学生被随机分派观看性侵视频或者吸食可卡因视频。学生们在观看后完成第三份关于对性侵者态度的调查问卷。

英文版问卷的部分内容已经摘录如下。其中的问题来自于韦斯利·丘奇及其同事的建议（Wesley Church and associates, 2008），这些问题的可信度已经得到了证实，所以相比于提出新问题，我更愿意选择继续使用这些问题。数据收集工作在2009年的秋季学期末完成。学期结束后，我带着801份已经完成的问卷回到了罗格斯大学。

这个项目几乎按计划进行。但工作比我最初想象的要多得多。这部分是由于复杂的设计，部分是由于两名同事在西班牙收集数据时，他们在新泽西的后勤工作所带来的不便。

关于大学生对性侵者的民意的调查

我们的调查组正在开展一项有关性侵者的民意的研究项目。我们需要您的帮助来完成研究工作。请阅读以下问题，并且写出最符合您内心想法的答案。如果您对问题有疑问，可以举手等待调查组成员为您解答。我们会对问卷内容进行保密。

感谢您参与调查。

根据以下18份关于性侵事件及性侵者的陈述，请在量表中选出最符合您想法或意见的数字，并写在问题后面。

下述大部分陈述很难被绝对证实或验证，许多都与您根据耳闻目睹或学习形成的观点有关。因此，我们不需要简单的“对”或“错”这样的答案，我们更想知道您有关性侵犯的信念及观点。

即使您对这个议题一无所知，也请您在每个问题后写下答案：

量表：

1—特别不同意　2—不同意　3—有点不同意　4—有点赞成　5—赞成　6—特别赞成

等级

a. 在存在支持及治疗的情况下，一些实施过性侵的人可以通过学习改变自己的行为 □

b. 应当剥夺性侵者的公民权利（例如选举权及隐私权） □

c. 性侵者对性的欲望高于普通人 □
d. 对男性性侵者的惩罚应当重于女性性侵者 □
e. 性爱抚（未经同意的不当接触）不如强奸严重 □
f. 相对于与人们接触，性侵者更倾向于独自生活 □
g. 大多数的性侵者并没有关系亲密的朋友

来源：Church，Wesley T. et al. 2008. "The Community attitudes toward Sex Offenders Scale：the Development of a psychometric assessment Instrument，" *Research on Social Work Practice* 18：251–259.

导　言

向人们提问是社会科学最常用的数据采集方法。

1880 年在法国进行过一项鲜为人知的调查，主要针对法国工人群体。一位德国政治社会学家向工人们发放了大约 25 000 份调查问卷，以了解他们被雇主剥削的程度。该问卷涉及面广泛，主要包括以下问题：

"你的雇佣者或者他的代表是否通过阴谋诡计骗取你们的一部分收入？如果你的收入是计件工资，那么产品质量是否被用作减少你薪水的借口？"

本例的调查者不是乔治·盖洛普，而是卡尔·马克思（Karl Marx，1880：208）。尽管这 25 000 份问卷全部送出，但没有收到一份反馈。而且，就理解马克思提出的这些意味深长的问题而言，你无须掌握太多调查方法的知识。

调查或许是社会学及政治社会学领域最常用的观察方法，也常用于刑事司法研究。毋庸置疑，你也曾是一些调查的受访者，而且你自己可能也开展过调查。

调查　一种以系统方式将标准化工具用于处理大量单位的数据采集方法。

本章从讨论最适宜采用调查方法的刑事司法议题开始。接下来，我们将讨论基于研究目的向他人提问的基本原则，包括调查问卷的建构细节。我们会描述实施问卷调查的基本方法（自我填答问卷调查、当面访谈调查以及电话调查），并总结每一种方法的优缺点。在探讨完比较典型的调查方法（如专题小组）后，我们会对本章进行归纳，就自行开展调查的优点及易犯错误提出一些建议。

一、适于调查的议题

调查在基础研究及刑事司法应用研究中有着广泛应用。

调查可以应用在描述性、解释性、探索性以及应用性的调查中。它非常适合以个人为分析单位的调查。同时，它也经常被用于家庭或组织等其他分析单位的研究。然而，即便是在这类调查中，也有一个或多个个体充当受访者或被调查者。

比如，研究人员在研究犯罪调查数据过程中，有时会把被害事件用作分析单位。事实上，有些人可能被害不止一次，而有些人根本不可能成为被害人，这就意味着，将被害事件作为一个分析单位与将个人作为一个分析单位不一样。然而，仍然需要对那些可以提供被害事件的人进行问卷调查。类似地，全国监狱人口普查（National Jail Census）每五年左右要进行一次，收集当地羁押场所的信息，为司法统计局服务。监狱是分析单位，但是提供每一监狱信息的是个人。全国青少年帮派调查已经进行多年，尽管它寻求帮派信息，但调查对象是执法部门，问卷由警察个人完成。

现在，我们来分析一些特别适合采用调查方法的研究应用类型。

犯罪统计

第 6 章详细阐述了这一内容。直接询问被害人被害细节是测量犯罪的一种方法，有助于改正从警方收集到的数据中存在的错误。当然，调查测量自身也存在一些问题。许多问题都是调查方法固有的，比如记忆错误或者不愿意与访谈者谈论被害情况。尽管如此，被害调查已经成为美国及其他国家获取有关犯罪数量的数据的重要途径之一。

自述式调查

直接询问已实施犯罪的调查方法已在第 6 章讨论。特伦斯·索恩伯里和马文·克罗恩将自述式调查视为“研究违法犯罪方法的重要组成部分”（Terence Thornberry and Marvin Krohn，2000：35）。对于寻求探索或解释人们为何犯罪、违法或离经叛道的研究而言，提问无疑是最有效的办法。

自述式调查可以根据目标总体及抽样方法的不同大致分成两类。研究罪犯时会选择罪行已知的受访者（通常为囚犯）。有些时候，关注的重点在于犯罪的“频率”，即在一个周期内，活跃的犯罪分子实施了多少犯罪。简·柴肯和玛西亚·柴肯（Jan and Marcia Chaiken，1982）对被监禁重刑犯的研究就属于最有名的罪犯自述式调查之一。

另一类自述式调查侧重犯罪的“发生率”——实施犯罪的人数与目标罪犯总体实施的犯罪数量之间的比值。这种调查通常选取能够代表较大总体（例如美国的家庭、成年男性或者高校班级）的样本。从 1994 年开始，由 20 多个联邦机构和私人基金会联合发起了简称“增进健康”（Add Health）的全国未成年人健康历时研究（the National Longitudinal Study of Adolescent Health）。“增进健康”属于专题群体研究，始于一项针对 7 年级至 12 年级学生进行全国性概率抽样的入校调查。对这些研究对象的最近一次跟踪访谈于 2007 年至 2008 年实施。另一次后续行动始于 2016 年，在 2018 年完成。从第一波调查开始，“增进健康”研究的数据就被用于估算犯罪的发生率，并且收录在数百部研究犯罪问题的出版物中。浏览“增进健康”网站，可以查看出版物清单、该研究设计详情和调查数据入口（http://www.cpc.unc.edu/projects/addhealth）。

普通人口调查和对违法者的调查倾向于有关自述效度及信度的各种困难。一项针对高犯罪率罪犯的调查显示，记忆误差及捏造罪行是不可忽视的重要问题。在一般人群的自述式调查中，受访者可能不愿揭发违法行为。詹妮弗·罗伯茨及其同事（Jennifer Roberts and associates，2005）描述了在每周例行的访谈中为何需要对抽取的精神病患者自述的暴力行为进行评估。本章后文将讨论问卷结构，届时会提供创建自述条目的示例和建议。

认知和态度调查

了解人们对犯罪及刑事司法政策的看法，是调查在刑事司法中的另一个应用场景。人们经常会以民意调查方式获知公众对量刑政策、枪支管制、警察业绩及毒品滥用的看法。肇始于 1972 年的美国社会普查（General Social

Survey）是对美国社会指标的一项持续调查，对犯罪的恐惧及其他认知是其常规性调查问题。自 20 世纪 70 年代中期以来，针对公众对犯罪及犯罪问题看法的解释性研究越来越多。考虑到恐惧及其行为后果对人群的影响比实际犯罪被害的影响更大，也有很多研究人员投入对犯罪恐惧感的研究中（Jason Ditton and Stephen Farrall，2007）。

本章开篇《对性侵者的了解及态度》举例说明了如何通过调查方法测量态度。内瑞雅·马尔泰什的研究也涉及本章所要阐述的原理。

定向被害调查（Targeted Victim Survey）

针对个别城市或社区的被害人进行调查是评估政策创新的重要工具。许多刑事司法项目寻求在某个特定地区预防和减少犯罪，但许多类型的项目都不能使用向警方报告的犯罪来评估。

为了解个中缘由，我们可以假设有一个社区警务项目，它鼓励社区居民向警方报告所有疑似犯罪。第 6 章已经论及，因为被害人相信警察不想被小事烦扰，所以许多轻微事件都未被告发。但如果某个新项目强调，警方希望获悉所有事件（包括最轻微事件），那么向警方告发的犯罪比例可能会上升——最终导致看上去犯罪增加了。

解决办法就是在介绍某种政策变化前后进行定向被害调查。这种被害调查特别适合用于评估任何可能导致报案增加这一副作用的政策。

同时也要考虑，类似于 NCVS 这样的大规模调查不能用于评估地方预防犯罪项目的效果。诚如前述，这是因为 NCVS 是以代表全国家庭居民人口为目的设计的。

司法统计局和社区导向警务管理办公室设计的社区被害调查有助于解决上述问题。可以专门发起地方调查，以评估地方预防犯罪的成效。也可以根据地方调查的周期规律定期安排创新性项目。司法统计局和社区导向警务管理办公室（Deborah Lamm Weisel，1999）的指南针对每一种情形均提供了抽取能够代表本司法辖区的样本的建议。

其他评估应用

其他类型的调查可能也适用于应用研究。用来评估芝加哥社区警务的一系列社区调查就是范例。这里有一个研究人员根据自己的信息需求开展调查的例子（Chicago Community Policing Evaluation Consortium，2004：2）：

“这是一个参与性项目，因而CAPS依赖于吸引公众注意的效果，依赖于吸引公众参加巡逻区会议和其他地方项目的努力。这些调查使我们能够持续了解公众对芝加哥社区警务的认识及参与程度。”

通常来讲，调查可以用来评估旨在改变态度、信仰或观念的政策。举个例子，假设想设计一个项目，通过减少案件处理时间来推动刑事法庭中被害人与证人之间的合作。首先，可以考虑将案件处理时间的直接测量结果作为项目成功与否的指标。但是，如果项目的目标是加强合作，那么更为合适的是设计一个询问被害人和证人如何看待案件处理时间的调查。

通用犯罪调查（General-Purpose Crime Surveys）

如名称所示，这类调查在设计时即有多个目的。自1982年启动以来，CSEW（即早期的BCS）已经收录一大批涉及各种主题的问题：对犯罪的恐惧（1984）；与警方的联系（1988，1996，2000）；自述式吸毒（1994）；用来保护住宅和汽车的安全措施（1996）；欺诈和技术型犯罪（2002，2003）。

NCVS通常专注于犯罪统计。然而，近年来，人们则致力于逐步重新设计调查，以扩大调查范围（National Research Council，2008）。从1996年开始，在被害问题之外，NCVS增加了一系列关于警察与公众联系程度的问题。交通拦停中的这类联系最为有趣：被调查的受访者在谈到与警察的来往时总会提到交通违章。将NCVS作为一个研究平台，形成了一个新的数据来源，可以用它的数据来评估警民接触中的种族歧视程度。林恩·兰顿和马修·杜洛斯（Lynn Langton and Matthew Durose，2013）利用这一补充资料，审查了2011年的拦停期间警察行为记录。同样地，NCVS在不同年份还补充了关于身份盗窃和校园犯罪被害的问题。

二、提问指引

如何提问是调查研究中唯一重要的部分。

通过向他人提问来实现研究概念的操作化，是调查方法的一个典型特征。

一些通用指南可以帮助构建和提出问题，使变量能够很好地操作化。同样需要注意的是，有一些陷阱会产生无用甚至误导信息。

调查包括问卷调查——一项专门为了收集对分析有用的信息而设计的调查。虽然调查原理中的某些具体要点更适合结构式问卷而非定性深度访谈中采用的非开放式问卷，但不论我们何时为收集数据而提问，这些原理都是有价值的。我们从一些对创建问卷有用的选项开始。

开放式及封闭式问题

研究人员在提问时大致有两种选择，并且每种选择都可以包含一些变化。一种是开放式问题，受访者被要求提供自己的答案。例如，受访者可能会被问“看到本市警察时，你能想到的最严重的犯罪是什么?”同时会有一块空白区域用来书写答案（或者被要求口头告知访谈者)。另一种是封闭式问题，要求受访者从研究人员所提供的选项中选择一个答案。

封闭式问题非常有用，因为它提供了更统一的回答，也更容易加工处理。它们往往可以直接转化为分析数据。开放式问题则相反，在加工前必须进行编码。这一编码过程通常要求研究人员解释回答的含义，而研究人员的解释可能存在误解、曲解或者偏见。此外，有些受访者的回答可能与调查目的并不直接相关。

封闭式问题的主要缺点在于，问卷的质量取决于研究人员如何设计答案。当为一个问题提供的答案相对明确时，就相当于没有问题。然而，在有些调查中，研究人员提供的选项并没有包含一些重要的答案。例如当我们询问“看到本市警察时，你能想到的最严重的犯罪是什么?”时，我们的答案清单可能会遗漏一些受访者认为重要的犯罪问题。对此，介绍定性访谈的第 10 章提供了有关措辞和开放性问题的详细说明。

在构建封闭式问题时，我们最好遵循第 5 章中有关变量操作化的两大要求。其一，所提供的答案类别应该是详尽的，应该容纳所有可能的答案。研究人员通常通过添加诸如“其他（请说明）________”之类选项来满足这一要求。其二，各个选项必须具有排他性，不能让受访者有必须选择多个答案的感觉。研究人员有时会要求多选，但这样做会给后续的数据处理和分析带来麻烦。为了确保答案之间相互排斥，我们应该仔细考虑每一个答案之间的联系，想清楚是否可以合理选择多个答案。此外，也可以添加一条提示，要求受访者必须选择一个最佳答案。不过，这样做并不能排除对选项进行精心设计的要求。

问题与陈述

"问卷"一词意味着存在一组问题，但是一份典型问卷可能有和问题一样多的陈述（statement）。这是因为研究人员经常要确定受访者持有某种特定态度或观点的程度。研究人员力图用非常简洁的陈述来总结这种态度，然后提交这一陈述，并询问受访者同意与否。伦西斯·李克特（Rensis Likert）通过创建李克特量表（Likert scale）来规范这一过程。在该量表中，受访者被问及他们是否强烈赞同、赞同、不赞同、强烈反对，或者可能强烈赞同、赞同等。内瑞雅·马尔泰什调查问卷中的样本选项就是这一方法的示例。

问题与陈述都可以发挥积极作用。在问卷中同时使用二者可以增加条目设计的灵活性，也可以使问卷变得更有趣。

明确问题

毫无疑问，问卷调查的问题必须清晰明确，但在调查中经常涌现不明确和模棱两可的问题，因而这一点尤其值得强调。在研究人员看来非常清晰的观点及意见对于受访者而言可能根本就看不懂，这是研究人员经常要考虑的问题，然而受访者中有许多人很少考虑甚至根本没有想过这一点。或者，研究人员对问卷议题也只有一些肤浅的了解，因此，可能无法充分阐明问题的含义。"你觉得监狱长关于囚犯出狱休假的决定怎么样？"受访者对此可能会产生一个或两个反问："监狱长的决定是什么？""囚犯出狱休假是什么？"由此可见，问卷的条目必须具体，这样才能让受访者确切知道研究人员需要他们回答什么。

研究人员经常会要求受访者对综合问题给出单一答案。这种"双管齐下"的问题似乎最常出现在研究人员个人认同一个复杂问题的时候。例如，研究人员可能会询问受访者赞同或不赞同"矫正部应该停止让囚犯出狱休假，必须集中精力改造囚犯"的陈述。虽然许多人会毫不犹豫地赞同该陈述，而有些人会反对，但是还有一些人无法作答。一些人可能希望结束休假项目，惩罚而非改造囚犯。另一些人可能想在维持出狱休假的同时增强改造效果，他们实际上既非同意也非反对研究人员给出的陈述。

问题越短越好

为了避免歧义，研究人员经常会设计长而复杂的问题，而这却是应该极力避免的。在自我填答问卷调查中，受访者往往不会为了理解某一个选项而去认真阅读，他们更愿意看到简洁的选项，从而快速、顺利地选出自己的答案。可以肯定的是，受访者一般会快速阅读并很快给出答案，因此，简短明确的选项会更有优势。在当面访谈调查和电话调查中读给受访者的问题都应该这样简洁。

避免否定性问题

问卷中出现否定性词汇更容易让受访者产生误解。当被问及同意或不同意“大麻等毒品不应合法化”的说法时，许多受访者会忽略“不”这个词，并据此做出回答。因此，有些支持大麻合法化的人会选择赞同该陈述，而有些反对的人会选择不赞同。我们可能永远不知道受访者的真实想法。

带有偏见的问题和术语

回想一下前面关于概念化和操作化的讨论。我们在社会科学中经常研究的所有概念都没有终极准确的含义。这一根本原则也适用于我们在调查中得到的答复。

问题的答案很大程度上取决于问题的措辞。每个问题和答案都是如此。有些问题比其他问题更能鼓励特定的回答。在问卷调查中，偏见（bias）是指问题自身具有鼓励受访者以特定方式回答的特性。大多数研究人员都认识到了这类问题的可能影响，比如“你是否支持总统利用遥控无人机进行定点打击，以加强所有美国人的安全?”因而，注重声誉的研究人员都不会使用这类问题。然而，问题和术语的偏差效应（biasing effect）远比这个例子所表达的更难察觉。

偏见 会歪曲所测量事物的测量方法。

纯粹地认同有声望（或不受欢迎）的人或机构的态度或地位就有可能使回答存有偏见。例如，以“你是否同意最近最高法院关于……的判决”开头的选项，可能就会产生这种效果。我们并不是说这种字眼必然会引发一种共识，或者多数人会支持知名人士或权威机构的立场。然而，相比没有这种身份，有这种身份时获得的支持可能更大。

有些时候，不同提问形式的影响相对难以捉摸。例如，肯尼思·拉辛斯基（Kenneth Rasinski，1989）分析了几项关于对政府支出的态度的美国社会普查研究结果。他发现，问题表述方式对他们获得的公众支持数量有一定影响。以下是一些比较：

更多支持	少数支持
“扶贫”	“福利”
“制止犯罪率上升”	“执法”
“减少毒瘾”	“戒毒”
“提供社会保障”	“社会保障”

例如，在一项民意调查中，63%的受访者表示，用于“扶贫”的资金太少，而在另一项相似的调查显示，只有23%的受访者表示，用于“福利”的资金太少。为避免偏见，我们提出的主要指引就是：研究人员应当考虑，他们应该怎样给受访者提供合适的答案。如果他们感到尴尬、不正当、不人道、愚蠢、不负责或有任何诸如此类的感受，那么他们应该认真考虑别人是否愿意给出这些答案。研究人员必须仔细审视调查目的，并构建最符合该目的的选项。

我们还需要警惕研究人员所说的问题和答案的“社会期许”（social desirability）。每当我们向人们询问信息的时候，他们的回答都会经过过滤，以让它们看起来很好。在当面访谈时，这一点尤其明显。例如，在2008年民主党初选时，许多选民虽然不愿投票给非裔美国人（巴拉克·奥巴马）或女性（希拉里·克林顿），但可能也不愿向访谈者承认自己有种族或性别歧视。

弗兰克·克洛伊特尔等人（Frauke Kreuter，Stanley Presser and Roger Tourangeau，2008）做过一项研究，主题是其他数据采集技术对受访者提供敏感信息意愿的影响，这些敏感信息对受访者自身可能不利，如在大学期间考试不及格或者被判处缓刑。在所测试的三种方法中，受访者在接受传统电话访谈时最不乐意主动提供这些信息。在通过交互式录音进行访谈时，他们的主动性更强一些。在网络调查中，他们提供这类信息的主动性最强。

设计自述选项

社会期许是一般人群调查中自述选项的一个特殊问题。坚持诚信和匿名的伦理准则，赢得受访者对我们所做调查的信任，是保障自述选项获得更真实回复的途径之一。另外还有一些方法可以帮助我们避免或减少自述选项出现问题。

其中一种方法在早期的 BCS 中使用过，即引入一组带有免责声明的自述选项，并对犯罪陈述进行“清洗”。《1984 年 BCS 报告》（the 1984 BCS）的自述部分以如下导言开头：

> “有很多行为实际上是犯罪，但实施者众多，很多人也不认为其是犯罪。在这张卡片（交付受访者的打印卡片）上的是这些行为中的 8 种。对于每一种行为，你能否告诉我，你认为有多少人实施过——大多数人、很多人或者没有人。”

然后受访者阅读一张卡片（如图 9.1 所示），上面描述了各种各样的违法行为。访谈者首先询问受访者，他们认为有多少人曾经实施过“X”（“X”对应图 9.1 中指代某种犯罪的字母）。之后，访谈者会问受访者是否实施过“X”。然后访谈者再根据卡片字母往下走，逐一对受访者进行询问。

A. 未经允许取走办公用品（如文具、信封和笔）
B. 未经允许取走工作中使用的办公用品之外的物品（如工具、钱或其他东西）
C. 虚报开支（谎报开支）
D. 故意无票乘坐火车，或者购买短程票长途旅行
E. 未向海关申报应税货物
F. 骗税
G. 吸食大麻（大麻草、大麻叶、大麻制品）
H. 经常在明知自己饮酒量明显超出法律上限时开车

图 9.1　1984 年 BCS 自述选项展示卡

来源：改编自《1984 年 BCS 报告》（NOP Market Research Limited，1985）。

这一过程包含了三种旨在防止不承认自己犯罪之社会期许性回复的措施。第一，免责声明让受访者安心，因为“许多人”并不认为这些行为是犯罪。

第二，访谈者首先询问受访者认为每种犯罪有多少人实施过，然后才问他们本人是否干过。这充分利用了人们的同理心：其他人也这么干。第三，问他们“是否做过 X”，没有问“是否曾经在报销账目上作弊过”，这种处理方式更容易被受访者接受。人类行为的弱点在这里同样发挥着作用，这就像人们用“洗手间”“一起睡觉”来指代“厕所”和“性行为”一样。当然，指望这样的策略能让所有的受访者感到安心是不现实的。此外，对强奸或抢劫银行等严重犯罪的免责声明也是荒唐可笑的。但这些措施表明，可以在敏感的问题中植入经过审慎考虑的措辞和说明。

对已知罪犯的自述式调查会碰到各种问题。由于担心法律后果，被监禁的人可能不愿意承认犯罪。罪行累累的罪犯可能难以分辨其数量众多的犯罪，或者想不起大致的犯罪日期。对于很多活跃犯罪者而言，承诺不起诉在某些资助研究（如第 3 章所讨论的）中发现的犯罪，可以减轻他们的恐惧感。整理高频犯罪者的具体犯罪日期和案情需要采用不同的策略。

在对活跃犯罪者进行调查时，一种有用的方法是定期对受访者进行数次访谈。例如，丽莎·马赫（Lisa Maher，1997）在三年时间里对吸食海洛因或可卡因的妇女样本进行了多次定期访谈。每个受访者都被问及背景、与男性的亲密关系、收入来源和吸毒习惯。定期访谈可以帮助受访者回忆其违法犯罪行为。使用犯罪日历进行研究（Jennifer Roberts et al. 2005），可以发现，对于高频犯罪者来说，更频繁的访谈对于其回忆罪行极有必要，而且犯罪日历非常适合用来追踪更严重的犯罪。

从自述选项中获得有效和可信结果很难，但是自述式调查是解决刑事司法研究中某些问题的重要工具。因此，研究人员需要不断努力改进自述选项。约珥·肯尼特和约瑟夫·格夫洛埃尔（Joel Kennet and Joseph Gfroerer，2005）的随笔集详细讨论了通过 NSDUH 对自述式吸毒进行测量时存在的问题。国家研究委员会 2011 年的一份报告对自述式调查进行了广泛讨论。

计算机技术的应用使自述选项有了很大的改进。大卫·马塔（David Mata，2007）描述了最近为 BCS 实施的补充调查中的自述选项的进步。瑞士的研究人员在报告中指出，与纸笔问卷相比，学生在学校环境中使用计算机辅助访谈披露的违法行为更多（Sonia Lucia，Leslie Herrmann，Martin Killias，2007）。在后文对不同调查管理模式的讨论中，我们还会谈及该话题。

三、问卷结构

在确定问题的内容后，研究人员必须思考问卷中所有选项的格式和组织。

问卷调查是调查研究的基础性工具，现在让我们将注意力转向编制问卷的常用方法。接下来的内容最好看作第 5 章有关概念化和测量之理论讨论的延续。

当然，问卷的编制方法取决于问卷如何交付受访者。本章稍后将讨论三种管理模式：(1) 自我填答问卷调查；(2) 当面访谈调查；(3) 电话调查。

一般问卷格式

调查问卷的格式与它的性质和措辞同样重要。安排不合理的问卷会导致受访者遗漏问题，搞不清研究者想要什么数据，甚至导致受访者直接丢弃问卷。

一般来说，调查问卷应该是整齐的。缺乏经验的研究人员往往担心他们的问卷会显得太长，所以他们把几个问题压缩到一行，简化问题，尽量少用几页纸。这种做法极不明智，甚至会适得其反。在一行中排列多个问题将导致一些受访者完全忽略第二个问题。问题过于简略，也会让一些受访者产生误解。更普遍的是，相比看起来很长但受访者可以迅速完成前几页的问卷，那些看似简短但其实在第一页上就花费了受访者大量时间的问卷，会让受访者感到更加沮丧。此外，前一种问卷出现错误的可能性更小，受访者也不用被迫反复阅读那些简短但让人困惑的问题。他们也不用在一个很小的空间内写出一个很长的答案。本章前文引用了内瑞雅 · 马尔泰什的研究成果，其中就提供了格式良好的问卷范例。

关联问题

在问卷中，通常都会存在明显只与一些受访者有关而与其他受访者无关的问题。例如，被害调查中列举的一组有关被害事件的问题就只对被害人有意义。

这类情形经常发生在我们希望就特定主题询问一系列问题时。我们可能想问受访者是否属于某个特定的组织；如果是，那么他们参加集会的频率如何；如果经常参会，那么他们是否在该组织任职等。或者，我们可能想问受访者是否听说过某个政策建议，比如在社区开设一个青年庇护所（youth shelter)，然后再调查那些听说过的人的态度。

系列性问题中的后续问题称为关联问题（contingency question），它们是否要被询问或者回答，取决于受访者对该系列第一个问题的回答。恰当使用这些问题可以使受访者更容易完成问卷，因为他们不必回答与他们无关的问题。

关联问题可以用几种格式提出，图 9.2 所示或许是最清晰、有效的一种。请注意，该图列出的问题可以用一个简单的问题来解决："如果有，你抽过多少次大麻？"回答选项是"从不""1 次""2—5 次"等。这个单一问题适用于所有受访者，他们都能找到合适答案。不过，这类问题可能会让有些受访者在自述抽大麻时感受到压力，因为最主要的问题是询问他们抽大麻的次数。图 9.2 所示关联问题减少了受访者回答抽过大麻时感受到的微小压力。这一讨论表明，看似涉及效度和信度的理论问题，也能够通过简单排列在一张纸上的问题来表达。

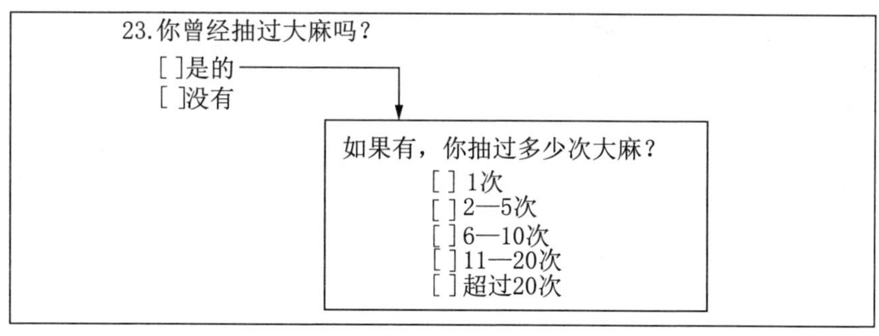

图 9.2　关联问题

如果使用得当，即使是复杂的问题集也不会让受访者觉得混乱。有时，一组关联问题可以长到跨越好几页。

被害调查经常包含很多关联问题。图 9.3 展示了 NCVS 问卷的几个问题。所有受访者都被要求回答一系列筛查问题（screening question），以揭示可能的被害事件。对任一筛查问题回答"是"的人将被要求填写一份犯罪事件报告，其中列出了许多用于了解被害事件细节的条目。

如图 9.3 所示，该犯罪事件报告本身也包含了关联问题。你可能会发现，虽然 NCVS 包含筛查问题和犯罪事件报告的调查问卷做了这种简化，但它还是非常复杂。NCVS 问卷调查主要通过计算机辅助电话访谈（computer-assisted telephone interview）来实施，在这种情况下，关联问题的流程或多或少是自动化的，很难以这类问题构建一个被害人的自我填答问卷。

计算机辅助访谈 通过计算机记录由访谈者或受访者本人键入的答案。

筛查问题

36a. 我将为您读一些例子，通过这些例子让您了解此次研究所包含的犯罪类型，当我阅读例子的时候，请您告诉我，过去的6个月里，它们是否发生在您身上，如果是，请您说明时间。

您的物品是否被盗过，比如：

(a) 您携带的物品，如行李、钱包、公文包、书籍；
(b) 衣服、珠宝或计算器；
(c) 自行车或运动器材；
(d) 室内的物品，如电视、立体音响或其他工具；
(e) 室外的物品，如花园里的水管或其他园艺工具；
(f) 家里属于孩子的东西；
(g) 汽车上的东西，如包裹、杂物、相机或磁带；
(h) 有人想偷你的东西吗？

犯罪事件报告

20a. 犯罪发生时，您和您的家庭成员是否在场？
___是［转至第20b题］
___否［转至第8页，第56题］

20b. 哪些家庭成员在场？
___只有受访者［转至第21题］
___受访者和其他家庭成员［转至第21题］
___只有其他家庭成员［转至第8页，第59题］

21 是你自己看到罪犯的吗？
___是
___否

……

56. 你知道或曾经知道有关罪犯的任何事情吗？例如，是一个人还是多个人参与犯罪，是年轻人还是老年人，是男性还是女性？
___是［转至第57题］
___否［转至第11页，第88题］

图9.3 NCVS的筛查问题和犯罪事件报告

来源：改编自National Crime Victimization Survey（2004）。

矩阵问题

研究人员经常想问几个有相同答案分类的问题。只要使用李克特量表，就会碰到这种情况。此时，研究人员可以建构一个矩阵式的条目和答案。如图 9. 4 所示。

17. 在下面的每个陈述旁边，请说明你是否强烈赞同（SA）、赞同（A）、不赞同（D）、强烈反对（SD）或尚未决定（U）。

	SA	A	D	SD	U
a. 这个国家需要的是更多的法律和秩序	[ ]	[ ]	[ ]	[ ]	[ ]
b. 美国警察不应该携带枪支	[ ]	[ ]	[ ]	[ ]	[ ]
c. 屡次贩毒者应该被判终身监禁	[ ]	[ ]	[ ]	[ ]	[ ]

图 9. 4　矩阵问题格式

这种格式有三个优点：首先，它能够有效利用空间。其次，受访者有可能更快完成这种格式的问题。最后，对于受访者和研究人员而言，这种格式可以增加不同问题所获回答之间的可比性。受访者可以迅速回想起他们对之前问题所做的回答，因而他们有可能通过对多个问题的赞同强度来选择对当前问题的回答，比如选择“强烈赞同”或者“赞同”。

使用这种格式也存在一些固有风险。它可能会导致研究人员在建构问题时出现偏差，致使存在多个适合矩阵问题的答案。此外，矩阵问题可以在一些受访者当中生成一个回答集。这意味着这些受访者可能会形成一种模式，例如同意所有的陈述而不实际思考这些陈述的含义。当某组陈述以数个表达一种特殊倾向的问题（例如保守政治观）开始，随后仅提出一些表达相反倾向的问题时，尤其如此。受访者可能会认为，所有的陈述均表达相同倾向，这使他们会快速浏览，对其中一些内容产生误解，并因此给出错误答案。通过交替排列表达不同倾向的陈述，并使所有陈述变得简洁清晰，可以在一定程度上解决这个问题。

受访者产生厌倦或疲劳是一个更大的问题。保持矩阵问题和整个问卷尽可能简短，可以避免出现这一问题。本章后文对各种问卷管理方法进行比较时，将介绍一种有效避免受访者出现疲劳的方法。

问卷中的问题序列

问卷中提问的顺序也会影响受访者给出的答案。一个问题的出现可能会影响后面问题的回答，这就是“光环效应”（halo effect）。例如，如果先有几个问题询问非法使用毒品的危险，之后有一个问题要求受访者自愿回答他们所认为的美国最严重的城市犯罪类型（开放式问题），那么吸毒将比其他犯罪收获更多的关注。在城市中，毒品的使用会比在其他地方得到更多的关注。在这种情况下，最好先问开放式问题。

如果要求受访者评价矫正政策的整体效果，那么他们将会以与其初步评估一致的方式回答有关矫正机构具体方面的后续问题。反过来也是如此：如果先询问受访者有关监狱和其他矫正机构的具体问题，那么随后的综合评估将受到先前问题的影响。

最好的解决办法是对问题保持敏感。虽然我们不能避免问题序列的影响，但应当设法估计其影响。之后，我们就可以用一种有意义的方式来解释结果。如果问题序列看上去对研究非常重要，那么我们可以根据不同的问题序列来建构多个版本的问卷。由此可以判断排序的效果。至少应当对不同版本的问卷进行前测。

缺乏经验的研究人员通常会认为，每一次研究应用都要设计新的调查问卷。相反，使用现有问卷作为起点，这几乎总是有效的，而且往往也是最常见的。请参考插页文章《不要从零开始!》，了解更多相关内容。

不要从零开始!

对于具体研究应用来说，修改现有的问卷总是比从头开始更加容易。我们很难提出前所未有的问题。下面列举了一些网站，上面有完整的问卷或大量的问卷问题。

· 司法统计局。除了管理 NCVS 外，司法统计局还从许多司法组织收集信息。司法统计局资助的调查中的所有近期问卷副本都可以在其网站找到。在页面顶部找一个带状链接，鼠标放在“数据收集”上，找一个系列（例如矫正、法院和量刑、执法和被害人），然后点击感兴趣的内容。通过链接可以找到许多问卷。请点击 http://bjs. gov。

· 加利福尼亚儿童健康调查（California Healthy Kids Survey）。这组问卷对于评估日常行为非常有用。大部分问卷都包括有关饮酒、吸烟、吸毒、打架斗殴以及其他可能引发学校干预的行为。问卷有英语和西班牙语两种版本，适用于小学、初中和高中。此外，该站点还包括一个页面，允许各学校构建自定义模块。网址：http://www. wested. org/

administer/download/custom。

·疾病防控中心（Centers for Disease Control）。疾病防控中心的各下设机构定期通过调查问卷及其他数据采集系统收集与健康有关的数据。有需要请点击：http://www.cdc.gov/nchs/data_ access/ftp_ data.htm。

·青少年危险行为检测系统（Youth Risk Behavior Surveillance System）。这是一项针对初中、高中学生的年度疾病控制中心调查项目，主要内容是询问会导致健康问题或伤害增加之行为的问题。所询问的问题包括吸毒和饮酒。问卷可在以下网址下载：http://www.themeasurementgroup.com/evalbttn.htm。

·SurveyMonkey 问卷模板。SurveyMonkey 是最受欢迎的商业在线调查平台之一。它为当下流行的调查提供问卷模板。这些模板可以单独使用或者为特定用途而加以改编。大多数都是为了得到某类客户反馈而设计，但也有一些对刑事司法研究有用。网址：https://www.surveymonkey.com/mp/sample-survey-questionnaire-templates/。

·美国民意研究协会（American Association for Public Opinion Research）。该组织为进行调查研究的研究人员提供最佳实践建议和指导。其网站上也有一些编写问题的技巧和一个样本量计算器（sample size calculator）。网址：http://www.aapor.org/Standards-Ethics/Best-Practices.aspx。

四、自我填答问卷调查

自我填答问卷往往是成本最低且最容易完成的问卷。

邮件调查是自我填答问卷调查中的传统方法，但现在其他方法更加常用。在同一时间、同一地点向聚集的一组受访者（如点名时的警察或临时集合的监狱囚犯）发放问卷，这或许是比较好的问卷完成方式。“监管未来”调查项目（见第6章）让学生在课堂上完成自我填答问卷。你自己可能也在大学课堂上填写过这种问卷。

在把问卷留置家中方面进行过一些实验。研究人员将调查问卷送到样本居民的家中，并对研究进行解释，然后把问卷留给受访者填写，研究人员稍后取回。

将问卷留置家中和邮寄问卷这两种方式可以结合使用。研究人员可以将问卷邮寄至受访者家，然后登门收取问卷并检查问卷的完整性。也可以倒过来，研究人员亲手交付问卷，然后要求受访者将填写完毕的问卷寄到研究室。一般来说，当调查者亲自送交问卷、取回或者两者兼具时，问卷的完成率都比单纯邮寄高得多。

随着互联网对人们生活的影响增加，在线完成自我填答问卷的情形也日渐普遍。在探讨网络问卷之前，让我们将注意力放在邮件调查的基本原理上，它们依旧可以用于不上网的人群。

邮件分发和回收

通过邮件收集数据的基本方法是在邮寄问卷的同时，附上一封说明书和一个贴上邮票、写好回邮地址的信封，方便受访者寄回。你可能收到过这种信封。研究人员希望受访者完成问卷，放进信封，并邮寄回去。如果你碰巧收到了这样一份问卷，却没有寄回去，回想一下你没有寄回的理由极有必要——当你打算把问卷寄给别人时，尤其要把刚才想到的理由铭记在心。

在实际邮寄问卷时，一定要考虑时间安排问题。在大多数情况下，应避开 11 月、12 月和 1 月这些假期较多的月份。这些时期的邮件总量特别大，会大幅减缓邮件的分发和回收速度。邮局的邮件量越来越大，人们收到的邮件也越来越多，此时分发的问卷更易与精美的礼品卡、节日问候、账单和各种各样的垃圾邮件混在一起，因而极有可能被受访者扔掉。

提示性邮件及附信

美国人口，尤其是居住在城市地区的人口，一直都有一定的流动性。这种流动性，再加上获取样本地址的抽样框有可能过时，促使调查者使用提示性邮件（Warning Mailing）来核实或“清理”地址。某些类型的提示性邮件也可以有效地提高调查的应答率（response rate），即参与调查人数除以所选取样本数获得的数值。

提示性邮件的工作流程如下：研究人员生成样本后，给每位选中的受访者寄送一张印有“地址修正请求”（address correction requested）字样的明信片。收件人已经搬走并留下转投地址的，问卷将被投递至新地址。如果收件人已经搬走且没有留下转投地址，或者一年多后，邮局不再有关于新地址的信息，那么明信片就会被重新贴上“收件人不详”之类的标签，退回投递人。还住在原地址的受访者会被用恰当的语言“通知”，邮件中有一份问卷。针对这种情形，明信片应简要描述调查目的，说明选中该受访者的原因。

随着实际问卷一同发放的附信（Cover Letter）提供了另一个提高应答率的机会。附信可以通过两种方式吸引人们的注意。其一，信的内容显然很重要。信中应该说明，为何要开展这次调查，为什么选择该受访者，以及受访者完成该问卷的重要性。根据第 3 章关于伦理保护的讨论，附信也应该真诚地向受访者保证，会对他们的回答保密。

其二，附信应说明调查所属机构或资助者。有两种选择：（1）受访者尊重或者可以核实的某个机构；（2）某个中立但让人印象深刻的机构。例如，我们要对警察局长们进行邮件调查，就可以使用国际警察局长协会（International Association of Chiefs of Police）的信纸打印我们的附信，并让该协会官员签字，这样可以有效提高应答率。当然，这样做的前提是，调查已经得到国际警察局长协会的支持。

可接受的应答率

应答率应当达到多大比例？这是邮件调查经常被人问到的问题。要注意，调查分析中采用的推论统计大多都假定初始样本中的“所有”成员都会完成并返回问卷。这几乎是不可能的，因而必须关注应答偏误（response bias）问题。研究人员必须测试（并希望）一种可能性，即受访者近似原始样本的一个随机样本，因而也近似总体中一个在某种程度上较小的随机样本。例如，如果样本中所有人的性别都是已知的，研究人员可以将回收问卷反映的男女百分比与整体样本的男女百分比进行比较。

然而，总体应答率是受访者样本代表性的一项指标。相比低应答率，应答率高时，出现严重应答偏误的可能性也较小。但什么是高应答率呢？

快速查阅调查文献就能发现，人们可以接受的应答率处于一个较大的区间。每一份资料都可能会附上这样的陈述：“对于这类调查，可以视为相对较高的应答率。”即便如此，仍然可以就应答率提出一些经验性认识。应答率达到 50%以上，对于分析和报告已经足够。应答率在 60%以上属于良好，而 70%则是非常好。

然而，请记住，这只是粗略的指标，并没有统计学基础。经验证且没有应答偏误，这比高应答率重要得多。针对较小人群的调查，应答率往往高一些，而人口普查的应答率较低。

唐·迪尔曼等人（Don Dillman，Jolene Smyth，Leah Melani Christian，2014）对研究人员用来提高邮件调查应答率的各种方法进行了广泛的调查，并对每种方法的效果进行了评估。更重要的是，迪尔曼等人强调了关注研究的各个方面的重要性，即应当提倡“总体设计方法”（total design method），而非一两个小技巧。

计算机辅助自我填答问卷

互联网已经渗透到工作和休闲活动中，而各种计算机辅助自助调查也变得越来越普遍和复杂。事实上，这促进了通过问卷收集数据的发展。想想你最近一次访问政府或商业网站的经历，是不是遇到一个弹窗，要你在线提供反馈。

最常见的是这样一类调查：受访者被要求点击一个链接，最终跳转到一个问卷界面。这种方法的优点显而易见。应答被自动记录在计算机文件中，既省时又省钱。网页设计工具使创建有吸引力的问卷成为可能，而且这些问卷可以收录关联问题、矩阵和向受访者提供选项的其他复杂工具。

随着越来越多的美国家庭接入互联网，对网络问卷的潜在偏见逐年减少。皮尤研究中心（Pew Research Center）发布的一份报告（Andrew Perrin and Maeve Duggan，2016）表明，美国家庭的互联网使用率正在稳步增长：成年人使用互联网的比例从 2000 年的 52%上升到 2015 年 6 月的 84%。你可能已经知道，互联网的使用率并非平均分布的。在 2015 年，几乎所有的年轻人（18 岁至 29 岁的人群，96%）和拥有大学学位（95%）的人都已经涉足互联网，相比之下，65 岁及以上人群的涉网比例是 58%，高中以下教育程度人群的这一比例为 66%。在 21 世纪的前 15 年，差距一直在缩小。男性和女性的互联网使用率基本持平。

虽然访问互联网不难，但寻找和选择互联网用户样本依然是一个很重要的问题。用上一章我们已经比较熟悉的术语来说，就是在线调查可用抽样框与潜在目标人群的匹配度。例如，如果目标人群是大学生，我们如何获得一份邮箱列表或者可以帮助我们调查代表性样本的其他信息？我们很容易想到研究人员感兴趣的其他人群，却难以通过电子邮件或网络问卷实施调查。

正如第 8 章所说的，像 MTurk 这样的服务对于选取非概率样本越来越有用。研究人员可以规定应征受访者必须满足某些条件，以此对完成调查者实施控制（Kim Bartel Sheehan and Matthew Pittman，2016）。

不过，互联网用户的快速增长也给研究人员带来了一系列其他问题。如同信箱里堆满了广告之类垃圾邮件一样，垃圾邮件和其他不受欢迎的信息也经常出现在我们的电子邮箱里。垃圾邮件的激增推动了垃圾邮件过滤器的发展，这些过滤器可以过滤掉我们不需要的邮件。不幸的是，这类程序也会屏蔽一些不熟悉但善意的邮件，如电子邮件问卷。电话推销和政治竞选之类活动激增，同样使得通过电话进行调查变得越来越费劲。

技术发展带来了新的威胁。类似的例子还有电脑病毒和其他恶意软件，它们的蔓延使得人们在打开陌生来源的电子邮件或附件时变得更加谨慎。解决这一问题及垃圾邮件问题的方法之一，就是前面谈到的邮件调查中的提示性邮件。研究人员通过可信来源将提示性邮件发送到受访者的电子邮箱，提醒他们后面会收到一份问卷或者链接。

在考虑是否要发送电子自我填答问卷的链接时，我们应该记住一个基本原则：实施网络调查的前提是接入互联网，因而必须有计算机。计算机和网络用户持续快速增加。如同电话最终进入千家万户一样，互联网接入率也在持续增长，因而刑事司法研究人员也可以非常便利地针对许多目标群体开展网络调查。例如，马克斯菲尔德及其同事在其反思犯罪调查的建议中认为，网络调查非常适合研究通过计算机实施的诈骗活动的被害人。因为只有接入互联网的人才会被害，所以互联网样本再合适不过（Mike Maxfield，Mike Hough and Pat Mayhew，2007）。迈克·萨顿（Mike Sutton，2007）描述过适合对计算机用户进行互联网抽样。

回顾一下我们在第 8 章中的讨论：抽样框与目标总体之间的一致性是抽样的关键要素。绝大多数司法专业人士和刑事司法组织都会使用网络和电子邮件。

用于在线抽取样本、分发问卷和统计结果的工具的快速发展尤其重要。作为示例，可以参阅马维亚·霍贾利和凯茜·施巴茨·维多姆撰写的插页文章《通过 MTurk 和 Qualtrics 实施在线调查》。

通过 MTurk 和 Qualtrics 实施在线调查

马维亚·霍贾利　凯茜·施巴茨·维多姆
约翰杰伊刑事司法学院

我们的研究问题集中在人们对青少年行为的反应如何因孩子外在的两个特征（年龄和种族）而变化。这适用于采用调查方式进行研究。在调查中，我们向受访者展示孩子的照片并描述其行为，然后向受访者提出一组问题，询问其针对孩子的行为会采取何种措施。在对行为描述和孩子照片进行随机组合后，我们进行了一次调查实验。

向受访者描述的大部分行为均属于重罪或轻罪，但其中有三种行为在违法性的认定上存有争议。我们要求受访者说明，如果看到照片中的孩子实施了该行为，他们认为自己会做出数种反应中的哪一种。我们设置的“反应”选项从“什么都不做”到“向警方报案”不等，其他反应包括直接告知孩子或者试着找到孩子的监护人。该设计使我们能够看到人们对于不同行为的反应是否会因孩子的年龄（8 岁或 12 岁）以及种族（黑人、拉丁裔或白人）而异。当然，照片里都是男孩。

大学课堂上常有这样的实验，因为让学生们做研究对象方便可行。但我们想扩大受访者人群。我们在 Qualtrics 上编制问卷，利用 MTurk 选择样本。Qualtrics 是实验研究的在线调查平台。受访者可以在电脑、平板设备或者智能手机上完成调查。

在 MTurk 的话语体系里，我们的调查属于人工智能任务，或者简称 HIT。MTurk 允许研究人员就准备参与调查的个体（MTurk 称其为员工）提出一些条件，包括员工先前完成 HIT 的质量，而质量的测量方法就是研究人员对其完成的 HIT 的满意率。我们需要有经验且责任心已获证明的员工，因此我们规定的满意率（acceptance rate）是 95%。我们的 HIT 公告里包括一份关于调查目的的简要说明以及它在 Qualtrics 上的链接。员工若是感兴趣，可以点开链接，并且直接阅读 Qualtrics 调查的首页，那里有一份知情同意书。

在阅读了知情同意书后，参与者会随机收到一张孩子的照片，在每张照片的下一个网页都有一段话，描述了 16 种行为中的一种（比如持枪抢劫或者深夜独自走在马路上）。再下一页则显示了一组应答问题，涉及受访者对孩子行为关注程度的评估，以及对于该孩子行为的合适反应。对所有的 16 种行为重复上述操作，然后再调查其他内容，例如受试者的民族和种族背景。总的来说，我们用大约两周的时间收集了 1 000 条应答。

Qualtrics 平台会监控和记录应答数据，包括完成调查的时间。员工每一次完成 HIT 都会得到适当报酬。在我们确认每项已完成的 HIT 后，Qualtrics 会给 MTurk 发送数据，这样员工就可以得到报酬。我们为每份已完成并得到认可的问卷支付 0.25 美元，MTurk 为每项已完成并得到认可的 HIT 增加了 0.1 美元“采集费”，所以我们获得 1 000 份应答，总共花费了 350 美元。Qualtrics 的软件可以在问卷完成后对应答进行编辑并制作表格。HIT 结束后，我们下载应答数据并开始分析。

在一项复杂调查中，需要采集大量应答数据，此时综合利用 MTurk 的抽样条件和 Qualtrics 的调查设计工具，是一种非常快速而又经济的方法。我们在设计问卷时遇到了一些问题，且发现 Qualtrics 比我们所预计的更像一条学习曲线（learning curve）。希恩和皮特曼（Sheehan and Pittman，2016）详细介绍了 MTurk 与 Qualtrics 的结合使用方法，以及通过 MTurk 提高所获样本质量的方法。他们还比较了 Qualtrics 与其他在线调查平台。

请想一想我们的调查与获取 1000 份已完成电话访谈或通过邮件返回的问卷之间存在的差异。我们的数据不是概率样本的结果，我们无法在技术上估算参数和置信区间。不过，与单纯对大学生进行调查相比，这份样本更具多样性和代表性。参见迈克尔·布尔梅斯特及其同事（Michael Buhrmester and assoicate，2011）、亚当·J. 柏林斯基及其同事（Adam J. Berinsky and associate，2013）的著述，他们比较了 MTurk 抽样与其他非概率抽样，并选择了全国概率样本。

Qualtric 属于在线调查服务平台，SurveyMonkey 和谷歌表单（Google Forms）也是。希恩和皮特曼（Sheehan and Pittman，2016：45-48）探讨过它们与其他平台的优缺点。我们猜许多大学生都曾获邀通过 SurveyMonkey 填写问卷。约翰杰伊刑事司法学院的工作人员喜欢使用 SurveyMonkey 开展各种工作。在大多数服务平台上创建一个测试账户是很容易的，它允许用户获取针对限量问题的限量应答。每个平台都包含问卷模板示例，经改编后可应用于各种场景。插页文章《不要从零开始！》简要介绍了 SurveyMonkey 的应用情况。有些平台甚至还提供题库。

对于需要大量应答的调查，在线抽样及平台无疑是最经济和最简易的方式。霍贾利和维多姆在研究中采用了一份包含随机混合问题及照片的复杂问卷。然而，许多研究应用仍然需要由专业访谈者进行面对面的调查。

五、当面访谈调查

对于复杂的问卷和其他特殊需要而言，当面访谈是最好的方式。

当面访谈调查（in-person interview survey）也是一种采集调查数据的方法。这种方法中，研究人员并没有让受访者阅读问卷并填写答案，而是让访谈者口头提问并记录受访者的回答。尽管一名研究人员可以独立进行一项小规模的访谈调查，但大多数访谈调查都需要多名调查者。

访谈调查 采用问卷对大量人员进行系统访谈。

访谈者的角色

当面访谈调查的应答率通常高于邮件调查。受访者有可能扔掉一份邮寄过来的问卷，但似乎很难拒绝站在家门口的访谈者。一个精心设计并完美执行的访谈调查应该可以有 80%至 85%的完成率。

访谈者在场往往会减少“不知道”和“无答案”的应答。如果研究中需要减少这样的应答，就可以指示访谈者去探查答案（“如果必须选择其中一个答案，那么哪个选项与您的想法更近呢?”）。

访谈者也可以帮助受访者澄清问卷中的不清晰之处。如果受访者明显误解某个问题的含义，则访谈者可以加以解释，之后再获得相应的回答。但是，对问题的解释应根据规范进行严格限制。

最后，访谈者可以观察，也可以询问问题。例如，访谈者可以观察受访者的居住环境、财产状况、英语水平以及对调查的总体看法。早期 BCS 的访谈者会观察受访者居住地的外部环境以及周边地区状况（Keith Bolling，Catherine Grant and Jeri-Lee Donovan，2009）。问卷问题涉及住所的物理环境、抽样单位状况、与邻近住房的对比情况以及锁的类型。

访谈的一般规则

访谈的规则会因调查人口和调查内容而有所不同。不过，一些通用性指导原则适用于大多数访谈，包括抽样调查和更专业的访谈。

外表及举止 一般来说，访谈者的衣着风格应与其受访者相似。即便与受访者的着装不同，至少也应该做到整洁和质朴。虽然中产阶级的着装标准并未被美国社会所有阶层接受，但这些依旧是标准，而且一般会被大多数受访者接受。

目标人群的感受至关重要。与大多数刑事司法人员进行访谈时，应着正装。不过，中产阶级的标准着装在进行街面访谈或者访谈被监禁群体时可能不合时宜。

访谈者的举止起码应令人感到和蔼可亲。因为他们需要了解受访者的私生活及想法，所以必须传达出一种真诚的兴致来了解受访者，而不是像在刺探一般。他们必须表现出放松和友好，不要太随便。优秀的访谈者有能力迅速判断受访者最喜欢和什么样的人交谈，然后做出相应调整。NCVS 访谈者指南中提供了如何接触受访者、着装及相关事项的具体要求（U. S. Census Bureau，2012）。

熟悉问卷 访谈者必须能够准确流利地向受访者念出问卷。理想的访谈者应当像演员在戏剧或电影中朗念台词一样念问卷。访谈者“读”问题，应当像日常对话一样自然，但“对话”又应当完全遵循问卷中使用的语言。

访谈者还应当熟悉为问卷设计的说明书。不可避免地，有些问题可能并不适合某个受访者，此时访谈者必须决定如何解释这些问题。对于这类情形，提供给访谈者的说明书应当给出足够指引，但是访谈者也要熟知说明书的结构和内容，以便有效运用。

追问答案　开放式问题通常需要进行追问（probe），以获得应答。例如，对于关于邻居犯罪的问题，受访者可能只是简单回答“非常糟糕”。访谈者可以通过各种追问来获得对这个问题的详细回答。有时，最好的追问就是沉默；如果访谈者拿着铅笔安静地坐在那儿，受访者可能会忍不住多说一些内容来填补停顿。可以使用诸如“是什么样的呢？”和“在哪些方面呢？”之类的口头追问。或许最实用的追问语是“还有其他的吗？”

然而，在任何情况下，追问都必须是完全中立的，不能影响受访者后续要说出的内容。如果我们预料可能需要针对某个问题进行追问，以获得更多应答，就应该将拟追问的内容写在问卷相应问题的后面。这种做法有两个优点：其一，研究人员将有更多时间来设想更好且更中立的追问方式。其二，它确保所有的访谈者使用同一追问方式。因此，即使追问并不完全中立，所有受访者接受的信息也一样的。这与前面讨论的问题措辞的逻辑相同。虽然应保证问题的中立性，但即使存在偏见问题，也应保证所有受访者面对的是同样的问题。

协调和控制

每当由多个访谈者进行访谈的时候，就必须认真进行协调和控制。协调和控制可以从以下两个方面入手：（1）培训访谈者；（2）监督访谈者的工作。

无论研究人员是自行调查还是雇用专业公司进行调查，都应该重视访谈者的培训。通常应当让访谈者了解研究的目的和内容。即便访谈者只参与项目的数据采集环节，也应该理解所采集的信息有何用处以及采集的目的是什么。

显然，培训应该让访谈者理解该问卷，并熟悉从样本家庭中选择受访者的程序。访谈者也应当知道在什么情况下要使用替补样本元素代替不存在的地址、已经搬走的家庭或者拒绝接受访谈的人。

培训应该包括访谈者相互进行问卷调查的练习。培训的最后阶段应该是模拟现实调查环境，实施“真实”的访谈。

访谈中，最好看一遍完成的问卷，这有可能让访谈者发现受访者不理解的问题或模块。另外，审查已完成问卷也可以对访谈者将要面临的困难发出预警。

计算机辅助当面访谈

正如电子邮件调查和网络调查在自我填答问卷中采用新技术收集调查数据一样，当面访谈中也越来越多地用到笔记本电脑和平板电脑。各种形式的计算机辅助访谈极大方便了调查数据的收集。同时，计算机辅助访谈的不足之处也必须引起重视。接下来，我们将通过一个示例，说明该项技术在BCS中的应用方法，而这也是计算机辅助访谈在综合犯罪调查中的最初应用之一。

BCS中的计算机辅助访谈　早期的BCS（当面访谈）要求受访者完成一份关于吸毒情况的自我填答问卷，该问卷被制成小册子，并且在醒目位置标示“机密”。从1994年的调查开始，受访者就在笔记本电脑上回答自述式问题。当下的CSEW包含了计算机辅助访谈的两种版本。在计算机辅助当面访谈（computer-assisted personal interviewing）时，访谈者从计算机屏幕上读出问题，然后录入受访者的答案。对于自述式问题，访谈者将计算机交给对方，由受访者自己录入答案。

这种方法被称为计算机辅助自述式访谈（computer-assisted self-interviewing，简称CASI）。此外，CSEW中采用的CASI还附有音频说明，被选中的受访者可以通过连接在电脑上的耳机听访谈提示语音。受访者把自述式问题的答案录入计算机后，这些答案会被打乱，从而使访谈者无从获悉。请注意，CASI的这种做法有益于增强研究人员为应答保密的道德义务。

马尔科姆·拉姆塞及其同事（Malcolm Ramsay and associates，2001）在报告中指出，CASI至少能带来两个好处：其一，相比于书面答题，受访者在计算机屏幕上答题时显然能够感受到更强烈的保密性；其二，在最初使用的那几年，笔记本电脑还属于新奇玩意，可以激发受访者尤其是年轻人的兴趣。

BSC的调查结果显示，CASI技术产生的非法吸食毒品估值高于先前调查。表9.1对1998年BCS（Malcolm Ramasy and Sarah Partridge，1999）和1992年BCS（Joy Mott and Catriona Mirrlees-Black，1995）的自述式吸毒情况作了比较，其中后者的受访者书面回答打印册上的问题。我们在这里只展示三种毒品的调查结果，并附上了每一种毒品吸食情况的统计结果。对于每一种毒品，该项调查包括终身使用情况（“曾经吸食?”）以及过去12个月的吸食情况。要注意，不考虑semeron的使用情况，1998年的自述式吸毒率显著高于1992

年。在1992年很少受访者自述吸食过semeron，1998年完全没有。如果你从没听说过semeron，那很正常。这是一种虚构的毒品，将其列入毒品列表中，是为了检测受访者的应答是否存在谎言或夸大。如果有人承认吸食过semeron，那么他对其他自述式问题的回答都会受到质疑。请注意，在表9.1中，1998年CASI的使用减少了承认吸食虚构毒品的受访者数量。

表9.1　1992年和1998年BCS的自述式吸毒情况

毒品	16岁至19岁且承认吸毒的受访者比例	
	1992	1998
大麻或印度大麻		
曾经吸食?	24	42
过去12个月内吸食过?	12	23
安非他命		
曾经吸食?	9	20
过去12个月内吸食过?	4	8
semeron		
曾经吸食?	0.3	0.0
过去12个月内吸食过?	0.1	0.0
任何毒品		
曾经吸食?	28	49
过去12个月内吸食过?	14	25

来源：1992年数据改编自Mott and Mirrlees-Black，1995：41-42；1998年数据改编自Ramsay and Partridge，1999：68-71。

在CSEW中，还可以用CASI来测量性侵犯和家庭暴力。卡特里奥纳·米尔利斯-布莱克（Catriona Mirrlees-Black，1999）通过比较早期调查结果发现，CASI技术所显示的男女家庭暴力被害估值都较高。

优缺点　各种计算机辅助访谈在当面访谈中都有很多优点。CSEW及其他包含自述式问题的调查都表明，计算机辅助访谈具有更高“产量”，自述式吸毒和其他违法犯罪的比例往往更高。在1999年，全国吸毒家庭调查（National Household Survey on Drug Abuse）完全改成了计算机辅助访谈形式（Doug

Wright et al. , 2002)。其他优点如下：

· 可以迅速录入应答，并且内容会自动编排存入数据文件以供分析。

· 可以自动化处理关联问题的复序列。计算机问卷可以自动跳转至针对先前应答的合适关联问题，从而取代了用纸打印出来的诸如“如果回答是，请看第 43a 题；如果不是……”之类的陈述。

· 通过访谈者口头提示到自述式访谈的转变，无论是否附有语音说明，计算机辅助访谈都可以打破长时访谈的单调乏味。

· 自我填答问卷支持各种语言切换，更加适应受访者的需求。

· 添加了语音说明的 CASI 提高了访谈的标准化程度，避免因为访谈者的影响而产生偏差。

· 语音说明支持各种语言，可以防止受访者因语言不通而无法理解问卷。

计算机辅助访谈的一些不足会阻碍其在调查中的应用：

· 虽然计算机辅助访谈可以降低数据处理成本，但需要在设计问卷、步进序列等方面提前投入更多。

· 打印出来的问卷很容易校对，而计算机处理的问卷却很难审验，需要专业技术手段支持。

· 与成堆的纸质问卷相比，笔记本电脑电量会耗尽，计算机及软件也更容易出现损坏或故障。

总之，计算机辅助访谈可能成本高昂，且需要一些专业技能。因此，这些方法和相关技术最适合由经常进行大规模当面访谈的专业调查研究人员或研究中心使用。我们将在本章最后一节继续讨论这个问题。

六、电话调查

电话调查速度快且成本相对较低。

无论网络应用如何发展，电话调查依旧有其优势且倍受欢迎。也许它最大的优势就在于成本和时间。在当面家庭访谈中，研究人员或许会开车走很远去受访者的家中，结果却发现没有人在家，只能折返研究所。次日再次驱车前往，依旧没有人。相比之下，电话调查成本低且方便快捷。

用电话进行访谈，研究人员不必考虑衣着打扮，而这对受访者作答也没有影响。或许还可以对敏感的话题进行调查，虽然不一定如此。在某种程度上，当看不见提问者时，人们会更加怀疑——这可能是电话营销或者是销售人员在推销前进行的虚假调查。

在进行计算机辅助电话访谈（computer-assisted telephone interviewing）时，访谈者会戴着耳机坐在计算机工作站旁边。计算机会对抽样的电话号码进行随机拨号，这些号码可以通过随机数字拨号（random-digit dialing，简称 RDD）生成，也可以从汇编的电话号码数据库中抽取。电话一接通，计算机屏幕就会显示一段介绍［“你好，我叫……这是来自象牙塔大学调查研究中心（Survey Research Center at Ivory Tower University）的电话”］，并且提出第一个问题，而这通常都是关于家庭成员数量的问题。当访谈者键入每一问题的应答时，计算机程序会显示一个指明下一个问题的新界面，直到访谈结束。也许在某个重要演讲或事件的第二天，你偶然间会在报纸上看到有关全国民意调查结果的新闻报道。计算机辅助电话访谈的快速实施，使这类即时民意报告得以实现。

如果有若干访谈者参与项目，电话访谈也可以帮助研究人员更好地控制数据的采集。如果所有的访谈者都从研究室打电话，那么无论何时遇到问题，他们都可以找督导澄清。如果访谈者一个人在现场，就只能每周与督导见一次面，其他时间自己处理这类问题。

还有一个相关优势源于美国日益增长的差异性。许多地区的移民人口不断增加，因而可能需要用不同的语言进行访谈。电话调查通常会在一个中心站点进行，因此，如果说英语的访谈者遇到说西班牙语的受访者，就有可能迅速找到一名或多名会说多国语言的其他访谈者。当面访谈在处理多语言问题时存在更多困难。邮件调查需要打印和分发不同语言的问卷。

电话调查也有其不足。正如我们在第 8 章中所描述的，越来越多的家庭只使用移动电话服务，而且立法限制利用移动电话号码生成随机拨号样本。狄杰克（Jan van Dijk，2007）指出，在一些欧洲国家，仅使用移动电话的家庭越来越多，电话调查的难度也越来越大。

此外，电话调查不太适合不在家里居住的人，流浪汉就是一例。那些住在单位里的人也很难通过电话联系上。

部分电话号码未入簿也会对抽样造成影响。如果调查样本从当地的电话号簿中选取，则要求电话号码不入簿的人将被完全排除。此外，近期搬走者和临时住户的电话号码也不会出现在正式发行的电话号簿中。RDD 可以消除这种潜在的偏差。

RDD 样本通过计算机算法随机生成电话号码列表——通常是后四位数字。这个程序可以解决没有未入簿电话号码的抽样问题，但也可能产生管理问题。随机生成的电话号码可能是空号或者是企业号码。企业多数情况下都不在目标总体范围内，拨打这些电话然后发现它们超出范围，无疑会浪费对目标人群进行访谈的时间。

当然，电话调查的另一个缺点是人们可以随意挂断电话。一旦研究人员入户访谈，那么对方不太可能让研究人员中途离开，而突然终止电话访谈却很容易，比如“啊！有人敲门，我要挂了！”或者直接简单地挂断。

部分原因在于过去几年泛滥成灾的电话营销，导致现在的电话调查的完成率下降。皮尤研究中心的电话调查应答率从 1997 年的 36%下降至 2012 年的 9%（Pew Research Center，2012）。尽管商业电话营销大幅减少，但人们仍然经常收到慈善组织、大学校友会、激进政治运动组织的电话邀请以及变相电话营销。

七、三种方法的比较

成本、速度和问题内容是调查方法选择的关键。

我们已经探讨了数据收集的三种方法：自我填答问卷调查、当面访谈调查和电话调查。我们也了解了这三种方法在近期的发展。虽然我们初步掌握了这三种方法的优缺点，但还是有必要花费一点时间对它们进行更直接的比较。

自我填答问卷调查，尤其是通过互联网实施的自我填答问卷调查，其成本往往低于访谈调查。此外，对于自我管理式电子邮件调查或在线调查，进行全国性调查的成本并不比地方性调查高。显然，地方性和全国性当面访谈的成本差异极大。数据采集与制表相结合，这是在线调查节约成本的另一个因素。由于网络电话服务取消了漫游费，电话访谈的成本也在持续下降。邮件调查通常需要少量职员。虽然不应低估邮件调查的工作量，但一个人确实足以开展适量的邮件调查。邮费和印刷成本大幅降低了邮件调查的潜在成本。

在某种程度上，成本和速度呈负相关。如果访谈者很多，并且有足够的资金用来支付调查费用，那么当面调查便可以迅速完成。相比之下，用少量访谈者实施大量的当面访谈，成本通常会更低，但需要耗费更多时间。计算机辅助电话访谈通常是最快的，但大型在线调查也可以快速完成。霍贾利和维多姆大约在一周内就收取了 1 000 份完整访谈记录。

对于敏感话题，如果调查以完全匿名形式进行，则更适合使用自我填答问卷调查。受访者有时不愿在访谈中透露有争议或者离经叛道的态度或行为，但可能愿意在自我填答问卷中匿名作答。CSEW 和全国吸毒家庭调查都成功地使用计算机进行自述式问题作答，这表明人机交互可以让人们的应答更加坦诚。这一点得到了对不同问卷管理模式的实验研究的支持，该研究比较了不同的问卷管理模式（Kreuter，Presser and Tourangeaua，2008）

访谈调查也有优点。例如，对于读写能力不足的受访者，当面访谈或者电话访谈更为合适。当面访谈也可以减少不完整问卷。虽然受访者在进行自我填答问卷调查时会跳过某些问题，但当面访谈的访谈者受过培训，会确保不出现这种状况。在当面访谈和电话访谈中，计算机辅助访谈可以帮助访谈者对有无遗漏进行进一步检查。

自我填答问卷调查对敏感话题更有效，但是访谈调查显然更能有效应对更加复杂的问题。访谈调查中，访谈者可以向受访者解释复杂问题，也可以采用邮件调查或电话调查中不可能有的直观手段。

当面访谈，特别是应用计算机进行访谈，还可以减少作答定式（response set）。受访者（比如学生）在听到一长串类似类型的问题后通常都会感到乏味。改变他们所接触的刺激类型，更容易让其保持兴趣。由某人以语音形式提出一组问题，呈现在电脑屏幕上，受访者通过耳机单独收听，这种方式对受访者来说更具趣味，也能减少疲劳。

前已述及，面对面提问的访谈者除了收获受访者的作答外，还可以进行重要的观察。在一次当面家庭访谈中，他们可以总结出社区、居住单元等的特点。访谈者也可以关注受访者的特点，或者他们与受访者互动的质量——受访者是否有沟通障碍、有无敌意、是否撒谎等。最后，如果访谈者的安全性难以保障，则最好采用自我填答问卷调查或者电话调查。

最后，研究者必须权衡这三种方法的所有优缺点，根据研究需要和现有资源作出选择。

八、调查研究的优缺点

调查更趋向于较高的信度和通用性，但效度却是短板。

与刑事司法研究中其他数据收集方式一样，调查也有其优势和劣势，而这些是在判断调查是否符合某一特定研究目的时必须考虑的。

调查在描述较大总体的特征时特别管用。NCVS 和其他国家的犯罪调查已经成为研究人员和公职人员的重要工具。精心挑选的概率样本与标准化问卷的结合，使研究人员可以对一个社区、一座城市、一个国家或者其他较大总体做出精确的描述。

标准化问卷在测量方面有很大优势。前面的章节讨论过概念的模糊性，它们从根本上讲并没有真实含义（real meaning）。比方说，一个人对犯罪严重性或刑罚严厉程度的看法与他人迥异。尽管我们必须用与研究目的最相关的方法来定义这个概念，但很难将同一定义无差别地适用于所有研究对象。然而，研究人员有义务准确地向所有受访者提出相同问题，并将相同含义告知所有将要应答的受访者。

同时，调查也有其缺陷。首先，标准化要求可能意味着我们要努力“把圆钉装进方孔”(削足适履)。在评估人们的态度、立场、环境和经历时，标准化问卷列出的选项通常代表着最小公分母。在设计问题时，我们照顾到针对所有受访者的通用性，就有可能无法为许多受访者提供最合适的选择。从这个意义上来说，调查在处理较复杂议题时往往显得有些肤浅。

同样，调查也不能很好地应对社会生活的具体场景。虽然问卷可以提供这方面的信息，但研究人员很少能够把握受访者的思考及行动所处的总体生活状况。这与参与式观察者的经验（第 11 章）形成对比。许多研究人员都不喜欢有关重要刑事司法概念的标准化调查问题，例如对犯罪的恐惧、日常行为和犯罪预防。即使有多年的调查经验，NCVS 在统计连续被害方面的程序设计仍然不够完善。

利用调查来研究犯罪及刑事政策存在特殊的挑战。目标人群经常会包含低收入的短暂停留者，难以通过常用抽样方法接触。例如，无家可归者被排除在所有对家庭进行抽样的调查之外，而生活在街上的人显然很容易成为被害人或者罪犯。马克斯菲尔德（Maxfield，1999）指出，来自全国事件报告系统的新数据表明，NCVS采用的抽样程序全面低估了“无家庭”者（non-household-associated）的数量。人口统计局的职员们力图通过研究确认有多少个体在基于家庭的调查中被遗漏，结果最容易被少算的是年轻男性和少数族裔（Elizabeth Martin，1999）。

对于被害人与作案人之间存在某种先前关系的暴力犯罪，NCVS和BCS之类的犯罪调查在获取信息方面存在不足。这在家庭暴力统计中尤为明显，尽管迈克尔·兰德和考利·伦尼森（Michael Rand and Callie Rennison，2005）讨论过大规模调查应用于这一领域的优势。瞒报家庭暴力一定程度上可以归咎于普适性的大规模犯罪调查。英国内务部的卡特里奥纳·米尔利斯-布莱克（Catriona Mirrlees-Black，1995：8）总结了在调查家庭暴力时应当如何权衡使用调查方法：

“家庭暴力的测量非常困难。BCS的优势在于，它以具有全国代表性的大量样本为基础，且具有较高的应答率，还可以收集足够多的事件信息以提供有关事件属性的可靠细节。但也有一点不足，即在犯罪调查过程中测量家庭暴力，有的女性可能并不认为发生在她们身上的是‘犯罪’，或者不愿意报告。你也没有时间来‘温柔地’（gently）谈论这个议题。专门设计一份问卷，再认真挑选访谈者，或许能很好地解决这个问题。”

我们已经提到，全国犯罪调查不能用于估算诸如单个城市的被害频率。因此，人口统计局于20世纪70年代在城市开展了一系列被害调查。然而城市犯罪调查也存在问题。由于抽样过程几乎都以城市居民抽样框为依据，专门针对城市的调查不能测量以无家可归者为被害人的犯罪。例如，在佛罗里达州基韦斯特（Key West）的一项RDD调查中，居民无法计算对辛辛那提游客的抢劫案件。在司法统计局和社区导向警务管理办公室（Steven K. Smith et al.，1999）恢复城市调查后，这个问题依然存在。城市层面的调查以居民为样本，因而无法测量影响非居民的事件。国家研究委员会（Natimal Research Council，2008）有关NCVS的一份报告描述了在少数州实施州及地方层级被害调查的情况。

一般而言，调查研究的效度较弱，但信度较强。例如，与实地研究相比，人为影响因素会产生效度问题。举例来说，大多数研究人员都认为，对犯罪的恐惧不能用下述标准化问题来测量："深夜一个人走在社区，你感觉有多安全？"对这一问题的调查反馈，至多是我们在概念化对犯罪的恐惧时考虑的大致指标。

信度则完全不同。通过给所有研究对象施以同样标准化的刺激，调查研究可以消除研究者自身观察中的不可信度。

然而，即使是这句话也有局限性。调查方法的批评者们认为，标准犯罪调查的问卷和许多专业研究都表现出一种狭隘的法律至上的犯罪观念，不能反映少数族裔和女性的看法与经验。调查问题设计通常都站在男性视角，没有充分探寻女性被害或女性对犯罪的恐惧（Murray Straus，1999；Patricia Tjaden and Nancy Thoennes，2000）。考虑到调查问题对不同受访者的意义并不相同，调查中有必要增加涉及信度和跨总体子群的通用性的重大问题。

其他提问方式

与所有观察方法一样，充分认识到调查固有或可能的缺点，就是解决问题的一部分。然而，从根本上讲，针对同一个议题，采用多种研究方法进行研究才是最靠得住的。譬如对少数人的深度访谈可以获得有关家庭暴力和性侵犯等敏感议题的丰富细节信息。同样地，专题小组访谈属于半结构化小组访谈，可以用于确定或阐释复杂议题的含义。插页文章《融会贯通：提问》中展示了几个利用调查和专题小组理解交通执法和种族定性各方面元素的例子。第 10 章由安布尔·霍宁撰写，介绍了有关专题小组访谈、定性访谈和其他提问方式的详细内容。

融会贯通：提问

关于种族定性的研究使用了调查及其他以提问形式收集数据的方法。有一项具有全国代表性的调查已经实施多次。我们会再说说在新泽西州实施的司机调查。北卡罗来纳州的研究人员做了数次调查，通过专题小组评估司机和警察如何看待彼此。

警民接触调查

警民接触调查（Police-public Contact Survey）起源于 1994 年通过的综合预防犯罪立法（comprehensive anticrime legislation）。该法要求司法统计局收集警方过度使用武力的数据。从一开始就已经确定，完成这项数据收集任务的最好办法是在 NCVS 问卷中增加问题。时任司法统计局局长的简·柴肯决定引入主要与交通拦停有关的示范性问题（pilot question）。警民接触调查因而成为交通拦停调查信息的最初来源之一。

虽然在某些方面受限，但以这种方式将 NCVS 用作研究平台有几个优点：首先，NCVS 的样本量很大，所以可以用来抽取大量与警察有接触的人员。在 2002 年的调查中，77 000 名受访者中有 15 700 人报告说与警察有过接触。其次，并非所有交通拦停都会产生罚单，所以调查样本可以揭示未记录的交通拦停“黑数”。再次，因为要记录受访者的种族，所以可以比较少数族裔司机与其他司机的经历。最后，可以记录有关交通拦停性质的大量细节，包括警察的行为以及受访者是否认为他们得到了公平对待。所有这些内容都来自司机的视角，提供了与警方交通拦停记录完全不同的信息来源。

2002 年的调查结果是杜洛斯、施密特和兰根（Durose，Schmitt and Langan，2005）总结的。请注意，这些只是针对全国情况的估算。正因为如此，他们提供了有关全国民众各种经历的有用信息。但由于人们受到成千上万个组织的监管，有关种族歧视的任何发现都无法追溯到具体组织。就效度而言，有关警民接触的全国性结论与有关被害的全国性结论是一样的。尽管它们展示了最广泛的经历形态，但并没有准确描述单个机构的实践模式。

在收费站调查司机

在之前的章节，我们已经提及对新泽西州高速公路上的司机进行的简易调查。这一调查的程序特别有趣。

访谈者驻扎在收费站内。所有车辆从收费站驶离高速公路时必须停车并支付过路费。我们在第 8 章讨论过对车辆的抽样调查。以下是兰格、约翰逊和沃阿斯对这次访谈过程的描述：

> “被选中车辆的司机会将自己的收费小票交给收费员，趁着这个机会，访谈者会探出窗口，给司机 5 美元，以让他们回答一些简短的问题。访谈者会向司机保证，这项调查是完全自愿和保密的。这 5 美元会被放在信封中，信封上会写一个电话号码，如果司机愿意的话，可以通过拨打电话了解更多关于调查的情况。”（James Lange，Mark Johnson，Robert Voas，2005：199.）

司机们会被问及是在哪里上的高速公路，这有助于将受访者关联至特定路段。访谈者随后会询问他们的年龄及种族，种族类型包括白人、黑人、西班牙裔/拉丁裔、亚洲人、印第安人等。后续问题中会将应答者进一步区分为西班牙裔/拉丁裔或亚裔。性别则通过观察来记录。访谈者还会记录车牌号码及登记状态，这属于手提电脑辅助访谈。问卷会编入 PDA 中，并且直接输入应答。这项技术保证了调查结果可以直接上传以供分析。

北卡罗来纳州的调查及专题小组

就像警民接触调查一样，全州范围内对北卡罗来纳州的司机进行电话调查，得到了关于司机行为、交通拦停点周围环境以及与警察接触的信息。与警民接触调查不同的是，它可以跨执法组织比较司机经历。威廉·史密斯及其同事（William Smith and assoociates，

2003）特别指出，与地方机构的警察相比，司机对北卡罗来纳州高速公路巡警（North Carolina State Highway Patrol）的工作更有好感。在第8章，我们提到，已知超速者已经被纳入该调查的样本之列，从而有可能检测自述选项的标准效度。该调查寻求人们对交通拦停的体验信息，因而其目标总体是北卡罗来纳州的司机们。因此，可以从保存司机记录的州机构中轻松获得抽样框。这些记录中记载了电话号码，所以电话调查不失为一种选择。

多个专题小组与北卡罗来纳州高速公路巡警和司机一同出行。威廉·史密斯及其同事组建了许多专题小组，让其中的所有参与者均为非裔美国人或者白人。这是为了推动对敏感议题进行坦诚且开放的讨论。专题小组在陈述中建议让受访者在支持这一政策时尽可能感到放松，而研究人员引用了这一陈述。他们设立了6个警察专题小组，每个小组由6名至9名州警组成。他们设立的6个市民专题小组则每组有10人，均从北卡罗来纳州境内的大城市招募。市民专题小组的参与者由一家研究公司从年龄在24岁至60岁之间的样本中选出，并且女性不少于4名。

非裔美国市民专题小组的参与者们认为警察通常做得很好，但许多人也有被歧视的个人经历。警察不礼貌或者侮辱他人人格，都会被解释为存在偏见或者歧视。对于哪些拦停与种族定性有关，司机们的想法有些复杂。对轻微违法行为（如轧过停车线）实施拦停就特别值得怀疑。某个非裔美国市民专题小组调查材料中的一段摘录展现了大规模调查难以获得的洞见：

> "我看到他（警察）上下打量我的车。他说：'你知道我让你把车靠边的原因吧?'。他又说：'你的标签上写着到1998年9月过期。'我说：'现在刚5月。'他说：'对的，是我的错。'然后他把驾照和注册表还给我，说道：'你的车里没有枪支吧?'我说：'没有，它在家，和毒品放在一起。'"（William Smith and associates，2003：359）

由州警组成的专题小组也进行了公正的观察。对被拦停者的种族分布的关注度越来越高，他们感到担忧，觉得必须"平衡收支"（William Smith and associates，2003：89）。你可能清楚种族因素对拦停决定的影响为何越来越大。这些专题小组在2001年6月进行访谈。在后"9·11"时代，有两名州警就种族定性的表态听起来更加熟悉：

> "我只想说我们都是经过训练的，我不在乎你是哪个执法机构的人，训练让你进行种族定性，你据此行事。这些都是内在的。这也是我们的业务要求。
>
> 我认为固有印象和违规行为会同时出现。如果你观察某个群体，对其抱有成见，且认为该群体中存在更多违法行为，那么你自然就会更多地实施拦停……"（William Smith and associates，2003：287）

调查最适合用于获取对封闭式问题的大量应答。专题小组是丰富细节的来源，可以解释人们的行为和感受。调查可以较好地记录交通拦停经历。专题小组可以更好地解释人们对其经历的感受。

九、你应该自己完成吗？

任何人都可以进行在线调查或简单的电话调查，但通常最好由专业调查研究人员实施。

本章讨论的最后一个问题是调查的实施主体。抽取样本、建构问卷、进行访谈或者分发自我填答问卷都不太难。掌握了前面讨论过的基本原理，你就可以自己完成一次适度的当面访谈或者电话调查。特别考虑到当代计算机的性能，对大量研究对象的自我管理式调查（self-administered survey）完全可行。

与此同时，调查的完成涉及各种任务，包括大量工作，需要关注细节。我们已经提出很多建构问卷的小技巧，但我们的指南浅尝辄止，流于表面。有许多著作对调查方法进行了更加细致的介绍，越来越多的文献着重讨论网络调查技术。不过，在许多时候，即便只是设计和执行一项中等规模的调查也是严峻挑战。

执行任何规模的当面访谈或电话调查都要考虑启动资本。寻找、培训访谈者并给他们支付报酬，这可能都很费时而且昂贵，可能还需要一定程度的专业技能。虽然计算机设备的价格持续走低，但计算机辅助电话访谈的设计或为访谈者提供笔记本电脑及相关的软件依然是一笔巨大的投资，而这并不能用一项调查就证明其合理性。

如果访谈调查超出研究人员的能力范围，那么可以退而求其次，使用邮件调查或网络调查方法。这基本不涉及成本问题：大部分钱都花在耗材上，比如信封、邮票和文具。一两人就可以极低的成本合理安排一次邮件调查。或许可以用适中价格聘请一名顾问来设计一项网络调查。但要考虑两个问题。

第一，完成一项调查需要做很多烦琐的工作。比方说，在邮件调查中，问卷和附信必须打印出来，然后折叠、塞进信封，贴上邮票，最后投入邮箱。一个人足以完成这些任务，但是研究人员必须进行充分准备。即使这样，也比预期要多很多工作。

第二个问题更难处理，也经常被研究人员忽视。我们对问卷管理的三种方法的优缺点进行过比较。对于不同类型的研究问题，有些方法比其他方法更加有效。如果电话调查或当面访谈最能满足特定研究需要，实施邮件调查或者网络调查就会变得有些牵强——也许会是完全不能接受的方法。但实际上，研究人员在调查伊始就会感到振奋，从而漠视压缩邮件调查成本的问题，就像他们往往认识不到自己工作中的伦理问题一样（参见第 3 章）。你能负担得起一次邮件调查，这不足以说明这次邮件调查值得做。

找专业公司或经常实施调查研究的公司合作，可以代替自己去做调查。大多数大学都有调查研究中心或者研究所，一般隶属于社会学或者政治科学院系。譬如，罗格斯大学的伊格尔顿公共利益调查中心（Eagleton Center for Public Interest Polling，网址为 http://eagletonpoll.rutgers.edu/index.php）就开展各种研究和调查活动。这类机构经常为政府机构和大学研究人员提供调查，而且它们的调查成本非常低。私营研究公司也是一种选择。大多数机构和公司都有能力进行所有类型的调查，包括专题小组形式。最后，像 Qualtrics 这样的在线平台也可以设计和实施调查，有时还可以使用定向样本。

委托专业公司或研究机构有几个好处。在第 8 章描述了抽样的基本原理，但在实践中，概率样本的抽取非常复杂。甚至司法统计局和社区导向警务管理办公室的社区犯罪调查“自己动手”指南（Deborah Lamm Weisel，1999）也建议，警察机关和其他人在抽取 RDD 样本时应当听取专家意见。专业公司经常会使用可以代表城市、州、全国样本的抽样框或者任何有适当联系的样本。

本书一贯强调测量的重要性。研究人员应当确定概念性和操作性定义，并关注测量进程的各个阶段。不过，建构真实问卷时需要注意对研究人员而言未必总是显而易见的细节。在根据已完成问卷进行数据输入时，内瑞雅·马尔泰什（见本章开篇）意识到，她设计的表格误导了一些受访者。专业公司很擅长编制标准人口统计问题、连续矩阵问题和复杂的关联问题，也熟知如何安排跳转次序。

尽管对研究人员而言，最好讨论一下具体概念，甚至写一份问题草稿，但专业公司擅长融会贯通，这对调查大有裨益。并不是说研究者只需要提出关于问题的一些想法，然后将细节性的问题留给专业公司。与调查机构或者市场调查公司一起制定问卷内容，反复推敲问卷草稿，对前测进行评估，并最终修改定稿，这往往就是最佳模式了。

专业公司有一群训练有素的访谈者或一批用于进行计算机辅助电话访谈的装备，这或许就是调查外包的主要好处。调查研究中心和其他专业组织拥有最先进的专业设备、软件以及充分发挥计算机辅助访谈优势的专门技能。

此外，这些公司可以更娴熟地处理培训访谈者、安排实地访谈往返、协调邮件调查及实施综合督导等琐碎细节。这可以帮助研究者摆脱调查研究中大部分单调乏味的工作，集中精力处理更具实质性的问题。

最终，研究人员必须决定是亲自动手还是委托专业公司。最好在认真权衡两者各自利弊后再做决定。利用在线样本和问卷实施大规模调查已经日渐简便。但是，大学教员们经常认为学生们可以完成工作，却忽视了一些重要问题，譬如如何进行质量控制以及该调查是否值得学生们投入时间。同样，刑事司法从业者可能认为，机构员工可以在办公室打电话实施访谈。此外，对调查结果质量的妥协，以及员工从其他工作中抽离产生的机会成本，都应当予以考虑。“自己动手”策略短期来看似乎更省钱，但当重心转移到数据分析和解释上时，往往就会发现，省钱不过是个假象。

我们将以一个虚构的咨询公司名片作为结尾。名片上写道：“迅速！廉价！高收益！任选两种。”最符合需要的才是最好的。

小　结

· 调查涉及以系统方法对从某个总体中抽取的受访者样本实施问卷管理。

· 调查特别适合对较大总体进行的描述性或探索性研究，但调查在刑事司法研究中还有许多其他用途。

· 调查是获取被害和自述违法数据的方法之一。可信计算机辅助当面访谈是持续性提高自述式调查质量的措施。

· 问题包括开放式和封闭式两种。每一种问题编制方法都有其优缺点。

· 问卷问题的偏误会引导受访者以某种方式作答或支持某个观点。这是应该避免的。

· 问卷的管理方式有三：当面访谈调查、自我填答问卷调查和电话调查。每一种管理模式都有多种形式。

· 计算机方便了各种调查方法的运用，而且还有其他优势。

· 在当面访谈中，访谈者应当保持中立。在数据收集过程中，他们的在场不应对受访者作答产生任何影响。

· 每一种问卷管理方法都有各自的优缺点。

· 调查存在一些人为的缺陷，或者可能的潜在不足。

· 虽然完成调查的特定任务不太难，但研究人员必须考虑是亲自动手还是与专业公司签约合作。

重要术语

偏误　封闭式问题　计算机辅助访谈　访谈　访谈调查　开放式问题　问卷　受访者　应答率　调查

复习与练习

1. 对于下列每一个开放式问题，请设计出适用于调查问卷的封闭式问题。

a. 去年你的家庭总收入是多少？

b. 你对入狱震慑（shock incarceration）和“新兵训练营”规划有何看法？

c. 你所在社区的人们怎么看待警察？

d. 你认为社区面对的最大问题是什么？

f. 你如何防止家里被盗？

2. 请准备一份简短问卷，以研究受访者对你所在学院或大学附近的犯罪的看法。问卷中包括这样的问题，即要求受访者描述他们在夜间不敢经过或者认为存在犯罪问题的周边区域。然后用你的问卷至少访谈 10 名学生。

3. 近期，在针对一个联邦社区警务支持项目的评估中，评估者向总计约 1 200 名警察局长发放了问卷。每份问卷都包括一些询问社区警务具体要素的问题，以及它们是否正被警察机关采用。几乎所有的警察局长都让别人完成了问卷。这项调查的分析单位是什么？让别人完成这类问卷，可能会产生什么问题？

4. 开通一个免费的 SurveyMonkey 账户。为班级同学编制一份有 5 个问题的问卷，要求他们对本书进行评价。尽可能使用在 SurveyMonkey 上找到的问卷模板。然后使用某种抽样程序从班级中选出 10 名同学完成调查。最后撰写一份简短报告，总结研究结论。

|第 10 章|

定性访谈

我们将学习适时的定性访谈、各种深度访谈、如何设计问题以及如何与参与者进行互动。最后，我们将考虑用不同的方式来记录和分析数据。

学习目标

1. 认识到何时使用定性访谈作为数据收集工具。
2. 了解现实有多种含义和解释。
3. 了解半结构化和非结构化访谈的优缺点。
4. 理解专题小组的使用方法或同时访谈一群人的方法。
5. 学习如何设计访谈问题以便更有效地收集数据。
6. 能够描述如何与参与者接触和互动。
7. 学习如何记录数据。
8. 掌握分析和解释定性数据的方法。
9. 明白如何提高收集信息的质量。

本章目录

接触难以接触的人群

2011 年至 2012 年，我在哈莱姆进行了一项关于皮条客的研究。因为皮条客是公认的难以接触的群体，所以许多人对我能找到参与者持怀疑态度。但我认为这项研究还是有可能性的，原因之一是我的一位同事知道有人拉皮条超过 20 年。因为担心我们的访谈意图，害怕行业秘密被曝光，所以参与者尽管同意接受试探性的访谈，但内心仍极不情愿。这项研究似乎无法继续进行，或者至少可以说我们很难找到参与者。于是我们转向那些致力于帮助性工作者的非营利组织，看看我们能否能得到他们的推荐。有时候，你可以通过当地组织获得支持。

幸运的是，有一次我需要搬运一台工业空调，于是我问那个同事是否认识（缓刑或假释的人）对这个工作有兴趣的人。结果那个过来搬空调的人原本就是个老皮条客，他仍然可以接触到这个社区的许多成员。我们交谈甚欢，在随意交流之中我提到了这项研究。他对此非常感兴趣，并同意与那些积极在他家附近拉皮条的人联系。

我们相互交流，相处和睦，他对我很信任。这在这项研究中是偶然的，也说明了这项研究可以从朋友的朋友或熟人那里获得访谈渠道，甚至疏远的关系也能帮助我们实现所期待的接触。此外，接触那些先前有犯罪前科的人对访谈非常有意义，因为这些参与者对研究过程的顾虑较少。

访谈时，我的联系人也在场，而且访谈主要在公共场所（纽约市居住项目院落）

进行，这样可以减少参与者的担心。他们中的许多人从附近就能看到或认出联系人。此外，他们还可以观看正在进行的访谈，而且他们也没有看到任何不利后果。如果没有保证人，我们在公开场所的公开访谈将难以实现。访谈主要是为了与研究的参与者建立联系，但保证人可以让你进入参与者参与研究所需的信任空间。

联系人在与我共事数月后被捕并被送回监狱。尽管我已经收集了许多愿意全程协助研究的人的电话号码，但可以帮助进行后续接触的合适人选只有一个。他在第一批接受访谈的人当中，并且一直在观看访谈并询问有关研究进展的问题。他显然是这个社区的常客，认识很多人。于是我发短信给他，看他是否仍然有兴趣帮我们联系参与者。在他的帮助下，我们访谈了 60 多名参与者。有时，最初联系人可能会由于各种原因而消失，因此与同一社区的其他人保持联系非常重要。通过与同组的其他人联系，即使最初联系人出事，研究也不会中断。

导　言

犯罪学研究经常用到定性访谈。

抽样调查也许是刑事司法研究中最著名的提问方式。然而，正如第 9 章所讨论的，调查和标准化问卷有时存在效度短板。询问人们是否曾遭遇抢劫，这样的调查是合适的，但这样的问卷对理解抢劫犯如何选择被害人毫无意义。要了解抢劫犯所考虑的因素，你需要使用更专业的访谈技巧。

为说明这种差异，我们假设你想研究发生在南非城镇贫民区的抢劫案。你感兴趣的可能是晚上 8 点到次日早上 8 点发生的抢劫案件比例。被害调查是研究这一主题的好方法。不过，你可能也想了解夜间抢劫者在南非城镇搜寻被害人的决策过程。你也可能想了解警察徒步巡逻对抢劫犯行动的影响。对于这一研究主题，最好能与劫匪直接交谈。一般而言，在考虑任一复杂进程或者有关人的观点、情绪或决定的情况时，你最好使用定性访谈方法。

与调查不同的是，定性访谈是访谈者和受访者之间的互动，访谈者有一个总的调查计划，包括要讨论的议题，但不一定包括按照特定顺序询问的一套具体问题。定性访谈也可以被认为是一种有目的的对话（Michael Quinn Patton，2002）。你一直在谈论你的整个人生，所以你已经做过多次练习，也有许多处理工具。你的目的是掌握情况，因为应该在谈话时保持清醒。你更清楚自己的沟通方式和参与者的回应方式及感受。与此同时，定性访谈者与调查访谈者一样，应该全面掌握这些问题。这确保了定性访谈在保证访谈顺利、自然进行的同时能够始终覆盖具体领域。正如我们所看到的，调查访谈的基础是标准化问题，而定性访谈的前提是制定经过深思熟虑且保留内在灵活性的计划。

定性访谈 访谈者与受访者依照总的调查计划（而不必根据一组特定的问题）进行的口头交流。

一、适合定性访谈的议题

定性访谈有许多应用，尤其适合探索性研究。

定性访谈对各种研究至关重要，是实地研究（将在第 11 章中介绍）的重要组成部分。从历史上看，人类学家和社会学家早已在研究其他文化和亚文化时使用定性方法。大卫·布拉泽顿和路易斯·巴里奥斯（David Brotherton and Luis Barrios，2004）对纽约帮派组织“全能拉丁王之国”（Almighty Latin King and Queen Nation）的研究就是一例。通过参加重要会议、与关键知情人闲逛和访谈帮派成员，布拉泽顿和巴里奥斯捕捉到了这一组织从街头团伙转变为有组织的“社会运动”的过程。丽莎·马赫（Lisa Maher，1997）对在布鲁克林毒品市场从事性工作女性的研究是另一项值得关注的研究。她与这些街头妇女进行非正式谈话，搜集了大量信息。可以看出，这些研究中的每一项都是以在一定历史和社会背景下理解人类的经验为过程导向的。

定性访谈可能是收集刑事司法研究数据的唯一方法。如果你想要了解被社会标记了“越轨”或“犯罪”的人的观点，最好的策略莫过于与他们当面交谈。对于人们知之甚少且难以接触的人群而言，这种方法尤其必要。通过访谈，你可以获取他们对其所在且构成其“生活经历”之世界的印象的第一手解释。例如，一开始研究皮条客时，我就发现前人对此研究甚少。我想了解皮条客们对其城市活动空间的看法，以及他们对与性工作者进行社交互动的态度。因为对这个群体知之甚少，所以了解他们的经历和感受的最佳方式是通过有目的的对话进行定性访谈。许多皮条客从事犯罪活动，因此只能在街上进行对话。2011 年和 2012 年，我访谈了哈莱姆的 95 名皮条客并深入了解了他们的经历。

研究人们如何看待自己的角色或身份，也适合使用定性访谈方法。费迪南达·苏特鲁提（Ferdinand Sutterlüty，2007）想了解年轻人对接受暴力生活方式之过程的想法，因此在柏林访谈了 18 名反复实施暴力犯罪者。他发现有些人认为转向暴力行事是一个“转折点”。对有些人来说，这里存在从被害人到作案人的身份转变。许多人在家庭中遭遇过暴力，并利用暴力来夺回控制权。他还揭示了几个不同类别的“暴力行为计划”（violent action scheme），也总结了这些年轻人对暴力的看法。对他来说，理解暴力含义和身份变化过程的最有效方法是深度访谈。如果你对角色或身份的建构与重建感兴趣，有必要对参与者进行访谈。

之所以将定性访谈视为研究设计的内容之一，还有一个原因，即把目标人群置于某个场景（scene）之下，变成该场景的一部分。场景可以是因社交或政治因素而组合的群体，而你希望在该背景下了解这个群体的看法。举例来说，蒂娜·佩罗内（Dina Perrone，2009）想克服对俱乐部吸毒者的刻板印象，了解狂欢俱乐部是如何影响吸毒经验和危害的。她了解这一点并进行高质量访谈的最佳途径是到“舞蹈俱乐部的年轻人”闲逛的地方去。她造访俱乐部，亲自参加所观察的聚会，与受访者建立联系，并与他们交谈。佩罗内发现，吸毒成瘾者群体主要来自中产阶级，这与传统观念不符。此外，许多人都有多重身份，例如已有家室的律师。打发业余时间的俱乐部年轻人更能控制其吸毒行为。此外，她发现这个场景实际上是对现实的一种逃避，他们进入“狂欢的氛围”（carnivalesque atmosphere），这里的灯光和音乐与刻板的中产阶级日常形成了鲜明对比。这项关于舞蹈俱乐部的研究揭示了资本机器每日磨砺下的一个社会群体的释放。这一研究成果的取得，全靠佩罗内在那种场景下访谈研究的参与者。

了解非法市场往往需要长期项目和对该市场各色人等进行访谈。在纽约从事了 20 年的实地工作后，里克·柯蒂斯和特拉维斯·温德尔（Ric Curtis and Travis Wendel，2007）发表了一篇题为“你总是训练狗：对毒品市场重组的战略性干预”的文章。这项工作记录了不同类型的毒品市场和各有特色的制度性暴力类型。他们发现，市场的变化（无论更好还是更坏）往往是对执法干预的回应。市场是一个复杂的系统，他们想要了解它的历时变化，这就需要常年与在纽约毒品市场工作的缉毒警察及其他人员进行多次访谈。

有时，获得所需信息的唯一途径就是收集定性数据。克里斯·阿芙拉乐等人（Chris Overall，Shalendra Singh and Bhekekhya Gcina，2008）利用犯罪地图和其他统计学程序来了解南非的犯罪热区。然而，他们发现，南非许多贫穷城镇都是与正式定居地交错在一起的非正式定居点，因而这些区域难以通过标准的犯罪制图来识别。阿芙拉乐等人描述了这些空间如何在与社会历史事件、人和物理环境的相互作用下发展。城镇空间是通过表达人们对其所处环境之理解的认知地图（cognitive map）捕获的。获取这些地图需要就居民对这些非正式定居点的看法进行定性访谈。

我在对哈莱姆皮条客的研究中做过非常相似的事情。我给受访者一支笔和一张纸，要求他们画出工作空间。传统上皮条客的工作空间是在露天市场，和低级毒贩差不多（Alex Harocopos and Mike Hough，2005）。尽管有些性交易市场已经远离街道，但室外公共空间仍有交易发生（Sudhir Vunkatesh，2011）。让皮条客画出工作空间的方法不仅有助于建立和谐关系（对该图片会展开大量讨论），而且也是了解这些被边缘化的人如何构想他们在城市场景中的日常工作空间的一个好方法。有关皮条客所述认知地图的详细信息，参见插页文章《非法经济地图：对男性化室外工作空间的认知》。当你回顾时，请记住，这是通过定性访谈获得灵活性的一个范例。

非法经济地图：对男性化室外工作空间的认知

从历史上看，地理学家使用地图来判断能否帮助人们寻找城镇周边的路，文化地理学家使用地图来分析社会及文化与景观之间是如何相互塑造的（Peter Jackson，1989；Carl Sauer，1925），人类学家使用地图来研究孤立群体的观点（Isabe Maria Madaleno，2010），而犯罪学家使用地图来理解犯罪形态、犯罪决策（Paul Brantingham and Patricia Brantingham，1984；David Canter and Samantha Hodge，2000；D. B. Cornish and Ronald Clarke，1986；Natalie Lopez and Chris Lukinbeal，2010）和对危险的感知（Aurora Wallace，2009）。有几部著作记录了社会底层男性对城市工作空间的要求：菲利普·博尔格斯（Phillippe Bourgois）关于哈莱姆快客可卡因贩卖者的《寻找尊严：在社区销售快客可卡因》（*In Search of Respect*：*Selling Crack in El Barrio*）；米奇·杜内尔（Mitch Duneier）关于纽约街头商贩的《零工》（*Sidewalk*）；苏迪尔·范卡特施（Sudhir Vankatesh）关于芝加哥住宅项目居民如何收支相抵的《书本之外：城市贫民的地下经济》（*Off the Books*：*The Underground Economy of the Urban Poor*）。尽管犯罪学家已经让罪犯制图以了解罪犯的决策及犯罪形态，但这些研究中的罪犯基本上每次都会寻找新目标。人种学家们对非正当经济进行描述，但罪犯绘制的地图对于理解其视觉概念（visual conceptualization）及半永久性日常非法工作空间用处不大。

皮条客和毒贩一样，经常在某些特定地方工作，使用或需要户外（半永久性）空间开展业务。如果你试图在城市环境中索取空间，你可能很快就会意识到这有多难。如果你是女性，你甚至可能无法想象这一点，因为几乎没有女性非正式主张室外工作空间的案例记载。参与非法经济活动的男性可能就是詹姆斯·梅赛施密特（James Messerschmidt，1993）所称的“男人般做事”，即他们力图通过提高自己在资本主义社会结构中的经济偿付能力来证明自己的男性价值，哪怕手段非法。为此，他们有时必须开拓或至少居住在公共空间。

也有文献（特别是有关帮派的文献）记载，被边缘化的男性主张公共空间。例如，威廉·福特·怀特（William Foote Whyte，1993）在对波士顿贫民窟的开创性研究中区分了“街头男孩”和“大学男孩”。在这些著述中，男性占据城市空间，就如杰克·卡茨（Jack Katz）的《犯罪的诱惑》（*Seductions of Crime*）所讨论的一样，通常不仅出于商业目的，也是为了展示男子气概以及他们有能力建立和维护街头信誉。对基于各种原因公开参与空间“抢夺”的研究已经非常丰富，但是关于占据主导地位的男性空间是如何构想和维护的文献却很少。

在皮条客绘制的地图中，对室外工作空间的描述与在较大非正当经济中的自我概念呈现出变化。所谓的“领土”概念与为了保护其不受竞争对手、警察和其他人干扰所扮演的角色之间存在差异。这些商业蓝图，包括与性工作者的社会交流，都是通过空间描绘来传达的。

下图是由一个曾担任皮条客的人绘制的。他目前住在哈莱姆，但在纽约州的一个小城镇经营生意（当你注意到邮局和药房离得很近时，情况就更明显了）。晚上8点，邮局、药房和杂货店打烊。直到所有这些正当生意关门，性交易才开始。我和皮条客谈到的这些在酒店门口现身的男性声称，这个公共空间（一个街区的一侧）从晚上8点到早上6点都在营业。

这个参与者的一个叔叔赠与了他一部分业务。也就是说，他叔叔给了他一些指导、一些性工作者和供他们住宿的地方（他们共同住在一栋大房子里）。他们的住所门前潦草地写着“十个街区”字样，因为这正是工作空间与这栋房子之间的距离。值得注意的是，相关男性在教授家庭中的年轻男性或将生意交付给他时，这种现象很常见。通过

家庭代代相传的正规或非法产业都有很好的记录，因为这些家庭都在努力确保后代有偿付能力。对于那些在户外空间——在这样的空间，管理不善或失败都很容易为人所知——开展的业务来说，对男性价值的测试可能更为明显。

性工作者站在废弃建筑物附近的一块小障碍物上（图的左手边）。这座建筑物和建筑物后面是他们接待客户的地方。该参与者和其他皮条客站在酒店的前面（图的右手边）。这个公共工作空间根据性别来分割，女性（性工作者）在一个区域，而男性（皮条客）则在另一个区域。

这名参与者在酒店前的出现是“展现男子气概”的一种形式，表达了其对性工作者的保护，对领地和性工作者的占有，或许也是彼此之间的一种表演。这个皮条客谈到，他的在场对确保一切顺利进行和保护性工作者安全而言是必不可少的。有趣的是，他主要通过外表来识别性工作者（例如棕色头发、淡褐色眼睛）和年龄。对性工作者的分类很像卖家对商品的分类。尽管彼此站得很近，但他没有和其他皮条客发生严重冲突。在人群中的远距离观望行为能传达各种信息。

虽然只是很小的街头生意，仅跨越一个城市街区，但与他叔叔拥有的复杂业务有着千丝万缕的联系。这项安排是一种测试。令他沮丧的是，这位参与者的这份“事业”不可能成功。当我专门询问他为什么不能继续这项工作时，他说不喜欢粗暴对待女孩子们，而且他还暗示这导致他难以控制她们。他声称，他的叔叔可能觉得他是个失败者。即便如此，这项非法生意在室外公共空间仍然经营了 3 年。

专题小组访谈也是一类定性访谈：与一小群人进行有引导的讨论。专题小组在了解群体动态方面特别管用。塔里娅·珀泽等人（Tarja Pösö，Päivi Honkatukia and Leo Nyqvist，2008）研究了芬兰教养院（Finnish reform school）中的青少年居住照管场所的暴力行为。他们想要了解群体动态如何影响这些年轻人谈论暴力的方式。该项研究探讨了集体生成这种认知的方法。因为小组形式是一种产生数据的重要刺激，所以对专题小组采取定性访谈是最好的方法。专题小组也可用于定性研究。例如，詹姆斯·诺兰和秋山由纪夫（James Nolan and Yoshio Akiyama，1999）研究了警察日常工作中对仇恨犯罪的记录。一般情况下，他们知道自己想要测量什么概念，但不确定如何对其进行操作化。他们在不同的城市部署了 5 个专题小组（小组成员包括警察管理人员、中层管理人员、巡警和文职人员），以了解针对仇恨犯罪记录的不同看法。通过分析专题小组的结论，詹姆斯·诺兰和秋山由纪夫制作了一份分发给 4 个警察部门中大多数成员的自我填答问卷。

二、定性访谈的核心要素

所有的定性访谈都植根于几个基本的原则。

定性访谈的形式取决于研究的类型，但有些重要原则是一致的。通过前文讨论，你可能已经注意到那些研究都是因地制宜开展的。探索人类经验的复杂性往往意味着必须近距离研究人们生活的特定环境。

丰富、意义与文化认同

定性访谈需要倾听丰富的人类经验，分析在访谈语境下的语义分层，并意识到文化认同问题。

为了说明这一点，克利福德·格尔茨（Clifford Geertz，1973）对其所称的淡描（thin description，简单描述）和厚描（thick description，深度描述）进行了严格区分。格尔茨在其开创性作品《文化的诠释》（*The Interpretation of Cultures*）中讨论了眨眼的解释方法。在淡描中，观察者仅仅陈述有三个人眨眼，并因此完成相同的行为。格尔茨（Geertz，1973：7-8）强调了在语境中解释行为的重要性，描述了眨眼的不同含义：

“第一个男孩的眼睛里进了灰，而他的行为看起来像是眨眼。另一个男孩注意到这不是一个真正的眨眼，于是他向另一个朋友眨了眨眼，嘲笑眼里进灰的男孩。附近的一个女孩随即对那个嘲笑别人的男孩轻蔑地眨了眨眼。”

这就是格尔茨所说的厚描，它不仅涉及动作描述，还涉及对特定背景下的行为意义的理解。定性访谈是形成厚描的重要工具，有助于实现真正的理解。

博尔格斯（Bourgois，2002）对哈莱姆快克可卡因贩卖者的研究是留存人类丰富经验的另一个范例。博尔格斯谈到了他与雷（Ray）之间的关系，后者是某地的领袖，在那里，快克可卡因属于可以销售的药物。请注意《寻找尊严：在社区销售快客可卡因》（Bourgois，2002：28）一书中的这段摘录，它对行为和环境进行了详细描述：

“无论雷是只‘笨熊’，一个暴力的变态，还是一个‘喝着果汁’的全能街头研究者，通过与他的长期交往，我最终发现了他隐藏于街头形象中的弱点。在与我私下谈论他对未来的憧憬时，他常常显得很幼稚或者表现出学习障碍。尽管他在指导可卡因分销网络方面取得了巨大的成功，但完全没有能力去理解法治社会里的负责规则。借用法国社会学家皮埃尔·布迪厄（Pierre Bourdieu）的分析类型来讲，雷缺乏在中产阶级乃至工人阶级世界中取得成功所必需的‘文化资本’。”

居住在相似社区或亚文化中的人通常具有通过彼此之间的交流来传播的共有文化内涵（Fredrick Barth，2002）。例如，想了解人们为什么和如何加入右翼极端组织，最佳途径是与这些团体的成员互动。右翼极端分子群体的成员可能来自相似的亚文化，甚至在加入该群体之前都具有共同的价值观。通过与已知或未知隶属特定群体的人的交流，你可以了解共有文化内涵，有时也可以了解亚文化。

批判现实主义方法和定性访谈

把定性访谈视为一种学习的方法是很有用的。但必须牢记，定性访谈的执行方式植根于我们对社交世界现实的看法。我在对皮条客的研究中获得了他们看待性工作者的多种观点。有些人将性工作者视为朋友或女友，有些人则把他们视为生意伙伴，还有些人则视他们为雇员甚至商品。即便在单次访谈中，受访者有时也会改变看法。不过，任何一种看法都可以归因于有关皮条客的某种现实情况。这就是所谓的批判现实主义观（Joseph Maxwell，2012）。这一立场分为两个部分：你对现实本质的立场和知识的本质问题（Maxwell，2012）。虽然看起来让人振奋，但你的最终观点会影响你的研究方法。

批判现实主义观 认为现实客观存在但知识通过多重意义构建的哲学观。

现实或本体论的本质可以两种截然不同的方式来看待：（1）有些人认为真实的世界存在于我们的感知和建构之外；（2）有些被称为激进建构主义者（radical constructivist）的人认为现实建立在我们感知现实的基础上。批判现实主义者认为现实确实存在，这为开始研究提供了一个更坚实、更简单的平台。对现实的信念让你相信你的发现对真实事物有利。

下一部分是你如何看待知识的性质和范围。批判现实主义者相信，对世界的解读由许多个体看法建构而成（Maxwell，2012）。不存在对这个世界的唯一“正确”理解。批判现实主义者认同知识通过多重意义而构建的观点。

知识本质上是由许多个体观点构建的，稍加思考，你就不会对这一看法感到惊讶。例如，在卡特里娜（Katrina）飓风过后，互联网新闻网站上流传着两张不同的照片，照片上人们带着食物或其他物品涉水而过。当照片上的人是白人时，照片下备注：“两个居民找到一些食物后涉水而过”。但是照片中是一个黑人时，说明文字为：“一个年轻人抢劫食品杂货店后通过齐胸深的洪水”（Samuel Sommers et al.，2006：42）。这些人做的事情完全一样，解释却截然不同。即使两个人观看相似的图片或聆听同样的故事，他们也会以不同方式来感知图像或文字的含义。本例呈现了人们理解世界之方法的建构。知识以建构的多重性为基础。

你可能会思考，这如何影响定性访谈的整体方法呢？首先，考虑一下如何通过访谈听到人们对生活经历的解释，赋予其生活故事以含义。其次，对生活经历的看法可以由一名群体成员分享，也可以认为其是共有文化内涵。最后，在聆听和自我认知之后作出解释，并将这些内涵转述给他人。这就要求你有能力承认你的解释也是建构的。承认你的主观性是有意义的。也就是说，要认识到，你的解释会受到你本人的社会阅历（包括偏见）的影响。

用于创建问题的平台（Platform for Creating Questions）

在你创建问题之前，作为规划方法的一项内容，你会思考谁会是访谈对象，以及访谈问题的深度。这有时被称为实质型框架（substantive frame）。罗伯特·韦斯（Robert Weiss，1994：41）将实质型框架描述为“对我们想要收集之材料的跨度（breadth）和深度（density）的认识”。

例如，自“9·11”恐怖袭击以来，许多城市的穆斯林社区均被执法部门严格监管。2012年，新闻报道披露，纽约市警察局一直关注穆斯林学生组织与恐怖活动的潜在联系。公众对这种潜在的侵犯隐私权行为极为愤怒，而纽约市警察局则以公共安全为监控行为的合理性辩解（Al Baker and Kate Taylor，2012）。假设你想研究穆斯林学生对被报道的警察监控的看法，比如他们对公民权利被侵犯的感受，你可以只访谈穆斯林学生组织的成员。但是，如果你想更深入地了解这个问题，你可以访谈纽约市长、纽约市警察局警员以及这些学生。

接下来，你应该熟悉相同或相似主题的研究。之前可能已有关于“9·11”恐怖袭击后如何对待美国年轻穆斯林的研究。这些前期工作有助于为你的访谈问题找到准确的框架。一旦你确定了一组可用问题，就应当在有关群体中找人开展试验性访谈（pilot interview）。这种前期访谈可能会改变你的研究框架和问题，让你的研究走上康庄大道。

为访谈提问创建一个坚实平台非常重要，因为它可以帮助你就其他重要环节（例如，你的问题是半结构化还是非结构化的，你的访谈是一对一进行还是采用专题小组模式，以及你应当如何处理访谈者角色）作出决定。落实这些环节，能够保证最终的分析蕴含丰富的语境含义和共享文化内涵。

三、定性访谈的类型

在调查研究中，定性访谈可以通过不同的方式进行。

访谈形式（面对面或者通过手机）和访谈表（interview schedule）类型会影响所要进行的访谈的深度和互动性。访谈表一般分为三种，即结构化、半结构化和非结构化访谈表。大多数调查采用结构化访谈表。随着你转向非结构化访谈，访谈将会变得更加自然、深入和具有探索性。另一个值得关注的点是，访谈表类型的选择通常取决于你是在测验一个具体概念，受现有理论指导，还是正在做一个探索性研究。对于可以产生理论的探索性研究来说，非结构化访谈是最好的方式。

访谈表　可以包含将与受访者讨论的预设问题或热门领域的访谈框架。

结构化和半结构化访谈

让我们回到穆斯林学生对被执法部门监控的感受这个例子上来。你事先可能已经有了一个想要探索的想法。也许你认为，穆斯林学生对于被执法部门监控的感受可以用标签理论（labeling theory）来解释。这一理论认为，被社会贴上离经叛道的标签会影响人们看待自己的方式（Howard Becker, 1963）。你可能会问学生们，被监控是如何影响他们在不同生活领域（如家庭、工作场所、学校、清真寺或社区）的自我形象的。你可能决定采用由预先设定好的问题和答案集组成的结构化访谈表。表中的问题是标准化的，答案有时也是。之所以要对访谈进行标准化，原因在于尽量给予受访者相同的刺激，以使他们的应答具有可比性。结构化访谈可以被视为基于非常具体之目的而检索信息条目的一种程序。这些类型的答案有时也可以量化。这种方法的缺点是缺乏深度，与受访者的交流生硬，发现意料之外的受访者应答的能力有限。

结构化和半结构化访谈表都有标准化问题，但是半结构化访谈表允许你探索访谈过程中显现的主题。半结构化访谈表使得非预设探查或者根据对话自发提问成为可能。在对穆斯林学生的试验性研究期间，你也许会意识到你的研究可以从非预设探查中受益，并选择一个半结构化访谈表。这类访谈通常由关于该群体的一个具体观念指导，但允许你探查受访者答案和你本人提出的问题之外的东西。

预设问题

访谈者：当发现被监控之后，你在学校时有没有感觉到异样？

受访者：我感觉人们看我的目光带着更多猜疑。

预设探查

访谈者：对此，你能给我举个例子吗？

受访者：在买午餐时，我突然感觉所有人都在看着我。收银员好像不敢拿我的钱，不想和我接触，让我觉得自己是个嫌疑犯。我的学校没有多少穆斯林学生，但最近我认识了一些。

非预设探查

访谈者：你和其他穆斯林学生谈过被监控的事吗？

受访者：是的，发现这种情况后，我们非常震惊。我们在某种程度上走到了一起。在这之前我和他们没那么亲近。

半结构化访谈表使你能够提出自发性问题，发现正在显现的话题。通过非预设探查，你会发现，这种监控不仅对某些社会领域的自我概念产生负面影响，也让一些穆斯林学生关系更加亲密。半结构化访谈则有利于形成更标准化因而更具有可比性的答案，同时保持自然自发状态，以利于发现重要议题。

非结构化访谈

对于深度访谈来说，半结构化或者是非结构化是其理想方式。非结构化访谈是最开放的访谈类型。这类访谈中，访谈者与受访者的互动最广泛、深入和自然。也许警察的监控对穆斯林学生的自我形象仅有很小影响或者没有影响。不过，你的研究始于一个较小的关注点，因而会错过这段体验中的其他重要因素。当缺少某群体之体验的现存信息时，深度非结构化访谈有时能形成最好的见解。最大的缺陷在于你的访谈缺乏可比性。

非结构化访谈有多种形式。谈话（conversation）和访谈指引（interview guide）是非结构化访谈的两种主要方式（Patton，2002）。谈话是一种非正式的“聊天”，受访者可能会忘记他们正在接受访谈，而且这种对话实际上是连贯的。你可以坐在本地一个夜总会里，或者是到街上闲逛，同时和所研究群体的某个成员开始交谈。这种非结构化访谈可以用于探索性研究，但是通常在参与式观察或人种学研究期间使用。例如，彼得·莫斯科斯（Peter Moskos，2009）为了解警察亚文化而加入巴尔的摩警察局。莫斯科斯的数据主要通过参与式观察以及与警察同事在工作期间的谈话获得。访谈指引列出你想在谈话中提及的一些热门话题。因指引的存在，你们的谈话会很流畅，也更自然。通过这种方式，你可以自由地深入挖掘交流过程中涌现的话题，访谈指引只能用作参考。

在对两人或两人以上进行访谈的场景，半结构化访谈特别管用，但是你可能仍然希望能够探索一个新的主题。例如，假设你和其他一些人在洛杉矶去访问街头女性性工作者，那么最好的做法原本是大家都问相同的问题。如果你只有一个需要讨论的主题列表，例如客户、生意谈判和安全，那么这些主题都可以用多种方式解释。有人会从客户角度来了解安全，还有人可能会从皮条客或者警察方面解释安全。即使事先归纳了这一点，语言的细微之处也可能会戏剧性地改变问题的内涵。标准化有助于保证访谈的连续性，但是非预设探查的开放性问题仍为探索新领域留有余地。

此外，如果你想研究人们对性工作这个重要主题的看法，那么你应该选择非结构化访谈。一个常见的误解是，非结构性访谈因类似于自由交谈（free-flowing conversation）而缺乏目的。玛戈·埃利等人（Margot Ely et al.，1991）描述了为何每一种访谈都有其结构。结构化访谈已经事先设定，因而这种结构只是以不同方式进行简单商量。不管你选择的是结构化、半结构化还是非结构化形式，都必须沿着这条路为访谈及其修正做好准备。

专题小组访谈

有些研究者选择同时访谈一群人，这种方法被称为专题小组访谈（focus group interview）。这项技术起源于 20 世纪 50 年代的市场研究，一直到现在，企业仍然用它向潜在客户学习如何最好地推销产品。专题小组访谈已经被社会科学家广泛用于收集来自群体的定性数据（qualitative data）。专题小组一般由 6 名至 12 名受访者组成，访谈通常由研究者主持（Richard Krueger and Mary Anne Casey，2000）。专题小组访谈可以用来生成假说，也可以与其他类型的数据收集方式（参与式观察）结合使用。在这些情形下，专题小组访谈可以催生研究观点或加持来自其他数据源的既有结论。珀泽等人（Pösö，Honkatukia and Nyqvist，2008）对芬兰教养院青少年如何形成对暴力的认知进行了研究，这项研究是专题小组访谈可以生成群体动态数据的范例。

群体讨论可以展示日常生活中的观点产生、表达和交换过程。必须牢记，专题小组不是解决问题的会议，也不是一个决策群组，而是一种访谈形式（Uwe Flick，2009：196-197）。根据你的目的，专题小组的访谈表可以是结构化、半结构化或非结构化的。非结构化专题小组访谈被用于较有探索性的研究，也常被用来理解研究主题或形成问题，而更结构化的访谈使用问题来引导讨论。

受访者动态（Participant Dynamics）　专题小组有两种基本类型，即自然小组（natural group）和人为小组（artificial group）。自然小组中的个体可能已经很熟或本来就有联系。有时他们也有文化认同。比如说，你想研究自称警察监控使其与其他穆斯林在校生关系更为密切的穆斯林学生。你可能意识到，警察监控导致穆斯林学生之间出现了联合，而你对它的进程很感兴趣。对于理解被监控的经历如何导致这一群体的聚合，自然小组是非常好的方法。你可以问学生是否对专题小组感兴趣，然后进行雪球抽样。虽然你不能重建他们最初的谈话，或者看到最初的过程，但你或许可以目睹类似的动态，并判断对其被政府监控的集体反应。

人为小组包括根据某些标准选择的人员，他们因研究目的而被聚合在一起（Flick，2009）。例如，也许你想研究男性如何考虑避开犯罪的方法。你可以创建一个由男性组成的专题小组，让他们讨论解释危险的各种方式以及他们用来远离潜在犯罪热区的策略。这个群体唯一的共同点就是他们都是来自城区的男性，因而这是一个人为群体。当研究者希望讨论免受先前存在的关系影响时，人为小组是最好的。

专题小组 与小群体受访者的小组访谈，或有引导的讨论。

四、设计定性访谈问题

定性访谈问题可以采取不同的形式。

采用何种形式的访谈框架取决于你所希望的问题的焦点和深度。方法之一是确定一个主题，比如性工作的安全问题，以及你在同一层次上挖掘的分支问题。诸如客户是否安全之类问题，并不比遭遇警察之类问题重要。这被称为树状图法（tree-and-branch approach），它不像河道支流法（river-and-channel approach）那样具有探索性（Herbert Rubin and H. Russell Rubin，2011）。图 10. 1 是这两种方法的图示。

图 10. 1 树状图法与河道支流法对比

河道支流法涉及许多导向主河道的提问支流，以及一些发散的支流。当你访谈性工作者，讨论工作环境是否安全时，有些人可能会谈及他们的闲暇时光，比如和皮条客共进午餐。有些性工作者会说这些活动给了她们安全感。问题就这样回到了主河道。此外，或许这些性工作者这种工作之余的活动是其人生的重要体验。在这种情况下，话题发散。你可以多研究一些性工作者工作之余的活动。河道支流法更具探索性，可以更深入地探索访谈主题。

访谈表的拟定方式折射了审查研究问题的方法。把它看作是在写一篇短篇小说。这个故事按时间顺序讲述比不按时间顺序讲述更吸引人吗？一开始就要交代时间，并随着时间流逝而展开剧情（Robert Weiss，1994）。这种方法的重心在于随时间而产生的变化。以洛杉矶的性工作者为例，你可以让她们谈谈刚开始从事这项工作时是如何解决安全问题的，后来又有了什么变化。沿时间展开的故事情节（例如有关性工作者为何失足的叙述）是解释性的。

还有一种不考虑时间元素的“同步”框架结构。通过这种方法，你可以从一个元素跳到另一个元素。你可以询问性工作者在其生活的不同场景中（例如在家中、在大街上或者遇到警察时）如何确保自身安全。同步故事情节也与功能有关。如果调查街头卖淫产业，可以尝试了解性工作者如何与其客户讨价还价，她们与皮条客怎么联系，与警察怎么打交道，甚至可以去研究她们内部的社交网络。实际上，你真正关心的是这一地下经济内外各色人等之间的关系。

访谈表

一般而言，在写访谈表之前，应当制作一份大纲，尽可能多地容纳所需的信息类型。如果你的主要研究问题与在洛杉矶街头游荡的女性性工作者有关，则可以进行问题分类，并为每个主题领域建立相应的问题集。下面是一份提问专题清单：

1. 关于客户
    a. 你的主要客户是什么样的？
    b. 你和客户是怎么结识的？
    c. 当你与客户产生冲突时，会发生什么？
    d. 对此能多说点什么吗？

2. 关于皮条客
   a. 你的工作有朋友或男朋友帮忙吗?
   b. 你有中间人吗?
   c. 他/她是什么样子的?
   d. 你们怎么认识的?
   e. 当你和他/她产生冲突时，会发生什么?
3. 关于讨价还价
   a. 你如何寻找客户?
   b. 你何时与客户谈论价格?
   c. 你和客户去哪儿?
   d. 如果出了差错，你会怎么做?
4. 关于安全措施
   a. 为确保工作安全，你会做点什么吗?
   b. 你如何确保工作时不出意外?
   c. 可以告诉我工作时出现过的问题吗?
   d. 对此能多说点什么吗?

必须牢记，问题本身“框定”了受访者的回应方式。当你仔细调整你的问题时，这个列表可能会改变。在定性访谈中，主要问题引导访谈，因为它们与你的研究问题直接相关。以下是一些你应该自问的重要问题：(1) 它们是否涵盖整个主题?(2) 问题之间的过渡是否流畅?(3)(如果是共时式问题,)时间表是否有用?(4) 所用语言对受访者是否适用?(Rubin and Rubin, 2011.) 通过主要问题获得的答案是你的数据的核心，因而对主要问题的设计必须深思熟虑。表 10.1 为定性访谈问题的设计提供了更多的指引。

表 10.1　问题表达的实质

应规避的问题		好问题的要素	
双重问题	一个问题里面套着两个问题。 例如：你有过多少次性行为，并且用避孕套吗?	清楚	你的问题应该极易理解。 例如：你有过几次性行为?你有多少次使用避孕套?

续表

应规避的问题		好问题的要素	
复杂问题	受访者可能会忘记一部分问题或者烦躁，因而应避免使用冗长或复杂难懂的问题。 例如：一旦你加入了帮派，你是否觉得你经历了一个转变，你的感觉和你成为帮派成员之前的感觉有什么不同？	简洁	你的问题应该简短并且切中要点。 例如：加入帮派之后，你感觉有什么不同？
用语晦涩	语言难度不宜过高。 例如：你们俩曲径通幽时，有过暴力相向吗？	语言难度适宜	语言的水平应该取决于受访者。通常，语言应该是简单的。 例如：你和别人上床时揍过他（她），或者严重伤害过他（她）吗？
情绪化用语	使用情感词时要谨慎。 例如：你下手太狠，把人打进医院了吗？	措辞更中性	当问题涉及敏感主题时，用语不附加感情色彩。 例如：在发生冲突时，你让对方伤得很重吗？

问题措辞会影响它的答案，因此认真思考问题的表达方式非常重要。你可以在访谈表中添加与主要问题相近的其他问题，以检验其信度（Bruce Berg，1998）。但要警惕画蛇添足，如果认为你重复提问，受访者可能会恼火：他们可能认为你没有在听，也可能认为你不认可他们先前的回答。

对于主要访谈问题的排列，可以采用不同的方法。你可以把它们全部放在一起，或者散入其他问题之中。作为经验之谈，应避免访谈刚开始时就提出主要问题。想象一下你张口就问一个性工作者："你在工作时是怎么保护自己的？"通常的做法是不以带有情感色彩的问题作为访谈的开局。在你和参与者之间实现融洽后，就可以问主要的问题了。在访谈之初，如果必要，可以问一些有关这个群体的无关紧要的问题，或者聊一些不会让人不适的问题，以建立和谐关系（Berg，1998）。

追问

追问是定性访谈的重要手段，可以帮助受访者进行详细描述，以补充更多细节。追问的另一个重要目的是向受访者发出你正在积极倾听的信号。例如，对性工作者的访谈中，在回答下面这个问题后追问用斜体标识的问题："你能告诉我，你在工作中遇到过什么问题吗？*你能说得更细致点吗？*"追问这个问题可以让受访者透露敏感信息。但是，如果受访者已经详细回答问题，就没有必要追问。设计访谈表时，为防有受访者不愿或不爱交流，事先设置追问问题极有必要。

想想我们在日常生活中是如何追问的。如果有朋友开始给你讲点流言蜚语，你可以通过身体前倾的方式进行关注性追问，表示你对他提供的信息很感兴趣。或者你"继续追问"（continuation probe），如点头，表示希望说得更详细一些。如果部分情节不太清楚，可以进行"澄清追问"（clarification probe）。不理解他人所述时，我们会进行这样的追问。追问是日常交流的"标配"，也是定性访谈的必备工具。

在初次或后续访谈中可以采用跟进型提问（follow-up question）。在与不同的受访者访谈后，可能会出现新的主题，而你需要更多的相关细节。在你对性工作者的研究中，假设有一位受访者谈到有客户经常殴打性工作者。当你第二次或第三次听到相同的故事后，你可以问受访者是否提醒过其他性工作者提防这个客户。在刚开始访谈时你可能没有想过要问这个问题，但在访谈快结束时你可能会想到。这对于研究性工作者如何保护彼此免受残暴客户伤害非常重要。跟进型提问可能会自发出现，也可能在另一次访谈中发生。你可以在访谈表中添加跟进型问题。这种灵活性是定性访谈的优势之一。如果你认识到有些性工作者互助解决安全问题之类主题的重要性，可以就此开展深入研究。

五、接触受访者

如何安排与受访者的接触，取决于他们在组织或亚文化中的角色。

犯罪学研究涵盖各种正式组织的参与者、积极犯罪者或涉足各种亚文化的人。在计划定性访谈时，仔细考虑你对参与者的作用是很重要的。

定位你的角色

对于你所研究的群体，你是局内人还是局外人，这是首要考虑之一。入局深度取决于你和该群体的密切程度。你与群体的联系越多，你越是一个局内人。假设你想研究毒贩的亚文化。如果贩卖过毒品或者有毒贩朋友，你可以做得更像一个局内人。做一个局内人有利有弊。熟悉受访者的生活让你可以直接深入到研究主题而不必先学习亚文化及其相关术语（Ely et al.，1991）。然而，正如前面讨论过的，局内人与研究对象关系过于密切，你对亚文化可能已有根深蒂固的看法，因而可能产生偏见。局外人还是局内人，哪种身份更好，对此并无一致意见，但可以肯定的是，你的角色选择会影响你与该群体的接触以及你开展更深入研究的方式。

当佩罗内（Perrone，2009）被“俱乐部的孩子们”接纳时，你可能就是被研究群体的一员。有了局内人身份，你可以通过自己的努力认识研究对象群体的部分人员，并与他们接触。至少你能知道该群体哪些成员更容易接触。所谓的“定罪犯罪学”（convict criminology）就是例证，即由有过入狱经历的人来研究监禁或“再进宫”相关的问题。还有些研究人员直接融入所研究群体的生活之中，正如杰夫·费雷尔（Jeff Ferrell，2002）在有关涂鸦艺术家的著作中所展示的，他和受访者一起喷绘、喝酒，进行其他社交活动。可见，有些研究人员已经是局内人，而另一些研究人员则把他们自己融入受访者的生活，以获得准局内人身份。

刑事司法研究人员通常是局外人，与所研究群体没有现成的联系。为此，研究人员必须找到途径接近受访者，而所研究的群体决定了接近他们的方式。如果所访谈的群体隶属于一个组织或机构，你可以通过正式渠道进行接触。例如，如果受访者处在康复治疗、监禁中，或正在警察局等相关部门接受调查，那么你可能需要获得相关机构许可。但如果你对正在从事犯罪行为的人感兴趣，就得寻找非正式渠道，例如获得所研究群体内部人员信任，他会为你担保并将你介绍给其他成员。正式和非正式访谈通常都需要进行协商。

接触正式组织

假设研究大城市的社区矫正机构。假定你对这个机构了解不多，而且你将自己的角色定位为该机构工作人员之外的局外研究者。你的研究关注点主要是描述性的，主要是观察该机构在办公场所或者其他地方的日常运作情况。此外，你也想访谈该机构工作人员和正在进行社区矫正的人员。以下将讨论在进行访谈和直接观察之前需要做的一些准备工作。

通常，研究社区矫正机构或其工作人员，或在该机构监管之下工作的人员，都需要正式申请和批准。然后，为研究所做的第一步准备就是安排进入该社区矫正机构。

获取首次批准的过程可能会让人感到困惑和沮丧。许多大城市的刑事司法组织的结构复杂，是正式的官僚制度和难以捉摸的非正式组织文化的结合体。刑事法院是结构严密的组织，在该组织中，首席法官可以监督安排给其他法官和许多辅助人员的任务和案件进展。此外，法院的复杂性还体现在其通过三种专业人士（即检察官、律师和法官）的相互影响来处理案件。

继续以社区矫正研究为例。进入几乎所有正式的刑事司法组织的最佳策略都是四步法：联系担保人、开介绍信、电话预约和会面。我们对这些步骤的讨论是假设在你进行实地研究之前，需要与该机构执行主任进行面谈，并需要他批准随后的访谈和观察。

联系担保人　首先要找到一个担保人，即执行主任本人了解并尊重的人。理想情况下，担保人可以把你介绍给组织内部有职位的人，或者没有正式职位但与其他主要工作人员有联系的人。这种介绍很重要，有助于你在开始时就接触到合适的人，同时又避开了那些名声不好的人。

寻找合适的担保人通常是成功接触的重要步骤，可能还需要采取一些其他措施，因为你可能首先需要询问老师是否认识某人。然后你可以通过老师的推荐联系那个人，寻求进一步的帮助。为了更好地说明这一点，我们将假定你的老师知识渊博，人脉极广，且乐意为你担保。

开介绍信　其次是给执行主任写一封介绍信。你的信应该有三个部分：引言、研究目的的简要说明和研究要求。如图 10.2 所示。引言开始时，点出你的担保人，直接说出你们俩共同的熟人。之后，简要描述研究目的。在这个地方不需要做详细描述。尽可能将描述限定在一个或两个段落。即便需要更多描述来解释你将要做什么，也应该在你的介绍信中进行简短说明，然后提供一个独立的附件。

这份申请表达了你要求联系人在研究中发挥什么样的直接作用。你可能只是要求一个访谈，或者你希望这个人帮助联系其他官员。请注意图 10.2 中的示例是如何提及访谈和关于社区矫正的进一步信息来源的建议的。不管怎样，你通常都得要求与这名联系人安排见面或者交流。接下来就是第三步了。

电话预约　你可能已经知道，通过电话来安排与公职人员（教授往往也是如此）会面很难，甚至都很难联系上。为了让这项工作变得容易一点，可以在你的介绍信中附加一个建议：安排一次电话沟通。

当你打电话的时候，执行主任对你已经有了印象，知道你想要什么。如果她想核实你的介绍信里的一些信息，她会和你的担保人联系。

即使你没法和执行主任本人沟通，也可能有机会联系上他的助理并预约会面（下一步）。你在信中表达了你的目的——与执行主任的会面，并且有担保人背书，所以这是有可能的。

会面　最后一步是与联系人见面或访谈。因为你已经履行了“开介绍信—电话预约—会面”程序，联系人可能已经为你的工作做了一些准备。例如，图 10.2 表示你希望就不同类型社区矫正问题对执行主任进行访谈，她可能已经收集了一些程序手册或报告，为会面做准备。

简・亚当斯（Jane Adams）
执行主任
凯奥斯（Chaos）县社区矫正中心
福尔斯（Anxiety Falls），科罗拉多

2016 年 5 月 1 日

亲爱的亚当斯女士：

我在研究社区矫正，我的同事马库斯・尼尔森（Marcus Nelson）推荐我与您联系。我要执行社区矫正研究计划，并希望能把凯奥斯县的机构纳入研究之列。

简要地说，我想更多地了解法官与辖区内社区矫正机构作出的各种判决。如您所知，科罗拉多州的社区矫正法规在安排当地管理的惩戒项目方面给予各县相当大的自主权。因此，通常认为在整个州内已经形成了各种各样的矫正程序和判决。我的研究旨在更多地了解这些方案，为制定可能指导其他州项目发展的建议迈出第一步。我也希望了解更多关于社区矫正项目日常行政管理的内容，包括您所在的社区矫正机构。

我想和您讨论一下凯奥斯县当前项目和那些考虑过但未实施的社区矫正项目。此外，有关凯奥斯县法官作出的各种社区矫正判决的任何信息都将非常有用。最后，热切期盼您就凯奥斯县和其他地区的社区矫正项目提供更多信息来源建议。

我将于 5 月 8 日即星期一上午 10 点左右致电您的办公室。如果您在这时不方便，或者您对我的研究有任何疑问，可以通过下附的电话号码与我联系。

在此先感谢你的帮助。

此致

敬礼！

阿尔弗雷德・诺贝尔
发展研究中心研究助理
（201） 555-1212

图 10.2　介绍信示例

通常而言，这一程序对于与政府官员或其他正式组织工作人员的初次接触很有效。一旦初次会面成行，就可以由研究人员使用访谈技术和其他技巧来获得所需的信息。这并不像新手（或学徒）研究人员所想象的那样困难，原因有以下几点。

首先，大多数人至少有点受宠若惊，他们的工作、想法和见识居然是研究人员感兴趣的。研究人员可以使用合适的鼓励话语来加以利用。其次，刑事司法专业人士往往乐于与一位知识渊博的局外人谈论他们的工作。警察、缓刑官和矫正官在工作时通常只会遇到同事和执法对象。与同事的互动纯属例行公事，充斥着办公室政治，而与执法对象的互动更是常见的压力来源。与一位充满兴趣且知识渊博的研究人员交谈，常常被视为令人愉悦的减压方式。

出于同样的原因，理查德·莱特和斯科特·德克（Richard Wright and Scott Decker，1994）在研究中指出，在他们研究的活跃盗窃犯样本中，大多数人都兴高采烈地讨论着他们的盗窃技艺。因为他们从事的是非法活动，所以在分享他们的经历时必须更加小心谨慎，不能像普通人讨论工作一样。因此，盗窃犯们都很高兴有机会向研究人员描述他们的工作，而研究人员都承诺保密，并将其视为“不可公开的专业知识”（1994：26）。

接触非正式组织和亚文化的方法

莱特和德克（Wright and Decker，1994）的研究表明，在刑事司法中，接触活跃犯罪分子或青少年帮派等亚文化所需策略往往不同于和公职人员会面。信件、电话和正式会面一般不适于对活跃犯罪的实地调查。然而，通过担保人获得首次接触机会的基本原则仍然适用。

这种情形下的担保人可以是警察、青少年社会工作者、缓刑官、律师和毒品诊所咨询师等常年与罪犯打交道的人。职业刑辩律师是有关潜在受访者的重要信息来源。弗兰西斯·甘特等人（Frances Gant and Peter Grabosky，2001）曾让一名私人侦探帮助寻找盗窃汽车者和贩卖被盗零部件的汽车行业从业者。

莱特和德克（Wright and Decker，1994）碰巧遇到了一个与活跃犯罪分子关系不错的前科犯。这名前科犯给研究人员提供了两项帮助：其一，他把研究人员介绍给其他人，而研究人员发现这些活跃盗窃犯乐意参与这项研究。第二，他在盗窃犯中很有名，也很受尊重，他的支持使研究人员得以研究一个看起来很可疑的群体的成员。

接触亚文化的另一种不同的方法是在罪犯出没的地方进行调查。莱特等人认为，他们并不清楚盗窃犯在哪里出没，因而这种寻找盗窃犯的方法耗时且具有不确定性。相反的是，布鲁斯·雅各布斯（Bruce Jacobs，1999）在可以买到可卡因的场所闲逛，吸引了街头毒贩注意并与他们接触。这种策略对于寻找毒贩之所以有用，是因为毒贩们需要顾客。相比之下，入室盗窃的犯罪行为更加隐秘，并且很难去想象人们能够找到一个因入室盗窃而知名的地区。

斯科特·雅克和理查德·莱特（Scott Jacques and Richard Wright，2008）在几个城市进行实地研究时，提出了招募活跃犯罪者的一般性建议。首先，研究人员、罪犯和线人之间的非正式社交互动增加了罪犯参与研究的可能性。其次，为了获取通过一系列推荐而来的罪犯的合作，支付一小笔费用往往管用。最后，他们建议（Jacques and Wright，2008：35）：

> “……那些与研究人员关系密切的罪犯，尤其是那些已经接受过访谈的罪犯，很有可能产生了大量的有效数据，因此也是研究严重犯罪的最佳人选。”

另有一例，请回顾本章开篇关于接触皮条客的描述。

鼓励参与

在研究人员是局外人时，为接触和参与提供补偿通常是必需的。最起码，你可以用钱、物品或服务补偿受访者。另一种补偿方式给予联系人其他项目利益，比如论文的共同作者。如果你的担保人在这个项目中有更多的利害关系，那么你会获得更丰富的数据。这样的安排最好从一开始就确定下来。一些研究人员认为，原则上，受访者应该对最终成果有发言权（Norman Denzin，1997）。实行内部人员审查最终产品这种参与者检核模式，是获得参与的最佳途径。受访者审阅你的研究成果，可以发现误解，有时还会要求你删除某些信息。参与者检核将会在本章后面详细讨论。

受访者的社会角色也是一个重要问题。受访者属于白领罪犯等优势群体还是皮条客之类弱势群体？尽管原因不同，但优势群体和弱势群体都趋向于行事隐蔽，很难接触到他们。

受访者认为研究对其存在法律、经济、身体或心理威胁时，往往不乐意参与（Patricia Adler and Peter Adler，2001）。实施非法行为者通常是暴力的受害者，或者是在社区中有重要地位的人，所以他们可能会担心上述威胁带来的问题。许多定性访谈涉及敏感问题；在某种意义上，任何关于个人生活的问题都是敏感的。通过非正式的方式，认真承诺会对外保密，而不是在访谈中进行催促或施压，往往可以减少受访者的担心。

六、实施定性访谈

定性访谈实际上是在不同环境下进行的。

调查过程中，定性访谈可以通过面对面、打电话或在线方式进行。通常采取当面访谈。电话访谈和当面访谈的交流质量是不同的，因为前者缺少动作语言所展现的社交元素。想想你与朋友电话交谈和见面交谈的区别。在电话中，你可能会错过许多丰富的信息。例如，你的朋友在你提及某个话题时明显感到心烦意乱，也许能从朋友声音中听出这一点，但是一个包含非语言暗示的动态社交互动能使它得到更充分表达。对于有些受访者，电话访谈是有意义的，例如那些住得比较远的人，或者那些非常危险的帮派成员。在线调查通常只设几个开放性问题。更重要的是，自定义的问卷调查缺乏谈话所具有的互动性和灵活性。总而言之，访谈的形式很大程度上是由总体的研究目标和你能以何种方式接触受访群体决定的。

自反性

自反性（reflexivity）一般指你在研究过程中的主观性（subjectivity）。回想一下，现实是由多样的意义（multiplicity of meanings）构成的。在定性访谈中，你是收集数据的工具，这意味着你也参与了意义的构建。你利用与他人的沟通构建了意义，因而本质上是通过你对他们故事的解释来反映他们的。听起来你似乎要负很大的责任。的确如此。因此，了解如何在研究之前和过程中进行自我反省是很重要的。

自我反省的过程要求你批判性地认识你是谁以及你的感受。旺达·皮洛（Wanda Pillow，2003）建议你从问自己几个问题开始："我是谁？"和"我的感受对研究有什么影响？"第一个问题涉及你在性别、种族、阶层、性取向和族群等方面的自我定位。把自己置身于更大的社会结构中，认清你的感受会如何影响你与受访者的关系。

以在洛杉矶访谈女性性工作者为例。你的访谈很有可能会受到你的性别的影响。如果你是女性，你可能比男性更能从更深层次上理解受访者关于安全问题的观点。即使你从未从事过性工作，作为一个女性，你也会有更多担心安全的经历。不过，过度认同可能适得其反，因为性工作者对安全的概念可能与你迥异。你应该考虑，你的状况与受访者有什么交集，又有什么不同。无论是否相同或内心状态，你的自我定位都能影响与参与者的融洽关系。如果选择放弃自我反省，那么你的研究结论就会遭遇未受审查的偏见的影响。

当然，自我反省也可能会过度，如果在研究中过度使用，会被视为任性或自我陶醉。即使在你的最终研究中没有体现自我反省，保持自我意识并追踪影响你研究的感觉仍然是很重要的。你可以选择过程透明，并决定将研究过程中假设的变化纳入其中。在插页文章《皮条客：刻板印象、偏见与自我反省》中，我介绍了在我研究皮条客时出现的这类现象。

皮条客：刻板印象、偏见与自我反省

在开始项目研究时，你对所研究群体可能存有想法或偏见。当决定访谈皮条客时，我读了很多文学作品，也看了很多电影。虽然不期盼遇到《超级苍蝇》（*Super Fly*）里的人物，却希望找到某种老套的“皮条客身份”。媒体和学术论文对皮条客的描述导致我对皮条客有一些成见，直到我开始访谈。这就是我主观性的敏锐意识必须被审视的地方，在整个研究过程中自我反省对于理解我的成见至关重要。

在20世纪70年代的媒体中，因为《麦克》（*The Mike*）、《超级苍蝇》、《威利炸药》（*Willie Dynamite*）等电影，皮条客形象日益刻板化，较近一些的电影，如《忙碌和流动》（*Hustle and Flow*），也有这样的倾向。这些电影中的皮条客华丽而滑稽，冷酷无情。在这段时间里，有几本书，如艾斯伯格·斯利姆（Iceburg Slim）的半自传体书《我的皮条客人生》（*Pimp, The Story of My Life*）和苏珊·霍尔（Susan Hall）的《华丽绅士》（*Gentleman of Leisure*），也强化了媒体的描述。今天，在互联网上搜索关键词“皮条客”，结果显示这个词的意思已经扩大了。搜索将会产生大量的书籍和其他内容，例如如何强迫女性、欺骗人们和让你的车充满异域风情。

很少有研究从皮条客的角度来研究拉皮条行为。许多文章都集中在皮条客的角色上，证明其是压迫、虐待、暴力甚至心理变态的人（Cecilia Benoit and Alison Millar, 2001；Caroline Greaves et al., 2004；M. Alexis Kennedy et al., 2007；Teela Sanders, 2001；Mimi Silbert and Ayala Pines, 1981）。大部分的推断都源自对妓女或执法人员的访谈，很少与皮条客直接对话。关于真正的皮条客的研究和信息的匮乏令人惊讶，这使皮条客在我们心目中的印象固化。

我们近年对皮条客的观念转变始于有关性交易的讨论。性交易和普通的性工作的界限比较模糊。罗纳德·威茨（Ronald Weitzer, 2010）讨论过这个问题，并且提到了美国国务院的网站宣称“卖淫本质上是有害的”，“合法的卖淫为那些贩卖人口去卖淫的犯罪分子创造了一个安全的避风港”。由于性工作者与性交易之间的这种紧密联系以及媒体对于贩卖人口的关注，公众对于皮条客和人贩子的看法也有所混淆。公众的目光投向了性交易商业市场和性交易的弊病，而这也扩展了我们对皮条客的看法。

当我访谈皮条客时，他们中的许多人还不确定他们就是皮条客，有些人很反感这个词，但也有人认为自己是皮条客，因为他们和许多女人发生了性关系。安东尼·马库斯等人（Anthony Marcus et al.，2012）等人的研究中涉及与亚特兰大市许多性工作者的男朋友及朋友的交谈。我们发现，这些人并不认为自己是皮条客，尽管从技术层面讲，他们促进了性产业的繁荣。这并不是说，我在哈莱姆的受访者中无人认为自己是符合前述刻板印象部分特征的皮条客，而是说先前有关皮条客的很多描述并没有根据。关于皮条客一词似乎存在着混淆，而且在性市场的推动者中，皮条客的身份定位绝不是给定的。进一步来讲，认为他们可能是性贩子的看法有点离谱了［根据联邦《2000年被贩卖被害人保护法》（Trafficking Victims Protection Act of 2000），有些人可以定义为性贩子，因为他们年满18岁并且在纽约掌控着17岁的性工作者（或者偶尔带着他们的性工作者转移到新泽西州或其他州）］。

在研究初期，尤其是涉及很难接触且在媒体或学术界较为出名的群体时，你一定从一开始就有偏见。这样的偏见大多会在互动中消除，但有些可能会被证实。在整个研究过程中，我都会通过研究备忘录或保存书面记录的方式来管控我的主观性。在研究过程中，为了消除偏见和记录你的感受及想法的变化，进行自我反省非常重要。

友好关系

一旦实现接触，就必须考虑如何让关系融洽，或者说如何与受访者建立联系。访谈者和受访者之间的互动最初受到局内人或局外人身份的影响。最初的和谐可以通过不带威胁性的谈话来建立，例如聊聊天气、时事或一些无伤大雅的事。你可以通过找到你们的共同点来增进友好。有些研究者分享自己的个人信息，以此与受访者建立友好关系。

一些受访者觉得和陌生人谈论个人问题更自在，因为他们没有共同的社交网络，而且很可能从此不再相见。当有一点隔阂感的时候，人们有时对真诚的交谈感觉会更好。还有研究人员认为与受访者建立真诚的关系是很重要的。有时，因为更深层次的融洽关系，与受访者进行多次对话会得到更丰满的答案。

一旦访谈开始，你就可以采取许多措施来维持友好关系，以高质量完成访谈。在一篇题为“伟大的访谈：研究卧床者的25个技巧”（The Great Interview：25 Strategies for Studying People in Bed）的文章中，约瑟夫·赫尔曼诺维奇（Joseph Hermanowicz，2002）使用了一个性隐喻来描述成功访谈的特征。以下是一些保持融洽关系的重要建议：

- 交谈，而不是进行机械的口头交流。
- 倾听，或者说听清此刻的数据。
- 找出会面中认为重要的所有东西，或注意真实含义。
- 追问，或者确保你捕捉到了细节。
- 在会面静下来时有时要保持安静。
- 通过追问或其他询问方法持续。
- 有时装无辜可怜，因为受访者可能想要帮助你（不要做得太过火，以免看上去不真诚）。
- 不要整晚都待在外面；不要太早回家，也就是说，要注意访谈的时长。
- 提问用语要清晰。
- 确定话题顺序，以保持对话流畅。
- 要坦诚。
- 展现尊重。
- 在积极的氛围中结束。

在访谈中，良好的互动类似于日常生活中的社会交流。当然，你不需要把你的受访者带回家，或者和他们过于亲密。相反，想一想成功对话的基本要素。利用你现有的社交能力来建立融洽关系，并在访谈过程中保持和谐，这对你的研究大有裨益。

积极的访谈

至此，你应该认识到，定性访谈不是客观的。一个必然的推论是，动态的社会交流不应该被人为限制。定性访谈是一种动态、双面的社会交流，如同提供了一种创造意义的语境（Jaber Holstein and James Gubrium，1995）。你和受访者之间的访谈是一种社交互动，它使意义的创造成为可能。

把积极访谈看作你和受访者之间的合作是有益的。通过协作交互，你看待事物的边界会变得清晰可见。这有时被称为“意义视野”（horizons of meaning），因为在积极访谈期间，你会发现自己与受访者之间的互动边界

(Holstein and Gubrium, 1995)。你和受访者可能都会不自觉地打破彼此的边界，而边界间的冲突也能催生意义。

例如，玛嘉瑞莎·贾维宁（Margaretha Järvinen, 2000）在关于长期酗酒者的研究中分析了三次访谈，访谈者和受访者的意义视野就存在冲突。整个项目的目的是与酗酒者谈论他们的治疗体验。尽管有些受访者愿意参与这项关于酗酒者的研究，但也经常改变立场，否认酗酒。例如，艾瑞克承认他一天喝了30瓶啤酒，但并不认为自己是长期酗酒者，这与访谈者的判断标准相冲突。贾维宁不认为这是失败的访谈，她意识到，这样的叙事表明，必须与酗酒者讨论他们的身份认同问题。

积极访谈可以采用自由讨论形式，从而让交流更加自然。你可能有一个访谈指南，但每次访谈时的使用方法可能不同，有时还得弃用。在与受访者交谈时，我尽量不看访谈表。我记得在哈莱姆与皮条客第一次外出，在一天快结束时，我访谈了一个级别更高的皮条客。访谈行将结束，我低头看了看访谈表，以确保没有漏掉任何问题。受访者说："看那个干什么？你整天都在访谈皮条客，应该知道你想问我什么问题？"这一刻很重要，因为我突然发现，当受访者很看重交谈的自然流畅但又认为谈话被引导时，他们会很生气。

在积极访谈中，接下来问什么，取决于受访者当下的回答。它们决定了你是要转移话题还是就同一个话题继续追问。这种方法适合那种在聊天中自然而然得到想要信息的对话，而访谈仍然必须聚焦。你应该灵活变通，而不是在交谈时强行提出一些不自然的问题。

在对哈莱姆皮条客的研究中，我在访谈一开始就要求受访者描述一天工作的常态。在下面的第一个示例中，受访者提到了钱。我没有视而不见，而是问了一些关于价格的问题，这些问题原本应该在访谈的最后阶段提出。在第二个示例中，受访者提到要让他的性工作者准备工作了。我只好采用计划外的追问来获取更多的信息。这两个示例都表明，与受访者的对话应该尽可能自然地进行。

示例1

访谈者：和我谈谈你工作中比较典型的一天吧。

受访者：比较典型的一天，我们为女孩们提供顾客，然后女孩们把人带回家，钱给我们。这一天结束的时候，我们给她们一定百分比的酬金。

访谈者：多大比例？

受访者：10%。

访谈者：10%？

受访者：是的。

访谈者：好吧。你们收客人多少钱呢？

受访者：一次服务 50 美元。

访谈者：做任何事吗？

受访者：是的。

示例 2

访谈者：你每天都是怎么工作的呢？

受访者：通常是上午起床，让她们出去做好准备。每天基本就是这样。如果手底下有几个妞，你还得帮她们做头发。她们必须把指甲修好。你肯定不希望女孩们出门的时候邋里邋遢的。所以得带她们去这里做头发。

访谈者：所以就得这么早开始忙活？

受访者：早上 10 点就得到，因为如果带四五个姑娘，美发店就会被挤爆。然后，得等他们四五个人都做完头发。

访谈者：也就是等他们都做好准备。

受访者：等她们都准备好，然后差不多就去外面吃早餐。你知道我的意思吗？试着放松一下心情，因为在晚上会感觉很危险，非常危险。令人紧张。这很危险。你可能会被抓。所以你尝试……等她们聚在一起后，您尽力让她们放松，因为她们知道会发生什么。我的意思是你可能得安抚情绪，所以带她们去吃早餐。然后我们可能会坐车，找个地方走一走，纯粹就是让她们出来活动一下，把紧张情绪忘掉。然后带她们回去，回到原来的轨道上。

访谈者：所以这就像是一整天的准备工作。

受访者：一整天的准备工作，不仅仅是为了她们，也为了你自己。在晚上你必须把她们放在那里，她们不知道会发生什么。而无论发生什么事，你都必须在那里。

互动式访谈

如果进行更有目的性的互动，则积极访谈可以提升一个层次。互动式或戏剧式访谈采用与欧文·戈夫曼（Erving Goffman，1959）所称的“社交表演”类似的剧场元素和语言。不妨这样想，人们每天的社交活动都好似表演，每个人都是社会舞台上的一个特定角色。访谈者和受访者通过语言及非语言交流来收发信息。有些信息的目的性很强，而有些则是无意识的。在进行互动式访谈时，你必须确保自己在访谈中的表现与各种社交暗示相协调。

在互动式访谈中，你同时兼任演员、导演和编舞（Berg，1998）。作为演员，你必须记住自己的立场，但也要尊重对方。作为导演，你必须关注自己和受访者的行为。最后，作为编舞，你必须有洞察力，并不断评估每一个动作。贝尔格倡导高度自我意识性社会行为，但这不应该与完全阶段化的互动混为一谈。你的行为类似于即兴戏剧表演——你会关注受访者和你自己的动作以获得最丰富的表演效果，而不像过于夸张的肥皂剧演出。

进行专题小组访谈

主持一个专题小组必须具备一个优秀访谈者应有的全部技能，能够在引导受访者互动的同时顾及整个小组。至于其他事务，你要进行平衡，不让整个小组被过度引导。在大多数专题小组中，我们希望主题自发地出现，但这可能很难实现，因为这种方式的谈话可能更容易偏离主题。因此你必须知道，什么时候应该引导专题小组，什么时候应该保持沉默，让小组成员们自由交流。

规划和设计考虑　在筹划专题小组时应有许多设计考虑。第一，该小组是同质的（自然的）还是异质的（人为的）。受访者之间原本就有联系的小组可以得到更丰富的信息。他们已经分享过经历，也许还有文化意义上的共识。第二，你必须确定该小组的位置排列。例如，你可以让小组成员坐成一个圆。这不仅更加亲密，而且能够弱化隐含的权力级差，因为没有人处于明确的领导地位。

接下来要考虑的是访谈时长，通常从 90 分钟到两个小时不等。以下是两小时访谈的大致安排：15 分钟介绍和等候迟到者，15 分钟解释问题和访谈简要规划，90 分钟实际提问和讨论（V. Rajah，personal communication，October

20, 2011)。最后要考虑，是进行一次自然的非结构化访谈，还是进行一次更正式的访谈。自然的访谈路线允许进行计划以外的追问，这在专题小组场景很有效。

集体思维与强势组员 集体思维和强势组员是跟踪群体动态时要考虑的两大要素。欧文·贾尼斯（Irving Janis，1972）使用集体思维（groupthink）这一术语来描述群体减少冲突并达成共识以实现和谐的需求。如果专题小组表现出集体思维，你可能听不到反对意见，从而错过不同的看法。为巧妙获得小组其他成员的意见，可以尝试更具刺激性的追问和提问。另一个难题是强势组员掌控了小组，导致少言寡语的受访者更加沉默。一旦出现这种情况，你可以直接把问题抛给没有发言的人，看看你是否能改变这种状况。集体思维和强势组员在任何群体中都自然存在。

产生敏感主题的数据 从一个专题小组收集敏感或遭人指责的主题（如性行为、吸毒或犯罪活动）的数据，需要做一些特别的考虑。首先，你必须意识到，你的受访者被要求透露一些会带来社会谴责或否定的隐私信息，这可能会让他感到不安。专题小组形式难以保密，受访者应该知道这一点。但是，受访者知道隐私难以保障后，可能会提供有偏差的回答。凯·威林斯等人（Kaye Wellings, Patrick Branigan and Kirsti Mitchell，2000：256）提倡使用专题小组“揭示个人、私人与公开、开放之间的矛盾和冲突”。在话题较为敏感时，可以采用专题小组来呈现，在与他人交谈时，公众如何口头否认涉及本人且可能会遭受谴责的隐私信息。

七、记录数据

在定性访谈过程中做记录，必须考虑几个因素。

定性访谈可以通过音视频、照片、画图等形式记录，并通过文字加以补充。完成访谈后，研究人员应誊写对话文本，或者进行归纳分析。虽然有技术工具可以帮助捕捉你与受访者的互动，但记录数据更为复杂。数据记录包括誊本、访谈期间的笔记（即便录音，也要做笔记）、现场笔记和备忘录。如约翰·洛芙兰和林恩·洛芙兰（John Lofland and Lyn Lofland，1995：67）所述，“本质上来说，存下来的记录就是数据”。尽管创建记录可能会很乏味，但是从定性访谈中获得的深度洞察取决于访谈记录的质量。

访谈结束返回后，你的下一个任务就是写出现场笔记。现场笔记可以包括对访谈背景的观察和描述，也包括访谈本身。现场笔记应该及时撰写，因为这些经历在你记忆里仍然新鲜，可以尽可能多地记录细节。你对访谈过程的情绪和感知可能非常强烈，以至于你认为自己不会忘记任何事情。但是，随着你与受访者的互动越来越多，你的印象不可避免地会发生改变。如果几天后才去写现场笔记，你会失去对先前访谈的细微感知。因此，尽快写好现场笔记是很重要的。

即使有人一字不差地帮忙记录访谈，你仍然需要研究每一份文本。你最好自己抄录一些访谈内容，仔细研究这些内容会让你受益匪浅。你可能会找到方法来改善你的访谈方式，并且有机会近距离辨识这些数据。作为常识，你应该用和执行访谈一样多的时间来研究记录文本（Lofland and Lofland，1995）。

制作备忘录是一种自始至终记录研究过程的方式。备忘录使你能够探查研究时所做的决定，也是进入你在访谈过程中的主观世界的窗口。这些文件是记录或所谓的审计跟踪日志（audit trail）的一部分（Melanie Birks，Ysanne Chapman and Karen Francis，2008；Glenn Bowen，2008）。

伯克斯等人（Birks，Chapman and Francis，2008）介绍过三种类型的备忘录：操作类、编码类和分析类。操作备忘录用于记录研究每一阶段采取的步骤。回想一下之前关于自我反省的讨论，备忘录就是一种很好的自我反省方式，可以记录你在研究过程中的观念变化。编码备忘录用于记录数据编码过程，而分析备忘录为你提供了一种探索数据关系的方法。这些备忘录构成数据日志的一部分，便于你轻松理解你的数据。

定性的项目可以生成大量的数据日志，而你可能想知道应当如何跟踪这些材料。专业的计算机软件有助于组织和理解你收集的数据。ATLAS. ti 和 NVivo 就是两款比较好用的研究软件，它们允许你创建备忘录和链接相关的文件，方便编码和分析。库斯·塞拉德（Kus Saillard，2011）介绍了一款不同的软件。也可以创建你自己的系统，并使用各种文字处理程序和其他标准应用程序来组织数据和注释。除了坚持认真做现场笔记、聆听访谈和制作备忘录，还应该创建一个系统来组织和备份你在不同的磁盘或云端中的所有数据。

八、数据分析和提出观点

研究人员可以通过分析从定性访谈中获取的非数值数据提出和支持他们所发现的主张。

现在已经到了分析数据的时刻。“分析”一词从字面上讲就是把事物分成若干部分（Steinar Kvale，1996）。你融入了与受访者一起创造意义的过程，并且必须在解释数据时意识到这一点。你的访谈是两个人之间的对话，因此不能简化为单一含义或当成一串词语。你的描述、分析和解释方式由研究目标决定，但是应该努力充实数据，并在上下文中揭示其意义。

数据管理与简化

分析通常从数据管理与简化开始。你可以使用图表和其他形式的可视化工具来管理数据。数据也可以通过各种非可视化技术来管理。数据简化就是把看起来不相干的信息放在一边（Matthew Miles，A. Michael Huberman，and Johny Saldaña，2014）。

数据管理与简化会让人生畏。庆幸的是，有一些技术可以帮助你在数据收集期间和之后更深入地了解数据。

理解数据：思维单元

洛芙兰等人（Lofland and Lofland，1995）描述了使用思维单元（thinking units）理清事件的方法。思维单元是一个简单的框架，用来理清定性访谈中出现的所有事件。因为始于一个结构良好的研究框架，所以你可能已经有了固定的分类。然而，如果研究的结构化程度较低，或者想换一个视角检查数据，就可以使用思维单元。以下是洛芙兰等人建议用作起点的通用思维单元示例：

含义	群体
措施	组织
时间片段	居住地
遭遇	社交圈
角色	生活方式

关系

虽然这些单元看上去像是非结构化的和模糊的，但这种创建方式使其得以适用于不同类型的研究。可以将元思维单元应用于自己的研究，也可以修改或完全放弃这些示例，列出一个更适合自己的研究的列表。针对筛选数据时可能出现的意外或困惑，你可以添加一个冠名为“开放单元”的思维单元(Ely et al.，1991)。如表 10.2 所示，在对洛杉矶性工作者的研究中就可以用思维单元。

表 10.2　思维单元

主题：性工作者与安全	
思维单元	根据思维单元进行编码的主题领域
含义	性工作者如何定义安全？
措施	他们采取了什么措施确保安全？
时间片段	描述他们感觉特别安全或不安全（危险）的时期
遭遇	他们感觉安全或者不安全（危险）时有什么特别的遭遇？
角色	在安全或不安全的情况下，参与者的角色是什么？
关系	他们与处于安全或不安全状况下的人有什么关系？
群体	群体和社交网络在这些安全或不安全状况下扮演着什么角色？
居住地	社区如何评价安全或不安全情况？
社交圈	他们的社交圈或更大的商业色情市场在安全方面发挥了什么作用？
生活方式	他们的生活方式在哪些方面增加或减少了安全性？

思维单元很大程度上取决于研究框架。如果开始时框架较窄，则可以在研究进程中创建自己的思维单元。但是如果以探索性研究为主，则可以使用洛芙兰等人建议的思维单元或者对它们进行一些修改。

也可以考虑把思维单元用作敏化概念（sensitizing concept)。敏化概念是对你所寻找之物的一般性参照和引导（Herbert Blumer，1954)。对此可以参考鲍恩（Bowen，2008）对旨在改善社会服务和社区组织的牙买加扶贫项目的探索性研究。在文献回顾之后，他决定把公民参与、社会资本、赋权等敏化概念用作理论萌发的种子。在研究过程中，思维单元和敏化概念对于理论的形成都是有益的。如果访谈指引中有这些预先确定的思维单元或者敏化概念就更好了。

草根理论

回顾一下本书第 2 章，草根理论源于对数据中发现的模式、主题和常见类型的分析。草根理论通常通过定性访谈形成，融合了自然主义方法和实证主义者对完整程序的关切。

根据安塞姆·施特劳斯和朱丽叶·科尔宾（Anselm Strauss and Juliet Corbin，1994）的研究，草根理论是在实际研究中，通过数据分析和搜集之间的持续互动发展起来的。草根理论是一种比较方法，你可以通过在不断的比较中寻找相似点和不同点来确立主题。这个过程是迭代的，需要你去收集、编码和分析数据。该过程将揭示最终可能形成理论的主题。

理论抽样——一种自适应抽样技术，就是草根理论生成过程的一部分。如果在对洛杉矶性工作者的研究中发现，年轻性工作者更倾向于选择用短信、地理追踪设备等技术手段去确保工作时的安全，那么你可能会决定去访谈那些年轻性工作者，以期充实涉及安全问题的技术性主题。

理论饱和（theoretical saturation），即你认为进一步的访谈不会产生新的主题了，这是草根理论生成的另一个维度。此时你可以结束定性访谈（Strauss and Corbin，2007）。不幸的是，何时可以认为已经达到理论饱和，并无指引（Bowen，2008）。不过，至少在你开始从受访者那里听到重复或相同的叙述的时候，可以认为已经明显饱和。这时，你差不多能预测到对话走向。理论饱和与理论抽样在研究过程中存在承继关系。例如，一旦开始听到年轻性工作者重复描述相同的措施，你就可以确定已经达到了理论饱和。你不是在努力寻求代表性，而是要形成合适的主题（Bowen，2008）。

确认编码和主题

从访谈中获得的编码信息会给数据分配意义单位。略有不同的是，编码要为将要分析的变量创建分类。因而，编码就是将原始数据纳入概念分类的组织过程，这一过程与前面讨论的测量的检验相似。每一个编码实际上就是将一段数据置入其中的一个分类。不过，在编码时，我们需要考虑一些重要内容。

首先，在把这些概念标签应用于数据之前，你要进行一系列探索所有可能意义的开放式编码（open coding）或者头脑风暴（Corbin and Strauss，2007：160）。比如说，对性工作者的调查可以从针对安全问题的一些回复意见的开放式编码开始。随后再将这些意见按照来自嫖客的、警察的或强势客户的分类形成不同的域。在探索性研究中，开放式编码往往会先将较小的数据单元分拆成组块（chunking），然后再确认每一组块的“属性”（property）和“内容”（dimension）。从这些组块或小单元中掌握的信息有助于指导下一阶段编码。

微分析是开放式编码的替代方法（Corbin and Strauss，2007）。例如，在研究被警察监控的穆斯林学生时，你以贝克的标签理论作为参考框架（Becker，1963）；但是，在深入研究数据后，你可能会发现标签有许多不同的含义。你可能会发现其他重要概念。如果透彻分析数据，并对最初的参考框架提出挑战，就会获得新的想法。

下一步是使用你在最初的开放式编码或微分析中开发的代码来形成类别，这些代码更抽象或概念化。在草根理论中，这被称为轴向编码（axial coding）。在完成这些步骤后，应当进行选择性编码（selective coding），以寻找代码中的模式（Corbin and Strauss，2007）。你可以开始问一些问题，例如，某些代码是否可以在更通用的代码下聚集，或者是否可以依序组织代码。此外，你可以寻找各种因果关系。如果采用这种模式，则不仅利于分析，也有助于形成主题。

编码通常同时涉及较低层次和较高层次概念。较高层次概念被称为主题，其中包括一组一般通过开放式编码形成的较低层次概念（Corbin and Strauss，2007）。或者你也可以对一组较低层次概念进行概念性命名，将其定义为较高层次的主题。第一次访谈之后就应当开始寻找较低层次概念。例如，在你与被警方监控的穆斯林学生的讨论中出现一个被你称作“团结”的新主题。你可能会发现，许多学生开始产生更强的身份认同感，而这就有助于形成关于这个过程的理论。

发现较高层次概念的方法有很多种，但都需要考虑编码机制。确认主题的八种技术如下：相似与不同、连接词、重复、本地类型学（indigenous typologies)、隐喻与类比、过渡、缺失的数据以及理论素材（完整的技术列表，参见 Gery Ryan and H. Russell Bernard, 2003）。

识别“相似与不同”是目前最流行的寻找主题的方法，对于草根理论尤甚。这与巴尼·格拉泽等人（Barney Glaser and Anselm Strauss, 1967）的持续比较法（constant comparison method）有很大关系。持续比较法有多种使用方法。一种方法是进行逐行分析，将访谈文本的每一行都与前一句进行比较，找出相似或不同之处。另一种方法是成双成对地比较相同或不同参与者的表达或更长的组块。这种方法有助于通过各种形式的比较找到数据中的主题。

下一种技术是连接词，用来检验访谈中表达因果或条件关系的句子。“因为”“所以”“自从”等词就是表达潜在因果关系的连接词（Ryan and Bernard, 2003)，例如“我卖淫起初是因为需要付房租”。再看看“之前”“之后”“然后”“接下来”等词，这类连接词解释了潜在的时序关系，例如“在第一次和男人上床没发生任何不愉快之后，我就不那么担心安全问题了”。条件关系连接词则包括“如果–那么”：“如果和皮条客一起出去工作，那么我会觉得更安全。”

在访谈中发现新的主题，这是常有之事，因为会一遍又一遍地听到这个主题。如果在一次访谈中反复听到一个概念，则可以创建代码，看看它是否会出现在其他的访谈中。当你的受访者（们）围绕着相同的想法进行循环时，重复便出现了（Ryan and Bernard, 2003)。通过对访谈进行编码，你可以了解这个主题在对话中何时以及如何产生，然后看看这个主题在访谈中有多重要。这个概念出现得越频繁，它就越有可能是一个主题。

确认主题的另一种方法是查找不熟悉的专门词汇，这就是巴顿（Patton, 2002：454）所说的本地类型学。在关于洛杉矶性工作者的项目中，你可能会注意到“溜达”（stroll）这个词。这个词用来形容一个户外场所或者街区，性工作者可以在此找到顾客。通过观察与“溜达”一词相关的陈述，你或许能够发现，性工作者用这个词来界定物理区域。在安全方面，你会发现，因为身处自己熟悉的区域，所以性工作者认为在“溜达”中遇到的客户最安全。在一些性工作者看来，皮条客会在“溜达”中性达成交易。也许只有当远离这个“溜达”的区域（比如上车）时，她们的不安全感才会增加。

语言中的隐喻与类比可以标记重要概念。此外，过渡或内容的变化可能预示着主题的变化。非结构化访谈中的过渡不易被人为控制，因而这两种连接词更适用（Ryan and Bernard, 2003）。

缺失的数据是一类不同的连接方式，提示你关注受访者没有提到的内容。在对洛杉矶性工作者的研究中，也许大多数性工作者从来没有提到过皮条客。这种意外可以促使研究人员去查找有关朋友或男朋友关系的陈述。然后就会意识到，尽管这些人扮演着皮条客的角色，但性工作者认为他们是亲密朋友。通过寻找这些缺失的数据，可以了解性工作者在地下经济中如何与性市场推动者建立人际关系。

最后，你应当会想知道数据如何形成理论素材。这或许起因于你所掌握的既有理论，或许也是一种理论生成。如果是生成一种理论，詹姆斯·斯普拉德利（James Spradley，1979：199）建议你寻找：

> “……社会冲突，文化矛盾，非正式的社会控制方法，人们在经营一般性社会关系时的所作所为，人们获取和维护成就及归属的方法，以及有关人们如何解决问题的信息。”

这个列表并未穷尽，但是你可能已经发现，这些示例关注的是一种情况或处理方式，这通常是所生成的理论模型的来源。你可能会注意到一个共同的主题，即性工作者把那些经常在附近闲逛的当地居民视为一种保护。非正式的社会控制之所以会发生，是因为居住在同一城市空间的其他居民主动减少对性工作者的公然侵犯或暴力行为。你可能会意识到，你的发现与劳伦斯·科恩等人（Lawrence Cohen and Marcus Felson，1979）的日常活动理论是一致的，因为当地居民是有能力的监护人。社会失序理论（social disorganization theory）也可以得到验证，因为这个过程证明了社区网络可以减少犯罪。由此，对于这些半永久网络如何监视和保护那些在城市空间的非法从业者，你获得了更深的了解。在探索监管者及监管网络如何针对非法从业者进行犯罪预防时，你也可以对这些理论进行扩展。对此，可以参考斯科特·雅克等人（Scott Jacques and Danielle Reynald，2012）的文章《罪犯眼中的预防》（The Offenders' Perspective on Prevention）。

分析和解释的工具

在定性访谈中，当我们在数据中发现主题时，我们便在整个研究过程中进行了不同程度的分析。最终，我们到达了一个阶段，即所有这些都必须转换成一个权威的书面报告。定性数据的展示有三种不同的层次：定性描述（qualitative description），或者说让数据自己说话、分析，评价最小化；分析，或者说我们将其扩展到一个纯粹的描述性理由之外；定性解释（qualitative interpretation），或者说超越一定程度的确定性去解释（Harry Wolcott，1994：10）。当你进一步超出仅仅把原始数据当作一种理由的层次的时候，你可能会发现自己已经转向了一条更具解释性的路径。

一些研究人员生成了纯粹的描述性理由，还有人则从描述开始，进一步进行分析和解释。描述、分析和解释不是互斥的，它们都可以在你最终的确定性理由中使用，但是了解它们的差异极有必要。我们必须知道正在使用哪种或哪些模式，并知道如何选择。

在描述中，主要靠受访者自己的话来表达他们的理由。一些研究人员认为这可以减少或消除偏见。然而，研究人员的确就展示或排除哪些描述进行了选择，而这就加入了研究人员选择性因素。当我们选择描述时，最好尽可能选择充实的描述，以避免语义丢失。

描述的技巧有很多。例如，一种被称作“浮生一日”的方法，可以带读者体会一天的实地调查。这种方法可以展示受访者一天的生活。了解受访者的日常生活是一种可行的分析方法，因为我们共同拥有的是一天的 24 小时。另一种技巧是确定一个“关键或核心点”来描述受访者关于关键事件的活动，例如他们是如何开始性工作的。你可能听说过“罗生门效应”（Rashomon Effect），它以黑泽明 1950 年的一部电影名命名，从四名目击者的角度来描述暴力事件。这种效应的关键点是讲述一个故事的不同方面，如果你访谈过不同群体的受访者，这是很有用的。如果你访谈性工作者、皮条客、客户和警察，以了解商业色情市场的复杂性，那么通过这种方法可以形成深刻的见解。最后，你可以遵循这样一种加入了结构的“分析框架”，但是在这种情况下，你又必须小心，不要强迫描述材料去适合框架。

如果要做更进一步分析，则不仅要识别模式，还需要赋予它们意义。我们不是只展示原始描述，而是力求系统地展现数据中的意义或文化认同。常用方法之一是识别数据中的模式规律。对于这项工作，我们在确定主题时就已经做了一些，但在分析时，我们赋予了其意义。有研究人员在这个阶段开始量化他们的发现，但在大多数情况下，有必要对定性研究中的这些模式进行更深入的解释。如果研究以理论为指导，你会仔细地讨论这些想法和你的实际发现之间的相互作用。这些是分析中涉及的最基本的技术。

解释有别于分析，因为分析更加系统和翔实，而解释的推测性和随意性更强（Wolcott，1994：23）。解释更为复杂，对于解释推测的程度必须保持警惕。不过，在一段权威性描述中，解释内容可能是其中最令人耳目一新的部分。研究人员通过解释将其结论与更庞大的知识理论体系联系在一起，并讨论出自这些描述和分析的“可以”“不确定性”和“概率”。

解释时可以用到几种技巧。沃尔科特（Wolcott，1994：40-45）开出了一份内容丰富的清单。首先要避免过于简单的解释，要给读者留下思考或者“扩展分析”的东西。举例来说，假设你发现性工作者在有皮条客的时候似乎感觉更安全，并且提出了皮条客必须确保性工作者安全感的可能性。对于已经对皮条客形成刻板印象的读者来说，这种更深层次的分析可能有些出人意料。其次，你可以把研究与相关理论关联起来。例如，雅克等人（Jacques and Reynald，2012）指出，毒贩常用反侦查伎俩与机会理论（opportunity theory）的部分内容相符。再次，可以告诉读者，你认为拼图缺了哪几块，或者提供其他解释。最后，可以谈谈自己的感受和看法，或者尝试其他方式。最好采用多种技巧，以使解释更为全面。

九、定性访谈分析的质量和严谨度

评估定性访谈数据的信度和效度非常重要。

提高定性访谈分析的质量和严谨度的方法很多。你已经拥有包括现场笔记和备忘录在内的大量数据，这些都是你的审计跟踪日志。审计跟踪日志不仅是决策文件，对增强我们的研究信心也非常重要（Bowen，2008）。它还是证明你的研究具有较高水准的依据。当存在多个访谈者时，采用一些标准化问题有助于确保各次访谈之间的连续性。在使用多个编码人员的情况下，我们可以审查施测者间信度，对此第 5 章已经进行讨论。

在草根理论和定性分析中还会采用寻找负面案例（negative case）这一重要审查方法。这些案例与我们编码的新主题以及最终形成的理论相矛盾。统计分析中排除异常值（outlier）的做法非常普遍。但在定性分析中，这些案例有助于审视新理论的生命力，或者揭示该理论不尽如人意之处。

参与者检核是检验我们的解释的另一种方法。我们可以要求一些参与者审读文本草稿，验证工作的准确性。这使得参与者有机会去分析对其真实生活的解释并纠正错误解释。参与者检核是确认真值或树立对特定结论真实性之信心的最佳方式（Egon Guba，1981）。在设计时纳入参与者检核，可以极大提高研究结论的信度和效度。

为何定性研究中对这些叙事的一致性或者结果的稳定性（stability of result）的解释方法有所不同？原因在于我们承认存在多重现实。定性研究人员将叙事中的不一致性视为参与者认识的转变而非误差。这并不意味着我们认为所有的参与者都在讲述不加修饰的真相。相反，我们希望受访者对其叙事的构建及重建能够符合多种解释。

可移植性（Transferability）出现于工作假说（working hypothese）可以从一种场景迁移至另一种场景的情形（Guba，1981）。要实现“可移植”，则两种场景下都必须存在详细的描述。定性研究很难复制，并且有关概化的主张也会被削弱，因为我们很少使用足够的代表性样本。然而，研究结果从一种场景移植到另一种场景是很常见的。例如，你可能会发现，美国洛杉矶的性工作者讨论的安全问题，在巴西里约热内卢的性工作者中也存在。

最后，中立性（neutrality），而非客观性（objectivity）或者主体间共识（intersubjective agreement），才是定性分析的一般特征。中立性可以通过参与者检核或者可移植性来评估。

上述所有技巧都可以用于确保研究可信，你可以详细深入地讨论你的技巧。研究过程的透明度越高（包括你的审计跟踪日志），读者对研究人员最终的产品就越信任。从决定启动项目那一刻起，就应该清楚知道可以用来保障数据及分析可信的技巧。对于你打算用来传递他人生活经验精华的有些方案，一定要深思熟虑。

定性访谈总结

定性访谈是需要深思熟虑和集中精力的交互式数据采集过程。研究人员相当于数据采集工具，但同时也要参与人际互动。本章介绍了成为一名训练有素的定性访谈者的诸多技巧，不过，实践仍是提升执行出色访谈之能力的最佳途径。

高水准的定性研究保留了丰富的访谈内容，可以发现陈述的真实含义和共识，不会脱离语境，而且遵守了数据收集和分析的严格标准。帮助你完成最终权威书面报告的措施有很多，包括：

- 拟定问题
- 接触受访者
- 确定你作为访谈者的角色
- 与受访者互动
- 为主题编码数据
- 保留你采集数据的语境
- 采取措施提高数据质量

尽管你的数据记录会包含誊本、现场笔记和备忘录等众多文件，但是在决定如何组织和解析数据时，应当保持清醒和耐心。对定性数据进行编码的方法有很多，其中最常用到的是草根理论。获得经验后，可以尝试其他方法。可以在最终报告中综合采用描述、分析和解释等方法。最后，你可以尝试用不同的技巧，准确而生动地来讲述受访者的生活经历。

小　结

- 在研究涉及人们的看法、情感或生活方式时，最好使用定性访谈方法。
- 批判现实主义观认为，关于现实，存在多种视角，而非单一的有形的现实。
- 半结构化访谈包含标准化问题，但也有非预设的追问和即兴提问，使我们能够探索新出现的主题。非结构化访谈和自然交流一样，非常适合探索性研究。
- 专题小组涉及对群体的访谈，适合审查群体成员的相互影响。专题小组主持人应当引导对话，知道强势组员和集体思维。
- 我们必须仔细思考问题的表达方式以及它们是如何出现在谈话中的。
- 在进行定性访谈时，必须分清你是局内人还是局外人，知道与所关注群体之间的关系的密切程度。这将决定你接近及与受访者建立融洽关系的方式。
- 积极访谈是一种动态的双向交流，有助于意义建构。交互式访谈还涉及创造意义的语境。

· 数据记录包括现场笔记、誊本、备忘录和访谈期间的笔记。采用定性访谈的研究通常会形成庞大的数据记录。

· 在数据采集期间和之后要分析或转换数据。思维单元是指导数据采集的重要工具。

· 草根理论的编码方式包括开放式编码、轴向编码和选择性编码三种。先通过开放式编码查找数据中的概念，然后转到选择性编码，以对多个开放式编码和（或）主题进行组合。

· 主题是较高层次的概念，通常从编码过程中派生出来。通过不断比较数据中的异同来建立主题，是发现这些概念最常用的方法。

· 定性数据可以通过描述、分析和解释等方法来解读。描述最接近原始数据，而解释更具推测性。

· 确保数据质量的最佳方法是为所有编码决策创建审计跟踪日志。参与者检核、负面案例、可移植性和中立性都可用于提高数据质量。

重要术语

分析　审计跟踪日志　批判现实主义观　专题小组　草根理论　局内人/局外人　访谈表　备忘录　定性描述　定性解释　定性访谈　友好关系　自我反省　半结构化访谈　敏化概念　结构化访谈　主题　思维单元　非结构化访谈

复习与练习

1. 点击 http://www.youtube.com/watch? v = TQ4y7GPeFBY 或 http://www.youtube.com/watch? v=ymsHLkB8u3s，观看影片片段，然后写下你认为其要表达的主要内容。选择两三位同学，比较你们的陈述。

2. 选择一个感兴趣的研究主题，撰写访谈方案；先使用访谈指南，然后使用半结构化的问题。半结构化访谈表中一定要预设一些追问。

3. 使用问题 2 中创建的两个访谈方案访谈一个人。撰写一篇小论文，比较这两种方法（非结构化和半结构化）各自的优缺点。

4. 撰写一篇关于访谈后的自我反省的操作备忘录。一定要讨论你的局内人或局外人站位，以及不同站位对你的观点形成有何影响。

5. 创建与你的研究项目相关的思维单元或敏化概念，然后撰写一份有关该项目的编码或分析备忘录。

6. 做一两次访谈，对数据进行编码并确认主题。讨论为研究项目确定主题的过程。描述你基于对一次和两次访谈进行编码所确认的主题有何不同。

|第 11 章|

实地观察

本章描述的方法侧重于在原生环境中观察生活（到行为发生地观察）。我们会探讨实地研究的前期准备、观察方法、观察结果记录以及如何认识实地研究的相对利弊。

学习目标

1. 能够将实地研究描述为直接在自然状态下观察现象的数据收集方法。
2. 认识到实地观察通常是获取自然或者社会环境、行为和事件相关信息的首选数据采集方法。
3. 了解刑事司法领域的实地研究可以输出定性或定量数据。
4. 例示通过实地研究开展观察和通过访谈或其他方式采集数据的结合应用。
5. 理解实地研究人员为何会或不会将自己视为被观察者的研究者。
6. 认清哪种采样技术最适合以及何时可以用于实地研究。
7. 学会多种实地观察记录方法，包括视频、音频等设备和零散的现场笔记等。
8. 了解如何制作现场笔记，并能描述在现场笔记中兼顾结构和灵活性的各种方法。
9. 总结实地研究如何实现效度和信度。

本章目录

港口作业和被盗车辆

前文描述了汽车盗窃和零部件标记研究中不同的元素，这项研究由马克斯菲尔德、其同事克拉克和罗格斯大学的研究生共同完成。该研究使用的数据来源广泛，当然包括实地观察所得。这里我们从完全不同的维度描述汽车盗窃的实地观察：通过大型港口将被盗车辆运送出境。

克拉克和马克斯菲尔德此前知道，2008 年超过 38 万辆汽车从纽瓦克港运往国外。根据车辆被盗记录，其中仅有 1%，即大约 3 750 辆汽车有被盗报案记录。另外，有 104 800辆汽车的识别码存在问题。所以研究人员安排调研了一个大型的航运码头。该码头位于新泽西州的纽瓦克港——美国最繁忙的港口之一。研究人员的总体目标是了解港口和运输业务，从而更多地了解被盗车辆的出口情况。研究人员的角色定位是纯粹观察者。

他们参观了这个专门从事集装箱装卸的大型现代化港口。集装箱实际上就是没有轮子的半卡车拖车。每天有成千上万的集装箱通过火车或卡车进出纽瓦克港。研究人员的观察从一个入口开始，在这里，所有集装箱都被称重并提交了相关文件。港口和船运公司保安人员解释了集装箱处理流程。进港集装箱穿过本港，送至出港船舶。出港集装箱通过船只抵达，并用卡车或火车从港口运往美国其他地区。除了称重和检查文件外，出港集装箱的处理程序还包括筛查违禁品和危险品。

马克斯菲尔德和克拉克最感兴趣的是运离美国的集装箱。待出口的车辆在抵达本港时已经装入集装箱中，每个集装箱足以容纳 3 辆汽车。集装箱在几英亩的土地上穿梭，按照5个集装箱的标准堆高。小型卡车接取集装箱，装卸至出境集装箱船上。有一次，克拉克和马克斯菲尔德登上了一艘从中国开来、长950英尺的船，站在船桥上观察装卸作业。3台塔式起重机沿着船沿工作，同时将集装箱搬上搬下。这真是一副壮观的景象："往返"——从船上装载集装箱，放至码头，再返回船上——仅需要90秒。

从航运码头的一个早晨开始，通过对安全人员和其他港口工作人员的定性访谈，研究人员获悉数起可疑事件，它们方便了被盗车辆通过本港出境：

- 大量的集装箱进出港口。
- 每天运出800辆至1 000辆汽车。有些集装箱装载汽车和其他类型货物；有的集装箱只装载两三辆车。
- 一些被盗车辆与其他货物混装，没有列入集装箱货物清单。
- 出口汽车的文件会被检查，但是这种检查很少比较车辆识别号码，这是因为。
  - 装有汽车的集装箱与装载其他货物的集装箱混在一起，很难进入检查；
  - 集装箱的数量很大，而且经常在运输场地周边移动。
  - 出口货物和汽车在被装载上船之前有72个小时可用于检查。但这个时间对于移民和海关执法人员的工作太短了，他们只能检查一小部分集装箱。
  - 新技术的应用使执法人员可以透视集装箱内部，就像机场广泛使用的全身扫描技术一样，但港口只有一台这样的机器而且很少用。
  - 自美国"9·11"恐怖袭击以来，安全人员投入了大量资源来检查运往美国的货物，这间接削弱了出口货物检查能力。

以上都不是结论性的发现。相反，这些观察结果帮助马克斯菲尔德和克拉克对被盗车辆出境的因素进行了初步解释。如果没有这些观察，就无法理解大型港口业务是如何为藏匿在数以千计集装箱中的被盗车辆"打掩护"的。

通过在Google Earth或者其他地图应用程序中输入"port Newark"，可以轻松了解这个现代港口的样子，滚动鼠标还可以放大查看正在运输的集装箱。你可能会对马克·列文森（Marc Levinson）2007年关于船运集装箱历史的著作感兴趣，他在书中提出了通过集装箱运输货物以减少各种货物盗窃行为的方法。

导　言

尽管也会用到其他方法，但实地研究通常与定性方法紧密相关。

我们现在开始探讨最直观的观察法。如果研究人员想要了解点什么，为什么不直接去现场看看呢？

实地研究包括两种不同的数据收集方法：（1）直接观察；（2）询问。本章集中讨论观察，第10章讨论的定性访谈往往也涉及实地观察。

本书讨论的大多数观察方法的设计目的均在于生成适当的统计分析数据。调查提供的数据可用于计算犯罪被害人在总人口中的占比、被盗财物平均值等信息。除定量数据外，实地研究也可以提供定性数据（观察结果不易转化为数字）。例如，正在研究入室盗窃犯的实地研究人员可能会注意到研究对象被逮捕的次数（定量）以及该对象是否倾向于选择特定类型的目标（定性）。

定性实地研究通常也是理论生成或假说生成行为。在许多类型的实地研究中，研究人员没有明确提出供检验的假说。实地观察是一个可以帮助查清难以提前预测之事的持续性进程。这个进程包括进行初步观察、提出建议实施进一步观察的假设性一般结论、实施进一步观察和修正先前结论，诸如此类。

例如，罗斯·戈梅利等人（Ross Homel，Steve Tomsen and Jennifer Thommeny，1992）对澳大利亚悉尼的酒吧暴力进行了实地研究，并发现某些情形容易引发暴力事件。在澳大利亚和英国进行的后续研究对一系列假说进行了检验，这些假说涉及特定情形与暴力的关系（Ross Homel and Jeff Clark，1994）以及舞蹈俱乐部室内设计与攻击行为的关系（Kathryn Graham and Ross Homel，2008）。詹姆斯·罗伯茨（James Roberts，2007）研究了新泽西州的酒吧和俱乐部的管理及服务，拓展了前述成果。这些例子是通常源自实地观察的草根理论的另一种阐述。

刑事司法领域的实地观察也可以获取可用于检验假说或评估政策创新的定量数据。一般而言，定性探索性观察有助于确定某些犯罪问题的性质，并提出可能的政策回应。政策回应之后，再通过进一步的观察评估政策的影响。例如，我们在第 2 章中简要介绍了情景犯罪预防的方法。情景犯罪预防项目的五个步骤中的第一步和最后一步说明了实地观察在问题界定和假说检验中的双重用途（Ronald Clarke，1997b）：

"1. 收集该具体犯罪问题的性质和范围方面的数据；

……

5. 对该过程的结果进行监测并分享经验。"

行文至此，你或许会认为实地观察与警察及许多其他人每天做的事情没什么两样：进行实地观察并向人们提问。如果你有刑事司法专业经验，这种感觉可能会更加强烈。警察会收集有关具体犯罪问题的数据，采取行动并验证结果。我们这里有什么新内容呢？

与刑事司法专业人员相比，实地研究人员更关注概念化以及随后采用系统的实地研究技术加以验证。例如，同样是观察入店行窃者，零售店保安和刑事司法研究人员的目标和方法各不相同。零售店保安希望抓住小偷并防止商店失窃。为此，保安会将监控摄像头对准疑似窃贼。实地研究人员的兴趣不一样：他会预估入店行窃的频率，描述入店行窃者的特征，或者对特定预防措施进行评估。研究人员十之八九会采用更加标准化的观察方法，以获得概括性认识。

从某种意义上讲，每当我们观察或参与社会行为并试图理解它们时（无论是在街角酒馆、医院候诊室还是在飞机上），就是在做实地研究。当我们向他人汇报观察成果时，实际上也是在汇报实地研究过程。

本章详细讨论了实地研究方法，从逻辑上进行了概括，并介绍了让科学实地研究胜过日常观察的具体技巧。当阐述实地研究的各种应用和技术时，有必要回顾第 1 章讨论过的个体研究和社会科学研究之间的区别。实地研究也展现了一般研究常用观察技术的系统应用方法。

一、适合采用实地研究的问题

当必须在自然场景中研究某事件或行为时，实地研究通常是最好的方法。

实地研究为研究人员提供了全面的视角，这是它的核心优势之一，也提高了它的效度。直接面对所研究的现象并尽可能进行完整观察，可以使我们对它的理解更加深刻和全面。因此，这种观察研究方法（尽管不是唯一的）尤其适用于无法进行简单量化的研究议题。与其他研究方法相比较，实地观察研究方法让研究人员能够发现态度、行为、环境的细微差别。

例如，克利福德・谢林和菲利普・斯坦宁（Clifford Shearing and Phillip Stenning，1992：251）谈到，迪士尼乐园采用精细且无处不在的非正式社会控制机制，这些机制对于数百万游客来说基本上是不可见的。很难想象，除了直接观察之外还有什么方法能获得如下发现：

“控制策略被植入环境要素和结构关系中。在这两种情况下，控制结构和活动都具有突出的其他功能，因此控制功能被遮蔽。例如，几乎每个水池、喷泉和花园都是景观，同时兼有引导游客远离或朝向特定位置的作用。同样，每位迪士尼员工虽然明显主要从事其他工作，但也参与维持秩序。”

本章开篇插页文章《港口作业和被盗车辆》也是一个在实地条件下进行直接观察的范例。

乔治·麦考尔（George McCall）在他的经典著作《观察法》（*Observing the law*，1978）中很好地总结了刑事司法研究中的许多实地观察方法。经过比较收集数据的三种主要方式，即观察、提问和查阅书面记录，麦考尔指出，观察是获取有关自然或社会环境、行为和事件的信息的最佳方式。

观察并非获取有关环境、行为和事件数据的唯一方法。街区（场景）家庭的数量可在政府机构查阅；犯罪调查时经常询问被害情况（事件）以及是否向警方报案（行为）。但是，在很多情况下，实地观察仍是首选。

实地研究尤其适用于那些在自然场景中最易于理解的议题。调查时，虽然有可能在某种人工环境中测量行为和态度，但并非所有行为都适合这样测量。例如，对于下述议题，实地研究是一种优先方法：街头毒贩如何理解行为和情境线索，以区分潜在客户、正常的街道交通警察和卧底警察。通过调查来研究毒贩的这些技能困难重重。

实地研究真实犯罪需要获取有关事件的信息。麦考尔（McCall，1978）指出，对卖淫和吸毒等恶习的观察研究较对其他犯罪的观察研究更常见，主要是因为这些恶习的发生至少部分取决于其可见性和能够吸引顾客。对入店行窃的研究是一个值得注意的例外。特里·鲍默和丹尼斯·罗森鲍姆（Terry Baumer and Dennis Rosenbaum，1982）的一项经典研究有两个目标：（1）预估大型百货商店的入店行窃发生率；（2）评估不同商店保安措施的有效性。鲍默和罗森鲍姆通过直接观察认定，每个商店都需要设计一些防止入店行窃的措施。研究人员跟踪研究样本，从样本对象进入商店开始至他们离开时结束。观察人员冒充结伴购物者，根据安排跟随并观察他人的盗窃行为。对这项研究，本章后文还将进一步介绍。

诸多自然环境或许都最宜采用直接观察进行研究。公共场所常见的帮派涂鸦无法通过调查方法进行有信度的测量，除非调查目标是测量对涂鸦的看法。奥斯卡·纽曼（Oscar Newman，1972，1996）、雷·杰弗里（Ray Jeffery，1977）、帕特丽夏·布兰廷汉姆与保罗·布兰廷汉姆（Patricia and Paul Brantingham，1991）关于犯罪与环境设计之间关系的研究就非常依赖对环境的实地观察。如果犯罪机会因物理环境而异，就需要观察环境的物理特征。

一项对伦敦两个地区把街道照明作为犯罪预防工具的评估表明，观察可以用来测量物理环境和行为。凯特·佩因特（Kate Painter，1996）想研究街道照明、某些犯罪的发案率（通过被害调查测量）、犯罪恐惧和夜间活动之间的关系。选定街道的照明获得改善；在改善前后，对选定街道的路人和住户进行了调查。调查问题包括被害情况、犯罪问题、对照明质量的看法以及对受照明影响地区之日常夜间活动的报告。

虽然调查项目的前测与后测都能用于评估与改善照明相关的态度和行为的变化，但是实地观察提供了更好的行为测量。在街道照明改善前后，佩因特全面统计了这些区域的行人。对于这类行为的测量而言，观察显然是比调查更好的测量方法，因为人们常常难以回忆常规行为，例如人们很难记得天黑后步行通过某个区域的频次。

佩因特的研究还包括观察物理环境：其一，评估实验区域在街道照明设备变化前后的照明水平（以勒克斯为单进行位测量）；其二，进行家庭访谈的访谈人员对抽样住户周围地区的物理环境进行了观察。

二、观察人员的多元角色

实地观察人员角色范围覆盖从全面参与到完全独立的观察。

实地研究比人种学（ethnography）含义更广，更具包容性，后者侧重于详细准确的描述而非解释。实地研究人员无须一直参与他们正在研究的内容，尽管他们通常会直接在行动现场进行研究。凯瑟琳·马歇尔和格雷琴·罗斯曼（Catherine Marshall and Gretchen Rossman，2006：72）曾指出：

> “研究人员可能想发挥各种程度（即在日常生活中实际参与的程度）的‘参与方’的作用。此处有两个极端。一个极端是完全参与，在这个极端中，研究人员在一个角色或角色群中过着日常生活。另外一个极端是完全不参与，即作为彻底的观察者，根本不参与社交互动，甚至避免卷入其正在研究的场

景中。当然，整个连续事件中的所有互补性材料，研究人员均可获取。”

人种学 侧重于详细且准确的描述而非解释的社会生活研究。

在这个意义上，完全的参与者可能是其正在研究的内容的真正参与者（例如参与反对死刑的示威），或者至少假装是真正的参与者。无论如何，如果作为一个完整的参与者，则人们会仅将其视为参与者，而非研究人员。

这就导致了一个道德伦理问题：因为研究对象不会向已知的研究人员倾诉，为实现研究对象能够向研究人员倾诉这一目的而欺骗研究对象是否符合伦理规范？科学的利益，即研究的科学价值，是否抵消了所有伦理关切？

有一个与该伦理关切相关的科学问题。没有研究人员会仅仅为了欺骗而欺骗研究对象。相反，他们这么做，是因为他们相信，不知研究人员正在进行项目研究的情形下，研究对象（受试者）将更加自然和诚实，他们所采集的数据将更有效、更可靠。如果知道正在被研究，研究对象可能会拒绝与研究人员接触，或改变其言行。一旦出现这类情况，就有可能从根本上改变实地观察的事件进程。

换言之，如果扮演完全参与者的角色，我们可能会影响所要研究的内容。要发挥参与者的作用，我们必须参与，但我们的参与可能会影响我们正在研究的社会进程。对活跃犯罪的参与式观察研究还可能产生其他问题。第 3 章曾提及，对罪犯或违法者的完全参与式实地研究蕴含法律风险和人身安全风险。

最后，对刑事司法机构的实地研究很难采用完全参与的方式。虽然警察成为刑事司法研究人员的情形很普遍，但公职身份实际限制了其兼任研究人员和警察。同样地，法官、检察官、缓刑官和矫正官的工作职责通常与收集研究数据不兼容。这个一般性规则也有一个值得关注的例外，可以参阅《贫民区的警察》（*Cop in the Hood*）。彼得·莫斯科斯在书中讲述了其为完成论文进行实地研究而成为巴尔的摩正式警察的经历（Peter Moskos，2009）。

由于道德、科学、可操作性和安全等方面的考虑，实地研究人员更有可能选择另一个不同的角色。参与式观察者（observer-as-participant）加入被研究的群体，但明确告知正在进行研究。例如，如果有人被认定犯有某种罪行并被判缓刑，则有可能提供对缓刑官的研究机会。

爱丽丝·戈夫曼（Alice Goffman，2014）提供了可以采取的复杂形式的范例。她在费城的一个贫困街区生活了6年，与游走在法律边缘甚至可能踩线的年轻人共住一套公寓。特别是，戈夫曼目睹了政府“禁毒战争”的一些效果。在这场战争中，贫困的城市社区中的少数族裔经常遭受伤害。参与式观察提供了实地了解正在进行的“禁毒战争”的路径。戈夫曼虽然年轻，但在社区中仍然很突出，参与者和观察者这两种角色很难协调（2014：239-240）：

“我想成为一名参与式观察者，我想和迈克及其朋友、邻居一起居住、工作，这样我才能理解他们日常的烦恼和内心的小小喜悦。参与式观察方法要求将自己脱离以前的生活，并尽可能经受你所要研究之人正在经受的不公正待遇。当没有人以这样的方式对待你时，你怎么做？当你们的肤色、阶层和性别不同时，又该如何？

在实际操作层面，我们之间的分歧使参与式观察变得混乱。我显然不是男人，但我的态度、行为和习惯是否应该尽量表现得和迈克、恰克及其朋友一样？或者我应该扮演与他们熟识的女性的角色？”

麦考尔（McCall，1978）认为，研究活跃犯罪分子的实地研究人员很容易在犯罪活动外围找到位置。参加某些休闲活动，如经常光顾选定的酒吧或舞蹈俱乐部，可能是合适的角色。正如安布尔·霍宁在第10章中提到的，蒂娜·佩罗内（Dina Perrone，2010）在研究纽约舞蹈俱乐部的吸毒行为时使用了这种方法。此外，麦考尔指出，通过合适方式让其知道研究人员的身份，成为他们眼中的老实人，对于研究对象来说，比研究人员不成功地伪装成其同事更容易接受。但是，这个做法也存在风险。被研究者可能会将注意力转移到研究项目上，被观察的进程可能不再具有代表性。此外，研究人员也可能会过于认同参与者的利益和观点。这被称为“入乡随俗”（going native）效应，导致社会科学缺失了必需的超然。

参与式观察者被认定为研究人员，在日常活动中与研究活动的参与者互动，但不假装自己是参与者。对警察巡逻的许多观察性研究就是这种方法的例子。研究人员通常陪同警察巡逻，观察日常活动以及警察与市民的互动。

和警察共处数小时，也为非结构化访谈提供了机会。

尽管研究人员的角色在警察眼里完全是观察性的，但与警察接触的市民可能会将观察者看成便衣警察。因此，相比对警察本人的观察，在场研究人员对与警察相遇的市民的观察所受的污染更少。

麦考尔（McCall，1978：88）指出，“入乡随俗”是实地研究者的共同倾向，对警察执法的观察研究更甚。例如，观察者可能会更加认同警察的行为以及警察所表达的观点。观察者甚至可能积极协助警察巡逻。无论哪种情形，“入乡随俗”往往都是研究人员努力获得警察认可的结果，是警察向观察者证明其行为合理的自然呈现。

在另一个极端，纯粹观察者（complete observer）对某个地点或进程进行观察，但不以任何方式成为其中的一部分。由于研究人员刻意不引人注意，研究对象甚至可能没有意识到他们正在被研究。坐在法庭进行观察就是一例。虽然纯粹观察者不太可能影响正在被研究的人，也不会像完全的参与者一样“入乡随俗”，但是其对于研究对象也很难形成全面认识。例如，法庭上的观察者只能看到庭审时的公开活动，无法获悉法官和律师之间的私下交流。

麦考尔（McCall，1978：45）指出，观察者扮演的角色与其从耳闻目睹中获知信息的能力之间存在一个有趣且经常被忽视的关系。如果他们的角色是隐蔽的（完全参与）或分离的（纯粹观察），就不太可能提出问题来确证所观察的事物。作为完全的参与者，他们会煞费苦心地隐蔽观察活动，并且在询问研究对象时小心翼翼。同样，纯粹观察意味着一般不可能接触被观察的人或事物，这意味着纯粹观察者不能进行定性访谈。

研究人员必须认真考虑上述关系。如果最重要的是受试者不受研究人员的观察者角色的影响（这种影响称作“反应”），就可以采用完全参与或纯粹观察模式。如果重要的是询问观察内容，则参与者和观察者两种角色的结合更佳。

反应（reactivity） 研究对象因被研究而改变其行为。

更概括地说，观察者采用什么角色，取决于他们想要学习什么，以及他们的调查受机会及约束性条件影响的方式。研究人员的角色必须因地制宜。

遗憾的是，目前尚无清晰的指南来帮助研究者做出选择；实地研究人员依赖他们的判断力、经验和对场景的认知做出决定。在做出决定时，研究人员必须同时考虑方法和道德因素。两者经常发生冲突，因而难以选择合适的角色。研究人员经常发现其角色限制了其研究范围。

三、选择观察的对象和地点

采用各种抽样方法确定观察目标。

这给我们带来了更普遍的问题：在实地研究中如何选择观察对象。雪球抽样是一种常见的选择方法。正如我们在第 8 章中提到的，通过雪球抽样，最初的研究对象（或线人）可以确定其他也有可能成为研究对象的人，后者又可以推荐更多潜在的研究对象，依此类推。经此一系列推荐，可以累积一组研究对象。

当然，还有其他选择观察对象的方法。第 8 章讨论了概率抽样等更常用的方法及其原理。虽然在实地研究中应记住代表性这个一般原则，但是通常找不到可控抽样方法。

例如，我们可以思考越轨行为实地研究中可能出现的选择偏差。假设想研究少数毒贩。我们有个朋友在一个大城市的缓刑机构工作，他愿意把我们介绍给那些因贩毒而被判缓刑的人。以这种方式确定研究对象会导致哪些选择问题？我们的研究对象或许不能代表毒贩总体？如果我们回顾自犯罪开始至做出判决的整个事件链条，答案就很清楚了。

首先，被判缓刑的毒贩可能是初犯，也可能是因贩卖少量“软性”毒品而被定罪的人，但不会是惯犯和“头号”（kingpin）可卡因贩子。其次，最初被控贩毒者可能通过辩诉交易被判非法持有罪（simple possession）。我们关注的是那些被判贩毒的人，因此筛选程序也会漏掉这个群体。最后，我们选择那些被逮捕和定罪的毒贩，因而可能只接触到经验不够丰富的被抓毒贩。更熟练或更有经验的毒贩在交易地点被捕的可能性较小；他们与我们希望研究的毒贩可能有很大不同。此外，如果街头毒品市场贩毒者被捕概率大于通过朋友和熟人这一社交网络贩毒的人，那么从被捕毒贩当中抽取样本可能会出现更细微的偏差。

为何选择实地研究对象时会出现上述问题？我们回顾一下理查德·莱特

和斯科特·德克（Richard Wright and Scott Decker，1994）研究的盗窃犯样本。研究人员的雪球样本始于一名前科犯，后者被要求带领研究人员找到目前仍活跃作案的入室盗窃犯（参见第8章）。另一种方法是从正处于监禁或缓刑期间的已定罪入室盗窃犯当中选择概率样本或其他样本。但是这种抽样策略会漏掉未被抓获的入室盗窃犯，因而莱特和德克拒绝采用。积累样本后，研究人员开始审查受访者的逮捕记录，以验证其假设。只有大约1/4的活跃入室盗窃犯曾被判盗窃罪；有1/3的人因入室盗窃被捕，但未被定罪。超过40%的入室盗窃犯从无入室盗窃逮捕记录，而8%的入室盗窃犯无任何犯罪逮捕记录（Wright and Decker 1994：12）。

经过综合考量，莱特和德克得出结论：如果研究人员基于被判盗窃罪这一标准来确定样本，则受试者中大约有3/4的人没有资格被纳入研究清单。活跃盗窃犯总体和被定罪盗窃犯总体之间几乎没有重叠。这表明，对被定罪或被逮捕的盗窃犯的研究，会出现具有高度选择性的个体样本。

也可以使用概率抽样方法来选择观察的个体或地点。作为示例，可以参见加利福尼亚州立大学圣贝纳迪诺分校的藤田修良博士撰写的插页文章《抽取新泽西州纽瓦克的街道样本》。

抽取新泽西州纽瓦克的街道样本

我在新泽西州纽瓦克做了一项有关机动车盗窃的研究，使用各种来源的数据来研究该市哪类环境因素与机动车盗窃风险相关。对城市街道样本的观察所获取的数据最有价值。

我决定使用GSV来评估社区的三项测量措施：垃圾、涂鸦和居住条件。GSV也用于统计停靠样本街道的汽车数量。对汽车品牌和大致车型编号后，我得到了因停靠城市街道而有被盗风险的车辆的粗略统计数据。

观察纽瓦克的所有街道既不现实，也无必要，因而我开发了一个随机抽取街道区段的程序。第一步是获取城市的数字地图。接下来，我创建了一个由300英尺×300英尺大小单元格（或方块）组成的网格，用作数字地图的叠加层，也即单元格网格以数字化方式置于图上。选择300英尺的单元格尺寸，原因在于纽瓦克的街道平均长度约为300英尺。纽瓦克超过1/4的陆地区域包含无人居住的地区，如国际机场、海港、仓库（工业设施）和城市公园。我排除了这些区域，最终一共有4291个单元格。

之后，我用地理信息系统软件中的统计程序抽取了由200个单元格组成的随机概率样本，下图展示了覆盖于纽瓦克地图上的网格和这200个随机选择的网格。白色区域是城市中无人居住的部分。您可以看到所选单元格遍布整个城市。避免选择彼此相邻地区，以减少可能产生的误差，这对我的研究很重要。我还想涵盖盗窃高发和盗窃低发区域。

该随机程序使我能够避开潜在的偏差来源，在该程序中，所选单元格被选入样本的概率已知且相等。

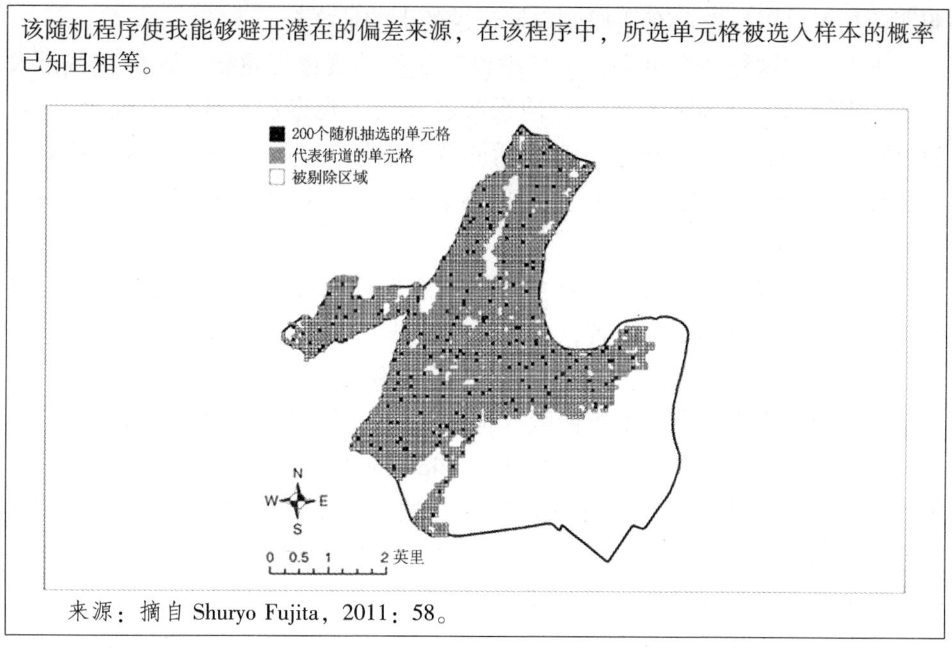

来源：摘自 Shuryo Fujita，2011：58。

实地研究中的立意抽样

实地研究的抽样往往比其他研究类型更复杂。在许多实地研究类型中，研究人员试图观察其研究领域内的一切。因此，从某种意义上讲，他们根本就没有抽样。当然，实际上不可能观察一切。实地研究人员只能观察到所发生之事的一部分，因而他们实际观察的不过是所有可能被观察之事的一个样本。我们很难抽选这类观察的可控样本。但我们可以牢记代表性的一般原则，并对我们的观察作出相应解释。

系统性抽选个体进行观察的能力取决于所观察现象的结构化和可预测性程度。这更像是通用的指南，而非一成不变的规则。例如，青少年帮派、入室盗窃犯和机动车盗窃犯的行为的结构化和可预测性程度都不如警察的行为。观察警察时，可以选取其概率样本，因为既定城市的警察的行为在很多方面都是结构化和可预测的。活跃犯罪分子的总体未知，不可能选取概率样本进行观察。

这个例子应该能让我们想起第 8 章关于抽样框的讨论。警察名册及其巡逻和轮班任务表可以作为抽选观察对象的抽样框。诸如帮派成员、入室盗窃犯和机动车盗窃犯名册之类的清单并不存在。根据先前论及的选择性问题，犯罪记录可以用作选取有逮捕或定罪记录的人的抽样框。

现在考虑这样一个事实：抽样框没有流程的规律性重要。人们在城市人行道上有规律、可预测地通过，使系统选择用于观察的个体样本成为可能。没有行人的抽样框，但城市日常生活的节律就是一个可以用来有效抽取行人并进行观察的过程。有关示例，请参阅本章后文插页文章《下曼哈顿区（Lower Manhattan）的行人》。

我们也可以在不同街道的许多不同地点进行观察。我们还可以通过标准概率方法选择地点样本；或者，更有可能的是，我们可以使用粗略的配额制，观察宽阔和狭窄、繁忙和寂静或不同时段的街道样本。在研究行人出行时，我们还可以观察不同类型城市街区（例如对住宅区和商业区进行比较）的人。

米歇尔·基普克及其同事（Michele Kipke and associates，1998）综合运用立意抽样和概率抽样技术寻找街头青年。他们首先通过观察和对住在庇护所的年轻人进行询问来确定街头青年游荡之所。然后统计年龄在 12 岁至 24 岁之间的人并随机选择访谈对象，从而在这些地点选出概率样本个体。她们的报告在附录中提供了一些表格样式，可以记录在不同地点对研究对象开展的观察，记录从不同大小群体中抽选研究对象的过程。

表 11.1 总结了为实地研究进行时空抽样（time-space sampling）时可能会考虑到各种抽样维度。人的行为以及人和地方的特征可能因人口、空间、时间和天气而异。本章前两节已经提及前两个维度，现在我们简要讨论抽样计划如何考虑时间和天气维度。

表 11.1　实地研究的抽样维度

抽样维度	变化
人口	行为和特征的变化
空间	行为的变化
	地点物理特性的变化
时间（微观）	每周某日、每日某时之前的行为的变化
	每日某时之前的照明的变化
	每周某日、每日某时之前企业、商店、娱乐设施内的活动情况的变化

续表

抽样维度	变化
时间（宏观）	随季节、假期出现的行为变化
	随季节、假期出现的娱乐活动变化
天气	随天气出现的行为变化

与潮湿或多雪的天气相比，人们更愿意在晴天进行户外活动。在北方城市，当天气变暖时，人们出门更多。因此，任何关于户外活动的研究都应考虑天气变化的潜在影响。例如，在佩因特对街道照明改善前后的行人出行情况的研究中，每次观察时都应当考虑天气状况。

如表 11.1 中的微观和宏观维度所示，行为也会随时间而变化。城市中央商业区的街道在工作时间最繁忙，而其他时间在住宅区的人更多。当然，人们在周末的活动不同于工作日。季节性变化（即宏观时间维度）在刑事司法研究中也可能很重要。夏季的日照时间较长，会增加人们的户外活动时间。从感恩节到圣诞节的购物高峰期，购物者数量增加，他们及其汽车可能成为小偷的目标。马库斯·费尔森及其同事（Marcus Felson and associates，1996）描述了纽约港务局公交站的活动节奏变化。一天中的某时、一周中的某天、季节和天气都会影响公交车乘客、临时旅客和各种违法者的出行方式。

在实践中，可控概率抽样很少用于实地研究。更为常见的是各种类型的立意样本。迈克尔·巴顿（Michael Patton，2002：230）介绍了许多立意抽样方法，并对概率抽样和立意抽样进行了有益的比较：

“概率抽样的逻辑和能力来自统计学上的概率论。随机且具有统计学代表性的样本允许由样本至更大总体的可信概化。……立意抽样的逻辑在于为深入研究选取信息丰富的个体。”（原文引用）

尽管如此，如果研究人员了解更规范抽样方法的原理和逻辑，他们可能会在实地研究中进行更有效的立意抽样。

在实地研究中，必须牢记与两个抽样阶段相对应的问题。第一，对于我们想要描述和解释的更具一般性的现象类型，用于观察的全部情形的代表性有多大？（例如，作为观察对象的三个青少年帮派是否能代表所有帮派？）第二，这些情况下的实际观察是否代表了所有可能的观察？（例如，我们观察到这三个青少年帮派成员的代表性样本了吗？我们观察到发生相互作用的代表性样本了吗？）即使受控概率抽样不可行或不合适，代表性和普遍性之间的逻辑联系依然存在。但是，我们不能像第 8 章那样做出有关代表性的概率陈述。

四、记录观察

有很多方法适用于收集和记录实地观察的数据。

我们可以实施的实地研究种类繁多。同样地，我们也有很多记录实地观察的方法。例如，在进行现场访谈时，研究人员通常都会做一些笔记，但他们也可能通过电子方式记录访谈内容。在现场访谈中，录像有助于捕捉服装和肢体语言的视觉影像。照片或视频可以用来记录视觉影像（如在某物理设计改变前后的公寓楼），或者用于街区清洁运动实验的前测。罗伯特·桑普森和斯蒂芬·劳登巴什（Robert Sampson and Stephen Raudenbush，1999）对芝加哥街区的概率抽样使用了这种技术。录像带根据抽样的街区制成，之后通过观看来评估这些地区的物理和社会状况。

我们可以想到一系列的观察记录方法。传统的实地观察是一个端点，要注意像实地访谈一样带好纸笔。另外一个端点则包括使用各种类型的自动化和远程测量设备来记录，例如视频、统计汽车交通流量的设备或公共交通用户的计算机表格。在这两个端点之间还有许多方法，在刑事司法研究中有许多可能的应用。

当然，观察记录方法的选择与测量问题直接相关——核心概念如何操作化的问题。回顾第 5 章和第 6 章关于测量问题的讨论，你应该明白为何会这样。例如，如果我们要研究增加某市夜间路人出行流量的政策，就得知道为何人们在夜间外出或者不外出，以及有多少人在各大社区散步。实地研究或调查时的访谈可以帮助确定人们外出的原因，对路人的录像可以提供简单计数。同样的道理，一个交通计数装置可以生成路上特定地点通过的汽车的数量信息，但是它不能测量司机的血液酒精含量、是否系安全带或者车辆行驶的速度。

马丁·库尔蒂及其同事（Martin Kurti and associates，2012）想要了解纽约低收入地区南布朗克斯（South Bronx）的黑市香烟情况。他们针对吸烟者或香烟经销商样本进行访谈。他们采用了观察这一创新方式，收集被丢弃的烟盒作为该地区街道的样本，并研究印花税票。他们发现，在收集到的 497 个烟盒中，只有 19%的烟盒印有纽约的税票。他们由此得出结论：非法香烟市场非常广阔。

摄像机和录音机

在公共场所可以使用摄像机来记录相对简单的现象，例如人、机动车的通行或更复杂的社交过程。多年来，伦敦警方一直使用安装在建筑物屋顶上的摄像机监控数十个关键路口的交通状况。事实上，《2017 年英国公路地图集》（*2017 Road Atlas for Britain*）就在地图上标出了固定摄像机的位置。自 2003 年以来，摄像机一直在监控进入伦敦市中心的所有路口，以减少交通堵塞情况。未注册缴纳通行费的车辆的车牌会被拍照记录，车主将收到违章通知。有些研究已经使用美国及其他国家超速和红灯摄像头拍摄的图片。罗伯特·埃格尔（Robert Eger and associates，2015）将红灯摄像头拍摄的人像的种族特征与摄像头附近区域的种族构成进行比较，找到了被拦停者与居住在周围地区的人之间的种族差异。

为了设法控制纽约的野蛮乞讨行为，乔治·凯林制作了名为“清洗挡风玻璃的人”（Squeegee People）的录像带。这些人在十字路口擦拭司机的挡风玻璃，然后要求支付服务费。凯林记录下了清洗者和驾车者之间的真实互动，他还与坐在无标记汽车内的便衣警察进行接触。这些视频记录使人们得以研究“清洗挡风玻璃的人”恐吓驾车者的具体方式以及驾车者对多余服务的反应（George Kelling and Catherine M. Coles，1996：141–143）。

照片仍然适用于记录一些观察类型，例如用来记录涂鸦或垃圾。照片还有一个好处，那就是可以保存视觉影像，以后可供更多的人查看和编码，从而便于审查施测者间信度（interrater reliability）。如果想研究城市街道上的行人出行情况，我们就可能会收集有关目击人群类型及其数量的数据。随着观察数量及观察复杂性的增加，越来越难记录所见之男性和女性、成年人和未成年人等的数量。拍摄采样区域的照片将使我们对测量更有信心，并使他人能够核查我们对照片的解释。一些数码相机装有全球定位装置，可以自动记录照片的位置。

安德鲁·勒米厄（Andrew Lemieux，2015）描述了地理标签照片的各种应用，这是技术进步为数据收集提供新机会的范例。其中一个例子是将 CCTV 摄像机的记录与阿姆斯特丹涂鸦的地理标记照片相结合。他发现，在 CCTV 装置高度集中的地区，涂鸦现象不成比例。他推断，在有很多酒吧和咖啡馆的地区，摄像设备吸引了涂鸦艺术家和夜生活爱好者。勒米厄对乌干达（Uganda）野生动物犯罪的研究（2014 年）更具创意。公园巡逻的护林员在发现偷猎迹象时拍下了带有地理标签的照片，将这些图像绘制在地图上，据此可以识别偷猎者进入公园的地点和可能的路线。除了在访谈中使用外，录音机对口述观察也很有用。例如，想要研究城市街道活动模式的研究人员可以在乘坐汽车经过选定区域时口述观察结果。以一种非结构化的方式口述观察是可能的，它在每一个街道场景呈现时对其进行描述。智能手机提供了一些应用程序，可以拍摄有时间和地理标记的照片，这些照片还可以添加对图片内容或周边地区特征的文字描述。

现场笔记

即便视频和音频记录也无法捕捉进程的所有信息。大多数实地研究人员会通过书面笔记（有可能是现场笔记上）做一些观察记录。现场笔记应该包括经验观察结果及相应解释。笔记中应该记录有关观察的所“知”和所“想”。然而，重要的是我们知道如何判断不同笔记内容的真实意味。例如，我们记录到 X 接近 Y 并将东西递给 Y，已知 Y 是毒贩，那么可以认为这是毒品交易，X 是 Y 的新客户。

我们可以在启动研究之前为部分最重要的观察活动做些准备；随着我们观察的深入，其他情况也会显现。如果事先准备好标准化的记录表格，做笔记就会相对轻松点。例如，在一项关于夜间行人出行的研究中，我们可能会提前考虑最有助于分析的行人特征（年龄、性别、种族等），并准备一份表格，方便将实际观察情况记录在表格中。或者我们可以提前创制符号速记法，以提高记录的速度。在研究社区预防犯罪小组会议的参会情况时，我们可以绘制一个由会议室不同部分组成的编号网格，以便轻松、迅捷和准确地记录参会者的位置。

这些事先准备工作都不应限制记录意料之外的事件和形势的各个方面。相反，对预期之观察的快速处理给了研究者更多的时间和自由去开展预料之外的观察。

每个学生都要熟悉做笔记的流程。在实地研究中，做好笔记需要认真细致和深思熟虑，也需要掌握一些具体技巧。以下三点尤为重要：

第一，不要过分相信自己的记忆力。记忆力并不可靠。纵然深信自己有过目不忘的能力，在观察过程中或观察结束后也要尽快记笔记。如果你在观察过程中做了笔记，尽量不要让观察对象发现，因为看到你正在记录其言行时，他们可能会有所改变。

第二，分阶段记笔记通常是个好主意。在第一阶段，你可能需要做一些粗略的笔记（单词和短语）来跟上事态发展。然后更详细地重写。在观察结束后马上重写，草稿有助于人们回忆起大部分细节。拖延的时间越长，对事物的回忆就越不可能完整准确。詹姆斯·罗伯茨（James Robert，2002、2007）在研究新泽西州夜总会内的攻击性行为时，不愿意在俱乐部里做记录，而是跑到自己的车里粗略地记录观察结果，后续再补写更多的细节。

第三，你必须考虑应记录多少内容。真的有必要在观察结束后记录下能够回忆起的所有细节吗？答案是肯定的。在实地研究时，你很难确信什么是重要的，什么是不重要的，直至你有机会评估和分析大量信息，因而即便看起来不重要的事情，也应该记录。它们最终可能被证明是重要的。此外，记录一些"不重要"的细节可能会让你想起一些重要的事情。

结构式观察

现场笔记可以采用高度结构化表格进行记录，观察人员在表格中进行标注即可，就和访谈者填写封闭式调查问卷大致相同。例如，斯蒂芬·马斯托夫斯基及其同事（Stephen Mastrofski and associates，1998：11）介绍了根据实地观察问卷记录警察业绩的方法：

> "人种学研究很大程度上依赖实地研究人员来选择观察对象并进行解释。与此不同，采用（结构式观察）的观察者……主要接受由经验丰富且知识渊博的警察研究人员设计的工具的引导。"

这些措施需要事前培训，而培训既昂贵又费时。不过，马斯托夫斯基及其同事（Mastrofski and associates，1998）对结构式观察和封闭式问卷调查进行了比较。如果研究人员能够预料观察者会在现场遇到一定状况，就可以事先将它们记在结构式观察表中。而且，像封闭式问卷调查一样，结构式观察具有较高的信度。

在对马萨诸塞州罗威尔（Lowell）热区警务的评估中，安东尼·布拉加和布伦达·邦德（Anthony Braga and Brenda Bond，2008：587-588）通过系统的社会观察来评估在实验和控制区存在的自然和社会失序状态。研究人员从每个街区的标准点拍摄照片。对照片进行编码，然后绘制在研究区域的地图上，以显示失序的集中程度。

由于结构式观察表通常类似于调查问卷，它们的使用使研究人员能够对实地观察到的情况进行数字化测量。司法援助局（Bureau of Justice Assistance，1993：43）编制了一份手册，提供了进行结构式观察（即环境调查，environmental survey）的指引。这个概念很重要，因为观察人员要记录有关特定环境状况的信息：

> “（环境）调查力图尽可能系统和客观地评价一个地区的整体物理环境。物理环境包括一个地区的建筑物、公园、街道、交通设施和整体景观以及这些实体的功能和状态。”

环境调查 使用观测仪器以系统的方式来记录行为或环境的特征。

环境调查已成为问题导向警务和情景犯罪预防的重要组成部分。例如，图 11.1 根据费城警察局在毒品执法行动中使用的环境调查表改编而成。环境调查旨在帮助警方规划小区域的禁毒策略，并对针对性执法之后的环境变化做出评估。要注意，该表格可以同时用于记录物理环境（街道宽度、交通量和路灯）信息和对人及其行为进行统计。

与访谈调查类似，环境调查要求观察人员必须接受认真训练，学会如何观察及解读。例如，在图 11.1 中摘录的环境调查表附有工作指引，其中有对废弃汽车进行编号的方法：

> “如果它看起来不可驾驶（即车窗破碎、组件被拆走、轮胎和车牌失踪等），则记为已废弃。如果它看起来已经有一段时间没开过了，而且在未来的一段时间内也不会开，就可以确认其已被丢弃。”

日期：________星期：________时间：________
观察人员：________________________________
街道名称：________________________________
十字路口名称：____________________________

1. 街道宽度
   可驶入车道数 ________
   停车道数 ________
   中位数？(yes = 1, no = 2) ________
2. 交通量：(核对一)
   a. 很少 ________
   b. 少 ________
   c. 适当 ________
   d. 拥堵 ______
   e. 非常拥堵 ______
3. 路灯的数量 ______
4. 损坏路灯的数量 ______
5. 废弃汽车的数量 ______
6. 列出街区所有人和其活动：

男性	闲逛	玩耍	工作	行走	其他
少年（≤12 岁）	_____	_____	_____	_____	_____
青年（13—19 岁）	_____	_____	_____	_____	_____
成年人（20—60）	_____	_____	_____	_____	_____
老年人（≥61 岁）	_____	_____	_____	_____	_____
女性					
少年（≤12 岁）	_____	_____	_____	_____	_____
青年（13—19 岁）	_____	_____	_____	_____	_____
成年人（20—60）	_____	_____	_____	_____	_____
老年人（≥61 岁）	_____	_____	_____	_____	_____

资料来源：改编自 Bureau of Justice Assistance，1993：Appendix B。

图 11.1 环境调查表示例

其他指引则提供了关于如何统计可驶入车道、何种活动属于“玩耍”和“工作”、如何估算所观察之人的年龄等方面的细节。

请参阅插页文章《下曼哈顿区的行人》，它阐明了在对城市街道行人的结构式观察进行概念化和操作化过程中存在的一些挑战。

下曼哈顿区的行人

纽约的行人比美国其他任何地方都多。如果你去过这座城市，你肯定会注意到人行道上很多地方都挤满了人。事实上，人流量对于纽约，就如同车流量对于大多数其他城市一样重要。为此，市政府委托开展了“纽约市行人服务水平研究”（New York City Pedestrian Level of Service）（Michael Bloomberg and Amanda M. Burden，2006）。

除了统计下曼哈顿区各人行道上的行人，该项研究还对行人行为的数个维度进行测量。下面是概念性定义和操作性定义的示例。

行人服务水平（LOS）

概念性定义：使用一段人行道的行人数量。操作性定义：统计在一个时间段内（通常是15分钟）穿过一个点的行人数量，将这个数字减少到每分钟人数，然后除以该人行道的有效宽度。最后得到的数字被称为流量。随后规划师可以在表格中查询流量，确定行人的LOS等级。LOS共有六级，从A（自由流量）一直到F（几乎不可能移动）（Bloomberg and Burden，2006：5）。

出行目的

概念性定义：步行的原因。操作性定义：

· 得分=0。如果不确定行人的出行目的，可得0分。这是一个非常重要的特征，所以永远不要去猜测某人旅行的目的；标为“0”即可。

· 得分=1。如果某人的主要目的是在该地区旅游，可得1分。旅游者的一些特点包括身着休闲服、身背照相机、手拿地图/指南、走走看看等。

· 得分=2。如果某人的主要目的是工作，可得2分。这包括上下班、午休/购物、纯粹工作。一些工作标记包括佩戴身份卡、身着比较正式的服装或制服等。

· 得分=3。如果某人在该地区的主要目的不是工作，但也不是游客，可得3分。这包括购物或休闲散步的人，也包括那些因工作需要而临时出行的人，比如保姆和遛狗者。

步行辅助设施

概念性定义：行人使用某种辅助设施。操作性定义：

· 得分=0。如果某人不使用步行辅助设施，得分为0。

· 得分=1。如果有人适用腋杖，得1分。

· 得分=2。如果有人坐在轮椅上，自己驱动或被别人推着，得2分。

· 得分=3。如果有人使用手杖或步行器，得3分。

虽然这个例子与刑事司法没有直接关系，但你应该认识到，我们对LOS的简短讨论已经解释了测量时需要考虑的众多因素。如果阅读《行人LOS报告》的全文，可以找到更多规范纽约行人行为和步行环境的例子。

五、连接实地观察和其他数据

刑事司法研究有时会将实地研究和调查或官方记录数据结合起来。

虽然刑事司法研究可以只采用实地研究或抽样调查，但一个项目往往会从多个来源收集数据。这符合关于使用恰当测量措施和数据收集方法的原则性建议。简单地说“我要对青少年帮派进行观察性研究”，从一开始就把研究的重点限定于可以通过观察收集的信息类型上。这样的研究可能有用且有趣，但对于研究人员来说，无论做什么研究，都要考虑必须采取何种数据收集方法。最好考虑在任何特定的研究中需要何种数据收集方法。

例如，拉尔夫·泰勒等人（Ralph Taylor，Sally Shumaker and Stephen Gottfredson，1985）在巴尔的摩开展了一项研究，以了解社区物理环境对于居民对犯罪问题的看法有何影响。收集物理环境数据需要进行实地观察，但有关对犯罪看法的数据则需要通过抽样采集。因此，泰勒及其同事对该社区的住户做了一项调查。最后，他们比较了人口普查数据、巴尔的摩警方记录的犯罪报告与通过观察、住户调查获取的信息。

这三个数据源提供了不同类型的测量措施，它们的结合形成了有关该研究地点的社区及社区居民的大量信息。他们通过调查来测量受访者对犯罪和其他问题的看法及信念。警方记录代表了当地居民向警方报告的罪行。通过户外观察人员的实地观察，获得了有关社区物理环境和特征的数据。人口普查数据有助于控制收入、就业状况和住房产权等社会经济状况变量的影响。

泰勒于1994年（首次数据采集工作13年之后）实施了后续实地观察及访谈。他发现，自1981年进行首次系列观察以来，物理环境有所恶化，但样本街区的居民并没有意识到这一点。泰勒因此得以比较研究人员观察到的环境变化和受访者向访谈者报告的情况。由于所测量的社区维度不同，不同数据采集方法所获结果也不同：实地观察测量环境，而调查测量居民观感。

芝加哥一个关于社区警务的长期研究项目同样通过调查、实地观察和警方记录收集数据（Chicago Community Policing Evaluation Consortium，2004）。仅举其中一例。该市有270个覆盖居民区的警察巡逻区，研究人员研究了其中130个巡逻区社区会议中出现的行为及讨论。观察人员参加了会议，做了详细记录，并完成了结构式观察表。该表有一个部分（如图11.2所示）提示观察人员记录会议上讨论的具体社区问题类型（Jason Bennis，Wesley Skogan，Lynn Steiner，2003）。以下节选了填在该表这一部分的文字记录：

“他们……高度关注所在街区的一栋被用于毒品交易的危房。毒贩的人霸占了这栋楼的地下室。最让人担心的是，驻守地下室的这4个成年人还带着3个年龄不到4岁的孩子。”（Chicago Community Policing Evaluation Consortium，2004：37.）

5. 位置编码（单选，画圈）

1. 警察局	7. 医院
2. 公园建筑物	8. 公共住房
3. 图书馆	9. 私人设施
4. 教堂	10. 餐厅
5. 银行	11. 其他非营利机构
6. 其他政府机构	

会议结束30分钟后统计人数。便衣警察及其他可认定为非居民的人不计入。

8. ________参会居民总人数

记录讨论的问题

1. 毒品（包括可能的毒品）

大____	小____	当街销售或吸食
		用于毒品交易的建筑物
		涉毒暴力

9. 物理环境恶化

大____	小____	废弃建筑物
		破旧建筑物
		废弃的汽车
		涂鸦和故意毁坏财物
		违法倒垃圾

资料来源：改编自Bennis，Skogan，Steiner，2003：Appendix 1。

图11.2 芝加哥巡逻区社区会议观察表节选

此外，观察人员还向出席每次会议的社区居民和警察发放了调查问卷。问卷涉及人们参加会议的频率、他们参加的其他市民活动以及所在社区是否还有其他问题。结合使用实地观察数据和调查问卷，研究人员得以评估参加巡逻区社区会议者的总体社会活动情况。

实地研究也可以在调查后进行。例如，在一项旨在测量犯罪恐惧感及相关看法的调查中，可能会让受访者指明其所认为的周边最危险地区。之后可以对所谓的危险地区进行实地访问。在此期间，观察人员可以记录有关物理环境、土地用途、在场人数等信息。

标题为“实施安全审查”（Conducting Safety Audit）的插页文章描述了如何将结构式观察与专题小组相结合，以评估加拿大多伦多（Toronto）环境设计的变化程度。结合调查或专题小组的安全审查正日益广泛地用于评估女性在公共场所的安全状况（Carolyn Whitzman et al.，2009）。曼加伊·纳塔拉詹（Mangai Natarajan，2009）对印度女大学生遭受性骚扰［即所谓的“挑逗夏娃”（eve-teasing）］的情况进行研究。她先对大学生和警察进行访谈，随后对校园周边特定区域进行了安全审查。

实施安全审查

吉塞拉·比希勒
加利福尼亚州立大学圣贝纳迪诺分校

安全审查需要仔细盘点特定的环境和情境因素，这些因素可能会导致不适感、恐惧被害或者直接引发犯罪。安全审查的目的是提出通过消除恐惧和减少犯罪来改善特定区域的建议。

安全审查综合了专题小组和结构式观察的特点。研究人员首先聚合一个弱势人员小组（10人或更少）。弱势人员包括老年人、残疾人、独自旅行的年轻女性、学生、未成年人和带着年幼孩子的父母。聚合各种群体，有助于识别特定区域的更多环境和情境因素。

在解释安全审查程序后，审查负责人会带领团队巡视审查地点。人们在不同时间点的感知不同，因而每个地点至少要进行两次审查——白天一次，天黑后一次。

在巡视审查地点时，不能相互交流。审查负责人要求小组成员想象他们正在独自穿过这个区域。每人手里都有一张结构式观察表，用于记录其观察结果和看法。表格因分组和地点不同而不同。不过，一般来说，安全审查的参与者会被指示记录以下事项：

1. 在穿过该区域之前，简要描述你正在查看的空间类型（如停车场、公园、购物区）。记录入口数量、用户的大致数量、设计时使用的材料以及照明方式。

2. 在穿过该区域时完成以下工作：

总体安全感：

- 确定你感到不安全和不舒服的地方。
- 这个地方的什么东西让你有这种感觉？
- 确定你感到安全的地方。
- 这个地方的什么东西让你有这种感觉？

一般可见性：

- 你能看到你前面很远的地方吗？
- 你能看见身后的东西吗？

- 有没有什么建筑物或植被遮挡了你的视线？
- 这些树/灌木丛有多茂密？
- 是否有隐藏点或诱捕区（entrapment zone）？
- 照明充足吗？你能看到前方 15 米的人的脸吗？
- 通道/走廊是敞开的还是狭窄的？
- 是否有急转弯（90 度角）？

对空间的知觉控制：

- 你能发现危险逼近，并有足够的时间选择另一条路线吗？
- 街上或其他建筑物里的人能看见你吗？
- 你能看到安全系统标识吗？

他人在场：

- 这个地方看上去荒凉吗？
- 周围有很多女人吗？
- 你独自一人在男人面前吗？
- 其他人在做什么？
- 有没有讨厌的流浪汉（无家可归者或乞丐）、酒鬼等？
- 你看到认识的人了吗？
- 有警察或保安在场吗？

一般安全性：

- 你能通过电话或其他方式寻求帮助吗？
- 你对犯罪行为的总体看法是什么？
- 有没有什么地方让你觉得可能会被攻击或者面对不安局面？

以往在这个地方的经历：

- 你在这里被骚扰过吗？
- 你听说有谁在这个地方有过不好的经历吗？有无传闻或真实的事件？
- 你在这里有可能被骚扰吗（例如，喝醉了的年轻人从酒吧出来）？
- 你注意到社会上有什么不文明的行为吗（轻微违法行为，比如在公共场合喝酒、故意毁坏财物、打闹或玩滑板）？
- 是否有很多因不文明行为而形成的东西（破窗、垃圾、破碎的瓶子、被破坏的财物）？

现场访问之后，小组找了一个安静的地方，集中讨论他们发现的各种因素。对好坏两种空间的观察，有助于形成改善物理环境的建议。小组成员也可以分享对个体安全的感受和想法。整个过程应当先从头脑风暴的讨论开始，至确认核心问题和形成解决这些问题的最合理建议结束。

这种结构式观察方法是无价的。多伦多的许多公共空间，包括大学校园、公园、交通中心和停车场，都因这类努力而得以改善。

资料来源：改编自反针对妇女儿童公共暴力都市行动委员会（Metro Action Committee on Public Violence Against Women and Children，简称 METRAC）制作的材料（Toronto, Canada：METRAC, 1987）。使用已获授权。

实地研究方法的灵活性是许多研究项目乐意实施观察和实地访谈的原因之一。对于调查问卷不能作出完美推断的现象，实地观察能够提供更丰富的理解。

特里·鲍默和罗伯特·门德尔松（Terry Baumer and Robert Mendelsohn，1990）在其关于监视居住（home detention）的研究中增补了对被判处电子监管者的访谈，并且亲自穿戴电子设备数天。通过参与式观察，他们切身感受了其他方式无法体验的监视居住的惩罚性。

六、实地研究示例

以入店行窃、交通及酒吧暴力等实例阐述实地研究的应用方法。

在结束本章有关实地研究的讨论之前，再看几个实际应用示例。通过以下论述，可以更清楚地了解研究人员实施实地观察和访谈的方法。

入店行窃

前文已简要介绍鲍默和罗森鲍姆对入店行窃的研究（Baumer and Rosenbaum，1982）。他们的研究非常独特，对其进行更充分的讨论，可以阐明实地研究的许多潜质、可能遇到的问题以及两人的出色应对。

这项研究有两个目标：（1）估算入店行窃的严重程度；（2）评估商店识别入店行窃者措施的有效性。前已述及，很难获得入店行窃和所谓无被害犯罪的可信统计数字。入店行窃通常只有被店员或保安看见时才会纳入统计。商店库存记录可以用来估算顾客盗窃造成的损失，但正如鲍默和罗森鲍姆所指出的，这种计算方法没有将雇员盗窃排除在外。他们采用了直接观察方法。

麦考夫（McCall，1978：20）提出了观察研究犯罪的三大难点：首先，大多数犯罪都是相对少见和不可预测的，观察人员有可能在现场待上数周或数月也看不到一起入店行窃；其次，除非隐藏得好，否则观察人员的存在本身就会使作案人因惧怕他人看见而放弃行窃；最后，观察人员在仔细观察犯罪进程的同时还要认真进行现场记录，有可能遭遇某种危险。

鲍默和罗森鲍姆认为，入店行窃的研究不太容易受到上述问题的影响：其一，研究所界定的入店行窃只发生在特定地点，观察人员可以把注意力集中在那里。鲍默和罗森鲍姆选择了芝加哥市中心的一家大型百货商店作为研究地点。麦考夫提到的后两个问题基本上也没有出现，因为入店行窃者本来就是在其他顾客在场时实施犯罪的；入店行窃是秘密实施的，不具有对抗性。观察人员很容易扮演购物者角色，实施参与式观察，无须担心自身安全。

因此，观察人员的角色与许多商店暗中部署的保安大致相同：假装购物，暗中观察他人的盗窃行为。此时看到的盗窃，就是入店行窃了。

如何选择观察对象？如何用观察到的行窃数量来估算入店行窃的严重程度？入店行窃发生率（shoplifting prevalence）是指到店实施盗窃的顾客数量除以顾客总数所得的数值。因此，有必要统计顾客和入店行窃者的数量。购物是一种可预测的活动（否则就不会有商店!），为此，我们可以使用系统的抽样方法来选择观察对象。

鲍默和罗森鲍姆选择各种观察日期和时间点。在这些时间点，观察人员和监督人员被派驻百货商店的每个入口。监督人员统计所有进入商店的人，并分派观察人员跟随样本个体，从其入店直至离店。观察对象是通过有系统的抽样选择的，例如，每第 20 名在观察期间进入百货商店的人都有一名观察人员跟随。将行窃的顾客数量除以观察到的顾客数量，得出入店行窃发生率。例如，如果观察人员跟踪了 500 人，其中 20 人实施了盗窃行为，则入店行窃发生率为 4%。

入店行窃数量统计也是评估商店安全的方法之一。将参与式观察者发现的入店行窃数量与商店保安查获的数量进行比较，显然也可用于评价商店安全。不过，鲍默和罗森鲍姆设计了另一种方法，解决了入店行窃数量统计中可能出现的一个问题。你可能已经想到这个问题了。

假如你是这项研究的观察者，你对自己发现入店行窃的能力有多大信心？换言之，你的观察可靠吗？入店行窃者至少还是比较注意掩饰其犯罪行为的。作为参与式观察者，你既要认真观察任务目标，也要装成对其他顾客毫不在意的样子。

鲍默和罗森鲍姆采用了一种巧妙的双盲实验方法（参见第 7 章的讨论），以评估观察人员的信度。不为观察人员所知的是，还有一些人受雇成为入店行窃者的“同伙”。他们的工作就是进商店偷东西。现场监督人员知道“同伙”什么时候进入商店，并会定期吩咐观察人员紧盯“同伙”。“同伙”实施盗窃行为后，就能判断观察人员是否有发现能力了。

研究人员可以用这种方式测量实地观察的信度。如果一个观察人员能够发现 85%的假扮盗窃行为，则其对真正顾客入店行窃的统计的准确率就可以认定为 85%。信度系数可以用来校准估算的入店行窃发生率数值。例如，如果所有观察人员估算的发生率都是 4%，且他们有 85%的可靠性，则校准后的发生率为 4.7%（0.04/0.85）。

这项研究的经验之一是，简单的观察往往并不简单，研究人员试图观察行为人不想为他人所知之事时尤其如此。对于针对履行法律义务者的观察设计而言，下面这个例子具有相同的指导性。

有多少人系安全带?

欧洲和其他一些地区多年来一直要求司机系安全带，但在美国，直到 20 世纪 80 年代，强制要求司机系安全带的法律仍然罕见。执法的难度以及对规则的普遍抵制，是这些法律姗姗来迟的原因之一。这些问题激发了对人们遵守强制系安全带规定情况的兴趣。

印第安纳大学交通研究中心（Transportation Research Center，简称 TRC）在印第安纳州进行了试点研究，以发现观察安全带使用情况的方法。TRC 发布了数份研究报告，其中一份介绍了实地研究的抽样问题，并通过示例阐述了信度对于实地研究的重要性（J. Phillip Cornwell et al.，1989）。

TRC 研究人员面临的首个决策是确定如何实施观察。他们选择在路边部署固定的观察人员，不让研究人员坐在车里四处进行移动观察。这种选择的主要原因在于统计安全带使用率的需要。安全带使用率等于所观察的系安全带车辆数除以所观察车辆总数。统计所观察车辆总数相对容易，当它们经过某个固定位置时即可计入。如果观察人员坐在车里，统计所见车辆的难度会大一些。

第二项决策是确定在哪里安排固定的观察人员。康伟尔等人（Cornwell et al.）曾探讨过检测移动车辆安全带使用情况的难处。为此，大多数观察人员都驻扎在有停车标志或红绿灯的十字路口。州际高速公路没有十字路口，观察人员被派至车速较慢的入口坡道。

TRC 研究人员不可能知道整个印第安纳州任何给定时段的行驶车辆数，无法选择机动车概率样本进行观察。他们通过系统程序，依据可能与安全带使用有关的三个维度（时间、道路类型和观察地点）进行观察抽样。除了考虑地点类型外，康伟尔及其同事还希望根据汽车保有率对地点进行分层。当发现这与人口高度相关后，他们以人口为基础将印第安纳州各县分为三层，并在每一层抽取样本地点。对较小的县实施过度抽样，以确保能够代表该州的不同地理区域。

道路类型包括美国州际公路、州公路和地方街道。每周每日都进行观察且每天的观察时间不同，以代表各种出行目的。例如，工作日上午6：30至7：30观察蓝领工人离家上班的出行，稍晚些的上午时间观察白领通勤者，而中午数小时则代表午休时间。

站在路边努力看清司机和前排乘客是否系着安全带，要比观察入店行窃者容易得多，但也存在一些难处。康伟尔及其同事介绍了培训程序和为尽可能提高观察准确度而采取的措施。所有观察人员都要在一名有经验的实地工作人员监督下度过一个培训周期。如果你是观察安全带使用情况的新手，则会被告知如下事项：

“第一，你要意识到，我们是纯粹观察者，而非参与式观察者。我们不用隐蔽自己，如果躲在标志牌或其他物品后面，就没法仔细观察这些车辆。当然，司机可以看到我们站在这儿，拿着写字板，因而能够知道我们在干什么。我们贴上一个公告：‘交通安全研究进行中’。但他们不可能知道我们在调查安全带的使用情况。所以放松一下，不要因为穿着橙色背心站在路边观察车辆而感到为难。

第二，记住你只能检查轿车和旅行车。卡车、公交车、露营车和出租车依法不需要系安全带。此外，这里是印第安纳州，而非加利福尼亚州，你不可能看到太多没有配备安全带的老款车。不用去观察它们，因为它们也不受法律约束。记住，我们只查看前排乘客，不管后座。

最重要的是，只记录你能看到的安全带。如果你看到安全带在用，很好，在编码表（coding form）上勾选‘Y’。如果看到安全带没系，则勾选‘N’。但如果看不见是否系着安全带，就选‘U’，以示不确定。我知道你是个很好的观察者，我们都是。但是有时候车开得太快，看不清是否系着安全带。我们每个人都会碰到这种情况。只要不确定，就标记为‘U’。

现在，这项工作已经持续大约6个月，我已经知道开始时他们不告诉我的一些事情。我们也遇到了一些在最初设计这个研究的时候没人想到的问题。

例如，你有幸在风和日丽的5月开始工作。而在冬天，人们穿得很厚，很难分辨是否系着安全带。在寒冷的早晨，车窗被雾笼罩，很难看清车内情况。另外，在1月的早晨6：30至7：30就开始工作，因为天还很黑，也看不见车内情况。因此，我们不得不改变抽样计划中的时日。

在我们的选定地点有四个车道需要观察。把注意力集中在离我们最近的车道上。相比于远车道，近车道的车看得更清楚一些。当出现红灯，车辆停下时，观察机会还不算糟，而车辆移动时无法观察车内的所有人。记住，观察的车辆最好少一些，能够自信地勾选'Y'或'N'，这要好于虽然看到的车辆更多，但因不确信而不得不勾选'U'。没有任何理由预计远车道司机与近车道司机有何不同。条件允许时，要对所有车道上的车辆进行编号统计，但心有疑虑时，关注距离你最近的车辆。"

国家高速公路安全管理局对大多数州的安全带和摩托车头盔的使用情况进行了观察研究（Timothy Pickrell and Ronald Li，2016），并提供了2015年的制表，显示轿车安全带使用率已经达到88.7%的历史新高。有关这些观察的更多细节，请参阅唐娜·格拉斯布伦纳（Donna Glassbrenner，2005）的技术报告。该报告还描述了观察程序在这些年的发展情况。

七、实地研究的长处和短处

效度通常是实地研究的长处，但信度和通则性有时是其短处。

诚如前述，实地研究对于研究行为的细微特征及历时演变特别有效。因此，这种方法的主要优点是其带来的认知深度。

研究行为时，实地研究往往比通过调查测量行为更好用。通过观察统计系安全带或顾客入店行窃情况，不会受到社会期许作用的影响，而我们在对这些行为的调查问题中可能会预见到这种期许。

灵活性也是实地研究的优势。研究人员可以随时修改研究设计。佩罗内说过："我不断地重新评估我的方法，以确保数据的可信度、可靠性和通用性达到最高水平。编码法、抽样法、观察技术和访谈提纲都随着研究进展而修正。"（Perrone，2009：37）

对于在实地环境中研究活跃犯罪分子，定性研究无疑是一种较好的方法。

定性访谈和观察的综合运用，可以实现罪犯视角与研究人员系统测量措施的连接。越来越多的研究揭示了有关下列事项的大量细节：罪犯的动机；他们如何选择目标；在事件进程中他们关注什么。研究人员已经研究过毒贩、抢劫犯、入室盗窃犯、帮派成员、劫车者、性工作者以及从事其他犯罪活动的人。虽然可以在其他场景下研究被捕或被定罪的罪犯，但实地研究在认识官方尚未介入的犯罪活动方面具有诸多优势。

同样地，实地研究也为研究自然场景下的司法官员提供了便利。学者们早就认识到，要了解警察工作状况，通过汽车挡风玻璃观察警察的工作比统计分析逮捕或犯罪报告所获更多。同样地，研究人员也曾在许多研究中访谈过矫正官。泰德·康诺弗（Ted Conover）尝试过这种方法，但未获准访谈纽约州各监狱的矫正官。于是他到纽约州当了一名矫正官，并在新新监狱（Sing Sing Correctional Facility）工作两年后将其经历整理成书。《新手：守护新新监狱》（*Newjack*：*Guarding Sing Sing*）一书向人们展现了其他研究方法无法看到的矫正工作实况。

实地研究的成本相对较低。其他研究方法可能需要昂贵的设备或大量研究人员，而实地研究经常是一个研究人员带一个笔记本和一支笔就够了。这并不是说实地研究从来都不费钱。入店行窃研究、安全带使用研究以及《融会贯通：关于超速和交通执法的实地研究》中关于种族定性的研究，都需要很多训练有素的观察人员。实地研究也可能需要昂贵的录音设备，研究人员可能还希望前往南非重复安德鲁·勒米厄及其同事（Andrew Lemieux and associates，2014）的研究。

融会贯通： 关于超速和交通执法的实地研究

实地研究是种族定性研究的一个重要元素，原因有二：其一，实地研究对司机行为的测量不依赖警方记录。正如在前几章中所看到的，将警方拦停记录与其他信息来源进行比较非常重要。其二，实地研究提供了研究人员较少关注的交通执法的知识基础。实地研究的应用面很广，从高度结构化的统计直至非结构式实地观察和访谈。

现场测速

在三个州的种族定性研究使用了高度结构化技术来测量车速。兰格及其同事在新泽西州使用了最先进的设备。他们这样描述自己的装备（Lange and associates，2005：20：2）：

“数码照片由传睿公司（Transcore，Inc.）生产的TC- 2000相机系统拍摄，该系统集成了一个自巡逻（AutoPatrol）PR－100雷达系统。除两盏大型闪光灯外，这套设备的组件均安装在一辆没有标志的厢式货车中，该车停靠在高速公路上原有的导轨后面。摄像头和雷达传感器从车的后窗伸出，对准迎面而来的车辆。这两盏闪光灯安装在货车后面的三脚架上，也指向驶近的车辆。设备由传睿公司员工操作。”

该设备已经进行程序设定，车速比限速快15英里/小时即拍照。操作人员每小时还对另外25-30部机动车进行拍照和计速。

宾夕法尼亚州的研究人员也用雷达设备来测量本州选定地点的车辆速度。他们的自动化程度稍低，由两名观察人员组成小组，把车停在选定公路的一侧。观察人员都是宾夕法尼亚州立大学的本科生。学生们接受了宾夕法尼亚州警指导的雷达设备使用训练，课堂教学内容与州警相同。项目主管还对观察人员进行了有关公路抽样的培训。州警受过雷达设备操作训练，不过没有与系统的司机个体特征实地观察融合。但后者是一项重要的研究工作。恩格尔等人（Engel et al.，2004：312）详细描述了培训及实地观察流程。他们的实地观察简表收录在其报告的附录中。

威廉·史密斯及其同事（William Smith and associates，2003）曾尝试以静态观察技术记录超速和观察司机，但放弃了。他们指出，过往车辆速度很快以及车窗反光都会妨碍观察。有一个研究小组采用移动观察技术观察司机和过往车辆。他们也考虑过雷达，但最后也放弃了，北卡罗来纳州很多车都装有雷达探测器，靠近装有雷达设备的研究车辆时可能会减速。更糟糕的是，威廉·史密斯及其同事在报告中指出，卡车司机会迅速将探测到的雷达广而告之，致使研究人员事先计划但不显眼的测量遭受破坏。

可见，在三个州开展的研究的观察过程存在明显差异。阅读每项研究的详细报告，可以获得实地研究人员必须考虑之事项的宝贵知识。

观察新泽西州警

在新泽西州的另一项研究采用了结构化程度较低的实地观察技术，原因是其研究目的——了解新泽西州高速公路交通执法的一般性问题——的结构化程度较低。安德烈森、凯林和马克斯菲尔德想要了解实施交通拦停的技术性细节，以及州警在决定拦停车辆时会考虑哪些因素。研究人员长期陪同市镇警察巡逻，他们的努力已经载入许多研究报告之中。但是，正如安德烈森所指出的，只有少数研究审视过交通执法，而且几乎没有人考虑州警。

为了研究州警车上的摄像机，马克斯菲尔德和安德烈森与州警同车巡逻，并观看正在使用的设备。他们了解到，由于各种与麦克风和无线传输有关的原因，录音质量往往很差。起初，研究人员希望视频记录能帮助辨识司机的种族，但在观看车内视频监控器后，研究人员确认，图像质量太糟糕，采用这种方法效果不佳。罗格斯大学的研究人员预计州警在工作时会尽心尽力。但他们确实看见有些州警有时会采取措施，避免录下声音或视频。尽管在研究人员的陪同下，州警会有所顾忌，但他们放松警惕的情况也不罕见。

安德烈森一共陪同州警执行了57次巡逻任务，在每次巡逻时与州警相处的数小时内，他也进行半结构化访谈。他遵循惯例使用了一项访谈指南，即他打算在现场提出的简要问题列表。他在车上做了各种笔记，并反复告知州警可以检查他的笔记。安德烈森观察了 150 次交通拦停，撰写了现场笔记，记录参与者、拦停原因、州警的行动以及州警在拦停后的评价。他在报告中提到，大多数州警显然喜欢谈论他们的工作。而且，想想就知道，州警们对交通执法的评论是很有趣的。

对 57 名州警的半结构化访谈以及 150 次交通拦停的现场笔记，形成了大量书面材料。有关安德烈森总结这些材料的方法，本书第 12 章将进行更详细的讨论。

实地研究也有缺点。一方面，定性实地研究很难得出有关较大总体的精确描述。例如，在食堂里观察矫正官之间的临时谈话，并不能得出对整个监狱状况的可信估计。不过，它可以提供面向某个监狱职员及囚犯的问题的重要见解。

另一方面，实地观察可以实现全面的行为统计，还能超越实际观察内容，形成对较大行为总体的合理估计。然而，由于很难掌握给定现象——如顾客或司机——的总体，往往无法进行精确的概率抽样。在设计定量实地研究或评估其他研究的代表性时，研究人员必须认真考虑观察对象的密度和可预测性。之后，他们必须判断抽样程序是否有可能采用拟观察事项的代表性个体。

一般来说，不同类型实地研究的优缺点可以从其效度、信度和通则性来考虑。诚如前述，效度和信度都是测量指标。效度关系到测量措施能否准确测量其应测量之事物。信度解决可靠性问题：如果研究人员重复相同的测量，能得到相同结果吗？请注意，本章叙述的一些示例中提到了提高信度的具体步骤。最后，通则性涉及具体研究结论是否适用于未实际观察的人、地点和物。下面让我们看看这几个方面在实地研究中如何呈现。

效度

人们有时会批评调查测量措施在效度方面较为肤浅和薄弱。观察性研究有可能采用更有效的测量方法。就定性实地研究而言，“此在”（being there）是一种深入了解人类事务本质的有力方法。

回顾第 9 章有关调查方法在研究家庭暴力中的局限性的讨论。由实地研究替代调查，研究人员可以与家庭暴力被害人长期互动。两篇研究英国家庭暴力的文章很好地说明了每种方法的相对优势。第 9 章引用了卡特里奥纳·米尔利斯-布莱克（Catriona Mirrles-Black，1995）有关 BCS 中测量的家庭暴力的文章。约翰·胡德-威廉斯和特雷西·布什（John Hood-Williams and Tracey Bush，1995）在同一期《内务部研究公报》（*Home Office Research Bulletin*）上发表的论文则提供了完全不同的视角。

特雷西·布什在伦敦的一个公共住房区生活约五年，得以在原始场景中研究家庭暴力："通过研究人员的朋友、邻居、熟人和联系人等人际网络，收集男性和女性对亲属关系和家庭暴力的观点。"（Hood-Williams and Bush，1995：11.）经过长期而耐心的实地工作，特雷西了解到，女性有时会将较低程度的暴力行为"正常化"，视之为与男性伴侣关系中不幸但不可避免的结果。如果暴力升级，被害人可能会自责。被害人也可能忍受虐待，并寄希望于情况好转：

"她说，她想要的是在关系开始时得到的陪伴和尊重。她想要的，是较早前遇到并爱上的那个不暴力的男人。"（Hood-Williams and Bush，1995：13.）

米尔利斯-布莱克（Mirrles-Black，1995）指出，家庭暴力测量难的部分原因在于被害女性可能不把伴侣的攻击当成犯罪。约翰·胡德-威廉斯和特雷西·布什的实地研究提供了这一现象的实例，可以帮助我们理解该现象的成因。

效度是实地研究的一个特别优势。基于对某个现象的调查或简单统计而实施的测量措施，往往不能对相关基本概念进行完整描述。不仅如此，为回应家庭暴力被害问题而进行的调查的作用被限定于统计被害人不视之为犯罪的事件。尤为重要的是，正如特雷西·布什在五年的实地调查中所发现的，调查不能形成对家庭暴力及其背景的深刻理解。

在实地研究中，效度通常涉及被观察事物或被观察者的隐含意义（intended meaning）是否被准确捕捉。至于访谈，约瑟夫·马克斯韦尔（Joseph Maxwell，2013）建议从被研究的人那里获取测量措施反馈。例如，莱特和德克（Wright and Decker，1994）对入室盗窃犯样本做了长时间的半结构化访谈。研究人员发现，他们对入室盗窃犯的社会背景理解有限，可能会导致在解释观察结果时出现错误。为了防止这一点，莱特和德克采用了第10章提到的参与者检核，让部分研究对象对研究人员自认为的发现进行评价（Wright and Becker，1994：33-34）：

"在写作过程中，我们把各部分手稿读给从样本中选出的参与者听。这使我们得以审查就观察囚犯结果所做的解释，并让他们帮助修订他们认为存在误解或错误的段落。……我们相信，采用这一程序，是书稿忠实传达罪犯对入室盗窃过程之看法的关键。”

只有受访者知悉研究人员的真实身份时，这种方法才有效。在此情形下，让知情者审查现场笔记草稿或访谈记录是提高效度的极佳策略。

信度

定性实地研究可能会有信度问题。假设让你根据对好友的了解来刻画其政治倾向。毫无疑问，你对其政治观点的评定至少有几分特别之处。你得出的测量结果似乎具有相当的效度。但是，我们不能肯定其他人是否也会如此描述你好友的政治观点，即便大家所做观察相同。

实地研究测量——即便是彻底的测量，往往也是非常个性化的。假设对校园附近的酒吧和俱乐部进行实地研究，你可能会把周五晚上的失序程度确定为轻度或中度。相比之下，年长者观察到相同噪音和骚动时，可能会将其定级为“难以忍受的严重”。对所观察到的现象的解释，很大程度上取决于解释者的经历和偏好。

充分注意观察的细节，可以提高定量实地研究的信度。我们已经在有关入店行窃和安全带使用情况的研究中看到过这样的例子。同样地，通过提供如何对观察对象进行分类的详细说明，观察的信度也能改善。评估实地观察成果可以增强信度。在研究酒吧和夜总会暴力时，戈梅利和克拉克（Homel and Clark，1994）试图通过就不同观察者报告中的差异进行集体讨论来提高观察者文字描述的信度。

在测量新泽西州纽瓦克街道状况时，藤田修良采用了非常巧妙的提升信度措施。本章插页文章《抽取新泽西州纽瓦克的街道样本》描述了他选择街道进行编码的过程。他随后使用来自 GSV 的照片编码变量，测量垃圾、涂鸦和选定街道的居住条件。藤田修良改编了一项已经在纽约使用数十年的街道卫生测量技术（Mayor's Office of Operations，2006），选取了一些呈现各种程度的垃圾、涂鸦和房屋破旧状况的照片，用来说明其量表属性。这些照片作为视觉锚点（visual anchor），提高了每一观察测量记录数值的一贯性（Shuryo Fujita，2011）。

同样地，斯蒂芬·穆尼及其同事（Stephen Mooney and associates，2014）调整了桑普森和劳登巴什（Sampson and Raudenbush，1999）在芝加哥进行系统社会观察时采用的物理环境失序迹象测量项目。失序的迹象包括在街道上乱扔垃圾、涂鸦、废弃建筑物、被遗弃的汽车以及许多类似情况。穆尼及其同事使用 GSV 训练“审查员”（auditor），对 5 个城市中超过 1 800 个街区图面进行标记。研究人员随机抽取了 5%的街区图面样本，以确定施测者间信度。总计有 93%的街区以相同数值标记，但在不同物体标记的信度方面，也存在一些可以理解的差异。废弃建筑物的标记最为可信，而对垃圾和瓶子的标记仅达到“相当的一致”（fair agreement）。请注意，与桑普森和劳登巴什使用的视频记录方法相比，GSV 等工具大幅降低了观察不同城市的成本。

在提高实地观察信度方面，对纽约无家可归者的年度统计也是一个范例。该项目选择在每年 1 月某个晚上将实地观察人员派驻无家可归者随处可见的纽约各个地区，持续观察大约 10 个小时（Silberman School of Social Work，2013）。这项统计在夜间进行，以 1 月睡在户外者很可能无家可归为假设前提。观察人员接近符合筛选标准的人，礼貌地询问他们的生活状况。为测量观察人员发现并接近研究对象的能力，一些研究人员受雇充当诱饵，伪装成无家可归者。诱饵接受培训，收取 75 美元工作报酬（2014 年），并被派至观察人员要去的区域。诱饵是已知目标，因此评估观察人员接触和访谈的诱饵数量，可以估算该观察人员的信度。更多信息请访问影子统计网站 http://sssw. hunter. cuny. edu/ssw/shadowcount2016/。如果你住在纽约附近，并且愿意付费获取实地观察的经验，可以考虑注册！

从更普遍的意义上讲，对实地观察进行解释的需求度越低，该观察的信度就越高。参与式观察或结构化访谈可能需要由观察者作出大量解释，而大多数人在解释观察结果时都绕不开自己的经验和背景。例如，还有一种极端情形，即通过电子设备和机器获取进入商店的人或经过某个地点的汽车的数量，这种数量统计非常可信。折中的情形是由实地观察人员出马，让他们观察入店行窃者、司机或行人，并将某个特定行为记入表格。

通则性

概化是社会科学的主要目标之一。我们研究特定情形和事件以了解一般生活。通常情况下，没人会对研究人员观察的特定研究对象感兴趣。比方说，有 18 个人把自己自行车被盗一事告知 NCVS 的访谈人员，但是有谁在意呢？仅在他们的被害经历能够普遍化至全美居民时，大家才会关心。

通则性可能会成为定性实地研究的一个问题。它以两种形式呈现。其一，研究人员所做的观察和测量具有个体属性，所得出的结论未必能够被其他独立研究人员复制。如果观察一定程度上取决于观察人员个体，那么它作为特殊见解来源的价值大于其作为普遍真理的价值。您会发现这一点与更一般性的信度问题相似。

其二，基于对研究对象的充分深入探索，实地研究人员可以形成非常全面的认识。不过，也因为其非常全面，这种认识比严格抽样和标准化测量所获结论更难做进一步概括。

例如，在一项关于种族定性的调查中，马克斯菲尔德与新泽西州警共同进行观察研究（Maxfield and Kelling，2005）。该项研究采用了多种形式，但最近的一次研究是要在新泽西州高速公路一个 50 英里长的路段上了解雷达测速执法情况。马克斯菲尔德陪同州警对该路段进行彻底巡查，确定了雷达设施的部署位置（被州警称为“钓鱼点”）。他在现场工作中研究了公路的物理特性和州内及州外旅行模式，也研究了影响车速的入口坡道、缓坡以及其他因素。最终，他掌握了关于超速执法优先级和模式的大量信息，了解了影响州警决定拦停车辆的因素。

通过研究，马克斯菲尔德掌握了有关该路段的详细认识。该认识可以普遍化吗？从某种意义上说，认识特定路段的“钓鱼点”可以帮助认识其他道路上的同类地点。知道一种场景中的爬缓坡可以降低车速，可以帮助我们理解其他上坡。但是，对 50 英里高速公路的特殊性认识，即便再详细，也只具有特殊性。对出入口极少、基本水平延展的笔直收费公路的认识，不能概化至其他公路，例如有很多出口的盘山公路。

甚至定量实地研究也可能缺乏通则性。鲍默和罗森鲍姆（Baumer and Rosenbaum，1982）通过观察芝加哥市中心一家大型百货商场对入店行窃发生率作出估算。日渐兴起的小型专卖店和郊区购物中心可能有所不同。同样地，印第安纳州安全带使用情况的研究结论可能不适用于纽约州或爱达荷州。当时，印第安纳州的法律规定对不系安全带的司机处 25 美元罚款，且仅在司机因其他原因被拦停的情况下才能针对未系安全带行为提出控告。在处罚更严厉以及允许警察因司机不系安全带而拦停司机的州，守法的情况可能存在差异。

与此同时，一些实地研究脱离研究对象的当地环境。莱特和德克（Wright and Decker，1994）研究过圣路易斯的入室盗窃犯，我们当然可以合理质疑他们的结论能否适用于佛罗里达州圣彼得斯堡的入室盗窃犯。入室盗窃犯的行为和习惯可能会受到当地警方策略、居民住宅新旧或样式差异甚至植被遮挡建筑物的方式和程度的影响。不过，莱特和德克得出了有关下列事项的一般性结论：入室盗窃犯如何寻找目标；住宅的何种特征表明其存在漏洞；机会主义认识何以触发犯罪；有哪些销赃方法。他们关于影响圣路易斯入室盗窃犯的技术和动机的研究结果或许可以适用于其他城市的居民区入室盗窃犯。

评估实地研究项目报告，需要判断该项目研究人员将基于特定观察的结论概括适用于其他场景的具体内容及程度。这样的概化也许是恰当的，但有必要作出判断。实地研究方法本身无法确保概化的科学性。正如我们所看到的，实地研究是刑事司法研究的利器，可以有效弥补调查方法的部分弊端。

小 结

- 实地研究是一种直接观察原始环境中的现象的数据收集方法。
- 实地观察通常是获取有关物理或社会环境、行为和事件的信息的首选数据收集方法。
- 刑事司法领域的实地研究可以产生定性或定量数据。草根理论通常根据定性实地观察构建。能够量化的观察用于验证假设。
- 通过实地研究取得的观察结果，往往可以与从其他来源收集的数据整合。实地观察据此可以帮助研究人员解释其他数据。
- 研究人员可以（或可以不）向所观察之人承认其研究人员身份。公开研究人员身份可能会对观察对象造成一定影响。
- 实地研究不太可能会有可控的概率抽样方法。但在某些情况下，研究人员可以综合运用概率抽样和非概率抽样方法。
- 实地观察的记录方法从视频、音频和其他设备至非结构式现场笔记不等。其中包括以结构化表格记录观察结果；环境调查也是范例。
- 现场笔记应尽可能事先计划好。但是，笔记应该足够灵活，以便记录意料之外的观察结果。

• 与调查相比，通常实地研究测量措施的效度更高，信度更低，而且实地研究的结果比严格抽样和标准化测量所获结论更难概化。

重要术语

环境调查　人种学　回应　安全审查

复习与练习

1. 回顾吉塞拉·比希勒撰写的插页文章《实施安全审查》。试着对所在大学或大学附近某个地区进行安全审查。条件允许的，用进行安全审查的地区的卫星照片加以补充。约克大学（York University）示例参见 METRAC，2010. *York University Safety Audit*：*Leading the Way to Personal and Community Safety*，Toronto，Ontario。

2. 本题与第 9 章练习题 2 相关。询问受访者附近哪些地方感觉不太安全或者会有犯罪行为，将受访者的回复制成表格，制定这些地区的实地观察计划并付诸实施。第一，要访问一个或多个地区，制作有关该地区特征的详细现场笔记，特别要思考这些特征与对犯罪问题的感受有何关系。第二，根据现场笔记和观察结果制作进行结构式实地观察时使用的表格。第三，访问受访者提到的其他地区，用表格记录其地区特征。

3. 我们简要介绍过藤田修良抽取街道片段并采用 CSV 实施系统观察的方法，用大约一个段落概括了将 CSV 用作实地观察数据来源的另一种方法。这一数据来源的利弊是什么？请举例说明能够（或不能够）通过 CSV 顺利测量的概念。

4. 都市教育研究中心（Center for Urban Pedagogy，简称 CUP）资助了许多活动，包括向纽约学生讲授都市政策和吸收学生参与实地研究项目。有一群学生制作了一本题为“联邦制实地观察指南——以纽约布什威克、布鲁克林为例”（Field Guide to Federalism：Bushwick，Brooklyn，NY）的小册子。学生们如此描述他们的研究：“我们从小事做起，首先从钱夹中寻找联邦制的标志。然后我们走上大街，在布什威克寻找能够反映联邦、州及市政府特征的证据。”（Center for Urban Pedagogy，2011：1.）这本小册子可在 CUP 网站下载。简要说明这些学生在研究中是如何运用本章讨论到的实地观察技术的。顺便提一下，CUP 项目解决了许多刑事司法和青少年司法领域的问题。相关示例，可以参见达妮卡·纳夫哥罗德夫（Danica Navgorodoff）制作的海报《我被捕了！怎么办?》（I got arrested! Now what?）。浏览地址为 http://welcometocup. org/ Store? product_ id529。

|第 12 章|

机构记录、内容分析和二手数据

我们将研究现有数据的三个来源：机构记录、内容分析和二手数据。这些来源的数据在刑事司法研究中有许多应用。

学习目标：

1. 认识到公共组织提供的统计数据对刑事司法研究人员有帮助。
2. 提供可以作为刑事司法研究数据的非公开机构记录的例子。
3. 理解为何以机构数据为代表的分析单位可能会让研究人员感到困惑。
4. 解释为何研究人员必须注意可能来自机构记录的信度和效度问题。
5. 总结为何“追查书面记录”和“期待意料之事”是在研究中使用机构记录时要遵循的有用准则。
6. 理解内容分析是研究互动行为的一种合适方法。
7. 描述将原始数据转换为标准化、量化形式的编码示例。
8. 理解二次分析是指对其他研究者为其他目的而收集的数据进行分析。
9. 能够访问 ICPSR 和 NACJD 维护的刑事司法数据档案。
10. 了解为何说二手数据的优缺点与机构记录相似。

本章目录

恐怖分子招募

尼亚齐·埃基奇博士在其对土耳其两个恐怖组织人员招募的研究中使用了机构记录和内容分析（Niyazi Ekici，2008）。埃基奇博士是土耳其国家警察局的高级官员，在罗格斯大学攻读研究生期间获得了官方记录。他的兴趣集中在恐怖组织如何开始与潜在成员的接触，以及该选择过程涉及哪些因素。

在土耳其，有几个恐怖组织一直很活跃。埃基奇选择了两个意识形态迥异的组织，预计它们会寻找具有不同品质的新成员。革命人民解放党/阵线（DHKP/C）假奉某流行意识形态，而土耳其真主党被认为是一个宗教极端组织。

研究人员使用了两个有关下列人员信息的数据来源：活跃恐怖分子和那些渴望加入这两个组织的人。有关活跃恐怖分子的数据来源于警方记录，涉及上述两个组织中被逮捕并被判有恐怖活动犯罪的人。第二个数据来源是独一无二的：想要加入这两个组织的人写的书面材料，类似于申请信。

这些材料是警方在10年期间多次突袭恐怖分子团伙时查获的，记录了他们的家庭、政治和宗教信仰信息，以及申请加入该组织的理由。在前面的章节中，我们讨论了自述的效度和信度。埃基奇认为，这些材料很可能是准确的，因为“恐怖组织会毫不犹豫地杀死被发现撒谎的成员”（2008：92）。

埃基奇使用内容分析从警方关于活跃恐怖分子的记录和缴获的新入伙恐怖分子的申请材料中全面提取信息。然后他从不同方面对土耳其真主党和革命人民解放党/阵线的新成员及活跃成员进行了比较。

相比被定罪的恐怖分子，这两个组织的应征者具有以下三个方面特征的可能性更大：

· 有犯罪记录；
· 家人有犯罪记录；
· 与其他恐怖组织有关联。

埃基奇如此解释：这是一种筛选方法，这两个恐怖组织要对成员忠诚度与不被警察所知进行评估，这两项指标也会影响被招募人员的类型。相比之下，尚未被选中的应征者更有可能带有犯罪记录，这也直接影响了其被恐怖组织接纳的可能性。

这是一个基于机构记录开展研究的优秀案例。不过，它所应用的机构记录使用原理，本章基本都有阐述。作为一名警官和研究人员，埃基奇利用社会科学研究工具系统地分析了由土耳其国家警察局掌握的相关材料，从而提高了对恐怖分子招募工作的认识。

导 言

使用机构记录、二手数据和内容分析时，无须直接接触研究对象。

除了实地研究中的纯粹观察者外，迄今讨论的观察模式都要求研究人员对所研究事项实施干预。这在调查研究中尤为明显。前已述及，甚至实地研究人员都能在研究过程中改变事物。

其他数据收集方法不涉及观察者的介入。在本章中，我们会讨论三种使用其他人收集的信息的方法，人们对它们的使用已经习以为常。许多刑事司法研究都会使用州及地方机构（如警察、刑事法院、缓刑办公室、未成年人保护机构和矫正部门）收集的数据。FBI、司法统计局、联邦监狱管理局（Federal Bureau of Prisons）和美国矫正研究所（National Institute of Corrections）等联邦机构汇编了有关犯罪问题和刑事司法机构的信息。此外，非政府组织，如国家州法院研究中心（National Center for State Courts）和美国检察官研究所（American Prosecutors' Research Institute），也从成员处收集数据。

政府机构收集犯罪和刑事司法数据，其体量之大，或许只有经济和公共卫生数据才能相比。我们将这些信息称为“来自机构记录的数据”。在本章中，我们将介绍可用于刑事司法研究的该类数据的不同类型，以及使用机构记录信息的前景和潜在缺陷。

其次，在内容分析部分，研究人员研究了一类社会人为事实——书面文件或其他类型的信息。例如，假设您想对比一下 2001 年和 2016 年美国刑事司法政策和医疗保健政策的重要性。办法之一是审查这些年来的民意调查。还有一种办法是分析每年出版的报纸中的相关文章。后者是内容分析的示例——传播学分析（the analysis of communications）。

最后，刑事司法研究还经常用到其他主体收集的信息，这涉及对现有数据的二次分析（secondary analysis）。由国家司法研究所等联邦机构资助进行研究的调查人员通常有义务公布数据，供公众使用。举个例子来讲，如果有兴趣为所在的州提出量刑改革建议，您可以分析南希·梅利特、特里·法因和苏珊·特纳在研究俄勒冈州提高某些类型罪犯刑期的措施时收集的研究数据（Nancy Merritt，Terry Fain and Susan Turner，2006）。

二次分析　一种对其他人员收集和处理的数据进行分析的研究。

在我们开始详细研究这些数据来源之前，要警惕研究人员所谓的介入测量（obtrusive measurement）和非介入测量（unobtrusive measurement）。当我们进行介入测量时，受试者（通常是人）意识到数据正在被收集，问卷调查的执行就是一例。在非介入测量中，受试者则没有这种意识，坐在公园长椅上观察行人通行是其适例。

查阅被矫正监管者的数据，或者对兰德公司指导的监狱囚犯调查进行二次分析时，你并没有与研究对象互动。然而，不要急着将之描述为非介入测量。兰德公司研究人员访谈的犯人肯定知道他们在为研究提供信息，尽管他们不知道此后这些数据会为你所用。你可以从网上查到监狱囚犯统计表，但这些数据的原始出处是一个或多个直接参与测量过程者填写的调查问卷。

一般而言，您从机构记录或其他机构进行的研究项目中获得的大多数数据都是二手数据。其他人收集原始数据，目的通常与您的研究不同。在本章开篇的《恐怖分子招募》中所描述的研究当然就是这样。这篇短文简要描述了埃基奇对内容分析法和土耳其国家警察局所收集的机构记录的使用方式。

一、适合采用机构记录和内容分析的议题

机构记录能够支持众多研究应用。

机构记录或档案中的数据类型众多，最初的来源覆盖从抽样调查到直接

观察的各种数据收集方式。因此，这些数据原则上可以适用于任何刑事司法研究议题。

已公布数据和机构记录最常用于描述性或探索性研究。这与下述事实相符：政府机构公布的许多刑事司法数据都意在描述某些事情。例如，司法统计局每年都会公布监狱囚犯数据。如果我们有兴趣描述从 1995 年到 2010 年监狱囚犯人数的变化或各州监狱囚犯人数的差异，最好先查阅司法统计局发布的年度数据。再如，如果想了解更多关于身份盗窃的案例，我们可以查阅《消费者前哨网络数据手册》（*Consumer Sentinel Network Data Book*），这本书总结了已知身份盗窃和相关欺诈案件（Federal Trade Commission，2016）。同样地，警方接受报案、刑事被害、重罪审判法院待审案件、中学高年级学生吸毒等统计数据都可查阅使用，而且有众多其他测量方式都在历时实施，有许多长达 30 年甚至更久。

机构记录也可用于解释性研究。南希 · 希娜优尔及其同事（Nancy Sinauer and associates，1999）对北卡罗来纳州 1 000 多名被杀女性的法医记录进行了研究，以了解女性凶杀案与居住地点在市区或城郊的关系。他们发现，城市周边县的女性被杀案发案率高于城市或农村。

机构记录也经常用于应用研究。评估旨在减少累犯的新政策，可以抽取逮捕或定罪数据来测量累犯。毒品法庭（drug court）是处置具有药物滥用问题的被告人的一种替代性方法，对它的一项研究追踪了实验对象和控制对象的逮捕记录（Denise Gottfredson et al.，2006）。在另一项研究中，研究人员使用了纽约性侵犯公共登记册（public sex offender registries in New York）中的数据，以检验限制性侵犯居住地的法律的影响（Jacqueline Berenson and Paul Appelbaum，2010）。从私营企业获得的记录有时也可用于应用研究。布莱恩 · 史密斯（Brian Smith，2015）和罗纳德 · 克拉克在分析入店选择性盗窃对吸毒有用之商品的行为时，对 204 家连锁超市出售的 7 887 件商品进行了调查。

詹姆斯 · 奥斯丁、温迪 · 纳罗和托尼 · 法比洛（James Austin，Wendy Naro and Tony Fabelo，2007）进行过另一种应用研究。他们结合监狱释放人员、监狱总容量、再监禁（reincarceration）和总人口预测等数据，开发了一个预测未来监狱囚犯数量的数学模型。在这个预测示例中，研究人员对不同年龄组的既往逮捕率与监禁刑之间的关系以及各年龄组的未来人口估值进行了比较。假如年龄、逮捕率和监禁刑之间的过往联系在未来几年保持不变，则未来人口的人口统计学模型可以用来预测未来的入狱人数。

适合使用内容分析研究的议题，集中于交流（communication）、对犯罪问题的认知、个体行为和刑事司法政策之间的重要关联等方面。虚构的电视剧中暴力盛行，这个问题一直为研究人员和政府官员所关注（Craig Anderson and Brad Bushman，2002）。埃基奇（Ekici，2008）使用内容分析法研究土耳其境内的恐怖分子招募问题。大众传媒对政府官员的政策行动有重要影响。有许多研究都注意到了媒体在推动刑事司法政策制定进程方面的作用（例如：Steven Chermak and Alexander Weiss，1997）。

其他研究人员通过调查或实地观察收集的研究数据也可以用于之后的各类研究。自 20 世纪 70 年代以来，NCVS 数据就被众多研究者用于无数的描述性和解释性研究。罗伯特·桑普森和约翰·拉乌伯（Robert Sampson and John Laub，1993）利用二手数据开展了一项雄心勃勃的研究，他们找回了谢尔登·格卢克（Sheldon Glueck）和埃莉诺·格卢克（Eleanor Glueck）在 20 世纪 40 年代收集的 500 名犯罪分子和 500 名非犯罪分子的个人经历数据。桑普森和拉乌伯根据这些数据，利用犯罪学研究之后 40 年理论和实证方面的进步，为认识儿童期犯罪生涯演变做出了重大贡献。

现有数据也可视为补充来源数据。例如，某研究人员计划调查矫正机构管理人员对戒毒项目必要性的看法，这将有助于审查关于被判监禁刑的吸毒者人数的现有数据。再如，假定我们在缓刑服务部门评估一个实验性的鼓舞士气项目（morale-building program），我们自己研究获取的数据可以结合缺勤统计数据一起使用。

这并不是说机构记录和二手数据总是能够提供研究问题的答案。如果这是真的，这本书的大部分内容就没有必要写了。判断是否适合使用机构记录、内容分析和二手数据的关键在于理解这些书面记录的产生方式。这一点再怎么强调都不为过。本章主要强调掌握数据的来源及其收集方式的重要性。

二、机构记录的种类

研究人员会使用各种已公布数据和非公开机构记录。

由/为公共机构收集的信息通常分为三大类：(1) 已公布数据（Published statistics）；(2) 为内部使用而常态化收集的非公开机构记录（nonpublic agency records)；(3) 机构职员为特定研究目的而收集的新数据。对于每类数据，研究人员获得数据的难易程度和对数据收集过程的控制程度均有差别。

已公布数据

大多数政府组织［如人口统计局、FBI、美国法院行政办公室（Administrative Office of U. S. Courts)、联邦监狱管理局和司法统计局］都会定期收集和发布数据汇编，我们将其统称为已公布数据。其中有两个组织值得特别提及：其一，人口统计局为几个联邦机构进行普查和抽样调查。值得注意的例子有 NCVS、在押儿童普查（Census of Children in Custody)、本地监狱囚犯调查（Survey of Inmates in Local Jails)、"美国矫正人口"（Correctional Populations in the United States)、司法支出与就业调查（Survey of Justice Expenditure and Employment)。

其二，司法统计局汇编多个来源的数据，并根据数据发布年度和专门报告。例如，《美国的犯罪被害》(*Criminal Victimization in the United states*) 每年报告来自 NCVS 的总计数据。表 12.1 列出 2003 年至 2012 年间编制的家庭暴力被害率样本分类。司法统计局还发布了关于被矫正监管者的报告。这些工作的基础是对拘留所、监狱和青少年设施总体的抽样调查和计数。2012 年州及联邦监狱服刑人员的样本表格参见表 12.2。《联邦刑事案件处置》（Federal Criminal Case Processing）系列则报告了联邦法院活动的细节数据。

表 12.1　家庭暴力被害：2003 年至 2012 年的平均值

被害人与犯罪者的关系	平均每年的被害人人数	每千人暴力犯罪被害率		
		严重人身袭击	轻微人身袭击	暴力犯罪总计
已知的亲密伴侣	967 710	1.4	2.5	3.9
配偶	314 430	0.5	0.8	1.3
前配偶	134 690	0.1	0.4	0.5
男/女朋友	518 700	0.8	1.3	2.1
其他的家庭	284 670	0.4	0.7	1.1
父母	80 900	0.1	0.2	0.3
孩子	97 490	0.1	0.3	0.4

续表

被害人与犯罪者的关系	平均每年的被害人人数	每千人暴力犯罪被害率		
		严重人身袭击	轻微人身袭击	暴力犯罪总计
兄弟姐妹	106 290	0. 1	0. 3	0. 4
其他的家庭	158 950	0. 2	0. 4	0. 6
熟人	2 103 240	2. 3	6. 1	8. 4
陌生人	2 548 860	3. 7	6. 5	10. 2

来源：改编自 Jennifer Truman and Rachel Morgan（2014），Tables 1 and 2。

直到最近，刑事司法数据最全面的出版物仍是《刑事司法统计年鉴》（*Sourcebook of Criminal Justice Statistics*，http://www. albany. edu/sourcebook），其由辛德朗刑事司法研究中心（Hindelang Criminal Justice Research Center）维护。自 1972 年以来，该年鉴汇总了数百个刑事司法数据系列，内容从公众对犯罪的看法到刑事司法机构的特点，再到各国如何处决死刑犯的列表等。它在收录政府机构收集的统计数据的同时，也收录私人来源数据，比如盖洛普民意调查的数据。这项资料还包括对数据源和数据收集过程的说明，包括收集或存档原始数据的组织的地址。截至 2016 年 8 月，奥尔巴尼大学的网站上仍然有这项资料，但从 2014 年起似乎就没有更新过数据。

从其他来源也很容易获取已发布犯罪和刑事司法数据的汇编。司法统计局网站包括一些数据序列的综合报告。有关青少年司法的信息，请参阅青少年司法和预防违法办公室（Office of Juvenile Justice and Delinquency Protection）编制的统计简报（Statistical Briefing Book），网址为 http://www. ojjdp. gov/ojstatbb/default. asp。当然，FBI 编撰的 UCR 系列是有关警方已知之犯罪的已发布报告的重要来源（http://www. fbi. gov/aboutus/cjis/ucr/ucr，2016 年 8 月 18 日访问）。

不过，在这一点上，我们想对研究人员提出一些数据使用及限制方面的建议，提醒大家记住赫伯特·雅各布（Herbert Jacob，1984：9）所说的“……对于粗心的研究者，就像伊甸园里的苹果：诱人但充满危险……”

参考表 12. 1 和表 12. 2，如第 4 章和第 6 章所讨论的，您可能会发现，NCVS 或“美国矫正人口”之类连续发布的数据属于总计数据。这意味着数据以高度聚合的形式呈现，不能用于分析收集信息的原始个人。譬如，表 12. 2

显示，2012 年共有 13 549 名妇女在得克萨斯州的州立监狱服刑 1 年或 1 年以上。通过比较其他州的数据，我们可以对不同州的监狱人口做一些描述性的陈述。我们还可以参考早期的“美国矫正人口”，以检查监狱人口的历时趋势，或比较各州的增长率。

表 12.2　所选州的囚犯（2012 年）

州	数量		女性比例	在私营监狱服刑的比例
	男性	女性		
亚拉巴马州	29 782	2 649	8.2%	1.7%
亚利桑那州	36 447	3 633	9.1%	16.1%
加利福尼亚州	128 436	6 098	4.5%	0.5%
佛罗里达州	94 945	6 985	6.9%	11.5%
新墨西哥州	6 096	631	9.4%	44.6%
纽约州	51 963	2 247	4.1%	0%
得克萨斯州	152 823	13 549	8.1%	11.2%
佛蒙特州	1 907	127	6.2%	24.8%

来源：改编自 E. Ann Carson and Daniela Golinelli（2013），Appendix tables 6 and 7。

然而，总计数据不能用来揭示任何关于单个矫正设施的信息，更不用说监狱囚犯了。人口统计局以电子形式提供了有关囚犯和机构的个体数据，但公布的表格只提供摘要。

这并不是说已公布数据对刑事司法研究人员毫无用处。从已发布统计数据中得到的高度聚合的总计数据常用于描述性、解释性和应用研究。例如，埃里克·鲍默及其同事（Eric Baumer and associates，1998）研究了 142 个美国城市 1984 年至 1992 年的 UCR、药物滥用预警网络和药物滥用预测（Drug Use Forecasting）的数据。研究人员对吸食快克可卡因与抢劫、入室盗窃和杀人案件发案率之间的关系很感兴趣。他们发现，总人口中吸食快克可卡因者比例较高的城市，其抢劫发案率也更高，但入室盗窃率相比较低。詹姆斯·林奇和林恩·阿丁顿（James Lynch and Lynn Addington，2007）开展了对不同犯罪测量方法的发展趋势的一系列研究。

泰德·罗伯特·戈尔（Ted Robert Gurr，1989）利用英国从 13 世纪开始就有的暴力犯罪公开统计数据，研究了直至 1984 年的社会和政治事件对杀人模式的影响。杀人案件发案率长期持续下降，但这一趋势在社会混乱时期不时被打断。社会规制机构会逐渐灌输和强化有关禁止人际暴力的法令，而在社会混乱时期，人口中极其重要的一些群体被从规制机构中分离。他们可能是没有社会或经济地位的移民、复员退伍军人和日益增长的不满青年群体，或者是受教育程度低且被困在富裕社会里日益衰落的贫民区的年轻黑人男子（Gurr，1989：48-49）。

因此，已公布数据可以解决关于高度聚合的形态或趋势的问题：吸毒和犯罪、这两者的共变关系或致命暴力的划时代变革。已公布数据也有明显的优点，即容易获得：一次网络搜索或去趟图书馆就可以很快地获得一批供你使用的数据。司法统计局及司法部其他机构的大多数出版物现在仅能在互联网上下载。精选的纸本出版物已经扫描存储或以其他方式存档。

许多基本犯罪数据可以从司法统计局网站下载电子数据表或以演示软件读取。更重要的是，可以获取电子格式的完整数据序列。虽然 NCVS 的纸本报告仅提供汇总表格（如表 12.1 所示），但可以在网上找到来自 6 万多名受访者的原始调查数据。司法统计局提供的在线分析工具使研究人员能够根据所有重要数据序列生成自定义表格（http://www.bjs.gov/index.cfm?ty5daa）。我们将在后面的章节中谈到这些资源。

当然，在使用来自已发布资源中的原始数据或表格之前，研究人员需要考虑信度和效度问题，以及这些数据能否满足特定研究目的这一更具一般性的问题。在对家庭暴力的描述性研究中，仅使用 FBI 的杀人案件数据并无多大说服力，因为谋杀记录只测量致命暴力事件。来自年度监狱普查的数据也不适合用于研究判处社区矫正方面的变化。

非公开机构记录

尽管在刑事司法领域已经发布大量的统计数据，但这些数据仍然只是冰山一角。FBI 公布 UCR 摘要，但美国有数千个执法机构，每个执法机构都积累了数量惊人且未定期公开的数据。在美国，司法统计局出版的《美国矫正人口》提供了监狱囚犯的统计数据，这些数据来自矫正机构的年度调查，而这些机构也保存了囚犯个体的详细案件档案。由国家州法院研究中心维护的法院统计项目存有在州法院存档和处理的案件的总计数据，但是所有大城市的法院都保存了成千上万被告人的纸质或计算机材料。最后，有关司法支出与就业的年度调查报告是关于预算及职员的总计数据的来源，但每个机构也有关于自己支出和人力资源的详细记录。

尽管我们已经将这个数据源标记为非公开机构记录，但是许多刑事司法组织仍向刑事司法研究人员开放这类数据。不过，要获得这类记录，并没有浏览司法统计局网站的出版物列表或点击人口统计局网页上的下载按钮那么简单。

我们首先必须强调，机构记录的潜在前景并非没有成本。有些粗心的研究人员不加鉴别地接受已公布数据，雅各布对此提出警告，希望他们注意潜在风险。这一警告对非公开机构记录同样适用。一方面，我们可以用一整本书来描述机构记录在刑事司法研究中的潜在应用，并就如何使用和解释这些数据提供建议。另一方面，我们仅用一条建议就可以概括这本还没有付诸笔端的书：理解机构记录的形成方式。简单重述一下，研究人员可以通过追踪书面记录（follow the paper trail）找到使用机构记录的幸福之路。

我们用两类例子来解释这句简陋的“格言”。其一，我们描述了两项研究，它们使用非公开机构记录揭示有关犯罪原因及犯罪空间分布的重大发现。其二，我们简要回顾了两项研究，它们的作者意识到了效度和信度问题，但仍然能够得出有关刑事司法组织行为的结论。在本节的最后，我们总结了机构记录在研究中的应用前景，并特别提醒，如果想有效地使用这类记录，就必须训练有素。

儿童虐待、违法行为和逮捕成年人

在前面的章节中，作为准实验设计的示例，我们曾经援引过凯茜·施巴茨·维多姆关于儿童虐待的研究。就本章内容而言，她的研究还呈现了几种机构记录的使用方法。

维多姆（Widom，1989）查阅了一个中西部大城市的未成年人法庭和成年人刑事法庭的记录，搜集了虐待及忽视儿童的案件。与成年人庭审不同，未成年人庭审不向公众开放，未成年人记录不得对外公布。不过，在获得伦理审查委员会的批准后，法院同意维多姆为研究目的查阅这些文件。她从未成年人法庭的记录中选择了 774 起忽视、身体虐待或性虐待的案例。极端虐待案件则由成年人刑事法庭审理。通过成年人刑事法庭记录，又找到了 134 起案件。

如第 7 章所述，维多姆通过个体配对（individual matching）构建了一个由未受虐儿童组成的对照组。对照受试者根据两个不同来源的机构记录产生。第一步，一名被虐待时年龄在 6 岁至 11 岁之间的儿童匹配一名经查阅公立学校记录产生的对照受试者。被虐待儿童与对照儿童的性别、种族相同，在同一学校就读，年龄差距不超过 6 个月。第二步，根据相似标准，通过查询出生记录为受虐时年龄不满 6 岁的儿童匹配在同一家医院出生的对照受试者。

研究人员使用这两类公共记录和两项匹配标准（上同一所公立学校和在同一家医院出生）作为社会经济地位的控制要素。虽然这些标准在今天会遭受质疑，但是正如维多姆所指出的（Widom，1989：360），在这一时期（1967 年至 1971 年），她开展研究的地方还没有使用校车，"小学就能高度反映生源社区的相似性"。同样，在 20 世纪 60 年代末，医院主要服务于本地社区，而不像当代的医疗工业集团那样到处宣传他们的服务。维多姆认为，那些在同一家医院出生的孩子的社会经济背景相似度更高。尽管还远远不够完美，但学校记录和出生记录使维多姆能够在社会经济地位上形成大致的匹配，这也表明我们之前的建议非常谨慎且有创造性。威廉·沙迪什、托马斯·库克和唐纳德·坎贝尔（William Shadish，Thomas Cook and Donald Campbell，2002：129）曾经阐述过，学校和医院这两个控制要素在社会研究中还有更普遍的应用场景。

维多姆的研究属于解释性研究——验证早期儿童虐待与后来的违法或成年后的犯罪之间的联系。这两个因变量的测量方法是查阅其他机构记录，获取 1971 年至 1986 年被虐待受试者和对照受试者的逮捕信息。未成年人法庭的档案记录了有关违法行为的信息。成年人被逮捕情况则可以根据地方、州和联邦执法机构保存的犯罪历史记录来测量。为了锁定尽可能多的受试者，维多姆检索了各州机动车管理局（state motor vehicle bureau）的档案，查找当前的地址和社会保障号。最后，"检索结婚登记机构的记录，以确定女性的夫姓"（Widom，1989：361）。

研究结果显示，被虐待受试者与对照受试者之间的差异看似适中，但在统计学上则非常明显。在群体层面，被虐待受试者更有可能有违法或成年后被捕记录（Maxfield and Widom，1996）。不过，维多姆（Widom，1992）也发现了这些因变量因种族和性别而出现的差异。

现在，让我们思考维多姆采用非公开机构记录可能引发的两个潜在效度和信度问题。其一，来自未成年人和成年人刑事法庭的数据只显示了进入政府官员视野的虐待案件，未报案和未被证实的虐待案例则被排除在外，由此产生了维多姆对自变量的测量的效度问题。其二，因变量测量同样存在缺陷，因为未成年人和成年人的被捕数据不能反映他们的所有违法犯罪行为。

维多姆意识到这些问题并谨慎地指出，她对虐待的测量可能只反映了最严重的案件，即那些引起政府官员注意的案件。她还指出，其研究的案件是在官员和普通公众高度关注儿童虐待问题之前审理的。维多姆（Widom，1989：365-366）清楚官方记录的局限性，并据此对她的结论进行了限定："这些结论不能推广至未报告的虐待或疏于照顾的案例。我们选取的案件也是各机构干预过的，无疑可以认定为虐待或疏于照顾。因此，这些结论混入了官方处置因素。"

犯罪热区

执法人员和刑事司法研究人员一直关注犯罪的空间分布。越来越多的警察机构雇用犯罪分析人员来识别热区——各类犯罪聚合的地理区域和每日时点（Rachel Boba，2005）。此外，研究人员已经认识到，有些个体和地点反复被害，极大促进了热区的形成（Deborah Lamm Weisel，2005）。

对热区和反复被害的研究及政策热情，可以追溯至劳伦斯·谢尔曼、帕特里克·加汀和迈克尔·布格尔（Lawrence Sherman，Patrick Gartin and Michael Buerger，1989）的一篇力作。他们在分析中使用了警察机构业已生成但长期被忽略的数据。呼叫服务（Calls for service，简称 CFS）意味着警察机构会收到关于犯罪和其他问题的初始报告。大多数较大规模的警察机构都会录下 CFS 的基本信息（地点、时间和投诉的性质）。对于大多数 CFS，接线员都会以派遣一部巡逻车作为响应，这个过程会在计算机上自动记录下来。这就形成了一个有关提交警察关注之事件的数据来源。

每年都有数量惊人的犯罪被害人、目击者或遭遇某种非犯罪问题的人打电话给警察机构。谢尔曼等人（Sherman，Gartin and Buerger，1989：36）分析了明尼阿波利斯警察局 1986 年接到的 30 多万个这类电话。他们提出，"对于公众告知警察的犯罪问题，打给警察的电话提供了最全面、最真实的解释以及与之相伴的特定错误和偏见”。正如我们在第 6 章中指出的，记录犯罪的 UCR 和类似数据都存在效度和信度问题，这些问题折射出警方和投诉者的决定。CFS 在作出大多数此类决定之前就已（自动）记录，因此不太容易受到警方或公众遮掩行为的影响。谢尔曼有关犯罪地理学的研究还有一个优点，也是其研究的核心内容，即 CFS 数据提供了事件发生地点的微观信息。

谢尔曼等人（Sherman，Gartin and Buerger，1989：37）想要了解特定地点的电话聚合现象，因而需要测量明尼阿波利斯的确切地点数量。经查询该市税务评估员办公室（tax assessor's office）、行政工程服务局（Administrative Engineering Service）和交通工程办公室（Traffic Engineering Office）的记录，研究人员认为，不可能获得准确的地点统计数据。用于计算 CFS 率的分母（即地点）估计为 115 000，包括 109 000 个街道地址和 6 000 个交叉口。

稍微离题一下，我们认为，这个近似值呈现了雅各布（Jacob，1984：39）强调的另一点。考虑到已公布数据和机构记录中可能存在许多误差，使用这些数据的研究人员应该报告整数（rounded figure），从而避免出现精确数字夸大准确性的假象。例如，不同的机构采用不同的定义，因而我们无从知道明尼阿波利斯是否有 107 037 或 111 252 个街道地址。因此，说“大约 109 000 个街道地址”比报告具体估计数或两个估计数的“精确”平均值（109 144. 5）更安全，后者错误地夸大了数据的准确性。

谢尔曼等人（Sherman，Gartin and Buerger，1989：38）首先解决聚合的总体问题。他们发现，大约 50%的 CFS 仅发生在明尼阿波利斯 3%的地点。对事件类型的进一步观察揭示了违法犯罪类型和地点类型之间的关系。比方说，折扣商城和大型停车场等热区会形成大量入店行窃报案和被锁在车外的司机的来电。有一家酒店因大量的入室盗窃和暴力犯罪而受瞩目，但与该酒店平均每天超过 3 000 名顾客和员工的日常人数相比，该酒店更像是一个“冷区”。相比之下，一个每日人数大约 300 人的酒吧每天的抢劫率就接近 8. 3%。

在这些有趣的描述性分析基础之上，谢尔曼等人（Sherman，Gartin and Buerger，1989：47-48）进一步指出，空间分布随事件类型而变化。抢劫和盗窃之类故意犯罪至少在一定程度上依赖于可以改变的环境。通过援引旨在减少抢劫便利店行为的测量措施，研究人员建议，该类地点的一些要素（如外观设计和人员配置）可以阻遏已有动机的作案人。相反，人际暴力和不文明事件与地点的关联度较弱。家庭暴力可以在两人居住的任何地点发生。卖淫或毒品交易取决于买卖双方之间的市场吸引力。交易双方当事人是移动的，一旦发现有监管或其他不利因素，可以迅速转移地点。这使得犯罪分布与密友或市场关系之间存在关联的可能性增加，事件的预防因而也更依赖地点的特征。

这个例子与维多姆的研究存在很多不同之处。然而，研究人员都认识到了机构记录的潜在前景和缺点——在每一个案中，它们都很详细且富有创造性。虽然 CFS 数据有优势，但谢尔曼等人也提到了三个可能问题：同一事件重复记录的可能性；报假案，相当于虚报火警；生成二次犯罪报告的误导性热区，如医院和警察局。在充分考虑这些问题之后，谢尔曼等人（Sherman，Gartin and Buerger，1989）认为，CFS 数据的优点大于缺点。谢尔曼等人详细描述了 CFS 数据是如何形成的，在他们论文的帮助下，读者可以形成自己的结论。

经过对热区警务的数十年补充研究，研究人员已经认定，这是减少犯罪的最有效警务策略之一（Anthony Braga et al.，2014）。事实上，大卫·韦斯博德已经呼吁创建新的犯罪地理学——以较小地点为分析单位，而传统犯罪学研究则以人为分析单位。韦斯博德对美国和以色列的 5 个大城市开展了调查。结果显示，1%至 2%的较小地点发生的犯罪事件占到该城市总量的 25%。在这五个城市中，有一半的犯罪事件发生在 4%至 6%的地点（David Weisburd，2015：144）。

作为决策测量措施的机构记录

前几章提到的两项研究说明了如何利用机构保存记录工作中的缺陷来推断机构行为。我们在前几章也提到了理查德·麦卡利、芭芭拉·尼恩斯底德特和詹姆斯·埃尔文（Richard McCleary，Barbara Nienstedt and James Erven，1982）的经典研究，作为阐释测量问题以及这些问题如何威胁某些准实验设计的例证。回想一下，麦卡利及其同事们发现，入室盗窃率的明显下降实际上是记录保存方式的改变造成的。从某个特殊单位派出官员调查入室盗窃，揭示了更早的调查程序有时会导致对单一事件进行双重统计。这个特殊单位也减少了将普通盗窃错误列为入室盗窃的情形。

麦卡利及其同事对警方的记录产生了怀疑，因为他们发现，在引入这个特殊单位后，入室盗窃率立即下降了。假定入市盗窃技术不变，这种下降就是不合理的。他们循线追查书面记录，发现影响这些测量措施的程序发生了变化。他们在论文中还描述了其他例子——警察局长职位调整和巡逻调度程序的变化如何导致犯罪及 CFS 数量攀升。然而，在仔细调查这些记录的产生过程后，他们可以将指标的变化锁定在机构行为而非犯罪频率的变化上。

休·惠特（Hugh Whitt，2006）在一项类似研究中分析了纽约市 16 年的死亡率数据。尽管在 1976 年至 1992 年，每年因他杀和意外死亡的人数相差不大，但 1984 年至 1988 年，自杀人数显著下降，而 1989 年急剧上升，与早些年持平。惠特指出，可以合理推断，短期内如此剧烈的变化不太可能反映自杀行为的自然变化。他将这种偏离归因于该市法医办公室的一系列人事及政策变化。短期内的急剧变化源于死亡记录方式的改变，而非死亡方式本身的改变。

这两个例子揭示了在刑事司法研究中使用机构记录的一个重大教训：期待意料之事（expect the expected）。如果出现意外的发现或形态，在接受意外之前，请再次审查数据的收集过程。在这两个例子中，当数据分析显示结果与预期之间存在明显差异时，研究人员对保存的记录存疑。入室盗窃调查方式的改变不太可能让入室盗窃显著且立竿见影地减少。同样地，一个针对少年犯的实验项目获得 99%的成功率，这也是令人难以置信的。这类线索促使研究人员进一步探究这些可疑迹象的形成原因。

机构职员收集的新数据

到目前为止，我们主要关注由/为公共机构收集的信息的使用。这类数据易于获取，但研究人员不可能对实际数据收集过程施加任何控制。此外，机构的数据收集程序和相关定义可能也与研究人员的需求不符。

有时可以使用混合（hybrid）来源数据，这些数据由刑事司法机构的职员为特定的研究目的而收集。我们称之为混合来源，是因为这一数据源将通过观察或访谈获取新数据与刑事司法机构日复一日的活动相结合。从犯罪侦查报告到重刑犯收押，几乎所有刑事司法组织都会例行公事地记录自己的活动。研究人员稍微修改用于记录信息的表格，就可以让机构职员为他们收集原始数据。

假设我们想知道向警方报告的犯罪案件中有多少非居民被害人。在了解佛罗里达州南部针对国际游客的暴力犯罪情况后，我们想知道此类事件有多普遍，并决定系统地调查这个问题。很快我们就会知道，关于戴德县（Dade County）居民或非居民被害人，并无公开数据。接下来去迈阿密警察局和戴德县警察局碰碰运气，我们怀疑这些信息可能会被记录在犯罪报告表上。但在这里也没有好运气。犯罪报告表中载有被害人的姓名和地址，但我们被告知，警方为游客登记的通常是当地的地址，如酒店、汽车旅馆和宾馆。警方犯罪记录办公室的工作人员告诉我们，警察有时会在犯罪报告表的备注部分写下“游客，蒙特利尔居民”之类的话，但这不是义务，也没人要求他们这么做。

假定警方和其他相关当事人同意我们开展研究，那么我们可以对标准犯罪报告表进行内容增补。加入下面的条目就可以解决这一问题：

报案人是戴德县的居民吗？

________是________否

如“否”，请在此记录其常住地址：

____

修改犯罪报告表看似简单，实则不易。首先当然要得到警察局的批准。负责填写犯罪报告表的官员必须知悉更改事项，并获知为何增加新项目。我们可以分发一份备忘录，解释采用新犯罪报告表的原因。在每次轮班执行巡逻任务之前，让督导在点名时介绍一下新表格，这也不失为一个好主意。最后，我们可以对新表格在头几天的使用情况进行抽样审查，以判断警察完成新项目的程度。

将收集新数据程序并入机构日常工作主要有两点好处。其一，也是最明显的一点，让机构职员为我们收集数据，比派出一个研究助理团队要经济得多。很难想象还有什么别的方式可以用于收集关于戴德县居民被害人状况的原始数据。其二，我们对测量过程施加的控制比单纯使用机构记录更强。有些戴德县警察会留意被害人住所信息，但大多数警察不会。添加一个专门问题就可以提高数据收集的信度。我们可以考虑使用既有犯罪报告事项中的“被害人地址”，但警察倾向于为游客登记本地地址，而这会削弱测量的效度。专门的“居民/非居民”条目是一项更有效的指标。

由玛丽·米尔撰写的插页文章《改善警方家庭暴力记录》提供了从机构记录中收集新数据的方法示例。你可以从中发现协作的重要性。本章后文将再次讨论一个虽不突出但同等重要的教训：机构记录通常并非为研究目的而制作，因此并不总是符合研究人员的需要。有时就像玛丽·米尔的示例一样，稍作调整就能把不能用的成堆纸面文件导入计算机记录系统。无论何时，研究人员最好小心谨慎，不要假定现有数据能够满足他们的需要，而要创造性地寻求提高机构数据质量的方法。

改善警方家庭暴力记录

玛丽·米尔
蒙莫斯大学（Monmouth University）

因为关注家庭暴力，所以我对反复被害有了更深入的了解。英国有研究表明，涉及同一被害人和加害人的反复家庭暴力相当普遍（Jalna Hanmer, Sue Griffiths, and David Jerwood, 1999; Graham Farrell, Alan Edmunds, Louise Hibbs, and Gloria Laycock, 2000）。例如，肯·皮斯（Ken Pease, 1998：3）在综合四次 BCS 数据后指出，大约 1% 的受访者有 4 次或 4 次以上的个人被害经历，这些被害人代表了向 BCS 访谈者揭发的所有个体被害事件的 59%。在英国进行的其他研究表明，许多其他类型的犯罪不成比例地集中于少数被害人群。识别反复被害人，并向他们配置预防及执法资源，可以大幅降低犯罪率。

我主要关注如何确定一个警察局受理的家庭暴力案件中的事件、被害人和加害人的分布情况，这个警察局位于美国东北部一个大城市。这或许算探索性研究，但我也希望提出减少反复被害的政策建议。通过与马克斯菲尔德的合作，我在初步调查中就已经发现，尽管书面文件中记载了袭击和其他犯罪数据，但无法有效地统计被害人和加害人的反复事件（repeat incident）数量。不过，鉴于收集更多更全面的反复被害人和加害人信息的潜在价值，警察局高级职员与马克斯菲尔德及我合作建立了一个数据库，对现有家庭暴力事件数据进行重新梳理。2001 年 11 月，我们开发出一个实验性的数据系统。该警察局计划由其家庭暴力及性侵犯组（the department's domestic violence and sexual assault unit，简称 DVSAU）维持该数据库。工作人员于 2002 年 1 月开始录入新事件。期间，我建议自 2001 年 8 月至 12 月，通过亲身体验，测试该数据库及输入程序。在解决了一些问题后，系统最后正式启用，我有段时间不断输入新的事件报告。

诚然，这是对几个月里开展的工作的简短描述。这项工作起初是为了获得我们认为已经存在的数据。发现没有合适数据后，马克斯菲尔德频繁进出警察局，开始讨论如何改善现有的记录保存业务，以将反复被害情况制成表格。如果这种安排不会给该机构带来过多的负担，则许多公共机构都会接纳研究人员。对大多数公共组织来说，为研究人员收集新数据的确是一项不合理的负担。解决问题的关键是以研究人员和接待单位共赢的方式开展合作。

很明显，通过让警察局设计针对反复被害的表格和承担制表责任，我的研究获益匪浅。警察局则有三个方面的好处：首先，DVSAU 的工作人员意识到，能够识别反复加害人和被害人的数据文件可以产生有助于他们调查事件的信息。这里强调加害人，是因为在其他条件相同的情况下，警察对加害人的兴趣大于对被害人的兴趣。因此，这个数据库的目的是追查警方感兴趣的人（加害人）和对我的研究特别有用的人（被害人）。其次，在受传统约束的组织中建立一个新的数据系统特别难，认识到这一点后，我可以通过早期由自己输入数据来实现平稳过渡。这种做法还有意提供了一种副产品，即确立了实验期间的质量控制程序。作为一名刑事司法研究人员，我知道数据收集程序的信度非常重要，可以为警察局确定可靠的数据输入例行程序。

最后，DVSAU 工作人员还从另一个方面获益，而这可能是最重要的。警察局已经将该数据库并入 Compstat〔1〕大约 3 年。实时数据和问责制是 Compstat 的两个重要组成部分。DVSAU 指挥官每周都必须提交一份该部门活动的简报，并对该部门工作人员的行为承担责任。在建立数据库之前，DVSAU 指挥官需要花费数小时为每周的 Compstat 会议做准备。数据库运行后，准备时间减少到几分钟。此外，DVSAU 指挥官能够引入由警察局长评价的新的绩效测量指标——反复加害人和被害人。

这种数据收集方法有许多潜在的应用。在许多司法辖区，缓刑官或其他法院职员会对已决犯进行某种形式的现场调查。研究人员可以对标准访谈表格进行补充，为特定研究要求而增加新的条目。琼·皮特尔斯连和苏珊·特纳（Joan Petersilia and Susan Turner，1991）在关于强化缓刑监管的实验研究中获得了缓刑官的合作，完成了三种数据收集表格，每一类研究对象一种。登记表提供了人口统计和犯罪历史信息。6 个月和 12 个月后完成的评估表记录了缓刑工作人员向实验和对照受试者提供之服务的性质和类型（Petersilia and Turner，1991：621）。机构记录提供了有关缓刑犯表现的数据，但需要补充数据来测量强化缓刑监管项目的实施情况。

第 6 章已述及，ADAM 项目对每个实验城市的被捕人员进行采样，并要求他们自愿提交尿液样本进行匿名测试。测试结果被制成表格，用来预估因各种类型犯罪被捕者的吸毒情况。ADAM 逐渐扩展成一个“研究平台”。斯科特·德克、苏珊·彭内尔和阿米·考德威尔（Scott Decker，Susan Pennell and Ami Caldwell，1997）的一项研究表明了这一点，他们在 ADAM 网站的访谈问卷中补充了关于枪支获取和使用的问题。研究人员没有找到吸毒和使用枪支之间的联系，但确实发现枪支在未成年男性中很常见，在被确认的帮派成员中尤其普遍。依托 ADAM，德克等人以极低成本获取了超过 7 000 名研究对象的信息，充分展现了吸纳机构职员收集数据的主要优势。

〔1〕 Compstat 本来是“纽约市警察局据以辨识问题和评测问题解决活动成效的管理过程”，后来不断扩展，包含了许多其他软件，如连接和整合了各种职业犯数据库的战略与战术指挥系统。Compstat 逐步演化为各地警察局的一整套软件，其对数据和地理空间方法的运用理念对侦查管理产生了极大冲击。——译者注

同样需要注意的是，让机构收集原始研究数据也有一些弊端。很明显，这种方法需要得到各机构及其职员的合作。其中的困难与对数据收集的干扰成正比。机构职员需要另外付出努力，或者数据收集活动影响了正常工作，都可能会降低合作的可能性。参与机构的潜在利益是一个相关问题。如果一个研究项目或实验项目可以节约机构运行成本或提高员工绩效——就像玛丽·米尔的研究那样，则更容易得到机构的帮助。

如果依赖机构职员，则研究人员对数据收集过程能施加的控制较少。皮特尔斯连（Petersilia，1989：442）指出，机构职员的时间规定互斥，自然要把履行主要职责而非数据收集置于优先地位。假如你是一名缓刑官，需要处理大量个案，还被要求每 6 个月和 12 个月向每个委托人提交详细服务报告，你会与研究人员保持密切联络或更认真地填写数据收集表格吗？

三、分析单位和抽样

研究人员应当特别注意机构记录的单位，在选取分析样本时尤其如此。

确定机构记录符合某个特殊研究目的要求后，接下来需要作出数个决定，完成数项任务。因为本书他处已做详细介绍，所以此处只简要讨论其中之二：分析单位和抽样。

分析单位

作为档案和机构记录基础的分析单位可能不适合某个研究问题。比方说我们想研究缓刑犯个体，则需要被判缓刑者的个人数据。关于服刑缓刑犯每周人数的总计数据不可能满足我们的研究需要。再如，我们想研究对毒品犯罪缓刑犯的监管是否比被判袭击犯罪的缓刑犯更严格，那么被判缓刑者的数据就必须根据所判罪名进行聚合分类。

我们在第 4 章中提到过一个通用规则，需要在这里重述：从个体的分析单位转移到总体的分析单位是可能的，但不能相反。因此，我们可以将缓刑犯个体的记录汇总成反映已决犯罪的群体，但拆解每周报告并不能获得个人信息。无论何时，使用机构记录的研究人员都必须注意分析单位之间是否匹配，而分析单位必须阐明具体研究问题和在机构记录中所代表的总体层次。

在研究刑事司法程序或经历某个制度流程的人时，分析单位可能尤其令人头疼。这是因为刑事司法机构在留存活动记录时采用了不同的计数单位。图12.1改编自纽约州一家刑事司法机构的官员编制的报告（John J. Poklemba，1988），它罗列了在不同程序阶段（犯罪活动、逮捕、法庭活动、矫正）进行记录时使用的许多计数单位。

图12.1中列出的单位可以分为两类：事件计数和案件计数（Poklemba，1988：III3）。诸如逮捕、起诉或认罪等事件持续时间很短，计数更为简单。但是案件可能会持续更长的时间，以启动或终止事件为界。案件处理方式虽复杂，却与个人直接相关。例如，法院案件自起诉事件发生时开始，至法院处置事件出现时终止。再如，狱内案件随监狱内的认罪事件而启动，并因释放出狱事件而结束。更为复杂的是，计数单位之间存在众多可能联系。例如，一个法院案件可能包括多名被告人，每名被告人都面临多个罪状，而这些罪状可能会带来多个处置。

犯罪活动	逮捕
事件 犯罪侵害（crime violated） 被害人 加害人（offender）	逮捕 加害人 起诉 罪状
法庭活动	**矫正**
被告人 起诉与罪状（count） 归档（filings） 案件 出庭 处置 判决	罪犯 认罪 宣判 撤销

图12.1　刑事司法数据的统计单位

来源：改编自Poklemba，1988：III1-III3。

对于许多研究目的来说，最好的解决方案是将某个相当于一个人（比如被告人）的客体用作分析单位。以下是詹姆斯·艾森斯坦和赫伯特·雅各布（James Eisenstein and Herbert Jacob，1977：175–176）在其对重罪审判法院的研究中所采用的方法：

“起诉书和案件充斥着模糊的定义，每个城市都不一样。有些被告人的名字出现在多份起诉书中，而另一些则没有；许多被告人在起诉前就被程序淘汰，但淘汰前会受到某种惩罚。案件可能有一名或多名被告人，如果有重叠的被告人或起诉，往往会并案处理。‘被告人’的概念没有含糊不清之处。以被告人为分析单位，可以帮助我们掌握每个被告人面对的起诉数量、法院案件数量以及面临的最终处置。

以个人为分析单位，有助于解决因不同计数单位之间的复杂关系而出现的概念性问题。不过，在确认个人与其他计数单位的联系，或者追查个人从一个机构流转至另一个机构方面，仍然存在实际困难。”

抽样

为特定研究目的，经常需要抽取机构记录的子集。正如不需要访谈纽约市的所有居民以了解其对地铁上犯罪的感受一样，我们也没必要审读所有法院案件来了解案件处理或判决模式。

分析单位厘清后，机构记录抽样就相对简单多了。目标总体和样本框在大多数时候都比较容易确定。譬如，如果我们想研究纽约市的重罪逮捕处置情况，我们的目标总体可以是在2010年获终局处置的所有案件。我们随后可以得到一份囊括2010年所有重罪案件编号的清单或计算机文件，并使用第8章中描述的系统抽样或其他抽样程序抽取样本。当然，我们必须警惕样本框的可能偏误，例如在案件列表中出现重复内容。

四、效度与信度

理解产生机构记录的有关细节，可以有效防止效度与信度问题。

评估机构记录的效度与信度以及这些数据对于某研究项目的普遍适用性，关键在于尽可能全面了解数据的最初收集过程。这样做有助于研究人员探寻数据的新用途。他们也会充分准备，以预测并发现机构记录中隐藏的效度与信度问题。

考虑使用机构记录的研究人员，建议认真阅读雅各布的小册子《已发布数据的使用：偏误与纠正》（*Using Published Data*：*Errors and Remedies*，1984）。雅各布不但提醒读者警惕效度和信度的一般性问题（例如第5章所讨论的内容），还建议数据使用者注意检查数据来源，以掌握其他可能错误。例如，在诸如UCR之类大篇幅报告中，笔误在所难免。这类错误可以在发现后以勘误表形式附在后续报告中。

对于历时收集的数据序列，用户必须特别注意数据收集程序或关键指标操作性定义的变化。你可能已经想到，这种变化更可能出现在跨越多个年度的数据序列之中。大卫·坎托和詹姆斯·林奇（David Cantor and James Lynch，2005）曾阐述过NCVS的变化（特别是在1992年版中引入新设计元素之后），而对NCVS数据的任何长期分析都应当牢记这些变化。前已述及，NCVS的重新设计已于1994年完成。如果要对被害进行历时研究，则需要思考样本量和样本设计的变化、电话访谈需求的上升以及调查问卷的改版等，这些都会对我们的结论产生影响。

因此，历时研究人员必须勤于查询程序或定义的历时修改，避免将实质性意义归因于某个测量的变化。此外，随着调查时间间隔的拉长，测量方法确实可能会改变。戈尔（Gurr，1989：24）引用过一个范例：

> “在20世纪的头20年，许多美国警察把车祸致死当成杀人对待。这导致‘杀人’发案率上升，也带来了一些让人困惑的研究结论。为识别并筛选这些因素对长期趋势的潜在误导性影响，对数据来源和其历史及制度背景的认真研究极有必要。”

此例表明，截面研究人员必须警惕一个稍有不同的潜在偏误类型。罗杰·莱恩（Roger Lane，1997）指出，对于将死亡事故归类至杀人的倾向，有些城市比其他城市更为突出。

此处的中心点是，由于刑事司法数据来自不同的市、州或司法辖区，分析者必须关注对核心变量的定义及测量方式的变化。即便这些定义或测量方式看起来较为简单，它们也有可能出现错误。例如，司法统计局的统计人员就提请更正数据的潜在使用者注意：

"……有些'辖区'曾经历报告事项的变化，涉及人口数据的一次或多次历时修正。这些变化可能源于管理方式改变（如归并数据库或启用新信息系统）导致的数据评估和清理，源于刑事和解记录，源于罪犯重新分类（包括缓刑犯、接受双重社区照管的罪犯），或者源于增补先前未报告的子群体。因为这些原因，辖区之间的比较以及同一辖区不同年份的历时比较都可能无效。"

幸运的是，大部分已公布正式数据序列都提供了有关定义及收集程序方面的基本信息。司法统计局的许多出版物都附有调查中使用的问卷副本及统计数据。尽管如此，研究人员仍应视纸本报告的概述部分为其查找数据收集过程信息的起点。在认真分析已公布数据前，他们应当联系相关发行机构以获取详情，而这种详情或许以技术报告形式呈现。

效度与信度问题的由来

本节最后，我们讨论一下由公共机构保存之记录的一些一般性特征。请认真思考我们提到的每个特征，考虑如何将其适用于具体的刑事司法研究。多思考一些新的案例对你会有很很大帮助，你也可以与老师或同班同学一起讨论。

数据的社会生产（Social Production of Data）　实际上，所有刑事司法记录的留存都是一个社会过程。我们的意思是，逮捕、违反未成年人缓刑规定、法院定罪或监狱囚犯违反监管规定等指标都反映着未成年或成年罪犯的真实行为以及刑事司法官员所做的决定。正如鲍默、马克斯菲尔德和门德尔松所说："研究人员必须明白，业绩测量（performance measures）是罪犯行为、发现该行为的组织能力以及有关如何回应罪犯'不当行为'之决定的综合体。"（Terry Baumer，Michael Maxfield and Robert Mendelsohn，1993：139；着重强调。）。有少量的经典论文描述了以警方犯罪记录形式进行的数据的社会生产（Donald Black，1970；John Kitsuse and Aaron Cicourel，1963；David Seidman and Michael Couzens，1974）。理查德·麦卡利（Lichard McCleary，1992）描述了假释官的数据的社会生产行为。他们可能为了避免文书工作而不记录轻微违法行为，或者相反，为了将惹是生非的假释犯送回监狱接受惩罚而详细记录这类行为。克莱夫·克里曼和珍妮·莫尼汉（Clive Coleman and Jenny Moynihan，1996）也描述了许多刑事司法测量的社会生产。

数据的社会生产 数据反映了正在测量的概念之外的组织过程和决定。

刑事司法官员及其他人的自由裁量行为都会对机构记录的形成（生产）产生实质影响。警察既不可能掌握所有的犯罪类型，也不可能逮捕进入他们视野的所有作案人。同样地，检察官、缓刑官和矫正官都会选择性地关注记录在案的指控，或者只重视认定缓刑犯和囚犯违反监管规定的行为。上提一个层级，州立法机关和刑事司法官员致力于随着时间流逝而不断变化的各种犯罪问题。对儿童虐待、吸毒、熟人强奸甚至饮酒之类行为，人们的容忍程度同样随着时间而改变。

机构数据并非为研究目的而设计 刑事司法官员收集数据，很多时候是因为法律有相应要求。更普遍的情况是，机构收集数据主要为己所用，而未考虑研究者的需要。留存法庭处置记录的部分原因在于法律的强制性要求，其初衷是供法官、检察官及其他公职人员使用。机构记录保存程序的背后是内部需求和上级部门指令。其结果是，研究人员有时会觉得机构记录很难为特定研究目的而编辑。

举个例子，马克斯菲尔德曾经想追踪研究法庭对肯塔基州路易斯维尔县（Louisville）警察个体作出的逮捕的处理情况。“没问题，”一名副检察长向他保证，“我们在电脑中保存了所有处理记录。”在该县数据处理机构查询一份书面记录的电子版时，马克斯菲尔德发现，计算机磁盘仅存有头一年的案件，而这种磁盘是当时最常用的大容量存储介质。据说这种磁盘价格昂贵（约 17 美元），且数据处理人员未获授权购买新磁盘，以存储每年新增文件。相反，大量电脑打印材料被制成微缩胶卷存储，而“昂贵的”计算机磁盘却需擦除数据，以供下一年使用。马克斯菲尔德最终放弃了这个项目，因为他已经意识到，这个项目仅数据收集就需要逐字浏览成百上千的微缩案件档案，而不能进行简单且迅速的电脑搜索。

请牢记，我们的研究需求不可能与机构记录保存实践完全相符。法院或警察机构往往使用特殊的信息分类定义或方法，使这类记录难于使用。同时需要认识到，无论核心概念的概念性定义和操作性定义有多么细致和精确，它们都不太可能与刑事司法机构的真实测量完全相同。

定义上的差异可以追溯至不同的机构需求，相关示例，也可参见插页文章《上个月有多少人违反假释规定?》。

上个月有多少人违反假释规定？

约翰·J. 波克莱姆巴
纽约州刑事司法服务局

问题：上个月有多少人违反假释条例？答案：视情况而定。更准确地说，依据提出此问题的机构而定。下述三个答案中的任何一个都在其自身范围内正确。

纽约州矫正委员会	611
纽约矫正服务署	670
纽约假释局	356

州矫正委员会（State Commission of Correction，简称 SCOC）保存当地在押人群每天的总体信息。数据来自当地治安官，采用了一套常用定义。SCOC 对违反假释规定者作如下定义：被指控违反假释规定者，是指因被指控违反假释条件（如再次被捕）而被收监的人。对地方监狱而言，这样的定义是说得通的，再次被捕已经成为统计被指控违反假释规定者的专门类别。不过，纽约市并不以是否再次被捕作为区分违反假释规定者的标准，因此，SCOC 的数据仅包含纽约州北部的违反假释规定者。

矫正服务署（Department of Correctional Services，简称 DOCS）对人们因何入狱不感兴趣，它们的关注点是大量囚犯积压，需要迅速安排住宿。而且，就 DOCS 而言，唯一的真正违反假释规定者是指技术上违反假释规定的人员。这种界定对 DOCS 有意义，因为被判新罪的违反假释规定者会以新人身份进入 DOCS，从管理角度来说，对他们的处遇应区别于因技术性违规而重返监狱者。

假释局（Division of Parole）将违反假释规定者分为四类：（1）违反假释条件者；（2）潜逃者；（3）因新罪被逮捕者；（4）被判犯有新罪者。这一界定同样说得通，因为假释局负责监控假释犯的表现，并希望区分不同类型的违反假释规定者。该局还将违反假释规定的情况区分为被指控违规（还需假释委员会认定）和实际违规（该违规行为已被确认并记入假释犯档案）。假释犯及其违规行为状况易变，差异较大，再加上纽约市及其他地区之间的差异，容易造成混乱。

考虑到这三个组织的立场及作用不同，对“有多少”这个问题的回答可以更加明确：

SCOC：上个月，有 611 名被指控违反假释规定者被认为违反其假释条件，即因新罪被逮捕且收押至纽约州北部监狱。

DOCS：上个月，有 670 名实际违反假释规定者，他们被判违反假释条件，且被计入准备投入州矫正机构的等候人员名单。

假释局：上个月，该局共有 356 名假释犯被从该局待处理业务中迁出，目前正在送往 DOCS 途中。

机构计数不相吻合的主要原因之一是，机构信息系统的开发以满足内部操作需求为导向，缺乏全局视野。对于需要多个机构数据才能解决的问题，我们往往难以得出令人满意的答案。同时也要认识到，州一级数据的可用性和质量取决于地方机构数据。
如上所述，这一问题的最佳答案是：要视情况而定。
来源：改编自 Poklemba，1988：11-13。

记录的是人员，而非模式（Tracking People，Not Patterns） 在操作层面，刑事司法机构官员往往更乐于记录个案，而对研究模式（examining pattern）兴趣不大：巡警和刑警忙着处理个人电话求助、逮捕或案件卷宗；检察官和法官更关注法院积压案件清单与个案清理；矫正机构官员留存囚犯个体记录。尽管每个组织均制作每周、每月或每年相关活动的简报，但官员们主要兴趣点还在个案上。迈克尔·吉尔肯（Michael Geerken，1994）在讨论研究人员分析警察逮捕报告过程中可能遇见的问题时，曾清晰阐述了这一点。鲜有警方前科档案数据库（rap sheet）定期接受准确性评估。或者说，他们仅仅积攒官员个人提交的逮捕记录。对于个案记录留存中的小错误如何累积成总计数据中的复合误差，约珥·贝斯特（Joel Best，2013）提供了其他例证。

除记录个案外，许多刑事司法机构也在培养数据分析能力。警方的犯罪分析可以追踪近期事件的空间形态；检察官关注他们的计分卡（score card）；州矫正接纳设施需要考虑监狱容量、安全等级以及可用于判断新人应送往何处的程序。

随着问题导向警务日渐被人接受，许多执法机构改进了他们的记录留存和犯罪分析措施。警察管理层采用实时、准确的犯罪数据来策划并评估具体的犯罪反制策略。这被视为纽约市犯罪报案数量减少的重要原因（William Bratton，1999；George Kelling and Catherine Coles，1996；Jack Maple，1999）。这里展现了一个关于机构生产数据之准确性的重要原则：在机构管理者使用数据作出决策常态化时，他们会更在意数据质量。描述玛丽·米尔之研究的插页文章提供了另一个例证：一旦家庭暴力案件的侦查人员意识到数据库有助于他们筹备 Compstat，他们就会投入精力改善其记录留存程序。

然而，今天在大多数城市使用的记录存储系统，其设计初衷仍是为单个部门办理个案使用，而非制造用于管理和研究目的的数据。单一机构维护的是“竖井数据库”（soli databases），这一个性化标签指代的是彼此孤立的成堆资料。美国的情报机构未能分享导致“9·11”恐怖袭击的可疑行动信息，这就属于同样的问题（John Farmer, 2009; National Commission on Terrorist Attacks upon the United States, 2004）。

在策划警务行动时，越来越多地用到犯罪及 CFS 数据，这是一项积极进步。原因有二：其一，在做决策和计划时使用的数据越多，官员就越关注数据的质量。他们也将进行更充分的准备，以发现潜在错误和矛盾之处。另外，请思考非公开机构记录的信度和效度问题。除了被报告的犯罪行为，CFS 还包括没有被划归为犯罪的事件，因而内容涉及面更广。更重要的是，CFS 数据涵盖位置或地点数据，有助于热区的划定。在单一事件中，警方地理数据通常比其涉案人数据可靠（David Weisburd et al. , 2012）。因此，由高度聚合事件驱动的犯罪地理学分析，会使用具备较高质量的非公开机构记录。

误差与数据量存在共变关系。书写越多，出现文字错误的概率就越大。道理浅显，但十分重要，在分析刑事司法记录时需牢记在心。劳伦斯·谢尔曼和艾伦·科恩（Lawrence Sherman and Ellen Cohn, 1989: 34）描述了 CFS 重复记录的"镜面效应"（mirror effect）。因为需要处理的 CFS 数量太大，明尼阿波利斯（或任何一个大城市）的接线员不可能每次都能区分同一事件的重复报告。更新部分信息的 CFS 报案可能被当成新事件。上述任一情形均可能出现重复报告。

在研究相对罕见的犯罪或事件时，数据输入量与潜在误差的关系可能很难处理。尽管谋杀比其他犯罪罕见，但谋杀个案的信息可能由负责输入违章停车信息的工作人员录入计算机。如果等待工作人员处理的违章罚单和轻微盗窃案件特别多，则无法保证罕见事件得到特殊对待。

马克斯菲尔德在为印第安纳波利斯暴力治理委员会（Indianapolis commission on violence）准备简报时发现，一宗有四人遇害的乡村谋杀事件在 FBI 谋杀案记录中出现了两次。经追查，原因在于有两个机构的官员（助理治安官和州警）参与该案调查，而每个机构都向 FBI 提交了报告。但当年录入 FBI 电子档案的谋杀案有数千起，从而掩盖了一个事实，即该重复记录反映的是同一宗谋杀案。

作为我们关于机构记录长篇讨论的结尾，我们并不想给你留下这样的印象：由刑事司法机构生产或使用的数据都存在致命缺陷。对这些数据的合理使用，每年都会产出成千上万研究成果。然而，研究者必须掌握出现效度与信度问题的可能原因以及解决这些问题的方法。公共机构一般并不以研究为目的而收集数据。它们收集的数据往往反映出众多个体的自由裁量情况。同时，和任何大型人类活动一样，对大量人群和进程的观察难免出现一些误差。

五、内容分析

内容分析涉及对信息的系统研究。

社区导向警务管理办公室根据《1994年犯罪法》（1994 Crime Bill）设立，通过为地方执法机构提供资金的方式推动社区警务发展。除关心这些工作的实际效果外，社区导向警务管理办公室的工作人员还希望了解本地报纸对社区警务的公开评价情况。斯蒂芬·马斯托夫斯基和理查德·雷迪（Stephen Mastrofski and Richard Ritti，1999）针对26个城市中关于社区警务的报纸报道进行了一项内容分析。研究人员发现，1993年至1997年共有7 500余篇报道，大部分聚焦于少数几个题目："社区、资源以及对社区产生实际效果。讨论社区警务的报道几乎一边倒地对其持积极态度。"（1999：10-11）

这是内容分析的一个范例，是对信息以及这些信息传达的含义的系统研究。对于社区导向警务管理办公室来说，马斯托夫斯基和雷迪的研究令人满意——城市报纸刊发了许多有关社区警务的报道，而且大多数报道勾画的都是正面形象。

内容分析适用于几乎所有传播形式。可供研究的人工产品包括书籍、期刊、电影、歌曲、演讲、电视节目、电子邮件、社交传媒发帖、书信、法律、宪法以及它们的组成部分或聚合体。内容分析尤其适合回答传播学研究中的经典问题：说了什么（what）？对谁说的（to whom）？为什么这么说（why）？如何说的（how）？效果如何（what effect）？作为一种观察模式，内容分析需要认真解决"说了什么"问题的，并通过对以这一模式（如同对其他模式）收集之数据的内容分析，解决"为什么这么说"和"效果如何"这两个问题。

内容分析 对所记录之交流行为的研究。

内容分析的编码

内容分析基本上是一项编码操作。当然，编码代表的是内容分析中的测量过程。无论口头、书面还是其他形式的传播，都依据某个基本概念（conceptual framework）进行编码或分类。例如，报纸社论可以被编码为自由主义和保守主义两类。广播脱口秀节目可以被编码为浮夸风格和非浮夸风格两类。小说可以被编码为侦探小说和非侦探小说两类。政治演讲可以被编码为有无不支持犯罪之表述两类。请注意，对这样的术语存在诸多解释，且研究人员必须予以清晰界定。

内容分析的编码涉及第 4 章讨论过的概念化和操作化原理。如同使用其他研究方法一样，在内容分析中，研究人员必须提炼基本概念，并为观察基本概念相关事物确定具体方法。

对于所有的研究方法而言，概念化和操作化通常涉及理论关切（theoretical concerns）和实证观察（empirical observation）之间的互动。比方说，假如你相信某些报纸社论支持宽松的刑事政策而其他社论则相反，请自问你为什么这么想。阅读一些社论，看看哪些是自由主义的，哪些是保守主义的。社论的字面内容或总体论调能否清晰地指明其政治方向？你的决定是否以使用特定术语（例如“道德沦丧”“需要戒毒”）为基础，或者是支持还是反对某个议题（例如对吸毒人员应采用强制性监禁刑还是治疗项目）？

如同其他有关测量的决定一样，研究人员在理解的深度（depth）与明确度（specificity）之间面临一个根本选择。调查研究人员必须决定，在具体的封闭式问题和更一般的开放式问题中，哪一个更适合其研究。同样地，内容分析必须在寻找字面内容和潜性内容（latent content）之间作出选择。编码某项交流的字面内容（即可见的字面内容）更接近于在调查问卷中使用封闭式问题。编码某项交流的潜性内容（也即深层含义）也是一个选项。在最广泛的意义上，字面内容和潜性内容能够以测量时所需之解释程度（degree of interpretation）加以区分。

在对字面内容与潜性内容的编码程序进行概念化的整个过程中，要牢记，任何变量的操作性定义均由其所包含的属性构成。这些属性应该详尽无遗且彼此互斥。例如，报纸社论不应贴上自由主义和保守主义标签，即便我们应该允许一些人持中立态度。或许将电视节目编码为存在暴力（violent）和非暴力就足够了，但仍有一些节目可能是反暴力的。

除非进行过认真的前测，否则不应在内容分析中使用编码方案（coding scheme）。我们必须确定，交流中的哪些字面内容或潜性内容会被当作组成研究变量的不同属性的指标。我们还要写下操作性定义，并在对一些观察单位进行实际编码时使用。如果我们打算在最后计划中使用多个编码员（coder），则应让每名编码员都独立编写同一套观察方案（the same set of observation），以便我们判断其协调程度。无论何时，我们都要特别留意所有较难的例子（即不易通过操作性定义进行分类的观察）。最后，我们应该审查前测的全部结果，从而确保它们符合我们对分析的关切。比方说，如果前测的所有报纸评论都被编码为自由主义，则肯定必须重新审视我们对该属性的定义。

在启动对报纸、犯罪类电视剧或侦探小说的编码之前，我们需要制定评估编码信度的方案。幸运的是，编码信度可以通过两种便捷的方式进行检测。第一种方法，让两个人对同一信息分别编码，然后统计结果中相同编码项目的比例，以此判断施测者间信度。例如，假设犯罪新闻报道中被编码的属性有 20 个，而两名编码员相同的属性是 18 个，则其信度为 90%。

检测编码信度的第二种方法是反复检测法（test-retest method），即由同一人对相同信息进行两次编码。当然，两次编码操作之间应该存在时间间隔。仅在只有一名编码员编码时才可以采用反复检测程序。第二种方法计算信度的方式可以与第一种方法一样。

内容分析示例

现在开始讨论内容分析的应用实例。第一个例子是对恐怖事件的测量和特征描述。第二个例子描述了对另一类信息（即电子游戏）的内容分析。第三个例子则表明，从警方记录中抽取信息也是一种内容分析。

全球恐怖主义数据库（GTD）　第 6 章曾将 GTD 用作测量示例。它也是一个内容分析项目的示例，该项目通过公开渠道，如媒体文章和新闻档案，搜集恐怖事件信息。尽管 GTD 是一个非常大的项目，其基本步骤和程序却比较直接。我们总结 GTD 的运作模式，主要利用了其 2016 年 6 月版的编码本（Start Codebook，2016）。

研究人员每月都会使用宽泛的标准对互联网上的公开媒体文章进行筛选。最初的过滤程序每月大约筛选出 40 万篇可用文章。经内容分析软件的进一步筛选，最终留下约 16 000 篇供研究人员审阅的月度文章（Start Codebook，2016：7）。在挑选文章进行进一步分析的过程中，来源的信度与效度是一个重要考量因素，对它们的认识会随筛选过程而逐渐更新。

六组编码员随后将审查每一个事件，以进一步筛选并编码。为尽可能提高编码的效度和信度，会由专业团队根据 GTD 编码本的不同部分开展工作，这些部分的划分依据是事件的行为人、位置、武器、手段以及其他特征。每个小组都由一名组长负责监督指导，成员包括多名本科生和研究生。其中一个编码域（coding domain）是袭击类型，它“……反映所采用之手段的广义类别”（Start Codebook，2016：21），是所编码的 9 个类别之一。下面是 CTD 编码本说明书的节选，应该能让你想起第 6 章讨论 UCR 时提到的一个概念（Start Codebook，2016：21-22）：

“当存在多种袭击类型时，根据下面论述的层级确定最恰当的值。例如，如果使用爆炸物实施暗杀，那么该‘袭击类型’就编码为‘暗杀’（assassination），而非‘爆炸’。”

编码本这样安排袭击类型的层次：暗杀、劫持（hijacking）、绑架（kidnapping）、人质事件（barricade incident）、爆炸（bombing/explosion）、武装袭击（armed assault）、非武装袭击（unarmed assault）以及袭击设备或基础设施（facility/infrastructure attack）。

你可以访问 GTD 建设机构即马里兰大学恐怖主义及应对策略全国研究联盟的网站（http://www.start.umd.edu），从中了解关于内容分析的更多信息。例如，该网站在“publications”页面刊载了一篇名为“电子游戏、恐怖活动与‘伊斯兰国’的圣战 3.0”（Video Games，Terrorism，and ISIS's Jihad 3.0）的文章，描述了“伊斯兰国”如何通过吸引人们体验一款名为“铿锵剑鸣”（The Clanging of the Swords）的电子游戏招募支持者（Ahmed Al-Rawi，2016）。

电子游戏中的暴力　很明显，一旦某项新技术或音乐风格流行，就有人想将其与行为关联，例如电视与暴力、色情片与性侵犯以及流行音乐中的暧昧用语与性行为。这些例子中的因果关系很难确认，对此我们不做过多讨论。但内容分析是将内容划分为暴力性或色情性的合适研究工具。

金伯利·汤普森和凯文·汉宁格研究了被娱乐软件评级委员会（Entertainment Software Rating Board）评为E级（适合各年龄段）和T级（适合13岁及以上的青少年）的电子游戏的内容。他们的第一个研究（Kimberly Thompson and Kevin Haninger，2001）涉及从当时可获取的600款E级游戏中选取的55个样本。一名“电子游戏经验相当丰富”（Thompson and Haninger，2001：592）的本科生接受指派，每款游戏均体验90分钟或玩到游戏正常结束。游戏玩家会被录像，录像带构成内容分析的基础材料。一名研究人员（也被描述为资深玩家）和该玩家回看录像，对一些描述性内容的维度进行编码。这一示例的分析单位就是电子游戏。

编码员统计游戏进行期间呈现的暴力行为数量以及每一暴力行为的持续时间。暴力被界定为“攻击者造成或试图造成另一游戏角色身体伤害或死亡的行为”。这是潜性内容的一个示例。尽管研究人员必须区分暴力行为之间的短暂停顿，但暴力行为的持续时间仍是显性内容。其他被编码的变量包括死亡数量，存在毒品、酒精或烟草，亵渎或性行为，使用武器，以及配乐本身是否可定级为“露骨”（explicit）。将暴力行为持续的时间及死亡数量与每款游戏的体验时间进行比较，产生了两个标准化的测量结果，即全部用时中暴力内容所占的百分比和每分钟的死亡数量。

研究结果显示这些游戏存在大量暴力行为。动作类游戏中，暴力行为占总时间的百分比为3.3%［《音速历险》（*Sonic Adventure*）］至91%［《核子打击》（*Nuclear Strike*）］。《纸男孩》（*Paperboy*）没有死亡内容，但《鼠类袭击》（*Rat Attack*）平均每分钟有8.4次死亡。体育类游戏暴力行为比较罕见。

研究人员在之后对被评级为适合青少年的大量游戏进行研究时使用了类似的方法审视暴力因素（Thompson and Haninger，2001）。这些游戏展现了暴力、淫秽、滥用药物以及性行为等领域的更多行为类型。作者们同样不打算将这些内容与行为进行关联。他们的内容分析聚焦于对电子游戏描述的各类事物进行系统分类，从而提供独立于产业评级的信息。作者们在其研究成果中强调，在所研究的游戏中，将近一半存在数种暴力行为，而娱乐软件评级委员会在评级时对这些暴力行为只字未提。

涉帮派杀人案件的分类　什么时候一起凶杀案会与帮派相关呢？与帮派相关的凶杀案是否存在不同的类型呢？这两个问题指引着理查德·罗森菲尔德、蒂莫西·M. 布雷、阿伦·艾格雷（Richard Rosenfeld，Timothy M. Bray and Arlen Egley，1999）的研究，他们试图了解帮派结伙为何让各种形式的杀人行为大行其道。为解决这些问题，研究人员对圣路易斯警方某个十年的所有杀人案件卷宗进行了内容分析。

至此，你应该已经认识到概念化对于大多数刑事司法研究的重要性。罗森菲尔德等人首先进一步明确了“涉帮派”（gang-related）这一模糊术语的含义。他们区分了帮派发起的（gang-motivated）杀人与牵连帮派的（gang-affiliated）杀人。帮派发起的杀人“源于帮派行为或帮派关系，如成立仪式、‘比画’帮派手势（the‘throw’of gang signs）或帮派火并”。牵连帮派的杀人是指帮派成员作为被害人或作案人，且并无证据显示其属于特定帮派活动的杀人行为。帮派成员在抢劫时杀害非帮派人员就是一个例子。第三类是非帮派青少年杀人（nongang youth homicide），包括没有证据证明为帮派行为且嫌疑人年龄在 10 岁至 24 岁之间的所有其他谋杀案件。

圣路易斯警方没有使用帮派发起的与牵连帮派的这两项指标，故需要研究人员利用案件卷宗信息，将每个案件编码并归入三类之一。这是内容分析的一种形式，即对杀人案件卷宗中的信息进行全面分类。杀人案件卷宗是“警方记录非为研究目的而留”的绝佳例证。罗森菲尔德等人认识到了这一点，因而采取了两步法（two-stage process）进行卷宗编码，对每一步都进行信度核验。

第一步，将所有案件编码为涉帮派与不涉帮派案件。这似乎是往后退了一步，但通过简化该程序，可以将研究人员的测量集中于拟研究杀人案件的各个维度。确定是否有证据表明案件涉及帮派行为或帮派成员相对容易；如果没有证据，则该案被划分为非帮派青少年杀人案，并置于一旁。有证据表明涉及帮派的案件被留下，进入编码的第二步。在这一环节，在不知前一编码人员如何对所选取的案件进行分类的情形下，由第二名研究人员随机挑选 10%的案件样本并进行再次编码。你会发现，这是施测者间信度的例证。

第二次编码是将案件分成帮派发起的或牵连帮派的两类，这次分类更精细，也更困难。此时需要再次审查施测者间信度，而这次抽取 25%的样本案例。之所以增加所挑选的案例数量，是因为这一环节的信度较低——两名编码员在如何对涉帮派杀人案件进行分类方面的吻合度不高。这两名编码员审查和讨论了对案件进行独立编码所产生的矛盾之处，最终就如何分类达成一致。

这几个示例各有特点，希望你能从中思考内容分析在刑事司法研究中的其他应用范例。你可以参阅雷·苏瑞迪（Ray Surette）的杰作《传媒、犯罪与司法：影像、真相及政策》（*Media, Crime, and Justice: Images, Realities and Policies*, 2006），以了解内容分析的更多应用议题。政府审计署（Government Accountability Office）［之前的总审计署（General Accounting Office）］也就内容分析的一般应用发布了很好的指引（General Accounting Office, 1996）。

六、二次分析

其他研究人员收集的资料经常被用于解决新的研究问题。

我们的最后一个话题涉及此前描述的所有刑事司法数据来源：内容分析、机构记录、实地观察与调查。我们先讲一个一名高产刑事司法学者如何使用二手数据的例子，这次数据使用非常费力。

韦斯利·斯科根历时三十余年研究犯罪对城市居民生活的影响。他多数时候通过抽样调查方法研究对犯罪的恐惧（Wesley Skogan and Michael Maxfield, 1981）、社区犯罪预防（Wesley Skogan, 1988）和城区警民关系等问题（Wesley Skogan, 2007）。他早就认识到不文明行为（incivility）这一社会失序标志作为社区犯罪问题指标和城区居民恐惧来源的重要性。

1990 年，斯科根在本人及他人研究成果基础上，发表了有关不文明行为的综合研究成果（Wesley Skogan, 1990）。然而，斯科根没有开展新的调查以收集原始数据，而是对 1977 年至 1983 年在 6 座城市进行的 40 项调查进行二次分析，据此得出自己的结论。他汇集了约 13 000 人的应答，并研究了失序的根源、影响以及个人与警察的行为表现等问题。

对其他研究人员收集的数据进行的二次分析已经成为日益重要的工具。像斯科根这样对他人收集的数据进行再分析的刑事司法人员还有很多。有几个因素助推了这一趋势，例如调查或其他方法收集原始数据的成本较高。不过，更重要的是，二次分析的数据易于获取。下面描述两个重要的数据来源。

假定你想研究违法行为、吸毒与在校成绩的关系，全国青少年调查（National Youth Survey，简称 NYS）数据基本可以满足你的需要，它收录了自 1975 年至 2004 年 11 次访谈所获取的 1 725 名青少年的应答资料。NYS 的数据最初由戴尔伯特·埃利奥特等人（Delbert Elliott, David Huizinga and Suzanne

Ageton, 1985）收集。然而，就像西泽·瑞贝隆和凯伦·范·甘迪（Cesar Rebellon and Karen Van Gundy, 2005）使用 NYS 数据研究儿童虐待与违法犯罪之间的关系一样，你可以重新分析这些调查数据，解决自己的研究问题。

或许你想知道白人法官与黑人法官作出的判决是否存在差异。加西亚·斯庞（Cassia Spohn, 1990）使用最初由米尔顿·休曼和科林·洛夫丁（Milton Heumann and Colin Loftin, 1979）收集的资料解决了这一问题，这些资料原本用于研究密歇根州一部关于诉辩交易的新法的实施效果。斯庞对同一批数据进行二次分析，解答了另一个研究问题。让我们更近距离地探讨这些例子，了解二次分析的用法及优势。

最初的 NYS 数据由埃利奥特等人（Elliott, Huizinga and Ageton, 1985: 91）收集，用于三个相互关联的研究目的：（1）估算美国未成年人违法犯罪及吸毒的盛行程度和发生率；（2）评估使用毒品与违法犯罪的因果关系；（3）检验一个关于违法犯罪的综合理论。NYS 被设计为专题群体研究，拟以 1976 年时年龄在 11 岁至 17 岁之间的具有全国代表性的青少年样本为受访者，从 1976 年至 1989 年每年访谈一次，之后则在选定的年份访谈。如第 4 章所述，这是历时研究的范例，特别适合用于理顺使用毒品及违法犯罪等行为的时间顺序。

瑞贝隆和范·甘迪（Rebellon and Van Gundy, 2005）对某些不同行为（儿童时期的身体受虐与违法犯罪）的时间顺序很感兴趣，最初的研究人员并没有直接解决这个问题。二次分析中的历时设计同样重要。对于这一研究议题，他们面临两个选项：重新进行专题群体研究，收集原始资料，或者重新分析包含被害与自述违法犯罪行为的已有专题群体研究数据。由于 NYS 包含适合其研究目的的问题，瑞贝隆和范·甘迪无须开展一项新的专题群体研究（也省去了一笔相当数量的费用）。

此前提及的第二个例子在两个方面不同。第一，斯庞（Spohn, 1990）与作为原始数据的收集者的休曼、洛夫丁（Heumann and Loftin, 1979）的研究问题很不一样。休曼和洛夫丁研究密歇根州一部新法的影响，该法针对持枪实施严重犯罪的被告人规定了强制性的最低监禁刑期。他们的主要兴趣在于，随着该法通过，密歇根州最大的县的检察官减少了诉辩交易量。不过，斯庞使用同一批数据解决了一个完全不同的问题，即黑人法官与白人法官在判决上是否存在根本性的差异。她的这一研究需要一个有足够黑人刑事法官的地方的数据，而位于密歇根州韦恩县的底特律瑞克尔德法院（Detroit Recorder's Court）符合要求，这里也是休曼和洛夫丁开展早期研究的地方。

你可能已经猜到了两个例子之间的第二个不同：斯庞使用了已经从法院记录中收集的数据，而瑞贝隆和范·甘迪则对调查数据进行了二次分析。斯庞本可以从底特律或其他城市的法院记录中收集原始数据，但通过对业已从法院记录中收集的数据进行新的数据分析，她能够解决自己的研究问题。

二手数据的来源

作为一名大学生，你可能无法针对全国性青少年样本发起 8 次专题群体研究，或者从韦恩县 2 600 多宗重罪案件中收集记录。然而，通过密歇根大学（University of Michigan）的政治与社会研究校际联合会（Interuniversity Consortium for Political and Social Research，简称 ICPSR），你却可以获得那些研究中使用的数据，还可以从成千上万其他研究项目中收集数据。

自 1962 年以来，ICPSR 都被看作由社会科学研究人员收集的可机读数据的中心知识库（central repository）。在 20 世纪 60 年代早期，可机读数据意味着穿孔卡片和纸带。ICPSR 收藏的相关资料包括来自全世界的研究人员完成的成千上万项目的数据。

司法统计局和 ICPSR 共同创建的全国刑事司法数据档案库（National Archive of Criminal Justice Data，简称 NACJD）对于刑事司法研究人员尤其重要（http://www.icpsr.umich.edu/icpsrweb/NACJD/，2016 年 8 月 20 日访问）。在此，你能找到 NYS 数据、休曼与洛夫丁收集的判决数据，以及斯科根在前述书中分析过的 40 项调查的所有数据。不仅如此，全国性的投票公司（polling firm）就刑事司法议题开展的调查，NCVS 自 1972 年至今持续进行的统计，青少年羁押和矫正机构的定期普查，关于纽约市商用卡车被盗案件的研究，马文·沃尔夫冈的经典世代研究数据，都能从中查到。自 1996 年以来，加入该档案库的机构不断增加，其中包括快速发展中的 NIBRS。可以用于在线数据分析的常规数据序列也越来越多。

也可以使用日益增长的 NIBRS 中的资料。从 1996 年起，参与该系统的机构数量就不断增加。日常数据序列的数量在增加，且有关资料都能够进行在线数据分析。甚至地理信息系统（Geographic Information System）的数据及软件都能在里面找到。新数据不断添加，这个档案库的潜力无限。

NACJD 网站有两个特别值得关注的地方。其一，NACJD 制定了多个数据资源指引，帮助研究人员理解数据的收集过程和数据档案的编排方式。例如，国家青少年矫正数据资源指引（National Juvenile Corrections Data Resource Guide）就对正羁押于居住地和其他场所的儿童的数据进行了归纳，列出了重要信息（http://www. icpsr. umich. edu/icpsrweb/content/NACJD/guides/ncjb. html，2016 年 8 月 20 日访问）。指引中也载明了数据序列文档的链接，为便于分析，还统一了这些文件的格式。指引中也列出了样本简要描述、数据收集程序和问卷。NACJD 为许多其他数据来源（包括恐怖主义及应对数据资源中心，Terrorism and Preparedness Data Resource Center）提供了全面指引。

其二，NACJD 与其他大学合作，使许多数据序列可以在线分析。这意味着研究人员无须下载数据和格式化数据文件，甚至不用安装任何统计分析应用程序。基础性、描述性的分析可以在线进行。可用数据还包括政府机构收集的大量系列数据以及经过挑选的研究成果。完整数据目录可参见 http://www. icpsr. umich. edu/icpsrweb/NACJD/studies? sdaAvailable = true（2016 年 8 月 20 日访问）。

BJS 也为选定的数据序列（如 NCVS、自 1960 年以来的 UCR）开发了数据分析工具，同时还开发了研究逮捕和囚犯再犯风险的工具（http://www. bjs. gov/index. cfm? ty=daa，2016 年 8 月 20 日访问）。这些工具对于获取基线、趋势或近期的描述性数据都十分管用。例如，可以使用逮捕分析工具揭示 2011 年密苏里州弗格森（Ferguson）警察局报告的因严重人身袭击被逮捕的人员情况（详见表 12. 3）。

表 12. 3　2011 年因严重人身袭击被逮捕人员的数量

种族	密苏里州弗格森		
	未成年人	成年人	总计
黑人	6	18	24
白人	0	0	0

来源：http://www. bjs. gov/index. cfm? ty5datool&surl5/arrests/index. cfm# Accessed 25 August 2014。

互联网提供了近乎无限的二手数据。对此，可以参见玛丽莎·曼达拉撰写的插页文章《关于恐怖分子暗杀行为关联性的国际数据》，该文归纳了一些来自网络资源的数据。请注意，曼德拉的描述强调了使用二手数据的部分优缺点，现在我们以这个话题来结束本章讨论。

关于恐怖分子暗杀行为关联性的国际数据

玛丽莎·曼达拉
约翰杰伊刑事司法学院

我的学位论文研究作为恐怖分子策略的暗杀。暗杀已经存在上千年，但直到相对较近的一个时期，恐怖主义才被视作一个重要的政策问题。暗杀是指“以突然或秘密袭击的方式实施谋杀（通常针对重要人物），往往出于政治原因”（Constantin Stolnici and Octavian Buda，2012：907）。在此定义之下，研究人员开始将一些暗杀行为归入恐怖袭击。

有数项研究从国家层面探索了恐怖主义关联因素，但几乎不谈论诸如暗杀等具体袭击类型。我的兴趣在于，与恐怖主义存在关联的国家环境是否也与暗杀相关。GTD 收录了 1970 年以来的全球恐怖分子暗杀行动信息，我因而也已经拥有源自 GTD 的非常全面的暗杀数据库，但是并不存在所有国家层面恐怖主义关联因素的单一数据库。因此，我通过不同二手数据来源编制了多个国家层面特征的指标，并将它们嵌入一份数据文件，作为我分析的自变量。我的因变量是 1995 年、2000 年、2005 年、2010 年约 200 个国家的全部暗杀事件统计数据。

收集不同恐怖主义关联因素的过程有时充满挑战。我无法进行历时分析，因为难以逐年融入每一个自变量。有些数据受限于其所覆盖的国家数量，还有一些则受限于其覆盖的年份。例如，我最初计划使用腐败感知指数（Corruption Perceptions Index），以涵盖对腐败的测量。然而我发现，这一指数涵盖的国家数量不多，2003 年之前的数据更是如此。我检索有关腐败的另一个数据源，查到了世界治理指标（World Governance Indicators）项目发布的腐败控制指标（Control of Corruption indicator）。虽然这一资源涵盖的国家更多，但没有 1995 年的数据。与之类似，系统和平中心（Center for Systemic Peace）发布的确定“被迫流离失所人口”（Forcibly Displaced Population）的三个指标（国内产生的难民、国内流离失所人员和国家安置的难民）无法用于 2010 年的分析。用于建立宗教多样性指数（Religious Diversity Index）的数据也是一例，该指数归纳了一国不同宗教人口占比。尽管该数据源拥有 1945 年之后的数据，但我所能找到的最早的数据是 2010 年的。该数据源每五年而非每年收录一次数据。

有些数据源也修改了方法，有时会在不同年份增加或删除变量，例如 CIRI 人权数据项目（Cingranelli-Richards CIRI Human Rights Data Project）。我决定使用该项目中的两个变量：人身完整权（physical integrity rights）和司法独立。其它变量则在某些年份后变更或删除。例如，2007 年更改了代表政府尊重人权的指标，而女性社会权利这一变量则在 2005 年退出。

由于指标存在历时变化，且不连续，我把研究聚焦于 1995 年、2000 年、2005 年和

2010年这四年，且不同年份采用不同变量。尽管存在这些挑战，但这种方法生成的数据已经足以解决我的研究问题。每一个数据源都全面收集数据，并通过统一的定义，将复杂的社会、政治和经济结构操作化。虽然某些数据源在某些年份于方法或变量上出现变化，但大部分数据源和测量方法多年来一直保持稳定。相比于依赖被测量结构复杂性的其他数据源，有些数据源可能更可靠。例如，诸如经济增长和国内冲突等概念比一些更抽象的概念（如政府的腐败控制）更易测量。世界银行的国内生产总值数据不能描述一国复杂的经济状况，但它仍能可靠地反映一国商品服务总量的增长。与之类似，对于“重大政治暴力事件”（Major Episode of Political Violence）和“被迫流离失所人口”数据组，如果冲突与暴力记录完整并因而相对容易统计，则测量国内冲突的变量是可靠的。

我的研究最终认定，暗杀与恐怖主义存在几个相同的变量：宗教多样性、重大政治暴力事件、人身完整权、政治稳定以及司法独立。因此，从恐怖主义一般特性的角度解构暗杀等恐怖分子策略，有助于政策制定者和实务界制定和完善反恐方法。

来源：Global Terrorism Database，http://www.start.umd.edu/gtd；Corruption Perception Index，http://transparency.org/research/cpi/overview；World Governance Indicators，http://info.worldbank.org/governence/wgi/index.aspx#home；Center for Systemic Peace，http://www.systemicpeace.org；Religious Diversity Index，http://www.pewforum.org/2014/04/04/religious-diversity-index-scores-by-country/；CIRI Human Rights Data Project，http://www.humanrightsdata.com/。

二手数据的优缺点

二手数据的优势明显且巨大：相比于搜集原始数据，既便宜，又快速，还可以从顶尖专业人士和深受敬重的学者的最初研究中获益。

全国未成年人健康历时研究（“增进健康”）项目始于1994年，对象是具有全国代表性的7年级至12年级学生样本。目前可以获取2008年全年4次跟踪访谈的数据。这些数据涵盖调查问题、自述、各种类型的心理测量和其他内容（Kathleen Harris et al.，2014）。犯罪学家利用“增进健康”项目解决有关违法犯罪与药物滥用的大量问题。例如，玛丽·斯库巴克·蒂勒和艾米丽·怀特（Marie Skubak Tillyer and Emily Wright，2014）研究了家庭暴力中被害和加害的共生关系。J. C. 巴恩斯及其同事利用“增进健康”项目样本的一些关键特征研究基因因素与长期加害的模式之间有无关联（J. C. Barnes et al.，2011）。新一轮的跟踪访谈于2016年至2018年间实施（http://www.cpc.unc.edu/projects/addhealth，2016年8月20日访问）。

如同玛丽莎·曼达拉的研究一样，我们可以通过使用其他国家研究人员收集的数据或访问国际数据资源来进行比较或跨国研究。马塞洛·艾比和安东尼亚·林德研究了八个欧洲国家警方所记录犯罪的长期发展趋势，他们发现，有些犯罪数量下降，但毒品犯罪数量却显著且稳定地增长（Marcelo Aebi and Antonia Linde，2012）。艾比和林德采用了"欧洲犯罪与刑事司法统计原始数据"（European Sourcebook of Crime and Criminal Justice Statistics）汇编的数据。格拉汉姆·法瑞尔等人将美国、英格兰及威尔士的犯罪数据相结合，以评估有关机动车盗窃率的不同机动车安全义务设置（Graham Farrell et al.，2011）。和预期的一样，研究人员发现，与美国相比，当法律要求在英格兰和威尔士使用电子制动设备后，机动车盗窃率急剧下降。

这些例子呈现了使用二手数据开展研究的一大优势。研究人员可以获取更大范围的研究信息，这些研究的时间跨度更长，且使用了复杂的测量方法。此外，二手资料的网络应用也使对美国之外的人口及地点的研究变得更加轻松。

不过，二手数据的潜在不足也需谨记。关键在于效度的再现问题。为某特定目的而收集的数据，并不能确保适合你的研究。你通常会发现，虽然先前研究者收集资料的方式"接近"于测量你想要研究的事物，但你会希望对先前研究者的关键变量进行一些操作化修改。接下来的问题是，二手数据是否提供了对你所要分析之变量的有效测量?

这与机构记录使用的一个核心问题相近。如果任一组数据均不能提供全面有效的测量，你可以分析所有概率，逐步确立有分量的证明，就如玛丽莎·曼达拉的研究所呈现的那样。如果每个不完美的测量都指向相同的研究结论，就说明你已经为该结论的准确性提供了足够的支撑。采用重复法可以缓解该问题。

一般而言，二手数据对于评估性研究最无价值。这是因为评估的设计目的在于回答特定项目的特定问题。我们当然可以对评估性研究的数据进行再分析，但二手数据不能用于评估一个完全不同的项目。比方说，许多研究人员重新研究劳伦斯·谢尔曼等人（Lawrence Sherman，1992a）在数个城市为系列家庭暴力实验而收集的数据。这些二次分析研究人员（例如 Christopher Maxwell，Joel Garner and Jeffrey Fagan，2001）大多希望核实或重新评估原始研究的成果。但使用这些数据无法回答有关家庭暴力干预的问题（逮捕除外)，也不能评估没有开展实验的其他城市的逮捕政策。

本书对二次分析的讨论还有一个特殊目的。在我们结束对刑事司法研究观察模式的探讨前，你应当已经全面了解了在寻找犯罪及刑事司法政策问题之答案过程中可知的可能性范围。单独一种获取信息的方法无法解开所有谜题，而你学习事物的方法不受限制。更重要的是，你应身体力行，从数个相互独立的方向中选准一个议题进行研究，牢牢掌握甚至获得更深刻的理解。

《融会贯通：机构记录与内容分析》展示了研究人员为理解种族定性与交通执法而使用不同数据来源的方法。

融会贯通：　机构记录与内容分析

对于涉及种族定性的研究及政策议题，来自机构记录的数据居于核心地位。前已述及，表明被交通拦停的少数族裔比例失衡的数据被反复用作种族歧视的证据。这类论断中有些是基于不恰当的比较，例如把州际高速公路交通拦停记录与某州人口总数进行对比。关注种族定性问题产生了一个有趣的副产品，即让我们更加留意交通拦停数据的特点。

我们所不知……

直到 1999 年，新泽西州警的交通拦停记录仍不完整、不可靠，而且常被用作有关证明或否认交通拦停存在种族定性之主张的基础。州警本应记录“被羁押机动车司机的种族特征”信息（Peter Verniero and Paul H. Zoubek，1999：31），但这类信息往往找不到。新泽西州检察长和美国司法部在调查时也对记录不连贯表示遗憾。实际上，不记录种族信息源自新泽西州警的要求，他们认为自己无从获悉黑人司机是否比白人司机遭遇更多的拦停、搜查或其他方式的严格检查。因此，新泽西州检察长和美国司法部在正式的一致意见中为改善数据收集工作而进行了细致说明。此外，新泽西州的数据收集工作需要接受延续数年的半年审计。本例是一项法则的范例：公共机构所收集之数据的质量与该机构对这些数据的使用需求直接相关。

新泽西州并非孤例。司法统计局 1999 年的一项调查发现，所调查的 49 个州中仅有 9 个州的警察机构定期收集全部交通拦停中有关司机种族的人口统计学信息（Kevin Strom and Matthew Durose，2000）。种族定性日渐引发全国性关注，促使一些州开始收集此类信息。截至 2004 年，已有 22 个州记录被拦停司机的人口统计学信息（Matthew Hickman，2005）。搜集数据的州越来越多，相伴而生的是对数据质量的担忧。国家司法研究所发布的指引（Deborah Ramirez，Jack McDevitt and Amy Farrell，2000）及警察执法研究论坛（Police Executive Research Forum）（Lorie Fridell，2004，2005）阐述了警察机构应该如何为证明种族歧视而收集、审核及分析拦停数据。

增补宾夕法尼亚州数据

恩格尔等人（Engel et al.，2004）依据这些资源为宾夕法尼亚州警设计了新的数据收集程序。这是一项值得称赞的努力，能够在他们研究的开端就增加交通拦停数据的信度。这支研究团队首先与指挥人员合作，从而获得许可。然后吸收一线警员及工会代表，共同致力于设计新的数据收集表格和程序。正如我们在第3章提到的，通过移除交通拦停记录中的身份信息，州警得以匿名。研究人员相信，这是努力提高数据准确度的措施的重要组成部分，同时也能支持其关于数据不会被用于监管州警个人的声明。

对于细节的关注收到了回报，第一年即生成了327 000条拦停记录；仅有4%的拦停记录存在遗漏信息情况。在所有拦停中，75%是因为超速，支持了作者关于采用速度作为交通违法主要指标的决定（Engel et al.，2004：24）。司机居住地显然是数据收集表中的一项重要内容。几乎所有司机（96%）的被拦停地都不在其居住的市，且有2/3是在居住县之外被拦停的（2004：43）。黑人司机在居住县之外被拦停的比例更高（82%），且一半是在宾夕法尼亚州之外被拦停。这些发现为反对以居民人口作为评估交通拦停歧视的基准提供了强有力的证据。

传票区

威廉·史密斯等人（William Smith et al.，2003）研究了北卡罗来纳州的交通拦停资料，发现了拦停空间分布极不均衡。他们发现，拦停集中于一些高速公路路段，而临近道路却几乎没有交通拦停。研究人员由此得出结论：传票区（citation zone）对于在哪儿拦停机动车发挥了重要作用。传票区的另一种表述是"超速陷阱"，但是，决定在哪儿部署巡逻人员的程序非常复杂，威廉·史密斯等人认为"超速陷阱"的表述过度简化了这一程序。对拦停数据的分析表明，传票区大都位于州际高速公路，且实际上集中于少数地点。这一点很重要，因为针对司机的调查数据（参见第9章的讨论）显示，非裔司机更愿意告知其在州际高速公路的出行情况，特别是他们不熟悉的地点。其结果是，非裔司机不成比例地暴露于传票区。他们更有可能在执法力量较为集中的地区开车。

马克斯菲尔德和凯琳（Maxfield and Kelling，2005）综合分析了新泽西州的交通拦停数据和交通流量数据，得出了相似结论。一年中，约46%的交通拦停发生在高速公路南段。回想之前的章节，高速公路南段是被拦停司机种族情况异常区（outlier）。查询新泽西州交通局的交通流量数据，可以发现，高速公路南段的交通流量最低，日均车流量仅有位于纽约市大都会区的北段的1/4。综合不同来源的机构记录可知，南段明显是一个传票区。

对问题的内容分析

在第10章，我们提到了安德烈森对州警的非结构化访谈。他讨论过的议题是，特定的区域或状况是否被认为是特殊问题。以下内容节选自安德烈森用于对州警评论进行分类的详细编码说明（2005：236）：

> 商业吸引力（Commercial Attraction）：巡逻区内特定商业区中存在的问题。例如，一名州警抱怨，一个游乐场一年到头都吸引大量游客并造成交通问题。
>
> 犯罪热区：指为重大或轻微犯罪而划定的地理区域。这一类别不是指商业区、低收入区、休闲区或季节性区域，而是指一些州警所说的自己必须应对的具有以下特征的小镇：酒馆遍地，酒鬼满座，到处是有人游荡的地下通道，许多停车场有人吸毒或卖淫，醉酒者行走的偏僻的乡村小道。
>
> 非法移民：指非法外籍人员或外籍劳工。这个类别很重要。一些州警反映非法外籍人员是一个较难处理的群体，因为他们没有驾驶证且其车辆为非法注册，这在交通拦停、交通事故、刑事案件处置时中都很棘手。
>
> 季节性区域：夏季在季节性区域出现的问题。此类别尤其吸引一些喜欢抱怨的州警的注意力，他们对前往海滩的车流量增加、露营者的行为或避暑别墅被人闯入问题（避暑者在夏初一抵达就发现房子被人闯入过，于是报案）深表不满。

小　结

- 许多公共组织为公开记录进行信息统计并积累数据，这些数据对刑事司法研究者通常也有帮助。
- 所有组织保存非公开记录都是为了内部业务，这些记录是刑事司法研究的重要数据来源。
- 公共组织有时可以接受资助，通过观察或访谈方式收集新数据，供研究者使用。
- 机构记录代表的分析单位有时并不清晰，因为机构往往使用不同且时常不明的计数单位去记录人员和案件信息。
- 在使用来自机构记录的数据时，研究人员必须特别注意潜在效度和信度问题。
- “追查书面记录”和“期待意料之事”是研究人员在使用机构记录开展研究时应当牢记的两个通用准则。
- 内容分析是一种适合于研究人类交流行为的分析方法。交流形式多种多样，内容分析因而可以研究行为的诸多层面。
- 编码是将原始数据（无论字面内容还是潜性内容）转换为标准化量化形式的过程。
- 二次分析是对其他研究人员非出于当下研究之目的而于早前收集的数据进行的分析。
- ICPSR 和 NACJD 维持了刑事司法数据档案及其他社会数据，以供其他研究人员使用。

- 使用二手数据的优缺点与使用机构记录的优缺点相似。研究人员先前收集的数据不可能符合我们的需求。

重要术语

内容分析　ICPSR　潜性内容　字面内容　NACJD　介入测量
已公布数据　二次分析　数据的社会生产　非介入测量

复习与练习

1. NACJD 的主页登载了许多数据资源指引（http://www.icpsr.umich.edu/icpsrwed/NACJD/），每个都描述了数据的收集方法、关键测量要素和其他信息。选择两个数据资源指引，随后：（1）用大约一段话概括说明数据的收集方法和分析单位是什么；（2）至少明确指出一个你认为可以用该数据序列解决的研究问题。

2. 访问 FBI 的 UCR 网站（http://www.ucrdatatool.gov）。使用制表工具找到 10 个州的暴力犯罪和财产犯罪发生率。或者以 20 年为周期研究被告发之犯罪的发展趋势。简要概括你的研究结论。

3. 网上可以找到许多动态新闻服务，谷歌快讯（Goolge Alert）就是其中之一。请就感兴趣的刑事司法议题创建一个动态新闻，并积累一周左右的新闻报道。请注意要在过简（新闻不足）和过繁（新闻过量）之间进行权衡。用两段话描述你会如何对感兴趣的概念进行内容分析。重点关注字面内容。

第四编

应用与分析

刑事司法研究可以采用多种方法来回答各种问题。虽然关于各种研究目的论述遍及全书，但本篇第一章对一个具体研究目的进行了更深入的探讨。犯罪是非常严重且似乎难以治愈的社会问题，研究人员与政府官员等日渐诉诸应用研究，以寻找对策。

第 13 章阐述了评估研究（evaluation research）和问题分析方法。正如我们将看到的，准确界定概念和重视测量对于应用研究的重要性不弱于其对于其他研究目的的重要性。

第 14 章讨论数据分析。在完成研究项目设计、明确测量要求和收集数据后，我们将根据研究目的寻求描述、解释或评估的模式和它们的相互关联。本章对描述统计和推论统计进行初步讨论。我们的目标是帮助读者熟练掌握基础统计分析原理。

|第 13 章|

评估研究与问题分析

本章重点讨论应用型刑事司法研究。实施评估研究的目的在于判断刑事司法项目或政策的成败及其背后的原因。问题分析则可以帮助政府官员制定项目实施计划，并预测新项目的实施效果。

学习目标

1. 将评估研究和问题分析作为刑事司法领域的应用研究示例加以总结。
2. 描述针对不同刑事司法政策阶段的评估活动类型。
3. 阐述可评估性评测的作用。
4. 理解在评估研究中对研究问题、相应测量以及效果评断标准进行缜密设计的必要性。
5. 描述评估研究与其他研究设计的相似之处。
6. 解释随机化实地实验的利弊、要求和局限。
7. 总结单独实行或与影响评估共同进行过程评估研究的重要性。
8. 阐述问题分析的作用。问题分析作为一种项目计划方法，其研究方法与评估研究所运用的社会科学方法一致。
9. 解释科学现实主义研究方法为何重视在研究环境中所呈现的因果机制，而非可概化的因果过程。
10. 举例说明刑事司法机构为何越来越多地运用问题分析、犯罪制图以及其他基于空间分析的研究方法。
11. 解释评估研究为何涉及特殊的逻辑、伦理及政治问题。

本章目录

机动车安全的评估

格拉汉姆·法瑞尔等人（Graham Farrell et al.，2011）研究了澳大利亚、加拿大、英格兰与威尔士、美国机动车盗窃的趋势。该研究为马克斯菲尔德和罗纳德·克拉克所负责的美国汽车零部件标记预防机动车盗窃有效性研究项目的一部分。

澳大利亚政府官员为应对案件数量长期居高不下的机动车盗窃采取了各种措施（Ray Carroll，2004）。当时，澳大利亚不同地区阶段式地引进了发动机防盗电子锁。法瑞尔与同事借此对该装置的犯罪预防有效性进行了评估。该装置可防止发动机在没有正确电子密码匹配的情况下启动。

下图展示了西澳大利亚（澳大利亚联邦的一个州/地区）和其他7个州/地区的机动车盗窃趋势。该图以1997年机动车盗窃案件指数100为起点，在随后的几年里，其指数趋势发生了如下变化：1998年，西澳大利亚机动车盗窃案件指数为118，相比前年，增长了18%。到2008年，该州/地区指数下降至40，相比1997年，降低了60%。

该图的两条垂直线条对应了澳大利亚政府采取发动机防盗电子锁措施的时间点：

·1999年，澳大利亚政府对西澳大利亚所有使用12年以下的机动车安装了发动机防盗电子锁。

·2001年，在全澳大利亚范围内对所有销售的新机动车安装了发动机防盗电子锁。

可以看到不同州/地区的机动车盗窃案件指数在实行该政策后均呈现出明显的下降趋势。案件指数的下降趋势大致与政策实施时间点相对应。

该图为断续时间序列分析的例证，是常用于评估新政策实行后是否带来变化的一种评估研究方法。本章会以此研究为例，对断续时间序列分析以及其他评估研究方法进行描述，所以请读者记住该例子。

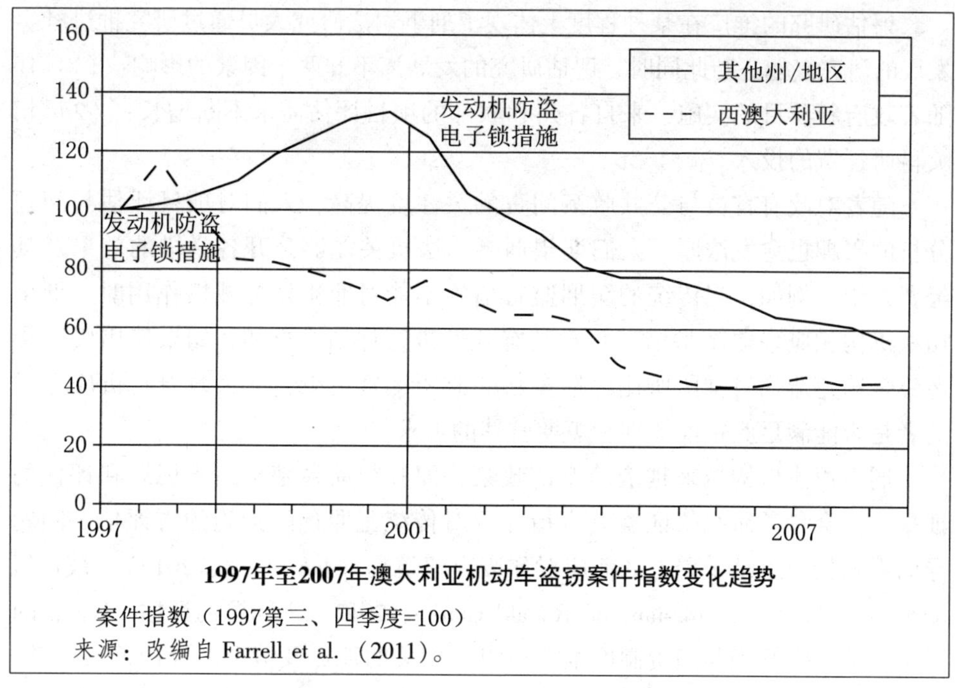

1997年至2007年澳大利亚机动车盗窃案件指数变化趋势

案件指数（1997第三、四季度=100）

来源：改编自 Farrell et al. （2011）。

导　言

评估研究和问题分析对于研究人员和政府官员日益重要。

评估研究，又称项目评估，是一种研究目的，而非一种特定的研究方法，其目的在于对如家庭暴力的强制逮捕、缓刑改革及新刑罚规定等政策进行效果评估。问题分析可帮助政府官员制定计划、选择实施方案。几乎所有的研究设计、测量以及数据收集方法都适用于评估研究与问题分析。

问题分析　一种帮助政府官员制定计划、选择实施方案的分析方法。

刑事司法领域很早就开展了对评估研究的运用。当出于特定目的实施新项目时，人们都会在意，甚至是不经意地注意到该项目的实际影响。评估研究现已发展成为一个重要的专门研究领域，在众多教科书、课程与研究项目中随处可见。由此，你可能会阅读到越来越多的评估研究报告。作为研究人员，你会从事更多的评估研究。

评估研究的推广在某种程度上体现了刑事司法研究人员通过研究推进社会发展的研究兴趣。与此同时，评估研究的发展离不开两个因素的影响：（1）伴随着政府新项目的实施，来自各州和联邦的项目评估需求不断增长；（2）相关科研经费的投入。

随着对政府官员与公共政策问责的关注度提高，人们对项目评估与问题分析的兴趣也愈发浓厚。人们期望刑事司法机关能够公开各举措的效果及其经费开销。例如，当传统的缓刑监管措施不能对罪犯发挥威慑作用时，刑事司法机构相应采取新举措，并对其有效性进行评估。再如，如果使用废弃货运集装箱建造临时拘留所比建造全新的监所耗资更少，那么政府官员应考虑前者是否能满足庭审前关押和短期监禁的需求。

刑事司法机构越来越依赖循证政策，即其行动系基于用于规划和评估的证据。社会科学研究的证据一直指导着对传统犯罪预防措施的再评估。问题导向系列指南总结了警方如何应对如废弃建筑物（Jon Shane，2012）、被盗机动车出口（Gohar Petrossian and Ronald Clarke，2012）等问题的证据。Compstat 以及其他警察管理与问责制度根据与犯罪相关的地点及情形来设计警察行动。刑事司法机构对越来越多的矫正政策进行评估，以理清那些实际上减少了再犯罪的政策。乔治梅森大学循证刑事政策中心（the Center for Evidence-Based Crime Policy，http://cebcp. org，2016 年 8 月 21 日访问）的设立可推进应用型司法研究的成果转化成为州和地方相关犯罪与司法政策。循证政策拓宽了刑事司法应用型研究的运用领域，且不只体现于司法官员与研究人员合作这一层面。

最后，约翰杰伊刑事司法学院研究与评估中心（John Jay College of Criminal Justice Research and Evaluation Center，REC）推出了一项有关证据生成（evidence generation）的应用研究举措。在纽约州青少年司法改革政策的推动下，纽约市非营利组织根据当地未成年人法庭或刑事法庭的需要开展了具有创新性的相关改革。研究与评估中心的研究人员协助相关组织对这些改革项目进行了评估与记录，从而生成了可共享的评估证据。有关此合作的更多信息与示例，请访问网站 johnjayrec. nyc/evgen（2016 年 8 月 28 日访问）。

循证政策　利用数据及其他信息来制定和评估司法政策。

一、适合评估研究与问题分析的研究课题

评估研究与问题分析适用于司法政策的制定及其效果的判定。

评估研究可在政策施行之初或筹备阶段开展。政策干预是为达到预期结果而采取的行动。简言之，评估研究是一个确定项目是否达到预期效果的过程。问题分析则更侧重于决定应采取何种干预措施。在众多政策干预措施中，我们选取某一政策的标准是其运行成本最低、最有效或更易于实施。为更好地理解可适用评估研究与问题分析的研究课题，我们可首先确立一个用于政策制定过程的简单通用模型。

政策制定过程

图 13.1 呈现了根据罗伯特·莱恩伯里（Robert Lineberry，1977：42-43）对政策制定的总结而改编的模型。该模型与美国国家司法研究所在其所发表作品中描述的“投入与输出”（input-output）模型相似（Douglas McDonald and Christine Smith，1989）。虽然接下来我们将会依次论述该模型的每一步骤，但在此值得一提的是，像我们在第 1 章所讨论的一般研究过程一样，政策制定过程是流动的，并不总是始于设定的起点，直到该过程结束才能得出结论。

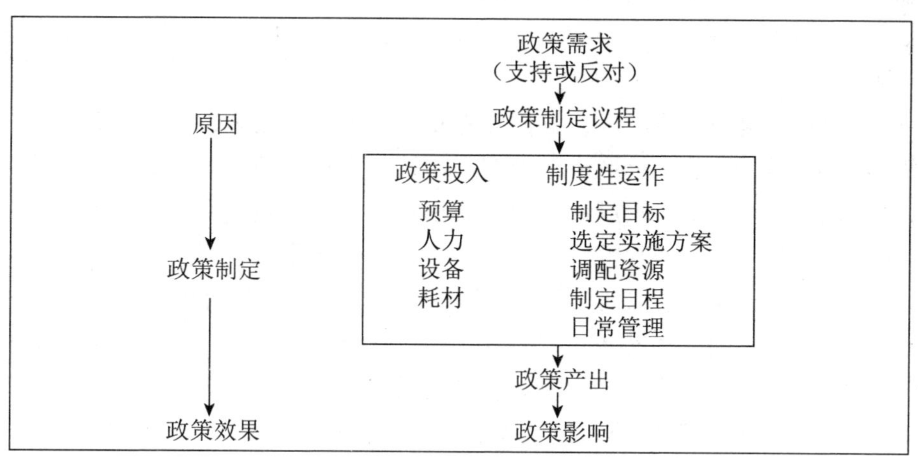

图 13.1　政策制定过程

来源：改编自 Lineberry，1977：42-43。

政策制定始于支持新行动方案或反对现有政策之类的需求。这些需求可能来自政府内部或外部。例如，那些广为人知的在毒品案件判决中涉及的种族歧视问题最终推动了《联邦毒品犯罪量刑准则》的修订（United States Sentencing Commission，2014）。再如，地方检察官可独立决定是否审查警方提出的毒品案件量刑建议。在政策制定之前，相关政策意见须被纳入政策制定议程，因为负责案件的检察官也许会忽视媒体所报告的种族歧视指控，或决定对相关量刑建议不采取任何举措。

如图 13.1 所示，政策需求被纳入政策制定议程后，接下来的政策制定包含了若干步骤。政策制定者会预计最终期望达到的目标以及实现这些目标的不同方案。例如，检察官是否为所有被控毒品犯罪的白人和非裔提出完全一致的量刑建议，是否根据犯罪历史记录、犯罪严重性等其他因素来提出相对不同的量刑范围。包括人力、设备、耗材甚至时间在内的政策投入都需考虑。比方说，谁将负责量刑建议的审查，需要多少时间，是否需要额外的工作人员等。“政策”一词通常表示一些针对反复出现问题的解决方针，因此政策制定的操作规程与决策规则都必须事先制定出来。譬如，是只要案件材料齐全便对其进行审查，还是每周定期地审查所有案件。

政策产出是指政策制定的实际产物，其含义可喻为办公用品制造商所生产出来的回形针与订书机。在有关检察官量刑建议的例子中，该政策产出是检察官对毒品案件量刑建议的例行审查。再如，一个旨在减少特定路段交通事故的选择性交通执法项目的产出为所部署的警力和所开出的超速罚单。

在政策制定的最后阶段，我们将考量政策产出所带来的影响。例如，检察官的审查是否消除了量刑中的歧视问题、特定执法路段的交通事故是否减少等。区分政策产出与政策影响对于理解各政策制定过程评估颇为重要。但政府官员与研究人员经常混淆两者。政策影响与预期政策目标有关，具体指通过实行政策所期望获取的结果。政策产出体现了实现预期政策目标的方法。检察官力求平衡量刑建议（政策影响），而其对量刑建议的审查是实现该预期目标的手段（政策产出）。警长们期望通过部署警员、巡逻车以及发加班费来开出交通罚单（政策产出），以减少交通事故（政策影响）。

如图 13.1 的左侧所示，政策制定模型呈现了一个简单的因果过程。某些原因导致了非裔和白人被告人的量刑差异，或造成了交通事故在某路段频发。

制定政策是为产生一定的效果或影响，从这层意义而言，一个政策可被视为一个研究假设。我们期望该假设中的自变量会引起因变量的变化。我们期望量刑建议审查程序可减少量刑中的种族不公平，期望针对性执法减少交通事故。因此，我们可将以目标为导向的公共政策视为“如果-就”的表述：如果采取一些政策举措，我们就会期望产生一些结果。

政策制定与项目评估的关系

通过一些大家常见的案例对政策制定与项目评估进行简单的概念性对比（Peter Rossi，Howard Freeman and Mark Lipsey，1999），我们对那些适合应用研究的议题有了进一步理解。罗斯等人（Rossi，Freeman and Lipsey，1999：4）将项目评估定义为：

“利用社会科学研究方法系统地评估社会干预项目的有效性。更进一步来说，评估研究人员（评估人员）运用社会科学研究方法来研究、评估并力求改进社会干预项目的方方面面。项目评估活动内容包括所涉及社会问题的剖析、问题的概念化、项目设计、项目的实施与管理、项目结果及其实施效率。”

我们已经讨论了社会科学系统的研究方法。接下来所要讨论的将从之前的社会公共项目转向刑事司法领域，来看看项目评估的定义与图 13.1 如何帮助我们理解项目评估的实务运用。

问题分析 列于图 13.1 中“制度性运作”（institutional processes）下方的活动指的是项目评估中的问题的概念化与项目设计。例如，面对法院下达的在现有能力范围内维持监狱人口的命令，监狱矫正官员可以从构思和设计满足这一要求的不同方法开始。问题分析为社会科学研究方法的一种，可帮助矫正官员分析其拟定的各行动方案，从中选择一种，并制定保障政策实施的常规措施，从而遵守法院命令。

现在，我们可能面临三种方案：方案一为通过新建或翻新现有监禁设施来增加监禁容量；方案二为通过提前释放囚犯来立即减少现有监狱人口；方案三为直接减少接纳新判刑罪犯。所有方案的制定都应考虑维护公共安全这一基本要求。这一要求意味着无论采用哪种行动方案，利用哪种资源，都应以维护公共安全为出发点。如果来自其他部门的官员，如检察官、法官或州议员，参与了该问题的概念化和项目设计，就应该考虑额外的目标、限制以及政策规定。

通过修建更多的监狱来增加监禁容量是花费财力最大的方案，但该方案也会被视为保护公共安全最为有效的方法。提前释放囚犯可能会比前者更廉价且快捷，但该方案牵涉到了其他决策，如怎样选取准予提前释放的囚犯，对他们是准予假释还是安置到过渡中心。此外，这些决策都要求该机构消耗额外人力、物力去负责囚犯的选取与安置工作或者对假释人员进行社区监管。拒收新囚犯这一方案的投入最少。选择方案的决策中须考虑政治支持因素。不管是选择投资修建新设施，选择提前释放囚犯并承担额外职责，还是选择拒收新囚犯并将问题交给拘留所去解决，每个方案都需考虑各方面的政治影响或支持。

还有许多适于问题分析的刑事司法研究课题，如警察局可以利用问题分析来确定巡逻路线。具体而言，分析人员通过分析大城市报警电话的时空集中程度，并考虑各街道的布局和障碍物是否影响巡逻车的流动，从而对巡逻路线进行具体划定。

越来越多的执法部门采用计算机犯罪制图来确立新型犯罪模式，并制定相应的对策。由于计算机犯罪制图能呈现几日内所报告的犯罪行为，纽约市警察局已将此作为政策规划的重要工具之一（Eli Silverman，1999），其他警察局也获得了经费和技术支持，以提升犯罪制图和其他犯罪分析能力（Rachel Boba Santos，2012）。接下来，本章还将对犯罪制图进行详细讨论。

法院行政人员经常会在重新指定案件审理法官之前评估此决定带来的影响，他们的评估通常会基于对该法官以往审理案件数量的分析，以及对其未来案件审理的预判。许多州正开展“监禁影响”（prison impact）研究，旨在验证监狱人口是否会因为刑罚期限的立法变化而改变。

项目评估 与适用于政策制定初期的问题分析相比，项目评估通常运用于政策制定的后期阶段，并解决两类问题：（1）政策是否按原计划实施？（2）政策是否实现预期目标？因此，项目评估试图寻求有关刑事司法政策是否正在按计划实施和是否取得预期效果的经验型证据。这两类问题对应着两种项目评估类型：过程评估与影响评估。回到减少监狱人口政策的例子，我们首先讨论对其影响效果的评估，再讨论对政策实施过程的评估。

假设监狱矫正部门的政策分析人员正在分析一个减少某大型监狱人口的囚犯提前释放项目，该项目欲提前释放服刑期限少于 120 天的囚犯和因非暴力犯罪而服刑的囚犯。在这些符合提前释放条件的囚犯中，一部分将直接获准假释，而另一部分则将被安置到社区的过渡中心。过渡中心的囚犯工作日白天外出工作，到了晚上和周末则回到过渡中心。

该项目的两个总体目标为：将监狱人口减少至法院所规定的上限并维护公共安全。前者较为直截了当，但后者颇为含糊不清。“维护公共安全”具体指的是什么呢？假设在项目实施 6 个月后，通过该项目被提前释放的囚犯（实验组）与那些正常刑满释放的囚犯（对照组）相比，前者的新罪行逮捕率等于或小于后者的，我们便可得出该项目成功的结论。

影响评估　我们将对执行该新项目前后的监狱人口数据以及实验组和对照组之间的新罪行逮捕记录差异进行比较。表 13. 1 展示了 213 个评估样本子集的假设性结果。

影响评估　一项确定项目是否实现预期效果的评估。

该项目实现了两个预期目标吗？当看到表 13. 1 时，你最初的反应可能会是该项目并没有达到预期效果，但该表呈现出了一些有趣的结果。监狱人口的减少是很明显的，但并未达到法院所规定的 1 350 人上限。在三组样本中，新罪行逮捕率在被安置于过渡中心的囚犯中最低，但提前获准假释者的新罪行逮捕率高于刑满释放者。三组的平均逮捕率与提前释放囚犯的相近。还要注意的是，提前获准假释者的新罪行逮捕率是被安置于过渡中心囚犯的近两倍。

在对该项目进行过程评估后，我们或许更能理解表 13. 1 中所呈现的项目效果。如图 13. 1 所示，过程评估关注项目的产出，即能反映该项目是否如期执行的指标。如果对提前释放囚犯项目予以过程评估，我们可能会发现该项目在选取参与项目的囚犯上有不妥之处。表 13. 1 体现了该项目可能存在挑拣（creaming）样本问题，这是我们在第 7 章所讨论的选择偏差问题之一。回想一下，挑拣样本是指政府官员会有意选择最不可能失败的样本来参与实验项目。在提前释放囚犯项目中，未能减少监狱人口至预期目标，被安置于过渡中心的囚犯数量相对较少以及其新罪行逮捕率相对较低体现了样本选择性问题。通过过程评估，我们可审查样本选择程序，从而判断矫正官员是否保守地选择囚犯安置到过渡中心。

表 13.1　提前释放囚犯项目影响评估的假设性结果

	释放后 6 个月内的新罪行逮捕率	囚犯释放人数
刑满释放	26%	142
提前释放	27%	71
被安置于过渡中心	17%	25
提前获准假释	33%	46
总计	26%	213

注：项目实施前监禁人数 = 1 578；项目实施后监禁人数 = 1 402；法院受审人数 = 1 350。

理想情况下，影响评估与过程评估是同时进行的。彼得·德鲁克（Peter Drucker，1973）对效率（efficiency）和效果（effectiveness）的著名评论指出，不同类型评估解决的问题相似：

- 过程评估：我们正确地在做该事吗？
- 影响评估：我们所做的事是正确的吗？

提前释放囚犯项目的例子说明过程评估的执行有助于影响评估的解读。当影响评估无法进行时，过程评估也是可行的。为更好地理解过程评估和影响评估是如何互补的，我们现在进一步讨论如何进行评估。

二、启动

了解政策制定的目的是评估研究的第一步。

计划任何类型的研究都会涉及若干步骤，特别是在应用研究中，会涉及更多的计划工作。在评估提前释放囚犯项目时，我们需在研究计划中考虑研究设计、测量、抽样、数据收集程序、数据分析等。同时，我们还需解决怎样获取评估所需样本、信息、数据等实际操作问题。

然而，评估研究在其研究问题的制定与细化上与其他研究类型略有不同。

回想一下，之前我们将项目评估与假设检验等同起来。政策制定可理解为一种“如果-就”式陈述：如果实施某干预措施，就会产生一定预期影响。因此，许多类型的评估研究都涉及研究问题的制定。问题分析通常侧重于比较分析所选定的多个方案，过程评估侧重于项目是否按计划执行，而影响评估则关注特定预期目标是否实现。

过程评估 对项目是否按计划实施予以评估。

评估研究并不是单纯地运用社会科学研究方法去解决刑事司法官员所提出的特定问题，用可实证的“如果-就”式陈述通常很难表述政策目标。政策目标有时也会存在冲突，许多刑事司法问题因涉及不同机构和人员而变得更为复杂。各机构和人员所期望的目标可能各不相同，因而很难去统一评估问题。最常见的问题可能就是政策目标的含糊不清。例如，对刑事司法项目目标的描述可能会用到“通过减少再犯来提升公共安全”，但我们从中并不能知道该目标的具体含义。

在大多数情况下，研究人员需帮助刑事司法官员制定可以检验的目标，但这并非总是可行的，因为研究人员获取重要信息的过程中可能会遇到重重阻碍，这使得研究人员必须首先解决可评估性问题。

可评估性评定

罗斯等人（Rossi，Freeman and Lipsey，1999：157）将可评估性描述为一种“预评估”，即确定开展评估研究的必要条件是否具备。项目实施机构对于评估研究的支持是可评估性条件之一。政府官员因担心自己的工作表现被评级而对“评估”一词较为抵触，虽然有些官员能接受政策的影响评估或其他应用研究，但任何评估研究都会阻碍机构的日常工作运行。因此，获得该机构的合作与支持是可评估性评定的重要一环。即便没有公开的反对，官员们也会对评估产生抵触情绪。例如，当评估研究是以重新启动新政策项目为前提时，则可能出现这种情况。

通过“初探”（scouting）项目并访谈关键项目人员，可以对项目可评估性进行评定（Rossi，Freeman and Lipsey，1999：135）。项目可评估性所涉及的问题也将在后续的评估工作中得到进一步的解释。项目可评估性的评定试图回答：什么是项目所期望实现的一般目标和具体目标？这些目标如何在项目中具体体现？我们可以获得什么类型的记录和数据？谁会是评估结果的主要关注者？其他组织或人员是否与该项目有直接或间接的利益关系？图 13.2 罗列了用于可评估性评定以及后续阶段所需解决的问题。

1. 目标
   a. 项目计划完成什么？
   b. 项目人员如何确定项目已达到预期目标？
   c. 正式确定的目标有哪些？
   d. 哪些目标是最重要的？
   e. 目前正使用的项目实施测量方法有哪些？
   f. 是否能找到适当的测量方法？或是否应在项目评估中确立适当的测量方法？
2. 当事人
   a. 该项目的服务对象是谁？
   b. 他们如何参与到该项目中？
   c. 他们是否与非项目参与人存在特征差异？
3. 组织与操作
   a. 该项目将在哪里提供服务？
   b. 服务地点是否具有明显差异？
   c. 由谁来提供服务？
   d. 有哪些个人或团体过去反对或一致批判该项目？
4. 背景
   a. 该项目已经运行多久了？
   b. 该项目是如何展开的？
   c. 该项目的规模及其影响力是否扩大或缩小？
   d. 最近该项目是否有重大调整？

图 13.2　项目评估问题

来源：改编自 Brian Stecher and Alan Davis，1987：58-59。

这些问题或类似问题的答案应被用于项目综述之中。虽然评估人员可获得项目的官方描述，但他们的描述应该给出自己对项目目标、构成要件和实行程序的理解。官方文件对项目的描述可能不完整，或只针对项目工作人员，而不对评估人员适用。更重要的是，官方项目描述中对项目目标的陈述也不可用于评估研究中，因而，起草可实证的项目目标陈述是评估研究中的重要环节。

麦克唐纳和史密斯（McDonald and Smith，1989：1）描述了刑事司法官员和评估人员在确定是否评估国家级毒品管制项目时所提出的略有不同的问题：

该项目对于国家战略层面有多重要？

相比其他项目，该项目的成本是多少？

是否利用现有的监测程序难以准确评估项目实施过程？

这些问题涉及项目本身和其评估优先事项的设定。一方面，如果一个项目不是毒品管制战略的核心，或如果现有信息可以确定项目的有效性，那么该项目便没有评估的意义。另一方面，如果现有毒品管控方法无效，我们可评估那些高成本项目的有效性，以便项目资源的合理利用。

虽然罗斯等人（Rossi，Freeman and Lipsey，1999）将可评估性评定描述为一种特定的研究类型，但其不必成为一个单独的研究项目或一个项目的主要组成部分。通常，通过对相关人员提出几个问题，并仔细审阅项目材料，便能获得足够的信息来确定是否可以对项目进行评估。图 13.2 所列问题能很好地指导项目可评估性报告的写作。当报告指出某项目并没有评估意义时，我们就不必继续开展全面的评估研究。

问题界定

我们之前提到，在大多数情况下，项目评估的研究问题可能事先就已确定。界定应用型研究问题并使其可实证化因而成为重要且复杂的一步。评估研究的重点在于寻求某物是否存在，某事是否发生。在开展评估研究之前，我们必须能够对所要研究内容的存在进行可测量化操作、观察、认识。

问题界定通常始于项目目标的确定。罗斯等人（Rossi，Freeman and Lipsey，1999）指出，项目目标确定的难点在于对项目预期结果的陈述通常较为抽象。以下是从一些项目介绍中截取下来的目标陈述：

· 使个人掌握成功必备的生活技能（国家级震慑监禁项目，Doris Layton MacKenzie et al.，1993）。

· 提供有利于学习的安全校园环境（校园警察项目，Ida M. Johnson，1999）。

· 鼓励参与者接受远离毒品的生活哲学与行为规范（城市毒品法庭项目，

Peter Finn and Andrea K. Newlyn，1993）。

· 构建一种可吸纳当地民众和社区资源到犯罪问题解决中的机制（缓刑社区矫正项目，Harold Wooten and Herbert Hoelter，1998）。

在通过对研究问题的界定使其可实证检验之前，我们必须确定上述每个项目所陈述的总体目标。就拿上述第一个例子来说，即使我们理解其目标陈述的表面字意，仍有一些值得进一步澄清的问题。帮助个人取得成功是该项目的目标，但从中我们并不能得知是哪方面的成功。生活技能指代的是读写能力、职业培训、时间管理，还是自我约束能力？我们还可以提出该项目是注重项目产出（促使个人掌握必备生活技能）还是项目影响（帮助已掌握必备生活技能的人取得个人成功）的疑问。一方面，项目产出的评估会关注个人技能的学习，但并不考虑这些技能是否能增加成功的机会。另一方面，项目影响的评估会注重如稳定的工作或在特定时间范围内未被逮捕等成功指标。

平心而论，以上项目目标陈述在一定程度上脱离了上下文环境，而原始材料对项目目标的阐述更为详尽。然而，这些可谓是最为典型的项目目标陈述，或是我们回答“该项目目标是什么？”时的第一反应。然而，对于评估人员来说，他们需要更为具体的项目目标陈述。韦斯利 · 斯科根（Wesley Skogan，1985）提醒，项目目标的官方陈述往往会夸大其所预计实现的目标。政府官员对项目目标的积极或乐观阐述是很正常的，他们的“过度吹嘘”在项目目标陈述中较为明显。政府官员和研究人员对项目目标过于乐观的另一个原因是，他们未能构建一个指导项目制定过程的微观模型（Carol Weiss，1995）。也就是说，他们没有充分考虑一些特定的项目干预措施是如何具体运作的。回顾图 13.1，我们可以看到，微观模型的构建可谓是确定项目目标和理解如何构建制度过程以求实现项目目标的重要工具。斯科根（Skogan，1985：38）将该微观模型描述为：

“……理论导向型评估研究的一部分。评估人员和相关项目人员应该共同商讨每个项目要件应如何影响其实施对象。如果没有找到一个很好的理论解释来说明为什么原因‘*X*’能导致结果‘*Y*’，该项目评估就可能不会发现预期效果。微观建模是监管项目实际实施情况的另一个重要的原因。”

微观模型还可以帮助我们发现在应用研究中有时会遇到的另一个问题：

项目目标的不一致性。

例如，马克斯菲尔德和鲍默（Maxfield and Baumer，1992）评估过一个审前监视居住（pretrial home detention）项目。该项目将被指控犯有某类罪行、正等待审判的在押嫌犯从看守所释放，转为监视居住并接受电子监管。五个刑事司法机构参与到该项目的执行中。县治安官办公室（1）面临着减少看守所人口的压力。该审前监视居住项目在县检察官（2）的支持下得以成立。刑事法院法官（3）根据来自该县刑事司法服务局（criminal justice services agency）的保释官员（4）的意见，最终决定是否将对嫌犯的看守所监禁转为监视居住。最后，社区矫正机构（5）负责监控被监视居住的嫌犯。

马克斯菲尔德和鲍默（Maxfield and Baumer，1992）访谈了这些项目参与机构的人员，并发现不同参与者有着不同的项目目标。县治安官办公室力求释放尽可能多的嫌犯，从而腾出空间关押已判决的罪犯和一些面临更严重犯罪指控的嫌犯。负责监控嫌犯的社区矫正机构则更为谨慎，他们只希望监视那些在监视居住期间潜逃或再犯风险较小的嫌犯。县检察官将监视居住视为对无严格限制条件而获释的嫌犯实施的一种严格管控措施。一些法官拒绝释放嫌犯并将其转为监视居住，而另一些则听取检察官的案件处理建议。最后，保释官员将该项目视为一种通过在现有审前处理程序（看守所羁押、保释或通过签署保证书的具结释放）中增设新程序来管理监所资源的形式。

参与该审前监视居住项目的不同部门成为利益相关者——与该项目有直接利益关系的个人和机构。每个利益相关者对项目应如何执行都有着不同的目标与看法：哪些嫌犯应该被准予审前监视居住？应如何监控被监视居住的嫌犯？应采取什么措施来处理那些违反项目规定的嫌犯？在确定这些项目目标和考虑测量项目绩效的不同方法后，马克斯菲尔德和鲍默（Maxfield and Baumer，1992：331）构建了一个评估该审前监视居住项目的微观模型，并表明电子监控只对一小部分被监视居住的嫌犯有效。

明确项目目标是开展项目评估的第一步。如果官员不能明确项目所期望实现的目标，就无法确定目标是否实现。如果项目利益相关者对项目目标有着不同期望，那么项目评估人员必须确立评估这些项目目标的不同方法。马克斯菲尔德（Maxfield，2001）介绍了不同方法来明确项目目标——对于评估程序至关重要的第一步。

测量

在确定项目目标后，我们将注意力转到测量上，即如何测量项目是否达到预期目标。罗斯等人（Rossi Freeman and Lipsey，1999：83-84）将测量解释为：

“为回答所评估的问题，我们必须事先确定一些可实际获得并能作为可信依据来判断答案的证据或‘可观察到的事物’。这通常意味着评估问题的确立（1）应涉及可测量项目实施效果的不同方面；（2）对所涉及的术语作出足够清楚、明确的定义；（3）明确所运用到的相应标准。”

从概念上来说，获取可用于评估的项目目标陈述与对项目目标概念性定义的测量过程相似。第5章开篇提到，“本章描述了从有关研究对象的一个模糊想法到能够辨识并在现实世界进行测量的全过程”。作为项目评估人员，我们必须先明确概念性定义，然后描述具体的操作性定义。

明确项目效果　如果想确定一个刑事司法项目能否实现预期效果，我们必须确保能够测量到该效果。如果我们想减少人们对犯罪的恐惧，就必须能够测量对犯罪的恐惧。如果想提升惩处毒品犯罪的一致性，就必须能够测量惩处的一致性。值得注意的是，虽然对项目效果的测量应体现项目目标，但效果的测量并不等同于项目目标。项目目标表现了所期望达到的项目效果，而项目效果的测量是项目是否实现预期效果的一些具体实证指标。此外，如果一个项目期望达到多个目标，那么研究人员可能不得不设计多个效果测量，或者选取与部分项目目标相称的效果测量。

记住，这里的评估项目相当于研究假设，项目效果的测量相当于*XY*简单因果假设中的因变量*Y*。我们可依照如何进行因变量测量来对项目效果进行测量。首先要确定项目目标的概念性定义，然后通过描述项目效果的实证指标来明确一个可测量的操作性定义。

在我们之前的例子中，马克斯菲尔德和鲍默（Maxfield and Baumer，1992）将审前监视居住项目参与者的不同项目期望值转化成了三个更为具体的项目目的：（1）确保嫌犯到庭；（2）维护公共安全；（3）减轻看押人口压力。这些项目目的有着对应的项目效果测量：（1）被审前监视居住嫌犯未能到庭的比率；（2）监视居住期间因再犯新罪而被捕；（3）对看守所可用床位的估计（可通过审前监视居住的人数乘以监视居住天数获得）。表 13.2 总结了马克斯菲尔德和鲍默所定义的项目目标、目的及测量。

表 13.2 审前监视居住：目标、目的及其测量

项目参与人员与机构	目标
县治安官	释放在押人员
县检察官	增加对被指控嫌犯的审前监管
法官	维护公共安全
保释官员	更合理地管理监所资源
社区矫正机构	规范嫌犯在监视居住期间的行为，并将监视居住违规者送回看守所
目的	**测量**
确保嫌犯到庭	未能到庭的比率
维护公共安全	因再犯新罪而被捕
减轻看押人口压力	审前监视居住的人数与监视居住天数的乘积

来源：改编自 Maxfield & Baumer，1992。

我们再来讨论另一个例子。加利福尼亚州青少年犯罪管理局（The Department of the Youth Authority）的工作人员对假释改造训练营项目（LEAD 项目）进行了评估。LEAD 为该项目期望向青少年犯灌输的领导力（leadership）、自尊（esteem）、技能（ability）以及纪律意识（discipline）的缩写。LEAD 项目有三个主要目标：（1）减少再犯；（2）缓解青少年管教场所拥挤状况；（3）为青少年犯提供具有成本效益的矫正方案（Department of the Youth Authority，1997：18）。

评估人员通过对 LEAD 项目参与者和其他未参与该项目的青少年犯进行比较，评估 LEAD 项目的有效性。用于评估的数据包括关押在监所的期限、项目估计成本和再犯率。释放后的 12、18 和 24 个月期间有关被捕和违反假释规定的官方记录则用于再犯率的测量。监所关押期限被用于测量 LEAD 项目可减少监所拥挤程度，也可节约其他成本。我们假设参与 LEAD 项目的青少年犯被关押的平均期限短于其他未参与该项目的在押青少年犯。如果 LEAD 项目参与者会更快或以更高的比率再次入监，则 LEAD 项目短期内所节约的成本就要大打折扣。定期收集的所有受试者的再犯数据被用来检验是否存在这种情况。

测量项目执行环境　测量因变量仅仅是项目影响评估的开端。正如雷·波森和尼克·蒂利（Ray Pawson and Nick Tilley，1997：69）所言，测量项目执行环境通常是必要的。项目中所涉及的变量看似是项目评估的外部因素，实则会影响到项目的评估。以评估提前释放囚犯并安置到过渡中心参与就业培训的项目为例，参与者在培训后成功获得就业机会应为该项目主要效果的测量。当然，我们将观察和计算出参与者的就业率，我们也应该考虑到该项目实施地的就业率和失业率，就业市场的不景气是该项目参与者就业率低的一个因素。或者，所有的参与者在完成培训后获得工作是就业岗位普遍增多的结果，而非源于该项目的影响。

就像没有一个万能公式可用于选取控制变量一样，不同项目执行环境的测量也无统一的标准。正如其他研究人员的研究成果所提到的，比如解释性研究，我们还应该在项目评估之前了解该刑事司法项目的发展过程。

理论在测量项目执行环境中也起着重要的作用。假设评估一个为参与者提供就业培训以提高其就业竞争力的项目，我们需要理解劳动力市场的总体运作情况。这属于理论导向评估的一部分。从理论上理解一个项目的运作，可使研究人员更加明确应予考虑的项目执行环境的测量（Weiss，1995）。

测量项目的执行　除了对相应项目效果的测量，我们也有必要测量在项目执行过程中的干预措施，即实验干预或自变量。在某些情况下，项目干预措施的测量会通过分配实验组和对照组这样的实验设计来实现。将受试者分配到实验组如同让其“接受”项目的干预，而被分配到对照组的人员代表着其“不接受”项目的干预。但实际上，对项目执行中的干预措施的测量并非如此简单。

让我们继续以上述就业培训项目为例。一些囚犯将提前获释并参与该项目，而其他的囚犯则继续被关押。想象一下，该项目实际会是什么样子的，在参与该项目的获释囚犯中，一些会全身心投入其中，而另一些则会缺席或不认真对待。如果该项目能有效提升就业竞争力，我们应该会发现那些全身心投入的人的就业率会高于那些项目参与热情较低的人。

在华盛顿开展的一项毒品法庭项目评估就是对项目执行高度重视的实例（Jay Carver，Kathryn Boyer and Ronald Hickey，1996）。首先，该项目工作人员保存着参与者出席所要求的培训活动和课程的记录。另外，评估人员也对参与者参与讨论的积极性进行了记录。假设培训活动的参与程度会影响该项目的成功率，评估人员期望那些积极参与该项目的吸毒者有较低的复吸率。

还有一些其他因素可能会影响实验干预的实施。假设我们正评估一个旨在治疗吸毒成瘾的咨询服务。参与该咨询的戒毒者组成了实验组，我们可以将实验组的康复率与在对照组中接受其他咨询服务或从未接受咨询服务的康复率进行对比。记录下实验组咨询师的名字有利于我们去判定一个假设，即是否不同咨询师所提供的咨询服务对戒毒者有着不同的治疗效果。如果事实证明是这样，那么我们就必须弄清楚其背后的原因，我们从中可进一步理解戒毒康复咨询服务。

迈克尔·丹尼斯（Michael Dennis，1990）描述了一个能很好地说明测量实验干预实施情况重要性的事例。在某个戒毒康复咨询项目中，静脉吸毒者被随机分配接受强化的咨询服务（实验干预）或普通的咨询服务。考虑到一些咨询师可能更有经验，丹尼斯同时也随机指定咨询师提供强化或普通咨询服务。当然，强化与普通咨询服务组内部仍在咨询服务内容上存在一些潜在的差异，丹尼斯便通过录音的方式对咨询过程进行记录。研究人员在对强化和普通咨询服务分配不知情的情况下，对所记录的每一个咨询过程是否能反映出强化或普通的咨询服务予以评判。

实验干预的测量对于许多项目的评估研究设计尤为重要。实验干预在受试人员上所体现的不同效果可能是对随机评估研究有效性的主要威胁，换句话说，对实验干预效果差异不予控制等同于对自变量的不可靠测量。雷东娜·钱德勒等人（Redonna Chandler et al.，2009）将此描述为实验干预保真度（fidelity）问题。实验干预保真度在药物干预治疗的临床试验中尤为重要。

确定其他变量　通常我们有必要去测量有关受试人员的总体信息。明确受试人员所代表的研究总体尤为重要。在评估研究中，该类人员被称为项目的目标总体。假如我们正评估一个将严格的缓刑监督与定期的尿样毒品检测相结合的项目，那些因长期非法吸食毒品而被定罪的人可成为该项目的适格目标总体。但是我们应该如何更具体地测量长期吸毒行为呢？之前所提及的就业培训项目的目标总体应为就业经历不理想的囚犯，但是我们需要给出一个更为具体的就业经历定义。

对变量的定义与测量涉及两方面。首先，我们应明确项目的目标总体。目标总体的明确与项目目标的定义类似。如图 13.2 中所示的问题，评估人员应咨询项目负责人员，以确定该项目的预期目标或受益者。就缓刑监督与定期尿样毒品检测相结合的项目而言，其目标总体应包括被判缓刑的罪犯。也就是说，那些不能予以缓刑的罪犯不应被纳入目标总体。检察官和其他项目参与人员也可对目标总体进行额外限制，如要求其有工作，或者无违反缓刑规定记录。

大多数以个体作为分析单位的评估研究还需要对个体的年龄、性别、教育程度、就业经历以及犯罪记录等信息予以测量。这些测量可用于检验该实验项目是否对男性、年龄 25 岁以上、具有高中以上学历或具有较少被捕记录的人员等更有效。

其次，为了测量这些不同的变量，我们需要选择是进行新的测量还是使用其他项目已采用过的测量。如果研究所关注的变量并没有常规的测量方法，那么我们的选择就很容易（即进行新的测量）。更常见的是，我们至少可以在一些机构记录中找到我们所感兴趣的测量。然后，我们需确定这些测量是否符合我们的项目评估要求。

当然，我们选择进行新的测量，还是使用其他项目已采用过的测量，应基于对测量稳定性与有效性（信度与效度）的评估。如果我们正评估缓刑监督与定期尿样毒品检测相结合的项目，那么法院工作人员所记录的罪犯基本人口统计信息的稳定性和有效性比法院所记录的罪犯吸毒记录更可信。在这种情况下，我们应采用罪犯的自述，而非依靠官方记录来测量罪犯的吸毒和犯罪行为。

综上，我们可以看到，评估研究非常重视测量。评估人员必须认真确定所有的变量以及合适的测量，但是对变量和测量的选取往往不是纯科学的，评估人员通常应与项目负责人员共同商讨测量方案。

三、项目评估设计

基础研究所运用的研究设计也可适用于评估研究。

第 7 章介绍了适用于刑事司法研究的不同的实验设计和其他研究设计。回想一下，之前我们提及，将研究对象随机分配至实验组或控制组（对照组）可控制对内在效度的影响。接下来，我们将注意力转移到不同评估研究设计的适用上。

随机评估设计

为说明随机分配的优点，请思考劳伦斯·谢尔曼的《家庭暴力警务》（*Policing Domestic Violence*）一书中的一段对话（Lawrence Sherman，1992b：67）：

> 当明尼阿波利斯的家庭暴力实验研究进入最后规划阶段时，一些警察提出："为什么该研究必须是随机实验？为什么不直接随访被捕人员，将其日后家暴风险与从未被捕人员进行比较？"
>
> 因为此问题揭示出控制实验的核心原理，我便答道："我很高心你们提出了这个问题，你们现在所逮捕的是什么样的人呢？"他们回答："混蛋，他们犯有严重的POPO。"
>
> "什么是严重的POPO？"我问。
>
> "惹怒警察，"他们答道，"蔑视警察。但是我们也逮捕看上去有暴力倾向的或已经对他人造成严重伤害的人。""哪些有轻度家庭暴力的人你们不会逮捕呢？"我继续问道。
>
> 他们的回答是："那些表现得冷静和礼貌，虽然发了脾气但可自控的人。"
>
> "你们认为哪些人会有更高的再度实施暴力风险？"我回问。
>
> "我们逮捕的。"他们答道。那么问题就来了。
>
> "但是，这也就是说你们的逮捕使他们变得更加暴力？"我提出。
>
> "当然不是，我们逮捕他们是因为他们原本就是麻烦制造者。"他们一致认为。
>
> "所以，随访那些被捕的人不会告诉我们逮捕对他们的任何影响？"我最后问道。
>
> "恐怕不能。"他们一致认为。接着他们继续参与该实验的规划。

谢尔曼与警察的对话描述了在家庭暴力日常警务中常遇到的选择偏差问题。事实上，避免刑事司法决策中的选择性是随机化最重要的目的之一。警察的逮捕、检察官的指控、法官和陪审团的定罪量刑等刑事司法决策都具有选择性。更通俗地说，随机化发挥了重要的平衡调节作用。通过概率论，我们可以推定随机分配的组群在统计意义上是无差异的。

与此同时，随机设计并不适用于所有的刑事司法实验项目。随机研究的一些特定要求意味着随机设计不能适用于一些情形。下述随机研究的特定要求表明应用研究中的随机设计受到了许多限制。

项目与机构的接受程度 随机分配人员去接受一些带有奖惩性质的实验干预在法律、伦理以及操作方面有可能是不可接受的。我们在第3章中已讨论了研究所涉及的伦理与法律问题。有时，对随机分配的理解偏差也可能会阻碍实验研究的实际运作。因此，政府官员有必要了解随机化的重要性以及如何确保随机化实现的步骤。

理查德·伯克等人（Richard Berk et al.，2003）描述了研究人员为评估一项新的囚犯分类管理体系，如何与加利福尼亚州矫正部门（the California Department of Corrections）建立合作关系。初步研究显示，在现有的分类体系中，所评估的囚犯分类管理体系可以更好地降低成本并确保囚犯和矫正工作人员的安全。另外，加利福尼亚州矫正部门行政人员、监狱劳工工会、州立法机构以及其他众多利益相关人员和组织都已全面审阅该评估研究的计划，并一致认为对该分类体系的评估研究有价值（2003：211）。

与此同时，司法机构对评估小规模项目的需求已不断增加。约翰·埃克（John Eck，2002）解释了为什么公共部门更愿意接受一些操作简单、成本低、对日常工作干扰少的项目评估设计。

随机分配特例最小化 在随机分配被害人、罪犯或刑事司法机构工作人员到实验组或控制组的过程中，随机分配例外情形的出现不可避免。例如，在一系列有关警察对家庭暴力处置的实验中，警察会根据步骤随机分配三种不同的处置决定（Sherman，1992b）。实验组的警察逮捕犯罪嫌疑人，控制组则仅将家庭争端双方隔离或对其进行调解。然而，虽然巡逻警察和行政人员认可该评估研究的随机步骤，但是按规定他们也可以在自由裁量范围内作出一些个案处置的例外决定。

然而，随机分配特例的增多会威胁到实验组和控制组在统计意义上的匹配性。警察或其他实验参与者未能完全做到随机分配，便会为实验组和控制组的组成带入偏差。因而，随机实验最适合用于随机分配特例最小化情况下的项目评估。伯克等人的囚犯分类管理体系研究就是一个很好的例证。在该研究的随机分配程序中，身份编号为奇数的囚犯自动分配到实验组，编号为偶数的则分配到控制组。该随机分配程序产生了几乎相等的实验组与控制组：9 662名囚犯被分配到了实验组，9 656名在控制组（Berk and associates，

2003：224–225）。

充分的样本流确保充足的样本量　在第 8 章中，我们分析了样本量与总体特征估计准确性之间的关系。在一定程度上，随着样本量的增加，总体特征平均值与标准误差的估计值变得更加准确。同样，通过随机分配创建的实验组与控制组中的受试者数量也影响着研究人员检测实验组与控制组结果之间显著差异的能力。正如我们在第 7、8 章中所讨论的那样，这涉及统计性结论有效性和样本量的问题。

样本流（Case flow）代表了向实验组与控制组分配受试者的过程。在谢尔曼的家庭暴力项目评估中，当向警方报告家庭暴力事件时，样本便会流向实验组或控制组。对于不同类型项目的评估，样本产生的过程也不同，例如，针对已被定罪量刑的罪犯或被关押在矫正机构的囚犯。在由丹尼斯·戈特福瑞德森及其同事（Denise Gottfredson and associates，2006）实施的一项毒品法庭项目评估中，有 235 个样本在 18 个月里被分配到了实验组（即参与毒品法庭项目）。伯克及其同事在 6 个月里分配了 9 662 名受试者到实验组。

如果通过一些过程所得的可随机分配的样本流较少，我们则需要更长的时间来获得充足的样本量。样本收集的时间越长，进行实验研究所需的时间也越长，进而延长维持实验干预情形的时间。设想一下用一个小杯子来给汽车油箱加油：这个过程会需要一段较长的时间，这也测试了你的耐心。在这个漫长的过程中，你有可能会将汽油溅洒到油箱外。同理，实验组样本流的不充分会带来其他方面的干扰。在评估研究计划阶段获取样本流信息有助于确定潜在样本量问题。例如，谢尔曼（Sherman，1992b：293–295）在密尔沃基州进行了一项他自称为“流水线”的研究。该研究旨在确定是否有充足的家庭暴力案件样本可被随机分配至三种实验干预条件下。

实验干预保真度的维持　实验干预保真度指实验干预按预期实现，有时也被称为“实验干预一致性”。实验干预保真度大致相当于测量的可靠性。应用研究中的实验设计通常会遇到实验干预不一致等相关问题。假如在一个评估不同酒驾处置方法的研究项目中，在看守所服刑期限为实验干预，那么不同的服刑期限将威胁实验干预保真度。比如，一些酒驾被告人被判处的关押期限仅为一个周末，而另一些则被判处 30 天或更长期限的关押。

不同的刑事司法项目在给予实验组不同受试者的实验干预程度上可能存在明显差异。例如，戈特福瑞德森及其同事（Gottfredson and associates，2006）

指出，巴尔的摩县的毒品法庭项目干预措施的执行未能达到同等程度。在那些被分配到实验组的受试者中，只有一半接受了合格的戒毒治疗。相比之下，在伯克等人（Berk et al.，2003）的囚犯分类管理体系研究中，实验干预较为简单，易标准化，因而不会像毒品法庭项目那样影响实验干预保真度。

实验项目在执行过程中的改变也会威胁实验干预保真度。罗斯等人（Rossi，Freeman and Lipsey，1999：297）指出，当随机实验设计不适用于某项评估研究时，在评估初期便会出现实验项目执行的变化。例如，假设我们通过实验组和对照组的随机分配来评估一个强化缓刑监督项目。在实验项目执行中途，项目工作人员决定要求（对被分配到强化缓刑监督项目的）实验组里每个受试者每周进行尿样检验。如果我们能发现实验组与对照组在一些项目效果测量中存在差异，比如在释放后一年内是否因再犯而被捕，我们将不能确定该效果测量所展现出的差异有多少可归结于强化缓刑监督项目，有多少是因项目中途要求尿样检验造成的。

随机实验设计条件的总结　随机实验设计需满足一定条件。负责项目执行的工作人员必须接受随机分配任务，并同意尽量避免随机分配特例的出现。样本流必须确保有足够的样本被分配至实验组和对照组中，以便统计检验能够检测出效果测量中的显著差异。最后，实验组应持续给予一致的实验干预，并确保对照组不接受实验干预。

上述随机实验设计条件与因其未能满足而带来的问题体现了实地实验过程中所需考虑的两点：（1）实验组与对照组受试者在实验干预实施前的对等性以及（2）在实验干预实施后效果差异的可测量性。如果随机分配过程中有太多的特例，那么实验组和对照组可能并不对等。如果样本量太少，实验组所受实验干预不一致，或者对照组受到实验干预，则效果测量可能会因此受到影响，使得研究人员无法检测出实验干预的效果。

虽然这些随机实验设计条件体现了实验设计的特点，但这些条件在更多的时候有可能成为在自然环境下进行实验所遇到的实际问题。大卫·韦斯博德等人（David Weisburd，Anthony Petrosino and Gail Mason，1993）的论证将这些随机实验的实际问题联系在一起。为获得实验干预的更准确的效果评估，研究人员通常会增加实验组和对照组的样本量。但组建更庞大的研究团队会使项目评估更加难以管理，反过来又带来实验干预的不一致问题，从而抵销了大样本量的优势。

现在就让我们一起来看一个呈现随机实验的优势及其在刑事司法项目评估研究运用中受到限制的例子。

监视居住：两项随机实验

特里·鲍默和罗伯特·门德尔松通过两项随机实验对在监视居住期间使用电子监控的项目进行了评估。在之前的章节中，我们讨论了针对这些项目的不同特点所需考虑的测量方法。在这里，我们将着重讨论随机分配和项目执行的实务操作。

鲍默和门德尔松的第一个随机实验评估了针对被判非暴力轻罪和轻微重罪的成年罪犯的监视居住项目（Terry Baumer and Robert Mendelsohn，1990；Terry Baumer，Michael Maxfield and Robert Mendelsohn，1993）。该项目对罪犯实施了较传统缓刑措施更为严格，但比监禁更为宽松且成本更低的监视居住。在前些章节中，我们讨论了一些项目效果和项目执行的测量。

鲍默和门德尔松采取了单一后测随机实验设计。该设计的目标总体为被判缓刑的罪犯。参与实验的受试者被随机分配到在监视居住期间受电子监控的实验组，或在监视居住期间不受电子监控的控制组。图 13.3 总结了该随机实验评估项目的样本流。在被告人作出认罪的辩诉交易中或被告人在庭审中被定罪后，缓刑办公室工作人员将根据被告人的犯罪记录作出适当量刑建议。在之后的听证环节，法官将作出刑罚判决。那些被判处缓刑的罪犯则可被纳入到该实验项目中。缓刑罪犯的案卷将被转送至管理监视居住项目的社区矫正机构。在收到符合实验条件的案卷后，社区矫正工作人员将电话告知项目评估人员。项目评估人员通过事先准备好的随机分配表将罪犯随机分配到实验组或控制组。在下面的两个约束条件下，实验组分配到了 78 名受试者，而控制组有 76 名受试者。

回想一下我们在第 3 章所讨论的研究伦理问题，你应该能意识到知情同意对招募受试者工作的研究伦理约束。在受试者决定参与实验之前，研究人员和项目工作人员向受试者介绍该评估项目并征求受试者的知情同意。那些拒绝参与评估研究的罪犯将被执行普通的监视居住，以此作为缓刑条件。电子监控技术的运用给该随机实验带来了第二个约束条件。如果受试者没有可连接到监控装置的手机，便不能被分配至接受电子监控的实验组。

值得注意的是，该评估的随机分配实际是在法院判决后进行的。如图

13.3 所示，鲍默和门德尔松起初在第 2、3 阶段开始随机分配受试者。法官有时会在判决前调查阶段否决缓刑建议，这使得之前已随机分配好的受试者不能继续满足缓刑条件。鲍默和门德尔松（Baumer and Mendelsohn，1990：27-29）认识到该问题后，将随机分配阶段后移，避免了法院判决对受试者筛选的影响。

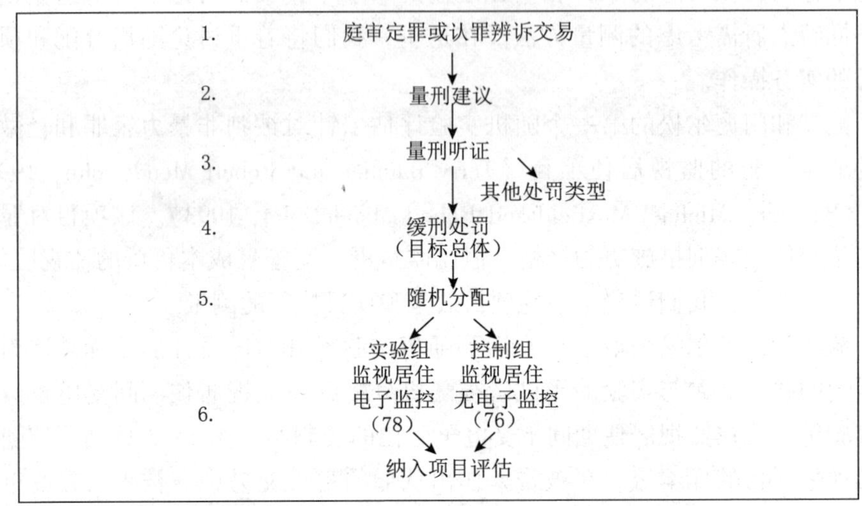

图 13.3　成年罪犯监视居住项目评估：样本流与随机分配

鲍默和门德尔松（Baumer and Mendelsohn，1990：26）为取得社区矫正工作人员、检察官和法官对随机分配的同意，说服各方接受了下述“无差别对待”假设——在没有可反驳随机分配的证据的情况下，对实验组和控制组所实施的监控措施并无差别。该假设可让检察官和法官同意监视居住措施只作为缓刑的一个条件，同时也可让社区矫正工作人员做出有关居住监控的决定。

在认识到随机分配的重要性后，社区矫正工作人员“委托”项目研究人员负责居住监控的随机分配。

在监视居住的例子中，实验干预条件（监视居住期间受电子监控）很容易与控制条件（监视居住期间不受电子监控）区分开来。这没有实验干预外溢（treatment spillover）的可能性；控制组受试者因不穿戴电子监控设备而不可能无意接受任何程度上的电子监控。因此，研究人员能够很容易地将电子监控干预条件分配给实验组的受试者，并且保证控制组的受试者不受电子监控。但是，这并不能保证实验干预条件的一致性。

鲍默和门德尔松的第二个电子监视居住项目随机实验评估揭示了项目执行是如何破坏随机分配所带来的优势的（Baumer，Maxfield and Mendelsohn，1993）。在一项青少年盗窃研究中，他们运用了与第一个随机实验相似的随机分配程序，但受试者被分配至如下表所示的四个不同的小组：

		电子监视居住	
		否	是
课后警察随访	否	C	E1
	是	E2	E3

青少年盗窃犯可被随机分配至受到三个不同程度实验干预的实验组——只采取电子监视居住的实验组 E1，只采取课后警察随访的实验组 E2，或同时采取电子监视居住和课后警察随访的实验组 E3。被分配至控制组的受试者只接受普通的监视居住。和上述对成年罪犯所实施的随机实验一样，效果测量包含是否在释放后再次被捕。

上述两个监视居住随机实验，虽然在随机分配上没有问题，但实验干预实施的不一致性产生了一些难以解释的实验结果（Maxfield and Baumer，1991：5）——通过观察评估项目实施情况，我们发现，与成年罪犯项目相比，青少年法庭和相关合作参与机构在项目实施和电子监控设备使用方面重视程度较低，项目工作人员的电子监控设备操作训练欠佳，课后警察随访情况也不一致。

在第 1 章中，有关监视居住的插页文章详述了上述两项监视居住随机实验实施情况和另一个对被告实施审前电子监视居住评估项目实施情况的不同之处。然而，这些评估研究所带来的教训值得在此再次强调：随机化并不能保证实验干预和项目执行的一致性。

随机实验不愧是刑事司法项目评估研究的重要工具。同时，维持受试者处于理想的实验干预条件下往往是不可能的。当复杂实验干预条件在评估实施过程中可能发生变化时，该问题尤为突出。当不同机构共同参与项目的执行时，例如结合实施社区毒品治疗项目与强化缓刑监督项目，实验干预条件也很难维持。

因上述问题，评估人员通常会运用其他不太“敏感”的研究设计——这些研究设计不受严格实验干预条件的限制。

准实验研究设计

准实验与“真”实验之间的区别在于准实验未对受试者进行实验组和对照组的随机分配。随机分配受试者在刑事司法评估研究中通常是不可行的。在这种情况下，我们仍可以创建和实施一些可用于项目评估的其他类似的实验研究设计。

当随机实验的前提未能满足时，准实验便可被“嵌入”到随机实验中，作为随机实验的一种补充。例如，威廉·沙迪什、托马斯·库克和唐纳德·坎贝尔（William Shadish, Thomas Cook and Donald Campbell, 2002）论述了如何将时间序列设计嵌套在一系列的随机实验中。当随机实验的样本流不充分或随机分配条件未满足时，嵌套在随机实验中的时间序列设计便可作为准实验的设计方案。

我们在第7章对不同类型的准实验设计方案——非同等组设计、世代设计以及时间序列设计——进行介绍并讨论了每种设计方案的例子。每个准实验设计都在刑事司法评估研究中得到了广泛运用。

事后评估　通常，研究人员或政府官员可在一个实验项目结束后决定对其进行评估。该准实验设计被称为事后评估（Rossi，Freeman and Lipsey，1999：312），通常随机分配不可适用。例如，如果一州立矫正机构实施一项新的囚犯职业技能培训项目，那我们可对该项目进行事后评估，将项目实施机构所释放囚犯的就业率与另一个相匹配机构的囚犯就业率进行比较。或者，我们可通过中断性时间序列设计对一项准许行政性暂扣涉事司机驾照的新法规实施前后的涉酒交通事故记录进行比较，从而对该新法规进行评估。

全面覆盖性干预项目　在全国或全州范围所推行新法规可作为全面覆盖性干预项目的例子。在全面覆盖性干预项目中，我们不可能确定那些没有接受项目干预的人员，更不用说随机分配人员去接受或不接受该项目干预。准实验设计可能是评估这类项目最为可行的方案，在全州范围实施量刑指南和强制性最小限度量刑可作为全面覆盖性干预项目常见例子。

较大实验干预群体　同样，一些实验干预针对较大单位群体里的所有人，例如社区犯罪预防项目。然而，我们不可能随机分配一些社区去接受项目干预，同时控制一些社区不接受干预，当然我们也不可能去控制接受项目干预社区里的每个个体。

针对此情况，我们可运用不同类型的准实验设计。例如，堪萨斯减少枪支暴力项目中，要求警察加强对涉枪犯罪热区（Lawrence Sherman and Dennis Rogan，1995）的巡逻力度。警察对一些区域（实验区域）加强了巡逻力度，而在所选取的具有相似涉枪犯罪数量的对照区域中，警察的巡逻力度和往常一样。一些效果测量在实验区域和对照区域之间进行了对比。在该项目实施 29 周后，实验区域的枪支缉获量增加了 65%以上，涉枪犯罪量减少了 49%，对照区域的枪支缉获量与涉枪犯罪量并无显著变化。驾车枪击案在实验区域从 7 起减少到 1 起，而在对照区域从 6 起增加至 12 起。凶杀案在目实验区域发案减少，但在对照区域并无减少。居民调查显示，实验区域居民比对照区域居民具有更低的犯罪恐惧感且对社区持有更为积极的态度。

非同等组设计 正如我们在第 7 章所讨论的，准实验设计缺乏对选择偏差以及内部效度影响因素的控制。根据其定义，非同等组设计不能确保实验组和对照组中的受试者在统计意义上对等。基于此，我们务必仔细地设计和分析准实验类型的项目评估，确保消除潜在的效度问题。

针对运用非同等组设计的项目评估，我们应该重视构建在一些可能会影响效果测量结果的关键变量上尽可能相似的实验组与对照组。罗斯等人（Rossi，Freeman and Lipsey，1999）提醒，关键变量相似的实验组和对照组的构建应基于对那些可能影响评估结果的个体和群体特征的理论理解。例如，在一项关于震慑监禁项目参与者再犯问题的研究中，我们希望在接受震慑监禁的实验组和接受其他刑罚的对照组中的男女数量相等。或者，我们可将项目效果的分析仅限于男性群体或女性群体。

大卫·法林顿及其同事（David Farrington and associates，1993）进行了一项评估不同入店行窃预防措施的非同等组准实验研究。该实验在英格兰 9 个同品牌电子商品零售连锁店中进行。通过对商铺大小、销售额以及位置类型的匹配，商店被分成 4 组。该研究测试了 3 项干预措施：（1）重新设计商店布局从而减少商品被盗的机会；（2）通过电子方式标记商品，从而使商品可触发商店出口电子感应器；（3）商店入口配备身穿制服的保安。此外，3 个组中有一个商店为对照商店，没有采取任何新的商品防盗措施。

该实验干预的效果测量系基于那些被认为经常被盗的录音带、录像带、耳机以及照相机胶片等小商品的标签。店员在顾客购买这些商品后会将标签移除。被标签标记商品的总量在商店营业之前是已知的，将该总量与店员每天所收集的标签数量和商店每天所剩商品量进行对比，我们可得出缺失商品量。在干预实施前三天内，研究人员对每家商店的前测测量指标进行了收集，而后测测量指标在干预实施后一周和四周内对大多数商店进行了两次收集。表 13.3 总结了商店的实验干预分组以及对应的评估结果，表中数据为缺失商品量占每天离开商店（被售或被窃）的商品总量的百分比。

首先我们应注意到商店与实验干预的不同组合。商店的分组反映了特征匹配标准在组内的相似性和组间的差异性。实验干预与控制条件混合分配至不同组的商店，从而可将干预措施效果结合商店的特征进行对比。

表 13.3　入店行窃的情景预防评估

	被盗商品百分比（%）		
	前测	后测 1	后测 2
A 组			
商店 1（R）	36.5	15.2	27.1
商店 2（T）	30.8	7.3	4.4
B 组			
商店 3（T）	17.3	1.4	5.5
商店 4（G）	10.7	5.8	8.8
商店 5（C）	15.3	10.4	NA
C 组			
商店 6（C）	15.4	21.5	15
商店 7（G）	6.9	8.1	18.6
D 组			
商店 8（R）	24.4	5	NA
商店 9（C）	13.6	29.6	22

备注：实验干预条件 R=重新设计商店布局；T=贴电子标签；G=配置保安；C=对照组。

来源：改编自 Farrington and accociates，1993：108。

虽然我们在表13.3中没有报告统计显著性结果，但从表中数据还是可看出一些有趣的现象。一周和四周的后测测量指标都表明在采取电子方式标记商品干预措施的商店（商店2和3）中入店行窃现象减少，布局重新设计的商店（商店1）只在干预措施实施后一周内有效地控制了入店行窃现象，然而入店行窃现象在干预措施实施后四周内有所增加，这表明小偷可能已适应了商店的布局（同样重新设计布局的商店8只收集了一周以内的后测测量指标）。安排制服保安的商店（商店4和7）得出了不一致的干预效果。在3个对照商店（商店5、6和9）中，入店行窃现象要么有所增加，要么其减少程度小于相匹配的实验干预商店。

该评估研究的几个特点值得关注。第一，由于实验干预被分配至几个较大的实验单位——电子商品零售店，实验干预分配的随机化是不可能实现的。第二，法林顿及其同事根据可能影响商品被盗的一些因素对商店进行了匹配，并且所有商店属于同一大型连锁品牌，在商品库存、管理等方面的差异不大。第三，该评估研究在相匹配的商店中测试了3项不同的干预措施，该设计能更有效地检测不同预防措施的相对有效性。

最后，研究人员与项目评估客户之间的合作也应考虑。一方面，法林顿及其同事在收集和计算标签商品方面得到了店员的帮助。另一方面，你应该也可以看到商店可从该准实验研究中认识到哪些措施在预防入店行窃上有效。

时间序列设计 由于研究人员通常无法控制实验干预的执行情况，一些问题在中断时间序列设计中值得考虑。其中最为重要的问题为测量工具效度、研究背景和概念建构的效度。许多中断时间序列设计，仅依靠一些代表复杂因果过程的简单指标，便得出了关于一项干预措施是否带来某些效果测量变化的结论。在一项俄勒冈州强制性最低限度量刑法规评估研究中，南希·梅利特、特里·法因和苏珊·特纳（Nancy Merritt，Terry Fain and Susan Turner，2006）审查了针对不同罪行的量刑变化。他们发现，在该法规通过后的五年内，该法规所涵盖的罪行的量刑期限的确增加了。然而，该法规中的强制性量刑条款所涵盖罪行的立案数下降了。与此同时，针对该法规中的酌情量刑条款所涵盖罪行的指控数上升了。当然，刑事案件起诉与量刑的程序复杂。该研究未能直接控制在该法规实施之前和之后影响案件的其他因素。但是，该研究的时间序列分析的确清晰地表明立案数的变化，这说明检察官行使了他们的自由裁量权，规避了强制性量刑条款的适用。

理解时间序列设计所涉及的测量的因果过程对于研究因果关系的解读至关重要。对因果过程的理解有两种相关的方式：第一，我们应该在研究过程中对潜在的因果关系有一个很好的概念理解；第二，我们应该理解如何确定用于时间序列分析的测量指标。

帕特丽夏·梅休等人（Patricia Mayhew，Ronald Clarke and David Elliott，1989）认为，规定摩托车司机佩戴头盔的法规可减少摩托车失窃。这种观点在考虑到摩托车失窃的因果关系之前会让人难以理解。梅休等人主张，大多数摩托车盗窃行为都是机会型犯罪，因而只有很少冲动的小偷会在盗窃摩托车后拿着头盔闲逛。小偷能理性地判断对那些没有佩戴头盔的摩托车司机更容易下手，头盔的佩戴因而震慑了盗窃行为。梅休等人已经考虑到，犯罪转移可能是该地区摩托车失窃减少的另一个解释。但他们并没有发现任何可证明机动车或自行车被盗增加的同时摩托车失窃减少的证据。通过系统地认识摩托车失窃的因果过程，梅休等人得出佩戴头盔的规定与摩托车失窃减少纯属巧合的结论。

其他评估研究

在本章开始，我们提到如何区分过程评估与影响评估。后者寻求与项目影响相关的答案，然而过程评估监测项目的执行过程，看项目是否按预期执行。

过程评估非常有助于对影响评估结果的解释。前已述及，鲍默和门德尔松监测项目执行情况，以更好地理解青少年盗窃犯电子监视居住项目评估中的效果测量。同样，过程评估也是马丁·吉尔和安吉拉·斯普里格斯（Martin Gill and Angela Spriggs，2005）所报告的CCTV项目评估中的关键要素。他们能够描述摄像机是否按计划安装和用于监控。在许多情况下，摄像机并没有按计划被设置，而这一点也被认为与不同闭路电视监控系统安装方案最终取得的效果相关。没有过程评估的支撑，我们便不能将项目执行的信息与效果测量相关联。

过程评估也有益于那些职责侧重于特定任务的执行而非项目总体上的成功的刑事司法官员。例如，巡警的职责在总体上是共同维护巡逻区域里的公共安全，然而他们的日常巡逻任务更侧重于响应请求服务帮助电话或在日常社区警务中了解社区居民所关心的问题等事项。警长则关注警员所开的交通罚单、所执行的逮捕以及所收到的投诉。缓刑和假释官员当然对罪犯的最终表现感兴趣，但他们也通过相关记录来追踪罪犯日常交往和毒品滥用矫正活动参与情况或工作表现，过程评估围绕着执行任务与项目效果相关这一假设，以执行任务表现的测量为中心。

在插页文章《纽约市枪支暴力消减策略的评估》中，我们介绍了过程评估中所涉及的测量。“治疗暴力”（Cure Violence）项目的目的是通过在纽约市目标社区部署外展社工和其他资源，消减其暴力问题。社工的部署为项目干预，社区居民是否见到这些工作人员则为该项目评估的过程测量。你可从该插页文章中看到，该项目运用有趣的抽样方法和访谈策略来了解社区的暴力问题以及该项目的影响。

纽约市枪支暴力消减策略的评估

谢拉·德尔加多　杰弗里·巴茨
约翰杰伊刑事司法学院研究与评估中心

约翰杰伊刑事司法学院研究与评估中心设计了一项评估纽约市社区枪支暴力消减策略的研究项目。该项目在纽约市议会的支持下，跟踪研究了枪支暴力消减策略在纽约市南布朗克斯、哈莱姆、牙买加（皇后区）以及东纽约（布鲁克林区）这四个试点区域的实施情况。

在试点区域所实行的“治疗暴力”项目，为伊利诺伊大学芝加哥分校所设计的一项以公共卫生服务为导向的暴力消减策略。除了“治疗暴力”项目，每个试点区域还向暴力高危青少年及其家庭和社区提供相应的支持服务，涵盖了精神健康、校园纠纷调解、就业培训与安置以及法律服务等方面。

研究团队于2014年在所选定区域内开始实地研究，对当地居民进行访谈。研究与评估中心研究人员［以“纽约市-治疗”（NYC-Cure）组织的名义］在几个社区内对年轻人（18岁到30岁）进行了访谈。访谈旨在测量受访者的暴力经历以及对不同情况下的暴力行为所持有的态度。该研究采用了一种名为受访者驱动抽样（Respondent-Driven Sampling，简称RDS）的新型抽样方法。基于受访者之间的相互推荐与研究团队的实地接触，RDS可实现从那些在传统意义上很难接触的人群中快速有效地收集数据。

每个数据收集阶段持续10天，以确保在每个访谈点有效地实现受访者相互推荐。如果受访者几天内都在同一时间和地点看见研究团队，将更有可能鼓励他们身边的朋友参与到该研究中。研究团队将RDS与固定的实地接触相结合，可在每个访谈点对近200位年轻人进行访谈。

外展社工与“暴力干预人员”（violence interrupters）是“治疗暴力”项目的重要干预措施。他们利用与年轻人建立的良性社交关系，劝止那些因暴力犯罪被害的年轻人选择暴力回击，以避免其卷入更严重的暴力犯罪中。作为该项目的一部分，外展社工还会帮助社区居民寻求相应的社会与教育服务。

鉴于外展社工在该评估项目中起到了核心作用，我们便想了解社区居民是否能回想起他们有没有见过社工或与社工交谈过。为评估这一点，我们在问卷调查中加入了外展社工的照片，并问受访者是否见过或与照片中的人有过互动，这是对项目执行情况的测量，即目标社区中居民对外展社工的知晓程度。在所有的访谈点，80%的受访者表示他们见过这些工作人员，或表明他们熟悉工作人员所分发的反暴力宣传资料。居民们对外展社工的知晓度在纽约市各区差别很大，最高为布鲁克林的90%，最低为皇后区的60%。

数据收集程序是该评估项目的另一个关键部分。实地研究人员通过使用平板电脑和一个数据收集应用程序来指引访谈。在访谈现场，研究人员在离线的状态下录入访谈数据。研究人员回到其办公室后，会将平板电脑联网，并将数据快速上传，确保数据随时可用于分析与检查。基于平板电脑的访谈步骤免除了对纸质问卷和手动数据录入的需要，有助于研究团队避免许多常见系统性的数据录入错误，更容易对数据进行编译与清理，增强了所收集数据的可靠性。总之，自动化的数据收集过程经济有效，其运作与纸质问卷和传统实地观察相比更为顺畅。

第二波数据收集于 2016 年夏季展开。德尔加多及其同事（Delgado and associates，2015）总结了该评估项目第一阶段的结果。巴茨及其同事（Butts and associates，2015）就“治疗暴力”项目本身作了介绍。

四、问题分析与科学现实主义

问题分析与科学现实主义的结合，有助于政府官员通过研究来确定和评估相关行动方案。

项目评估与问题分析之间的区别在于研究的时间维度以及政策制定过程中每项活动所发生的地点。问题分析用于帮助研究人员设计一些可供选择的行动方案，并指导最终方案的制定。

实际上，这两种应用研究类型并无太大的差别。类似的研究方法既可用于问题分析，回答将会发生什么，我们应该如何去做的问题，又可用于项目评估，回答已发生了什么，我们已做了什么的问题。例如，让我们来看对政策分析的一个定义：“政策分析试图将现代科学技术与社会问题联系起来，寻找可行的行动方案，生成信息并收集证据，证明采用和实施这些技术后所带来的益处和其他后果。”（Edward Quade，1989：4.）除了“证明采用和实施这些技术后所带来的益处和其他后果”，该定义与项目评估的定义没有太大区别。

我们在选择未来的行动方案时，通常会讨论一些项目评估的结果。与项目评估一样，问题与政策分析都重视对项目目标的明确。项目评估可从问题分析中获取项目目标并对其进行检验，测量也是这两类应用研究中的基本问题。

问题导向警务

问题导向警务是一种传统警察执法的衍生物，但其核心在于运用问题分析的方法来解决公共安全问题。问题导向警务关注问题的识别、正确行动方案的规划与执行以及随后对行动方案是否达到预期效果的评估。

问题导向警务以问题而非个体事件为中心。例如，响应机动车盗窃报案的传统警务方式在登记有关案件详细信息以支持保险索赔后便开始关注下一案件，我们称其为事件导向警务。相比之下，问题导向警务将从分析一些机动车盗窃案件报告入手，着重分析如案件的发生时间与地点、被盗机动车车型、被盗机动车最终是否追回以及被追回机动车特征等案件之间的相似之处。通过该分析，我们可确定一个较为宽泛的机动车盗窃问题。接下来的步骤则需要考虑应对该问题可采取的措施有哪些。

问题的解决　这一策略是问题导向警务的立脚点。正如罗纳德·克拉克和约翰·埃克（Ronald Clarke and John Eck，2005：Step7-1）所描述的，问题的解决涉及四个分析步骤：

(1) 仔细定义具体问题；
(2) 深入分析导致问题的原因；
(3) 广泛寻求从根源上消除问题和可不断减少问题的方案；
(4) 评估这些方案执行的成功程度。

你可以很容易地理解问题的解决是如何将问题分析与干预措施的效果评估研究的应用相结合的。

问题导向警务可谓是应用研究的一项很好的例证。我们将简要阐述三种问题导向警务应用资料。前两种资料的筹备与编写曾得到美国司法部社区导向警务管理办公室的支持。虽然社区导向警务管理办公室已不再资助该两种资料的编写，但许多有参考价值的问题导向警务资料仍可以在问题导向警务网站上找到：http://www. popcenter. org（2016 年 8 月 28 日访问）。

问题分析方法系列指南 克拉克和埃克（Clarke and Eck，2005）提供了一份用于指导问题导向警务的犯罪问题分析综合指南。该指南改编自最初由伦敦吉尔丹多犯罪科学研究所（Jill Dando Institute of Crime Science）起草的问题分析方法指导材料。社区导向警务管理办公室还资助了一些提供具体问题分析工具的指南，包括犯罪转移与扩散评估（Rob Guerette，2009）、理解重复被害过程（Weisel，2005）、与罪犯的访谈（Deborah Lamm Weisel，2005）以及“热门产品”的被盗问题（Kate Bowers and Shane Johnson，2013）。

犯罪制图与其他基于空间分析的方法也是问题导向警务的重要工具。斯宾塞·查尼和杰瑞·赖特克里夫（Spencer Chainey and Jerry Ratcliffe，2005）的著作便是一本出色的综合指南，约翰·埃克及其同事（John Eck and associates，2005）的著作则专注于制图在确定犯罪热区方面的运用。

问题与响应系列指南 本书前一章已提到，司法机关经常会采用一些在其他管辖区域看似已取得成功的项目。这种做法有时是可取的，但问题导向警务强调的是本土行动方案的制定策略应以对本土问题的理解为基础这一重要原则。干预措施的本土适当性应该在进行相应数据分析后才予以考虑，而不应直接尝试采用一些现成的项目或所谓的“最佳实践”。

该原则在描述基于过去经验而制定有效响应措施的两个系列指南中得到明显体现。问题系列指南描述了如何分析具体类型的犯罪问题（如针对老年人的金融犯罪）以及响应措施是否有效。响应系列指南则描述了可用于解决不同犯罪问题的综合措施（如公共场所的视频监控）。

案例分析与其他研究 应用研究的特征之一是运用研究来改变实务。虽说上述两类系列指南是供刑事司法人员使用的，但它们的制定也经历了多年的研究。许多可促进司法政策改革的研究项目已发表在《犯罪预防研究》（*Crime Prevention Studies*）系列出版物中。接下来，我们要通过一个例子来阐明有关问题分析的研究应用以及在本章和前几章介绍过的研究原则。

丘拉维斯塔机动车盗窃案例

美墨边境往北约 7 英里的丘拉维斯塔（Chula Vista）是一个居住人口不到 20 万的中等规模城市，其西部毗邻太平洋，南北部与圣地亚哥接壤。南茜·普卢夫和拉娜·桑普森（Nanci Plouffe and Rana Sampson，2004）对该市和加利福利州南部其他城市的机动车盗窃案进行了比较研究。在注意到越靠近边境的城市，其机动车盗窃率越高后，他们开始寻找机动车盗窃和机动车破窗案发集中区域，试图细化该犯罪问题。韦塞尔（Weisel，2003）称此做法为“解析”（parsing），或对大范围测量区域进行划分，从而研究更小范围的区域。

普卢夫和桑普森首先确定了丘拉维斯塔市内 10 个停车场，该市机动车盗窃案的 25%和机动车破窗案的 20%都发生于此。此外，其中 6 个停车场内的报警量也在该市高居前 10 名。这意味着这些机动车盗窃热区往往也是其他案件的热区。他们通过分析还发现了其他特征：

- 丘拉维斯塔市被盗汽车和卡车的找回率低于北部城市。
- 其中 4 个热区停车场的找回率非常低，还不到 40%。
- 小型皮卡车和老式丰田凯美瑞的找回率更低。
- 机动车被盗的高危停车场靠近墨西哥边境。

这些研究结果表明，许多在高危停车场被盗的汽车可能正被转移至墨西哥。

普卢夫和桑普森接下来分析了来自警方的现有数据。这与问题分析中所运用的研究方法一致：通过分析已有的数据来确定问题及其基本特征，然后通过收集新的数据来更好地理解问题的形成机制。就收集新数据而言，普卢夫和桑普森所要做的是对高危停车场进行实地环境调查，在美墨边境口岸观察执法和访谈官员，以及访谈少数因在目标区域盗窃机动车被捕的窃贼。他们试图理解为什么这个特定的停车场会被罪犯锁定为作案地，以及被盗机动车是否可轻易地被转移至墨西哥。

我们在第 11 章描述了实地环境调查方法。普卢夫和桑普森在实地环境调查中发现机动车被盗风险最高的停车场距进入墨西哥的车辆入口仅有两分钟的车程。该停车场为一中型综合购物中心开放式的停车区域。停车场出入很方便，盗窃人员认为停放在此的车辆有时会无人看管。在美墨边境口岸获得的信息证实，官员很少去拦截驶入墨西哥的车辆，也很少去检验车辆的相关证件。

在与被捕窃贼的面谈中，他们对窃贼进行了有关 93 项题目的问卷调查，问题涉及盗窃目标的选择、盗窃技术以及盗窃路径。窃贼喜欢盗窃旧车，因为旧车具有易盗性——被长期磨损的转向柱锁更容易被简易工具破坏。窃贼观察到车主进入商店并判断其车辆暂时无人看管后，便对车辆进行盗窃并驾车进入墨西哥。车辆很少被从停车库偷走，因为窃贼必须凭票出库。

掌握了以上和其他信息后，普卢夫和桑普森与丘拉维斯塔警员以及停车场、商场的安保人员共同讨论了预防策略。在边境加大筛查力度被否决，主要是因为在窃贼被捕之前，大多数被盗机动车早已被转移至墨西哥境内。他们建议在机动车被盗风险高的停车场入口和出口安装门禁。司机驾车进入时需购买停车票，并凭票离开。该措施被认为可大幅增加窃贼在边境附近停车场盗取机动车的难度。

问题分析的其他应用

“解决问题”（Problem solving）这一策略也正被其他刑事司法机构采用，部分是因为该策略的有效性已在执法领域得到认可。例如，维罗妮卡·科尔曼等人（Veronica Coleman et al.，1999）描述了美国几个城市的地方和联邦检察官如何组建策划团队来确定犯罪问题并制定适当的干预措施。该团队有律师、研究人员以及其他刑事司法专业人士，采用了一种被称为战略性社区安全措施（Strategic Approaches to Community Safety Initiatives，简称 SACSI）的问题分析模式。SACSI 含有五个步骤，其中四个看上去应该很熟悉（Coleman et al.，1999：18）：

1. 组建一个跨机构的工作小组。
2. 收集有关当地犯罪问题的信息与数据。
3. 设计可解决犯罪问题的战略性干预措施。
4. 实施干预措施。
5. 评估干预措施，并根据评估结果来调整策略。

我们在本章只谈及问题分析在刑事司法领域的一些基本运用。问题分析在应用研究领域正快速发展着。系统分析、运筹学和经济学等快速发展的应用研究方法已被运用到了如成本效益分析、巡逻警力配置以及缓刑官员雇佣等中。其中，成本效益分析已被用于评估各刑事政策之间的相对价值与支出。约翰·罗曼和格拉汉姆·法瑞尔（John Roman and Graham Farrell，2002）描述了这些应用研究方法在犯罪预防中得以运用的例证。虽然用于问题分析的数学方法可能很复杂，但其基本原理较为简单。

基于时空的分析

标记制图（Pin maps）是“低技术含量”问题分析的例证，尽管如此，该分析方法在其概念上等同于许多警察部门用于部署警力的热区计算模型。现在的计算机制图系统可让警察每天或每小时监测犯罪模式的变化，同时制定应对措施。此外，计算能力的进步与相应成本的下降使得连小型机构都可以使用制图工具（Santos，2012）。制图技术的不断革新推动着统计模型在犯罪问题的地理聚集性研究中的应用。托马斯·里奇（Thomas Rich，1999）将此应用描述为分析制图，其中统计工具在“目测”方法基础上补充了用于确定犯罪聚集分布的统计方法。

犯罪制图通常可呈现至少 4 类不同信息：(1) 一个或多个犯罪类型；(2) 空间或区域；(3) 某时间段；(4) 土地（通常为街道）的使用。最有用的犯罪制图将呈现可指导分析人员和警员决定采取何种应对手段的模式。这是应用研究的一部分。下面的例子将说明犯罪制图的一些特征。

图 13.4 显示了由藤田修良（时为罗格斯大学刑事司法学院研究生）提供的关于美国东北部一个中型城市的四张犯罪制图。四张图描述了发生在不同区域和时间段的机动车盗窃案。图 A 显示了 2005 年该市 4 个辖区之一（辖区 2）的机动车盗窃案。2005 年，该辖区机动车盗窃案发近 17 500 起，占该市所有机动车盗窃案的 33%。你可能会发现有关图 A 的两个现象：第一，除了地图中心右侧的一些空白区域（分别为一个大型公园和一条河）外，机动车盗窃案似乎遍及该辖区。第二，因为机动车盗窃案看似扩散至整个辖区，该图不是特别有用，该辖区的很多地方都可被称为犯罪热区。图 B 改变了时间范围，显示了发生在 2005 年 8 月第一周的 30 起机动车盗窃案。你可能会认同该图所提供的信息更有用，因为它呈现出机动车盗窃案更集中于该辖区南部。图 A 显示的案件太多，然而，图 B 显示更少但并不那么聚集的案件。

图 C 将注意力转移到了该辖区内靠公园左方的一个片区（片区 212）。该片区的机动车盗窃案发量最高，在 2005 年有 464 起；这可谓该市犯罪热点辖区里的犯罪热点片区。同样，机动车盗窃案看似遍及整个片区。仔细观察后我们可看到案发点在南北方向街道的要比在十字路口的多。该范式在图 D 呈现得更加明显，图 D 显示了该片区的犯罪分布密度（crime density）。犯罪分布密度是一个体现犯罪聚集区域内犯罪案件与外围犯罪案件之间距离关系的数值。将这些数值映射在地图上，我们可看到比以简单点所呈现的更为清晰的范式。图 D 深色区域代表机动车盗窃案发更集中的区域。我们在那条将地图一分为二的对角街下方，可看见两条呈南北走向的机动车盗窃案聚集地带。走廊地带的中间相连，呈现出近似 H 的形状。该形状恰好与该片区的一些主要街道重合。通过该图，你可以联想到窃贼是如何在该片区踩点找寻车辆实施盗窃的。图 D 便为犯罪分析人员提供了有用信息。2006 年夏季，该市警方部署了警力在图 D 的 H 型区域进行针对性的巡逻。多次分析与制图后，藤田修良锁定了机动车盗窃案发最严重的犯罪热区街道。

用于绘制有关犯罪和其他问题地图的工具与最后一章要讨论的统计分析工具相似。犯罪制图与统计分析是理解大量观察对象中特定范式的最有用工具，对那些案发只有数起的小型警察部门并不适用。但对于那些像图 13.4 中城市的警察部门，他们便可从犯罪制图和犯罪分布密度分析之类基于空间的分析工具中获益。

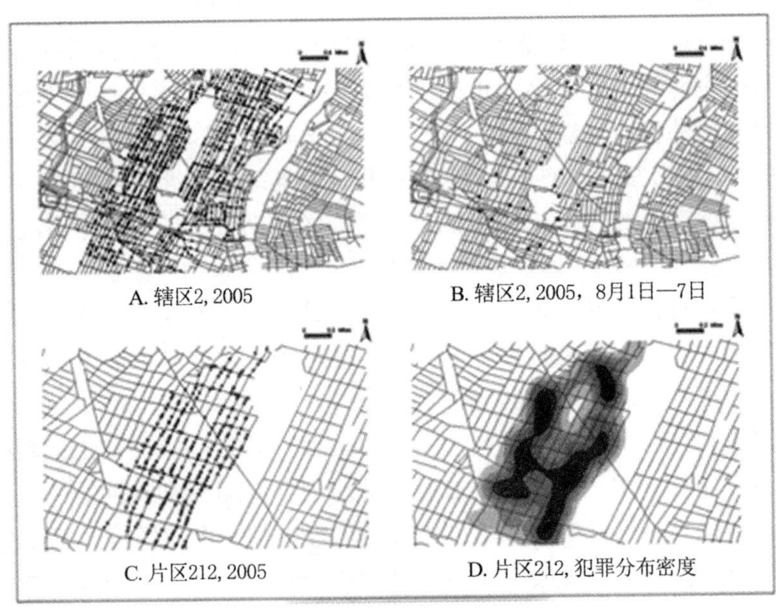

图 13.4　机动车盗窃制图

来源：由藤田修良绘制。

犯罪制图和其他类型的问题分析说明了基于事件的数据的另一个优点，即可用于我们已阐述过的问题分析研究类型。大多数犯罪制图和类似的分析工具由警察部门开发并推广运用，这反映了犯罪分析以本地数据为基础。在基于犯罪事件的报告中，我们可针对较大单位对象进行犯罪分析。例如，史蒂文·哈斯及其同事（Steven Haas and accosiates，2007）利用全国事件报告系统（NIBRS）的数据，发现了西弗吉尼亚暴力犯罪聚集区域与非法枪支查获案件之间的关联性。

科学现实主义与应用研究

传统的研究与评估是基于我们在第 4 章和第 7 章所讨论的因果关系模型。自变量（原因）可导致因变量（结果）中的一些变化。实验和准实验设计试图隔离中介变量对自变量与因变量之间的因果过程的影响。因此，实验设计试图控制中介变量的可能影响。

正如我们之前所描述是的，问题分析像一座桥梁，将传统研究方法与以科学现实主义为基础的应用研究相连。波森和蒂利（Pawson and Tilley，1997）提出，评估人员不应运用传统研究方法来解释事物变化发展背后的原因，而应寻找在环境中所运行的机制来解释所观察到的结果。诚如我们所见，为解释因果关系，我们可通过实验设计确保接受实验干预组和未接受实验干预的对照组的统计对等性。针对在统计意义上不对等的研究对象，准实验设计试图确保潜在中介变量的一致性。例如，如果就业状况可能为被捕历史与随后实施家庭暴力关系中的一个中介变量，我们就会尽力地确保实验组和对照组中受试者的就业状况一致。

科学现实主义视就业状况为逮捕的再犯预防机制对减少重复家庭暴力结果起作用的环境。科学现实主义研究者不会特意控制研究对象的就业状况，而是研究特定环境下逮捕的运行机制，并得出像逮捕已就业的而不是无业的嫌犯可有效减少其再次实施家庭暴力这样的结论。该研究发现与谢尔曼（Sherman，1992b）对系列随机实验评估所下的结论并没有什么不同。

不同之处在于，科学现实主义方法是基于相似干预可在不同环境中导致不同结果这一原则。更为明显的区别在于，科学现实主义方法较实验方法而言，更符合评估研究的本质。波森和蒂利（Pawson and Tilley，1997：81）解释称："最终，现实主义下的评估研究是由机制和环境引导的，而非以项目本身为引导。”这就意味着干预措施不应该设计为可全面适用于所有情形的项目，而是应根据特定环境制定。对于干预措施的评估必须考虑那些对干预措施能否取得预期结果有影响的环境因素。

情景犯罪预防（Clarke，2017）是将问题分析与评估研究相连的一个科学现实主义方法实例。因为情景犯罪预防侧重于研究有哪些机制可解释在特定情形发生的特定类型的犯罪，所以其并不是为了实施和评估像减少所有机动车盗窃这样的大型项目，而是旨在寻求可有效减少特定机动车盗窃类型的特定干预措施。罗纳德·克拉克和帕特丽夏·哈里斯（Ronald Clarke and Patricia Harris，1992）根据盗窃动机划分出几个机动车盗窃类型：兜风狂飙型（joy-riding）；临时交通工具型；转售销赃或拆装型；保险欺诈型。为兜风狂飙而盗窃某类车辆的行为可通过加强防盗措施来减少，然而盗窃昂贵车辆进行转售或出口销赃的行为需要不同的应对措施。在停车场出口配备工作人员能减少许多类型的机动车盗窃，然而这对于减少机动车破窗型盗窃并没有太大作用。

如我们在第 7 章所言，科学现实主义方法类似于案例研究方法。两者都是以变量为导向的研究策略——两者通过测量不同变量来理解和评估数量较少的研究对象。关于特定干预措施的具体数据和信息通常是在非常小的区域收集的。实验评估通过概率论来控制中介变量，但案例研究依靠具体的信息去理解机制运作的环境。

在约翰·埃克（John Eck，2002）对问题解决研究方法的讨论中，他肯定了科学现实主义的必要性。他认为，政府官员更有兴趣去解决本地问题，而不是去确定一个稳定的因果关系。问题解决研究与评估研究都旨在回答“问题是否得以减少？”如果政府官员希望在其他地方推广相同的干预措施，那么消除可解释问题解决的其他因素也变得非常重要，这是确立研究内部效度的核心问题，也是构建严谨评估研究的原理所在。

埃克在其“小规模小范围地解决问题”（small-claim，small-area problem solving）的论述中提到，分析人员针对存在于特定环境中的问题制定合适的干预措施，这是问题解决过程的本质。像埃克一样，我们也强调过程的重要性——系统地去研究一个问题，制定合适的干预措施，并评估这些干预措施是否达到了预期效果。这与埃克的“大规模干预”论述截然不同［例如阻止毒品滥用教育（DARE）或矫正训练营项目］，这些大规模干预项目适用于范围较广的环境。小规模、小范围干预措施针对特定环境而制定，因而不可以轻易地在其他环境中同等适用。然而，诊断本地问题，选取适当干预措施，然后评估干预措施的效果，这一过程是可以普遍适用的。安东尼·布拉加（Anthony Braga，2008）对此论点提供了更多的例证。格洛丽亚·莱科克（Gloria Laycock，2002）介绍了一个更具说服力的将科学现实主义运用于应用型刑事司法研究和犯罪预防策略制定的例证（Nick Tilley and Gloria Laycock，2002）。

在插页文章《参与式犯罪分析》中，泰纳斯·克鲁格提供了一个关于运用科学现实主义制定小规模干预措施的优势的很好例证。克鲁格及其同事在一些南非乡镇中与社区居民合作，共同研究在特定环境内的犯罪机制。他们的每项研究项目都制定了针对降低公共安全威胁的小规模干预措施。通过该例子，你应该可以记起我们在第 11 章所描述的安全审查。也请回想一下安布尔·霍宁在第 10 章对定性访谈的论述。最后，再想想克鲁格及其同事如何将技术含量低、基于社区的数据收集与更为高级的分析技术相结合。

参与式犯罪分析

泰纳斯·克鲁格

科学与工业研究理事会，比勒陀利亚，南非

参与式犯罪分析使用基于社区的犯罪制图和其他工具来确定南非乡镇的犯罪热区。大城市外围乡镇居民的居住环境很差。乡镇住宅与街道没有呈现在犯罪制图中。这些乡镇警力不足，水电以及其他生活资源匮乏。居民们每天都面临着暴力与其他类型的犯罪问题。

为减少犯罪、维护安全，科学与工业研究理事会（Council for Scientific and Industrial Research）与社区居民展开合作，系统地分析了所面临的犯罪问题，并根据社区自身需求制定了犯罪预防措施。与社区居民展开合作的出发点是研究者相信社区居民最了解自己居住的地方。科学与工业研究理事会与社区居民合作，运用犯罪分析来促进对犯罪问题的本地理解。

犯罪制图提供了以当地居民的视角来审视本地犯罪空间动态的机会。该合作项目的一个重要目的在于改善当地居民与传统警务实践之间的关系。

该合作项目始于一个为期一天的研讨会，该研讨会探讨了以下几个方面：

1. 犯罪预防概念。研讨会向参与人员介绍犯罪预防概念，特别是通过环境设计预防犯罪的理念。鉴于许多参与到项目中的社区居民从未听说过犯罪预防，该概念介绍是必要的步骤。

2. 个人制图。来自社区的项目参与者对他们所居住的区域制图，并指明他们认为不安全的或犯罪问题经常发生的地方。该制图过程可帮助人们理解社区内的问题区域。

3. 汇总制图。将个人绘制的问题区域叠加在航拍照片或更为详细的地图上。

4. 实地考察。研讨会参与者（社区居民和科学与工业研究理事会工作人员）实地考察了从地图上选取的区域，并对这些区域进行了拍照或摄像记录。在考察每个区域时，确立问题区域的社区居民会对这些区域予以介绍。

5. 分析。研讨会随后审查了实地拍摄的照片并进行了犯罪制图。研讨会分析了特定问题区域所涉及的犯罪行为、被害人、罪犯以及区域特征等相关信息。研讨会还分析了诸如某个特征是如何将特定房屋与周围环境相联系或相隔离的等区域与周围环境之间的空间关系问题。

6. 制定应对措施。研讨会根据犯罪的类型、犯罪问题的严重性以及是否需要当地官员等其他重要角色参与到问题解决中等，确定优先应对的犯罪问题。研讨会最终选取三到四个最突出的问题，并制定可行的应对措施。一类应对措施需要社区去清理危险的开放区域，另一类需要社区居民请求政府安装路灯或要求关闭非法的售酒商店。

干预措施的制定需要整个团队的共同参与。团队每个人有必要认识到，制定问题解决方案通常比确定像警察未能做好本职工作这样的问题更为复杂。合作过程增强了社区居民的自治意识，警察也可利用参与式犯罪分析的结果来更好地解决犯罪问题。

资料来源：改编自 http://www.saferspaces.org.za/be-inspired/entry/mapping-and-spatial-design-for-community-crime-prevention（访问于 2016 年 8 月 28 日）。

我们有理由去质疑案例研究或其他小范围评估研究的普遍适用性。但是科学现实主义研究者认为普遍适用性并非该方法的关注点。相反，他们提倡将大量小范围评估研究的结果汇总起来进行分析，而不是去尝试从少数的大范围评估研究中进行归纳。例如，格拉汉姆·法瑞尔等人（Graham Farrell and Alistair Buckley，1999）指明，在实施一项减少家庭暴力重复被害措施后，为何单纯分析家庭暴力案件数量会得出该措施无效的结论。他们将家庭暴力事件的普通测量划分为重复被害和首次被害两个子集并发现重复被害数大幅下降，但这一下降趋势被上升的首次家庭暴力被害数抵销。该干预项目所运用的行为理论可以解释该现象。

随机或准随机实验评估的实施应以合适的实验设计为前提。但是，认识到实验设计所需的具体条件也很重要。运用科学现实主义方法的评估研究相对较为灵活，并适用于多种情形。运用科学现实主义方法的评估研究或案例分析在小范围评估研究中尤为有用，它旨在解决特定环境内的特定问题，而非寻找那些可普遍适用的科学证据。无论何种情形，只要系统地运用社会科学研究程序去评估一个项目，各种研究方法都能满足我们在本章所讨论的项目评估定义。

我们对项目评估的一般建议就是：尽你所能。需注意两点：（1）了解社会科学研究程序的优点与局限，并（2）在特定运用中仔细诊断需要什么和哪些是可行的。只有了解可行的方法和项目限制，我们才能正确判断哪些评估研究是值得运用实验、准实验或非实验设计的，或去判断是否就不应开展该评估研究。

下文的《融会贯通：关于种族定性与交通执法的应用研究》阐明了有关种族定性的应用研究。

融会贯通：关于种族定性与交通执法的应用研究

从某种意义上讲，所有关于种族定性的研究都是从着力解决公共政策中重要问题的角度提出的。大量控诉和美国司法部的介入启动了关于新泽西州交通执法中种族定性问题的研究项目，其他城市和州也因面临执法偏见的控诉而启动了相应的研究项目。相反，北卡罗来纳州和宾夕法尼亚州的研究项目是在州政府对种族定性问题的主动质询下启动的。你会意识到这是一个问题分析与政策规划的例证。

很少有在本章所讨论的问题分析框架之外进行的评估研究。马克斯菲尔德和安德烈森（Maxfield and Andresen，2002）进行了一项关于新泽西州警察局巡逻警车视频记录仪使用情况的评估研究，但该评估研究更像是对该设备使用是否得当的审查。

由控诉启动的问题分析

大多数对新泽西州的法律控诉可根据美国司法部与州政府的同意令（consent decree）（http://www.state.nj.us/oag/jointapp.htm）获取。该协议本质上是针对州警察局管理与运作的一系列改革方案。大致上，州警察局被要求成为一个以数据为驱动的机构。下面是一些重要规定：

40. 该州应制定和实施用于维护和检索有关州警察局监督与管理信息的计算机系统，从而促进该机构的专业化与强调来自公民的监督，确定并整改一些潜在的问题行为，并促进最佳实践的实现［即"管理意识项目"（Management Awareness Program）］。

41. 管理意识项目应涵盖以下内容：

a. 根据协议第 29 条相关条款，所有与机动车拦停有关的信息都必须以书面报告或表格形式记录，或向通信中心报告。如果巡逻车配备了 MVR 记录设备，且该设备能正常记录，则无须以其他形式提供重复记录。

b. 关于市民投诉与州警工作良好指标的信息；关于不端行为调查的信息；在机动车拦停中使用警械的报告；针对在岗和休班州警的刑事逮捕与刑事控告；涉及控告州警在岗期间不端行为的民事诉讼；对州警在休班期间涉嫌带有种族偏见的行为、暴力行为或暴力恐吓的民事诉讼。

c. 干预措施的实施；培训课程名称、开始与结束日期、培训地点等关于州警所接受培训的信息。

这些与其他有关数据收集的要求，促使新泽西州警察局开发了管理分析与专业绩效系统（Management Analysis and Professional Performance System，简称 MAPPS），定期审查不同级别警察的工作表现。该系统整合了每个警察所执行交通拦停的季度数据。这些数据以派出所为单位被汇总，然后再按各区汇总。州警察局长与其他管理官员就这些警察工作表现数据进行季度审查。除此之外，MAPPS 将被个别警察拦停司机的种族与所有被拦停司机的种族进行了比较。有了 MAPPS，新泽西州官员在谈及本州警务涉及的种族偏见时，便再无借口称“我们无法知道！”

针对性交通执法

马克斯菲尔德和凯林得出结论，以下三个因素可共同解释为什么在新泽西州高速公路南段被拦停的司机大部分是黑人：

· 非裔美国人在高速公路南段所有司机中占有更高比例；

· 在高速公路南段，驾车车速比限速快 15 英里/小时及以上者很大部分是黑人司机；

· 任何车辆被拦停的概率在高速公路南段都更高。（Maxfield and Kelling 2005：23.）

在后续章节，我们将介绍可以支持本结论的其他数据。现在，让我们回想一下在第 12 章的讨论，其中心论点是新泽西州交通拦停集中在高速公路南段，这一现象看似合理。相比该路段，其他路段的交通流量更大。马克斯菲尔德等人了解到，这些平日交通流量较大路段的拦停只在车流量相对较少的非高峰时段进行，因为在高峰时段拦停会造成交通拥堵。然而，这在南段并不是问题，交通执法能在各个时段进行。

此外，在实地考察中，马克斯菲尔德发现高速公路南段有很多聚集的“罚单区域”。警察在选取雷达探测点时会考虑该路段以及周围环境的很多物理特点，那些雷达探测点更多集中于南段更为偏远的路段。

基于他们的分析，马克斯菲尔德和凯林建议考虑更有针对性的交通执法。他们提出了一系列可系统地改变交通执法时间与地点的建议。澳大利亚实施过一项关于针对性交通执法的评估研究（Leggett，1997）。该评估研究发现，改变执法区域会减少交通事故。这类针对性举措可产生问题导向且以数据与分析为基础的交通执法措施。

五、应用科学的政治环境

公共政策包含着决策和决策中的政治因素。

应用研究人员力求缩小犯罪研究与刑事司法官员实务需求之间的落差——该过程充斥着潜在的政治、意识形态与伦理问题。在本章最后，我们将注意力转向应用研究的研究环境，讨论一些在相关应用研究中遇到的特殊问题。

这部分内容与第 3 章有关研究伦理的讨论有些相似。虽然伦理与政治往往紧密相连，但刑事司法研究伦理主要围绕所使用的研究方法，而政治问题主要反映在研究的具体运用上。应用研究所涉及的伦理和政治因素也有所不同，相比我们之前所讨论的伦理准则，我们并不能找到可以被广泛接受的政治行为准则。

虽然一些伦理规范带有政治色彩（例如，不得妨碍任何对公民自由的保护），但没有一个人可制定出一套得到所有刑事司法研究人员认同的政治规范。

评估与利益相关者

大多数应用研究涉及多个利益相关者——那些对研究项目或评估结果直接或间接感兴趣的人（Rossi，Freeman and Lipsey，1999：204-205）。一些利益相关者会大力支持某项实验研究，而另一些则可能会对此表示反对，还有一些则持中立态度。对项目抱有不同兴趣的利益相关者可能会在项目评估中产生相冲突的观点。

例如，马克斯菲尔德和鲍默（Maxfield and Baumer，1992）的审前监视居住研究得到了当地检察官和治安官的支持。双方都对该项目释放更多看守羁押空间的预期结果表示满意。然而，在社区矫正机构负责监视居住执行的工作员并不支持该项目，他们担心会增加工作量以及太多犯罪风险高的嫌犯会被释放至监视居住项目中。一些社区矫正工作人员更担忧该项目的评估而非项目本身，他们认为自己的工作表现会受到严格审查。美国国家司法研究所资助了该评估研究，并期望评估结果记录该项目的成功之处，从而可供其他辖区采用。社区矫正工作人员对该评估持有不同态度——他们想知道该项目在哪些方面有效，在哪些方面无效。

埃米尔·波萨和雷蒙德·凯里（Emil Posavec and Raymond Carey，2002）描述了对项目评估相冲突态度之类的问题。项目支持者会不切实际地期望评估结果表明该项目就是成功的。相反，他们也可能担忧评估的负面结果会导致该项目的终止。项目参与机构的工作人员在日常执行项目过程中，可主观地定性理解该项目是成功的，然而这种定性理解是不被控制型实验记录的。项目工作人员和其他项目利益相关者可能因担忧评估会消耗那些本应该用在实际项目执行中的稀缺资源而反对项目评估。

我们针对上述问题提出两点建议。第一，确定项目利益相关者以及利益相关者对项目本身和项目评估的看法。除了机构的决策者和工作人员，项目利益相关者还应包括项目的受益者和利益竞争者。例如，在一项加大巡逻警力的实验研究项目中，市中心购物区的商铺所有者会从中获益，但会引起附近居民的不满，因为他们也希望自己的社区能获得更多警力。

第二，对利益相关者进行关于项目评估必要性的培训。最好是向利益相关者解释，通过应用研究可确定哪些有效，哪些无效。美国司法部很多部门都出版了有关刑事司法机构如何通过项目评估来证明其行动方案合理性的简要手册（Eck，2003；Robert Kirchner，Roger Przybylski and Ruth Cardella，1994；Maxfield，2001）。这些手册与一些项目评估报告可成为赢得利益相关者支持的有力工具。

有关涉及多个利益相关者的复杂项目评估中的政治与运作问题的详尽描述，参见参考文献中谢尔曼（Sherman，1992b）撰写的有关家庭暴力实验研究一书的附录。在该附录中，谢尔曼展示了一项在密尔沃基进行的实验研究，对从最初商讨到项目完成的整个实验研究过程进行了详细描述。

总体而言，我们要认识到，应用研究是非常讲究合作的。因此，研究人员和项目工作人员是设计和执行评估研究过程中的共同利益相关者。评估人员致力于设计符合科学标准的严谨实验，而该研究兴趣必须满足项目资助者的主要目的——获取对制定公共政策有利的信息。除此之外，利益相关者不同观点的共存也意味着应用研究人员会与项目资助者及其他合作伙伴共事。

克鲁格对参与式犯罪分析的描述是一个能说明利益相关者如何在合作中共赢的绝佳例证。在证据生成项目中，马克斯菲尔德及其同事（Maxfield et al.，2017）描述了他们与纽约市青少年司法部门在从问题定义到项目评估这一过程中所展开的密切合作。

我们关注利益相关者之间冲突的同时，也应肯定应用研究影响公共政策的好处。评估研究能支持取得成效的刑事司法项目的继续实施或扩展，或是找出需要优化或者中止的无效项目。有时，问题分析结果也可用于影响政府官员的决策。有关示例，请参阅题为“当政治顺应事实”的插页文章，托尼·法比洛在此描述了如何通过问题分析让得克萨斯州否定了一些花费巨大的立法方案。

当政治顺应事实

托尼·法比洛

1994 年联邦反犯罪法案以及从该法案引申出来的相关政治运动，向各州施压，要求各州采取特定的量刑政策，以此为获取联邦经费的条件。针对暴力犯罪累犯实行终身监禁不获假释的“三振出局”（three strikes and you're out）政策便在其中。得克萨斯州拟采取该政策时，对广泛实行该政策在实务操作和财政方面的影响进行了预判，从而避免了实务上的僵局。刑事司法政策委员会（the Criminal Justice Policy Council）的政策分析指出，广泛地实行“三振出局”政策会给当地财政带来巨大影响。

得克萨斯州政策制定者谨慎地起草了相关的量刑政策。例如，之前的立法会议讨论是否采用对性犯罪累犯实行终身监禁不获假释的政策。在参考了刑事司法政策委员会的政策分析建议后，得克萨斯州政策制定者决定该政策只适用于特定罪犯。他们并没有采用终身监禁不获假释的政策，而是采用了一项服刑最少 35 年才获假释资格的政策。他们对该政策的谨慎减少了其在财政方面的影响，同时也实现了严惩特定罪犯的目的。

与得克萨斯州不同，加利福尼亚州政治并没有尊重事实，立法者采用了这项在财政上不可持续的“三振出局”政策。

就我而言，我会保持个人操守，并相信刑事司法政策委员会为政策制定者所提供相关分析的可信度。我对该政策的判定不仅会取决于“客观性”这一难以琢磨的概念，还会取决于我在为政策制定者整合复杂信息时的判断。为此，我遵守并要求我的同事遵守以下规定：

1. 在整合信息时要尽可能考虑全面，包括那些会受政策影响的利益相关者的观点。
2. 承认事实的局限性，并确定那些不能得出结论的领域。
3. 咨询同行，对方法论的假设进行验证，并确保其能达到科学检验的标准。
4. 提供事实背后的可替换的研究假设。
5. 明确审查报告和信息公开的初衷，确保事实的公开不会被认为是向任何利益团体提供便利。
6. 要基于更为广泛的而不是涉及单一党派或选区的参考框架，对有关政策行动信息的基本含义做出判断。
7. 最后，如果以上规则都遵守了，就不会向政治压力屈服而改变你的判断。个人操守从来不能妥协。在现代信息社会里，你的观众会先评断你的动机，然后再评断你的技术专长。

资源来自：改编自 Tory Fabelo，1996：2，4。

政治与客观性

政治与意识形态可以经由法比洛描述的更为微妙的方式来歪曲研究的客观

性。例如，你可能认为自己很开明、公正，渴望成为一名追求事实的刑事司法研究者。然而，你可能会对各种刑事政策抱有看法，认为缓刑和恢复性刑罚优于长期的监禁。对于两者谁优于谁并无定论，因而你的看法完全合理。

现在，假设你所上的某门课程要求你写一份有关矫正政策的评估研究计划。你的研究计划很有可能会选择评估一个缓刑项目，而不是一个关于使用移动式看守所来增加拘留容量的项目。你的选择是自然、合法的，但你的政策偏好也影响了你的选择。

有时，我们似乎很难保证刑事司法研究评估结果客观性处在一个可接受的范围内，或者很难与评估结果保持一定的距离。如果你对特定项目或政策带着强烈的看法，那么这项任务有可能变得更加复杂。例如，评估一项预防再犯的实验项目的研究人员都真心希望该项目是有效的。然而，在其他刑事司法问题与政策上，这些研究人员很难达成共识。比如说，你如何看待限制性手枪法规或针对反堕胎者实行强制性监禁的影响研究？

罗纳德·克拉克（Ronald Clarke，1997b：28）描述了一些对情景犯罪预防应用研究的否定性政治意见："保守派的政客称，情景犯罪预防是对道德瓦解促使第二次世界大战后犯罪剧增之观点的一种无关回应，那些左派人士评判其忽视了社会正义，过度地接受了当权者对犯罪的定义。"与之类似，电子监控措施的应用也因容许罪犯在家服刑以及政府监控个人而受到批判。情景犯罪预防的评估项目因被认为其默许犯罪软治理（soft-on-crime）或强势警察国家的意识形态（police-state ideologies）而遭受批评（J. Robert Lilly，2006；Mike Nellis，2006）。

不管是应用型的还是基础型的刑事司法研究，我们都很难说其不涉及价值判断。我们个人的信仰与喜好都会影响我们如何选择研究课题，政治倾向和意识形态也可以通过向特定项目提供研究经费来影响刑事司法研究议程。例如，在2015年，美国国家司法研究所资助了"预防违禁品进入矫正机构"[1]和"洛杉矶警察局提升DNA检验能力与减少DNA检验积压"这类（http://

[1] 违禁品的拦截措施包括预防违禁品被带入监禁机构的政策与措施，以及如何在矫正机构内调查并扣押所发现违禁品的政策与措施。（可参见 https://external.ojp.usdoj.gov/selector/awardDetail?awardNumber=2015-IJ-CX-K001&fiscalYear=2015&applicationNumber=2015-90600-DC-IJ&programOffice=NIJ&po=NIJ。）

nij. gov/funding/awards/Pages/2015. aspx，2016 年 8 月 28 日访问）研究课题。然而，国家司法研究所并没有资助如“禁毒战争中的体制性种族主义”和“联邦移民拘留营酷刑使用的探索性研究”这样的课题。当然，研究人员也可能有意识或无意识地成为应用研究中政治或政策目标的实现工具。

在另一个阐述政治决策影响应用研究的例证中，杰弗里·巴茨（Jeffrey Butts，2015）将社会政策评估比作在暗室使用手电筒，我们只能看见所照亮的区域。他写道：

“研究证据并非来自质朴、公正的真理寻求过程。我们今天所拥有的证据是政策制定者和带有目的、信仰、价值以及倾向的资助机构所投资研究的成果。研究经费提供了光束与所照亮的区域。对于一个基于证据而实施的项目或实践，我们可合理认为其成功的概率是很高的。但现有评估研究的结果就像那暗室里的一小束光，还不足以照亮所有关于制定和执行社会政策的选择。那些天真地认为每个资助决策都需要不可辩驳的证据的立法者，也只是害怕黑暗。”

小　结

· 评估研究与问题分析是应用研究在刑事司法领域的例证。

· 评估研究的不同类型对应着政策制定过程的不同阶段——制定计划、过程评估与影响评估。

· 可评估性评定可被视为研究人员确定是否能对某项目开展评估研究的一种初勘或预评估。

· 测量方法与项目成败标准的制定对于评估研究至关重要。

· 政府机构或许对于项目目标没有明确的陈述或清晰的看法。在这种情况下，研究人员必须要与政府官员合作，在评估研究开始前确定双方认可的目标。

· 评估研究可运用实验、准实验或非实验设计。在其他目的类型的研究中，通常首选能最大限度控制实验干预条件的设计。

· 随机实验不适用于在新项目实施后开始的评估，也不适用于那些不能确保对照组隔离在实验干预环境之外的全覆盖型项目。

· 过程评估可独立进行，也可与影响评估相结合。过程评估对于解释影响评估的结果至关重要。

· 问题分析不仅仅是一项规划技巧。问题分析运用了在评估研究中所使用的相同的社会科学研究方法。在刑事司法应用研究中，有许多问题分析的变体。

· 应用研究中的科学现实主义方法侧重于理解在特定环境中所运行的机制，而不是寻找可普遍适用的因果机制。

· 越来越多的刑事司法机构运用问题分析进行政策规划。犯罪制图和其他基于空间的分析是特别有用的应用型研究分析方法。

· 问题的解决、评估以及科学现实主义都有许多共同点。

· 评估研究融入公共政策与现实生活，因此面临着有关运作、伦理、政治等特殊问题。

重要术语

评估研究　循证政策　证据生成　影响评估　问题分析　问题导向警务　问题的解决　过程评估　利益相关者

复习与练习

1. 在面向一线司法工作人员的介绍中，马克斯菲尔德将评估描述为回答两个问题的过程："是否达到你的期望?"和"与什么做对比?"讨论本章是如何与这两个问题相关联的。

2. 当项目并没有达到预期结果时，原因可能为以下两点之一：该项目没有一个好的想法就开始实施了，或者虽有一个好的想法，但并没有正确地实施。讨论实施过程评估和影响评估对于了解项目失败原因的必要性。

3. 阐述实地实验中的随机实验设计的主要优缺点是什么以及随机实验设计在问题分析中是否得到了运用。

|第 14 章|

解读数据

本章讨论在刑事司法研究中常见的简单统计方法。我们也将介绍多元变量分析的基本原理。通过对本章的学习，你能通过一些简单、有效的数据分析来描述数据、得出结论。

学习目标

1. 理解描述统计是对研究数据的总结。

2. 从样本个体、属性、变量这三方面来描述频次分布。

3. 认识到集中趋势测量可总结数据，但不能表达原始数据的具体信息。

4. 理解离散趋势测量是对围绕一个平均值的数据分布的总结。

5. 举例说明通过比率这一描述统计，我们可将一些测量值标准化，从而对其进行比较。

6. 阐述如何通过双变量分析与子群对比来检验两个变量之间的关系。

7. 计算并解释列联表中的不同类型百分比。

8. 理解多变量分析是如何检验多个变量间的关系的。

9. 解释 PRE 模型的原理。

10. 分别阐述 PRE 模型中 λ、γ 以及皮尔森积距相关系数 r 这三个参数在定性、定序、定距或定比变量相关性检验中的应用。

11. 总结如何使用回归方程与回归线进行数据分析。

12. 理解如何通过推论统计来判断基于样本数据的调查结果能否适用于更大范围的研究总体。

13. 阐述置信区间和置信水平在推论统计中的意义。

14. 解释统计显著性检验所代表的含义以及其解读方法。
15. 认识到统计显著性和实质显著性之间的差别。
16. 理解统计显著性检验对数据和方法的假设前提在社会科学研究中很难满足。

本章目录

身份信息盗用

我们都听说过身份信息盗用，媒体对该问题的报道也时有出现。但是身份信息盗用究竟有多普遍呢？或者，什么是身份信息盗用？它的表现形式是什么？2004 年，NCVS 将身份信息盗用问题纳入调查范围。此处，我们依据 2010 年 NCVS 的部分结论来阐述一些基本的描述统计方法。

第一张表估算了 2010 年经历不同形式身份信息盗用家庭的数字。调查将被害事件分为三类：

1. 未经授权使用或试图使用已有的信用卡；
2. 未经授权使用或试图使用已有的其他账户，如支票账户或储蓄账户；
3. 利用他人身份证件进行非法开户、贷款或其他犯罪行为。

最后一类可能是大家耳熟能详的身份信息盗用类型。但其它两类更常见，可分别称作信用卡诈骗和支票账户诈骗。大约 7%的被调查家庭曾遭遇过一种或多种身份信息盗用。

	家庭数量估值	家庭所占百分比（%）
总数	122 885 200	100
身份信息盗用	8 571 900	7
信用卡	4 625 100	3. 8

续表

	家庭数量估值	家庭所占百分比（%）
其他账户	2 195 900	1. 8
个人信息	775 400	0. 6
多种形式	975 521	0. 8

如同 NCVS 所调查的其他犯罪类型，我们可以获取被害人的其他变量信息。下表呈现了不同年龄段户主及不同收入水平家庭所遭受身份信息盗用的百分比。如同许多其他的犯罪类型，年轻人较其他年龄段群体遭受身份信息盗用的风险更大。65 岁及以上人群的被害风险是其他年龄段的一半或更低。而被害率在收入水平方面所呈现的差异不同于其他犯罪类型。年收入在 7 500 美元以上的家庭，被害风险随着收入的增长而增加。在收入水平最高的家庭中，超过 12%的家庭称在 2010 年遭到身份信息盗用。

	身份信息盗用被害率（%）
户主年龄段	
18—24 岁	8. 5
25—34 岁	7. 6
35—49 岁	7. 9
50—64 岁	7. 3
65 岁及以上	7. 3
家庭收入水平	
7 500 美元以下	5. 3
7 500—14 999 美元	4. 8
15 000—24 999 美元	4. 6
25 000—34 999 美元	6
35 000—49 999 美元	6. 6
50 000—74 999 美元	7. 9
75 000 美元及以上	12. 3

两张表分别呈现了单变量统计量和双变量统计量。单变量统计量显示了不同被害类型的比例。双变量统计量显示了身份信息盗用被害率与其他两个变量（年龄与收入）的

关系。试想为什么会存在这样的关联：盗用信用卡比其他类型的身份信息盗用更常见；身份信息盗用被害率随着年龄的增长而降低、随着收入的增加而升高。

本章将介绍如何解释数据、如何计算不同的百分比类型。如果想实际操作，可以从 http://bjs.ojp.usdoj.gov/content/pub/sheets/itrh0510.zip 下载电子表格。

导　言

实证研究通常会运用到一些统计分析方法。

经常有人对实证研究感到恐惧，因为他们对数学和统计学感到无所适从。诚然，许多研究报告充斥着各类未加详细说明的计算方法。虽然数据分析在刑事司法研究中的作用十分重要，但以恰当的方式审视数据分析同样意义重大。

首先，我们应视实证研究为一种逻辑论证，而非单纯的数学运算。数学在数据分析中是实现逻辑推理的一种便捷且有效的语言。数据分析是应用数学的分支，适用于各种研究方法。

我们将考察统计的两种类型，分别为描述型和推论型。描述统计（Descriptive statistics）被用于总结与描述样本数据。推论统计（Inferential statistics）则有助于研究人员通过对样本的观察得出关于总体特征的结论。

描述统计　描述样本属性或描述样本中变量关系的统计运算。

推论统计　将基于样本观察所发现的结果推论至更大总体特征的统计运算。

在讨论任何数字前，我们想让你知道，本章所涉及的统计学知识是最基础的。我们仅简要介绍统计分析在刑事司法研究中的应用。我们希望未来刑事司法实证研究的生产者和消费者能够熟悉定量研究的基本概念。许多已发表的刑事司法研究使用了较为复杂的统计方法，这些方法需专门学习。但不同统计方法背后的逻辑和基本方法的运用并不难理解，只是运用了不同计算和比较方法。

读者必定对犯罪和刑事司法政策领域的议题感兴趣，或许正在研修犯罪学或刑事司法研究方法方面的课程。我们建议读者将统计学作为描述、理解和解释犯罪及刑事司法政策的工具，并以此为出发点学习本章。通过学习数据分析，读者会进一步认识犯罪学和刑事司法领域所运用的研究方法。对自己感兴趣的问题进行数据分析，试图对其进行总结与解释，这或许是统计学最为轻松且高效的学习方法。

一、单变量描述

描述单一变量均值及离散特征是最为简单的统计方法。

描述统计是通过简单的形式进行定量描述的方法。有时，我们希望描述单一变量，这一过程也被称作单变量分析（Univariate analysis）。我们有时也希望描述一个变量与另一个变量之间的关系，因此，双变量分析是对两个变量特征的描述，多变量分析（multivariate analysis）则检验三个或更多变量间的关系。

单变量分析每次只检验一个变量的特征分布。我们接下来学习单变量分析的逻辑与形式。

分布

表示单变量数据最基本的形式是呈现所有的样本特征，也就是列出每一个样本的特征属性。假如我们对刑事法院法官的年龄产生兴趣。我们可从州律师协会准备的法官目录获取该数据。呈现法官年龄最直接的方式就是将其一一列出：63、57、49、62、80、72、55 等。这一方式可以将有关法官年龄的全部细节呈现给读者，但该方式过于烦琐。其实我们可通过一种简单且不丢失任何细节的形式来呈现，即以 5 位法官年龄 38 岁、7 位 39 岁、18 位 40 岁等来呈现。这样避免了对相同年龄的重复描述。

我们还可以通过更简单的形式——忽略一定样本细节——报告法官的年龄范围特征，也叫作各组特征的频次分布（frequency distributions）：45 岁以下的法官有 24 位，45 岁至 50 岁的法官有 51 位，等等。然而，该频次分布所能提供的特征信息将减少，读者不能完全重现每个法官的具体年龄，例如有多少名法官是 41 岁是不可获知的。

前面的例子以原始频次的形式呈现了特征范围。我们也可通过百分比的形式来呈现该变量特征。例如百分之 x 的法官年龄为 45 岁以下、百分之 y 的法官年龄介于 45 岁和 50 岁之间等。见下表：

刑事法院法官年龄分布（虚构）

年龄段	百分比（%）
35 岁以下	9
36—45 岁	21
46—55 岁	45
56—65 岁	19
65 岁以上	6
总数	100% = 433
数据缺失	18

在计算百分比时，需要确定其基数，即代表 100%的数字。在最为明显的情况下，基数就是所研究的全部样本数。然而，随之而来的问题便是一些样本会出现数据缺失的情况。例如，一项调查要求受访人报告其年龄。如果一些受访者没有回答该问题，我们就有两种解决方案：其一，我们以全部受访人作为百分比的基数，将没有提供年龄的受访者也作为总数的一部分。其二，我们可以将提供答案的人数作为计算百分比的基数，上面的表格便展示了该方法。我们仍会报告没有提供答案的人数，但该人数不会纳入特征百分比的计算中。

基数的选择完全依数据分析目的而定。如果希望将某调查样本的年龄分布与该样本所代表的总体的年龄特征进行对比，那么我们可忽略那些“不予回答”的样本数。我们从那些已报告的年龄信息中可很好地判断所有受访者的年龄分布。“不予回答”不是一个有实际意义的年龄分组类别，如果将其纳入到各组年龄特征百分比的计算中，会干扰样本和总体特征的比较。

集中趋势测量

除了简单报告分组特征的频次分布以外，研究者经常以描述平均数（averages）或集中趋势（central tendency）的方式来呈现数据。集中趋势测量有三种，包括众数（mode，无论是在已分组还是未分组中，出现最多次的特征属性）、算术平均数（mean，观察样本各数值之和除以样本数）以及中位数（median，将特征属性按顺序排列后位于最中间的那个属性）。

假如我们设计了一个以青少年为研究对象的实验。他们的年龄分布为 13 岁至 19 岁，如下列频次分布所示：

年龄	频次
13	3
14	4
15	6
16	8
17	4
18	3
19	3

现在我们已经知道这 31 名受访者的实际年龄，通常来说他们多少岁呢，或者他们平均多少岁呢？现在看看对这一问题的三种不同回答方式。平均数最简单的计算方式是众数，即出现次数最多的数值。据 31 名受访者的年龄分布显示，16 岁的青少年（8 位）最多，那么年龄的众数为 16 岁，如图 14.1 所示。

图 14.1 也显示出计算算术平均数的三个步骤：(1) 某个年龄的数值乘以该年龄的人数；(2) 将前述乘积相加；(3) 将相加的值除以人数。如图 14.1 所示，平均年龄为 15.87。

中位数代表“中间”的数值，数据中有一半比它高，一半比它低。如果我们掌握每位受访者的准确年龄（例如 17 岁又 124 天），那么我们可以按年龄顺序排列 31 名受访者，位于中间的受访者的年龄便是中位数。

但是我们并不知道准确的年龄，我们的数据所表达的是“分组特征数据”。有 3 位受访者被分至 13 岁组，虽然我们并不知道其具体年龄。

图 14.1 给出了分组计算中位数的逻辑。由于 31 名受访者同时出现，按年龄从小到大排列后，中间即为第 16 位，第 15 位年龄小一些，而第 17 位年龄大一些。图 14.1 最下部分可见，中间的受访者属于 16 岁组，第 16 位受访者为该年龄组从左向右数的第三个人。

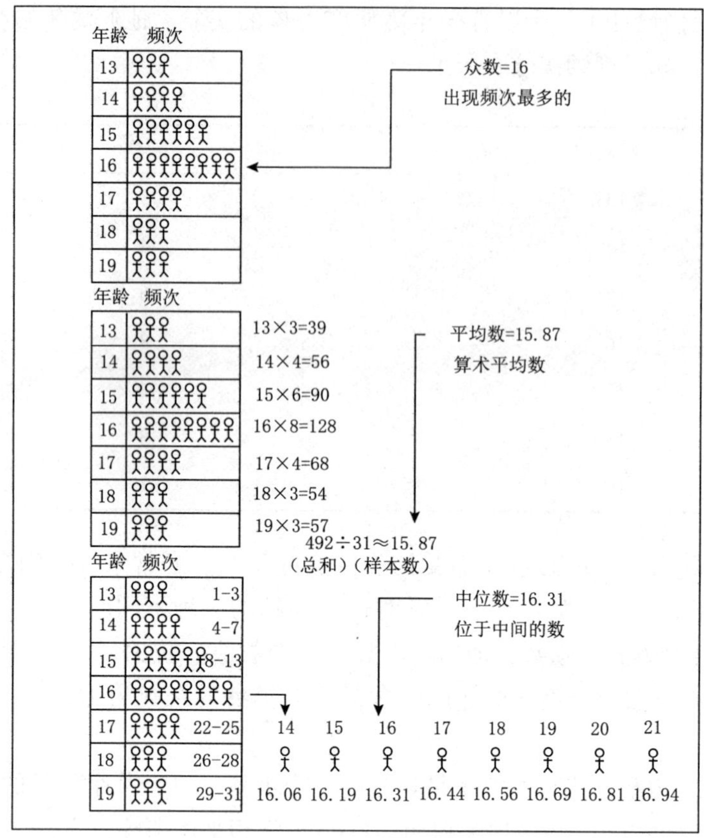

图 14.1 三个“平均”数

离散趋势测量

在文献中，我们通常可以看见算术平均数和中位数被同时报告。对于算术平均数，我们必须意识到其极易受极端数值的影响，即特别大或特别小的数字能够显著地改变算术平均数。因此，检验算术平均数的离散（dispersion）趋势十分重要。

集中趋势 观察对象向特征分布的中间点聚拢。
离散趋势 围绕中心值（如平均数）的数值分布。

离散趋势最简单的测量是值域（range），即最高值与最低值之间的差距。因此，除受访人年龄的算术平均数为 15. 87 岁外，也可以得出他们的年龄值域为从最小的 13 岁至最大的 19 岁。另一种较为复杂的离散趋势测量是标准差（standard deviation），它描述单个数值围绕算术平均数的平均变动。如果算术平均数描述样本特征的平均值，则标准差意味着每个样本特征与该算术平均数偏差的平均值。为阐明偏差和平均偏差的概念，表 14. 1 列出了未成年人法庭及成年人法庭被告人假设的年龄特征分布。先看表 14. 1 的第一部分。

表 14. 1　未成年人法庭及成年人法庭被告人假设年龄分布的标准差

	未成年人法庭		
	年龄	与算术平均数的偏差	与算术平均数偏差的平方
	12	−2	4
	15	1	1
	14	0	0
	13	−1	1
	15	1	1
	14	0	0
	16	2	4
	16	2	4
	12	−2	4
	13	−1	1
总和	140	0	20
算术平均数	14	（0）	（2）
标准差			1. 41
	成年人法庭		
	年龄	与算术平均数的偏差	与算术平均数偏差的平方
	18	−10	100
	37	9	81
	23	−5	25

	成人法庭		
	年龄	与算术平均数的偏差	与算术平均数偏差的平方
	22	−6	36
	25	−3	9
	43	15	225
	19	−9	81
	50	22	484
	21	−7	49
	22	−6	36
总和	280	0	1126
算术平均数	28	(0)	(112.6)
标准差			10.61

第一部分第一列给出了未成年人法庭里 10 名被告人的年龄。这 10 名被告人年龄的算术平均数是 14。第二列给出了每名被告人年龄偏离算术平均数的数值。因此，第一名未成年被告人比算术平均数小 2 岁，第二名未成年被告人比算术平均数大 1 岁，第三名未成年被告人的年龄等于算术平均数。

你可能认为平均偏差的计算方法与算术平均数一样，即将每个案例中个体的偏差相加后除以样本数量。我们在表 14.1 中也是这样做的，但请注意，偏差的总和却为零。实际上，与算术平均数的偏差的总和永远是零，因为一些个体的偏差是负数，另一些个体的偏差是正数，而正数与负数的值正好相抵消。

正因如此（其他原因过于复杂而不在此叙述），标准差描述离散的方法是将与算术平均数的偏差平方。任何数字进行平方运算后得到的都是正数，因此将偏差的平方相加，总数不会为零。表 14.1 中偏差的平方相加等于 20，除以观察对象的数量，则平均偏差为 2。这一数值——各样本数值与算术平均数偏差的平方之和除以案例数——被称为方差（variance）。方差开平方后即为标准差，在表 14.1 中，未成年被告人年龄的标准差是 1.41。

如何去解读 1.41 和其他标准差的数值呢？实际上，标准差的具体数值没有直观的意义。然而在比较各样本时，标准差是对离散特征最为实用的测量。比较标准差和算术平均数的数值能够说明各样本数值围绕平均数波动的程度。

与之相似，比较不同样本组的标准差，可以说明不同样本组的离散程度。

在未成年人法庭的例子中，1.41 的标准差与 14 的算术平均数相比要低得多。将未成年人法庭的数据与表 14.1 下半部分成年人法庭中被告人年龄的数值相比较，后者的算术平均数高一些，这也很正常，因为成年人的年龄自然比未成年人大。其实，标准差对样本年龄特征的描述更为准确，如表 14.1 的第二、第三列所显示的与算术平均数的偏差和偏差的平方，成年人法庭中被告人年龄分布的波动更大。成年人案例中算术平均数 28 的标准差（10.61），相较于未成年人案例中的类似数值要大很多。造成此差异的原因很明显，那就是成年人年龄范围（18 岁以上）比未成年人的（1 岁至 17 岁）大，所以成年被告人年龄的分布比未成年被告人的更广。因此，成年被告人年龄围绕其平均年龄的波动比未成年被告人年龄的波动更大。

除对样本特征分布的描述外，标准差在其他描述统计中也扮演着重要角色，本章随后会进一步讨论。标准差还是许多推论统计的核心要素，这些数值常被用于得出普遍适用性结论，即从观察样本特征得出样本群体特征的结论。

离散与集中趋势测量的比较

测量离散的其他方法有助于我们解读集中趋势测量。百分位数是一个能够同时表示样本离散特征与用于样本内部分组的指标，它能够显示低于某特定样本数值的百分比。例如，SAT 等标准化考试的分数会以百分位数和原始分数的形式呈现。因此，原始分数 630 会被归于第 80 百分位，也就是 80%参加本次 SAT 考试的人分数会在 630 分以下；相反，20%的人分数在 630 分以上。百分位数也能够以四分位数（quartiles）对样本进行分组，即将样本分为第一档（最低）、第二档、第三档、第四档（最高），每档占样本总数的 25%。

表 14.2　虚构的缓刑犯被捕次数分布

被捕次数	样本数	百分比（%）	百分位/四分位数
0	1	0. 56	
1	16	8. 89	
2	31	17. 22	第 25 百分位/第 1 四分位
3	23	12. 78	
4	20	11. 11	第 50 百分位/第 2 四分位
5	16	8. 89	
6	19	10. 56	
7	18	10. 00	第 75 百分位/第 3 四分位
8	11	6. 11	
9	14	7. 78	
10	5	2. 78	
30	3	1. 67	
40	2	1. 11	
55	1	0. 56	
总和	180	100. 00	
众数	2		
中位数	4		
算术平均数	5. 76		
值域	0—55		
标准差	6. 64		

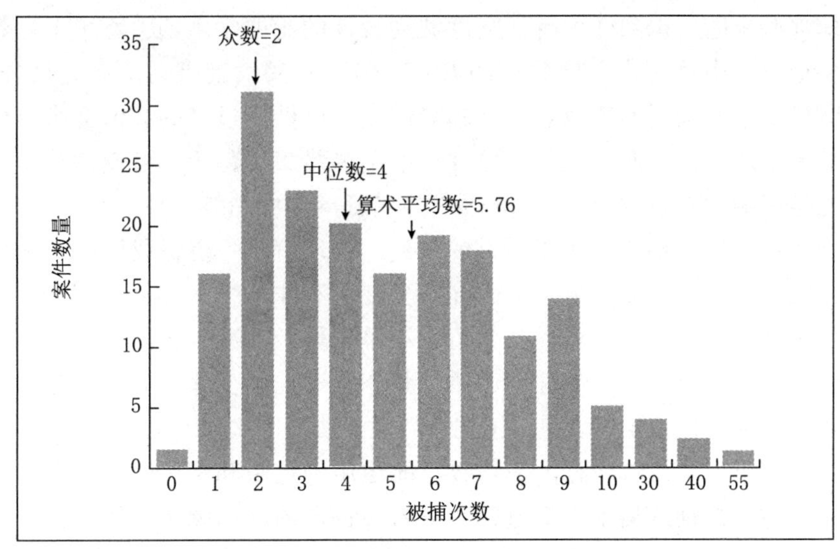

图 14.2　缓刑犯被捕次数分布图（虚构数据）

表 14.2 展示了虚构的缓刑犯被捕次数分布情况，体现了集中和离散趋势测量的不同。请注意，尽管被捕次数为 0—55 次，但样本集中分布于该表的上端。一半的缓刑犯有 4 次或以下的被捕记录。表 14.2 中的 3 种描述统计测量，即中位数、第 50 百分位数以及第 2 四分位数，也体现了这一特征。然而只有 1/4 的缓刑犯有 8 次及以上的被捕记录。

请注意三种集中趋势测量数值是不同的。被捕记录的众数是 2，算术平均数或平均数是 5.76。当算术平均数大于众数的时候，意味着算术平均数更容易受到一小部分有大量被捕记录的样本影响。标准差 6.64 进一步表明，小部分样本的被捕记录与平均被捕数的偏差较大。图 14.2 呈现了样本分布的离散特征和三种集中趋势测量数值。

表 14.2 和图 14.2 的分布被称作“偏斜分布”（skewed distribution）。尽管大部分样本集中于被捕次数较小的值域范围，但一些样本被捕次数很多。许多令刑事司法研究者倍感兴趣的变量都会以类似的方式存在偏斜，特别是涉及一些更为宽泛的研究总体的时候。许多人从未被捕过，小部分人却被捕多次。与之类似，大部分人在特定时间内从未遭受严重犯罪的侵害，小部分人却有多次被害的经历。

迈克尔·莫尔茨在其《偏离算术平均数》（Deviating from the Mean）一文

中提醒那些未能认识到样本特征高度波动特性的犯罪学家们，算术平均数常常在特征分布中体现出一定程度的偏斜，因而在阅读刑事司法研究报告时，研究者应了解所运用的离散与集中趋势测量。过低或过高的数值会影响标准差和算术平均数，因而算术平均数并未准确测量集中趋势。可使用较少受到极端数值影响的中位数或众数来测量样本特征的集中趋势。

上述计算方法不能适用于所有的变量。要理解这一点，我们需要区分两种变量的测量类型，即连续（continuous）变量和非连续（discrete）变量。年龄以及被捕记录是连续变量，其数值以小单位增长或减少，并非从一个分类直接跳跃至另一个分类，如性别和婚姻状态是非连续变量。如果要分析非连续变量，例如定性或定序变量，上述技巧就无法适用。

严格来讲，中位数和算术平均数只能运用到定距和定比变量集中趋势的计算中。对于性别这类定性变量，变量内某特征的原始频次或所占百分比能恰当且有效地测量特征分布。当算术平均数、中位数或离散趋势测量不恰当时，我们也可运用众数，尽管它对集中趋势的描述存在一定局限性。

计算比率

在刑事司法研究中，比率为基本描述统计测量之一。在大部分情况下，一些以比较为目的的研究，会使用比率进行标准化。例如，下表给出了 UCR 中四个州的 2014 年谋杀案件数量。

	2014 年总谋杀案件数量	2014 年人口数量
加利福尼亚州	1 699	38 803 000
路易斯安那州	477	4 650 000
密苏里州	403	6 064 000
纽约州	617	19 746 000

来源：FBI，2015。

显然，加利福尼亚州谋杀案件数量比其他三个州都要多，但很难通过这些数字对四个州的谋杀案件进行合理比较，因为这四个州在人口数量上差异巨大。计算比率可以使我们以人口数量对谋杀案件数量进行标准化，同时进行更有意义的对比，如下表所示。

2014年每10万人中谋杀案件发生率	
加利福尼亚州	4
路易斯安那州	10.3
密苏里州	6.6
纽约州	3.1

可见，路易斯安那州2014年的谋杀案件数量在这四个州中倒数第二，但谋杀案件发生率是最高的。请注意，谋杀案件发生率表示的是在每10万人中发生的谋杀案件数量。该标准化方法通常用于报告犯罪率以及其他小概率事件的发生率。如想得到每个人遭受谋杀的比率，可将第二张表中每个小数点向左移动五位。这样一来，你会发现哪一个表示方式更容易解读。

比率的计算方法很简单，但确定比率的两个基本要素并不容易且需要认真考虑，这两个要素就是比率的分子和分母。分子代表所要进行测量的核心概念，所以选取分子也涉及测量该概念所应注意的事项。相对而言，常见的谋杀案件发生率、逮捕率、判决率以及监禁率是可以直接通过改变分子所代表的概念来进行计算的。

相较而言，选择正确的分母则是一个策略问题，而非统计问题。在通过比率进行标准化的大多数场合，分母的选取应体现其可代表作为分子样本的总体。有时，分母的选择显而易见，就像使用每个州的人口数量来计算谋杀案件发生率。如果需要计算强奸发生率或性侵行为发生率，则可能需要在分母中使用成年女性的人口数量，尽管存在男性被强奸的情况。鉴于入室盗窃所侵害的为住宅而非个人，入室盗窃发生率就应当使用住宅数量作为分母。同理，商业盗窃的发生率应当基于商业设施的数量，机动车盗窃则应基于机动车登记数量。

我们在计算可体现一些流动人口特点的比率时往往会遇到一些难题。例如，不仅迈阿密当地居民可能成为刑事犯罪被害人，迈阿密所接待的游客、访客同样面临这样的风险。在特定年份里，大量非本地居民会到访或途经迈阿密。如果仅依据迈阿密的固定居民人口数量（如美国的人口普查统计数据）计算该市的犯罪率，该犯罪率就是被高估了的。这一比率应依据实际具有犯罪被害风险的人口进行标准化，而使用本地居民人口数量作为分母将忽略那些到访但同样具有被害风险的游客。那么如何去计算在纽约市地铁内的犯罪率呢？每天数以百万计的地铁通勤者成为用于计算该犯罪率的被害风险人口。

幸运的是，现在我们能轻易获取到更准确测量各类比率的数据。例如，一人口普查报告推测，各城市白天人口数量可通过将在城市工作的居民与非居民人口数量相加而得出。以迈阿密为例，2000 年推测的日间人口数量为 497 536，明显高于 362 470 的居民人口数量（U. S. Census Bureau，2005）。2005 年纽约市地铁周内搭乘人数的推测数值为每天 470 万或每年 14. 49 亿（New York City transit，2006）。2005 年整个纽约市公共运输系统（包括公交车及轮渡）的主要重大犯罪总数为 3 383 起，其发生率为每 10 万人 0. 23 起，或每 100 万风险人群发生 2. 3 起（City of New York，2006）。如果仅考虑地铁内发生的犯罪，该犯罪率会更低。

比率是非常有用且计算简便的描述统计测量，但在选择分子和分母时需要特别注意。插页文章《职场谋杀》讨论了比率计算中的一些困惑。

职场谋杀

《纽约时报》刊登了标题为“职场女性面临较高谋杀率”的短文。该文报道了美国劳工部发布的一项研究结果。文章的副标题是“40%在工作中离世的女性死于谋杀，而对于男性，谋杀死因只占 15%”。对于读者而言，这一描述或引发一定的恐慌且具误导性。我们可以通过下表来呈现该百分比：

职场死亡原因（百分比）

	女性	男性
谋杀	40%	15%
其他原因	60%	85%
总和	100%	100%

此表显示，在工作中离世的女性，有 40%死于谋杀，对应了副标题所表示的含义。请注意，从此表中我们并不能知道有多少男女在工作中被谋杀，或因其他原因死亡的男女人数。美国劳工统计局研究表明，与工作相关的死亡事件中，机动车事故占比是最大的，1992 年 6 083 起与工作有关的死亡事件中，18%或 1 121 起为机动车事故，……谋杀（包括枪击和刺伤）则是第二位的原因，有 17%或 1 004 起谋杀案件。

这些信息可进一步完善该表，即 1992 年共有 6 083 起工作死亡事件，其中 1 004 起为谋杀，5 079 起为其他原因。

在绘制列联表（contingency table）时，我们还需知道在工作中死亡的男女各自的总数。“虽然男性占整个劳动力的 55%，但其在工作相关死亡事件中占比 93%。”该信息并没有直接告诉我们男女各自的总数，但从中我们也可对其进行估值，即 6 083 起死亡事件中有 93%为男性死者，因而我们可以估算出，在工作相关死亡事件中，约 5 657 起死者为男性，而约 426 起死者为女性。“约”是一个重要的限定词，因为通过百分比计算具体整数会因“四舍五入”与真实数值不一致。我们现在就绘制一个列联表来呈现工作场所死亡事件数量。

下表列出了因两种原因在工作中死亡的男女人数。除了总数外，其他数字均依据新闻报道的各男女百分比估算而得。

职场死亡原因（频次）

	女性（估值）	男性（估值）	总数	总数（估值）
谋杀	170	849	1 004	1 019
其他原因	256	4 808	5 079	5 064
总和	426	5 657	6 083	

有趣的是，尽管女性的谋杀率高于男性，但男性被谋杀的数量要远高于女性。

现在回顾报道在标题中所用的“高谋杀率”一词，其预示着工作中被谋杀女性的数量，除以工作中面临谋杀风险的女性总数，比男性的要高。我们需要通过更多报道信息来验证这一论断。此处有个重要线索，女性占就业总人数的 45%，即 1.2 个男性对应 1 个女性（55%÷45%），然而在工作中被谋杀的男性数量是女性的 5 倍（849÷170）。

这应提示此标题具有误导性。如果被谋杀的男女人数比是 5：1，而男女员工比是 1.2：1，女性的谋杀率怎么能比男性的高呢？应该通过寻找合适分母的方法计算真实的职场谋杀率；该例所表示的劳动力市场上男女的数量是恰当的。人口统计局发布的《全美统计摘要》（Statistical Abstract of the United States）提供了该信息并能够被用于计算职场谋杀率，如下表。

	女性	男性
劳工数（千）	53 284	65 593
职场谋杀案件数	170	849
每 10 万劳工中职场谋杀率	0.319	1.335

因此，《纽约时报》的报道是错误的，其实工作中男性被杀的比率更高。各种原因的死亡，包括谋杀，很少发生在职场女性身上。的确，在工作中死亡的女性中，谋杀死

因的占比（人数相较男性要少得多）要高于谋杀在男性工作死亡原因中的占比。但谋杀率实则为被谋杀者数量除以存在该风险的总人数。

计算比率时经常使用不准确的总体人数作为分母，但很少会出现比率这一术语被错误使用的现象。

来源：Associated Press（1993）和美国人口普查局（1992）。

细节特征与可操作性

表述单变量以及其他数据时，时常会受困于两种相对的目标：一方面，尝试将最完整的数据特征细节提供给读者；另一方面，数据特征也需要以更简单操作的方式呈现。由于这两个目标经常彼此冲突，研究者需要寻求最好的折中方案。以多种形式来报告一组数据特征是可行的方法。以年龄为例，我们可以报告年龄的最大值和最小值的范围，以及其算术平均数和标准差。

从对单变量分析的介绍可见，看似简单的事情实则相当复杂，而本节为多变量分析的学习做好了铺垫。

二、两个及两个以上变量的描述

描述统计测量也适用于两个或两个以上变量，有助于理解这些变量间的相关性。

单变量分析描述了研究中分析单位的特征。如果从较大总体获取样本，我们便可就所观察到的样本特征，通过描述推论得出总体特征。双变量和多变量分析的主要目的为解释。

我们通常可以对研究样本进行分组描述。以表 14.3 中的假设数据为例，该表对有重罪前科记录的嫌犯进行了分组，从而表示出不同组别的刑期长度。研究人员会单纯地以描述为目的对样本进行分组，而更多的情况下，分组描述是为了比较。该例分组比较了罪犯的判决刑期，暗示了重罪前科记录与刑期长度存在一定因果关联。与之相似的是，如果比较男性与女性的刑期长度，则暗示了性别与刑期长度存在一定的因果关系。

表 14.3　分组对比：具有不同重罪前科记录罪犯的刑期长度

重罪前科记录	刑期长度中位数
无任何逮捕或定罪记录	6 个月
仅有逮捕记录	11 个月
有定罪记录	23 个月

双变量分析

相较于单变量分析，分组比较体现了对其所含的两个变量的一种双变量分析（bivariate analysis）。此分析一般关注测量两变量间的相关性。因此，单变量分析和分组比较侧重于描述研究中的人（或其他分析单位），而双变量分析的重点则在变量本身。

请注意，表 14.4 可被视为分组比较的例子，其描述了在 2000 年美国社会普查中男女受访者的枪支持有情况。该表比较持有枪支的男女人数：女性持有枪支的人数比男性少。

如果将同一张表视作对双变量分析的解释，则描述方式会不同。我们会指出性别变量对枪支持有情况变量存在一定影响。枪支持有情况被视作由自变量（性别）部分决定的因变量。解释型双变量分析，涉及我们在第 2 章所介绍的“变量语言”。我们暂时转移一下关注点，不再将男女作为不同组别来讨论，而关注性别这一变量对其他变量的影响。

理解变量之间因果关系的内在逻辑有助于构建和解读百分比表格。刚开始学习数据分析的同学，会面临如何确定正确百分比解读方向的问题。如表 14.4，先将受访者分成男女两组，然后描述每组的行为特征。该表的绘制能正确地呈现男女之间持枪行为的差异。

当然，我们还可以先按受访者的枪支持有情况来分组，然后描述每组内男女所占百分比。但解释每组的男女占比是毫无意义的，因为持有枪支是无法决定性别的。

表 14.4　2000 年男女受访者的枪支持有情况

	男性	女性
是否持有枪支？		
是	42%	25%
否	58%	75%
100%（样本数）=	(817)	(1040)

来源：2000 年美国社会普查（参见 http://sda.berkeley/edu/archive.htm）。

表 14.4 说明性别可以影响枪支持有情况。然而，另一种百分比错误表示了枪支持有情况决定人们是男是女，这种解释完全没有意义。

另一个问题就是如何“解读”百分比表格。对表 14.4 中百分比的一种解读可以是，“女性中有 25%的人持有枪支，而另外 75%的人不持有，成为女性降低了持有枪支的可能性”。这并不是正确的解读方式。性别这一变量对持有枪支存在影响的结论，需要通过男女之间的比较来表达。将 25%的女性持有枪支与 42%的男性持有枪支相比较，我们可以得出女性比男性持有枪支的可能性更低的结论。恰当的比较是解读解释型双变量表格的基础。

百分比表格　表 14.4 使用了纵向百分比（percentage down or column percentage）的常用做法。这意味着将每一列的百分比相加，其总和是 100%。解读数据时则横向进行。在标明“是”的那一行中，男性持有枪支的百分比是多少？女性持有枪支的百分比是多少？

纵向百分比只是惯例，也有一些研究者偏好横向百分比。这些学者绘制表 14.4 的方式是，将“男性”和“女性”放在左边，作为两行；把“是”和“否”放在上方，作为两列。表格中的数字也依次变动，每一行的百分比之和是 100%。此种情况下，比较男女的持枪率差异需从上向下解读。两种情形的逻辑和结论相同，只是形式不同。

鉴于此，在阅读表格时，需要找出百分比的正确解读方向。通常情况下，从表头或变量分析的逻辑中可以发现。但有些时候，表格中没有清晰标注。这样的话，应该将每行和每列的百分比相加。如果各列总和为 100%，该表即为纵向百分比。如果各行总和为 100%，该表即为横向百分比。具体解读方法如下：

1. 如果表格为纵向百分比，则横向读；

2. 如果表格为横向百分比，则纵向读。

此外，表 14.4 源于网上公开的美国社会普查数据，表的下部为数据网站链接。1972 年之前的社会普查数据，能够通过加利福尼亚大学伯克利分校的网络数据分析资源网页直接获取。在该网页上进行简单的操作便可对任意两个社会普查变量建构百分比表格。通过该练习，学生能更好地掌握双变量百分比表格的构建和解读方法。

我们再来看另一个例子。假如希望掌握报纸社论对大麻合法化的立场，我们便可对某年全美日报样本中有关该主题的社论进行内容分析。依据对大麻合法化的立场，可将每篇社论分为赞成、中立或反对。我们希望检验社论立场与报纸发行地区类型之间的关系，并假设农村报纸可能在大麻合法化问题上比城市报纸更为保守。鉴于此，我们依据报纸发行地区的人口数量，对每份报纸发行地区类型和每篇社论立场类型进行分类。

表 14.5 所虚构的数据呈现了农村和城市报纸有关大麻合法化的社论立场。此例的研究分析单位是每篇社论。表 14.5 告诉我们，在人口少于 10 万的农村，所发行报纸样本中有 127 篇有关大麻合法化的社论（注意：使用人口数来简单区分农村和城市，纯粹为了方便解释，这并不意味着农村就是人口少于 10 万的地区）。在这些社论中，11%（14 篇）赞成大麻合法化，29%保持中立，而 60%反对。在人口超过 10 万的城市地区，所发行报纸样本中有 438 篇相关社论，其中 32%（140 篇）赞成大麻合法化，40%保持中立，另有 28%持反对立场。

表 14.5　虚构的报纸中有关大麻合法化的社论立场

对大麻合法化的社论立场	人口规模	
	少于 10 万	多于 10 万
支持	11%	32%
中立	29%	40%
反对	60%	28%
100%（样本数）=	(127)	(438)

如我们之前所假设的一样，通过比较城市和农村报纸社论的立场，我们

可发现，相较于城市报纸社论，农村报纸社论更不支持大麻合法化，因为有更大比例（32%）的城市报纸社论表示支持，而农村报纸社论仅有11%表示支持；同时能够注意到，农村报纸社论的反对立场占比比城市报纸社论的高（60%比28%）。应注意，此表格假设了地区类型可能影响社论立场，而不是社论立场决定地区类型。

构建和解读表格　在介绍多变量分析前，回顾一下制作解释型双变量表格的步骤：

1. 依据自变量的属性特征将样本分组；
2. 依据因变量的属性特征描述每组；
3. 最后，针对因变量的每个属性特征进行自变量的组别间的比较解读。

在大麻合法化的例子中，地区类型是自变量，社论立场是因变量。表格应如下述逐步构建：

1. 依据报纸发行地区人口规模对社论分组；
2. 描述各组对大麻合法化持赞成、中立或反对立场的百分比；
3. 比较这两个地区之间赞成大麻合法化的占比差异。

双变量分析往往以解释为目的。上述例证揭示了社会学家所关注的因果关系本质。我们希望大家能理解这些例证对因果关系的简化解释。

双变量表格格式　前面涉及的表格通常被称作列联表，因变量的值由自变量的值决定。尽管刑事司法研究中列联表的使用非常普遍，但其形式从未得到统一，研究文献中存在各种格式的表格。不过，只要表格易于解读，就没有理由使其标准化。但在呈现大多数表格资料时仍需遵守以下原则：

1. 表头或标题要简洁描述表格所呈现的内容。

2. 清晰表达各变量的含义，如果可能，可以在表中注释，或在正文予以说明。当变量代表对某问题所持有的态度时，对态度立场选项的解释特别重要，因为对立场的选择会根据问题的措辞而定。

3. 清楚说明每个变量的属性特征。简化复杂的属性分类，清晰表达每个分类所要表达的意思。当然，正文中要完整地予以描述。

4. 在表格中使用百分比时，要说明其计算的基数。呈现每一属性分类的原始数值是没有必要的，因为这些数值可以从百分比和基数中算出。此外，同时列出数字和百分比通常会使表格不易阅读。

5. 若因数据缺失（例如无回答）而删除某样本，需在表格中标注该数量。

通过遵循这些原则，并认真思考希望检验的因果关系以及描述型关系，研究者可解决刑事司法领域的许多政策和学术问题。然而，依然要认识到通过列联表对双变量关系进行逻辑思考的重要性。描述统计方法（列联表、集中趋势测量或比率）在一些情况下会被错误应用或解读。插页文章《职场谋杀》中的事例便说明了该问题。

多变量分析

许多刑事司法研究运用多变量分析来检验多个变量间的关系。和其他统计分析方法一样，多变量分析背后的逻辑也很简单，但不同方法的实际运用较为复杂。对多变量分析的全面掌握需要扎实的统计学基础，本书并不对其进行深入介绍。本节将简单讨论如何绘制表示三个或更多变量之间关系的表格以及多个变量分组特征的比较。

多变量表格的绘制，与之前描述的双变量表格绘制步骤基本一致。在多变量分析中，并非只有一个自变量和一个因变量，而是用多个自变量的变化来解释一个因变量的变化。下面我们将通过一项犯罪被害研究来讨论。

多变量表格：生活方式与街头犯罪　参阅任何一份公开出版的关于犯罪被害的统计数据，我们常会发现一些表示年龄与犯罪被害的关系的图表，例如，年轻人更经常遭到人身袭击和抢劫。迈克尔·欣德朗等人（Michael Hindelang，Michael Gottfredson and James Garofalo，1978）的经典著作从生活方式方面解释了这一关系。相对于生活方式单一的老年人，许多年轻人的生活方式，如在夜间到酒吧和俱乐部进行消遣娱乐，将年轻人更多地暴露于街头犯罪和那些潜在罪犯面前。生活方式与犯罪被害的关系的假设是十分有道理的，并且欣德朗等人对早期 NCVS 数据的分析结果也支持了这一假设。NCVS 并没有直接测量生活方式变量。

迈克尔·戈特福瑞德森（Michael Gottfredson，1984）描述了 BCS 的问卷

内容，并指出该犯罪调查对个人行为进行更好的测量。通过分析该数据，罗纳德·克拉克及其同事（Ronald Clarke and associates，1985）在控制被害人年龄和性别的情况下，检验了被害风险暴露和犯罪被害的关联。克拉克及其同事假设，老年人较少成为街头犯罪被害人是因为他们在街上活动的时间较少。1982年，BCS询问受访者在过去的一周内（即接受调查的过去一周）晚上是否出门去参加休闲、社交活动。对该问题作出肯定回答的人接下来会被问及他们是具体哪天晚上出门的以及参加了什么样的活动。

克拉克及其同事假设某些类型夜间活动的被害风险比其他的更高，便将最后的分析限定于那些距受访者居所较远且以休闲为目的的活动，例如去酒吧、夜店或剧院。作为因变量的街头犯罪被害，其测量范围也被细化到只针对个人的（实际或蓄谋的人身袭击、抢劫、强奸以及盗窃）且远离被害人居所、工作场所或朋友家的犯罪被害。另外，考虑到所研究的休闲活动仅发生在夜间，克拉克等人对街头犯罪被害的测量只针对那些发生在下午6点至午夜的案件。

通过上述概念及变量测量的细化，克拉克及其同事提出了一个更为具体的假设：老年人因很少有街头犯罪被害风险高的夜间外出活动，所以成为街头犯罪被害人的概率更小。表14.6A-C展示了关于年龄、夜间外出活动以及街头犯罪被害三个变量之间关系的列联表（cross-tabulations）。

表14.6A　街头犯罪被害与年龄

街头犯罪被害	年龄段		
	16—30岁	31—60岁	61岁及以上
有	4.8%	1.0%	0.3%
无	95.2%	99.0%	99.7%
100%（样本数）=	(2 738)	(4 460)	(1 952)

表14.6B　街头犯罪被害与过去一周夜间外出活动次数

街头犯罪被害	夜间外出活动次数		
	无	1—2晚	3晚及以上
有	1.2%	1.6%	3.8%

续表

街头犯罪被害	夜间外出活动次数		
	无	1—2 晚	3 晚及以上
无	98.8%	98.4%	96.2%
100%（样本数）=	(3 252)	(3 695)	(2 203)

表 14.6C　夜间外出活动次数与年龄

夜间外出活动次数	年龄段		
	16—30 岁	31—60 岁	61 岁及以上
无	20.6%	35.2%	57.2%
1—2 晚	38.6%	44.9%	32.5%
3 晚及以上	40.9%	19.8%	10.2%
100%（样本数）=	(2 738)	(4 460)	(1 952)

表 14.6D　年龄与夜间外出活动各特征组合的街头犯罪被害百分比

夜间外出活动次数	年龄段		
	16—30 岁	31—60 岁	61 岁及以上
无	3.9%	1.0%	0.2%
	(563)	(1 572)	(1 117)
1—2 晚	3.8%	0.9%	0.2%
	(1 056)	(2 004)	(635)
3 晚及以上	6.2%	1.4%	1.1%
	(1 119)	(884)	(200)
100%（样本数）=	(2 738)	(4 460)	(1 952)

表 14.6A-C 所呈现的两两变量关系与之前被害人生活方式决定被害经历的假设一致。第一，街头犯罪被害多发生在年轻人（16—30 岁）以及那些在过去一周内有 3 晚及以上的远离住所的夜间休闲活动（表 14.6A、B）的人身上。第二，如表 14.6C 所示，年纪较轻者的被害率与被害风险暴露程度正相关。约 41%的年轻群体（16—30 岁）有 3 晚及以上的外出休闲活动，而同样

夜间休闲频次在31—60岁组中的占比只有约20%，在61岁及以上人群中只占约10%。

因为我们对两个自变量（生活方式和年龄）对被害的影响感兴趣，所以需要绘制一张反映这三个变量关系的表格。

之前已给出的表格在某种意义上是不足以表达这三个变量之间的关系的。若因变量街头犯罪被害的测量是二分的，包含两个属性，那么得知一个属性特征便可轻易推出另一属性特征。如果知道表14.6A里年龄在31—60岁之间的受访者中有1%有街头犯罪被害经历，则自然就知道另外99%的受访者没有此经历，因此没有必要同时报告两个百分比。基于这一认识，表14.6D以更简单的形式呈现了街头犯罪被害与两个因变量之间的关系。表14.6D中呈现了两个自变量各特征组合的街头犯罪被害百分比。每个百分比下圆括号内的数字，是用于计算被害占比的基数，即代表具有两个自变量特征的人数。因此，我们若知道在16—30岁组中有563人在接受访问的前一周没有夜间外出活动，该组中有3.9%的受访者遭遇过街头犯罪被害，便能够计算出563人中有22人为被害人，而其余541人并没有被害经历。

现在，我们解读表14.6D所呈现的结果：

1. 在每个年龄组别中，每周有3晚及以上外出休闲活动的人更容易遭遇街头犯罪被害。被害差异在每周夜间休闲活动一到两次或待在家不出门的人群中较小。

2. 在各夜间外出活动的组别中，街头犯罪被害的占比随着年龄的增长而降低。

3. 相较于与年龄的关联程度，街头犯罪被害与代表被害风险暴露程度的夜间外出活动的相关性更低。

4. 年龄与代表被害风险暴露程度的夜间外出活动，都能够单独影响街头犯罪被害情况。在给定一个自变量属性时，第二个自变量的变化仍与被害差异具有相关性。

5. 与第四点相似的是，两个独立的自变量对被害差异的影响存在叠加效果。

每周外出活动3晚及以上的年轻人最容易遭到街头犯罪侵害。我们是否能从表14.6D中对生活方式的假设下结论呢？第一，被害风险暴露的测量与街头犯罪被害存在一定相关性。那些夜间外出活动频繁的人被害风险暴露程度更高，因而更容易成为街头犯罪的被害人。正如克拉克及其同事所指出的，尽管被害风险暴露差异并未能解释老年人被害可能性会一直随着风险暴露的增加而降低，但在不同被害暴露风险组别中，被害率会随年龄的增加而递减。因此，生活方式与街头犯罪被害相关，但这一对生活方式的测量——街头犯罪被害风险暴露——无法完全解释各年龄段的被害差异。另外，我们可以说夜间外出活动这一生活方式的“频繁程度”可解释被害差异。每周外出一到两晚对被害情况的影响并不像外出 3 晚及以上的影响那样大。30 岁及 30 岁以下的年轻人群夜间外出活动频次最高，也最容易成为街头犯罪的被害人。

多变量列联表（Multivariate contingency table）有效呈现了那些以定性或分组（categorial）测量的、单个因变量与多个自变量之间的关系。然而，如果自变量有多个特征属性，或包含两个以上自变量，则列联表会变得复杂且难以解读。在实践中，刑事司法研究者经常会应用更为复杂的统计模型对非连续变量或定性变量进行多变量分析。尽管这样的分析在逻辑上不难理解，但是绝大部分人需要系统的统计学习。

多变量分组特征比较：波士顿社区的社会解组

如分组特征比较被运用于双变量分析中，在多变量分析中我们也可对因变量在自变量多个特征组别之间的差异进行比较。表 14.6D 对街头犯罪被害在各年龄段和夜间外出活动特征组别之间的差异进行了对比。

多变量分组特征比较经常被用于比较定距或定比因变量。例如，我们想比较那些已经以不同特征分好组的城镇地区组别中的犯罪率。表 14.7 改编自芭芭拉·华纳和格伦·皮尔斯（Barbara Warner and Glenn Pierce，1993）关于验证社会解组和犯罪问题的关系的研究。

基于克利福德·肖、亨利·麦凯（Clifford Shaw and Henry McKay，1969）以及威廉·朱利叶斯·威尔逊（William Julius Wilson，1996）的早先研究成果，华纳和皮尔斯对波士顿 60 个社区报警电话数在两个社会解组特征组别（即贫困水平与人口流动程度）之间的差异进行了比较。贫困水平与人口流动程度从波士顿人口普查数据中获得。贫困水平的测量为 1980 年收入低于贫困线居民的百分比，人口流动程度的测量为在同一地点居住少于 5 年的居民的百分比。如表 14.7 所示，社区依据这两个变量被分为贫困水平和人口流动程度高或低的社区，每个空格给出了因受到人身袭击的平均报警率。

表 14.7 波士顿 60 个社区贫困水平与人口流动程度特征组合的人身袭击案件发生率（每 1 000 人）

贫困水平	人口流动程度		
	低	高	总体
低	12.2	19.5	15.8
	(22)	(21)	(43)
高	43.8	25.0	29.4
	(4)	(13)	(19)
总体	17.1	21.6	19.6
	(26)	(34)	(60)

备注：每行、每列的人身袭击案件总体发生率是依据文献数据计算获得的。

来源：改编自 Warner and Pierce（1993：table 2）

如该表所示，在不考虑人口流动程度的情况下，人身袭击案件在贫困水平高的社区中更常发生。显然，这一发现与肖和亨利的结论及其随后的社会解组研究结果一致。

人口流动程度和人身袭击案件发生率的关系随社区贫困水平变化而变化。在贫困水平低的社区中（表 14.7 第一行），人口流动程度高的社区人身袭击案件的平均报警率高，但在贫困水平高的社区里该关系方向却相反（第二行）。华纳和皮尔斯引用威尔逊的著作《真正的弱势群体：中心城市、底层人群和公共政策》（*The Truly Disadvantaged*：*The Inner City*，*the Underclass*，*and Public Policy*，1987）来解释他们的发现，即人身袭击在贫困、人口流动稳定的社区中最普遍，这些社区长期以来受贫困问题困扰，且人口流动受限。正如华纳和皮尔斯（Warner and Pierce，1993：503）所述，在那些贫困社区里，“居民几乎没有条件选择搬离。这种人口流动的稳定性通过一种特定的机制影响犯罪：人口流动受到限制，社区没有凝聚力，并会在社区中加深愤恨、失落感和隔阂”。

值得注意的是，我们为什么要以不同贫困水平和人口流动程度的特征组合来解释各社区报警率的差别。如果分别验证每个自变量特征中的平均报警率，我们可依据表 14.7 中每行、每列报警率的和，得出报警率在贫困水平高、人口流动程度高的社区中最为普遍。然而多变量分析比较贫困水平和人口流动程度特征组合的报警率，帮助华纳和皮尔斯找到两个自变量与人身袭击报警率之间的细微关联。本章随后会用这一研究说明一种更加有效的多变量分析方法。多变量分组特征比较可展示多个自变量与定距或定比因变量之间的关系。

相关性测量

我们已讨论到，描述统计是一种描述变量定量特征的方法。描述统计不仅可以描述单个变量，还可以描述两个变量之间的相关性。

表 14.8　虚构的教育水平与控枪支持度特征组合

控枪支持度	教育水平				
	无	小学初中	高中	大学	研究生
低	23	34	156	67	16
中	11	21	123	102	23
高	6	12	95	164	77

双变量列联表是检验两个变量关系的一种方式。不过列联表也可以一种较为复杂的方式呈现位于行和列的变量特征之间的关系。我们也可以用数据矩阵来表示列联表中所呈现的两个变量间的相关性。表 14.8 是一个虚构的数据矩阵，呈现了教育水平和控枪支持度两个变量特征组合的频次分布。该矩阵所提供的信息有助于确定教育水平与控枪支持度之间的关系及关联程度。例如，有 23 人没有受过教育且持有较消极的控枪态度，另有 77 人具有研究生教育水平且持有较积极的控枪态度。

该矩阵还呈现了一些不难理解的信息。仔细分析该表后，我们会发现，随着受教育水平从“无”增加到“研究生”，控枪支持度会随之上升。许多不同的描述统计测量可以总结此数据矩阵。如何选择恰当的测量，基本上取决于这两个变量的测量。

现在我们要探讨用于总结双变量相关性的测量方法。下面所讨论的每个相关性测量都基于同一个模型，即消减误差比例（proportionate reduction of error, PRE)。

为理解 PRE 模型的应用，假设我们会让你猜测受访者对某变量的态度，例如，在调查问卷中，受访者对某题作出“是”或“否”的回答。为帮助你理解，首先假设你已经知道所有受访者对该题回答的分布，如 60%的人回答“是”，而 40%的人回答“否”。如果你一直猜该分布的众数（次数最多的）为“是”，则你猜错的概率最小。

其次，假设你已经知道第一个变量与一些其他变量（如性别）之间的关系。现在，在你每次猜测受访者的回答为“是”还是“否”时，我们会告知你受访者是男性还是女性。如果这两个变量具有相关性，那么你猜错的概率会更小。因此，通过对两个变量间关系的了解，就可能计算反映关联越大误差越小的 PRE 值。

PRE 模型的不同变体可适用于不同的变量测量——定性、定序、定距或定比。下面将针对每种测量来讨论 PRE 模型，且提出适用于该测量的变量相关性测量系数。然而，我们所讨论的针对不同变量的相关性测量也只是众多适当测量方法的一部分。

定性变量

如果两个变量都是定性测量的（如性别、宗教信仰、种族），那么两个变量之间的相关性就可以用 λ 系数测量。λ 系数取决于我们根据一个变量值去猜测另一个变量值的能力，PRE 值反映了我们对变量的了解程度。下面我们简单举例说明 λ 系数的逻辑和使用方法。

表 14.9 为虚构的关于性别与犯罪恐惧感的关系的数据。犯罪恐惧感的测量基于“你夜间独自走在社区里感到安全吗？”这一常用的测量问题。总的来说，有 1 100 人对该问题的回答是“安全”，而 900 人回答“不安全”。假设你要预测人们会如何回答这一问题，而且你只知道这一变量的特征分布，你肯定会一直回答“安全”，因为一直预测“安全”比一直预测“不安全”猜错的概率更小。即便如此，该策略仍会在 2 000 次预测中猜错 900 次。

表 14.9　虚构的性别与犯罪恐惧感的特征组合

犯罪恐惧感	男性	女性	总体
安全	900	200	1 100
不安全	100	800	900
总体	1 000	1 000	2 000

如果你已经了解到了表 14.9 中的数据，且在你预测犯罪恐惧感之前，会被告知每个受访者的性别。那么，你的策略也随之改变，对于每个男性受访者你都会预测他们回答“安全”，对于每个女性受访者你都会预测“不安全”。这样一来，你的预测会出 300 次错误：有 100 个男性受访者回答“不安全”，有 200 个女性受访者回答“安全”。这比你在不知道受访者的性别时所做的预测少猜错 600 次。

λ 系数代表了在知道两个变量特征分布后所减少的猜错次数占前一次猜错次数的比例。在该例中，λ 等于 0.67，即所减少的 600 次错误除以只知道犯罪恐惧感特征分布时进行预测所犯的 900 次错误。λ 系数测量了性别与犯罪恐惧感在统计意义上的相关性。

如果性别与犯罪恐惧感的特征分布是相互独立的，那么我们可以发现犯罪恐惧感特征分布在男性和女性之间是相同的。在此情况下，性别不会影响你在预测时所犯的错误次数，因此 λ 为零。然而，如果所有的男性都回答“安全”，同时所有的女性都回答“不安全”，那么知道受访者性别就可以避免在预测犯罪恐惧感时所犯的所有错误。这样就减少了 900 次错误，因此 λ 等于 1，即完美的统计相关性。

λ 系数适宜测量两个定性变量的相关性。所有统计学教科书都会介绍其他定性变量相关性的测量。

定序变量

如果变量特征存在某种意义上的顺序（如岗位级别和受教育程度），那么 γ 系数可用来测量定序变量的相关性。和 λ 系数一样，γ 系数反映通过知道一个变量的特征来推测另一个变量特征的能力。由于针对定序变量，γ 系数并非依据确切的数值，而其测量是依据变量特征的排序。对于任意两个样本，你要预测的是某一变量特征排序的变化是否对应着另一变量特征排序（正向或负向）的变化。例如，如果我们猜测政治保守观念与控枪支持度负相关，那么当知道 A 比 B 更加保守时，你会猜测 A 相较于 B 支持控枪的概率更小。γ 系数就是两两配对样本变量特征排序变化符合这一负相关特征的比例。

表 14.10 给出了关于政治观念与控枪支持度的虚构数据。这两个变量特征的关系是，人们越保守，对控枪的支持度就越低，即政治保守观念与控枪支持度负相关。

γ 系数是由两个数值决定的：（1）两个变量特征排序一致的样本配对数；（2）两个变量中排序相反的样本配对数。排序一致的样本配对数的计算如下：表中前两行前两列中每格的数值乘以所有出现在该格下一行右下方数值的总和，然后将这些乘积全部相加。表 14.10 中，具有相同排序的样本配对数是 200×（900+300+400+100）+500×（300+100）+400×（400+100）+900×100 或 340 000+200 000+200 000+90 000＝830 000。

表 14.10　虚构的政治观念与控枪支持度特征组合

控枪支持度	自由派	中立	保守派
低	200	400	700
中	500	900	400
高	800	300	100

排序相反的样本配对数的计算如下：表中前两行后两列中每格的数值乘以出现在该格左下方所有数值的总和，然后将这些乘积全部相加。表 14.10 中，排序相反的样本配对数是 700×（500+800+900+300）+400×（800+300）+400×（500+800）+900×800 或 1 750 000+440 000+520 000+720 000＝3 430 000。γ 系数就是由排序一致的样本配对数和排序相反的样本配对数计算得来：

$$\gamma\text{系数}=\frac{\text{排序一致}-\text{排序相反}}{\text{排序一致}+\text{排序相反}}$$

此例中，γ 等于（830 000−3 430 000）÷（830 000+3 430 000），或−0.61。答案中的负号表示负相关，这和我们最初解读该表所发现的一样：政治保守观念与控枪支持度是负相关的。γ 系数则表示，特征排序相反的样本配对数比特征排序一致的样本配对数多 61%。

注意，λ 系数值在 0 到 1 之间变化，而 γ 系数值则在-1 到 1 之间变化，代表关联的方向和程度。定性变量不存在可排序的属性特征，故讨论相关性的方向毫无意义。一个负的 λ 系数可以表示，在知道第一个变量特征的情况下预测第二个变量时所犯的错误，比在不知道的情况要多，这在逻辑上是不可行的。

定距或定比变量

对定距或定比变量（如年龄、收入、平均成绩等）相关性的测量，可以用皮尔森积矩相关系数（Pearson's product-moment correlation，*r*）。这一相关性测量的推导和计算超出了本书的范围，在此只做简单讨论。

与 λ 和 γ 系数相似，*r* 系数同样表示根据一个变量的已知值来猜测另一变量的值。对于连续的定距或定比变量，我们不太可能预测其确切数值。同时，如果仅预测两个变量数值排序变化，我们就没有利用定比或定距变量所提供的大量信息。*r* 系数体现的是，如果知道一个变量的数值，有多大把握准确预测另一个变量的数值。

为理解 *r* 系数的逻辑，我们需要考虑怎样基于给定变量数值来猜测另一变量的数值。对于定性变量，最好的猜测是众数值。但对于定距或定比变量，我们可以通过一直猜测该变量的均值来减少猜测值与真实值之间的误差。虽然通过这种方式，预测完全正确的概率很小，但可以缩小误差范围。

计算 λ 时，预测错误是因我们一直猜测众数。对 *r* 系数而言，预测误差是实际值与平均值之差的平方。这些误差平方总和就是总变异（total variation），其计算方法与本章此前提到的标准差相似。

为能更好地理解该概念，我们接下来会先介绍回归分析的逻辑，然后在回归分析运用中再来讨论相关性。

回归分析

描述两个变量相关性的通用统计公式为 $Y=f(X)$。此公式读作“*Y* 是 *X* 的函数”，意为 *Y* 的值可以通过 *X* 的变动得到解释。更直接地说，就是 *X* 决定 *Y*，或 *X* 的值决定 *Y* 的值。回归分析（regression analysis）是用来确定关于 *Y* 和 *X* 的特定函数的方法。回归分析有多种形式，采用何种形式取决于变量之间关系的复杂性。我们先介绍最简单的回归分析方法。

在回归模型中，两个变量之间的关系可以被视为完美的线性关系。图 14.3 以散布图的形式呈现了一项虚构研究中的 *X* 值和 *Y* 值。在 4 个研究样本中，每个样本的 *X* 值和 *Y* 值完全相同，即某样本的 *X* 值为 1 时，*Y* 值也为 1，以此类推。这两个变量的关系可用回归方程式 "$Y=X$" 表示。由于 4 点都在同一直线上，通过这 4 点连成的一条直线为回归线。

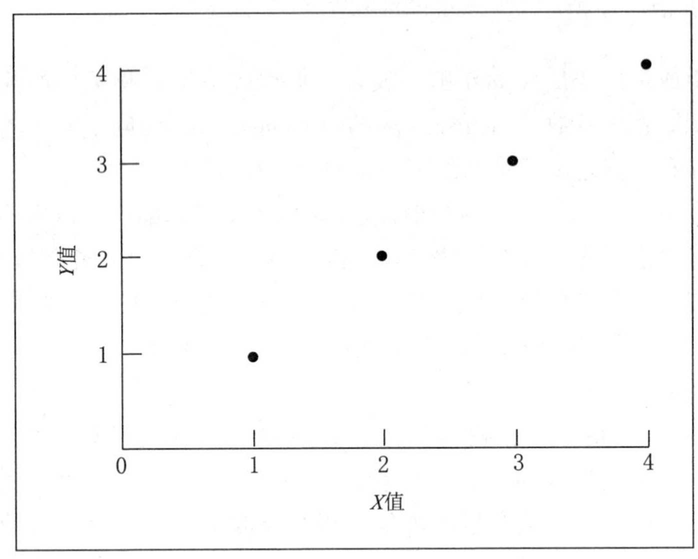

图 14.3　*X* 值与 *Y* 值的散布图

线性回归模型是描述变量关系的重要工具。回归线以图像的形式表示 *X* 与 *Y* 之间的相关性，而回归方程则是总结该相关性的有效形式。回归模型同样可用于统计推论。回归方程在某种程度上可以准确地描述两个变量间的相关性，也可以用来推测其他变量的数值。例如，知道一个样本的 X 值是 3.5，则可以推测其 Y 值也是 3.5。

当然，实际的回归分析很少只有 4 个样本，而变量之间的相关性也很少会像图 14.3 表示的那样清楚。图 14.4 是一个贴近实际的例子，表示从小型到中型城市，人口与犯罪率之间的一个假设关系。在散布图中，每个点代表一座城市，而其位置反映了该城市的人口和犯罪率。和之前的例子一样，Y 值（犯罪率）基本上与 *X* 值（人口）对应：*X* 值增加，*Y* 值亦随之增加。但是，这一相关性却不似图 14.3 的例子那样清晰。

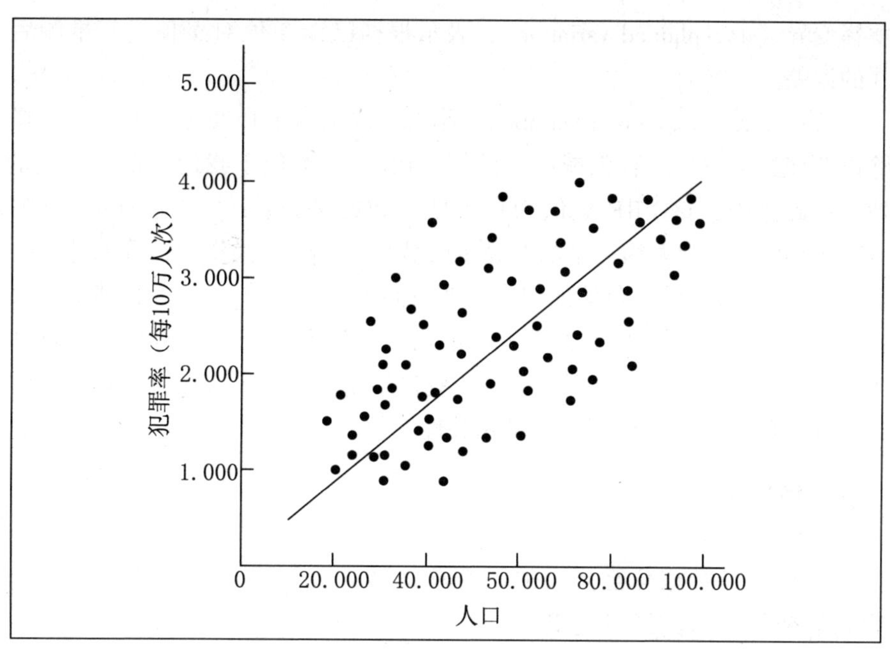

图 14.4 虚构的两变量值的散布与其回归线

在图 14.4 中，不可能画出一条通过所有点的直线。不过，可以画一条最能代表各点线性关系的直线。

如果你学习过几何，那么该知道图中任何直线都可以用方程 $Y=a+bX$ 表示，其中 X 和 Y 表示两个变量的值。在这个方程中，当 X 为 0 时，a 为 Y 值，而 b 则代表该直线的斜率。如果已知 a 和 b 的值，便可以计算出每个 X 值所对应的 Y 值是多少。

回归分析通过构建回归方程来表示最接近各分布点的那条几何直线。此方程可用于统计描述和推论。首先，回归方程为变量关系提供了数学描述。其次，回归方程可以在知道 X 值的情况下推出 Y 值。回到图 14.4，如果知道城市人口，就可以推测出该城市的犯罪率。

为提高我们猜测的正确率，我们可以通过构建回归方程来找到一条回归线。在知道某变量的值后，可推测另一变量的值。此方程的一般形式是 $Y'=a+b\ (X)$，a 和 b 是需计算的参数值，X 是一个变量的已知值，Y' 则是另一变量的估值。根据已知的 X 值，a 和 b 参数值是通过将实际的 Y 值和对应的估值（Y'）之间的误差最小化计算出来的。Y 的实际值和估值之差的平方和被称为未解释变异（unexplained variation），表示根据已知 X 值对 Y 值进行推测后仍存在的误差。

可解释变异（explained variation）指总变异与未解释变异之差。可解释变异除以总变异会得出一种消减误差比例（PRE），类似于我们之前所讨论的 λ 系数。在此例中，该 PRE 数值为相关性系数的平方：r^2。所以如果 $r=0.7$，那么 $r^2=0.49$，意指大约一半的变异量已被解释。实际操作中，我们计算的是 r 而非 r^2，因为该 r 的正负值能代表两变量间关系的方向，而 r^2 和其平方根永远都为正值，将失去 X 与 Y 关系方向的信息。请参考任何一本统计学教材中关于 r 的具体计算方法。在现实中，一些包括制表和数据应用分析在内的电脑统计软件都可轻松计算出不同变量相关性系数。

三、推论统计

在将样本特征概化至更大的研究总体时，我们通过推论统计来测量所观察到的变量关系的统计显著性。

许多刑事司法研究项目的对象是从研究总体中选取的样本。人可以作为调查访问的样本；法庭记录可以作为编译、分析的样本；报纸可以作为内容分析的样本。研究者极少单纯为了描述样本而开展研究，大多数情况下，最终研究目标是判定样本所代表的总体的特征。我们在对总体特征做出推论时，通常要解读所观察到的关于单一变量及多变量的样本特征。

本节探究用以得出这种推论的统计方法及其逻辑。我们将先介绍单变量推论，再介绍双变量推论。

单变量推论

本章一开始就介绍了展示单变量数据的方法。每一种特征总结性测量均可用于描述研究样本。现在我们将用这些测量做出有关总体特征的推论。此处会重点关注两种单变量测量，即百分比和均值。

如果样本中50%的人表示在过去一年中曾收到交警罚单，则对样本所代表的总体能做出的最佳估计是，总体中有50%的人收到过交警罚单。当然，这一估计有一个前提，即样本通过简单随机抽样选出。然而，总体中不可能恰好有50%的人在去年收到交警罚单。如果我们通过较严格的抽样设计来随机选择样本，可以估算出将样本结果应用到总体时所预计出现的误差范围。

$$S=\sqrt{\frac{p\times q}{n}}$$

第 8 章对抽样的讨论已涉及这种误差估算的步骤，在此做个简单复习。S 被称作“标准差”，p 是一事件发生的百分比。q 为该事件未发生的百分比，等于 $1-p$。n 是样本大小。正如第 8 章所述，这些数值对于抽样误差的计算非常重要。我们也许会有 68%的信心，认为对总体特征的估值会落在样本特征分布的正 1 个标准差之间；也可能有 95%的信心，认为其会落在样本分布的正负 2 个标准差之间；或者有 99. 9%的信心，认为其会落在正负 3 个标准差之间。

因此，任何有关抽样误差的叙述必须包含两个基本要素，即置信水平（例如 95%的信心）和置信区间（例如均值的上下 2. 5%）。如果 1 600 人的样本中有 50%的人说他们这一年来收到过交警罚单，便可以说我们有 95%的信心认为，总体中收到交警罚单的人在 47. 5%至 52. 5%之间。

从这个例子可以看出，我们已经超越了对样本的单纯描述，而是估计（推论）较大总体的特征。推论统计必须满足三个假设前提。

第一，样本必须来自需做出推论的总体。从座机电话号码簿中抽出的样本，无法用于推出一个城市人口的特征，因为不是所有人都使用座机电话。

第二，推论统计假定样本是通过简单随机抽样获取的，但现实抽样基本无法做到这一点。该统计也假定使用重置抽样，虽然现实中几乎不会这么做，但并不算严重问题。系统抽样比随机抽样更常用，但如果操作正确，这大概也不会产生严重问题。

第三，推论统计测量仅能反映抽样误差，而不能体现那些非抽样误差（nonsampling errors）。因此，尽管介于 47. 5%至 52. 5%的人（95%的信心）说他们去年收到过交警罚单，但无法自信地去猜测收到交警罚单的真实百分比。因为即使一个好的抽样设计，其非抽样误差也可能比抽样误差要大，所以在将样本结果推论至总体时，必须特别小心。

统计显著性检验

对于判定两个变量之间的相关性是否显著、强烈、重要、有意义或值得报告等，没有一个科学的定论。也许，显著性的最终判定依赖于我们说服（当下和将来的）读者该相关性是否显著的能力。同时，我们也可依据"显著性参数检验"（parametric tests of significance）来做出显著性判断。如其名所示，"参数统计"（parametric statistics）是对描述所选样本所代表的总体参数的推论。

虽然大量刑事司法研究运用统计显著性检验（tests of statistical significance），但其背后微妙的逻辑常被误解。统计显著性检验的逻辑和本书所讨论的抽样一致。为更好地理解统计显著性检验的逻辑，我们现在要回顾一下在检验单一变量特征中存在的抽样误差。

样本统计一般被用于估计总体参数，但两者通常不会相等。因此，我们通常会报告总体参数在某个分布范围内（置信区间）的概率。抽样误差决定了我们对该范围不确定的程度。我们的结论通常会呈现：总体参数不太可能仅因抽样误差而落在特定范围之外。所以，（有 99.9%信心）估计一个参数会落在 45%和 55%之间，表明如果抽样误差作为误差估计唯一来源，则参数不可能是 70%。

统计显著性检验的基本逻辑还体现在，对相互独立变量间相关性在总体和所观察的样本分布中产生差异的两个解释：(1) 样本不具有代表性；(2) 违背了变量独立性的假设前提。概率抽样方法的逻辑和统计测量可提供关于样本非代表性程度的不同概率（即抽样误差）。简单地说，我们通常可以发现样本非代表性程度小出现的概率较大，而非代表性程度大出现的概率较小。

因此，统计显著性一直用概率表示可以从样本中观察到的关系。显著性水平（level of significance）通常设定在 0.05（$p \leq 0.05$），即我们所观察到的关系强度是因抽样误差所造成的概率，100 次中不会超过 5 次。换言之，如果两变量在总体中互相独立，且从该总体中随机抽取了 100 次同等数量的样本，那么我们未能观察到该变量相关强度不会超过 5 次。

显著性水平与统计显著性检验置信区间相对应，是因抽样误差而产生相关性的概率。如同置信区间，显著性水平的逻辑都源于从给定总体中重复选取样本。假设在总体中的两变量是不相关的，然后我们想知道在从总体中重复选取同等数量的样本时，有多少样本会产生我们所观察到的相关性。在研究中常用的三个显著性水平是 0. 05、0. 01 和 0. 001。这意味着，测量到的相关性是因抽样误差所致的概率分别小于 5/100、1/100 和 1/1 000。

研究者在运用统计显著性检验时，通常会遵循两个模式中的一个。一些研究者会事先确定他们认为充足的显著性水平，基于该显著性水平，所观察到的统计显著性可以代表两个变量在总体中的相关性。换言之，他们事先设定了仅因抽样误差所导致的该相关性的概率。

另外一些研究者则倾向于不使用常用的 0. 05、0. 01 或 0. 001，而是自己设定显著性水平。不同于设定 0. 05 为显著性水平，他们可能会用 0. 023，即在 1 000 次抽样中，只有 23 次是因抽样误差造成该结果。

统计显著性的可视化

在司法统计局面向非专业读者的 NCVS 报告中，迈克尔·莫尔茨和玛丽安·扎维兹（Michael Maltz and Marianne Zawitz，1998）介绍了一些可以展示统计显著性信息的可视化形式。

需要提醒的是，NCVS 用于评估美国的犯罪被害率。莫尔茨和扎维兹将总体参数估值和置信区间以可视化的方式呈现，以说明该抽样调查对全美犯罪被害率预测的准确性。

图 14. 5 改编自莫尔茨和扎维兹的著述（Maltz and Zawitz，1998）。图中展示了 1973 年至 1996 年各种暴力犯罪被害率的年变化率。请注意，图 14. 5 中间的竖线表示，每年的暴力犯罪被害率较前一年的没有变化。年变化率的估值则以横条的形式沿竖线自上而下排列。在每个横条中，小黑点或小方块代表了每年较前一年所发生变化的参数估值，而该点两侧由深变浅的横条代表了三个不同置信区间：68%（1 个标准差）、90%（1. 6 个标准差）和 95%（2 个标准差）。

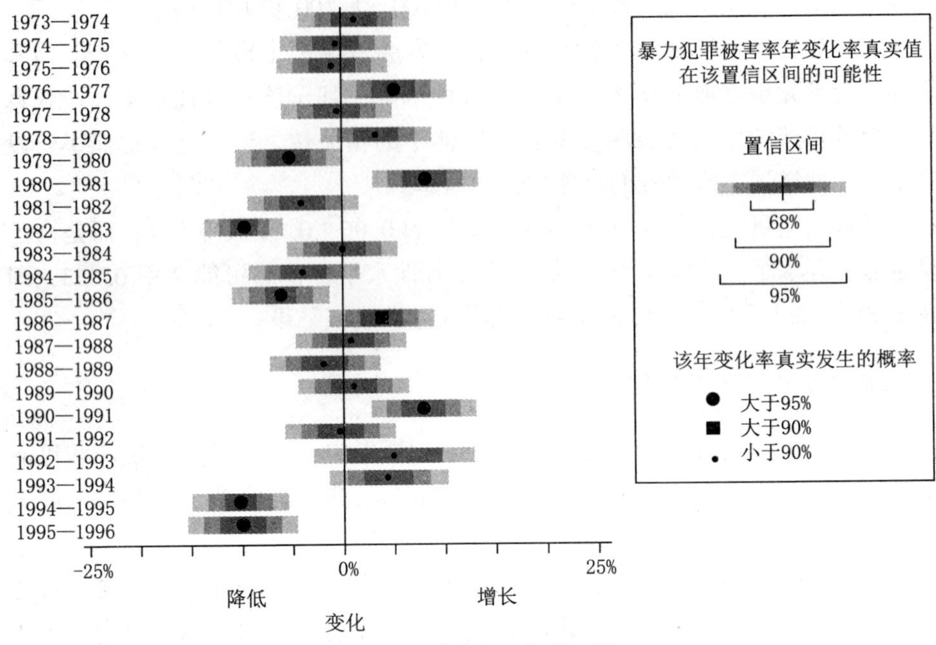

图 14.5　估值点和置信区间

来源：Maltz and Zawita，1988：4。

表中最顶端的横条显示了 1973 年至 1974 年的年变化率估值范围。点表示年变化率估值（增长 1.24%），其在零变化线的右侧。但请注意，1、1.6、2 个标准差的置信区间都覆盖该竖线，即零变化线在 1.24%增长估值的 2 个标准差范围内。这意味着，在 0.05（2 个标准差）的显著性水平下，增长估值并不具有统计显著性。为进一步解释这一点，图 14.5 中黑点的不同形状呈现了年变化率发生的不同可能性，小点代表了 1973 年至 1974 年变化率估值发生的可能性在 90%以下。

现在来看表中距今最近的 1995 年至 1996 年的年变化率估值。9.9%的估值点在零变化线左侧，且该估值的整个置信区间在该线的左侧。我们可以算出该估值上下 2 个标准差的置信区间上、下限，置信区间介于 15.7%（估值点加上 2 个标准差）和 4.05%（估值点减去 2 个标准差）。这意味着我们有 95%的信心判定 1996 年暴力犯罪被害率较 1995 年所降低的比值在 4.05%至 15.7%的区间。由于 9.9%与零变化线的差异超过 2 个标准差范围，我们可以自信地说，该年暴力犯罪被害率的降低具有统计显著性。

以这种方法呈现总体参数的估值点和区间，可以准确表达统计推论与统计显著性概念。该暴力犯罪被害率的例证是对总体数值和其标准差做出估计，而该例的统计显著性表示年变化率是否显著地在零变化线左侧或右侧。

试着解读图 14.5 中其他估值点和其区间，这样能更好地理解统计显著性概念。在解读时，要特别注意置信区间及其与零变化线的相对位置。我们可以对暴力犯罪被害率年变化率的统计显著性做出三个分类（以 0.05 的显著性水平）：（1）没有显著变化；（2）显著增加；（3）显著减少。本章最后附有练习表格。

卡方检验

卡方（x^2）检验是刑事司法研究中另一种广泛使用的统计显著性检验方法，它以零假设（null hypothesis）为依据，即假设总体中两个变量不存在关联。列联表给出了两个变量样本观察值的分布，从中我们可以计算出两个变量在没有关联时的期望分布，该计算结果为列联表中各特征组合的期望频次（expected frequencies）。然后将期望频次分布与实际样本中所观察到的频次进行比较，确定因抽样误差导致两者间差异的概率。简言之，卡方检验比较的是观察值与在无关联假设下的期望值。我们用下面的例子来说明这一检验过程。

假设我们要检验性别与避险行为的关系，即人们是否会因为害怕被害而避免途经自己住所附近的一些区域。为了验证这一假设关系，我们随机抽取了 100 个人作为样本，其中有 40 名男性和 60 名女性，样本中有 70%的人报告了他们的避险行为，而另 30%的人报告没有该行为。

如果性别与避险行为之间没有关联，则样本中 70%的男性应该报告其避险行为，30%的男性应该报告没有避险行为。同时，在女性中也应该有相同的避险行为比例。如表 14.11（第 1 部分）所示，依据无关联假设，有 28 名男性、42 名女性表示他们在夜间会避开特定区域，而 12 名男性和 18 名女性表示没有避险行为。

表 14.11（第 2 部分）呈现了从 100 个虚构样本中所观察到的避险行为特征分布。请注意，有 20 名男性表示他们在夜间避开部分区域，而其他 20 人表示他们并不会。女性样本中，50 人表示会避开某些区域，而 10 人表示不

会。比较期望频次与观察频次（第 1 部分与第 2 部分），我们可发现实际报告避险行为的男性要比所期望的少，而更多的女性报告她们会在夜间避开居所附近的特定区域。

卡方值的计算方法如下：针对表格中的每一格，（1）用观察值减去期望值，（2）将第一步所得的值平方，（3）用平方后的值除以期望值。逐格重复这些步骤，而后将总和相加。表 14.11（第 3 部分）呈现了每格的计算结果，最后的总和就是卡方值，此例的卡方值为 12.70。

这个值表示，当两个变量不相关时，观察到的样本分布与期望值分布之间的总差异。当然，仅发现差异是无法证明两个变量相关性的，因为抽样误差也是造成该差异的一个因素。然而，我们可以根据卡方值的大小来判断相关性存在的可能性。

要确定已观察到关系的统计显著性，必须借助一组通过自由度（degrees of freedom）进行标准化的卡方值。自由度的计算方法如下：频次表的行数减去 1，乘以列数减去 1。可以写成 $(r-1) \times (c-1)$。在此例中，表格有 2 行 2 列（减去总数），自由度是 1。

表 14.11　卡方检验的虚构例证

1. 期望频次	男性	女性	总体
避险 *	28	42	70
没有避险	12	18	30
总体	40	60	100
2. 观察频次	男性	女性	总体
安全	20	50	70
不安全	20	10	30
总体	40	60	100
3. （观察频次-期望频次）^{2}/期望频次	男性	女性	
安全	2.29	1.52	卡方值=12.70
不安全	5.33	3.56	p 值<0.001

* “是否会因为害怕被害而避免途经自己住所附近的一些区域？”

从卡方表中（http://www.statsoft.com/textbook/distribution-tables，2016年9月7日访问）可以发现，在假设变量没有关联且只有1个自由度的抽样特征分布中，有10%的概率我们可以获得的卡方值至少为2.7。因此，如果从总体中抽选100次同等数额样本，就可以预期大概有10次所选取的样本至少产生2.7的卡方值。同时，只有1%的样本卡方值至少是6.6，仅0.1%的样本卡方值至少是10.8。卡方值越高，意味着该值越不可能是因抽样误差所致。

该例的卡方值为12.70。如果性别和避险行为没有关联，且我们的样本量足够大，那么我们可以判断产生该卡方值的样本不会超过0.1%。因此，对于随机抽样，且假设总体变量之间不存在关联，这种情况下观察到该卡方值的概率小于0.001。也可以这样说，在0.001的显著性水平上，变量相关性具有统计显著性。因为观察到的关联极不可能由抽样误差导致，我们更确信可以拒绝零假设，并认为两个变量是有关联的。

许多相关性的统计测量运用相似的方法来检验统计显著性。通过查找标准卡方值所对应的 p 值，我们可以判定某种相关性在什么样的显著性水平上具有统计显著性。

解读统计显著性的注意事项

统计显著性检验为判定变量相关性提供了客观标准，有助于排除那些在总体中并非真正存在的相关性。然而，研究者在使用或阅读显著性报告、对其做出正确解释时，应注意以下几点：

第一，我们所讨论的检验针对的是统计意义上的“显著性”，而对实质显著性（substantive significance）并没有一个客观的检验。因此，即便我们可以合理相信某一相关性并非因抽样误差而产生，仍可解释实际上两个变量间存在着微弱关联。回想一下，抽样误差公式是关于样本大小的反函数，即样本越大，估算误差越小。因此，两变量之间0.1的相关性在大样本中可能（在给定的显著性水平下）具有统计显著性，但相同的相关性在较小样本中可能并不显著。如果理解了统计显著性检验的基本逻辑，就会认识到，在大样本中，因抽样误差产生相关性的概率较低。

表 14.12　样本量影响卡方值的虚构例证

1. 期望频次	男性	女性	总体
避险 *	5.6	8.4	14
没有避险	2.4	3.6	6
总体	8.0	12.0	20
2. 观察频次	男性	女性	总体
避险	4	10	14
没有避险	4	2	6
总体	8	12	20
3. (观察频次-期望频次)^2/期望频次	男性	女性	
避险	0.46	0.30	卡方值=2.54
没有避险	1.07	0.71	10<p 值<20

* “是否会因为害怕被害而避免途经自己住所附近的一些区域?”

以表 14.12 为例，20 个样本的特征分布比例与表 14.11 的一致。在每个表中，83%的女性报告有避险行为（表 14.12 中，12 人中有 10 位，表 14.11 中，60 人中有 50 位）。表 14.12 样本量是表 14.11 样本量的 1/5，表 14.12 的卡方值是表 14.11 的 1/5。参考标准卡方值的分布（参见此前的 http://www.statsoft.com/textbook/distribution-tables），在自由度为 1 的条件下，2.54 卡方值出现的概率在 0.1 至 0.2 之间。因此，如果两个变量没有关联，在我们多次抽取的样本中，有 10%至 20%的样本卡方期望值会为该值。因而，大部分研究者不能拒绝此例的零假设。

如第 13 章所述，样本大小在实验设计中发挥着十分重要的作用。对于较小的样本量，实验组和对照组之间干预结果中的差异也有可能是因抽样误差所致。由于随机实验耗时耗财，通常只有少量受试者会被选入实验组和对照组中。对于小样本量的随机实验，只有在干预结果存在较大差异时，才能判定其统计显著性。

当能观察到整个研究总体时，我们能完全肯定所观察的差异并非因抽样误差所致，这时我们能很好地说明统计显著性和实质显著性之间的差异。为便于讨论，假设可以知道美国 2008 年每个谋杀案被害人的性别和年龄，男性被害人的平均年龄为25岁，女性为26岁。由于知道所有谋杀案被害人的年龄，便不存在抽样误差。可以确定女性被害人的年龄比男性的大。同时，可以说此差异不存在实质显著性。可以说他们年龄基本相同。

第二，不要被这一虚构例子误导的是，我们不能对以整个总体作为样本所观察到的关系判定其统计显著性。记住，统计显著性检验测量的是变量间关系为抽样误差所致的可能性，而抽样误差的假设前提要求数据反映样本而非总体。如果没有抽样，便不会产生抽样误差。

第三，统计显著性检验和置信区间计算都基于相同的抽样假设前提。在某种程度上，实际的抽样设计很难满足一些抽样假设前提，因而从严格意义来讲，统计显著性检验结果并非完全正确。

实践中，研究者经常错误地使用统计显著性检验。当你参阅刑事司法学术期刊文献时，我们可以肯定，你会找到下面所列一个或多个统计显著性检验的错误运用示例：

1. 对代表总体的数据进行统计显著性检验；
2. 样本未满足概率抽样的假设前提；
3. 变量相关性检验违背了有关变量测量的假设前提（如对定序变量进行皮尔森积矩相关性检验）；
4. 将统计显著性理解为相关程度的测量（$p=0.001$ 比 $p=0.05$ 所表示的相关程度更大）。

我们也并非想针对这些错误应用提出一个“完全正确”的方法。我们建议在对任何数据进行变量相关性或统计显著性检验时，对所有统计分析方法的运用都以帮助理解数据为目的。并且，我们应该认识到变量相关性和统计显著性检验的优缺点，以及各种检验方法所需满足的假设前提。任何统计参数或测量都只能揭示数据的一部分特征，我们应尽量更全面地理解数据特征。

接下来的《融会贯通：拦停、司机、超速者和罚单区域》介绍了针对司机、超速者、交通拦停这三个概念所使用的不同数据分析方法。这些简单的表格展现了这三个概念之间的相关性数据。就像本章导言所说的，“我们应视实证研究为一种逻辑论证，而非单纯的数学运算”。

统计可识别性差异的可视化

针对我们对总体和样本进行统计显著性检验、不能满足概率抽样假设前提的情况，莫尔茨提出了一项折中方案。参考犯罪学家阿尔弗雷德·布鲁姆斯坦（Alfred Blumstein）的建议，莫尔茨（Maltz，1994：440）建议研究人员在不能对样本或总体做出正确的显著性检验时，使用“统计可识别性差异”（statistically discernible differences）而非“统计显著性差异”来描述检验结果。如果能够在随机样本中发现“统计可识别性差异”，则可认为其具有统计意义上的显著性。詹姆斯·兰格等人（James Lange，Mark Johnson and Robert Voas，2005）使用了“统计可靠性差异”（statistically reliable difference）这一术语。如此慎重的术语使用也提醒读者，尽管统计显著性检验在运用操作上并不准确，但它依然可被用来表示所观察到的样本特征关系偏离零假设的程度。

研究者也可以使用莫尔茨和扎维兹（Maltz and Zawitz，1998）所提出的通过呈现估值上下界点来判定两个或多个变量间关联的方法。例如，凯茜·施巴茨·维多姆（Cathy Spatz Widom，1992）的研究中有儿童期受虐者和无受虐经历者参与，马克斯菲尔德等人（Michael Maxfield，Barbara Luntz Weiler and Cathy Spatz Widom，2000）对比了两者的自述以及官方所记录的被捕经历。通过对比大约 1 200 名受访嫌疑人对其被捕经历的自述与从当地、州、联邦执法部门获取的逮捕记录，他们检验了官方逮捕记录和自述被捕这两种犯罪测量之间的关系。

在之前的章节，我们介绍过，维多姆研究中的嫌疑人选取均有目的性，即根据法院记录来选取，将那些在儿童期有受虐经历的人分配到实验组，而对照组的嫌疑人在选取时需在其他特征上与实验组嫌疑人相匹配。该样本并非随机选取，所以统计显著性检验在该实验设计中是不准确的。

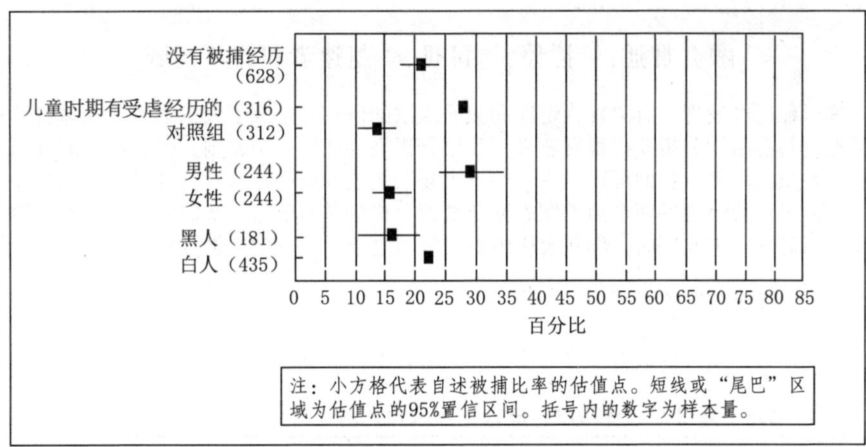

图 14.6 数据的呈现：自述被捕比率特征

来源：改编自 Maxfield，Weiler and Widom，2000：100，Figure1。

图 14.6 根据那些没有官方逮捕记录者的不同特征，呈现了其自述被捕比率的估值点和估值区间。第一个估值点显示，在 628 名没有官方逮捕记录的嫌疑人中，有 21%自述他们没有被捕经历。这一估值点左右横线为 95%的置信区间，表示估值点加或减 2 个标准差。

现在比较有受虐经历者和其对照组的自述被捕比率。在有受虐经历者中，有自述被捕经历的比率（28%）比无受虐经历者（14%）高。此外，这两个比率估值点的 2 个标准差“尾巴”界点并不重合。这表示，有受虐经历者的自述被捕比率比对照组的比率高出 2 个标准差。最后一个分组在不考虑他们有无受虐经历情况下，比较了白人和黑人的自述被捕比率。两组估值界点的尾巴出现了重合，表示自述被捕比率在白人和黑人之间的差异少于 2 个标准差。亚里克斯·皮克罗及其同事（Alex Piquero and associates，2014：19-20）报告了更新的数据，呈现出相似结果。

因图 14.6 所呈现的分析并非基于随机样本，所以违反了统计显著性检验对随机样本的假设前提。然而，通过比较估值点和区间，我们仍然可观察到自述被捕比率在各特征分组中的差异大小。根据布鲁姆斯坦和莫尔茨的建议，我们可以发现，自述被捕比率在有受虐经历者和其对照组之间存在统计可识别性差异，而黑人和与白人之间则没有统计可识别性差异。

融会贯通：拦停、司机、超速者和罚单区域

你可能已经发现，有关种族定性和交通执法的研究已生成了大量数据，意味着对这些数据进行总结性分析变得很有意义。数据分析需要记住一个原则，即随着数据或所观察样本数量的增加，我们可以运用一些不太复杂的统计分析技巧对其进行归纳总结。

我们最后要讨论的两个简单图表涉及数据分析的基本要素。我们会对表格内容以及结论进行解读。与此同时，你从表格中也可复习之前讨论过的数据分析方法。

一个总体和两个样本

下面的表格呈现的数据来自兰格及其同事在新泽西州开展的一项研究：

新泽西州高速公路收费路段，白人和黑人司机对应特征百分比（2 个标准差）

	拦停（警方数据）	司机（收费站问卷调查）	超速者（实地观察）
南段			
白人	52%	65.9%（3.8）	58.3%（3.0）
黑人	29%	15.1%（2.6）	26.0%（2.6）
中段			
白人	57%	63.9%（5.0）	60.2%（2.4）
黑人	23%	12.5%（2.4）	25.6%（2.1）
北段			
白人	60%	58.7%（4.2）	68.4%（1.2）
黑人	16%	13.1%（2.6）	18.2%（1.0）

来源：改编自 Lange，Johnson and Voas（2005：209）

该表呈现了在新泽西州高速公路收费站附近三个路段收集的关于白人和黑人司机的三组不同数据。每行代表了白人或黑人司机开车路过这三个路段所占的百分比，每列分别代表被警察拦停、在收费站参与问卷调查以及被观察到有超速行为的白人或黑人司机所占百分比。例如，第一行第一列显示，在南段被警察拦停的司机中有 52%是白人，第二行显示了在同一路段被拦停的司机中有 29%是黑人。

在“司机”和“超速者”列中也给出了白人和黑人司机所占百分比。每格括号中所显示的是该百分比的 2 个标准差。注意，这些是样本数据，反映了百分比如何在估值点周围散布。我们有 95%的信心认为，总体特征所占百分比会在估值点上下 2 个标准差内。因此，就第一行最后一列而言，我们有 95%的信心认为，在高速公路收费路段南段所观察到的超速者中，有 55.3%至 61.3%为白人。当白人和黑人司机该特征的估值区间没有重叠时，我们可以认为该特征在两组中存在统计显著性差异。下面我们来比较黑人

司机在参与问卷调查与被观察到有超速行为类别中所占百分比的估值区间：

	司机	超速者
南段	12.5%—17.7%	23.4%—28.6%
中段	10.1%—14.9%	23.5%—27.7%
北段	10.5%—15.7%	17.2%—19.2%

在每个路段或每一列中，哪些黑人司机所占百分比的估值区间有重合？黑人司机在每个路段有超速行为的占比远高于在收费站参与问卷调查的占比。在这三个路段中，在收费站参加问卷调查的黑人司机所占百分比没有显著差异，但北段黑人司机超速驾驶的比例远低于其在中段、南段的占比。若用莫尔茨和扎维兹在图 14.5 中所用的可视化方式来表示估值区间，更能清晰发现这些特征。

评估被拦停概率

下一个表格呈现了可影响交通拦停概率的相关变量特征，从中我们可以比较在不同路段被拦停的概率。A 行所表示的不同路段平均日车流量存在很大差异。虽然交通拦停量不相同，但其与交通量的变化关系呈负相关。马克斯菲尔德和凯琳在估测每日拦停量（C 行）后，将其标准化为每 100 000 辆车的每天拦停量，类似于犯罪率的标准化。最有用的数据为 E 行的各路段拦停的相对概率。该相对概率以北段拦停概率为参照。可以发现司机在南段被拦停的概率是北段的 6 倍。

将此处数据与第 12 章中同样由马克斯菲尔德和凯琳展示的数据进行对比，我们可以理解他们如何用这些数据来支撑他们的结论。

宾夕法尼亚州和北卡罗来纳州的报告中涉及更为复杂的数据分析。宾夕法尼亚州的报告通过制图来呈现该州各郡县的交通拦停差异。新泽西州的研究发现，各路段的道路使用情况和交通执法方式存在较大差异。考虑到这些差异，针对较大地理范围内道路使用和交通执法一概而论的描述是有误导性的。

通过查阅类似的研究报告，你可提升数据解读的技巧。

新泽西州高速公路收费路段车流量与交通拦停

	北段	中段	南段
A. 平均每日车流量	262 130	126 020	73 830
B. 交通拦停量	10 591	11 292	18 794
C. 每日拦停量估值	29.0	30.9	51.5
D. 拦停量/10 万辆车	11.1	24.5	69.7
E. 拦停的相对概率	1.0%	2.2%	6.3%

备注：
A. 来自新泽西州交通部 2002 年 6 月对各路段中部的统计
B. 新泽西州警察拦停数据，2002 年 5 月 1 日至 2003 年 4 月 30 日
C. B 行/365
D. C 行/A 行 * 100 000
E. D 行/D 行北段数值（11.1）
来源：改编自 Maxfield and Kelling，2005：21。

小　结

· 描述统计是对数据的概括、总结。

· 频次分布显示具有某变量属性特征的样本数。

· 集中趋势测量可简化数据，以较简单的形式呈现特征，但其无法表现数据的细节特征。

· 离散趋势测量描述样本特征围绕算术平均数的分布。

· 比率作为描述统计的一种，可将一些测量根据研究目的进行一定的标准化。

· 双变量分析和分组比较可检验两个变量间的不同相关类型。

· 双变量百分比表格中的分组比较规则：横向比较纵向百分比，或纵向比较横向百分比。

· 多变量分析检验多个变量中同时存在的关系，有助于更好地理解两个变量之间的关系。

· 许多相关性测量方法基于 PRE 模型，该模型可在已知一个变量特征的情况下，提升对另一个变量特征预测的准确性。

· λ 和 γ 系数是基于 PRE 模型的测量相关性程度，分别用于测量定性变量和定序变量之间的相关性。

· 皮尔森积矩相关系数用于测量定距或定比变量之间的相关性。

· 回归方程依据回归线计算参数估值。回归线是一条代表各样本散点与该线距离最短的几何线。

· 回归方程基于一个或多个自变量的值而估测一个因变量的值。

· 推论统计将样本特征概括至该样本所代表的更大总体的特征。

· 依据置信区间（期望特征估值范围，例如 45% 至 55% 的人支持控枪）

和置信水平（特征估值点在置信区间范围内的可能性，如有95%的可能性或信心）可对总体特征做出推论，如控枪支持度的百分比。

· 两变量在总体中没有关联时，统计显著性检验判定了所观察到的关联由抽样误差所致的可能性。

· 统计显著性不能与实质显著性混淆。实质显著性指所观察到的关联是明显、重要或有意义的。

· 严格地说，统计显著性检验需满足一些假设前提，但实际科学研究很难完全满足这些假设前提。当假设前提无法完全满足时，我们可用“统计可识别性差异”更加恰当地描述观察到的变量关系。

重要术语

平均数　双变量分析　集中趋势　列联表　描述统计　离散　频次分布　推论统计　显著性水平　算术平均数　中位数　众数　多变量分析　非抽样误差　零关系假设　消减误差比例　值域　回归分析　标准差　统计显著性　统计可识别性差异　统计显著性检验　单变量分析

复习与练习

1. 根据下表中的数据，解释一下相关性：

a. 年龄与死刑态度的双变量关系。

b. 政治倾向与死刑态度的双变量关系。

c. 年龄、政治倾向和死刑态度的多变量关系。

年龄特征	政治倾向	死刑态度	频次
年轻人	保守派	支持	90
年轻人	保守派	反对	10
年轻人	自由派	支持	60
年轻人	自由派	反对	40
老年人	保守派	支持	60
老年人	保守派	反对	10
老年人	自由派	支持	15

续表

年龄特征	政治倾向	死刑态度	频次
老年人	自由派	反对	15

2. 区分相关性测量和统计显著性检验。

3. 以下为图 14.5 中关于统计显著性的解读：暴力犯罪被害率在 15 个年份中变化不显著，3 个年份较其前一年份显著增加，5 个年份显著降低。1976 年至 1977 年被害率增加的 95%置信区间下界点与 1979 年至 1980 年减少的 95%置信区间上界点接近零变化线。推荐阅读：莫尔茨和扎维兹的著作（Maltz and Zawitz，1988），可在书末参考文献中找到，并能从司法统计局网站下载（http://www.bjs.gov/index.cfm? ty = pdetail&iid = 773，2016 年 9 月 11 日访问）。

参考文献

Academy of Criminal Justice Sciences. 2000. "Code of Ethics." Greenbelc, MD: Academy ofCriminal Justice Sciences, http:// www. acjs. org/new_ page_ 13. htm. Accessed 3 May 2016.

Adler, Patricia A., and Peter Adler. 2001. "The Reluctant Respondent." In The *Handbook of Interview Research*, J. F. Gubrium and J. Holstein (Eds.). Thousand Oaks, CA: Sage Publications.

Aebi, Marcelo F., and Antonia Linde. 2012. "Crime Trends in Western Europe According to Official Statistics from 1990 to 2007." In *The International Crime Drop: New Directions in Research*, Jan van Dijk, Andromachi Tslenoi, and Graham Farrell (Eds.). Crime prevention studies, vol. 17. London: Palgrave, 37–75.

American Association of University Professors. 2006. *Protecting Human Beings: Institutional Review Boards and Social Science Research.* AAUP Redbook. Washington, D. C.: American Association of University Professors, http://www. aaup. org/ AAUP/comm/rep/A/humansubs. htm. Accessed 18 November 2009.

American Psychological Association. 2010. *Ethical Principles of Psychologists and Code of Conduct.* 2002 Code as amended. Washington, D. C.: American Psychological Association, http:// www. apa. org/ethics/index. aspx. Accessed 6 January 2011.

American Society of Criminology. 2016. "Code of Ethics." Columbus, OH: American Society of Criminology, http:// asc41. com/code_ of_ ethics_ copies/ASC%20Code%20of%20 Ethics. html. Accessed 3 May 2016.

American Sociological Association. 1999. "Code of Ethics." Washington, D. C.: American Sociological Association, http://www. asanet. org/galleries/default – file/Code% 20of% 20 Ethics. pdf.

Anderson, Craig A., and Brad Bushman. 2002. "The Effects of Media Violence on Society."

Science 295 (29 March): 2377-79.

Andresen, W. Carsten. 2005. *State Police: Discretion and Traffic Enforcement*. Unpublished Ph. D., dissertation. Newark, NJ: School of Criminal Justice, Rutgers University.

Aos, Steve, and Elizabeth Drake. 2013. *Prison, Police, and Programs: Evidence-Based Options That Reduce Crime and Save Money*. (Document No. 13-11-1901). Olympia: Washington State Institute for Public Policy, http://www.wsipp.wa.gov.

Associated Press. 1993. "High Murder Rate for Women on the Job." *New York Times*, 3 October.

Austin, James, Wendy Naro, and Tony Fabelo. 2007. *Public Safety, Public Spending: Forecasting America's Prison Population 2007-2011*. Philadelphia: Pew Charitable Trusts.

Babbie, Earl. 2004. *The Practice of Social Research*. 10 th ed. Belmont, CA: Wadsworth.

Bachman, Ronet, and Linda E. Saltzman. 1995. *Violence Against Women: Estimates from the Redesigned Survey*. Washington, D. C.: U. S. Department of Justice, Office of Justice Programs, Bureau of Justice Statistics.

Baker, Al, and Kate Taylor. 2012. "Bloomberg Defends Police's Monitoring of Muslim Students on the Web." *New York Times*, 21 February.

Baldus, David C., Catherine M. Grosso, George Woodworth, and Richard Newell. 2011. "Racial Discrimination in the Administration of the Death Penalty: The Experience of the United States Armed Forces (1984-2005)." *Journal of Criminal Law and Criminology* 101 (4): 1227-335.

Baldus, David C., Charles Pulaski, and George Woodworth. 1983. "Comparative Review of Death Sentences: An Empirical Study of the Georgia Experience." *Journal of Criminal Law and Criminology* 74: 661-753.

Barnes, J. C., Kevin M. Beaver, and Brian B. Boutwell. 2011. "Examining the Genetic Underpinnings to Moffitt's Developmental Taxonomy: A Behavioral Genetic Analysis." *Criminology* 49: 923-54.

Baron, Stephen W., and Timothy F. Hartnagel. 1998. "Street Youth and Criminal Violence." *Journal of Research in Crime and Delinquency* 35 (2): 166-92.

Barth, Fredrick. 2002. "Toward a Richer Description and Analysis of Cultural Description." In *Anthropology Beyond Culture*, R. G. Fox and B. J. King (Eds.). Oxford: Berg, 23-36.

Baumer, Eric, Janet L. Lauritsen, Richard Rosenfeld, and Richard Wright. 1998. "The Influence of Crack Cocaine on Robbery, Burglary, and Homicide Rates: A Cross-City Longitudinal Analysis." *Journal of Research in Crime and Delinquency* 35: 316-40.

Baumer, Terry L., Michael G. Maxfield, and Robert I. Mendelsohn. 1993. "A Comparative

Analysis of Three Electronically Monitored Home Detention Programs." *Justice Quarterly* 10: 121–42.

Baumer, Terry L., and Robert I. Mendelsohn. 1990. *The Electronic Monitoring on Non-Violent Convicted Felons: An Experiment in Home Detention*. Final report to the National Institute of Justice. Indianapolis, IN: Indiana University, School of Public and Environmental Affairs.

Baumer, Terry L., and Dennis Rosenbaum. 1982. *Combatting Retail Theft: Programs and Strategies*. Boston: Butterworth.

Beauregard, Eric, D. Kim Rossmo, and Jean Proulx. 2007. "A Descriptive Model of the Hunting Process of Serial Sex Offenders: A Rational Choice Perspective." *Journal of Family Violence* 22: 449–63.

Beck, Allen J., et al. 2010. *Sexual Victimization in Prisons and Jails Reported by Inmates, 2008–09*. Washington, D. C.: U. S. Department of Justice, Office of Justice Programs, Bureau of Justice Statistics.

Becker, Howard. 1963. *Outsiders*. New York: Free Press.

Bench, Lawrence L., and Terry D. Allen. 2003. "Investigating the Stigma of Prison Classification: An Experimental Design." *The Prison Journal* 83 (4): 367–82.

Bennett, Trevor, Katy Holloway, and David Farrington. 2008. "The Statistical Association Between Drug Misuse and Crime: A Meta-Analysis." *Aggression and Violent Behavior* 13: 107–18.

Bennett, Trevor, and Katy Holloway. 2005. "Association Between Multiple Drug Use and Crime." *International Journal of Offender Therapy and Comparative Criminology* 49: 63–81.

Bennis, Jason, Wesley G. Skogan, and Lynn Steiner. 2003. "The 2002 Beat Meeting Observation Study." Community Policing Working Paper #26. Evanston, IL: Center for Policy Research, Northwestern University, http://www.northwestern.edu/ipr/publications/policing.html. Accessed 27 April 2003.

Benoit, Cecilia, and Alison Millar. 2001. 2nd ed. *Dispelling Myths and Understanding Realities: Working Conditions, Health Status, and Exiting Experiences of Sex Workers—Short Report*. Short rept. Victoria, BC: Prostitutes Empowerment, Education, and Resource Society.

Berg, Bruce L. 1998. "A Dramaturgical Look at Interviewing." In *Qualitative Research Methods for the Social Sciences*, Ed Bruce L. Berg. Needham Heights, MA: Allyn and Bacon, 66–110.

Berinsky, Adam J., Gregory A. Huber, and Gabriel S. Lenz. 2011. "Evaluating Online Labor Markets for Experimental Research: Amazon.com's Mechanical Turk." *Political Analysis* 20: 351–66.

Berk, Richard A., Heather Ladd, Heidi Graziano, and Jong-ho Baek. 2003. "A Randomized

Experiment Testing Inmate Classification Systems." *Criminology and Public Policy* 2 (2, March): 215-42.

Bernstein, Margaret. 2012. "Signs of Human Trafficking Can Stay Hidden in Plain Sight." *Cleveland Plain Dealer*, 12 February.

Best, Joel. 2013. *Stat-Spotting; A Field Guide to Identifying Dubious Data*. Berkeley, CA: University of California Press.

Best, Samuel L., and Benjamin Radcliff. 2005. *Polling America: An Encyclopedia of Public Opinion*, Volume II, P-Z. Westport, CT: Greenwood Press.

Birks, Melanie, Ysanne Chapman, and Karen Francis. 2008. "Memoing in Qualitative Research." *Journal of Research in Nursing* 12 (4): 68-75.

Black, Donald. 1970. "The Production of Crime Rates." *American Sociological Review* 35: 733-48.

Bloomberg, Michael R., and Amanda M. Burden. 2006. *New York City Pedestrian Level of Service Study*, *Phase* 1. New York: Office of the Mayor and Department of City Planning.

Blumberg, Stephen J., and Julian V. Luke. 2016. *Wireless Substitution: Early Release Estimates from the National Health Interview Survey*, *July-December 2015*. Atlanta, Georgia: Centers for Disease Control, http://www. cdc. gov/nchs/data/nhis/ earlyrelease/wireless201605. pdf.

Blumer, Herbert. 1954. "What Is Wrong with Social Theory?" *Journal of the American Sociological Society* 19 (1): 3-10.

Blumstein, Alfred, Jacqueline Cohen, Alex R. Piquero, and Christy A. Visher. 2010. "Linking the Crime and Arrest Processes to Measure Variations in Individual Arrest Risk Per Crime (Q)." *Journal of Quantitative Criminology* 26: 533-48.

Boba, Rachel. 2005. *Crime Analysis and Crime Mapping*. Thousand Oaks, CA: Sage.

Boivin, Remi, and Gilbert Cordeau. 2011. "Measuring the Impact of Police Discretion on Official Crime Statistics: A Research Note." *Police Quarterly* 14: 186-203.

Bolling, Keith, Catherine Grant, and Jeri-Lee Donovan. 2009. *2008-9 British Crime Survey (England and Wales) Technical Report*. Vol. I, 2nd ed. London: Home Office RDS.

Bouchard, Martin. 2007. "A Capture-Recapture Method to Estimate the Size of Criminal Populations and the Risks of Detection in a Marijuana Cultivation Industry." *Journal of Quantitative Criminology* 23: 221-41.

Bouchard, Martin, Eric Beauregard, and Margaret Kalacska. 2012. "Journey to Grow: Linking Process to Outcome in Target Site Selection for Cannabis Cultivation." *Journal of Research in Crime and Delinquency* 50: 33-52.

Bourgois, Philippe. 2002. In *Search of Respect: Selling Crack in El Barrio (Structural Analysis in the Social Sciences*）. Cambridge：Cambridge University Press.

Bowen, Glenn. 2008. "Supporting a Grounded Theory with an Audit Trail." *International Journal of Social Research Methodology* 12（4）：305–16.

Bowers, Kate J., and Shane D. Johnson. 2013. *Understanding Theft of "Hot Products."* Problem solving tools series. Washington, D. C.：U. S. Department of Justice, Office of Community Oriented Policing Services.

Braga, Anthony A. 2008a. *Problem-Oriented Policing and Crime Prevention*, 2nd ed. Monsey, NY：Criminal Justice Press.

Braga, Anthony A. 2008b. "Pulling Levers Focused Deterrence Strategies and the Prevention of Gun Homicide." *Journal of Criminal Justice* 36：332–43.

Braga, Anthony A. 2016. "The Continued Importance of Measuring Potentially Harmful Impacts of Crime Prevention Programs：The Academy of Experimental Criminology 2014 Joan McCord Lecture." *Journal of Experimental Criminology* 12（1）：1–20.

Braga, Anthony A., and Brenda J. Bond. 2008. "Policing Crime and Disorder Hot Spots：A Randomized Controlled Trial." *Criminology* 46（3）：577–607.

Braga, Anthony A., David M. Kennedy, Elin J. Waring, and Anne Morrison Piehl. 2001. "Problem-Oriented Policing and Youth Violence：An Evaluation of Boston's Operation Ceasefire." *Journal of Research in Crime and Delinquency* 38（3, August）：195–225.

Braga, Anthony A., Andrew V. Papachristos, and David M. Hureau. 2014. "The Effects of Hot Spots Policing on Crime：An Updated Systematic Review and Meta-Analysis." *Justice Quarterly* 31：633–63.

Braga, Anthony A., Anne M. Piehl, and David Hureau. 2009. "Controlling Violent Offenders Released to the Community：An Evaluation of the Boston Re-Entry Initiative." *Journal of Research in Crime and Delinquency* 46：411–36.

Brantingham, Paul J., and Patricia L. Brantingham. 1984. *Patterns in Crime*. NY：Macmillan.

Brantingham, Paul J., and Patricia L. Brantingham. 1991. "Introduction." In *Environmental Criminology*. 2nd ed., Paul J. Brantingham and Patricia L. Brantingham (Eds.). Prospect Heights, IL：Waveland.

Brantingham, Paul J., and Patricia L. Brantingham (Eds.). 1991. *Environmental Criminology*. 2nd ed. Prospect Heights, IL：Waveland.

Brantingham, Paul J., and C. Ray Jeffery. 1991. "Afterword：Crime, Space, and Criminological Theory." In *Environmental Criminology*. 2nd ed., Paul J. Brantingham and Patricia L. Brantingham (Eds.). Prospect Heights, IL：Waveland, 227–37.

Bratton, William J. 1999. "Great Expectations：How Higher Expectations for Police Departments Can Lead to a Decrease in Crime." In *Measuring What Matters*. Proceedings from the Policing Research Institute meetings, Robert Langworthy (Ed.). Washington, D. C.: U. S. Department of Justice, Office of Justice Programs, National Institute of Justice, 11–26.

Brotherton, David, and Luis Barrios. 2004. The *Almighty Latin King and Queen Nation*. New York: Columbia University Press.

Brown, Rick, and Ronald V. Clarke. 2004. "Police Intelligence and Theft of Vehicles for Export: Recent U. K. Experience." In *Understanding and Preventing Car Theft*, Michael G. Maxfield and Ronald V. Clarke (Eds.). Crime prevention studies, vol. 17. Monsey, NY: Criminal Justice Press, 173–92.

Brownstein, Henry H. 1996. *The Rise and Fall of a Violent Crime Wave: Crack Cocaine and the Social Construction of a Crime Problem*. Guilderland, NY: Harrow and Heston.

Buhrmester, Michael, Tarcy Kwang, and Samuel D. Gosling. 2011. "Amazon's Mechanical Turk: A New Source of Inexpensive, Yet High-Quality Data?" *Perspectives on Psychological Science* 6: 3–5.

Bureau of Justice Assistance. 1993. *A Police Guide to Surveying Citizens and Their Environment*. Washington, D. C.: U. S. Department of Justice, Office of Justice Programs, Bureau of Justice Assistance, NCJ–143711.

Bureau of Justice Statistics. 1996. *Criminal Victimization in the United States*, 1993. Washington, D. C.: U. S. Department of Justice, Office of Justice Programs, Bureau of Justice Statistics.

Burgess, Ernest W. 1925. "The Growth of the City." In *The City: Chicago*, Robert E. Park, Ernest W. Burgess, and Roderic D. McKenzie (Eds.). Chicago, IL: University of Chicago Press.

Butts, Jeffrey. 2015. "Cursing the Darkness," LinkedIn Post.

Butts, Jeffrey A., Catriona Gouvis Roman, Lindsay Bostwick, and Jeremy Porter. 2015. "Cure Violence: A Public Health Model to Reduce Gun Violence." *Annual Review of Public Health* 36: 39–53.

Campbell, Donald T. 1979. "Assessing the Impact of Planned Social Change." *Evaluation and Program Planning* 2: 67–90.

Campbell, Donald T. 2003. "Introduction." In *Case Study Research: Design and Methods*. 3rd ed., Robert K. Yin. Thousand Oaks, CA: Sage Publications, ix–xi.

Campbell, Donald T., and Julian Stanley. 1966. *Experimental and Quasi-Experimental Designs for Research*. Chicago: Rand McNally.

Canter, David, and Samantha Hodge. 2000. "Criminals' Mental Maps." In *Atlas of Crime: Mapping the Criminal Landscape*, Linda S. Turnbull and Elaine Halsey Hendriz (Eds.). Phoenix, AZ: Oryx Press, 187–91.

Cantor, David, and James P. Lynch. 2005. "Exploring the Effects of Changes in Design on the Analytical Uses of the NCVS Data." *Journal of Quantitative Criminology* 21 (3): 293–319.

Carson, E. Ann, and Daniela Golinelli. 2013. *Prisoners in 2012*. BJS Bulletin. Washington, D. C.: U. S. Department of Justice, Office of Justice Programs, Bureau of Justice Statistics.

Carver, Jay, Kathryn R. Boyer, and Ronald Hickey. 1996. "Management Information Systems and Drug Courts: The District of Columbia Approach." *Paper presented at the Annual Training Conference of the National Association of Drug Court Professionals*. Washington, D. C.: District of Columbia Pretrial Services Agency.

Center for Behavioral Health Statistics and Quality. 2015. *Behavioral Health Trends in the United States: Results from the* 2014 *National Survey of Drug Use and Health: Summary of National Findings*. HHS Publication No. SMA 15–4927. Rockville, MD: Center for Behavioral Health Statistics and Quality, Substance Abuse and Mental Health Services Administration, http://www.samhsa.gov/data/sites/default/files/NSDUH-FRR1-2014/NSDUH-FRR1-2014.pdf.

Center for Urban Pedagogy. 2011. *Field Guide to Federalism: Bushwick, Brooklyn, NY. Comic book. Brooklyn, NY: Center for Urban Pedagogy, Making Public Policy*, http://welcometocup.org/Store?product_id=29.

Chaiken, Jan M., and Marcia R. Chaiken. 1982. *Varieties of Criminal Behavior*. Santa Monica, CA: Rand.

Chaiken, Jan M., and Marcia R. Chaiken. 1990. "Drugs and Predatory Crime." In *Crime and Justice: A Review of Research: Vol.* 13. *Drugs and Crime*, Michael Tonry and James Q. Wilson (Eds.). Chicago: University of Chicago Press.

Chainey, Spencer, and Jerry Ratcliffe. 2005. *GIS and Crime Mapping*. New York: Wiley.

Chandler, Redonna K., et al. 2009. "Ensuring Safety, Implementation and Scientific Integrity of Clinical Trials: Lessons from the Criminal Justice-Drug Abuse Treatment Studies Data and Safety Monitoring Board." *Journal of Experimental Criminology* 5: 323–44.

Chermak, Steven M., and Alexander Weiss. 1997. "The Effects of the Media on Federal Criminal Justice Policy." *Criminal Justice Policy Review* 8 (4): 323–41.

Chicago Community Policing Evaluation Consortium. 2004. *Community Policing in Chicago, Year Ten*. Chicago: Illinois Criminal Justice Information Authority.

Chin, Ko-lin, and James O. Finckenauer. 2012. *Selling Sex Overseas: Chinese Women and the Realities of Prostitution and Global Sex Trafficking*. New York: New York University Press.

Church, Wesley T., et al. 2008. "The Community Attitudes Toward Sex Offenders Scale: The Development of a Psychometric Assessment Instrument." Research on Social Work Practice 18: 251–59.

City of New York. 2006. "Police Department." *Supplementary Tables. In Preliminary Fiscal 2006 Mayor's Management Report*. City of New York: Office of the Mayor, http://www.nyc.gov/html/ops/downloads/pdf/_ mmr/nypd_ wi. pdf.

City University of New York, Human Research Protection Program. 2013. "CUNY HRPP Policy: Prisoners as Research Subjects," http://www.cuny.edu/research/compliance/human-subjects-research-1/hrpp-policies-procedures/Prisoners. pdf.

Clarke, Ronald V. 1997a. "Deterring Obscene Phone Callers: The New Jersey Experience." In *Situational Crime Prevention: Successful Case Studies*. 2nd ed., Ronald V. Clarke (Ed.). New York: Harrow and Heston, 90–97.

Clarke, Ronald V. 1997b. "Introduction." In *Situational Crime Prevention: Successful Case Studies*. 2nd ed., Ronald V. Clarke (Ed.). New York: Harrow and Heston, 2–43.

Clarke, Ronald V. 2008. "Situational Crime Prevention." In Environmental Criminology and Crime Analysis, Richard Wortley and Lorraine Mazerolle. (Eds.) Cullompton, Devon, UK: Willan Publishing, 178–220.

Clarke, Ronald V. 2017 (forthcoming). "Situational Crime Prevention." In *Environmental Criminology and Crime Analysis* 2nd ed. Richard Wortley and Michael Townsley (Eds.). PL. London: Routledge.

Clarke, Ronald V., and John Eck. 2005. *Crime Analysis for Problem Solvers in 60 Small Steps*. Washington: U. S. Department of Justice, Office of Community Oriented Policing, http://www.popcenter.org.

Clarke, Ronald V., and Patricia M. Harris. 1992. "Auto Theft and Its Prevention," Michael Tonry (Ed.). *Crime and justice: An annual review of research*, vol. 16. Chicago, IL: University of Chicago Press, 1–54.

Clarke, Ronald V., Rick Kemper, and Laura Wyckoff. 2001. "Controlling Cell Phone Fraud in the US: Lessons for the UK 'foresight' Initiative." *Security Journal* 14 (1, January): 7–22.

Clarke, Ronald V., and Patricia Mayhew. 1980. *Designing Out Crime*. London: Her Majesty's Stationery Office.

Clarke, Ronald V., and Graeme R. Newman. 2006. *Outsmarting the Terrorists*. Westport, CT: Praeger Security International.

Clarke, Ronald V., and Phyllis A. Schultze. 2005. *Researching a Problem*. Tool Guide. Washington, D. C.: U. S. Department of Justice, Office of Community Oriented Policing Services, http://popcenter.org/Tools/tool–researchingProblem. htm.

Clarke, Ronald, Paul Ekblom, Mike Hough, and Pat Mayhew. 1985. "Elderly Victims of Crime and Exposure to Risk." *The Howard Journal* 24 (1): 1–9.

Cohen, Jaqueline, and Jens Ludwig. 2003. "Policing Crime Guns." In *Evaluating Gun Policy: Effects of Crime and Violence*, Jens Ludwig and Philip J. Cook (Eds.). Washington, D. C.: Brookings Institution Press, 217–39.

Cohen, Lawrence E., and Marcus Felson. 1979. "Social Change and Crime Rate Trends: A Routine Activity Approach." *American Sociological Review* 44: 588–608.

Coleman, Clive, and Jenny Moynihan. 1996. *Understanding Crime Data: Haunted by the Dark Figure*. Buckingham: Open University Press.

Coleman, Veronica, et al. 1999. "Using Knowledge and Teamwork to Reduce Crime." *National Institute of Justice Journal* (October): 16–23.

Committee on Science, Engineering, and Public Policy. 2009. *On Being a Scientist: Responsible Conduct in Research*. 3rd ed. Washington, D. C.: National Academy Press.

Conover, Ted. 2000. *Newjack: Guarding Sing Sing*. NY: Random House.

Copes, Heith, Andy Hochstetler, and Michael Cherbonneau. 2012. "Getting the Upper Hand: Scripts for Managing Victim Resistance in Carjackings." *Journal of Research in Crime and Delinquency* 49 (May): 249–68.

Corbin, Juliet, and Anselm Strauss. 2007. *Basics of Qualitative Research*. 3rd ed. Thousand Oaks, CA: Sage Publications.

Cornish, D. B., and Ronald V. Clarke (Eds.). 1986. *The Reasoning Criminal: Rational Choice Perspectives on Offending*. New York: Springer-Verlag.

Cornwell, J. Phillip, Michael J. Doherty, Eric L. Mitter, and Scarlet L. Drayer. 1989. *Roadside Observation Survey of Safety Belt Use in Indiana*. Bloomington, Indiana: Indiana University, Transportation Research Center.

Curtis, Ric, and Travis Wendel. 2007. "You're Always Training the Dog: Strategic Interventions to Reconfigure Drug Markets." *Journal of Drug Issues* 37: 867–90.

D'Alessio, Stewart J., Lisa Stolzenberg, and W. Clinton Terry. 1999. "'Eyes on the Street': The Impact of Tennessee's Emergency Cellular Telephone Program on Alcohol Related Crashes." *Crime and Delinquency* 45 (4): 453–66.

Decker, Scott H. 2005. *Using Offender Interviews to Inform Police Problem Solving*. Problem solving tools series. Washington, D. C.: U. S. Department of Justice, Office of Community Oriented Policing Services.

Decker, Scott H., Susan Pennell, and Ami Caldwell. 1997. *Illegal Firearms: Access and Use by Arrestees*. Research in Brief. Washington, D. C.: U. S. Department of Justice, Office of Justice Programs, National Institute of Justice.

Decker, Scott H., and David C. Pyrooz. 2010. "On the Validity and Reliability of Gang Homicide: A Comparison of Disparate Sources." *Homicide Studies* 14: 359–76.

Decker, Scott H., and Barrik Van Winkle. 1996. *Life in the Gang: Family, Friends, and Violence*. New York: Cambridge University Press.

del Frate, Anna Alvazzi, and Giulia Mugellini. 2012. "The Crime Drop in 'non-Western' Countries: A Review of Homicide Data." In *The International Crime Drop: New Directions in Research*, Jan van Dijk, Andromachi Tslenoi, and Graham Farrell (Eds.). Crime prevention studies, vol. 17. London: Palgrave, 134–55.

Delgado, Sheyla A., Kwan-Lamar Blount-Hill, Marissa Mandala, and Jeffrey A. Butts. 2015. *Perceptions of Violence: Surveying Young Males in New York City*. NY: Research and Evaluation Center, John Jay College of Criminal Justice, City University of New York.

Dennis, Michael L. 1990. "Assessing the Validity of Randomized Field Experiments: An Example from Drug Abuse Treatment Research." *Evaluation Review* 14: 347–73.

Department of the Youth Authority. 1997. LEAD: *A Boot Camp and Intensive Parole Program: The Final Impact Evaluation*. Sacramento, CA: State of California, Department of the Youth Authority.

Dijk, Jan van. 2007. "The International Crime Victims Survey and Complementary Measures of Corruption and Organised Crime." In *Surveying Crime in the 21st Century*, Mike Hough and Mike Maxfield (Eds.). Crime prevention studies, vol. 22. Monsey, NY: Criminal Justice Press, 125–44.

Dillman, Don A., Jolene D. Smyth, and Leah Melani Christian. 2013. *Internet, Mail, and Mixed-Mode Surveys: The Tailored Design Method*. 4th ed. New York: Wiley.

Ditton, Jason, and Stephen Farrall. 2007. "The British Crime Survey and the Fear of Crime." In *Surveying Crime in the 21st Century*, Mike Hough and Mike Maxfield (Eds.). Crime prevention studies, vol. 22. Monsey, NY: Criminal Justice Press, 223–42.

Drucker, Peter F. 1973. *Management: Tasks, Responsibilities, Practices*. New York: Harper & Row, 103–06.

Duneier, Mitchell. 2000. *Sidewalk*. NY: Macmillan.

Durose, Matthew R., Erica L. Schmitt, and Patrick A. Langan. 2005. *Contacts Between Police and the Public: Findings from the 2002 National Survey*. Washington, D.C.: U.S. Department of Justice, Office of Justice Programs, Bureau of Justice Statistics.

Eck, John E. 2002. "Learning from Experience in Problem-Oriented Policing and Situational Prevention: The Positive Functions of Weak Evaluations and the Negative Functions of Strong Ones." In *Evaluation for Crime Prevention*, Nick Tilley (Ed.). Crime prevention studies, vol. 14. Monsey, NY: Criminal Justice Press, 93–117.

Eck, John E. 2003. *Assessing Responses to Problems: An Introductory Guide for Police Problem-Solvers. Problem-Oriented Guides for Police*. Washington, D. C.: U. S. Department of Justice, Office of Community Oriented Policing Services.

Eck, John, et al. 2005. *Mapping Crime: Understanding Hot Spots*. NIJ Special Report. Washington, D. C.: U. S. Department of Justice, Office of Justice Programs, National Institute of Justice.

Eger III, Robert J., C. Kevin Fortner, and Catherine P. Slade. 2015. "The Policy of Enforcement: Red Light Cameras and Racial Profiling." *Police Quarterly* 18 (4): 397–413.

Eisenberg, Michael. 1999. *Three Year Recidivism Tracking of Offenders Participating in Substance Abuse Treatment Programs*. Austin, TX: Criminal Justice Policy Council.

Eisenstein, James, and Herbert Jacob. 1977. *Felony Justice: An Organizational Analysis of Criminal Courts*. Boston, MA: Liccie, Brown.

Ekici, Niyazi. 2008. *The Dynamics of Terrorist Recruitment: The Case of the Revolutionary People's Liberation Party/Front (DHKP/C) and the Turkish Hezbollah*. Unpublished Ph. D., dissertation. Newark, NJ: School of Criminal Justice, Rutgers University.

Elliott, Delbert S., David Huizinga, and Suzanne S. Ageton. 1985. *Explaining Delinquency and Drug Use*. Thousand Oaks, CA: Sage.

Ely, Margot, et al. 1991. *Doing Qualitative Research: Circles Within Circles*. Philadelphia: Faimer.

Engel, Robin Shepard, Jennifer M. Calnon, Lin Liu, and Richard Johnson. 2004. *Project on Police-Citizen Contacts: Year 1 Final Report*. Cincinnati, OH: Criminai Justice Research Center, University of Cincinnati.

Engel, Robin Shepard, and Jennifer M. Calnon. 2004. "Comparing Benchmark Methodologies for Police-Citizen Contacts: Traffic Stop Data Collection for the Pennsylvania State Police." *Police Quarterly* 7: 97–125, Pdf poidocs.

Engel, Robin Shepard, et al. 2005. *Project on Police-Citizen Contacts: Year 2 Final Report*. Cincinnati, OH: Criminal Justice Research Center, University of Cincinnati.

Eterno, John A., and Ira B. Silverman. 2010. "The NYPD's Compstat: Compare Statistics or Compose Statistics." *International Journal of Police Science and Management* 12 (3): 42 6–49.

Fabelo, Tony. 1995. "What Is Recidivism? How Do You Measure It? What Can It Tell Policy Makers?" *Bulletin from the Executive Director, number 19*. Austin, TX: Criminal Justice Policy Council.

Farrell, Graham, and Alistair Buckiey. 1999. "Evaluation of a UK Police Domestic Violence Unit Using Repeat Victimisation as a Performance Indicator." *The Howard Journal of Criminal Justice* 38 (1, February): 42–53.

Farrell, Graham, Alan Edmunds, Louise Hibbs, and Gloria Laycock. 2000. *RV Snapshot: UK Policing and Repeat Victimisation.* Crime Reduction Research Series, paper 5. London: Home Office, Policing and Reducing Crime Unit, Research, Development and Statistics Directorate.

Farrell, Graham, Andromachi Tseloni, Jen Mailley, and Nick Tilley. 2011. "The Crime Drop and the Security Hypothesis." *Journal of Research in Crime and Delinquency* 48 (2): 147–75.

Farrington, David P., Patrick A. Langan, and Michael Tonry (Eds.). 2004. *Cross-National Studies in Crime and Justice.* Washington, D. C.: U. S. Department of Justice, Office of Justice Programs, Bureau of Justice Statistics.

Farrington, David P., Trevor H. Bennett, and Brandon C. Weish. 2007. "The Cambridge Evaluation of the Effects of CCTV on Crime." In *Imagination for Crime Prevention: Essays in Honour of Ken Pease*, Graham Farrell, Kate J. Bowers, Shane D. Johnson, and Michael Townsley (Eds.). Crime prevention studies, vol. 21. Monsey, NY: Criminal Justice Press, 187–201.

Farrington, David P., Patrick A. Langan, Michael Tonry, and Darrick Joillffe. 2004. "Introduction." In *Cross-National Studies in Crime and Justice*, David P. Farrington, Patrick A. Langan, and Michael Tonry (Eds.). Washington, D. C.: U. S. Department of Justice, Office of Justice Programs, Bureau of Justice Statistics, v–xvi.

Farrington, David P., Lloyd E. Ohlin, and James Q. Wilson. 1986. *Understanding and Controlling Crime: Toward a New Research Strategy.* New York: Springer-Veriag.

Farrington, David P., et al. 1993. "An Experiment in the Prevention of Shoplifting." In Crime Prevention Studies. Vol. 1, Ronald V. Ciarke (Ed.). Monsey, NY: Criminal Justice Press, 93–119.

Farrington, David P., et al. 1996. "Self-Reported Delinquency and a Combined Delinquency Seriousness Scale Based on Boys, Mothers, and Teachers: Concurrent and Predictive Validity for African-Americans and Caucasians." *Criminology* 34: 493–517.

Fay, Robert E., and Mamadou Diallo. 2015. *Developmental Estimates of Subnational Crime Rates Based on the National Crime Victimization Survey.* BJS Research and Development Paper. Washington, D. C.: Bureau of Justice Statistics.

Federal Bureau of Investigation, 2015. *2014 National Incident-Based Reporting System.* Washington, D. C.: U. S. Department of Justice, Federal Bureau of Investigation, Web page: https://www.fbi.gov/about-us/cjis/ucr/ nibrs/2014.

Federal Bureau of Investigation. 2000. *National Incident-Based Reporting System.* Volume 1: Data collection guidelines. Washington, D. C.: U. S. Department of Justice, Federal Bureau of Investigation.

Federal Bureau of Investigation. 2002. *Crime in the United States 2001.* Washington, D. C.:

U. S. Department of Justice, Federal Bureau of Investigation, http://www. fbi. gov/ucr/01cius. htm.

Federal Bureau of Investigation. 2004. *Uniform Crime Reporting Handbook.* Washington, D. C. : U. S. Department of Justice, Federal Bureau of Investigation.

Federal Bureau of Investigation. 2009. *Crime in the United States 2008.* Washington, D. C. : U. S. Department of Justice, Federal Bureau of Investigation, http://www2. fbi. gov/ucr/cius2008/about/index. htmi.

Federal Bureau of Investigation. 2011. *Crime in the United States 2010: Methodology.* Washington, D. C. : U. S. Department of Justice, Federal Bureau of Investigation, http://www. fbi. gov.

Federal Bureau of Investigation. 2012. *About Crime in the United States 2012.* Washington, D. C. : U. S. Department of Justice, Federal Bureau of Investigation, http://www. fbi. gov/ about-us/ucr/crime-in-the-u. s/2012.

Federal Bureau of Investigation. 2015. *Crime in the United States 2014.* Washington, D. C. : U. S. Department of Justice, Federal Bureau of Investigation, http://www. fbi. gov.

Federal Trade Commission. 2016. *Consumer Sentinel Network Data Book for January-December 2015.* Washington, D. C. : Federal Trade Commission, https: //www. ftc. gov/system/fiies/docu-ments/reports/consumer - sentinei - network - data - book - january - december - 2015/160229csn – 2015 data-book. pdf.

Felson, Marcus. 2002. *Crime and Everyday Life.* 3rd ed. Thousand Oaks, CA: Sage.

Felson, Marcus, and Ronald V. Clarke. 1998. *Opportunity Makes the Thief: Practical Theory for Crime Prevention.* Police Research Series, paper 98. London: Home Office, Policing and Reducing Crime Unit, Research, Development and Statistics Directorate.

Felson, Marcus, et al. 1996. "Redesigning Hell: Preventing Crime and Disorder at the Port Authority Bus Terminal." In *Preventing Mass Transit Crime*, Ronald V. Ciarke (Ed.) . Crime prevention studies, vol. 6. Monsey, NY: Criminal Justice Press, 5–92.

Ferrell, Jeff. 2002. *Tearing Down the Streets: Adventures in Urban Anarchy.* London: Paigrave/Macmillan.

Finkelhor, David, and Lisa M. Jones. 2004. *Explanations for the Decline in Child Sexual Abuse Cases.* Juvenile Justice Bulletin. Washington, D. C. : U. S. Department of Justice, Office of Justice Programs, Office of Juvenile Justice and Delinquency Prevention.

Fisher, Bonnie S. , Francis T. Cullen, and Michael G. Turner. 2000. *The Sexual Victimization of College Women.* Washington, D. C. : U. S. Department of Justice, Office of Justice Programs, Burea of Justice Statistics, NCJ-182369.

Flick, Uwe. 2009. *An Introduction to Qualitative Research.* 4th ed. Thousand Oaks, CA: Sage Publications.

Freilich, Joshua D. , et al. 2015. "Investigating the Applicability of Macro-Level Criminology Theory to Terrorism: A County-Level Analysis. " *Journal of Quantitative Criminology* 31: 383–411.

Fridell, Lorie A. 2005. *Understanding Race Data from Vehicle Stops: A Stakeholder's Guide*. Washington, D. C. : Police Executive Research Forum.

Fridell, Lorie. 2004. *By the Numbers: A Guide for Analyzing Race Data from Vehicle Stops*. Washington, D. C. : Police Executive Research Forum.

Fujita, Shuryo. 2011. "*Why Are Older Cars Stolen? Examining Motive, Availability, Location, and Security.*" Unpublished Ph. D. , dissertation. Newark, NJ: Rutgers University.

Gant, Frances, and Peter Grabosky. 2001. *The Stolen Vehicle Parts Market*. Trends and Issues, no. 215. Canberra, Australia: Australian Institute of Criminology.

Gau, Jacinta M. 2010. "The Convergent and Discriminant Validity of Procedural Justice and Police Legitimacy: An Empirical Test of Core Theoretical Propositions. " *Journal of Criminal Justice* 39: 489–98.

Geerken, Michael R. 1994. "Rap Sheets in Criminological Research: Considerations and Caveats. " *Journal of Quantitative Criminology* 10 (1): 3–21.

Geertz, Clifford. 1973. *The Interpretation of Cultures*. NY: Basic Books.

General Accounting Office. 1996. *Content Analysis: A Methodology for Structuring and Analyzing Written Material*. Transfer paper 10. 3. 1. Washington, D. C. : U. S. General Accounting Office.

Gfroerer, Joseph, and Joel Kennet. 2014. "Collecting Survey Data on Sensitive Topics: Substance Use. " Chapter 17. In *Health Survey Methods*, Timothy P. Johnson (Ed.) . Hoboken, NJ: John Wiley and Sons.

Gill, Martin, and Angela Spriggs. 2005. *Assessing the Impact of CCTV*. Home Office Research Study, 292. London: Her Majesty's Stationery Office.

Gladwell, Malcolm. 2005. *Blink: The Power of Thinking Without Thinking*. NY: Little, Brown.

Glaser, Barney G. , and Anselm Strauss. 1967. *The Discovery of Grounded Theory*. Chicago: University of Chicago Press.

Glassbrenner, Donna. 2005. *Safety Belt Use in 2005: Overall Results*. Research note (DOT HS 809 932) . Washington, D. C. : U. S. Department of Transportation, National Highway Traffic Safety Administration, National Center for Statistics and Analysis.

Goffman, Alice. 2014. *On the Run: Fugitive Life in an American City*. Chicago: University of Chicago press.

Goffman, Erving. 1959. *The Presentation of Self in Everyday Life*. NY: Random House.

Gottfredson, Denise C. , Stacy S. Najaka, Brook W. Kearly, and Carlos M. Rocha. 2006.

"Long-Term Effects of Participation in the Baltimore City Drug Treatment Court: Results from an Experimental Study." *Journal of Experimental Criminology* 2: 67–98.

Gottfredson, Michael R. 1984. *Victims of Crime: The Dimensions of Risk.* Home Office Research Study, 81. London: Her Majesty's Stationery Office.

Gottfredson, Michael R., and Travis Hirschi. 1990. *A General Theory of Crime.* Stanford, CA: Stanford University Press.

Grabe, Marie Elizabeth, K. D. Trager, Melissa Lear, and Jennifer Rauch. 2006. "Gender in Crime News: A Case Study Test of the Chivalry Hypothesis." *Mass Communication and Society* 9 (2): 137–63.

Graham, Kathryn, and Ross Homel. 2008. *Raising the Bar: Preventing Aggression in and Around Bars and Clubs.* Portland, OR: Willan Publishing.

Greaves, Caroline, et al. 2004. "Pimping and Psychopathy." *American Psychology and Law Society's Annual Conference.* Scottsdale, AZ.

Greenwood, Peter W., and Joan Petersilia. 1975. *The Criminal Investigation Process.* Santa Monica, CA: RAND Corporation.

Guba, Egon G. 1981. "Criteria for Assessing the Trustworthiness of Naturalistic Inquiries." *Educational Communication and Technology* 29 (2): 75–91.

Guerette, Rob T. 2009. *Analyzing Crime Displacement and Diffusion.* Problem solving tools series. Washington, D. C.: U. S. Department of Justice, Office of Community Oriented Policing Services.

Guerette, Rob T., and Kate J. Bowers. 2009. "Assessing the Extent of Crime Displacement and Diffusion of Benefits." *Criminology* 47 (4): 1331–68.

Gurr, Ted Robert. 1989. "Historical Trends in Violent Crime: Europe and the United States." In *Violence in America: The History of Crime*, Ted Robert Gurr (Ed.). Thousand Oaks, CA: Sage.

Haney, Craig, Curtis Banks, and Philip Zimbardo. 1973. "Interpersonal Dynamics in a Simulated Prison." *International Journal of Criminology and Penology* 1: 69–97.

Haninger, Kevin, and Kimberly M. Thompson. 2004. "Content and Ratings of Teen-Rated Video Games." *Journal of the American Medical Association* 291 (7, 18 February): 856–65.

Hanmer, Jalna, Sue Griffiths, and David Jerwood. 1999. *Arresting Evidence: Domestic Violence and Repeat Victimisation.* Police Research Series, paper 104. London: Home Office, Policing and Reducing Crime Unit, Research, Development and Statistics Directorate.

Harocopos, Alex, and Mike Hough. 2005. *Drug Dealing in Open-Air Markets.* Problem-Oriented Guides for Police, no. 31. Washington, D. C.: U. S. Department of Justice, Office of Community

Oriented Policing Services.

Harris, David A. 1999. "The Stories, the Statistics, and the Law: Why 'Driving While Black' Matters." *Minnesota Law Review* 84: 265-326.

Harris, Kathleen Mullan, and J. Richard Udry. 2014. *National Longitudinal Study of Adolescent Health (Add Health)*. Chapel Hill, NC and Ann Arbor, MI: Carolina Population Research Center, University of North Carolina-Chapel Hill, Interuniversity Consortium for Political and Social Research, http://doi.org/10.3886/ICPSR21600.v15.

Heeren, Timothy, Robert A. Smith, Suzette Morelock, and Ralph W. Hingson. 1985. "Surrogate Measures of Alcohol Involvement in Fatal Crashes: Are Conventional Indicators Adequate?" *Journal of Safety Research* 16 (3): 127-34.

Hempel, Carl G. 1952. "Fundamentals of Concept Formation in Empirical Science." In *International Encyclopedia of Unified Science: Foundations of the Unity of Science*. Vol. 2. Chicago: University of Chicago Press.

Hermanowicz, Joseph C. 2002. "The Great Interview: 25 Strategies for Studying People in Bed." *Qualitative Sociology* 25 (4): 479-99.

Hesseling, Rene B. P. 1994. "Displacement: A Review of the Empirical Literature." In *Crime Prevention Studies*. Vol. 3, Ronald V. Clarke (Ed.). Monsey, NY: Criminal Justice Press, 197-230.

Heumann, Milton, and Colin Loftin. 1979. "Mandatory Sentencing and the Abolition of Plea Bargaining: The Michigan Felony Firearm Statute." *Law and Society Review* 13 (2): 393-430.

Hickman, Matthew J. 2005. *Traffic Stop Data Collection Policies for State Police*, 2004. Fact Sheet. Washington, D.C.: U.S. Department of Justice, Office of Justice Programs, Bureau of Justice Statistics.

Highfield, Roger, and Paul Carter. 1994. *The Private Lives of Albert Einstein*. NY: Macmillan.

Highway Loss Data Institute. 2011. *Insurance Theft Report: 2008-10 Passenger Cars, Pickups, SUVs, and Vans*. Arlington, VA: Highway Loss Data Institute, http://www.iihs.org/research/hldi/ composite_ bw.aspx? y=2008-2010&cv=com.

Highway Loss Data Institute. 2016. *Insurance Losses by Make and Model*. Arlington, VA: Highway Loss Data Institute, http:// www.iihs.org/iihs/topics/insurance-loss-information. Accessed 3 March 2016.

Hindelang, Michael J., Michael R. Gottfredson, and James Garofalo. 1978. *Victims of Personal Crime: An Empirical Foundation for a Theory of Personal Victimization*. Cambridge, MA: Ballinger.

Holstein, Jaber A., and James F. Gubrium. 1995. *The Active Interview*. Thousand Oaks, CA:

Sage Publications.

Homel, Ross, and Jeff Clark. 1994. "The Prediction and Prevention of Violence in Pubs and Clubs." In *Crime Prevention Studies*. Vol. 3, Ronald V. Clarke (Ed.). Monsey, NY: Criminal Justice Press, 1-46.

Homel, Ross, Steve Tomsen, and Jennifer Thommeny. 1992. "Public Drinking and Violence: Not Just an Alcohol Problem." *Journal of Drug Issues* 22 (3): 679-97.

Hood-Williams, John, and Tracey Bush. 1995. "Domestic Violence on a London Housing Estate." *Research Bulletin* 37: 11-18.

Humphreys, Laud. 1975. *The Tearoom Trade*. Enlarged edition with perspectives on ethical issues. Chicago: Aldine.

Hunter, Rosemary S., and Nancy Kilstrom. 1979. "Breaking the Cycle in Abusive Families." *American Journal of Psychiatry* 136 (10): 1318-22.

Idaho State Police. 2016. *Crime in Idaho* 2015. Meridian, ID: Idaho State Police, Bureau of Criminal Identification, Uniform Crime Reporting Section, https://www.isp.idaho.gov/BCI/CrimeInIdaho/CrimeInIdaho2015.

Inciardi, James A. 1986. *The War on Drugs: Heroin, Cocaine, Crime, and Public Policy*. Palo Alto: CA: Mayfield.

Inciardi, James A. 1993. "Some Considerations on the Methods, Dangers, and Ethics of Crack-House Research." Appendix A, James A. Inciardi, Dorothy Lockwood, and Anne E. Pettieger. In *Women and Crack Cocaine*. New York: Macmillan, 147-57.

Jackson, Peter. 1989. *Maps of Meaning: An Introduction to Cultural Geography*. NY: Routledge.

Jacob, Herbert. 1984. *Using Published Data: Errors and Remedies*. Thousand Oaks, CA: Sage.

Jacobs, Bruce A. 1996. "Crack Dealers' Apprehension Avoidance Techniques: A Case of Restrictive Deterrence." *Justice Quarterly* 13 (3): 359-81.

Jacobs, Bruce A. 1999. *Dealing Crack: The Social World of Streetcorner Selling*. Boston: Northeastern University Press.

Jacobs, Bruce A. 2012. "Carjacking and Copresence." *Journal of Research in Crime and Delinquency* 49 (May): 471-78.

Jacobs, Bruce A., and Jody Miller. 1998. "Crack Dealing, Gender, and Arrest Avoidance." *Social Problems* 45 (4): 550-69.

Jacobs, Bruce A., Volkan Topalli, and Richard Wright. 2003. "Carjacking, Streetlife and Offender Motivation." *British Journal of Criminology* 43 (4): 673-88, Pdf autodocs.

Jacobs, Bruce. 2006. "The Case for Dangerous Fieldwork." In *The SAGE Handbook of Fieldwork*. Crime prevention studies, vol. 17. Thousand Oaks, CA: Sage, 157-69.

Jacques, Scott, and Danielle Reynald. 2012. "The Offenders' Perspective on Prevention: Guarding Against Victimization and Law Enforcement." *Journal of Research in Crime and Delinquency* 49 (2): 269-94.

Jacques, Scott, and Richard Wright. 2008. "Intimacy with Outlaws: The Role of Relational Distance in Recruiting, Paying, and Interviewing Underworld Research Participants." *Journal of Research in Crime and Delinquency* 45 (February): 22-38.

Jagatic, Tom N., Nathaniel A. Johnson, Markus Jakobsson, and Filippo Menczer. 2007. "Social Phishing." *Communications of the ACM* 50 (10): 94-100.

Janis, Irving. 1972. Victims of Groupthink. NY: Houghton Mifflin.

Järvinen, Margaretha. 2000. "The Biological Illusion: Constructing Meaning in Qualitative Interviews." *Qualitative Inquiry* 6 (3): 370-91.

Jeffery, C. Ray. 1977. *Crime Prevention Through Environmental Design*. 2nd ed. Thousand Oaks, CA: Sage.

Johansen, Ditte, Karina Friis, Erik Skovenborg, and Morten Gronbaek. 2006. "Food Buying Habits of People Who Buy Wine or Beer: Cross Sectional Study." *BMJ* 332. 7540: 519-322, http://bmj. bmjjournals. com/onlinefirst_date. shtml. BMJ, doi: 10. 1136/bmj. 38694. 568981. 80.

Johansen, Helle Krogh, and Peter C. Gotzsche. 1999. "Problems in the Design and Reporting of Trials of Antifungal Agents Encountered During Meta-Analysis." *Journal of the American Medical Association* 282 (18, 10 November): 1752-59.

Johnson, Ida M. 1999. "School Violence: The Effectiveness of a School Resource Officer Program in a Southern City." *Journal of Criminal Justice* 27 (2): 173-92.

Johnson, Shane D., Aiden Sidebottom, and Adam Thorpe. 2008. *Bicycle Theft*. Problem-Oriented Guides for Police, no. 52. Washington, D. C.: U. S. Department of Justice, Office of Community Oriented Policing Services.

Johnston, Lloyd D., et al. 2016. *Monitoring the Future National Results on Drug Use* 1975-2015: *Overview, Key Findings on Adolescent Drug Use*. Ann Arbor, MI: Institute for Social Research, The University of Michigan.

Jones-Brown, Delores, Jaspreet Gill, and Jennifer Trone. 2010. *Stop, Question & Frisk Practices in New York City: A Primer*. New York: Center on Race, Crime, and Justice, John Jay College of Criminal Justice.

Justice Research and Statistics Associacion. 1996. *Domestic and Sexual Violence Data Collection*. Report to Congress under the Violence against Women Act. Washington, D. C.: U. S. Department of Justice, Office of Justice Programs, National Institute of Justice and Bureau of Justice Assistance.

Kaplan, Abraham. 1964. *The Conduct of Inquiry*. San Francisco, CA: Chandler.

Katz, Charles M., Vincent J. Webb, and Scott H. Decker. 2005. "Using the Arrestee Drug Abuse Monitoring (ADAM) Program to Further Understand the Relation Between Drug Use and Gang Membership." *Justice Quarterly* 22: 58–88.

Katz, Jack. 1988. *Seductions of Crime: Moral and Sensual Attractions in Doing Evil*. New York: Basic Books.

Kazemian, Lila, and David P. Farrington. 2005. "Comparing the Validity of Prospective, Retrospective, and Official Onset for Different Offending Categories." *Journal of Quantitative Criminology* 21 (2): 127–47.

Kelling, George L., and Catherine M. Coles. 1996. *Fixing Broken Windows: Restoring Order and Reducing Crime in Our Communities*. New York: Free Press.

Kelling, George L., Tony Pate, Duane Dieckman, and Charles E. Brown. 1974. *The Kansas City Preventive Patrol Experiment: A Technical Report*. Washington, D. C.: Police Foundation.

Kennedy, David M. 1998. "Pulling Levers: Getting Deterrence Right." *National Institute of Justice Journal* 236 (July): 2–8.

Kennedy, David M, Anne M. Piehl, and Anthony A. Braga. 1996. "Youth Gun Violence in Boston: Gun Markets, Serious Youth Offenders, and a Use Reduction Strategy." *Law and Contemporary Problems* 59 (1, Winter): 147–96.

Kennedy, M. Alexis, et al. 2007. "Routes of Recruitment: Pimps' Techniques and Other Circumstances That Lead to Street Prostitution." *Journal of Aggression, Maltreatment, and Trauma* 15 (2): 1–19.

Kennet, Joel, and Joseph Gfroerer (Eds.). 2005. *Evaluating and Improving Methods Used in the National Survey on Drug Use and Health*. Publication no. SMA 03 – 3768. DHHS Publication No. SMA 05–4044, Methodology Series M–5. Rockville, MD: Office of Applied Studies, Substance Abuse and Mental Health Services Administration, http://oas. samhsa. gov/nsduh/methods. cfm.

Kessler, David A. 1999. "The Effects of Community Policing on Complaints Against Officers." *Journal of Quantitative Criminology* 15 (3): 333–72.

Killias, Martin. 1993. "Gun Ownership, Suicide and Homicide: An International Perspective." *Canadian Medical Association Journal* 148 (10): 1721–25.

Killias, Martin, Marcelo F. Aebi, and Denis Ribeaud. 2000. "Learning Through Controlled Experiments: Community Service and Heroin Prescription in Switzerland." *Crime and Delinquency* 46 (2): 233–51.

Kindermann, Charles, James Lynch, and David Cantor. 1997. *Effects of the Redesign on Victimization Estimates*. Bureau of Justice Statistics National Crime Victimization Survey rept. Washington, D. C. : U. S. Department of Justice, Office of Justice Programs, Bureau of Justice Statistics.

Kipke, Michele D. , Susan O'Connor, Burke Nelson, and John E. Anderson. 1998. "A Probability Sampling for Assessing the Effectiveness of Outreach for Street Youth. " In *What We Have Learned from the AIDS Evaluation of Street Outreach Projects: A Summary Document*, Judith B. Greenberg and Mary S. Neumann. Atlanta, GA: U. S. Department of Health and Human Services, Centers for Disease Control and Prevention, 17-28.

Kirchner, Robert A. , Roger Przybylski, and Ruth A. Cardella. 1994. Assessing the Effectiveness of Criminal Justice Programs. Assessment and evaluation handbook series, number 1. Washington, D. C. : U. S. Department of Justice, Office of Justice Programs, Bureau of Justice Assistance.

Kitsuse, John I. , and Aaron V. Cicourel. 1963. "A Note on the Uses of Official Statistics. " *Social Problems* 11: 131-38.

Kounadi, Ourania, Kate Bowers, and Michael Leitner. 2014. "Crime Mapping on-Line: Public Perception of Privacy Issues. " *European Journal on Criminal Policy and Research* (5, June).

Krueger, Richard A. , and Mary Anne Casey. 2000. *Focus Groups: A Practical Guide for Applied Research*. 3rd ed. Thousand Oaks, CA: Sage.

Kreuter, Frauke, Stanley Presser, and Roger Tourangeau. 2008. "Social Desirability Bias in CATI, IVR, and Web Surveys: The Effects of Mode and Question Sensitivity. " *Public Opinion Quarterly* 72: 847-65.

Kubrin, Charis E. , and Ronald Weitzer. 2003. "Retaliatory Homicide: Concentrated Disadvantage and Neighborhood Culture. " *Social Problems* 50 (2): 157-80.

Kuhn, Thomas. 2012. *The Structure of Scientific Revolutions*. Edition no. 4. 50th anniversary edition. Chicago, IL: University of Chicago Press.

Kurti, Marin K. , Klausvon Lampe, and Douglas E. Thompkins. 2013. "The Illegal Cigarette Market in a Socioeconomically Deprived Inner-City Area: The Case of the South Bronx. " *Tobacco Control* 22: 138-40.

Kus Saillard, Elif. 2011. "Systematic Versus Interpretive Analysis with Two CAQDAS Packages: NVivo and MAXQDA. " *Forum: Qualitative Social Research* 12: Art 34, http://nbn-resolving. de/ urn: nbn: de: 0114-fqs1101345.

Kvale, Steinar. 1996. *Interviews: An Introduction to Qualitative Research Interviewing*. Thousand Oaks, CA: Sage Publications.

Lamberth, John. 1998. "Driving While Black: A Statistician Proves That Prejudice Still Rules the Road. " In *Washington Post* 16 August.

Lane, Roger. 1997. *Murder in America: A History*. Columbus, OH: Ohio State University Press.

Lange, James E., Mark B. Johnson, and Robert B. Voas. 2005. "Testing the Racial Profiling Hypothesis for Seemingly Disparate Traffic Stops on the New Jersey Turnpike." *Justice Quarterly* 22 (2): 193-223.

Langton, Lynn. 2011. *Identity Theft Reported by Households, 2005-2010*. Crime Data Brief. Washington, D. C.: U. S. Department of Justice, Office of Justice Programs, Bureau of Justice Statistics.

Langton, Lynn, and Matthew Durose. 2013. *Police Behavior During Traffic and Street Stops, 2011*. Special Report. Washington, D. C.: U. S. Department of Justice, Office of Justice Programs, Bureau of Justice Statistics.

Larson, Richard C. 1975. "What Happened to Patrol Operations in Kansas City? A Review of the Kansas City Preventive Patrol Experiment." *Journal of Criminal Justice* 3: 267-97.

Latané, Bibb, and John M. Darley. 1970. *The Unresponsive Bystander: Why Doesn't He Help?* Englewood Cliffs, NJ: Prentice Hall.

Lauritsen, Janet L., and Robin J. Schaum. 2005. *Crime and Victimization in the Three Largest Metropolitan Areas, 1980-98*. Bureau of Justice Statistics Technical rept. Washington, D. C.: U. S. Department of Justice, Office of Justice Programs, Bureau of Justice Statistics.

Lauritsen, Janet. 2005. "Social and Scientific Influences on the Measurement of Criminal Victimization." *Journal of Quantitative Criminology* 21: 245-66.

Laycock, Gloria. 2002. "Methodological Issues in Working with Policy Advisers and Practitioners." In *Analysis for Crime Prevention*, Nick Tilley (Ed.). Crime prevention studies, vol. 13. Monsey, NY: Criminal Justice Press, 205-37.

Leclerc, Benoit, Richard Wortley, and Stephen Smallbone. 2011. "Getting Into the Script of Adult Child Sex Offenders and Mapping Out Situational Prevention Measures." *Journal of Research in Crime and Delinquency* 48 (2): 209-37.

Leiber, Michael J., and Jayne M. Stairs. 1999. "Race, Contexts, and the Use of Intake Diversion." *Journal of Research in Crime and Delinquency* 36 (1): 56-86.

Lemieux, Andrew M. 2015. "Geotagged Photos: A Useful Tool for Criminological Research?" *Crime Science* 4 (3).

Lemieux, Andrew M., et al. 2014. "Tracking Poachers in Uganda: Spatial Models of Patrol Intensity and Patrol Efficiency." In *Situational Prevention of Poaching*, Andrew M Lemieux (Ed.). Crime prevention studies, vol. 17. London: Routledge, 102-19.

Lempert, Richard O. 1984. "From the Editor." *Law and Society Review* 18: 505-13.

Levine, Robert. 1997. *A Geography of Time: The Temporal Misadventures of a Social Psychologist*. NY: Basic Books.

Levinson, Marc. 2007. *The Box: How the Shipping Container Made the World Smaller and the World Economy Bigger*. Princeton, NJ: Princeton University Press.

Lilly, J. Robert. 2006. "Issues Beyond Empirical EM Reports." *Criminology and Public Policy* 5 (1, February): 93–102.

Lineberry, Robert L. 1977. *American Public Policy*. New York: Harper and Row.

Loeber, Rolf, Magda Stouthamer-Loeber, Welmoetvan Kammen, and David P. Farrington. 1991. "Initiation, Escalation and Desistance in Juvenile Offending and Their Correlates." *Journal of Criminal Law and Criminology* 82 (1): 36–82.

Lofland, John, and Lyn H. Lofland (Eds.). 1995. *Analyzing Social Settings: A Guide to Qualitative Observation and Analysis, Part* 2. 3rd ed. Belmont, CA: Wadsworth.

Lopez, Natalie, and Chris Lukinbeal. 2010. "Comparing Police and Residents' Perceptions of Crime in a Phoenix Neighborhood Using Mental Maps in GIS." *Yearbook of the Association of Pacific Coast Geographers* 72: 33–55.

Lopez, Patricia. 1992. " 'He Said.. She Said..' an Overview of Date Rape from Commission Through Prosecution Through Verdict." *Criminal Justice Journal* 13: 275–302.

Lucia, Sonia, Leslie Herrmann, and Martin Killias. 2007. "How Important Are Interview Methods and Questionnaire Designs in Research on Self-Reported Juvenile Delinquency? An Experimental Comparison of Internet Vs Paper-and-Pencil Questionnaires and Different Definitions of the Reference Period." *Journal of Experimental Criminology* 3: 39–64.

Lynch, James P., and Lynn A. Addington (Eds.). 2007. *Understanding Crime Statistics: Revisiting the Divergence of the NCVS and the UCR*. NY: Cambridge University Press.

Maass, Dave. 2012. "County Misreports Data About Sexual Violence in Juvenile Jails." *San Diego City Beat*, 25 January.

MacKenzie, Doris Layton, Katherine Browning, Stacy B. Skroban, and Douglas A. Smith. 1999. "The Impact of Probation on the Criminal Activities of Offenders." *Journal of Research in Crime and Delinquency* 36 (4): 423–53.

MacKenzie, Doris Layton, James W. Shaw, and Voncile B. Gowdy. 1993. *An Evaluation of Shock Incarceration in Louisiana*. Research in Brief. Washington, D. C.: U. S. Department of Justice, Office of Justice Programs, National Institute of Justice.

Madaleno, Isabel Maria. 2010. "How Do Remote Southern Hemisphere Residents Perceive the World? Mental Maps Drawn by East Timorese and Mozambican Islanders." *Scottish Geographical Journal* 126: 112–36.

Maher, Lisa. 1997. *Sexed Work: Gender, Race, and Resistance in a Brooklyn Drug Market.* Oxford: Clarendon Press.

Maltz, Michael D. 1994. "Deviating from the Mean: The Declining Significance of Significance." *Journal of Research in Crime and Delinquency* 31 (4): 434-63.

Maltz, Michael D. 1999. *Bridging Gaps: Estimating Crime Rates from Police Data.* A discussion paper from the BJS Fellows Program. Washington, D. C.: U. S. Department of Justice, Office of Justice Programs, Bureau of Justice Statistics.

Maltz, Michael D., and Marianne W. Zawitz. 1998. *Displaying Violent Crime Trends Using Estimates from the National Crime Victimization Survey.* Bureau of Justice Statistics Technical rept. Washington, D. C.: U. S. Department of Justice, Office of Justice Programs, Bureau of Justice Statistics, http://bjs.ojp.usdoj.gov/content/pub/pdf/dvctue.pdf.

Maltz, Michael, Andrew C. Gordon, David McDowall, and Richard McCleary. 1980. "An Artifact in Pretest-Posttest Designs: How It Can Mistakenly Make Delinquency Programs Look Effective." *Evaluation Review* 4: 225-40.

Maple, Jack. 1999. *Crime Fighter: Putting the Bad Guys Out of Business.* In collaboration with Chris Mitchell. NY: Doubleday.

Marcus, Anthony, et al. 2012. "Is Child to Adult as Victim Is to Criminal? Social Policy and Street-Based Sex Work in the USA." *Sexuality Research and Social Policy* 9 (2): 153-66.

Marshall, Catherine, and Gretchen B. Rossman. 2006. *Designing Qualitative Research*, 4th ed. Thousand Oaks, CA: Sage.

Marteache, Nerea. 2012. "Deliberative Processes and Attitudes Toward Sex Offenders in Spain." European Journal of Criminology 9: 159-75.

Martin, Elizabeth. 1999. "Who Knows Who Lives Here? Within-Household Disagreements as a Source of Survey Coverage Error." *Public Opinion Quarterly* 63 (2): 220-36.

Marx, Karl. 1880. "Revue Socialist." Reprinted. In *Karl Marx: Selected Writings in Sociology and Social Philosophy*, T. N. Bottomore and Maximilien Rubel (Eds.). NY: McGraw-Hill.

Mastrofski, Stephen D., and R. Richard Ritti. 1999. "Patterns of Community Policing: A View from Newspapers in the United States." COPS Working Paper #2. Washington: U. S. Department of Justice, Office of Community Oriented Policing Services.

Mastrofski, Stephen D., et al. 1998. *Systematic Observation of Public Police: Applying Field Research Methods to Policy Issues.* Research Report. Washington, D. C.: U. S. Department of Justice, Office of Justice Programs, National Institute of Justice.

Matz, David. 2007. "Development and Key Results from the First Two Waves of the Offending Crime and Justice Survey." In *Surveying Crime in the 21st Century*, Mike Hough and Mike

Maxfield (Eds.) . Crime prevention studies, vol. 22. Monsey, NY: Criminal Justice Press, 77 -98.

Maxfield, Michael G. 1987. *Explaining Fear of Crime: Evidence from the* 1984 *British Crime Survey*. Research and Planning Unit Paper 43. London: Home Office.

Maxfield, Michael G. 1989. "Circumstances in Supplementary Homicide Reports: Variety and Validity." *Criminology* 26 (4): 123–55.

Maxfield, Michael G. 1999. "The National Incident-Based Reporting System: Research and Policy Applications." *Journal of Quantitative Criminology* 15 (2, June): 119–49.

Maxfield, Michael G. 2001. *Guide to Frugal Evaluation for Criminal Justice*. Final report to the National Institute of Justice. Washington, D. C.: U. S. Department of Justice, Office of Justice Programs, National Institute of Justice, ww. ncjrs. org/ pdffiles1/nij/187350. pdf.

Maxfield, Michael G., and W. Carsten Andresen. 2004. *Evaluation of New Jersey State Police in-Car Mobile Video Recording System*. Final report to the Office of the Attorney General. Newark, NJ: School of Criminal Justice, Rutgers University.

Maxfield, Michael G., and Terry L. Baumer. 1991. "Electronic Monitoring in Marion County Indiana." Overcrowded Times 2: 5, 17.

Maxfield, Michael G., and Terry L. Baumer. 1992. "Home Detention with Electronic Monitoring: A Nonexperimental Salvage Evaluation." *Evaluation Review* 16 (3): 315–32.

Maxfield, Michael G., and George L. Kelling. 2005. *New Jersey State Police and Stop Data: What Do We Know, What Should We Know, and What Should We Do?* W. Carsten Andresen, Wayne Fisher, William Sousa, and Michael Wagers. Newark, NJ: Police Institute at Rutgers–Newark.

Maxfield, Michael G., Barbara Luntz Weiler, and Cathy Spatz Widom. 2000. "Comparing Self-Reports and Official Records of Arrests." *Journal of Quantitative Criminology* 16 (1, March): 87–110.

Maxfield, Michael G., and Cathy Spatz Widom. 1996. "The Cycle of Violence: Revisited Six Years Later." *Archives of Pediatrics and Adolescent Medicine* 150: 390–95.

Maxfield, Mike, Mike Hough, and Pat Mayhew. 2007. "Surveying Crime in the 21st Century: Summary and Recommendations." In *Surveying Crime in the 21st Century*, Mike Hough and Mike Maxfield (Eds.) . Crime prevention studies, vol. 22. Monsey, NY: Criminal Justice Press, 303–16.

Maxfield, Mike, et al. 2017 (forthcoming) . "Multiple Research Methods for Evidence Generation." In *Advances in Evidence-Based Policing*, Johannes Knutsson and Lisa Tompson (Eds.). Crime Science Series. London: Routledge.

Maxwell, Christopher D. , Joel H. Garner, and Jeffrey A. Fagan. 2001. *The Effects of Arrest on Intimate Partner Violence: New Evidence from the Spouse Assault Replication Program.* Research in Brief. Washington, D. C. : U. S. Department of Justice, Office of Justice Programs, National Institute of Justice.

Maxwell, Joseph A. 2012. *A Realist Approach for Qualitative Research.* Thousand Oaks, CA: Sage Publications.

Maxwell, Joseph A. 2013. *Qualitative Research Design: An Interactive Approach.* 3rd ed. Thousand Oaks, CA: Sage Publications.

Maxwell, Sheila Royo. 1999. "Examining the Congruence Between Predictors of Release-on-Recognizance and Failure to Appear." *Journal of Criminal Justice* 27 (2): 127–41.

Mayhew, Patricia, Ronald V. Clarke, and David Elliott. 1989. "Motorcycle Theft, Helmet Legislation, and Displacement." *Howard Journal* 28 (1): 1–8.

McCahill, Michael, and Clive Norris. 2003. "Estimating the Extent, Sophistication and Legality of CCTV in London." In CCTV, Martin Gill (Ed.) . Leicester: Perpetuity Press.

McCall, George J. 1978. *Observing the Law: Field Methods in the Study of Crime and the Criminal Justice System.* New York: Free Press.

McCleary, Richard. 1992. *Dangerous Men: The Sociology of Parole.* 2nd ed. New York: Harrow and Heston.

McCleary, Richard, Barbara C. Nienstedt, and James M. Erven. 1982. "Uniform Crime Reports as Organizational Outcomes: Three Time Series Experiments." *Social Problems* 29 (4): 361–72.

McDonald, Douglas C. , and Christine Smith. 1989. *Evaluating Drug Control and System Improvement Projects.* Washington, D. C. : U. S. Department of Justice, Office of Justice Programs, National Institute of Justice.

McDowall, David, Colin Loftin, and Brain Wiersema. 2000. "The Impact of Youth Curfew Laws on Juvenile Crime Rates." *Crime and Delinquency* 46 (1): 76–91.

McGarrell, Edmund F. , Steven Chermak, Alexander Weiss, and Jeremy Wilson. 2001. "Reducing Firearms Violence Through Directed Police Patrol." *Criminology and Public Policy* 1 (1): 119–48.

McKenna, Laura, and Antoinette Pole. 2008. "What Do Bloggers Do: An Average Day on an Average Political Blog." *Public Choice* 134 (1–2): 97–108.

Meriam Library. 2010. "Evaluating Information: Applying the CRAAP Test." Web page. Chico, CA: California State University, http://www. csuchico. edu/lins/handouts/eval_ websites. pdf.

Merritt, Nancy, Terry Fain, and Susan Turner. 2006. "Oregon's Get Tough Sentencing Reform: A Lesson in Justice System Adaptation." *Criminology and Public Policy* 5 (1, February-March): 5-36.

Mertens, Donna M., and Pauline E. Ginsberg (Eds.). 2008. *The Handbook of Social Research Ethics*. Thousand Oaks, CA: Sage.

Mesch, Gustavo S., and Gideon Fishman. 1999. "Entering the System: Ethnic Differences in Closing Criminal Files in Israel." *Journal of Research in Crime and Delinquency* 36 (2): 175-93.

Messerschmidt, James W. 1993. *Masculinities and Crime*. Baltimore, MD: Rowman and Littlefield.

METRAC. 2010. *York University Safety Audit: Lea ding the Way to Personal and Community Safety*. Toronto, Ontario: Metropolitan Action Committee on Violence against Women and Children. METRAC.

Mieczkowski, Thomas M. 1996. "The Prevalence of Drug Use in the United States." In *Crime and Justice: An Annual Review of Research*, Michael Tonry (Ed.). Chicago, IL: University of Chicago Press, 349-414.

Miles, Matthew B., A. Michael Huberman, and Johnny Saldaña. 2014. *Qualitative Data Analysis: A Methods Sourcebook*. 3rd ed. Thousand Oaks, CA: Sage Publications.

Milgram, Lester. 1965. "Some Conditions of Obedience to Authority." *Human Relations* 18: 57-76.

Mirrlees-Black, Catriona. 1995. "Estimating the Extent of Domestic Violence: Findings from the 1992 BCS." *Research Bulletin* 37: 1-9.

Mirrlees-Black, Catriona. 1999. *Domestic Violence: Findings from a New British Crime Survey Self-Completion Questionnaire*. Home Office Research Study. London: Home Office Research, Development, and Statistics Directorate.

Mitford, Jessica. 1973. *Kind and Usual Punishment: The Prison Business*. New York: Random House.

Monahan, John, et al. 1993. "Ethical and Legal Duties in Conducting Research on Violence: Lessons from the MacArthur Risk Assessment Study." *Violence and Victims* 8 (4): 387-96.

Mooney, Stephen J., et al. 2014. "Validity of an Ecometric Neighborhood Physical Disorder Measure Constructed by Virtual Street Audir." *American Journal of Epidemiology* 180: (626-35).

Moskos, Peter. 2009. Cop in the Hood. Princeton: Princeton University Press.

Mott, Joy, and Catriona Mirrlees-Black. 1995. *Self-Reported Drug Misuse in England and Wales: Findings from the 1992 British Crime Survey*. Research and Planning Unit Paper 89. London: Home Office.

Murray, Charles A., and L. A. Cox. 1979. *Beyond Probation: Juvenile Corrections and the Chronic Delinquent*. Thousand Oaks, CA: Sage.

Nagin, Daniel S., and David Weisburd. 2013. "Evidence and Public Policy: The Example of Evaluation Research in Policing." *Criminology and Public Policy* 12: 651–79.

National Commission for the Protection of Human Subjects of Biomedical and Behavioral Research. 1979. *The Belmont Report: Ethical Principles and Guidelines for the Protection of Human Subjects of Research*. Washington, D. C.: U. S. Department of Health, Education, and Welfare.

National Consortium for the Study of Terrorism and Responses to Terrorism (START). 2016a. *Annex of Statistical Information, Country Reports on Terrorism*, 2015. College Park, MD: National Consortium for the Study of Terrorism and Responses to Terrorism (START), Website, https://www.start.umd.edu/gtd.

National Consortium for the Study of Terrorism and Responses to Terrorism (START). 2016b. *Global Terrorism Database Codebook: Inclusion Criteria and Variables*. College Park, MD: National Consortium for the Study of Terrorism and Responses to Terrorism (START), Website, https://www.start.umd.edu/gtd.

National Institute of Justice. 2016. *Solicitation: Research and Evaluation in Support of the Recommendations of the President's Task Force on 21st Century Policing*. Washington, D. C.: U. S. Department of Justice, Office of Justice Programs, National Institute of Justice, http://nij.gov/funding/Documents/solicitations/NIJ-2016-9095.pdf.

National Research Council. 1996. *The Evaluation of Forensic DNA Evidence*. Washington, D. C.: National Academy Press.

National Research Council. 2001. *Informing America's Policy on Illegal Drugs: What We Don't Know Keeps Hurting Us*. Committee on Data and Research for Policy on Illegal Drugs. Charles F. Manski, John V. Pepper, and Carol V. Petrie (Eds.). Washington, D. C.: National Academy Press.

National Research Council. 2007. *Parole, Desistance from Crime, and Community Integration. Committee on Community Supervision and Desistance from Crime. Committee on Law and Justice, Division of Behavioral and Social Sciences*. Washington, D. C.: National Academy Press.

National Research Council. 2008. *Surveying Victims: Options for Conducting the National Crime Victimization Survey*. Panel to review the programs of the Bureau of Justice Statistics. Committee on National Statistics and Committee on Law and Justice, Division of Behavioral and Social Sciences. Robert M. Groves and David L. Cork (Eds.). Washington, D. C.: National Academy Press.

National Research Council. 2009. *Strengthening Forensic Science in the United States: A Path*

Forward. Washington, D. C. : National Academy Press.

Navgorodoff, Danica. 2010. *I Got Arrested! Now What?* Comic book. Youth Justice Board Center for Court Innovation. Brooklyn, NY: Center for Urban Pedagogy, Making Public Policy, http://welcometocup. org/Store? product_ id = 14.

Nellis, Mike. 2006. "Surveillance, Rehabilitation, and Electronic Monitoring: Getting the Issues Clear." *Criminology and Public Policy* 5 (1, February): 103–08.

New York City Transit. 2006. "Police Department." Supplementary Tables. In *Subways*. New York: Metropolitan Transit Authority, http://www. mta. nyc. ny. us/nyct/facts/ffsubway. htm.

Newman, Oscar. 1972. *Defensible Space*. New York: Macmillan.

Newman, Oscar. 1996. *Creating Defensible Space*. Washington, D. C. : U. S. Department of Housing and Urban Development, Office of Policy Development and Research.

Office for National Statistics. 2015. *User Guide to Crime Statistics for England and Wales*. London: Office for National Statistics.

Office of National Drug Control Policy. 2014. *ADAM II 2013 Annual Report Arrestee Drug Abuse Monitoring Program II*. Research rept. Washington, D. C. : Office of National Drug Control Policy, Executive Office of the President, Accessed 20 December 2016 https: //www. whitehouse. gov/ sites/ default/files/ondcp/policy-and-research/adam_ ii_ 2013 _ annual_ report. pdf.

Ostermann, Michael, Laura M. Salerno, and Jordan M. Hyatt. 2015. "How Different Operationalizations of Recidivism Impact Conclusions of Effectiveness of Parole Supervision." *Journal of Research in Crime and Delinquency* 52 (6): 771–96.

Overall, Chris, Shalendra Singh, and Bhekekhya Gcina. 2008. "Crime Mapping and Analysis: Filling the Gaps." *PositionIT*, May–June, 37–40.

Painter, Kate. 1996. "The Influence of Street Lighting Improvements on Crime, Fear and Pedestrian Street Use After Dark." *Landscape and Urban Planning* 35 (2–3): 193–201.

Park, Robert E. , and Ernest W. Burgess. 1921. Introduction to the Science of Sociology. Chicago, IL: University of Chicago Press.

Parks, Sharyn E. , Linda L. Johnson, Dawn D. McDaniel, and Matthew Gladden. 2014. "Surveillance for Violent Deaths-National Violent Death Reporting System, 16 States, 2010." *Morbidity and Mortality Weekly Report* 63 (1): 2–33.

Paternoster, Raymond, Jean Marie McGloin, Holly Nguyen, and Kyle J. Thomas. 2013. "The Causal Impact of Exposure to Deviant Peers: An Experimental Investigation." *Journal of Research in Crime and Delinquency* 50 (4): 476–503.

Paterson, Barbara L. , David Gregory, and Sally Thorne. 1999. "A Protocol for Researcher Safety." *Qualitative Health Research* 9 (2): 259–69.

Patton, Michael Quinn. 2002. *Qualitative Research and Evaluation Methods*. 3rd ed. Thousand Oaks, CA: Sage Publications.

Pawson, Ray, and Nick Tilley. 1997. *Realistic Evaluation*. Thousand Oaks, CA: Sage.

Pease, Ken. 1998. *Repeat Victimisation: Taking Stock. Crime Prevention and Detection Series, paper 90*. London: Police Research Group, Home Office Police Department.

Perrin, Andrew, and Maeve Duggan. 2016. *American's Internet Access: 2000–2015*. Washington, D. C.: Pew Research Center, http://www. pewinternet. org/2015/06/26/americans – internet – access –2000–2015/.

Perrone, Dina. 2009. *The High Life: Club Kids, Harm and Drug Policy*. Qualicative Studies in Crime and Justice. Monsey, NY: Criminal Justice Press.

Perrone, Dina. 2010. "Gender and Sexuality in the Field: A Female Ethnographer's Experience Researching Drug Use in Dance Clubs." *Substance Use and Misuse* 45: 717–35.

Petersilia, Joan. 1989. "Implementing Randomized Experiments: Lessons from BJA's Intensive Supervision Project." *Evaluation Review* 13: 435–58.

Petersilia, Joan, and Susan Turner. 1991. "An Evaluation of Intensive Supervision in California." *Journal of Criminal Law and Criminology* 82: 610–58.

Petrossian, Gohar, and Ronald V. Clarke. 2012. *Export of Stolen Vehicles Across Land Borders*. Problem-Oriented Guides for Police, no. 63. Washington, D. C.: U. S. Department of Justice, Office of Community Oriented Policing Services.

Pew Research Center. 2012. *Assessing the Representativeness of Public Opinion Surveys*. Washington, D. C.: Pew Research Center, http: //www. pewinternet. org/2015/0 6/2 6/americans –internet–access–2000–2015/.

Pickrell, Timothy M., and Ronald Li. 2016. *Seat Belt Use in 2015: Overall Results*. Research note (DOT HS 812 243). Washington, D. C.: U. S. Department of Transportation, National Highway Traffic Safety Administration, National Center for Statistics and Analysis.

Piquero, Alex R., Carol A. Schubert, and Robert Brame. 2014. "Comparing Official and Self-Report Records of Offending Across Gender and Race/Ethnicity in a Longitudinal Study of Serious Youthful Offenders." *Journal of Research in Crime and Delinquency* 51: 526–56.

Piza, Eric L., and Victoria A. Sytsma. 2016. "Exploring the Defensive Actions of Drug Sellers in Open Air Markets: A Systematic Social Observation." *Journal of Research in Crime and Delinquency* 53 (a): 36–65.

Planty, Michael, and Kevin J. Strom. 2007. "Understanding the Role of Repeat Victims in the Production of Annual US Victimization Rates." *Journal of Quantitative Criminology* 23: 179–200.

Plouffe, Nanci, and Rana Sampson. 2004. "Auto Theft and Theft from Autos in Parking Lots in Chula Vista, CA: Crime Analysis for Local and Regional Action." In *Understanding and Preventing Car Theft*, Michael G. Maxfield and Ronald V. Clarke (Eds.). Crime prevention studies, vol. 17. Monsey, NY: Criminal Justice Press, 147–71.

Poklemba, John J. 1988. *Measurement Issues in Prison and Jail Overcrowding*. Albany, NY: New York Division of Criminal Justice Services, Criminal Justice Information Systems Improvement Program.

Pollock, Jocelyn M. 2012. *Ethics in Crime and Justice: Dilemmas and Decisions*. 7th ed. Belmont, CA: Cengage Learning.

Popper, Nathaniel. 2016. "As Marijuana Sales Grow, Start-Ups Step in for Wary Banks." *New York Times*, 17 February, B1.

Posavec, Emil J., and Raymond G. Carey. 2002. *Program Evaluation: Methods and Case Studies*. 6th ed. Englewood Cliffs, NJ: Prentice Hall.

Pösö, Tarja, Päivi Honkatukia, and Leo Nyqvist. 2008. "Focus Groups and the Study of Violence." *Qualitative Research* 8: 73–89.

President's Commission on Law Enforcement and Administration of Justice. 1967. *The Challenge of Crime in a Free Society*. Washington, D. C.: U. S. Government Printing Office.

Pudney, Stephen. 2002. *The Road to Ruin? Sequences of Initiation Into Drug Use and Offending by Young People in Britain*. Home Office Research Study, 253. London: Her Majesty's Stationery Office, hccp: //www. crimereduccion. gov. uk/drugsaicohoi62. hcm.

Puzzanchera, Charles. 2014. *Juvenile Arrests 2012*. Juvenile offenders and victims national report. Washington, D. C.: U. S. Department of Justice, Office of Justice Programs, Office of Juvenile Justice and Delinquency Prevention.

Quade, Edward S. 1989. *Policy Analysis for Public Decisions*. 3rd ed. Rev. Grace M. Carter. New York: North-Holland.

Quinn, James W., et al. 2016. "Neighborhood Physical Disorder in New York City." *Journal of Maps* 12 (1): 53–60.

Ragin, Charles C. 2000. *Fuzzy-Set Social Science*. Chicago: University of Chicago Press.

Ramirez, Deborah, Jack McDevitt, and Amy Farrell. 2000. *A Resource Guide on Racial Profiling Data Collection Systems: Promising Practices and Lessons Learned*. Washington, D. C.: U. S. Department of Justice, Office of Justice Programs, National Institute of Justice and Bureau of Justice Assistance.

Ramsay, Malcolm, and Sarah Partridge. 1999. *Drug Misuse Declared in* 1998: *Results from the British Crime Survey*. Home Office Research Study, 197. London: Her Majesty's Stationery Office.

Ramsay, Malcolm, et al. 2001. *Drug Misuse Declared in 2000: Results from the British Crime*

Survey. Home Office Research Study, 224. London: Her Majesty's Stationery Office.

Rand, Michael R., and Callie M. Rennison. 2005. "Bigger is not Necessarily Better: An Analysis of Violence Against Women Estimates from the National Crime Victimization Survey and the National Violence Against Women Survey." *Journal of Quantitative Criminology* 21 (3): 267-91.

Rasinski, Kenneth A. 1989. "The Effect of Question Wording on Public Support for Government Spending." *Public Opinion Quarterly* 53: 388-94.

Ratcliffe, Jerry H., et al. 2011. "The Philadelphia Foot Patrol Experiment: A Randomized Controlled Trial of Police Patrol Effectiveness in Violent Crime Hotspots." *Criminology* 49 (3): 795-831.

Ratcliffe, Jerry. 2014. "Towards an Index for Harm-Focused Policing." *Policing* 9: 164-82.

Al-Rawi, Ahmed. 2016. "Video Games, Terrorism, and ISISD's Jihad 3.0." *Terrorism and Political Violence Pre-publication online*, http://dx.doi.org/10.1080/09546553.2016.1207633.

Rebellon, Cesar J., and Karen Van Gundy. 2005. "Can Control Theory Explain the Link Between Parental Physical Abuse and Delinquency? A Longitudinal Analysis." *Journal of Research in Crime and Delinquency* 42 (3): 247-74.

Rennison, Callie Marie. 2002. *Rape and Sexual Assault: Reporting to Police and Medical Attention, 1992 - 2000*. Bureau of Justice Statistics Selected Findings. Washington, D.C.: U.S. Department of Justice, Office of Justice Programs, Bureau of Justice Statistics.

Reuter, Peter, Robert MacCoun, and Patrick Murphy. 1990. *Money from Crime: A Study of the Economics of Drug Dealing in Washington, D.C.* Santa Monica, CA: Rand.

Reynald, Danielle. 2011. "Factors Associated with the Guardianship of Places: Assessing the Relative Importance of the Spatio-Physical and Sociodemographic Contexts in Generating Opportunities for Capable Guardianship." *Journal of Research in Crime and Delinquency* 48: 110-42.

Reynolds, Paul D. 1979. *Ethical Dilemmas and Social Science Research*. San Francisco, CA: Jossey-Bass.

Rich, Thomas F. 1999. "Mapping the Path to Problem Solving." *National Institute of Justice Journal* (October): 2-9.

Risler, Edwin A., Tim Sweatman, and Larry Nackerud. 1998. "Evaluating the Georgia Legislative Waiver's Effectiveness in Deterring Juvenile Crime." *Research on Social Work Practice* 8: 657-67.

Robb, Paul, Timothy Coupe, and Barak Ariel. 2015. " 'Solvability' and Detection of Metal Theft on Railway Property." *European Journal on Criminal Policy and Research* 21: 463-84.

Robers, Simone, et al. 2014. *Indicators of School Crime and Safety: 2014.* (NCES 2014-042/NCJ 243299). Washington, D.C.: National Center for Education Statistics,

U. S. Department of Education, and Bureau of Justice Statistics, Office of Justice Programs, U. S. Department of Justice.

Roberts, Aki, and Steven Block. 2012. "Explaining Temporary and Permanent Motor Vehicle Theft Rates in the United States: A Crime-Specific Approach." *Journal of Research in Crime and Delinquency* 50 (3): 445 -71.

Roberts, James C. 2002. *Serving Up Trouble in the Barroom Environment.* Unpublished Ph. D. dissertation, Rutgers University School of Criminal Justice. Newark, NJ: School of Criminal Justice, Rutgers University.

Roberts, James C. 2007. "Barroom Aggression in Hoboken, New Jersey: Don't Blame the Bouncers." *Journal of Drug Education* 37 (4): 429-45.

Roberts, Jennifer, et al. 2005. "A Test of Two Models of Recall for Violent Events." *Journal of Quantitative Criminology* 21 (2): 175-93.

Roethlisberger, Fritz J., and William J. Dickson. 1939. *Management and the Worker. Cambridge*, MA: Harvard University Press.

Roman, John, and Graham Farrell. 2002. "Cost-Benefit Analysis for Crime Prevention: Opportunity Costs, Routine Savings, and Crime Externalities." In *Evaluation for Crime Prevention.* Vol. 14, Nick Tilley (Ed.). Crime Prevention Studies. Monsey, NY: Criminal Justice Press, 53-92.

Rosenfeld, Richard, Timothy M. Bray, and Arlen Egley. 1999. "Facilitating Violence: A Comparison of Gang-Motivated, Gang-Affiliated, and Nongang Youth Homicides." *Journal of Quantitative Criminology* 15 (4): 495-516.

Rossi, Peter H., Howard E. Freeman, and Mark W. Lipsey. 1999. *Evaluation: A Systematic Approach.* 6th ed. Thousand Oaks, CA: Sage.

Roth, Andrea. 2010. "Database-Driven Investigations: The Promise—and Peril—of Using Forensics to Solve 'NoSuspect' Cases." *Criminology and Public Policy* 9 (2): 421-28.

Rubin, Herbert J., and Irene S. Rubin. 2011. 3rd ed. *Qualitative Interviewing: The Art of Hearing.* Thousand Oaks, CA: Sage Publications.

Ryan, GeryW., and H. Russell Bernard. 2003. "Techniques to Identify Themes." *Field Methods* 15 (1): 85-109.

Sampson, Robert J., and John H. Laub. 1993. *Crime in the Making: Pathways and Turning Points Through Life.* Cambridge, MA: Harvard University Press.

Sampson, Robert J., and Stephen W. Raudenbush. 1999. "Systematic Social Observation of Public Spaces: A New Look at Disorder in Urban Neighborhoods." *American Journal of Sociology* 105 (3, November): 603-51.

Sanders, Teela. 2001. " Female Street Sex Workers, Sexual Violence, and Protection Strategies." *Journal of Sexual Aggression* 7: 5-8.

Santos, Rachel Boba. 2012. *Crime Analysis with Crime Mapping*. 3rd ed. Thousand Oaks, CA: Sage.

Sauer, Carl. 1925. "The Morphology of Landscape." *University of California Publications in Geography* 2: 19-54.

Schuck, Amie M., and Cathy Spatz Widom. 2001. "Childhood Victimization and Alcohol Symptoms in Females: Causal Inferences and Hypothesized Mediators." *Child Abuse and Neglect* 25 (8): 1069-92.

Seidman, David, and Michael Couzens. 1974. "Getting the Crime Rate Down: Political Pressure and Crime Reporting." *Law and Society Review* 8 (3): 457-93.

Semaan, Salaam, Jennifer Lauby, and Jon Liebman. 2002. "Street and Network Sampling in Evaluation Studies of HIV Risk-Reduction Interventions." *AIDS Reviews* 4: 213-23.

Shadish, William R., Thomas D. Cook, and Donald T. Campbell. 2002. *Experimental and Quasi-Experimental Designs for Generalized Causal Inference*. Boston: Houghton Mifflin.

Shane, Jon. 2012. *Abandoned Buildings and Lots*. Problem-Oriented Guides for Police, no. 64. Washington, D. C.: U. S. Department of Justice, Office of Community Oriented Policing Services.

Shaw, Clifford R., and Henry D. McKay. 1969. *Juvenile Delinquency and Urban Areas*. Rev. ed. Chicago, IL: University of Chicago Press.

Shearing, Clifford D., and Phillip C. Stenning. 1992. "From the Panopticon to Disney World: The Development of Discipline." In *Situational Crime Prevention: Successful Case Studies*, Ronald V. Clarke (Ed.). New York: Harrow and Heston, 249-55.

Sheehan, Ivan Sadcha. 2011. "Assessing and Comparing Data Sources for Terrorism Research." Chapter 17. In *Evidence-Based Counterterrorism Policy*, Cynthia Lum and Leslie W. Kennedy (Eds.). NY: Springer.

Sheehan, Kim Bartel, and Matthew Pittman. 2016. *Amazon's Mechanical Turk for Academics: The HIT Handbook for Social Science Research*. 7th ed. Irvine, CA: Melvin & Leigh.

Sherman, Lawrence W. 1992a. "The Influence of Criminology on Criminal Law: Evaluating Arrests for Misdemeanor Domestic Violence." *Journal of Criminal Law and Criminology* 83: 1-45.

Sherman, Lawrence W. 1992b. *Policing Domestic Violence: Experiments and Dilemmas*. New York: Free Press.

Sherman, Lawrence W., and Richard A. Berk. 1984. *The Minneapolis Domestic Violence Experiment*. Washington, D. C.: Police Foundation.

Sherman, Lawrence W., and Ellen G. Cohn 1989. "The Impact of Research on Legal Policy: The Minneapolis Domestic Violence Experiment." *Law and Society Review* 23 (1): 117-44.

Sherman, Lawrence W., Patrick R. Gartin, and Michael E. Buerger. 1989. "Hot Spots of Predatory Crime: Routine Activity and the Criminology of Place." *Criminology* 27: 27-55.

Sherman. Lawrence W., and Heather M. Harris. 2013. "Increased Homicide Victimization of Suspects Arrested for Domestic Assault: A 23-Year Follow-Up of the Milwaukee Domestic Violence Experiment (MilDVE)." *Journal of Experimental Criminology* 9: 419-514.

Sherman. Lawrence W., and Heather M. Harris. 2015. "Increased Death Rates of Domestic Violence Victims from Arresting Vs. Warning Suspects in the Milwaukee Domestic Violence Experiment (MilDVE)." *Journal of Experimental Criminology* 11: 1-20.

Sherman, Lawrence W., and Dennis P. Rogan. 1995. "Effects of Gun Seizures on Gun Violence: 'Hot Spots' Patrol in Kansas City." *Justice Quarterly* 12 (4): 673-94.

Sherman, Lawrence W., and David Weisburd. 1995. "General Deterrent Effects of Police Patrol in Crime 'Hot Spots': A Randomized, Controlled Trial." *Justice Quarterly* 12: 625-48.

Sherman, Lawrence W., et al. 1992. "The Variable Effects of Arrest on Criminal Careers: The Milwaukee Domestic Violence Experiment." *Journal of Criminal Law and Criminology* 83: 137-69.

Shweder, Richard A. 2006. "Protecting Human Subjects and Preserving Academic Freedom." *American Ethnologist* 33 (4, November): 507-18.

Sieber, Joan E. 2001. *Summary of Human Subjects Protection Issues Related to Large Sample Surveys*. Washington, D. C.: U. S. Department of Justice, Office of Justice Programs, Bureau of Justice Statistics.

Silberman, Charles. 1978. *Criminal Violence, Criminal Justice*. New York: Random House.

Silbert, Mimi H., and Ayala M. Pines. 1981. "Occupational Hazards of Street Prostitutes." *Justice and Behavior* 8: 395-99.

Silverman, Eli B. 1999. *NYPD Battles Crime: Innovative Strategies in Policing*. Boston: Northeastern University Press.

Sinauer, Nancy, et al. 1999. "Comparisons Among Female Homicides Occurring in Rural, Intermediate, and Urban Counties in North Carolina." *Homicide Studies* 3 (2): 107-28.

Singleton, Royce A., Jr., and Bruce C. Straits. 2010. *Approaches to Social Research*. 5th ed. New York: Oxford University Press.

Skogan, Wesley G. 1974. "The Validity of Official Crime Statistics: An Empirical Investigation." *Social Science Quarterly* 55: 25-38.

Skogan, Wesley G. 1985. *Evaluating Neighborhood Crime Prevention Programs*. The Hague,

Netherlands: Ministry of Justice, Research and Documentation Centre.

Skogan, Wesley G. 1988. "Community Organizations and Crime." In *Crime and Justice: An Annual Review of Research*, Michael Tonry and Norval Morris (Eds.). Chicago, IL: University of Chicago Press, 39-78.

Skogan, Wesley G. 1990. *Disorder and Decline: Crime and the Spiral of Decay in American Neighborhoods*. New York: Free Press.

Skogan, Wesley G. 2007. "Survey Assessments of Police Performance." In *Surveying Crime in the 21st Century*, Mike Hough and Mike Maxfield (Eds.). Crime prevention studies, vol. 22. Monsey, NY: Criminal Justice Press, 165-81.

Skogan, Wesley G., Susan M. Hartnett, Natalie Bump, and Jill Dubois. 2008. *Evaluation of Cease Fire-Chicago*. Assisted by Ryan Hollon and Danielle Morris. Evanston, IL: Center for Policy Research, Northwestern University, http://www.northwestern.edu/ipr/publications/ceasefire.Html.

Skogan, Wesley G., and Michael G. Maxfield. 1981. *Coping with Crime: Individual and Neighborhood Reactions*. Thousand Oaks, CA: Sage.

Smith, Brian T., and Ronald V. Clarke. 2015. "Shoplifting of Everyday Products That Serve Illicit Drug Use." *Journal of Research in Crime and Delinquency* 52 (2): 245-69.

Smith, Steven K., Greg W. Steadman, Todd D. Minton, and Meg Townsend. 1999. *Criminal Victimization and Perceptions of Community Safety in 12 Cities*, 1998. Washington, D.C.: U.S. Department of Justice, Office of Justice Programs, Bureau of Justice Statistics and Office of Community Oriented Police Services.

Smith, William R., et al. 2003. *The North Carolina Highway Traffic Study*. Final report to the National Institute of Justice. With Harvey McMurray and C. Robert Fenlon. Raleigh, NC: North Carolina State University.

Snyder, Howard N. 2000. *Sexual Assault of Young Children as Reported to Law Enforcement: Victim, Incident, and Offender Characteristics*. NIBRS Statistical Report. Washington, D.C.: U.S. Department of Justice, Office of Justice Programs, Bureau of Justice Statistics.

Sommers, Samuel R., et al. 2006. "Race and Media Coverage of Hurricane Katrina: Analysis, Implications, and Future Research Questions." *Analyses of Social Issues and Public Policy* 6: 39-55.

Spergel, Irving A. 1990. "Youth Gangs: Continuity and Change." In *Crime and Justice: An Annual Review of Research*, Norval Morris and Michael Tonry (Eds.). Chicago, IL: University of Chicago Press, 171-275.

Spohn, Cassia. 1990. "The Sentencing Decisions of Black and White Judges: Expected and Unexpected Similarities." *Law and Society Review* 24 (5): 1197-216.

Spradley, James P. 1979. The Ethnographic Interview. NY: Holt, Rinehart, and Winston.

Steenbeek, Wouter, Beate Volker, Henk Flap, and Frank van Oort. 2012. "Local Businesses as Attractors or Preventers of Neighborhood Disorder." *Journal of Research in Crime and Delinquency* 49: 213–48.

Stolnici, Constantin B., and Octavian Buda. 2012. "An Unclear Political Assassination: Barbu Catargiu, 1862." *Romanian Journal of Forensic Science* 79 (1): 907–11.

Straus, Murray A. 1999. "The Controversy Over Domestic Violence by Women: A Methodological, Theoretical, and Sociology of Science Analysis." In *Violence in Intimate Relationships*, Ximena Arriaga and Stuart Oskamp (Eds.). Thousand Oaks, CA: Sage Publications, 17–44.

Strauss, Anselm, and Juliet Corbin. 1994. "Grounded Theory Methodology: An Overview." In *Handbook of Qualitative Research*, Norman K. Denzin and Yvonne S. Lincoln (Eds.). Thousand Oaks, CA: Sage Publications.

Strom, Kevin J., and Matthew R. Durose. 2000. *Traffic Stop Data Collection Policies for State Police*, 1999. Fact Sheet. Washington, D. C.: U. S. Department of Justice, Office of Justice Programs, Bureau of Justice Statistics.

Substance Abuse and Mental Health Services Administration. 2011. *Drug Abuse Warning Network*, 2009: *National Estimates of Drug-Related Emergency Department Visits*. DAWN Series D-35, Publication No. SMA 11-4659. Rockville, MD: U. S. Department of Health and Human Services, Substance Abuse and Mental Health Services Administration, Office of Applied Studies, http://DAWNinfo. samhsa. gov.

Surette, Ray. 2006. *Media, Crime, and Justice: Images, Realities and Policies*. 3rd ed. Belmont, CA: Wadsworth.

Sutterlüty, Ferdinand. 2007. "The Genesis of Violent Careers." *Ethnography* 8: 267–96.

Sutton, Mike. 2007. "Improving National Crime Surveys with a Focus on Fraud, High-Tech Crimes, and Stolen Goods." In *Surveying Crime in the 21st Century*, Mike Hough and Mike Maxfield (Eds.). Crime prevention studies, vol. 22. Monsey, NY: Criminal Justice Press, 243–62.

Taxman, Faye S., and Lori Elis. 1999. "Expediting Court Dispositions: Quick Results, Uncertain Outcomes." *Journal of Research in Crime and Delinquency* 36 (1): 30–55.

Taylor, Ralph B. 1999. *Crime, Grime, Fear, and Decline: A Longitudinal Look*. Research in Brief. Washington, D. C.: U. S. Department of Justice, Office of Justice Programs, National Institute of Justice.

Taylor, Ralph B., Sally A. Shumaker, and Stephen D. Gottfredson. 1985. "Neighborhood-Level Links Between Physical Features and Local Sentiments." *Journal of Architectural Planning and Research* 2: 261–75.

Thompson, Kimberly M. , and Kevin Haninger. 2001. "Violence in E-Rated Video Games." *Journal of the American Medical Association* 286 (5, 1 August): 591–98.

Thompson, Steven K. 1997. *Adaptive Sampling in Behavioral Surveys*. NIDA Monograph no. 167. Bethesda, MD: U. S. Department of Health and Human Services, National Institute of Drug Abuse.

Thornberry, Terence P. , and Marvin D. Krohn. 2000. "The Self Report Method for Measuring Delinquency and Crime." In *Measurement and Analysis of Crime and Justice*. Vol. 4, David Duffee (Ed.) . Criminal Justice 2000 Vol. 4. Washington, D. C. : U. S. Department of Justice, Office of Justice Programs, National Institute of Justice, 33–83.

Tilley, Nick. 2000. "The Evaluation Jungle." In *Secure Foundations: Key Issues in Crime Prevention, Crime Reduction and Public Safety*, Scott Ballintyne, Ken Pease, and Vic McLaren (Eds.) . London: Institute for Public Policy Research, 115–30.

Tilley, Nick, and Gloria Laycock. 2002. *Working Out What to Do: Evidence-Based Crime Reduction*. Crime Reduction Research Series, paper 11. London: Home Office, Policing and Reducing Crime Unit, Research, Development and Statistics Directorate.

Tillyer, Marie Skubak, and Emily M. Wright. 2014. "Intimate Partner Violence and the Victim-Offender Overlap." *Journal of Research in Crime and Delinquency* 51 (1): 29–55.

Tjaden, Patricia, and Nancy Thoennes. 2000. *Extent, Nature, and Consequences of Intimate Partner Violence*. Findings from the National Violence Against Women Survey. Research Report. Washington, D. C. : U. S. Department of Justice, Office of Justice Programs, National Institute of Justice.

Townsley, Michael, Ross Homel, and Janet Chaseling. 2003. "Infectious Burglaries: A Test of the Near Repeat Hypothesis." *British Journal of Criminology* 43: 615–33.

Townsley, Michael, and Ken Pease. 2002. "Hot Spots and Cold Comfort: The Importance of Having a Working Thermometer." In *Analysis for Crime Prevention*, Nick Tilley (Ed.) . Crime prevention studies, vol. 13. Monsey, NY: Criminal Justice Press, 59–69.

Truman, Jennifer L. , and Lynn Langton. 2015. *Criminal Victimization*, 2014. Washington, D. C. : U. S. Department of Justice, Office of Justice Programs, Bureau of Justice Statistics, http://www.bjs.ojp.usdoj.gov/content/pub/pdf/cv12.pdf.

Truman, Jennifer L. , and Rachel E. Morgan. 2014. *Nonfatal Domestic Violence*, 2003 – 2012. BJS Special Report. Washington, D. C. : U. S. Department of Justice, Office of Justice Programs, Bureau of Justice Statistics.

United States Bureau of the Census. 1992. *Statistical Abstract of the United States*. Washington, D. C. : U. S. Government Printing Office.

United States Bureau of the Census. 1994. *Technical Background on the Redesigned National Crime Victimization Survey*. Washington, D. C. : U. S. Department of Justice, Office of Justice Programs, Bureau of Justice Statistics.

United States Census Bureau. 2005. *Estimated Daytime Population and Employment-Residence Ratios: 2000*. PHC-T-40. Washington, D. C. : U. S. Bureau of the Census, http://www. census. gov/ population/www/socdemo/daytime/daytimepop. html.

United States Census Bureau. 2012. *National Crime Victimization Survey: CAPI Interviewing Manual for Field Representatives*. NCVS-550 (12/2012) . Washington, D. C. : U. S. Bureau of the Census.

United States Department of Justice. 2003. *The Nation's Two Crime Measures*. Washington, D. C. : U. S. Department of Justice, NCJ-122705.

United States Department of State. 2016. *Country Reports on Terrorism 2015*. Washington, D. C. : U. S. Department of State, Bureau of Counterterrorism and Countering Violent Extremism, Website, http://www. state. gov/_ j/ct/rls/crt/2015/ index. htm.

United States Sentencing Commission. 2014. *Amendments to the Sentencing Guidelines*. Washington, D. C. : U. S. Sentencing Commission.

Valdimarsdottir, Margret, and Gunnar Bernburg. 2015. "Community Disadvantage, Parental Network, and Commitment to Social Norms: Multilevel Study of Self-Reported Delinquency in Iceland." *Journal of Research on Crime and Delinquency* 52: 213-44.

Van Kirk, Marvin. 1977. *Response Time Analysis*. Washington, D. C. : U. S. Department of Justice, National Institute of Law Enforcement and Administration of Justice.

Varano, Sean P. , Joseph A. Schafer, Jeffrey Michael Cancino, and Marc L. Swatt. 2009. "Constructing Crime: Neighborhood Characteristics and Police Recording Behavior." *Journal of Criminal Justice* 37: 553-63.

Venkatesh, Sudhir. 2006. *Off the Books: The Underground Economy of the Urban Poor*. Cambridge, MA: Harvard University Press.

Venkatesh, Sudhir. 2011. "How Tech Tools Transformed New York's Sex Trade." *Wired* 19. 02 (January) .

La Vigne, Nancy G. , Sara Debus-Sherrill, Diana Brazzell, and P. Mitchell Downey. 2011. *Preventing Violence and Sexual Assault in Jail: A Situational Crime Prevention Approach*. Washington, D. C. : Urban Institute, Justice Policy Center.

Voas, Robert B. , Eduardo Romano, and Raymond Peck. 2009. "Validity of Surrogate Measures of Alcohol Involvement When Applied to Nonfatal Crashes." *Accident Analysis and Prevention* 41: 522-30.

Walker, Samuel. 1994. *Sense and Nonsense About Crime and Drugs: A Policy Guide*. 3rd ed. Belmont, CA: Wadsworth.

Wallace, Aurora. 2009. "Mapping City Crime and the New Aesthetic of Danger." *Journal of Visual Culture* 8: 5–24.

Walsh, Christine A., et al. 2008. "Measurement of Victimization in Adolescence: Development and Validation of the Childhood Experiences of Violence Questionnaire." *Child Abuse and Neglect* 32 (11): 1037–57.

Warner, Barbara D., and Glenn L. Pierce. 1993. "Reexamining Social Disorganization Theory Using Calls to Police as a Measure of Crime." *Criminology* 31: 493–517.

Weisburd, David. 2015. "The Law of Crime Concentration and the Criminology of Place." *Criminology* 53 (2): 133–57.

Weisburd, David, Elizabeth R. Groff, and Sue-Min Yang. 2012. *The Criminology of Place: Street Segments and Our Understanding of the Crime Problem*. Oxford: Oxford University Press.

Weisburd, David, Joshua C. Hinkle, Anthony A. Braga, and Alese Wooditch. 2015. "Understanding the Mechanisms

Underlying Broken Windows Policing: The Need for Evaluation Evidence." *Journal of Research in Crime and Delinquency* 52 (4): 567–88.

Weisburd, David, Cynthia M. Lum, and Sue-Ming Yang. 2003. "When Can We Conclude That Treatments or Programs 'Don't Work'?" The Annals 587 (May): 31–48.

Weisburd, David, Nancy A. Morris, and Justin Ready. 2008. "Risk-Focused Policing at Places: An Experimental Evaluation." *Justice Quarterly* 25 (1, March): 163–200.

Weisburd, David, Anthony Petrosino, and Gail Mason. 1993. "Design Sensitivity in Criminal Justice Experiments." In *Crime and Justice: An Annual Review of Research*, Michael Tonry (Ed.). Chicago: University of Chicago Press, 337–79.

Weisel, Deborah Lamm. 2005. *Analyzing Repeat Victimization*. Problem solving tools series. Washington, D.C.: U.S. Department of Justice, Office of Community Oriented Policing Services.

Weisel, Deborah. 1999. *Conducting Community Surveys: A Practical Guide for Law Enforcement Agencies*. Washington, D.C.: U.S. Department of Justice, Office of Justice Programs, Bureau of Justice Statistics and Office of Community Oriented Police Services.

Weiss, Carol H. 1995. "Nothing as Practical as Good Theory: Exploring Theory-Based Evaluation for Comprehensive Community Initiatives for Children and Families." In *New Approaches to Evaluating Community Initiatives: Concepts, Methods, and Contexts*, James P. Connell, Anne C. Kubisch, Lisbeth B. Schorr, and Carol H. Weiss (Eds.). Washington, D.C.: Aspen

Institute, 65-92.

Weiss, Robert S. 1994. *Learning from Strangers: The Art and Method of Qualitative Interview Studies*. NY: The Free Press.

Weitzer, Ronald. 2010. "The Movement to Criminalize Sex Work in the United States." *Journal of Law and Society* 37 (1): 61-84.

Wellings, Kaye, Patrick Branigan, and Kirsti Mitchell. 2000. "Discomfort, Discord, and Discontinuity as Data: Using Focus Groups to Research Sensitive Topics." *Culture, Health, & Sexuality* 2 (3): 255-67.

West, Donald J., and David P. Farrington. 1977. *The Delinquent Way of Life*. London: Heinemann.

Whitt, Hugh P. 2006. "Where Did the Bodies Go? The Social Construction of Suicide Data, New York City, 1976-1992." *Sociological Inquiry* 76 (2): 166-87.

Whyte, William Foote. 1993. 4th ed. *Street Corner Society: The Social Structure of an Italian Slum*. Chicago: University of Chicago Press.

Widom, Cathy Spatz. 1989. "Child Abuse, Neglect, and Adult Behavior: Research Design and Findings on Criminality, Violence, and Child Abuse." *American Journal of Orthopsychiatry* 59 (3): 355-67.

Widom, Cathy Spatz. 1992. *The Cycle of Violence*. Research in Brief. Washington, D. C.: U. S. Department of Justice, Office of Justice Programs, National Institute of Justice.

Widom, Cathy Spatz, Sally J. Czaja, and Mary Ann Dutton. 2008. "Childhood Victimization and Lifetime Revictimization." *Child Abuse and Neglect* 32: 785-96.

Widom, Cathy Spatz, and Michael G. Maxfield. 2001. *An Update on the "Cycle of Violence."* Research in Brief. Washington, D. C.: U. S. Department of Justice, Office of Justice Programs, National Institute of Justice.

Widom, Cathy Spatz, Barbara Luntz Weiler, and Linda B. Cotler. 1999. "Childhood Victimization and Drug Abuse: A Comparison of Prospective and Retrospective Findings." *Journal of Consulting and Clinical Psychology* 67 (6): 867-80.

Wikström, Per-Olof H. 1995. "Preventing City-Center Crimes." In *Building a Safer Society: Strategic Approaches to Crime Prevention*, Michael Tonry and David Farrington (Eds.). Crime and justice: An annual review of research, vol. 19. Chicago, IL: University of Chicago Press, 429-68.

Williams, Kent M. 1991. "Using Battered Woman Syndrome Evidence with a Self-Defense Strategy in Minnesota." *Law and Inequality* 10: 107-36.

Wilson, David B., Ajima Olaghere, and Charlotte Gill. 2016. "Juvenile Curfew Effects on Criminal Behavior and Victimization: A Campbell Collaboration Systematic Review." *Journal of*

Experimental Criminology 12: 167-86.

Wilson, James Q., and Richard J. Herrnstein. 1985. *Crime and Human Nature*. New York: Simon and Schuster.

Wilson, James Q., and George L. Kelling. 1982. "Broken Windows: The Police and Neighborhood Safety." *Atlantic Monthly March* (March): 29-38.

Wilson, O. W., and Roy Clinton McLaren. 1963. *Police Administration*. 3rd ed. New York: McGraw-Hill.

Wilson, William Julius. 1987. *The Truly Disadvantaged*. Chicago, IL: University of Chicago Press.

Wilson, William Julius. 1996. *When Work Disappears: The World of the New Urban Poor*. New York: Knopf.

Wolcott, Harry. 1994. *Transforming Qualitative Data: Description, Analysis and Interpretation*. Thousand Oaks, CA: Sage Publications.

Wolfgang, Marvin E., Robert M. Figlio, and Thorsten Sellin. 1972. *Delinquency in a Birth Cohort*. Chicago: University of Chicago Press.

Wolfgang, Marvin E., Robert M. Figlio, Paul E. Tracy, and Simon I. Singer. 1985. *The National Survey of Crime Severity*. Washington, D. C.: U. S. Department of Justice, Office of Justice Programs, Bureau of Justice Statistics, NCJ-96017.

Woodward, Lianne J., and David M. Fergusson. 2000. "Childhood and Adolescent Predictors of Physical Assault: A Prospective Longitudinal Study." *Criminology* 38 (1, February): 233-61.

Wooten, Harold B., and Herbert J. Hoelter. 1998. "Operation Spotlight: The Community Probation-Community Police Team Process." *Federal Probation* 62 (2): 30-35.

World Health Organization. 2003. *WHO Ethical and Safety Recommendations for Interviewing Trafficked Women*. Geneva: World Health Organization, http://www.who.inn/gender-equiny-rights/knowledge/9789242595499/en/.

Wright, Doug, Peggy Barker, Joseph Gfroerer, and Lanny Piper. 2002. "Summary of NHSDA Design Changes in 1999." Chapter 2. In *Redesigning an Ongoing National Household Survey: Methodological Issues*. Publication no. SMA 03-3768, Joseph Gfroerer, Joe Eyerman, and James Chromy (Eds.). Rockville, MD: Office of Applied Studies, Substance Abuse and Mental Health Services Administration, 9-22, http://www.oas.samhsa.gov/redesigningNHSDA.pdf. Accessed 14 December 2006.

Wright, Richard T., and Scocc H. Decker. 1994. *Burglars on the Job: Streetlife and Residential Break-Ins*. Boston: Norcheascern University Press.

Yin, Robert K. 2013. *Case Study Research: Design and Methods*. 5th ed. Thousand Oaks, CA: Sage Publications.

Yu, Sung-suk Violet. 2011. *Do Bus Stops Increase Crime Opportunities*. El Paso, TX: Lfb Scholarly Publishing.

Zanin, Nicholas, Jon M. Shane, and Ronald V. Clarke. 2004. *Reducing Drug Dealing in Private Apartment Complexes in Newark, New Jersey*. Final report to the Office of Community Oriented Police Services. Washington, D. C.: U. S. Department of Justice, Office of Community Oriented Police Services, Accessed 20 December 2016 http://www.popcenter.org/Library/researcher-projects/DrugsApartment.pdf.

译后记

受聘研究生导师以来，一度为所指导学生不知如何进行毕业论文选题而困惑，有的学生经六七次当面沟通仍然无法达成共识。侦查实践极其丰富，当下更是几乎与所有互联网新技术保持同步，但侦查学的研究基础却极为薄弱，存在大量空白或急需概化的领域，因而同时出现"无题可写"和"什么都想写"的现象显然都不正常。根据对自己知道的有限数量学生的观察，我将原因大致归纳为三：对新技术本身及其侦查应用"望文生义""知面不知心"；沉迷于各种考试，本专业及关联专业书籍阅读量过窄；缺乏研究方法系统训练。对于前两者，通过大量有效阅读可以弥补，至于后者，原想单独给自己学生开课，或邀请学界好友义务开讲，也做过简单的尝试，一直到侯宇宸向我推荐本书。本书实际上早已成为国内一些大学犯罪学专业的重要参考书，我先前粗略翻阅过。在侯宇宸推荐下，经过认真品读，发现它正是我一直在寻找的那本研究方法书，虽然其名为《刑事司法与犯罪学研究方法》，但研究结论的外在效度完全可以涵盖侦查学研究。实际上，这本书所选用的例子大多与侦查或警察行政执法有关。

选定本书后，我和侯宇宸做了翻译分工，原拟在 2018 年完成，但因 2018 年初本书第 8 版面世，本已接近完成的翻译工作几乎是重新开始。因我与侯宇宸琐事缠身，为了加快进度，我们又陆陆续续邀请了丁宁副教授和夏立款、李征、孙靖超三位博士生加盟，终于在 2019 年 11 月完成全书翻译。之后我和侯宇宸又用了近一年时间进行修改，孙靖超协助进行了全文格式体例和图表校对。期间，原定出版经费资助搁浅，本书译校工作亦被迫停滞，我也一度以为诸位译者心血白费，心中颇感内疚。感谢中国人民公安大学教务长兼研究生院院长罗亚平教授、培养办主任温永启副教授和犯罪学院院长靳高风教授及时伸出援手，将本书纳入中国人民公安大学研究生院“外文经典教材编译项目”，使这本译作最终重获生机。

本书翻译过程中，得到了许多朋友和同事的支持，在此一并致谢。特别值得一提的是，侯宇宸曾在我指导下攻读硕士学位，毕业后赴美追随本书作者之一的马克斯菲尔德教授深造，可以实时向作者请教。在得知本书翻译工作后，马克斯菲尔德和巴比教授还欣然提笔写下中文版序。作为译者，我们要向两位作者表达敬意。

本书翻译周期过长，断断续续，再加上译者水平有限，虽经编辑老师费心校对，但错漏在所难免。恳请读者批评指正。

刘为军

二〇二〇年十一月于木樨地

Supplements Request Form（教辅材料申请表）

<table>
<tr><td colspan="4">Lecturer's Details（教师信息）</td></tr>
<tr><td>Name：
（姓名）</td><td></td><td>Title：
（职务）</td><td></td></tr>
<tr><td>Department：
（系科）</td><td></td><td>School/University：
（学院/大学）</td><td></td></tr>
<tr><td>Official
E-mail：
（学校邮箱）</td><td></td><td rowspan="3">Lecturer's Address/
Post Code：
（教师通讯地址/邮编）</td><td rowspan="3"></td></tr>
<tr><td>Tel：
（电话）</td><td></td></tr>
<tr><td>Mobile：
（手机）</td><td></td></tr>
</table>

<table>
<tr><td colspan="4">Adoption Details（教材信息）　原版□　翻译版□　影印版 □</td></tr>
<tr><td>Title：（英文书名）
Edition：（版次）
Author：（作者）</td><td colspan="3"></td></tr>
<tr><td>Local Publisher：
（中国出版社）</td><td colspan="3"></td></tr>
<tr><td>Enrolment：
（学生人数）</td><td></td><td>Semester：
（学期起止日期时间）</td><td></td></tr>
<tr><td colspan="4">Contact Person & Phone/E-Mail/Subject：
（系科/学院教学负责人电话/邮件/研究方向）
（我公司要求在此处标明系科/学院教学负责人电话/传真及电话和传真号码并在此加盖公章。）

教材购买由 我□　我作为委员会的一部分□　其他人□［姓名：　　　　］决定。</td></tr>
</table>

Please fax or post the complete form to

(请将此表格传真至)：

CENGAGE LEARNING BEIJING
ATTN：Higher Education Division
TEL：(86) 10-83435000
FAX：(86) 1082862089
EMAIL：asia. infochina@cengage. com
www. cengageasia. com
ADD：北京市海淀区科学院南路 2 号
融科资讯中心 C 座南楼 707 室 100190

You can also scan the QR code，
您也可以扫描二维码，
Apply for teaching materials online
through our public account
通过我们的公众号线上申请教辅资料

Note：Thomson Learning has changed its name to CENGAGE Learning